亂世麗人李香蘭 壹

鶯啼春曉

大荒 著

博客思出版社

目
錄

嘔心瀝血　九轉丹成

　　記得 1995 年寫完最後一篇小說，第二年在上班的報社副刊發表後，迄今沒發表過任何一篇文章。中年娶了陸妻後，際遇如故，寒酸生活一直未見起色，陸妻失望之餘，對我的寫作提不起興味，兩子陸續誕生長大，在去中體系的教育下，除了不依我的調教，偏離雍容和穆，加上上班的報社，工作環境不是很友善，動輒得咎，工作壓力特大，動了一二十年的筆，就此擱下，說不寫就不寫。

　　2013 年 12 月飲食、服藥失當，致血壓驟降，鬼門前走一遭，出院後身心難免恍然，不太專心，工作時在網上點了一首李香蘭的歌，忘了是〈支那之夜〉還是〈紅色的睡蓮〉。細如游絲的歌聲立馬扣緊我的心弦。李香蘭，我大學時就聽聞過，也知道她是日本人，但沒聽過她的歌。就像過往尋覓胡琴音帶、光碟一樣，我對美聲的追尋往往會熱一陣子。想到過往漫長歲月對她的「漠視」，除了她的歌，網上有關她的報導、故事，是越看越感興趣，待看過日本影星上戶彩和澤口靖子主演的她的影片後，寫她故事的願念油然而生。

　　這時李香蘭，或者說山口淑子還在世，但已 93 高齡，為了寫她，開始尋找資料，網上關於她的資料是越查越多，光是《李香蘭和支那之夜～名曲‧蘇州夜曲之謎的解讀～》（《李香蘭と支那の夜～名曲‧蘇州夜曲の謎を解く～》，以下簡稱《李謎》。此作似乎只存在於網路，隨著時日的推移，不斷增生新的內容，表現新的內容時又把以前用過的資料拿來襯托，在網路不斷有機生長，應該不會印成紙本）大部頭作，我就下載到手軟。我將檔案巨大的《李謎》系列文章分成四夾，約有 150 萬字，但也僅為近八九年收集的龐雜資料的一小部份。此巨著文圖除了討論她在《支那之夜》暨多部代表作的演出，兼及生平種種，內容博雜，迭有重複，但也不難看出她在日本的人氣。全面下載李香蘭資料的結果，2014 年就蒐集了逾 10G 的量，以後七八年陸續加載，購買影音檔。最後，以她為中心

的人事物文字、影音資料達 25G。

　　關於她的書或自傳，我儘量找來看。實體書，臺灣商務印書的《李香蘭自傳 戰爭、和平與歌》（以下簡稱《自傳》）看來平淡，上海文化出版的《此生名為李香蘭》（以下簡稱《此生》）帶有一些秘辛，臺灣書房的《李香蘭的戀人 電影與戰爭》（以下簡稱《李戀》）一書，作者田村志津枝對李香蘭成見甚深，讀來甚是不悅，相反的，北京團結出版社的《那時的寂寞 一代名伶李香蘭》一書，作者蕭菲甚是喜歡香蘭，書的內容多從李香蘭的傳記擷取改寫，參考性不高，但讀來賞心悅目。

　　當然拙作最重要的參考書物還是李香蘭本人和藤原作彌合寫的《李香蘭 私の半生》（商周出版，以下簡稱《李傳》）。此書從她童年寫到她二戰後離開上海，與拙作《亂世麗人‧李香蘭》（以下簡稱《亂世麗人》）對李香蘭敘事的時間範疇若符合節。至於網路小說〈滿映影星〉，情節恣意誇大，有些固然精彩，合情合理，但稗官野史，不敢引以為參考。

　　2014 年春節過後開始蒐集資料，並加以整理分類，第二年春節過後，按捺不住寫作的心，懷著停筆 20 年後開工誌慶的心情開始動筆，起初摸擬東京電視播放的《李香蘭》劇的情節書寫，大概一兩個禮拜過後，開始以《李傳》一書提供的情節布局，邊寫邊揚棄先前寫的文字，將辛苦蒐集的資料依序融入，開始形成自己的敘事方式。《亂世麗人》和《李傳》、一般李香蘭的影片一樣，從她 918 事變前夕的童年寫到她 1946 年 3 月被遣送回日本為止。這期間，她藝人生涯七年多一點，其中在滿映就佔去六年一季。本序言提到的李香蘭基本上就是這時期的青年李香蘭。

　　鋪陳的情節屬虛構，但有所本，主要以《李傳》為藍本，再參酌其他書本、影音、文字資料開展故事。情節展開的過程，把《李傳》或其他傳記中的一兩句她或相關人物講的話語或敘述，巧妙地織進人物的對話或敘事裡頭。

　　上戶彩和澤口靖子主演的李香蘭電影，分別是《李香蘭》和《さよなら（再見）李香蘭》。當然，它們情節有的很迷人，但若不符《李傳》所載，或過於誇飾，個人還是不予採用。兩片中，李香蘭聞知

護衛兒玉英水被徵召赴菲律賓前線，一時都非常激動，突然衝破謹守三四年的工作理智線，撲倒在兒玉懷裡。事實上，《李傳》、《自傳》和《此生》三本傳記都未書及此，若真有此情節，為了加深她對兒玉的懷念，李香蘭應該不會保留。她僅在《李傳》中透露出一點她和兒玉僅有的一點親密：兒玉送她回家途中，見她跌倒，順手把她扶起時，牽起她的手。這時她才滋生浪漫的情愫。這種文學性的輕描淡寫確實不若戲劇性的演出，但問題是，牽完手的第二天一早，兩人在車站死別。這場永別，香蘭著墨甚少。顯然在層層管制下，只是看著他搭上火車，沒有悱惻的話別場景，只是揮手看著他隨著車子逐漸遠去。這種在戲劇上的貧乏，在人情上的憾恨，反而留給文學綿綿的憶思，內心無盡的纏綿。

寫作《亂世麗人》，雖然以《李傳》（為了敘述方便，此處的《李傳》視同李香蘭）為圭臬，但還是有些微地方違拗了她，因為根據資料和推論，她應該記錯了。

《李傳》91-93頁，對當年日本大陸開拓文藝懇話會作家群和獨立作家久米正雄訪問滿映，同時接受酒宴招待一事有些描述。懇話會成立於1939年2或3月，久米正雄和田村泰次郎年譜所載，他們隨懇話會赴新京時在1939年6月，我最初執筆時描述這一段時，定時1939年6月。所以宴後第二天清晨「我還是冒著零下15度的大雪，用厚圍巾包住整張臉，穿著大外套……」（《李傳》93頁）這種冬晨車站送行的情節，我就沒採用。設若懇話會2月或3月剛成立，田村等人即隨團來新京，那時李香蘭連《東遊記》都還沒拍，怎可能和作家久米正雄討論《白蘭之歌》的拍攝事宜。

警方辦案，發現新的事證會重啟調查，我寫這一段文字時也一樣。重看久米年譜時發現《白蘭之歌》編劇木村千依男當年隨久米來訪新京，拙作據以修正時乃用久米口頭敘述的方式把木村輕輕帶入，且言明木村提前返日。稿子動了一點小手術過了關，不久再看《李戀》一書102頁，木村和久米都赴滿映宴，也看了宣詔節晚會，對香蘭演唱有印象深刻的描述，再翻閱以前參考過的〈三重大學人文學部紀要〉，幾經考慮決採用大陸開拓懇話會第一次視察旅行「1939年4月25日從東京出發，5月1日到新京，2日參加國民大會，

夜宿中央飯店，然後再往哈爾濱進發這一時間序來鋪寫中央飯店的滿映宴。作家宴從 6 月變 5 月，改寫時，木村如實寫入，寫完後，又覺得有違《李傳》、《李戀》兩書書明懇話會作家是從哈爾濱回來，返日回程順道訪滿映的說法，和木村、久米年譜表明的 6 月和李香蘭會面也不合。決定再改寫，情節的鋪陳變成懇話會和久米 5、6 月都去了滿映，5 月的輕描淡寫，6 月份回程前往拜會後的洗塵宴，自然詳細鋪寫，同時用回想的方式帶出木村對李香蘭在 5 月 1 日宣詔晚會唱歌的印象，符合《李傳》、《李戀》兩書所述，懇話會作家回程途中順訪滿映，木村和久米兩作家年譜 6 月會香蘭的紀錄。

　　不管怎樣改寫，滿映給作家的洗塵宴和車站送別的時間點都勾不到冬雪的天氣。前文提及，宴會當時也在討論電影《白蘭之歌》。作家群接受滿映酒宴時，木村、久米的劇本和原作，都寫得差不多，原作 1939 年 8 月 3 日東京日日新聞連載到 40 年 1 月 9 日，久米 6 月宴後返日，將小說收尾交報社刊行，時間吻合。如依《李傳》所寫，香蘭在雪晨送別作家，當年 11 月到第二年 2 或 3 月，久米的小說可能已經連載或連載結束，和《李傳》所說的書「尚未寫成」也相矛盾。值得一提的是，《李傳》說到該酒宴的章節時說：「我對那未曾謀面的祖國產生深深憧憬，並且決定無論如何，非到日本走走看看不可。」事實上，酒宴當時她已去過日本兩趟，期間都很長。想來香蘭書寫《李傳》時，部份依據印象式的記憶，未作嚴格考證。行文至此。想說的是，寫作《亂世麗人》對《李傳》依賴甚深，但對其中有些印象式、不夠精確的描述，還是持保留態度。

　　為了寫李香蘭，除了網上的文字和一般書面資料、影音，尤其是電影，能找到就看。寫作的八九年期間，共下載了十部她演出的電影，計 2.83G，17 部電影片段，計 0.47G。寫作的中後期，網上下載的《莎韻之鐘》的日語對話聽來吃力，網查後，透過亞馬遜日本買了コアラブックス（koalabooks）的《莎韻之鐘》DVD，但無論怎麼放，還是讀不到中文字幕，影片分成好幾部，畫質跟下載的差不多，但沒多久，畫面變模糊。《亂世麗人》寫到後段，李香蘭演出《戰鬥的大街》、《誓言的合唱》和《野戰軍樂隊》時，取得的文字資料甚少，遑論網上的影音資料，好不容易在網路廣告看到販

售《野戰軍樂隊》的廣告，向龍騰影音多媒體買了影片，結果發現李香蘭在整部 67 分鐘的電影裡頭只出現 3 分 8 秒的一次，唱了一首歌。一開始有些失望，但想想這個特色依舊可以營造一些情節，還是如獲至寶。蓋 1944 年 3 月，斷斷續續拍了一年四個月的《我的夜鶯》殺青後，直到 1945 年 6 月大光明大戲院的「李香蘭歌唱會」，女主角這 16 個月的演藝歲月，若沒有《野戰軍樂隊》軋一腳，會變得很貧乏，有了這部電影，故事後段的推進多了一個支點，情節的蠕動多了一股推力。書寫至此才發現，這兩部買來的影片檔案都很大，每一部超過 3.5G，遠遠超過我下載李香蘭大小影片的總和，兩者加起來 7.2G。印象中，寫作期間資料蒐集總量維持好幾年 10 幾 G，最近檢視，總量已達 25G，想來主要是這兩部電影作祟。

李香蘭演出的所有電影，都是在籍滿映的六年一季的時間內，她是滿映人，所以我對滿映資料的蒐集一直很費力。寫作本作前，筆者透過網路、影片對滿映有些了解，寫作途中，對網上古市雅子寫的《「滿映」電影研究》多所參考。此作對於滿映各階段的行事風格、人事變遷著墨甚多。大概寫到第二三遍時，也在網上發現了滿映演員張奕編著的《滿映始末》。這本書每節敘述一個小故事，從滿映創始寫到長春電影製片廠，也就是從作者少年寫到他退休的 70 幾歲，前半段章節，透露出來的滿映和李香蘭的秘辛很多，採用後也將李香蘭形塑得更生動，有情味。

香蘭演了許多電影，筆者無可避免地常把她演出的過程帶進情節。要如此書寫，除了要看過她演出的電影外，也得關注相關的文件資料，寫《支那之夜》時，得助於《李謎》裡頭的文章不少，寫《我的夜鶯》時，網上渡邊直紀的《滿映哈爾濱表象－李香蘭主演《我的夜鶯》論》（《滿映映画のハルビン表象－李香蘭主演『私の鶯』論》）針對那部電影給了很多深入的解讀。《亂世麗人》從頭到尾，校寫了五遍，大概寫到第三遍時，才在網路發現這本小冊子，囫圇吞棗，急於書寫，全書第五遍校寫完畢，整理這篇序言時，才發覺資料引用不確實，拙作在《我的夜鶯》這一敘述段，只好開刀式的刪修，加了蘇聯紅軍追捕白俄流亡劇人的戲碼。此外，《我的夜鶯》這部戲還有兩處戲中戲，電影裡頭的大小角色在片中演出歌劇，戲

中劇劇情的敘述和詠唱，大大得力於〈古諾：浮士德／名曲如繁星的大歌劇〉和〈THE QUEEN OF SPADES〉（〈黑桃皇后〉）兩文。寫作當時想：日俄籍演員混編的劇組呈現《我的夜鶯》的攝錄已經很困難了，何況是戲中劇，這兩篇文章的出現讓戲中劇的書寫有了脈絡可循，心裡的大石終於放下一些。

李香蘭從影的七年當中，南下中國電影中心滬蘇一帶拍片共五次，第五次轉籍上海華影時，戰局吃緊，片子拍不成，第三次來滬時寄籍華影前身的中聯，拍了《萬世流芳》。拍《萬世流芳》的過程，除了電影本身和《李謎》內相關報導外，《湮沒的悲歌 「中聯」、「華影」電影初探》一書也起了很大的參考作用。此書圖文並茂，對於中聯、華影相互傳承，兩公司組織、製作的電影，和演員相互間，演員、官長之間的互動，詮釋甚多，尤其在日本侵華的大環境下，華日電影交流對電影製作和演員的衝擊，更有深刻的探討，故本作描述 1942 年秋香蘭在上海拍攝《萬世流芳》的那一段時日，多了一些內察中聯內部活動，仰視時代氛圍的視角。這些元素在 1945 年香蘭正式入籍華影時還是適用。

香蘭南下拍片，除了滬蘇行外，到臺灣算是另類的一次。當時旅滿日人鮮少有機會來臺灣，她一人就來過兩次，且滯留相當長時間。看過電影《莎韻之鐘》後，對她當時拍攝該片時的住居環境、生活情況有了概略性的了解，再參考《李謎》內系列文章、其他零星資料，以拍攝該片為中心的動態場景大體完成，整部小說大概書寫第三遍時，買了《流轉家族 泰雅公主媽媽和日本警察爸爸和我的故事。》一書。這本書對於當時霧社一帶泰雅各部落間，官警、部落間的互動有著脈絡分明的描述，揉進了這層基底，當時霧社小社會的結構就更扎實了。此書作者下山一，與香蘭同一世代，未被筆者寫入本作中，但他妹夫佐塚昌男（原日混血）一家悉數入列。書中提到佐塚昌男接受徵召前往南洋，香蘭和劇組人員特地到臺中農改所歡送。獲訊喜出望外，當即另闢一小節書寫歡送會。

青年李香蘭的職業是演員，所以她事蹟的鋪陳，拍片是主軸，但形成她藝術顛峰的還是歌唱。當時她最重要的演唱會有四場：初出道，在東京高島屋百貨舉行的亞洲資源博覽會和日本劇場演唱會，

《李謎》系列文章：〈昭和 13 年の李香蘭「満州資源博覽会」前後篇〉、〈李香蘭初來日〉、〈初來日の印象〉……著墨甚多，兩三年後的日本劇場演唱造成騷亂，《李謎》內的〈再考 日劇七周り半（七圈半）事件〉系列文章，也把事件的來龍去脈和影響寫得很清楚。有了第一手資料，這兩場以日本劇場為主的演唱會，個人寫來自然深入，且得心應手。同樣《李謎》裡頭〈臺灣と李香蘭〉一文、《李戀》一書相關章節和其他文章，也將李香蘭 1941 年元月來臺巡迴演唱理出了時間軸，方便了系列場景的鋪敘。1945 年 6 月上海大光明大戲院的「李香蘭女士歌唱會」，除了《李傳》，京都大學〈從中國音樂史上消失的流行歌：再一場夜來香狂想曲〉（〈中国音楽史から消えた流行歌：もう一つの「夜来香ラプソディー」〉）一文也給了我一點養份，演唱會得以順利呈現。

　　依佛家觀點，李香蘭乃因緣和合而生，個人才具配合大環境，因緣俱足，才會有波瀾壯闊的一生，青年李香蘭尤然。如今因消緣散，美人已遠。同理，個人才具不足，經過一番構思，編織文字，同時把前輩、先賢的相關資料搏成《亂世麗人》，也是一番因緣和合的過程和結果。書寫該作時，由於急於動筆，資料引述不確實，開刀式重寫的部份難以勝數。整部作品書寫了五六遍，第一到第四遍，逐字校對，根據新的資料修繕、增補，寫第五遍時，作重點式的修校。書成，整理序言時，發覺很多資料引用瑕疵，只好忍痛剖文修補。如今序就書成，八九年的夜長夢多落幕，欣然迎向另一階段的試煉。

1931

■■■ 1. 遙想礦難 觀露天採

　　和中國的許多城市一樣，煤都撫順這二三十年來拔地而起，水泥森林睥睨一切，原本城市風貌所繫的白楊樹變成一小叢一小叢，躲在大廈後面。透過 30 年前的城市景象重拾 90 年前的街景，並不困難，但要從現在繁華的城景找回以前的古樸風貌，就十分緣木求魚了。為此，過去的種種自然更加讓人懷念。在那日章旗飄揚的年代，整個城市彷彿從那塊土壤裡長出來，房舍的顏色：灰褐、土黃、赭紅，和深層的土壤色澤很貼合，而且都高不過路旁的白楊樹。

　　同樣在渾河南岸，支流楊柏堡河西岸的千金寨是中國人社區，人多街窄，顯得壅塞，東岸的日本人社區，人少路寬，街道整齊，顯示出優越的住居環境。日本人多在礦區擔任技工或管理人員，雖然礦難頻生，但他們都配合公司，不會向子女述說，加上戰爭還沒開打，小朋友裝可愛，蹦蹦跳跳，跑來跑去是常有的事。住在東六條通，住家相鄰的三位小朋友：山口淑子、小川美都里、柳瀨俊子常常結伴同行，走走玩玩，然後乘風而起跑一段路。小小年紀，不懂什麼義結金蘭，但言行舉止完全契合義理。他們一塊上學，一起上街買同樣的衣鞋，一起上理髮店剪同樣的髮型，還相約下次出來時都穿什麼服裝。……

　　他們忘了學前曾向路旁的白楊樹說再見，但白楊樹一直看著她們長大，從幼兒時期看到小四、小五。春天，白楊樹吐出嫩芽，滿街鮮綠，可以感受三位小朋友迎面而來的清新目光和終於脫冬而加快的腳步。夏天，白楊樹氣宇軒昂，俯視三位小女生裝扮、行動全然一致的人間傳奇，它們豐厚的綠葉迎風颯颯作響，很樂意地和她們一路上的笑鬧融成一塊。

　　秋風乍起，東六條通路上捲起的金黃葉子追隨她們的腳步進入西公園。她們快步上坡，望了神社一眼，穿過密林，看到堡壘般的校舍立刻加快腳步奔了過去。

　　三位小女生在街頭的快意馳騁，像一陣風，捲起片片落葉，是撫順當年，至少是日本人社區一段鮮為人知的傳說。

....

　　山口淑子走出傳說，進入自己的家，俊子和美都里的笑聲還在耳際蕩漾。她剛放學，也才剛和住在鄰近的這兩位同學分手。

她進入家屋，沒看見人影，看見餐桌已擺了一些菜，拾步上樓時，聽見浴室傳來水聲、嬉笑聲和父親吆喝的聲音，知道父親正給最小的弟妹洗澡。她上樓時，大弟山口弘毅的房門沒關，可以看見他坐在靠窗的桌邊伏案寫功課的身影，她進入房間，放好書包和小提琴後，問同房的妹妹悅子：

　　「媽呢？」

　　「在庭院煮什麼湯吧。」

　　淑子把頭探出窗外，看見母親山口愛正彎腰掀開鍋蓋。山口愛有時會用炭爐熬些湯頭，表示這一家人又有好料可以吃了。淑子下樓逕自走到後庭院，聞到矽藻土爐遇高熱發出的臭氣，而有點暈眩，山口愛示意她坐在上風處。

　　「我在煮薩摩大醬湯。很久沒嚐到這種好滋味了。」

　　「我也喜歡那濃濃的熱湯。」

　　「我剛把爐火弄小了，等一下就好。」

　　母女聊了一陣，山口愛說一些菜經，淑子貢獻了在校生活的一些心得。

　　「等一下。」

　　山口愛說著起身離去，回來時右手抓著一把蔥，左手拿著一小盆水。她把水盆交給淑子後逕自把蔥灑進滾燙的鍋裡。約莫過了兩分鐘，她把鍋子端起來後，抓過水盆便把水撥進爐裡。她把鍋子端進去後，淑子再次舀水澆熄爐火。

　　淑子確認爐火熄滅再次進入廚房時，母親已經把幾碗熱湯舀好放在餐桌上。山口愛、山口文雄兩夫妻和較大的子女淑子、弘毅、悅子圍著大餐桌坐著，兩個小的：清子和玲子另外坐在小桌旁，先自己吃，待會再由母親或淑子餵食。山口愛：

　　「淑子說明天下午要參觀古城子露天礦。」

　　「這麼快，才開學就要去。」

　　「現在去正好。老師說，這是亞洲規模最大的露天礦。」

　　淑子說著憶起兩三年前去過的景況，但印象模糊了。她現在已經是五年級第二學期了，逐年壯大的好奇讓她不能再忽略這一帶最重要的地景。她一直很想再次站在礦坑的岸邊探究這個巨大漩渦的真面目。她曾經想約美都里和俊子一塊去探看，但看到環坑鐵道上

的點點步哨就卻步了。那些步哨都很兇，拿著槍趕人的樣狀也很駭人。無論如何這次學校帶去實在是一個很好的機會。淑子繼續說：

「那種地方，大一點看才有意思，和小時候看的很不一樣呢。」

「問題不在這裡。」

山口文雄實在不曉得要如何說起。事實上，他什麼都不能說。七個月前不能說，現在也一樣。七個月前，還是中國春節前十天的２月７日，發生在古城子露天礦坑前面的大山坑豎井裡頭的礦難，消息還真的被封鎖得屍骨無影，若不是還有一百多位日本技師也埋在裡面的話，可能會被封得無聲無息，以致現在好像在回想一個古遠的傳說那樣，欠缺削骨椎心的痛切。文雄服務的滿鐵撫順炭礦事務所為了阻止礦井的火焰蔓延到整個礦坑，只好封井，三千條命比不上一塊煤渣。在井底嚥氣的日本技師，有些隻身在撫順，礦方很好處理，華人、日人社區分開，也成功地阻絕滿溢千金寨的憤怒和哀傷流入日本人社區。炭礦事務所甚至明令禁止日本人技師或幹部前往華人喪家慰問，主要是避免弄巧成拙，引起喪家的公憤，激化勞資對立，而害怕華工喪家的哀傷動搖日籍幹部的心志也在礦方的考慮範圍內。那時，滿鐵撫順炭礦事務所的一次關門會議中，不知是誰說了：

「我們說要五族協和，滿洲人三千條人命，請重視一下。」

「我們沒有說不重視。帝國戰勝了俄國，才爭取到滿洲的產業，旅順一帶的高地就躺著一萬六千多條帝國軍人的亡靈。採礦就像作戰一樣，死了幾百幾千人是常有的事。」

對於傷亡的討論硬是被炭礦事務所的長官壓了下來。炭礦所成功封住了礦井，上級單位滿鐵也要封住每一個人的嘴。開會尾聲，調查部還一再警告事件屬機密，不能隨意散佈，隨意散佈引來災禍，自行負責。文雄除了對山口愛講了一些外，自然不敢對小孩講。學校老師知曉有限，更不敢對學生講。學生快快樂樂出遊，親炙宏偉的地景，感受大地的調教，完全不知道礦區開採近 30 年來到底發生過多少礦難，埋了多少亡魂。

山口愛拿起湯匙，給每位子女的湯碗加些薩摩大醬湯：

「天氣這麼熱。」

「下午下半段才去。反正明天下午放學後不用上音樂課。」

「如果太晚回來。晚上的中文講座也就不用去了吧。爸爸？」

山口愛和一般日本婦女一樣，在子女面前都用「爸爸」稱呼丈夫。她的呼喚把文雄從憶思拉回現實，看了淑子一眼。她想：這小孩也太辛苦了，下課後，每週兩天要到中央大街河合音樂教室練琴，晚上還得跟父親到撫順炭礦事務所內的滿鐵研修所上他主持的中文講座。

「那當然，以大地為教室，天空當黑板，這種課都上了。我的課不上也沒關係。」

淑子聽不懂父親話裡頭的酸意，以為父親對她明日校外教學課程發出讚賞，心裡自然歡喜。山口愛：

「該不會下到礦井裡頭吧。」

「開玩笑。礦井豈是小孩能去的。再說露天坑沒礦井。大山坑才有礦井。」

兩位大人高來高去，淑子自然聽不懂。山口愛提到礦井，目的是激起丈夫對一再出事的大山坑的怒意。文雄滿腔不快，但不能宣洩出來。事實上，由於上級刻意滅火，歷次礦難的訊息並非很完整，加上沒有討論的空間，隨著時間消逝，礦難給他的憤怒早就像眼前的那碗薩摩大醬湯一樣變涼了。此刻他腦際只有冷冷的思維。露天礦，產量高又安全，這樣還不滿足，硬是要再挖礦井，雖然一出事死的大都是中國人，但長久下來，此舉無異是自掘墳墓。

第二天下午，淑子上了兩節工藝課後，最後一節特別活動上課前，礦務所的兩輛巴士已進入校園等候。工藝課下課後，在級任導師三島利一的帶領下，一班 30 幾人擠進兩輛巴士。撫順炭礦派來的導覽川崎擔任第一車車長，導師三島任第二車車長，負責車上解說。淑子、美都里和俊子搭第一車，但也認為三島老師向來關心撫順炭礦，擔任車上解說，應該游刃有餘。

導覽川崎上了車，不諱言地表示，與其帶日本國內文化政治界人士參觀，還不如帶小朋友參觀。兩輛車駛離市區後沿著楊柏堡河前進。川崎：

「帶政治人物參觀，長官一定在旁邊，講錯了回去要被糾正。帶小朋友，講錯了沒人知道。」

「你講對了，我們也未必完全聽得懂。」小川美都里。

「小朋友就是這麼可愛。好啦，大家注意看看右前方有兩個像巨人一樣的高塔。那是大山坑的捲揚機。我們車子不停，慢慢走，在車上看就可以了。今天我們主要是看古城子大露天礦。大山坑不是露天的，是向地下挖的。」

「捲揚機是什麼東西？」

一位同學提問，川崎高聲說：

「我們看到高高的只是支架，捲揚機被廠房遮住了。我們看不到。用電力驅動輸送帶，輸送帶裝有鐵桶，鐵桶裝滿煤炭送上來倒進運炭車，空桶又被輸送帶帶下去裝炭，然後再上來。看到沒？捲揚機旁五六輛運炭車停在斜坡上，應該已經裝滿了炭等機關車來拖。我們現在沿著露天礦礦坑順時針方向繞一圈。」

坐在車右側的同學紛紛拉直身子或半蹲站著，以炭田為底，一圈圈像螺旋盤繞的鐵道呈現在每一個人的眼前，或者說被鐵道割成一圈圈的炭礦像梯田鏤進每一個人的心田。

「我們在這兒下車。這裡雖然不是觀景臺，我們可以看一下機器的實地操作。」

學生跟著導覽川崎下車，第二車停下後，學生也依序下車。在川崎導覽的要求下，所有學生站在距欄杆兩步的地方。雖然沒能站在邊邊，但舉目無遮。目下一列運炭列車的右側，一臺挖炭機的支臂直挺挺地往前，好像鶴嘴一般，固定在支臂上的抓臂不斷展演各種動作。

「有沒有看到？抓臂末端的抓斗一插，炭礦就掉進抓斗，三四條穿過支臂末端的鋼索操縱抓臂，抓臂一擺，抓斗就移到車箱上面，抓斗的底板鬆開，炭塊就落到車箱了。」

「好厲害。」

「抓斗容量五平方米。抓個兩三下，一個車箱就滿了。」川崎說完快速移動腳步，「大家跟著我過來。剛剛可能有些同學注意到了。」

學生開始移動，三島老師協助維持秩序。大家循著導覽目視的方向看過去，這臺遠一點的挖掘機支臂更長，支臂末端繫著一只有著利齒的挖斗，挖斗晃了兩下後突然飛向炭壁。

「哇！好厲害。」

「這是拉鏟式挖掘機。拉動鋼索，讓鏟斗拋到工作面，切入炭礦一定深度後就鏟下一斗炭，然後收起鋼索……」

現在學生們看得更清楚了。剛剛在車上乍看像羅列牙籤的根狀物原來是沿著鐵道架設的電線桿。緩慢移動的列車好像玩具，整個礦坑就像是縮小的世界，越接近礦心，人、車輛、工具越渺小，彷彿漸漸被吸進礦心。

大地巨大的蚌殼匯聚太多陽光，然後藉著炭田、電線桿、鐵道、機具、火車反射回來，目睹天光的交奏，淑子漸覺目眩神移，她把視線從遠處收回時，看著一對「蝴蝶」，心裡笑了起來。她和柳瀨俊子、小川美都里同在一班，大家都穿制服，想表現出三人「同一國」，每天在服飾上動腦筋確有不便處，所以儘量在行動上保持一致。今兒校外教學，為了慶祝一下，三人約好在淺藍色小圓帽的右側繫上不久前買的蝴蝶結，三隻蝴蝶在這大天地間展翼，標識著她們三人的同心，比在教室內展現，顯得自在些。

大家依序上車，兩車在泥炭路上巔簸，由於稍稍遠離岸邊，淑子雖然坐在車窗邊，但只能看到淺層的坑緣或坑腰，機具運轉、掘炭的嘎嘎聲和火車的鳴叫聲，不斷變換節奏傳進耳裡。車行五分鐘，目下景象還是沒多大改變，她從而感知這段淺炭範疇的寬廣。這一段車行時間較長，川崎趁這個機會把撫順炭礦的歷史和目前規模介紹大家瞭解。

兩車學生在千臺山參觀臺前下車。這個參觀臺居高臨下，坑緣下的礦坑和坑緣上的撫順城鎮風光盡收眼底。淑子再次俯瞰礦坑，又有了新的感受，彷彿看到了熱氣蒸騰的光幻世界。

「哇！起霧了。」

順著男同學的驚呼，大家往他手指的東方看，坑底果然有些霧茫茫。挖炭機好像甲蟲一樣忽隱忽現。淑子毋寧相信是過度蒸騰的水氣遇冷垂降的結果。川崎：

「這裡視野最好，可以看到整個巨坑，還可以看到撫順縣城。左邊的街景比較近，是千金寨，中國人社區。有沒有看到兩個像倒立杯子的建築，旁邊高大的大煙囪還在冒煙。」

「看到了。」

「那就是第一發電所。右邊綠意茫茫，房舍只剩一點白斑的就

是永安臺日本人社區，我們剛剛來的地方。再看看這個人造的大盆地，邊緣都像梯田一樣一步一步往下傾斜，鐵道在繞圈子。」

「運炭列車開得這麼慢，慢慢繞上來，從坑底到上頭要多少時間？」三島利一。

「七八個小時，甚至十幾個小時。路基不穩不能開太快。」

「真笨。直接拉上來不就好了。」柳瀨俊子。

「這位同學真聰明。炭礦所已經有這方面的規劃了。從底部到礦坑的上緣，直線的距離畢竟只有兩三百米，繞行運送的距離接近一百公里，不划算，炭礦所每天都為這事傷腦筋。計畫是這樣的，在對面建個大斜坡，像一個大溜滑梯，名叫『捲揚場』……」

川崎的解說漸漸失去學生的目光，三島老師見學生各顧各地覽物後走向川崎：

「我聽過那計畫。計畫若實施，所有環坑鐵道都要中斷。」

「大斜坡要設四條鐵道，用超級捲揚器把車廂從鐵道的底端拉上去，環坑鐵道遇到大斜坡，也就是『捲揚場』時都要讓路，也就是說都要被截斷。」

「建好後再帶學生參觀就是不同的景象了。」

「那會是視覺的大焦點。炭礦所的政策是上緣漸漸不採，重心全部轉移到坑底或下緣，所以會保留下緣的鐵道作為運輸用，這些鐵道用架設簡易橋的方式通過捲揚場，列車運來的炭就在橋上卸下倒進捲揚場的車箱裡，然後往上拉。……」

三島老師招呼所有的學生集合，大家以為要回去了。川崎：

「既然來到這裡就要好好欣賞礦坑的黃昏。這裡一年四季，一天陰晴、晨昏，景色都不一樣。黃昏時很美，看完再回家吃晚飯。」

太陽西斜後變大，湧動著金波光液，露天礦偌大的礦床，金光遍灑，光影浮雕凹凸有秩，向陽面黃光濃炙，背光面，暗影加深拉長，牽動著一車一車金炭的鐵道也鑲金帶銀地迤邐遠逝。男女學生沉浸在眼前光影的交奏中擷取的美感，多少驅退了他們對於時局所知有限的不安。光燦加速退潮，陰影漸次變黑，濃聚大地，橘紅色的巨陽低垂天邊，暮氣深沉的礦坑點點白光。大家上車繼續繞行礦坑，做一個大迴轉後切入千金寨的邊緣，淺紅、淡黃、粉白各色的馬蓼花田，染著夕陽的紅光，隨著車子漸漸遠離街屋自成一世界。

淑子回到家，家裡剛用過晚餐，她吃了些殘羹剩飯，向母親報告剛剛邀遊露天礦的心得，但山口愛在廚房洗碗刷鍋忙得很，一再交代她趕快吃完洗澡，把身上的煤灰洗掉，看見母親不太願意分享她的感想，她有些失望。

淑子的家在撫順實業協會辦公室的後面，實業協會的庭園樹木較少，空間較大，放學回家後，淑子、美都里和俊子三人在這裡踢毽子，俊子把毽子踢遠，索性不撿逕自走到實業協會後門下的階梯坐下。美都里趕去小徑旁把毽子撿起踢了兩下也坐下休息。美都里看向淑子：

「我在千金寨看見中國小孩真會踢，我以為妳也很會踢。」

「我嗎？」

「妳本來就很中國，在中國出生，父親是中文教師，妳也跟著會說中國話，而且沒回去過日本，那像我和俊子只是過客。」

「這個很難說。」淑子望著自家的後門，「我祖父帶著我父親來到中國，他年老回去，是真的過客，但我父親有在這兒安身立命的打算。畢竟子女眾多，他也很喜歡中國。」

「妳不是說過妳祖父也是漢學家嗎？」

被俊子這麼一問，淑子有點語塞。她只記得以前說過祖父山口博研究漢學，退休後寄望於父親山口文雄，但父親無緣進入大學，目前只是業餘的中文教員，離漢學家還有一段距離。淑子：

「漢學家只是他的夢。他做了一些筆記都沒有出版。」

「我爸說，妳父親也有志於此。」美都里。

「祖父是有這種期望，但他沒有機運，無法到大學教書，只當個業餘教書匠，一生大概就這樣吧。」

淑子說著，美都里想到父親開的料理店，也是從祖父開在東京的餐廳傳承過來的，因此說道：

「一代傳一代，換淑子接棒了。」

「不好玩。我如果成了漢學家，這麼無趣，還不如到廟裡念經當尼姑呢。」

淑子說著，三位小朋友笑成一團，柳瀨俊子也覺得漢學家這個話題太古舊，於是把話題拉回：

「踢毽子，還是中國小孩踢得最好。」

「中國小孩踢得好，主要是他們都先練一隻腳站立，所謂金雞獨立，習慣用一隻腳站立後再學，就踢得很穩健了。」淑子坐著雙手抱住縮起的左腳，「做這個也可以培養專注力。」

「單腳站立，我也會。」

小川美都里說著站了起來，同時提起左腳，抖顫顫地把毽子斜斜地踢了出去。山口文雄牽著腳踏車進來，看見毽子飛了過來稍稍停了一下。美都里：

「叔叔。不好意思。」

「進來坐吧。」

「謝謝。我們回去了。」

美都里和俊子兩人欠身離去後，淑子扶著父親的腳踏車經過小徑走到前門口。

父女脫了鞋連袂進入客廳後，山口愛細步走了過來。

「天津李際春先生寄來一包東西。」

山口愛說著指著茶几上的包裹。文雄盤腿坐定拿起包裹，從妻子手中接過剪刀剪開黃色的包裝紙。山口愛拉走包裝紙：

「裡面是鐵盒，全聚德月餅！哇！宮庭包裝呢。」

文雄取出附在裡面的一封信。信寫著：

「文雄兄：

經年不見，中秋時節轉眼將至。弟素有大志，長期蟄居天津有如龍困淺灘，自忖大環境渾沌已久，今局勢漸明，大局即將展開，當伺機而動，以期有一番作為。

感念吾兄長年鑽研中華文化，假滿鐵設席施教，東瀛賢士聆教，夙夜匪懈，兄功德不淺，今寄上北平老字號全聚德月餅，盼闔家共嘗，月餅雖在天津分店取得，但完全故都風味，各種口味做工極精，當可讓兄潤喉清肺，懷念北平時光，暫解鄉愁，甚而將中華文化滋味咀嚼入胃……」

山口愛拿著產品簡介慢慢念。經文雄長年調教，她的中文確實有點基礎。山口愛：

「淑子。這個字什麼意思？」

「酥，念 SU，是鬆鬆的，一捏就碎的意思。」

「蛋黃酥……鴨肉酥口味？」

弘毅、悅子、清子和么妹玲子從樓上下來圍攏過來。山口愛：
「現在是吃飯時間，吃完飯再吃一點。」

山口愛把月餅當珍饈，自己捨不得吃，十幾個月餅，準備每天取出幾個切得細細的分享家人。

■■■ 2. 日軍入侵 小遊奉天

文雄從炭礦所下班回到家立刻取出《撫順新報》。這一天，報紙晚送，他等不及便先上班，回家後先睹為快。山口愛看著報紙頭版的日文標題：「滿鐵柳條湖段 華軍爆破／我軍砲擊 占領北大營／激戰後開始攻擊奉天」，急切地想從丈夫那兒獲得一點訊息。她很快地便用切好的月餅把小孩誘到樓上。

「怎會發生這種事？」

「今天辦公室開會，就在談這件事。礦長宣佈皇軍進入奉天，控制整個局勢時，全場萬歲萬歲聲不斷。」文雄兩眼轉向報紙，囁嚅著：「中國軍隊連夜遁逃，我軍兵不血刃，這個記者也用中國成語。」

山口愛把身體靠了過來，文雄向她說明「兵不血刃」的意思後，山口愛：

「皇軍真的沒遭到抵抗？」

文雄把報紙合起，躺在折疊沙發上仰看牆上的壁櫥。壁櫥格子內的人偶，滿洲、中國、日本和朝鮮的都有，朝鮮的人偶都是山口愛以前住在京城時買的。這些人偶當中，最醒目的還是分別單獨放在左右兩邊框格內的日本大型人偶藤娘和金太郎。金太郎身著肚兜，肩扛巨斧，騎在大熊上，造型卡通，並不討弘毅的歡心。藤娘頭戴盤形斗笠，肩背紫色藤花條，身穿華麗和服，是日本人心目中的仙女，是淑子第一次過女兒節時，她媽媽買來賀節的。悅子和清子過女兒節時，擺出來的人偶多少有些替換，但這具亮麗的人偶一直擔任要角，可以說看著三姊妹長大。三姊妹心繫情牽，藤娘彷彿有了靈魂。藤娘造型嚴謹，展現華美，落入文雄眼眸，讓他被兩國交戰揪在一起的心情紓緩了一些。

「看這密密麻麻的文字，頭就痛。」山口文雄把報紙讓給妻，

「宮本礦長說國民黨的蔣先生訓令不要抵抗。張學良的部隊早就撤走了。」

「這是可以理解的。他們把這地方稱為關外，是『沒有關係』的土地吧。」

山口文雄若有所思，沒有回答。山口愛繼續說：

「對於中國來說，滿洲是清國的發源地，是滅亡過中國的異族的根據地，所以中國對這個地方愛恨交織，甚至是恨大過於愛，才捨得放棄吧。」

「妳把事情想得太簡單了。現在滿洲全是漢人的天下，最近有一個報告送到我的安管辦公室，顯示，滿洲漢人是滿人的十七、八倍，漢軍和家眷撤走後，恐怕也還有十三、四倍，中國軍的急撤應該是策略性的做法。」

「中國人太多了。這點我又忘了。」

深深感受到個人或家庭的命運被國家的力量推向時代前鋒的尷尬處境時，她不只一次和先生文雄從歷史的角度談論目前的困局。她深切地牢記先生從中國先賢曾子「有人斯有土」這句話衍生出的論述。以前美國輕易從墨西哥取得或強佔德克薩斯州、新墨西哥州，百年來不再有翻案的可能，那是因為當時墨西哥沒有人去深耕那些土地，同樣地，兩百年前俄國從清國取得滿洲週遭的土地，到目前為止也沒有翻案的呼聲，主要也是當時中國人並沒有開拓那些土地。如今滿洲都是中國人，日本人好像談自家的九州一再深情地高喊「滿洲」，然後加強移民，但顯然有些是時不我予了。文雄：

「中國人這麼多，對日本政府是一大障礙。關東軍已經開進奉天，這兩天一定進入撫順，進行長期佔領，蔣先生撤走軍隊，鞏固自己的大後方，留下這麼多人民還是發揮了牽制的作用。那一天，撫順再發生三千人的礦難，中國人群起反抗，關東軍就吃不消了。」

「我們都希望安安穩穩生活，日本用滿鐵這種模式發展自己的國力的同時，改善這兒居民的生活，這樣就很好，為什麼要佔領。這樣看來，說中國軍人炸鐵道，我就不太相信。」

「這些都不要講。不要逞一時之快把自己暴露在外。辦公室也一樣，很多人在公開場合叫得義正詞嚴，私底下的看法又是另一回事。文教課的豬木跟我一向要好，他也是，輪到他發言時，一定是

天皇怎樣怎樣，但私底下還是刻意跟我交心，說什麼如果明治還在位的話絕不會讓軍人這樣蠻幹。今上壓不住，只好被牽著鼻子走。妳也是大學畢業的，歷史，妳比我更瞭解。」

「明治時代重點就在固本，發展實業，對俄國、清國練兵勝利後，再透過條約取得相對的利益，不像現在找個藉口就把人趕走，整碗捧過去。」

「沒準備好急著西進實在是找死。豐臣秀吉征韓不成，結果一病嗚呼。初期那些征韓論者，前原一誠、江藤新平一個個被明治打爆，如果像他們這麼躁進，就無法創造一個新的時代，讓日本全面提升。」

「我讀那段歷史，感到最可惜的是西鄉隆盛[1]。他本來是一個真男子，和明治一樣有王者氣度，他練兵主要是防俄，那知屬下太盲動躁進了，逼他出山，結果走上死路。」

「現在的軍部就是太多江藤新平，太少原味的西鄉了。」

文雄說著陷入沉思，日俄戰爭後趁著年少來到北京讀書，那知不久中國革命，改朝換代，然後內戰打不完，好不容易中國統一了，關東軍又毀了他的夢。學了中文，有了專長，想在中國學校教書，苦無機會，回去日本大學，也都是一片經史子集的天下，沒有活絡的現代文學氣氛，只好屈身滿鐵，在子公司教員工中文翻口。滿鐵雖然是根據日清條約設立的公司，自己的工作雖然於法有據，但就是缺欠那份踏實感，感覺自己也像侵略者那般。

為了小孩的前程，為了一家的平安，文雄夫婦每天看報密切注意局勢的發展。關東軍確實勢如破竹，沒有遇到太大的抵抗，一個月內幾乎佔領滿洲鐵路沿線的重要城市，雖然軍方一廂情願地強調勝利是鐵的事實，但不少老百姓還是未能完全參透中國政府拋出巨大空城計所生的迷霧，終日被莫名的不安所困。

這一晚，文雄告別撫順碳礦事務所的礦長宮本回到家裡，逕自上樓脫掉夾克，山口愛從衣櫃取出浴衣給他換上。

「淑子睡覺了。」

「剛睡不久。想到要到奉天，興奮得很。」

「我本來想自己帶她去的，那知上個月發生那種事。」

「奉天現在應該沒什麼事。」

「我一位學生說，他常在奉天、撫順來回走。看來是穩定下來了。一個月前還是砲聲隆隆、槍聲大作。」

「中國軍隊應該都撤走了。」山口愛站在丈夫的後面幫他把繫好腰帶的浴衣拉了一下，「今晚怎麼特別晚回來？」

「有嗎？宮本礦長請我喝茶，然後聊了起來。」

「這麼晚了，他還待在辦公室？」

「滿洲事變發生後，本地礦工情緒不穩，他擔心晚上有人滋事，最近都比較晚回去，有時還睡在辦公室。他看見我今晚沒帶淑子上課，關心一下就聊起來了。他說淑子的學校安排學生到奉天遠足，多少宣示著奉天已經很安定了。」

「來，我給你放水洗澡。」

「太晚了。明天再洗。」

第二天，雖然是禮拜天，淑子和往常一樣起個早，走到門外踱了幾步，診所的柳瀨俊子也走出家門了。兩人迎著朝陽走了幾步，在料理屋外呼叫小川美都里。

「來了來了。」

淑子和俊子不等她出來直接快走 50 來米，美都里飛奔趕上後，三人坐在路旁的槐樹下休息。俊子的笑唇抿出幾許神秘，手伸進書包，淑子以為她會拿出一塊點心，那知拿出兩個黃色絨布包裹著的東西，美都里：

「哇！好美麗的人偶。」

「好漂亮哦！衣服好像是真的布料。那邊買的？」淑子。

「是博多人偶。」俊子拿出另外一個交給淑子。「哦！妳的是淺綠色的。美都里是粉紅色的。不用換吧。我的淡藍色，剛好配成一組。」

「都一樣，那兒買的？」

「在東五條通中之島買的。」俊子擠出一絲詭異的微笑，「仔細看，有差別的。粉紅色的，臉孔比較亮，神情開朗，淺綠的臉孔比較暗，神情比較憂鬱，手伸直拿著看。」

大家拿著比較了一下，還是看不太出來。俊子：

「到房間裡面看，可能比較容易區別。」

「右手露了出來，露出的腳是左腳還是右腳？」淑子。

「應該是右腳。」俊子提醒大家,「用絨布包好,放進紙袋子裡,才不會磨損。」

書包裡多了一件寶,三人不再急步,踩著落葉安步當車。少女人偶雖然已放進書包,但憂鬱的神情已留在淑子的眼裡,牽引出一些旅愁。她知道自己長大了,明年就要上初中了,這個人偶將來放在妹妹們過女兒節的棚架上剛好。

永安小學,這座外牆厚重,屋頂多角,很像堡壘的磚造建築比平常安靜了許多。三位小朋友經過昏暗的走廊,走近教室時才聽到一些喧鬧。同學談論的多是今天帶來的點心、遊玩地點的情況。級任導師三島利一現身後,教室安靜了許多。他把今天的目的地奉天的大概情況做一個簡單的報告後:

「我們撫順地方小,但有三個車站。怕你們或家長搞錯,所以在學校集合,統一帶過去比較好。」

「好像就只有兩個。」

「奉吉線,奉天到吉林的那一條,在渾河北邊,有一個撫順城站,是城牆圍繞的舊城區的站。滿洲人,比較沒坐車經驗的,就常有人弄錯。弄錯了還怪咱日本人,把炭礦搞大了,搞出撫順、大官屯兩個站。他們一定想反正日本人來到中國就沒好事幹。」

學生想笑但笑不出來。美都里:

「爸爸說在撫順城站上車也可以到奉天。」

「差遠了。走到那個車站,多兩三公里路程,會走死哦。」

「坐車過去。」

一位同學提出意見,三島老師有些不耐:

「沒用。到了那個站,上了火車也沒座位。我們班這麼多人,對號車票不好買。撫順城站的火車都是從吉林一路開來的,位子一般不多。買對號車票,很可能這個車廂坐三個,那個車廂坐四個,管理上很困難,甚至有人要坐下一班。豈不天下大亂。除非很早以前就訂位。」三島老師帶著幾分優越感看著全班學生,「現在奉撫線算是撫順人的專線了。去的時候,撫順是首發站,回來的時候,奉天也是首發站。一般時候,要多少座位就有多少。所以這條路線要多多利用。這條撫順到奉天的專線,不叫奉撫線或撫奉線,直接叫撫順線,根本就是撫順人專用的鐵道。」

學生的心情被逗得十分舒爽，三島趁勢深掘。他表示，在奉天參觀時，本來計畫全程走路的，最後決定安排巴士服務：

「就當做畢業旅行吧。」

同學有些嘩然，難掩失望。他們對柳條湖事件渾然無知或只有模糊的認知。自然無從知曉柳條湖的第一槍可能引發遍地鋒火，而在外地旅行個三四天成為不可能的事。

30 幾人的隊伍越過鐵道後，級任導師三島：

「把〈櫻花香溢朝陽裡〉² 唱一下。山口淑子起個音。」

「櫻花香溢朝陽裡！櫻花香溢朝陽裡！預備唱。」

淑子開嗓後，同學跟著唱。

「櫻花香溢朝陽裡，春霞烘照大日本。紅葉掩映菊花香，秋高氣爽富士山。千古棟樑撼不動，萬民仰望神之國。……」

旋律不是很優美，30 幾副鼓漲的喉頭、雙頰發出的歌聲匯成氣流，輕輕拂過神社的鳥居、拜殿的屋脊。經過神社時有個短下坡，由於腳步加快，歌聲變得有點凌亂。

「停停。亂七八糟。」

導師三島緊急叫停。隊伍穿過白楊樹林，密佈的樹叢篩落陽光，滌慮出陣陣冷涼，淑子水手服的長袖也是一片水涼，走過西公園的邊緣，儼然的屋舍迎面而來，秋陽再現，腳步也輕快了起來。行進時導師要求肅靜，大家還是聲輕句短地逐步交談，進入永安大道，車站也不遠了。

和巍峨的校舍相比，黑瓦木牆的撫順站顯得又黑又小。30 幾位小朋友的騷動在它沉穩而紮實的大廳起了不小的漣漪。列車進站時，大夥魚貫進入車廂，導師把大家控制在兩個車廂內。車上的乘客不多，有的見狀走到另外車廂。座位很快就被佔滿，和美都里坐在一塊的俊子：

「淑子，那兒有一個座位。」

淑子轉身，見有人移動座位騰出位置，順勢落座。

淑子感覺坐在旁邊，一直注視窗外景致的女生頭髮紅棕棕的，好像西方人，但又不好意思轉過頭看個真切。火車駛出站外，隔壁女生收回視線直率地看向淑子。淑子有點慌，但隨即報以微笑。

「和同學一起來旅遊的嗎？」

「是。」

淑子對於這位西方女生的流利日語感到訝異。

「我也是讀日本人學校呢。」

兩人交換基本資料的結果，淑子得知旁座的女生名叫柳芭‧莫羅索發‧格里涅茲，是白俄人，目前就讀奉天千代田小學三年級，比就讀撫順永安小學的淑子低兩屆，雖然同年齡，但淑子年頭生，倒大了幾個月。柳芭棕色秀髮隨風飄拂，把兩人的空間染上淡淡的異國風味。

「我住奉天，結果今天妳要到奉天來。」

「那妳到撫順做什麼？」

「探望我媽媽的朋友，一位老太太，一個人孤孤單單的，應該說是老鄉吧。媽媽希望她過來住，但她不想拖累我們。」柳芭看著淑子有些捲的頭髮，「我進來時就看見你們在排隊。就是不知道你們會坐那節車廂。」

「一大票人衝進來，可把妳嚇壞了。」

「還好。我是班上唯一的一位西方人，坐在這個車廂裡，很像在教室。」

淑子環顧車廂，發覺大多數是同學，且多有座位。淑子從書包取出簡易的餐盒。

「這是媽媽給我準備的糰子，很好吃。」

「哦！真的很好吃。我家就是做麵包、點心的。日本的糰子，聽過，但第一次吃到。我會叫爸爸試著做。有機會到我家，我請妳吃爸爸的手藝，不同風味的。」

「謝謝。」

「你應該常到奉天吧。」

淑子搖頭，柳芭：

「這次到奉天遊那些地方？」

「兩家百貨－七福屋、滿蒙毛織大樓。」

「真是太巧了。爸爸開的麵包店剛好就在這兩家百貨店的中間。它們都在浪速通。」柳芭翡翠般的眼眸閃著急切的光量，「還有去那邊？」

「神社、千代田公園。」

「千代田公園就在我們學校隔壁，聽說現在只有日本人才可以進去。我也很久沒進去了。不過也沒關係，一直以來便很少中國人或俄國人進去過。」柳芭的爽朗像一陣風，把自己帶出的尷尬話題吹散開來，「來。我們換一下座位。」

兩人交換一下學校生活後，柳芭開始觸摸淑子有些捲曲的頭髮。

「妳的頭髮長短剛好，烏黑油亮，很像長白山上的黑森林。」

「妳的頭髮飄啊飄的，很像柳葉，顏色又像大連的楓葉。還有妳的眼睛更像長白山的天池那樣。」淑子反將一軍，「老師都用湖泊比喻眼睛，尤其是西方人的眼睛。」

「妳知道德國人喜歡吃黑森林蛋糕，一種巧克力蛋糕。如果有人訂做，爸爸也會做。」

柳芭說著兩人笑開。俊子和美都里察覺好友和一陌生女生聊得開心，不時回過頭投來愉快的笑顏。

列車進站，柳芭和淑子揮別時還特別向車廂內永安小學的同學說再見。學生整隊時，俊子、美都里和一些同學：

「好像洋娃娃。很可愛哦。」

山口淑子把柳芭做了個簡單的素描後，柳瀨俊子：

「降兩級讀小學？我們如果到俄國求學，也會先降幾級再讀吧。」

「有留下地址哦。如果有聯絡，介紹我們認識。」

小川美都里心裡有些酸，但一點也沒表現出來。反正人生如萍，同在一班，同在一個家庭算是萍聚，此外，飄萍人生，偶爾邂逅，只是擦身過，何須在意。

大家列隊後走出車站。到了站外，淑子瀏覽站前廣場，深深為大都會的氣勢折服。廣場十分廣袤，人力車、出租馬車排成好幾排，車夫追著旅客出價還價。此外，幾輛巴士、汽車漆光熠熠，增添些許現代感。淑子回望車站，紅牆綠穹，屋頂鑲白的站體盛受陽光，在她體內燦亮了起來，一種來到大都會的興奮也在她心裡騷動著，和柳芭邂逅的印象消淡了不少。

在級任導師三島利一的引導下，大家走了一小段路，然後魚貫上了兩輛巴士。

車抵七福屋，大夥下車進去參觀時，淑子有點想出去走動一下，探看柳芭父親開的貝德洛夫麵包店是否在附近，無奈美都里和俊子一直拉著她往百貨店走看，只好打消念頭。

　　在奉天玩了一天，回到撫順車站，走路回到家累癱了，倒頭便睡。第二天補假一天，起得特別晚。中飯過後，她才想到寫封信給柳芭。

　　「懂事以來，第一次來到這個大都會，但還沒到奉天前就遇到奉天人的妳。感覺緣份不淺。……好像是井底蛙跳離井坑看到外面的大千世界。舊城城牆是如此高聳，清朝故宮保存完整，300 年前的歷史摸得到，看得見。……」

　　想著寫著花了不少時間，跑到外面把信投入郵筒，才回到家便收到一封從奉天寄來的信，信封清楚署名柳芭・M・格里涅茲，淑子著實嚇了一跳。

　　「那天回到家，我滿心期待妳到七福屋或滿蒙百貨時會暫時脫隊到我家，這樣我們分別十幾二十分鐘後再見面不是很神奇嗎？但後來想到日本學校很重紀律，加上來回至少十分鐘，妳們緊湊的行程一定不允許。中午過後便不再奢望。為了讓我們倆邂逅的事保溫，覺得趕快給妳一封信比較實在……」

　　半頁信箋言簡意賅，淑子覺得應該立刻給她回信，繼而聞到從信箋飄過來的幽香，好像昨兒同車時從她秀髮傳過來的香味。再細看信箋，乍看白色的信紙還是浮現著十分清淡的風景畫面。她靈機一動立刻跑到附近的文房堂買來一疊裡頭浮現花朵圖樣的信紙和粉紅色的信封。這一回她不再咬文嚼字，對她這麼快便來信表示感謝外，劈頭就說：

　　「奉天大城電線桿的橫擔從撫順的三、四條，變成七、八條，甚至十幾隻的密集排列，上百個白色的瓷絕緣子高掛一桿之上，好像百花盛放。一直不曉得白色的東西是什麼，問爸爸才知道是『瓷絕緣子』……」

註 1：明治天皇廢除武士階級，加上諸多政爭，演成明治六年政變，導致多名士族領袖下野。明治七年（1874 年）江藤新平（1834-1874）領導佐賀之亂，明治九年前原一誠（1834-1876）發動山口縣萩之亂，明治 10 年鹿兒島縣薩摩士族擁立西鄉隆盛（1828-1877），爆發最大規模的士族反亂─西南戰爭，最後都被政府平定。

註 2：〈朝日に匂う桜花〉。詞：本間雅晴，曲：陸軍戸山學校軍楽隊。
1928 年發表。

　　1 朝日に匂う桜花，春や霞める大八洲。紅葉色映え菊香る秋
空高くふじの山。昔ながらの御柱と立ててぞ仰ぐ神の国。

　　2 三千年来一系の皇統伝えて百余代，天祖の勅儼として，大
義名分昭かに。国の礎いや固く久遠の光輝けり。

共十段歌詞。以下略。

1932

3. 柳芭來信 闔家歌舞

秋去冬來，淑子和美都里、俊子的友情也多少進入冬眠，寒假只有十幾天，很快便過去，即使住家相距不遠，在冰天雪地裡開學，有事情在學校講，放學後跑著回家，就不再出來，直到第二天早上。冬去春來，春風吹進河冰的裂隙，冰塊裂開，互相推擠、碰撞發出的嘰喳聲此起彼落，形成交響、合鳴。學期結束，淑子、美都里和俊子也小學畢業了。雖然還很冷，但學生被冬天悶慌了，學校雖然明令禁止，但春假期間，學生都很喜歡到江邊觀看冰融春醒的壯觀景象。山口愛看著丈夫文雄：

「還是中國的學制比較好。最冷的寒假放久一點。三、四月是讀書最好的月份，放春假好嗎？」

「日本根本就沒有寒假。新年的那幾天只能說是年假。」

「聽說柳瀨醫生要回京都了。」

「真的，這麼突然。京都也好，至少沒這麼冷。」

淑子聽到馬上飛奔出去，到料理店找美都里，然後一起殺到柳瀨醫生家。被好友同聲詰問，俊子：

「一直希望不是真的，所以一直沒跟妳們報告，現在反而由妳們來詢問，好像來告知一樣。看來是真的要回日本了。」

送別柳瀨一家，大人小孩都忙了一陣。文雄聯合許多好友一起宴飲歡送。淑子和美都里請俊子看一場電影，三人還穿戴整齊地到照相館拍了幾張紀念照，有三人合照的，也有兩兩合照的。春假結束開學後，淑子和美都里雙雙進入撫順女校，但不同班。俊子已然離開，加上和淑子不同班，美都里對以前三人的協定變得沒那麼熱切。一天，早上上學時，美都里先走了，淑子自己上學有點悶，但到了學校，第一節下課看到美都里開朗的笑容，反而覺得自己多心。她想，俊子既已離去，三人之間的約定便已解除，和美都里之間也算各自獨立了。三四個人之間有個約定，還蠻好玩，剩下兩人，相互體貼即可。另一方面，她也從中感到彼此都有點長大了，有必要給對方更多的空間。再說，以前讀的永安小學路途較遠，必須經過西公園或神社，走一趟十多分鐘，相約上學有種互相守護的意味。現在女校就在住家隔壁一條街，走路兩三分鐘就到了，彼此也就沒必要綁得這麼緊了。

天氣暖了起來，盼不到俊子的信，柳芭的信倒又來了。柳芭洋洋灑灑寫了好幾百字，淑子在教室想著笑了起來。

鄰近東七條通的三層新穎大樓是學校行政和教學中心，辦公室、教室都在裡頭，校舍後面往南沿伸是一大片操場和煤渣鋪成的跑道。操場緊鄰東十條通一帶是一片白楊樹林。操場東側是廚房、福利社和各式球場，西側是圖書館和槐園。校園內的白楊特別挺直高大，遠勝圍牆外，當路樹栽種的白楊。槐樹欠缺這種挺拔，但雍容大度，兩三株連成一氣形成的天然華蓋，正好是圖書室閱覽室的延伸。槐園除了是學生休閒談天閱讀的好去處外，也是室外教學的最好選擇。為了分享柳芭帶來的訊息，淑子約美都里放學後在槐園等。枝葉覆蓋她們座椅的這一株老槐，鐵褐色的樹幹滿是老舊的裂痕，顯然一直在壓抑中生長，但枝椏縱橫交錯，遮蔭也就特別廣。淑子：

「長得好快。一個月不到，都布滿綠葉了。」

「有好幾串花快開了。看妳朋友寫什麼？」

淑子取出柳芭寄過來的信紙，斜陽透過密織的葉片投射過來的細碎光影把鉛筆書寫的字跡弄糊了，美都里必須把信拿到眼前看。

「……有一件很有趣的事情想跟妳講。妳知道，千代田公園從去年開始規定只准日本人進去。不過這可能是針對中國人設限的。因為中國和日本現在擺不平，時常衝突。俄羅斯人，或者蘇聯人應該可以進去吧。那一天，同學慫恿我進去。我半推半就，趁警衛沒注意進去了。忠靈塔和忠魂碑那兒有衛兵看守，我和同學繞了過去，先到水塔、游泳池走走。這種天氣沒有人游泳，游泳池乾掉了。往回走，到忠靈塔邊緣，被一個衛兵叫住了。『喂妳是什麼人』。我說：『我是學生。』『是俄羅斯人？』我強調，『我不是中國人。』衛兵還是不放過我：『俄國人不能來。妳知道為什麼嗎？』我搖頭。『這裡面的忠魂都是被俄國人殺死的。看見妳來，他們的靈魂會不安』。我靈機一動：『我不是俄國人，我是愛奴人』。同學附和：『對！她是愛奴人。』他看我日語講得很溜，兩眼狐疑地打量著我。見很多人幫我說話。不得不相信的樣子。我的同學說：『愛奴人都是從西伯利亞來的，甚至從歐洲來的』，又說：『你看過愛奴人嗎？』士兵搖頭。那些士兵就這樣被我們唬哢過去了。……」

美都里看完嘆了一口氣：

「好可愛哦！她還邀妳再去奉天一趟。」

「等大一點吧。我倒希望她來咱們撫順呢。」

「這邊不比國內，我們生活在別人的土地上。最近盜匪的傳聞不斷。還是別出遠門好。」

「妳們班上今天早上好吵。」

美都里想了一下：

「國語課。老師出了難題，大家意見多就鬧哄哄的。」

「……」

「我們現在在上北原白秋的〈落葉松〉。」美都里拿出課本，「妳看這首詩共八段，每段四句。老師要我們隨便抓一段，用這四個句子為主題鋪陳一篇文章，用自己的體驗寫，或請教朋友、長輩的經驗看法都行。看第一段：『走過落葉松林，細賞落葉松。落葉松寂寞，旅人寂寞。』」

「第二段『走出落葉松林，走進落葉松。走進落葉松，細道相連。』進去又出來，好像沒什麼意思。」

「妳知道大家在吵什麼嗎？為什麼一定要寫落葉松。很多人這一輩子好像沒看過落葉松。大家妳一句我一句，最後要求老師開放幾種樹讓大家寫。老師後來讓步，表示只有高大莊嚴的樹，像樺樹、白楊木才可以入題。不這樣約束的話。最後奇奇怪怪的花草都會出現。」

「槐樹可以嗎？」

「可以。」

「那我們就就地取材好了。」淑子仰起頭，「第一段改成『走過槐樹林，細賞槐樹……。』」

「這首詩，妳看看。前面很簡單，套一下就可以，後面就很複雜，『看到淺間嶺冒煙……寂寞但更安靜。只有郭公鳥啼叫。……』要寫出一些特色。」美都里看著槐樹投射在草地上的影子，「有些同學嚷著說，還不簡單，把淺間嶺換成富士山，郭公鳥改成八色鳥……。老師最後只好說，不用按照它的格式，大家儘量發揮，自由創作。」

「這樣反而好寫。抓住原作提示的『走過、細賞』的一些方向，然後完全跳開，盡情發揮。比如，妳和我靜靜走過，妳走過可以寫很多，比如看到什麼人啊，腳步怎樣啊。好。現在靜靜看這棵樹，

像鐵柱鋼樑一般的樹幹好像被什麼壓得彎腰駝背，上面鮮嫩、茂密的葉子像雲一樣輕盈，但樹幹還是承受不了這種『重量』。這兒的矛盾妳可以好好發揮一下。葉子年輕、輕巧啊，樹幹老邁、喘氣啦……」

「淑子妳真神哦。上音樂課去了。」

美都里說著站起，急步走向校門口，淑子急步跟上。

一小時後，淑子和美都里離開中央大街河合音樂教室後，直奔東六條通家裡，見淑子帶著美都里匆匆上門，山口愛笑容燦開：

「妳們不是一起上鋼琴課嗎？」

「是啊！老師還特地給我們寫曲譜，師母幫我們謄了兩份呢。」

「淑子說，妳媽媽要借我一張唱片。」

「是。我帶來了。」美都里說著打開繫在書包外面的布袋，把藤山一郎唱的〈越過山丘〉的唱片遞給山口愛，「哥倫比亞公司出品，古賀政男作曲，最近流行，很好聽。」

「很輕快很好聽。」

淑子說著從封套取出唱盤走到留聲機前後放好。樂音響起，弟妹笑了起來。山口愛：

「真的很好聽。可以借多久？」

「借幾天吧。」

「淑子等一下要上課，不好意思。」文雄看著美都里，「妳坐一下，先讓她去洗個澡。」

「淑子好辛苦哦！」

「她是一天三校。學校、音樂班，晚上還有中文班。」山口愛把留聲機的唱頭拉起，「待會再聽好了。」

「我是兩校一屋。回家後還要幫忙照顧料理屋。淑子真是天才呢。是班上歌唱第一名，文學、美術又這麼好。看來她將來會像藤山一郎一樣成為一名歌手。」

「世界亂亂的。不去想這麼多。最近生意好吧。」山口愛。

「還過得去，自警團不希望我家做得太晚。沒有以前熱鬧了。爸爸很擔心吵到你們呢。」

「還好，非常熱鬧的時候會聽到一點聲音。這邊是住宅區，每一棟都隔著空地，不是緊緊相連。」

「大人喝酒都很喜歡唱歌。以前唱謠曲。現在流行歌起來後，改唱流行歌。」

「〈越過山丘〉有人唱嗎？」

「大家都喜歡唱。給客人端菜倒酒，還要給他們放唱片。聽完又再放，煩死人囉。最後爸爸都看不下去了，也擔心把唱機弄壞。就說唱針鈍了，暫時不再使用。所以唱片就拿來借你們聽。」

「停掉這種服務會比較好。有的顧客要聽這歌，有的要聽那歌，再藉酒壯膽很容易起衝突的。」

「伯母，對不起，要回家幫忙了。」

美都里說著起身離去，山口愛也開始下廚了。

七點不到，這個煤礦大鎮便完全沉入漆黑。山口淑子跳上父親的腳踏車，車子搖晃了一下便往前滑行。美都里家的料理屋還是有點人氣，但黑壓壓的夜幕把店裡的燈火奪走了一些，而客人的喧鬧也好像被吸走了不少。腳踏車轉入中央大道，被白楊樹撐高的暗夜任春風洄游，一縷寒意襲來，淑子肩膀打了一個哆嗦。文雄吟誦唐詩，過了一條碎石子路，看起來有點像啞鈴的撫順炭礦事務所一兩個房間的燈火，映入眼簾。

文雄停好車，帶著淑子進入教室後從書包取出課本《急就篇》：

「我們接下來要讀文章，會比較有趣。」文雄看了一下課本，「上禮拜有學員提到是否可取得中國小學用的課本。日語小學選修中文課的人很少，我在附近的日語小學瞭解了一下，他們使用的中文課本都很簡單，並非中國小學的課本。你們的程度大大超越那些課本的內容。再說我以前學中文就這樣學來的。一開始識字，生冷的字跳過去，挑一些生活用字，然後做生活化的造句、對話練習。中文好學主要是中國人講話都很慢，注意聽我講，學起來就 OK 了。河田，你念一下，第五章。」

「漢地廣大，無不容盛，萬方來朝，臣妾使令，邊境無事，中國安寧……。」

「好，漢，漢朝，也代表中國，土地非常廣大，無不容盛，沒有容不下的。『盛』念乘。」文雄在黑板書寫興盛、盛大、勝利、盛飯、乘車幾個字。「興盛、盛大，大家都很熟悉，這個盛字念勝，勝利的勝。但這裡容盛的盛，是盛飯的盛，念乘，就是乘車的乘。

盛飯就是裝飯，無不容盛，任何東西都裝得下……」

文雄放緩語氣，間或夾雜一些日語慢慢解說。看看學員的神情，再依次解說下去：

「好啦，邊境無事。邊境，就是邊疆、邊界，國土的外緣，無事，沒有外患，像以前常提到的匈奴、突厥啊。這些遊牧民族常常騷擾中國。日本有沒有邊境？」

「……」

「這很難回答。嚴格說來是沒有。庫頁島北半屬俄國，南半是日本殖民地，嚴格說來不叫邊境或國界。……現在說中國安寧。大家都知道日本也有中國這個地方，淑子！日本的中國地區在那裡？」

平常爸爸只會問她單字發音，或要求她造句，冷不防被爸爸這麼一問。淑子：

「這個嘛。想一下。本州島很長，位在四國和九州兩個島北邊的那一部份，現在的廣島、山口縣一帶。」

「沒錯。兩年前她還是小學生時上日本地理課讀到這一部份，『爸爸！原來日本也有中國地方。』這個給我印象很深刻。小女到目前為止還沒去過日本呢。」

二三十個大人學員一致轉頭，目光朝向坐在後面一隅的淑子。淑子臉頰霞紅。今天的課文對她來說確實艱深，她認真聽取爸爸的解說，加強華語口語的訓練。

自從美都里把唱片《越過山丘》留在家裡後，淑子感覺家裡多了一個客人，只可惜自己白天晚上都要上課，沒有太多時間陪「她」，親炙她動人的弦律。還好母親山口愛也喜歡這首曲子，除了表示在家有空會多聽多唱外，也會帶著不用上課或只上半天課的小女兒練唱。淑子上完課回到家，再次前往撫順炭礦事務所上夜間中文課的那段空檔，常會坐在鋼琴前彈唱一番，帶動一家大小零零落落的合唱。動作之所以這麼積極，主要是唱片只借一個禮拜，小川伯父的料理店急著讓客人聽呢。

淑子離開中央路合和音樂教室，和美都里兩人連跑帶跳地回到東六條通時已經五點多一點了，她揮別美都里快步走向家門。客廳空蕩蕩的，父親不在。樓上傳來波流浪滾的嬉笑聲，嬉鬧聲中浮動著女性的歌聲，是媽媽的歌聲。淑子打開拉門，通往廚房的走道上

架著木製樓梯。她拾梯上樓，喧鬧聲明顯退潮，「小陽春的天空美麗、澄澈，心情愉悅……」媽媽的歌聲升起後，幼妹歌詞不熟，五音不全，跟唱了片言半句後，轉為碎浪般的嬉笑湧向歌聲。淑子出現在媽媽和兩位幼妹同睡的榻榻米大房間後，媽媽的歌聲也快被喧鬧聲淹沒了，然而母子五人像波浪般左右搖動，表現了歌曲的律動。山口愛看見大女兒出現房門口，停頓了一下示意子女不要鬧後再度引吭，她兩手向上彷若抓取星星，放下後，子女的雙手也跟著向下做出拍打浪花狀。「我們的青春值得稱頌，來吧！傾聽遠處希望的鐘聲叮噹響。」

曲終人「散」。山口愛四肢像是散了一般，頹然坐下，四名子女跟著塌在她身旁，好像共同完成了一樁累人的任務。

淑子和母親相視而笑，這才發現一直放在樓下客廳的留聲機被搬上來了。她走了過去把針頭重新放進《越過山丘》的唱盤後，樂音響起，慵懶的旋律冷卻了每一個人的勁兒，淡淡升起的喇叭聲也帶動不了什麼生氣。不久，密集跳動的音符躍起，每個人都從榻榻米彈起，淑子帶動跳，不再只是原地扭動，有時在屋牆間擺臂扭動來回小跑步，山口愛跟著藤山一郎的歌聲唱開，全力鋪陳歌曲迎著陽光、清風越過山丘原野的青春意象。

淑子使勁地移步搖手，跳著跳著，好像在跳兩年前老師教的北海道民謠〈騷亂調〉[1]，兩手像抓著魚網般左搖右晃，……。山口愛：

「淑子，妳和弘毅幫忙把留聲機抬下去。爸爸回來看到把他的東西弄亂了會不高興。」

「是。」

「妳晚上還要上課。今天大家吃中午吃剩的雜炊。我去熱一下就好，速戰速決。」

淑子和弘毅把留聲機搬回客廳壁櫥安裝好，打水洗澡時，父親回來了。山口文雄白天上班，晚上上課，中間在家的兩個多小時是他最重要的休息時刻，他把公事包扔在沙發上，山口愛立刻把掛在樓梯邊的浴衣取來給他換上，讓他徹底放鬆。

淑子不經意地發覺，母親和子女玩成一片的場景似乎是越來越少了。一方面，弟妹慢慢長大，而時局的不安才是最重要的因素。文雄穿上浴衣，繫上衣帶：

「算來滿洲國也已經成立半年了。政治不穩定，我對淑子成為政治家秘書的期望，是有點動搖了。三年前蘇聯軍不死心，想回到這地方，兩年前東北王張學良大旗一揮，歸順中國國民黨，去年差不多這時候，中國東北被日本拿了過去，隨後搞了一個滿洲國。時局變化太快，像翻書一樣，不曉得下一頁是什麼。」

「我們在這邊安身立命，都已經十幾年了，想回日本也回不去了。我們對滿洲這地方實在懷有很深切的夢想。」山口愛呼應先生一直以來的想法，「小孩子還這麼小，如果真要搬回去的話，也太可憐了，像逃難一樣。」

「日本人普遍對滿洲懷著夢想。有些人先入為主地認為他們必須擁有這塊土地，而且非常強制性，理所當然地認為。有些人很謙卑地夢想這塊土地容得下他們。不過這也得看東京的態度。如果他們見好就收，有些人的夢想還可以延續。不過他們不會就此打住。軍人就像出閘的猛虎，誰也攔不住。」

山口愛沒有回答，但思濤如湧，多少認為再談也是多餘的。記得三四個月前首相犬養毅被刺殺時，她和丈夫也是花了不少時間才拼出事件發生的原委。原來犬養這位日本政壇最後的老好人，只因為拒絕聽從軍方要他承認滿洲國的『指示』，進而要和中國政府商談折中的解決之道，惹來殺身之禍。這還不打緊，輿論反而一面倒支持兇手，以致他們沒有勇氣就這個議題再探究下去。文雄繼續說：

「我們老百姓看見軍人會怕，日本國內政治家也怕軍人，且怕得要死。未來一定走軍人組閣的老路。」

文雄自覺講太多，有些危險。一種隔牆有耳的神經緊張開始在他心裡作祟。以致「基本上關東軍已經變成滿洲國的太上皇。軍人可以挾滿洲國以自重」的這些話卡在喉嚨，沒有說出口。

註 1：北海道民謠〈ソーラン節〉。

▌▌▌ 4.夜來騷亂 母子驚魂

十五夜快到了，山口愛應景做賞月糰子，天氣熱，食物不好保存，所以要連做好幾天，讓家人每天都可以吃到新鮮的秋節美食。淑子彈奏蕭邦的〈離別曲〉，懷想的音符不禁讓她想起搬回日本半年一直沒給她寫信的俊子。她自然也想起了柳芭，已經三四個禮拜

沒給她回信，實在有點不知道該寫什麼。哦，對了，就寫秋節賞月這一習俗吧。她在信中表示日本的「月見節」基本上是從中國傳來的，但變得更精緻，中國人的月餅是向店家買的，但日本人的糰子是自己做的，晚餐和賞月酒都納入節日的氣氛，而且變得有點像儀式，不像中國人吃吃月餅就 OK 了。淑子最後還問她白俄有這種節日嗎？寫完放進信封正要封信時，淑子猛然想到柳芭在奉天日本社區住了好幾年，也讀了幾年日本小學，日本人的「月見節」早就知道得一清二楚，還對她說三道四。她啞然一笑，還是把信封好寄出去。

在撫順炭礦滿鐵研修所上完中文講座，山口文雄載著女兒回家，一路無語。回到家，山口愛給他換上浴衣，同時把剛做好的糰子端出。文雄坐在鋪在木造地板上的無腳沙發上，兩腳伸進茶几底下：

「今天上課的情形異常。」

「怎麼說？」

「不少人都去開會，快要下課了才來。」

「哦。」

「事務所和礦坑管理階層的人都去開會了，代理礦長久保孚主持，應該是安全會議。」文雄眉頭深鎖，臉孔暗影濃聚，「現在礦區人心浮動，各種傳聞都有，有人擔心罷工，有人擔心動亂。」

「工資低，工作又這麼辛苦，這麼危險。也真難為他們了。」

「十五夜就是他們的中秋，工人醞釀休假。」

「你休嗎？」

「白天事務所還要上班。晚上中文研習班不上課。」

「那就給他們休不就得了。你可以建議礦長。」

「礦長有他的壓力，不是他說了算。現在年拚九百萬噸，還有一段差距。接下來要挑戰一千萬噸。」

「太可惜了。」

「怎麼說？」

「中國和日本好不容易有個共同的節日，一起慶祝不是很好嗎？」

「妳說的也是。日本自從跟著西洋人使用陽曆後，也過陽曆年了。賞秋月，使用陽曆是行不通的，陽曆八月十五未必每次都月圓。不過話說回來，日中兩國人民共賞月亮，別的地方行不行得通，我

不知道，但撫順全然行不通。」

　　文雄心思沉入歷史的黑洞，和炭礦的出土相反，不時發生的礦難、虐勞伴隨著政治黑手，埋進礦坑的最底層。文雄無法瞭解那些事件的全貌，帶著幾分揣測，只能越想越黑。他繼續說：

　　「撫順，尤其是撫順炭礦，是怨恨深重的地方，是惡靈詛咒的地方。」

　　山口愛沒有回答，思緒轉了一下，點了一下頭。夫妻倆對礦坑的驚懼是共通的。一年半前，大山坑豎井裡頭橫死三千人事件不說。四年前，淑子八歲的時候，也是大山坑這個豎井，沖下的山洪像著了魔似地灌進來，將近五百條人命傾刻間付諸流水。從那時以後，如果沒有職務上的需要，他就不再登高遠眺或臨近俯瞰整個礦區了，恐懼已然驅退了最後一點的浪漫。他雖然住在日本人社區，憑著流利的中文找人閒搭了幾次，取得對方信任後，又聽到了他搬來撫順前，也是這個大山坑，當權者用黃泥封死瓦斯爆炸的礦井，堵死千人的慘劇。

　　他曾經站在炭礦所頂樓眺望大山坑，但坑道被廠房擋住了，看不到那邪惡的坑口，但南邊的古城子露天礦就像是這塊大地的巨眼始終攫住他的視線。天色越是陰暗，這只螺旋鐵道纏繞的深黝巨眼，越是魂迴無數，靈纏難解地伺機攫取新的人命，就像人們貪婪地從它身上攫取無窮的資源一樣。山口愛：

　　「我看也別想太多了。節日氣氛都被你嚇跑了。」

　　第二天，淑子和美都里相約騎單車到千金寨老街走了一趟，體味濃濃的中國風情和當地的月餅。回到家裡和弟妹混了一下，再幫媽媽煮菜，終於到了月華待升的薄暮時分。

　　這兒的每一住家都附設庭園，住家與住家之間有小徑相通，沒有大街商店緊鄰的那種壓迫感。淑子的家不靠馬路，對面的住屋被撫順實業協會買去當辦公室，實業協會的庭院延伸至淑子家的門窗外。美都里家的料埋屋在實業協會的隔壁，也靠馬路，自然就在淑子家的左前方。小川料理屋照常營業，客人吟唱、划拳的聲音隱約可聞。

　　實業協會晚上沒人辦公，植有一些花草的後院變成山口家的前庭，山口愛把草蓆擺在草上後，淑子和悅子協助把菜餚從屋裡搬到

外面，一家圍著草蓆坐成一圈，草蓆上的菜很精緻，京都鰻魚飯、啤酒浸雞塊、炸雞翅、豆腐、煙熏茄子、炒油菜，放眼望去，賞月的家庭，東一圈西一圈，笑語一波波。圓月出來了，正是酌酒的時候，大妹悅子也已九歲了，平常也會幫忙做點家事，這次由她斟賞月酒。其實弟妹還太小，只能以水代酒。悅子小心翼翼地把酒注入酒盞，然後遞給淑子，再由淑子經母親傳給父親山口文雄。每一個人手中都有酒盞後，文雄帶領家人舉起酒盞：

「看看酒盞裡面有沒有月光。小心不要流出來，酒流出來月光也就流失了。」

「有了，看到了。金波蕩漾。」淑子。

「不要蕩漾，手拿穩，一蕩漾就會流出來。好！許個願，一家圓滿。」

大家喝了一點放下，吃了一點菜後，文雄繼續說：

「中國人說月圓人團圓。團就是糰字去掉米字邊，意思是一家人像糰子一樣聚在一起。我們日本人比較少用四個字連在一起的成語。中文裡面很多。我剛說的『一家團圓』就是直接從中文移過來的。」

這一天不用上中文講座，淑子感覺疲倦便早早入睡。她不知睡了多久，暖融融的睡意突然被搖散，刺耳的警報聲猛然灌入，睡意陡然變成驚恐。母親見淑子醒來：

「趕快穿衣服。」

睡在旁邊的悅子也被母親搖醒，兩姊妹爬出蚊帳，跟著母親到兩幼妹睡的通鋪，把她們叫醒。警報聲持續貫耳，雜遝的人聲一波一波傳來。淑子鎮定了一些，把臉貼著窗玻，實業協會和料理屋面臨的馬路，不斷有人奔跑呼叫，兩輛軍車在單車陣中隆隆駛過。文雄提著公事包跑了上來：

「我要去辦公室一趟。說不定晚上回不來。」

「不去不行嗎？」

「一定要去。打包好簡單的行李。如果情勢不好……」

「我們能去那兒？」

「行李打包好，衣服、鞋子穿好後，電燈全部關掉。守備隊或自警團前來招呼要走時，再跟他們走。不要隨便行動。淑子已經長大了，可以幫助照顧弟妹了。」

父親走後，淑子幫忙收拾行裝，肩上承擔了責任，恐懼消退了一些。屆時，要和悅子或弘毅協助母親各帶一個小的。行裝收拾好後，母親帶著大家到淑子房間，然後叫淑子把全屋的電燈熄掉。淑子躡手躡腳地回到房間，看見母親和悅子把臉貼住窗玻。往南方看過去，露天礦坑上方的天空一片火紅，血紅的光影閃個不停，看不到礦區，但想像在淑子腦中燃起。她彷彿看見環谷鐵軌全被燒成赤鐵，高大的捲揚機紛紛在火海中燃燒，選炭所全被焚毀，礦工居所一到處可見的窩棚成了火葬場。

　　火光持續燻天，把暗夜推上了幾許，附近建物的屋頂和成排的白楊樹梢感染了遠處的火光，好像也在熊熊燃燒。西南邊露出一角的中央大街，人車似乎擠成一團，車燈四射，鬧哄哄的聲音不絕於耳。

　　「在燒哦。」

　　悅子剛說完，喊叫、踩踏交雜的聲波嘩啦啦地湧了過來。山口愛試圖開窗窺探外頭，一陣敲打木板、鐵欄杆的聲音讓她退縮回去，尖銳的叫嘯聲分不清是日語還是華語，山口愛藉著從窗玻射進來的薄光，蹲坐地板用手指貼唇，示意大家靜默，然後把子女攬在身邊，一波未去，另一波聲浪又湧了過來，母子六人抱成一團，可以相互感到彼此肌膚的顫抖和呼吸的急促。

　　淑子摒住氣息，一直擔心聽到樓下窗玻敲破的哐噹聲。約莫過了五分鐘，熱烘烘的聲音走遠了，再過一刻鐘感覺沒有人後才放膽起身貼近窗玻。剛剛還有一些住家亮著燈，現在除了遠處露天礦區的夜空還在焚燒外，近處一片漆黑。大多住家都沒開燈。

　　不知過了多久，母親要大家別動，小聲說：

　　「我去看看馬路那邊的情況。」

　　「妳要下去？」淑子。

　　「我在大房間看就可以。」

　　沒多久，山口愛回來了：

　　「馬路那邊比較安靜了。再等十分鐘，沒有情況的話回房間睡覺。」

　　才幾分鐘，弘毅率先回房，隨後山口愛也帶著清子、玲子回大通鋪了。見家人已離去，悅子也從容上床。

　　「姊，妳不睡啊？」

「我再看一下。」

隨著騷動的漸趨平靜，露天礦的火燄也緩和了一些。淑子上了床，聽見悅子輕微的酣聲，閉上雙眼，漫天的火紅立刻在腦中升起。她努力掙脫這一切，想好好睡一下，但終究不得逞。她再度起身，打開窗戶往外瞧，東天泛開的魚肚白已然消淡夜空的燄紅。燄紅消失了，似乎成了久遠的回憶。淑子把下巴貼著窗戶，消失的火紅又在她腦海中燃起。對於這場大火，他們母子是遠遠的旁觀者，但一定有很多人被捲了進去，父親說不定也是其中的一位。淑子心頭升起的憂慮，隨著天色漸明，淡化了起來。

晨曦升起，金光迸射，樹林下的赭紅色泥土遇光變紅，她看得入神，悅子、弘毅都起床了，但還是有些睏，到樓下梳洗過後，精神好了些。悅子開燈，神情泰然地拿起國語課本朗讀了起來。淑子：

「啊！今天禮拜五，還要上學啊，已經七點了。」

「不用上課。」

「？」

「媽媽說守備隊前來說，今天不用上課。」

「是嗎？」

淑子說著鬆了一口氣。一家人圍在一起用早餐，弘毅和悅子談起父親。清子：

「爸爸什麼時候回來？」

「大概中午吧。」

母親說著看了淑子一眼。淑子：

「現在是爸爸的上班時間，他可能在辦公室過了一晚後，不回家，就在那裡順便上班了。」

「還是淑子有頭腦。」山口愛向長女露齒笑了一下，「我也這麼想。他的辦公室可能遭到破壞，一定有很多事情要處理。今天菜市場一定也沒開市。」

「或許。要親自走一趟才知道。」淑子。

「那我看就走一趟好了。」

「媽，妳真的要去買菜嗎？」

「暴亂平息了。應該沒事。」

「不然弘毅陪媽媽去好了。」淑子笑看大弟一眼，「男生畢竟

力氣比較大。」

　　弘毅向來聽大姊淑子的話，況且賺到一個假日幫媽媽推菜籃車，更是義不容辭。用完早餐，沒事的人全回到樓上自己的房間，看書補眠，各行其是。

　　淑子看了一下課本，又掩卷陷入沉思，發生這麼大的事情，大人噤聲，小孩也都悶在家裡，無從知道到底發生了什麼事。她想到了美都里，想約她去露天礦附近，看看到底燒成什麼樣子。那兒衛兵一定比平常多，警界線外也一定有很多人看熱鬧，或許可以從那些人口中聽到一些訊息。可惜俊子已經回日本了，不然三人膽子更壯。待媽媽回來，要出門就更不容易了。她想著穿好衣服，匆匆下樓，怎麼一片亂哄哄的。她定神一看，外面都是人，靠近窗戶往外瞧，一種不尋常的氣氛讓她感覺昨晚的事情又要重演了。她想著是不是該把門反鎖，但又擔心待會媽媽和弟弟回來時進不來，她看了一下門鎖，發現母親出去時從外面鎖上了。淑子趕緊跑到樓上通鋪時，悅子、清子和玲子也都在看。清子：

　　「我們被包圍了。」

　　「不要出聲。外面聽得很清楚。」

　　淑子說著開始觀察她過去常和美都里、俊子一塊閒談、休閒的實業協會辦公室的後院。五、六名穿著軍服的日本憲兵伴隨著高聲談話走了進來。跟著過來的五、六個平民也是日本人。悅子：

　　「是日本人。還好。」

　　淑子不再開口，看到了一位雙眼被蒙住，雙手被綁在背後的人被兩名日本憲兵押著過來。被綁的人身著無袖工作服，手臂肌肉結實，顯然是中國苦力。為了防範他逃跑，雙手綑綁處還繫著一條繩子，由一名憲兵拉著。苦力看不見地面，腳步遲疑，被憲兵拖到軍官前面，肩膀被重重按了一下後，身體頗搖晃了兩下，差一點跌倒。軍官指著庭院中央的松樹：

　　「把他綁在樹上。」

　　苦力被拖行了幾步，也被綁在樹幹上後，眼罩被憲兵取下，桀敖的兩眼睥睨眼前的一切，瞬刻，不屑地把臉別開後，正好和淑子的兩眼交會。淑子慌了起來，隨後又被憲兵的吆喝震懾住了。庭院裡面的人越來越多，喧囂一片，顯然日本人、中國人都有。

和中尉軍官交頭接耳後，持槍憲兵開始對苦力吼叫：

「昨天你帶盜匪前來礦場，認罪不認罪？」

憲兵無視於苦力可能聽不懂日語，再度嘶吼。苦力把臉別開，避開憲兵的怒視。憲兵吼得更淒厲了，苦力仍然抿住雙唇。整個場景似乎有一種意向，只要苦力開口，不管他說什麼－事實上日本憲兵也可能聽不懂，就當他認罪，可以多喘一口氣，沉默冷對憲兵的問話，就繼續受刑。

「馬鹿野郎！」

憲兵吼著提起槍托重重地朝苦力額頭打下去，淑子本能地閉上眼睛，不料母親山口愛衝了進來，把清子和玲子抱離窗戶：

「不要看，不許看，回去自己的房間。」

悅子和弘毅果真回到自己的房間，淑子進入父親的書房時，窗間還是繼續傳來憲兵嘶吼和槍托敲打的悶響，她感覺憲兵靈活旋動的槍托就要凌空破窗而入一般。她再度憑窗窺探，赫然看見苦力的額頭鮮血湧動，血流在胸前的汗衫匯聚後再往下流。圍觀的人神情全然被血流凝住，盤算著他是腦震盪還是已經死亡時，摒住多時的氣息慢慢鬆開。苦力顯然已斷了氣，身體癱在松樹幹上。

看到了這一幕，不少人悻悻離開，但湧進來的人更多，幾乎衝破憲兵的警戒線。

「後退，通通後退！」

憲兵一邊喝令一邊快捷地把綁住苦力的繩索割斷，群眾恢復了嘈雜，看著憲兵把苦力架走後，更是議論紛紛。

群眾很快地散去，淑子發覺後面的門開了。山口愛：

「妳還在這裡看。」

淑子退到自己的房間，母親還是追了過來：

「淑子，妳身為大姊要以身作則，這種場面怎麼可以看，妳不但不阻止弟妹看，自己還帶頭看。」

看著姊姊站著挨訓，悅子悄悄地投來關切的眼神，不巧被母親捕捉到了。山口愛：

「妳也一樣，罵她等於罵妳。」

清子和玲子傳來爭吵聲，山口愛趕忙回房處理。

淑子躺在床上，內心和心悸一樣劇烈起伏。剛剛那一幕對她來

說，不僅是一個殺人事件，也是對她童年世界的斲傷。那株松樹原來是她姊弟妹和俊子、美都里玩捉迷藏，給扮鬼的人埋臉待其他人躲藏好後出發尋人的基地。整個庭院都有著他們小孩童年的歡笑和傷愁。如今這個小天地被這恐怖的事件煞住了。記憶中玩了六七年的小園地一夕間變了色，變成邪煞噬血的惡地。她難以接受，感覺狂亂，腳步凌亂地衝下樓。下意識中，她以為她這番衝動就可以改變眼前的一切，把那塊受詛咒的惡地還原為她的小天地。她甩開大門，步下階梯，向前奔了幾步，才聽到母親要她停止奔跑的聲音。她悠悠抬起頭，看著樹梢枝椏遒勁，撐起一片綠雲的老松，它不再像祖父那樣呵護著小孩玩遊戲了。淑子看著松樹下的那一攤血時，母親一個箭步抓住她的肩膀。淑子自陷亂局，不免驚惶，及時到來的援助讓她繃緊的心猛然放鬆，於是很在母親懷裡哭了起來。

這件事對附近的居民，尤其是行刑地正對面的山口家的影響是立即而長遠的。淑子和弟妹上學，不管是前往永安小學或撫順女校，走右邊或左邊的巷道都會看見那棵松樹，有時他們乾脆一出大門就直接向右或向左轉，儘量背對著松樹走一段路後才轉進大馬路東六條通。到了晚上實業協會沒人辦公，黑得像鬼屋，更沒人敢打他們後面的庭院經過。不管山口或小川家，晚上也都儘量不出門。自從柳瀨俊子回日本後，淑子和小川美都里的感情已大不如前，如今少了實業協會庭院這個平臺，除了在學校下課時間有時會碰面，和每週兩次的音樂課外，她們見面的次數就沒這麼頻繁了。

鬼魅的傳說，真真假假，越傳越多，山口愛一再禁止，但小孩越是害怕越喜歡傳播。有一則還是小川美都里在學校傳播出去的。她說她家料理店的一位酒客，半夜到外面小便看見一個人站在那棵松樹旁，他喝令那人走開，一晃眼間人不見了，回到料理店，和酒友談起，酒友指他看到的是那位被刑求致死的中國苦力，當場嚇得腿軟。淑子害怕極了。她和弘毅的房間雖然背對實業協會的庭院，但父親一直沒回來，晚上看見自家庭院一片漆黑，難免驚慌，想到冤魂向來是飄來飄去時，心裡更是驚怖一片了。每天晚上，她和弘毅都把門窗關緊，窗簾拉實，有時弘毅害怕一人睡，還會跑過來打地鋪，三姊弟擠一間，感覺紮實穩當多了。

　　柳芭來信，感嘆生活無聊，「有何新鮮事？說出來大家分享。」她想到了兩天前發生的事，寫給柳芭，她一定感到新鮮刺激，她先寫露天礦焚燒那晚的驚魂之夜，但有著太多不十分明瞭，正式的信寫成草稿後，她把可能會碰到的問題整理好後走到大通鋪，母親正在整理衣服。

　　「兩天前半夜焚燒的確定是露天礦？」

　　「好像是吧。」

　　「為什麼燒起來，是盜匪還是游擊隊攻進來？」

　　「報紙有時寫盜匪作亂，有時又說是游擊隊。」

　　「第二天，那個人為什麼被打，確定死了嗎，還有爸爸是被憲兵隊帶走的嗎？」

　　「大家猜是如此。妳問這麼多幹嘛？」

　　「我要向柳芭報告事情的……」

　　「都不能寫，這種事情一個字都不能寫。」山口愛一慌把折好的衣服都弄亂了，「沒有提醒你們，你們就自做聰明。信寫好了，拿來給我看。」

　　淑子回房把信的草稿拿了過來。母親山口愛坐著端詳，臉露笑意：

　　「虧妳還寫了這麼多。看妳常常信文章就進步了。不過那些事情就真的不能寫。現在這種時候，信件是要檢查的，寫信到了柳芭的學校，更會檢查，也會讓柳芭被叫去訓話。」

　　「……」

　　「妳還小，可能被生活指導老師叫去訓一頓。但我們做父母的也可能會因為督導不週而被軍方懲罰。」

　　「父親還沒回來的事也不能寫嗎？」

　　「可能妳爸快被放出來了，因為妳寫這封信，結果出不來了。」

　　淑子一臉驚恐，她沒想到事情會這麼嚴重。媽媽可能像學校老師那樣，有些誇大其詞地恫嚇，但事情的嚴重性，是有目共睹的啊。像那些憲兵可以把人活活打死，把爸爸抓走，那麼書寫憲兵的行事，尤其是把他們寫得像魔鬼，都可能招來危險。她從母親口中或自己眼見得知軍人或憲兵固然對游擊隊十分殘酷，對自己的百姓也不手軟。父親連兩個晚上沒回家，據信被帶走，可能被調查，益增事情

的複雜性。

　　她信任地把草稿交給母親處理，也聽從母親的建議，從生活學校的瑣事當中找一些比有趣的來寫。隨後母親也把弘毅、悅子比較大的小孩叫過去點醒一番，然後陷入對丈夫沒有訊息的焦思當中。

　　再說，這個家庭的家長山口文雄9月16日凌晨前往滿鐵撫順碳礦事務所上班，當天中午便被載到憲兵隊問話。

　　晚上未見丈夫回來，山口愛憂思如焚了一整晚。次日一早，到小川料理屋借電話，公司的回應是，文雄被帶走調查：

　　「事情實在是鬧得太大了，他被帶走調查，並不是因為犯了什麼錯。主要是他會華語，對那些華工有一定的接觸和瞭解。我想，軍方主要是想透過他瞭解事件的起因。」

　　「軍方？」

　　「這種事情當然由軍部調查。太太放心好了，山口顧問應該是協助調查，而非被調查。」

　　山口愛本來想到炭礦事務所瞭解，聽了丈夫同仁的話，和小川夫婦商量後，決定再等一兩天。

　　禮拜天，山口愛滿心期待丈夫回來，還是落空了。

　　焦急中期盼的上班日又來了，山口愛由擔心感到害怕，決心到丈夫的辦公室，但也期望小川太太陪她前往。一早，料理店還沒營業，她前往小川料理屋。小川太太：

　　「我看文雄應該不會有事。妳要去辦公室找人？」

　　「至少可以問出他人在那兒。」

　　「一定在憲兵隊。這邊有人失蹤，找憲兵隊就是了。」

　　山口愛聽到憲兵隊就兩腿發軟。美都里的父親小川宗治繼續說：

　　「以前我就想，文雄是中國通，軍方一定是調查這一點。軍方也有中國通，他們聽命辦事，對於中國或者滿洲民間的瞭解有限。軍方應該是想借這次游擊隊攻擊事件瞭解民間的中國通到底知不知曉事件或涉人多少。」

　　「是不是調查他有沒有私通游擊隊？」

　　山口愛直率地吐露心底的憂懼，自己也嚇了一跳。

　　「沒錯，有沒有通敵，也是他們要查的項目。」

　　山口愛默默地聽，帶著一些忍受。小川宗治繼續說：

「我們料理店，三教九流各式客人都有，守備隊、憲兵大哥、消息靈通人士，每天高談闊論，最喜歡談的就是政治軍事情勢。關於這次炭礦事件，他們確實談到日本有些職工和華工過於親近，是否和事件有關，值得研究。」

「不知道不要亂講，你以為這樣很好玩？山口太太，別聽他亂講。」

小川夏子一邊制止丈夫，一邊安慰山口愛，山口愛頓感狼狽，小川宗治乾笑兩聲時，山口愛趁勢逃離。

山口愛忐忑地回到家，頗思量了好一會兒，怎麼想也想不出文雄和游擊隊有什麼瓜葛，稍稍放下心，清子、玲子回來了，等於說她尋找親夫最寶貴的時間已經過去，到了黃昏，所有小孩都回來後，她更不可能抽身了。就在這時候，她接到守備隊轉來的憲兵隊的信函，看到信封中憲兵隊三個字，她的心臟撲通撲通鼓動起來。她叫淑子幫忙照料廚房爐火，跑到樓上拆開信封，信中簡單說明，「令夫目前刻正就重大案件協助隊本部調查，待調查完畢即可返家，如須進一步調查，另函通知，請勿前往探視，以免影響調查作業。」

她躺在榻榻米上，把信平置胸口，祈求神佛庇佑，接著起身下樓在客廳壁櫥找到年初在神社求得的福袋，再次回到二樓把福袋和信函疊在一起，壓在衣櫥一角的衣物堆內，才覺得心安一些。

小孩叨念著父親，山口愛只能說再過幾天就會回來。淑子很快便認為母親刻意敷衍，不祥的感覺不時從內心升起，旋即壓了下來。

這一天淑子放了學，從中央路轉進六條通後不久，一輛腳踏車急急地在她前面煞住，她停下腳步轉頭一看是父親，有點不敢相信：

「被關了一個禮拜？」

「回去再說了。」

淑子看見父親車籃裡有兩瓶白酒：

「爸，你很久沒買酒了。」

「悶太久了。淑子妳也喝一點吧。」

「爸別開玩笑。看媽願不願陪你喝一杯。」

「實在是憋太久了，憋出一身對醉的渴望。」

淑子笑了一下，沒回答。

「天氣這麼熱，房間沒電扇，連水都沒得喝。」

淑子恍然間以為父親關心家裡的情況，隨後想到他是在抱怨關

押他的環境後失笑了一下。淑子在小川料理屋前一棟住宅踅進小徑，文雄不明所以，也跟著進去。

看見父親回來，小孩最高興了。山口愛聽到了，趕緊下樓，乾脆提早下廚。

「被約談了，調查了？」

「吃飯時再談吧。」

山口愛知道丈夫心情欠佳，不再追問。文雄把比較小的女兒摟抱一番即上樓關在自己的書房裡。吃飯時間，文雄下樓時已有三分醉。山口愛：

「看你這樣子，我陪你喝好了。」

山口愛的酒量不十分好，和丈夫對飲幾杯後，已經是醉態可掬了：

「你被憲兵隊抓去提問吧。」

「妳怎麼知道？」

「憲兵隊來了通知，說你協助調查。」

「協助調查？是被調查。16 號中午不到就把我載了過去。給我吃了一個飯糰就要我把有關中國的一切寫出來。那個年輕的中尉一直在叫：為什麼要學中文？交了幾位中國朋友？我只好把父親山口博仰慕中國文化，後來怎樣影響到我，從這裡開始寫。長大後到北平同學會讀書，奠定良好的中文基礎。同時在北平認識李際春、潘毓桂，結為拜把兄弟，後來比較有聯絡的就是這兩位……。過後換一位大尉，不斷插問題，害我寫到三更半夜，還沒寫完。」

「好像在審犯人，沒有嫌疑也要搞一些問題，問到你受不了。」

「基本上是嫌犯，只要測試沒通過就判刑啦。」

「原來是在調查你和中國朋友的關係。你認識的中國人雖多，還好都是親日本的，交往不算複雜。」

「他們既然這樣要求，我當然不敢怠慢，想到什麼就寫什麼。一直擔心他們握有很多資料。」山口文雄猛喝一口白酒，再給酒杯斟滿，「那位大尉就把我以前同學會的同學名單全部挖出來。要我把每個同學的外表特徵、嗜好、專長、社會關係，統統交代出來。這怎麼可能。當初大部份都沒有交往，幾個有交情的，分開後也都沒有連絡。在這沒有意義的題目上浪費了兩三個小時。」

「他這樣刁難，我看應該是上級找碴，他把難題轉給你。」

「不管怎樣，秀才遇到兵，就全部交給他了。」文雄看著把食物渣倒進鋁桶的弘毅，「不過最後的審查由一位少佐主持。他客觀地認為我的案子就只有兩個主軸：奉天的李際春和北平的潘毓桂，其他的中國人際關係都是轉燭飄蓬。」

「你白天上班，晚上上課，那有那麼多時間交際。」山口愛稍稍放下心，「我一開始比較擔心的是，那些人會調查你和華工之間的關係。」

「我和華工之間，關係一向很好。畢竟我聽得懂他們講什麼，是他們和廠方之間的橋樑。我當然也怕那些憲兵朝這方向偵辦。」山口文雄酒紅的臉孔遮掩不了臉孔浮露出來的憂慮。「偵辦我和高級華人之間的關係，我剛說的少佐強調這只是初步認定，因為任何可能都存在，所以案子一時沒辦法撤掉。」

「這盤蛤蜊、蝦仁炒花枝只剩一點，全部倒進你碗裡吧。」

山口愛說著把盤子直接傾在他碗裡。

「哦，好好。」他再次和妻對飲，「李際春的報告由他的司機火速送達。報告由李際春將軍親筆寫成，結果和我寫的內容吻合。和李將軍的報告吻合非常重要，因為他是滿洲國建國的功勞者。潘先生的報告就拖了好幾天，不然我早就放出來了。潘大哥很忙，最後由日本大使館的秘書親自採訪他，用日文筆錄下來，送到憲兵隊評鑑的結果，也都在精神上、實質上和我的報告出入不大。潘大哥和李將軍都是日本文化和國力的仰慕者，也就是中國所謂的親日派，所以最後的結論是，山口文雄沒有通敵，只是通友。但這也只是暫時的結果。」

父親冗長的敘述告一段落，還在座的淑子和弘毅都鬆了一口氣。山口文雄和弘毅父子把不能保留的菜全部分掉，淑子幫母親收拾餐桌上的盤碗，母親正要把桌上的殘羹剩飯抹掉時，文雄：

「不要抹了，我還有一件最重要的事情還沒講。」

山口愛坐了下來，淑子也回到座位。文雄繼續講：

「一開始，他們說為了方便調查，要我辭掉滿鐵的職務，撫順縣政府的顧問也一樣。」

「他們？憲兵隊？」

「沒錯。他們寫好辭職書要我簽名。」

「現在調查結果還你清白了，職務是不是可以恢復？」

「並沒有完全恢復清白，案子還在，任何人都一樣，還有任何可能。如果有新的事證，還是會重啟調查。想要工作，除非專案申請，但我在這兒人單力薄，做任何事都一籌莫展。」

「這樣好了，你在家照顧小孩，我到外面工作。」

「不行！」

文雄厲聲斥喝，山口愛心頭打了一個寒顫，男人、權力、佔有慾、憲兵、軍人、殘暴……這種點滴印象積年累月形成的強有力思維開始盤據她胸府，她忍不住把一禮拜前，一位中國工人在家裡前面被毆打流血的慘景向他表白。山口文雄：

「那位工人後來怎樣了？」

「聽說死了。所以現在小孩都不敢經過那裡。」

「他們在我家前面殺人難道不是針對我？」

文雄提著酒瓶和酒杯往沙發移動，山口愛跟著過去，淑子開始抹動餐桌時，傳來父親高亢的聲音，但聽不清楚說什麼。

「什麼兩三千人。」

「機關槍掃射。整個村……」

淑子手顫顫地泡好茶，端了過去。

「辦公室死了幾個幹部，幾間辦公室被燒。」文雄看著放下茶壺的淑子，看了她一眼，要她趕快離開，「那不算什麼。」

淑子快步離開時，身後傳來父親向母親說的話：

「聽中國囚犯講的……當然，分別關在不同牢房。……但是說話聲鐵欄杆擋不住。」

淑子上氣接不下氣地直奔二樓，進入房間。悅子睜著兩眼：

「爸爸沒工作了？」

「他自己這樣說的。」

父親沒工作了。但兩三千人沒命了。都是爸爸說的。父親失業是言之確鑿的事了，但兩三千人，機槍掃射，是憲兵隊拘留所中國囚徒，或者滿人囚犯傳出來的。也許誇大其詞，但這起重大事件一定是近期發生的，而且和露天礦焚燒同屬一件事的不同面相。幾經揣摩和描繪，這起虐殺好像是歷史事件，欠缺體驗或身邊人見證的熱度，始終未能在淑子腦海中完整成形，隨著父母不再談論這個話

題，她也就漸漸淡忘了。

九月下旬，白楊樹葉漸漸飄落，經過文雄解說過的露天礦攻擊焚燒事件、傳聞中的大規模虐殺事件、家門前中國苦力被憲兵毆打致死事件，就像落葉一樣，漸漸從這一家人的記憶中飄落，大家最害怕的父親的失業終究赤裸裸地露出，寒意顯現在每個人的神情中。

「中國有一句話：天無絕人之路。」山口文雄越說越無力了，「畢竟路已經走絕了，在撫順我們也沒多少路可以走了。」

山口愛很擔心這一番話激起他的脾氣，當然談到最激憤時，山口文雄總是很情緒地想力斬中國夢，全家回日本佐賀耕種討生活。但前提是撫順的房子要順利脫手，才有錢回鄉買房落戶。

或許真是天無絕人之路，文雄年輕時的拜把兄弟－奉天李際春將軍來信力邀，在他們夫婦間掀起極大的波瀾。李際春知道他們面臨的困境，希望他們一家搬到奉天，住在他大宅院外面的洋樓，他再協助介紹煤礦顧問的工作。至於撫順的住房，他會協助出脫。

李際春深知山口文雄的工作是一家的動力。他在信中寫道：「小弟在北平門頭溝和山西大同煤礦都有一些股權，兄臺這種撫順大礦的大工安到這兩礦當安全人員或顧問是綽綽有餘，工作部份弟就先進行安排了。」

山口文雄躺在無腳沙發上，把信遞給妻子山口愛：

「李將軍的意思是，如果工作真的有了，長遠之計當然是住北平為佳，但先住奉天，生活上互相照料，我每個月再巡迴檢查遠地炭礦，也不失為一個辦法。」

「你因為中國色彩被憲兵調查，現在又往中國坑裡跳。」

「將軍雖然是中國人，但一心為日本，可說比日本人還日本。況且他的忠誠是關東軍認證的。」

「這是你一廂情願的看法。一旦他沒有了利用價值，我們一家豈不又成為關東軍的祭品。」

文雄透過書信，委婉地把妻子的憂慮傳達出去。李際春只是簡單的回說：「在撫順，你被當成外人，才被調查，到奉天你就是自己人了。在旅遊中工作，在友鄰中生活，人生若此，夫復何求？」

這句幾話打動了山口愛的心。夫婦倆在討論中添加信心，最後決定搬到奉天。

通信通了一個月，經過一陣惡夢般的紛擾，一家絕處逢生，突然有機會搬到奉天，淑子高興得不得了，給柳芭的信裡頭表示，可能性很高後，柳芭回信時在信末高呼萬歲，淑子告之事情敲定，很快就啟程時，也在信尾揮灑「萬歲」兩個大字。

■■| 6. 家移奉天 將軍宴迎

全家搬到奉天，十分費周章，淑子和弘毅要幫忙打包，半大不小的悅子有時還要應付兩位妹妹的哭鬧或調皮。文雄把一些帶不走的櫃子轉給小川和一些鄰居，笨重的書籍和一些家具託郵局寄送。但東西還是很多，想到要攜家帶眷，駄著一堆包袱上下火車，文雄夫婦也覺得比搬回日本還要艱困。家距車站不遠，但沒有車子是寸步難行。文雄打定主意，租了兩輛雙馬貨車，文雄、弘毅和大件行李同車，另一輛車載運山口愛、四個女兒和小件包裹。料理店的小川夫婦也都走到店外，給他們送行。美都里正在學校上課，雖然前一晚話別過了，但淑子還是有背叛朋友的感覺，尤其是想到不久就可以見到新朋友柳芭後，那種感覺尤其強烈。她現在已經長大了，直覺那種凡事約法三章，自我綑綁的小兒女的友誼有點可笑，正是擺脫它的時候了。她感覺柳芭給她開了一扇窗，裡頭都是自由的氣息。如果可以的話，自己和美都里也可以破除行之有年的規範重新來過。

離別在即，淑子才發覺中央大街是如此寬廣，人行道邊，成排的白楊樹葉落滿地，疏落的枝葉盛受陽光，但已經挑動不起她童稚的心。幾年前，她會對白楊樹說再見，現在她神情淡淡地看著路樹，心裡有些不捨，馬路對面的河合音樂教室隱現在路樹的枝葉間，馬車慢慢行進，把她礦城學琴的記憶拋在後頭。淑子自覺長大了，揮別街景整齊、單調的礦城，等於告別童年。

到了車站，車伕協助把山口家所有行李搬到車站，文雄於是顧了兩名搬運工，幫忙照顧、搬運行李。文雄一家七口，稚子多，家當也多，進入車廂後很受側目。有人讓了座，文雄謙虛用華語稱謝後，叫抱著玲子的淑子坐下。山口愛抱著清子淑子對面。這組對坐的四人座位區坐著山口一家六人，山口文雄還是站在讓座的平頭男旁邊。平頭男：

「是要搬到奉天？」

「謝謝你讓座，小孩子才有得坐。」

文雄說著額頭的汗濕流露幾許緊張。雖然是 11 月天，但車廂擁擠，悶熱，文雄也不想多說，以免露出日本人身分。看到小孩想講話或吵鬧時，立刻加以制止。小孩子年紀雖小，聽著車上所有人講的都是只有父親和大姊聽得懂的話，多少知道自己在這節車廂裡屬於異族，很自然靜默了下來。平頭男見文雄有些緊張，把頭轉開後，有些不自在地拉著吊環對著同樣站著的眼鏡男：

「你老是要去奉天還是回奉天？」

「去奉天。順便看看朋友。」

「現在很多人都想離開撫順。」

「那地方一直不安靜，來奉天看朋友，也是基於這種原因。」

「知道的人拚命想逃離，不知道的人拚命趕來送死。」

眼鏡男笑著沒有回答，平頭男繼續說：

「現在撫順炭礦大量向山東、河北招工。」

「本地招不到人？」

「都嚇死了。」

「平頂山坑殺了三千人。先用機槍掃射，再用炸藥炸山，山崖崩塌後把整個村落的人給埋了。」

「我也聽過了，但有這麼多人嗎？」

「三千人當中，礦工至少有一千人。加上逃走的，至少缺工 1500 人。」

「問題是前一晚火燒礦場、廠房和辦公室，打劫楊柏堡、東鄉坑的到底是誰？是那幫人馬？」

「聽說是大刀會的司令梁錫福。」

「他們打帶跑，溜得漂亮，又博得英雄的美名，倒楣的是那些老百姓。」

文雄一直很專注地聽那兩個男的談話，不久前也曾很情緒地透露出平頂山事件的片段，但後來決定不再講。此刻，更擔心聽得懂華語的淑子了解太多造成心裡的夢魘。

淑子以前聽過父親談過平頂山，有點想待會下車後向父親探詢這件事，隨後還是決定暫時忘掉這段不是很清楚的事件。只是那晚

礦場火紅的景象又在她腦海中燃了起來。

　　火車走走停停，40幾公里的路程走了一個多小時，到了奉天，旅客紛紛下車。文雄夫婦和大的小孩把行李搬下來後，幾名搬運工立刻圍了過來。文雄挑了兩名協助把行李搬下車後，一家小大順利走出車站。

　　文雄夫婦各抱一個，淑子牽著悅子和弘毅，兩個搬運工拉著兩輛臺車行李，一家的勞碌悄然沒入人聲鼎沸的車站大廳。舉牌迎客的人不多，文雄看到「歡迎山口文雄」的牌子，鬆了一口氣。

　　將軍派來的車子不大，扣除司機僅四個座位，文雄協助司機把行李全綁在車頂鐵架，隨後停下綑綁的動作看著車站：

　　「不就是日本人自己設計的嗎？怎麼一派俄羅斯風？」

　　淑子收回視線，望向眼前輻射出去的大街，再次調整對大都會的感受。

　　山口愛抱著清子坐前座，文雄抱玲子，淑子抱悅子，而弘毅抱著一包衣物，五人落入後座，車子塞爆，除了兩眼，幾乎動彈不得。

　　「師傅會不會經過浪速通。」

　　「來的時候走這一條，回去時當然也走這一條。」

　　「我有一位朋友住那裡。」

　　司機沒有回答，淑子試圖透過車窗尋找貝德洛夫餅糕店，但車身實在太低，視角有限，只好往前眺望。這個大都會顯然比撫順大多了，除了道路寬闊，建築物高大，展現了都會的格局，可謂重溫了去年隨班來遊的印象。路邊每根電線桿上面上百個瓷絕緣子高高掛，以前覺得好似百花齊放，現在直覺是富庶城市的表徵。

　　車子離開浪速通日式密集的二層樓店家，轉入「馬路灣」後，景物亮麗了起來，這兒的房舍不再密集，一棟棟兩三層歐式住宅都配有庭園、庭樹。車子到達三經路，一棟三層樓家屋前停下。這棟被圍牆緊緊圍住的樓房就是他們的新家嗎？淑子有點不敢相信，也不敢期望。站在這棟洋樓門前，旁邊站著一位女子，唇上吹起倒八字鬍的男子應該就是李際春將軍吧。

　　李際春將軍向山口文雄熱切地招呼，把姨娘介紹出去後，文雄把妻小大致介紹給將軍時，三四名家丁很快就把文雄一家的家當搬下，送到客廳。將軍對週遭進行一番介紹，對於家屋和圍牆之間的

庭園十分狹窄，表示歉意時，淑子瞥見隔壁的李將軍府，牆高門大，高牆內到底有多氣派，一時無從想像。文雄隨著李際春到樓上看了一下後立刻決定每人的住房，然後拜託李家家丁把行李運到各人的房間。

李際春看著每一個小孩的房間都分配好，行李都放定位後，開始垂詢每一個小孩的情況，對於會講華語的淑子特別滿意。

「文雄，大家太辛苦了，暫時先別整理，我們到附近走走，然後一起用個簡餐。」

李際春說著挽著個頭嬌小的二夫人下樓，頭頂瓜皮小帽的中年男子跟在後面。下了樓後，文雄牽著玲子跟上李際春的腳步，山口愛牽著清子，淑子、悅子和弘毅跟在母親後面，一夥人經過領事館區，李際春：

「要走一段路。不過看看一些特殊景觀就不覺累了。小弟會給你們做一個簡單的導覽。你們看，這兒右手邊是貴國領事館，左手邊是美國領事館。風格完全不一樣。」

淑子對於日本館綠瓦白牆的歐式風格，和美國館的黑瓦高牆，屋樓相擁的中國傳統建築留下深刻又奇怪的印象。接著宀字形，像寬闊頭肩的大樓廓清這一帶凌亂的屋舍、店面，雄踞一方。李際春：

「看！這就是市公署，整體是四層，中間往上凸的又是四、五層。」

文雄看著這棟褐色、霸氣的大樓：

「看來是有百米長，豎立起來看就是一棟高樓了。」

李際春將軍用生硬的日語說：

「土肥原賢二這個人，知道吧？」

「聽過。在軍部名氣很響。」

「他去年就在那棟大樓當市長，當了幾個月，現在已經升少將了。我們都是聽他的指示辦事。有他罩，你們一家也不用擔心憲兵隊的騷擾了。」

文雄滿意地點頭，開始就腦海中對土肥原點點滴滴的印象形塑他的樣狀。好像是搞情報的，印象中溥儀就是被他弄過來的。應該是不簡單的人物。文雄想著跟著將軍轉個彎，臨近一座透視著一幅熱鬧、凌亂、老舊街景的簡單門坊。李際春：

「上面雙龍搶珠，所以俗稱龍門，上面還有『陪都重鎮』四個

字。這就是所謂的小西邊門。」

「有名的小西邊門就只有這樣啊？」文雄。

「前清皇帝入關前建造的內城都是牆高門大，牆高三四層樓，和北京城可以比，但皇帝進入山海關，攻佔北京後，奉天在內城外面建的圓形關牆才 2.8 米高，牆矮門小，居民挖啊，掘啊，踩啊，踏啊，天高皇帝遠，很快就變平地了。」

「了解。那時候，他們皇業的重心擺在關內的中國，對於發源地『陪都』的建設就忽略了。」

「文雄兄不愧是飽學之士，隨興兩句就透視了歷史。當時清朝皇帝統治中國，躊躇滿志，有種大北京小盛京的意味。」李際春兩眼隨著路邊的兩排電線桿看向遠處，「那時奉天叫盛京，弱化盛京，是有種出了關門，志在中土，不再回頭吃窩邊草的決心。」

大家隨著將軍的解說，圍著這個門看了又看。淑子覺得四根柱子很粗壯，但橫在兩柱之間的鐵架太薄弱，怎麼看都不對稱，越看越滑稽。

市聲鼎沸，一行人再度起步，隨著前人雜遝的腳步，混入人群中。街上腳踏車、人力車、馬車、騾車與人爭道，一輛急馳叭個不停的汽車走過時，全都得讓位。李際春將軍：

「從這邊開始就是舊市區，而這裡是回民區。」

「哦。」文雄。

「等一下我們吃回民餐，這兒漢人料理不多。」

煙蒸霧繞是中國街景的另一特色，從店裡透出的水氣，和路旁蒸包子、饅頭，燒煮開水，準備泡茶所生的蒸氣，相互交融散逸。這兒店家密集，各種食品，不管是乾貨或水果，還是肉食，都是從店裡堆到店外，梯狀的擺設把生意經拱得高高的。二夫人雪兒纏足，倒是很健走，兩腳的的地率先走進木牌掛著「小西邊清真鍋」的餐廳。

「吃涮洋肉好吧。天氣也很冷了。」

大人和比較大的小孩圍成一桌，山口愛帶著兩個幼女坐在旁邊的矮桌旁，吃他們的安全鍋。侍者煨完湯後端來一盤葷素並置的火鍋料，文雄早先就聽聞李將軍是伊斯蘭，但以前在一起時一直避免碰觸這個問題，此刻趁著氣氛，有點想摸他的底。文雄喝了一口白

乾，李際春指著斜對面的瓜皮帽男：

「他，趙強，是我們家的大門房，他就住在門房內。你到我們家大門，進門就可以看到他。讓你們見個面，以後有什麼事找他，他一定辦到底。」

文雄向趙強敬過酒後，轉向李際春：

「很冒昧，請問將軍出身西北嗎？」

李際春聽到文雄探詢的口氣，也很習慣大家對於中國西北的聯想：

「文雄兄不用客氣。我們家一直就是漢族，明朝，在朱元樟的大明，祖上還住南京，後來隨著明成祖搬到河北滄縣，不久又搬到豐潤縣，我就是在豐潤出生的。不曉得那一代開始信回教，一代傳一代，但一直都生活在漢人區。從族譜看來，我們家應該是漢人，不是漢化的回民。我喝酒，父親、兄弟也喝。交際應酬什麼肉都吃。」

將軍一語道破文雄話裡頭的玄機，文雄頗覺不好意思。他本來想慢慢接近話題，那知將軍一下把底牌掀開。

「對信仰的事不要講太多。」二夫人雪兒用腳碰李際春，提醒他，「這樣對真主很不敬。」

「哦，對了。我這個小的還是要麻煩你們照顧。」

李際春早先在信中提過。文雄夫婦在奉天有求於人，自然沒有意見，毋寧說，他們很樂意在生活上討她的歡心。他們想，李將軍元配趙夫人子息繁多，實力強大，自然不會介意一無子嗣的二夫人，而二夫人清淨無爭，住在一起也無妨。將軍現在把二夫人支開，無非是給她多一點空間，也讓趙夫人眼前清淨些，可說一舉兩贏。李際春：

「我這個小的很安靜，不會妨礙到你們。她也是伊斯蘭，作息不一樣，你們只要供應三餐，按時放在她房門外就可。」

「大家一起用餐不是很好嗎？」

「沒關係。大家舒服、方便最重要。」

雪兒突然開口，文雄夫婦相視而笑，氣氛鬆開了一些。看見將軍和夫人都這麼客氣，文雄不無煩惱。他琢磨了一番，想看看有沒有既不打擾二夫人，又不失敬意的做法。將軍：

「小孩子轉學問題辦得怎樣了？」

「弘毅、悅子和清子轉到加茂小學校，轉學申請已經填好了，

等接到這些申請書，我們才動身搬來奉天。」文雄從皮包拿出四張表格，「哦，對了，淑子、弘毅他們的保證人，還要請將軍擔任呢。」

李際春愉快地在四張保證書上一一簽名，然後差趙強回去拿他的印章和印泥。文雄繼續說：

「淑子的比較麻煩。我在撫順電信局打電話，奉天女校表示，沒有缺額不收，奉天女子商校願收，但要轉學考試，去報到時當場考。」

「應該是考個樣子。你到電信局打電話應該花了不少錢。」將軍吐了一口氣，翹起倒八字鬍，「我會叫我們的張班長明天一早開車到你們家等著，把小孩一起送到加茂小學和女子商校。早上八點。」

「好。那就八點。太感謝將軍了。」

盤中菜都已下鍋，侍者往鍋裡加了一點白開水後，爐中的炭火也已變弱。將軍離席買單，同時向店家借了電話，回來後：

「我們再待個十幾廿分鐘，等軍用卡車一來我們就上車。」

「將軍真是大手筆。」文雄。

「那卡車是我的貼身警衛排用的，時常在外面跑，今天剛好在。」

軍卡來了，引發店裡一陣騷動。將軍讓文雄夫婦各抱一個幼女坐在司機座，餘人全隨隨車士兵坐在後車廂。個子小的小朋友被舉上去，個子大一點的攀援上去時，也都多少被推拉上去。車廂遮著帆布，雖暖了點但視野差。車子開動了，淑子看著將軍翹起的鬍子笑了起來。將軍：

「妳是老大吧？……最大的。」

「哦！是。」

「妳招弟又招妹，弟妹成群呢。」

「這……」

淑子笑得合不攏嘴，但一股陰霾隨即浮上眉頭。她最小的弟弟弘成兩年前不敵麻疹走了。幼弟的死給一家帶來很大的刺激，好不容易有了弟弟的弘毅又成為獨生子，父親不滿老天的播弄，本來很節慾的他又有了把弘成生回來的念頭。淑子很怕看到母親再次懷孕，淑子感覺五六個子女從受孕、出生到成長都一直吸著母親的血，她如今有點老態，如果再次拖著孕肚，豈非給山口家貼上殘忍的印記。淑子帶點歉意地回望將軍：

「我一直希望他們別再生了。」

「哦！」李際春並不曉得文雄幼子的出生和死亡，只覺得眼前這位小女生不太契入大人的世界，「妳爸給我的信說，跟他學中文的就是妳啊？」

「是。」

「怪不得講得這麼好。」將軍看著淑子，不知該說什麼好，「中國人說多子多福。」

「那也要看養不養得起。」

將軍沒有答腔，很滿意文雄女兒的懂事。他兩眼望向他處，避免淑子感覺不自在。他知道眼前這位女孩一定心懷更多母親不能再生的理由，比如時局混亂，或遠離日本家鄉，帶著一種流浪感。他不希望把話題帶到這兒，頗沉默了好一會。五分鐘的車程很快便結束，想到搬來的東西還沒整理，淑子是有點不想下車。

▞▞▎ 7. 喜見柳芭 山家來訪

文雄喝了不少酒，山口愛把他新居書房內的床鋪抹乾淨後讓他躺下。看見父親入睡，淑子感到壓力小了點。她把新家的地址抄在一張字條後，看著早在撫順畫好，從三經路新家到浪速通貝德洛夫糕餅店的簡圖，把字條和簡圖收納書包後，拜託悅子和弘毅幫她整理東西。她悄悄地下樓，母親愛提著水桶上樓，看見她穿戴整齊：

「妳要到那邊？」

「出去一下就回來。」

「不要亂跑。」

淑子走到小西邊門外公車站牌密集處，從書包取出柳芭的回信。信上說，7 和 14 路公車有經過她家，但招呼站牌林立，她一時找不到這兩條路線。找了許久，她擔心這兩路市內車並沒有經過小西邊門。每個招呼站牌寫滿該路線的站名，她試著從密密麻麻的站名中尋找七福屋或滿蒙百貨，越找心越亂。她不敢搭人力車，一方面擔心費用很貴，最重要的是她溜出來，沒有勇氣搭乘，馬車自然更不敢想了。浪速通，大概的方向她知道，她決心跑過去。她從三經路拐個彎很快就跑到浪速通。一切豁然開朗。筆直的通衢大道給人明確的方向感，她不擔心迷路。天氣深秋，人行道上整排的銀杏樹，

黃色的樹葉連成一氣，像浮在地面上的一條黃雲。不時有人力車、馬車試圖接近她，但都被她婉拒了。天氣冷涼，淑子還是跑得滿身汗。

跑著跑著，大廣場在望，她壓力大減，走了一段路，直接穿越廣場後，又繼續跑。高大巍峨的七福屋赫然在望，她再度放慢腳步，挨家挨戶走，終於看見貝德洛夫糕餅店的招牌。淑子從柳芭信中得知糕餅店是以柳芭母親的姓命名，她應該叫柳芭母親格里涅茲太太。透過略嫌保守的玻璃門看不清店裡面的狀況。她推門進去，走道兩旁的玻璃櫃擺滿了各式麵包。柳芭的媽媽格里涅茲太太以為她要買麵包，笑著用簡單日語詢問。

「柳芭，柳芭契卡在嗎？」

突然有一位日本小女生要找自己的女兒，格里涅茲夫人感到錯愕，有點反應不過來。她用生硬的日文：

「她還沒回來，還在學校。」

格里涅茲夫人聲音急躁，淑子聽成沒有這個人，要她趕快走的意思。於是淑子趕忙從口袋裡掏出柳芭寫給她的信。格里涅茲太太看著寫有山口淑子的信封，女兒的日文書寫，最後看到信末女兒俄文的簽名。興奮地摟著淑子：

「妳就是淑子，山口淑子。柳芭常向我提到妳。」

淑子放下心中的一塊石頭，心裡還是有些擔心。柳芭母親繼續說：

「她剛剛放學，可能還在半路。」

這麼久沒上課了，天天像禮拜天，下意識地以為柳芭還在休假，淑子怪自己愚蠢，決定先行離去，待會再來。格里涅茲夫人把信件還給她後一直抓住她的手，隨後把她拉到店內裡側休憩區坐下。格里涅茲夫人給她倒了一杯熱檸檬茶後直奔店外。柳芭父親格里涅茲端出剛剛出爐的麵包放在玻璃櫃上面後，端一小碟巧克力放在她桌前：

「巧克力，很好吃。」

淑子有些坐立不安。突然店門開了。穿著小學制服的柳芭高興地叫了起來：

「沒想到妳這麼快就來了。」柳芭走了兩步伸出手臂擁抱淑子，「妳真的搬過來了？」

「剛搬過來。」

「我前天回了妳的信。」

「收到了。」

柳芭母親見女兒這麼高興，心理自然爽快。於是把丈夫剛剛端進玻璃櫃，咖啡色的麵包用盤子裝一個給淑子品嚐。柳芭：

「這叫比羅西基。」

淑子吃了一口，剛出爐的麵包的熱氣充滿她雙頰，軟綿綿的麵絮更是爽口。

「真的很好吃。不過我剛剛偷溜出來，非得趕快回去不可。」

柳芭難掩失望。兩個年輕日本人前來買麵包，格里涅茲太太走回櫃臺準備算帳。一個年輕人推門進來，帶著親切爽朗的俄語招呼。柳芭：

「哥哥回來了。他叫伊凡。」

伊凡好奇地看著淑子，柳芭：

「我給你們介紹。她是我向你提過的日本女孩山口淑子，這位伊凡，是我哥哥，他還是資優生呢。」

「淑子，你好。」

柳芭用日語介紹，伊凡也用日語回答。淑子有些訝異，柳芭：

「他現在在奉天中學校就讀。好不容易才進去。進去後就非常用功。」

「我必須趕快回家。」

淑子說著一臉急切，柳芭本能地想緩和她的心情：

「多待一會兒吧。我們好不容易才見一次面。」

「我撒了謊溜出來的。擔心父母會找我。」

柳芭向父母說明淑子的情況後，伊凡同意用腳踏車送淑子回家：

「小西邊門外我知道，那兒有很多國家的領事館。」

為了補償淑子匆匆離去的損失，格里涅茲太太提著一個裝滿巧克力、果凍、水果軟糖、牛軋糖的袋子給淑子當禮物。她雙頰豐潤，和善可親。伊凡可說遺傳她的基因，個子雖然不高，但體格健壯，兩腳跨在單車上，安穩可靠。一家人都來送行，高挑的柳芭，站在高大的父親旁邊，好像是他的縮影。

伊凡頂著冷風邁力地踩單車，他結實的身軀給淑子擋住了一點風寒。單車很快進入浪速廣場。這座才建完 10 年的大圓環、大公園，

樹木不多，形成一個大風口，伊凡每踩一下，淑子可以感受到風的阻力。她緊緊握住車子的鐵桿，儘量穩住車身。單車再度駛入浪速通，淑子：

「伊凡哥哥，讓你這麼費力，實在很不好意思。」

「妳說什麼？」

「沒什麼。樹木的葉子都掉光了。」

「這是槐樹。」

「葉子掉光了，就看不太出來。」

伊凡讓單車滑行，最後停了下來。

「你累了。真不好意思。」

「不累。」他指著眼前光禿禿的樹木，「妳看，這就是槐樹，樹枝比較沒那麼直，細枝更是柔和，很東方，等一下可以看到銀杏的樹枝。妳看那些枝幹從主幹輻射出去，感覺就比較西方了。」

伊凡繼續騎動，讓淑子看到銀杏的枝幹。看著一排排整齊的枝幹從身旁後退，淑子有一種新的感動。這些整齊的枝條在她腦裡轉換成學校的形貌：整齊的校舍、隊伍、規律的作習、上課……

到了日本領事館，銀杏林被拋在後頭，三經路到了，淑子於是請伊凡停下來，謝過後請他回去。

淑子回到家，怯怯地進門，二妹清子：

「姊姊回來了。」

淑子來不及阻止，擔心驚動爸爸。母親山口愛急步從樓梯下來，瞅了淑子一眼。淑子：

「我去找柳芭，我常寫信給她的那位俄國女孩。」

「以後有的是時間。妳害大家都擔心死了。」

淑子帶回來的糖果剛好慰勞弟妹的辛勞，她見事情緩和後立刻奔到三樓整理房間。她把大的物件擺放好，瑣碎的小物暫時丟進紙箱，房間的整齊感就出現了。搬到一個新地方，一個大城市的新鮮感慢慢沉澱，東西方相遇的異國情緣開始浮露出來。伊凡把銀杏的枝幹想成西方，槐樹的枝幹視為東方的比喻，她也覺得滿貼切的。她在學校求學得知西方各國都十分強悍，的確很像向上筆直分出的銀杏枝幹，父親告訴她，日本雖然發奮圖強，但一般平民還是很受壓抑，現在全家所處的中國，不管政府或平民都老是受到西方的欺

壓，怎麼想都是一幅枝幹虯曲的老槐圖像。這種思緒快速形成，但她隨即想到自己的祖國儼然是西方的一員，藉著地利之便，對中國的脅迫更是事半功倍。

第二天一早，淑子和弟妹準備停當，走出門外，張班長的車子已經等在那兒。文雄坐在前面，淑子抱著清子，和弘毅、悅子坐在後排。車子開動後，經過李將軍宅朱紅色的古式大門。淑子窺見了李宅園林的一隅。原來將軍把大宅院旁的西式樓房給他們一家住，自己一家人和眾多僕眾還是住在傳統的宅院裡。

車子駛離領事館區後，從浪速通轉北六條通，視野急遽萎縮，道路兩側的房舍逼仄，馬車和人力車不多，但多少形成了路障，車子轉入加茂町後，視野又見開朗，隨後加茂小學也快到了。

加茂小學 E 字形，黑瓦紅牆的校舍和周邊白楊樹灰白色的枝幹，形成鮮明的對比，但收納眼底後，還是覺得很調和。教導主任佐佐木親切地在他的辦公室接待文雄一家大小，帶他們晉見校長後，又回到他的辦公室。佐佐木主任：

「山口先生，你一下帶這麼多小孩，您怎麼來的？」

「坐朋友的車子。」

「是那位保證人李際春將軍的？」

「不錯。您怎麼知道他是將軍？」

「他大名鼎鼎，是建國功勞者。你的小孩回家也有車接送嗎？」

「沒有。要自己回去。」

「清子只上半天課，您可以先來接一下。另外兩個下午才放學，可以一起回家。」佐佐木主任看著文雄疲憊的神情，興起替他分憂的想頭，「這樣好了。我帶著小朋友一班一班地走，把他們一一放進教室。」

把弟妹都送進教室後，淑子跟著父親一起走出校門，司機張班長見只剩兩人，接下來的行程輕鬆多了。張班長盛讚文雄華語說得好，暸解每個小孩上課的情況後：

「淑子的考試應該是象徵性的，不會很久。待會看看，如果時間還許可的話，離開女子商校後，我載你到北陵走走，中午前回到加茂小學接清子。」

文雄感謝張班長的用心：

「那中午就到寒舍用餐，小酌一番吧。」

張班長一再推辭，文雄：

「如果將軍責怪我不懂中國的人情世故，那如何是好？」

「啊哈！」

張班長又笑又嘆，顯然已被說服。

．．．

搬到新家，把打包的東西全部拆開放定位，忙了好幾天後，將軍答應的山西大同和北平門頭溝煤礦的顧問聘書寄到了。文雄渴望上工，但離視察的日子還有十天，況且視察兩礦，兩三天倏忽即過，失業的恐慌還是罩著他。看著丈夫成天悶在家裡，山口愛鼓勵丈夫多出去走走，說不定會碰到工作機會。文雄為此買了一部腳踏車，每天在大小巷穿梭前進。他大部份時間都進入東區城牆內，在皇宮、寺廟、中國人大街逡巡，用四平街的熱鬧繁盛來填補內心的空虛。這一天他來到鐵西區，像發情的獅子一樣，猛踩踏板，單車像一條拋物線快速避開一些車輛，車子慢了下來轉個彎後穿越平交道。他來到一座毛織廠的圍牆，隨著一輛卡車混進廠房。廠房的走道很暗，走了許久不得其門而入，往回走才在入口處看見從牆壁上頭鐵絲網透出的燈光，他從一道窄門進去，裡頭果然是辦公室，且人室、總務、會計三課合署辦公。

文雄用日語向人事課一位中年女士說明來意。女士：

「我們徵求 30 歲以下的本地員工，女性優先。」女士看了文雄一眼，「如果您有紡織廠的經驗，也可以應徵幹部。」

文雄知難而退，把車子騎到幹道的高處後停下來眺望，天空愁雲不展，收割後的麥田、高粱和玉米田泯除了界線，近處堆置不少麥稭的可能是麥田，但遠處都沒入深紫色。11 月了，白楊樹的葉子都已掉落，灰色的枝幹和田野一樣融入秋色的蕭瑟中。最近報紙都在鼓吹鐵西區，道路既已建好，不久日系工廠就會一家家設置，就像現在身旁的鐵道區工廠那樣，一家緊鄰一家。

文雄回到鐵道東側，不再戀棧，立刻踩上歸途。他轉進三經路快到家門時，看見一名軍人模樣的男子在他家門外張望，而且先他一步按下門鈴。他牽著腳踏車再細看，是日本大尉軍官，沒錯。文雄壓抑心中的緊張，焦燥得想不通是怎麼一回事。山口愛並沒有讓

軍人立刻進去，軍人轉過頭後剛好和文雄四目交投。

　　兩人進入客廳，文雄接下名片，一看是「關東軍報導部所屬‧山家亨」

　　「報導部是？」

　　「軍隊裡面管敵我雙方文學、音樂、戲劇的單位，當然電影也在內，日本把它歸類在特務組織內。」山家亨神彩奕奕地望著文雄，「中國朋友一聽到特務機關都嚇得要死。中國人的特務機關專指搞到你死我活，獲取軍事情報的那種事。」

　　文雄一邊聽，一邊思量：「會不會是李將軍把我資料匯報給土肥原賢二後，土肥原把資料轉交屬下，屬下就派這位山家前來探問。」

　　「山家先生從事這方面的情報收集，也認識一些中國朋友。」

　　「沒錯。當地從事文化工作的人士，我們都要瞭解。現在他們是滿洲國的國民，和我們也算同一國了。」

　　「山家先生說得好。我們時常會忘記現在身在滿洲這個事實。」文雄想了一下，還是別向他提到土肥原為妙，「您的提醒我會謹記在心。」

　　「就我所知，山口先生也是一名優秀的中文教師。」山家改口說華語，「你在撫順的教學，人人都說好。」

　　文雄心頭微愣，本來談話輕鬆，心裡的擔心減了一分，聽到對方說華語，擔心又減了兩分，於是微啟笑唇，用來遮掩內心的不安。

　　「山家先生的中國話說得比我更好。」文雄看著這位年輕軍官眉彎目善，料不會是壞人，「您是在那兒學中文的？」

　　「起初在日本家鄉向一位朋友學，朋友離開後自己下功夫苦讀。山口先生您呢？」

　　「我父親仰慕中國文化，小時候受他影響很深，長大後到北平讀書。不過對我的過往，山家兄應該比我更清楚。」

　　文雄說著爽朗笑開，山家更是笑得人仰馬翻。山家：

　　「山口兄，別介意，我們的工作多止於瞭解，頂多將所瞭解的對象加以運用而已。我們實際上在做一種公共關係，這種工作編入軍事系統，確實不太得體。對於一個新加入民族的演藝人員來說，與其讓他們覺得一枝槍在後面驅使他們，還不如讓他們愉快，而樂於參加各種活動。」

山家亨的笑聲灌滿一室，一直服侍他們喝茶的山口愛的心防也鬆動了一些：「恕我說一句話，你這工作由女性來做比較適合。」

　　「大嫂說得對。這種服務性的工作由推動搖籃的手來做，確實比較容易看到績效。」

　　「看到山家兄這種談吐，真不愧是……」

　　「是啊！我一直不習慣被當成文化特務。」山家大尉把話頭搶了過來，「我一直是希望被當成文化工作者。」

　　山口文雄點頭稱是，看著山家深土黃色的軍服，一向讓他敬畏的軍裝在他眼前輕快些了。山家突然站了起來：

　　「今天實在很冒昧，像突襲一樣，穿一身軍服也不好。想第一次見面，穿這樣算是禮貌，別無用意。」

　　「山家兄太客氣了。」文雄再卸下一點心防，「您怎麼來的？」

　　「開車來的，車子放領事館那邊。」

　　淑子跟著父母出去送別山家。

　　山家走後，兩夫婦不免對這位不速之客品頭論足一番。山口文雄心裡還是有一點餘悸：

　　「希望他真是一個文化工作者，不是真正的特務。」

　　「他好幾次對你表明心跡，看來應該不會太壞。人看起來也如此。絕對不會是背後下毒手的人。」

　　「看起來應該這樣。」

　　本來對山家下個定論，兩夫婦還算安心地把他擱在一邊後，那知幾天後他又來了。

　　這一天晚飯後許久，山口愛把小孩全叫下來品嚐她放了好幾天，又大又甜的紅柿子。柿子實在太大了，她不得不先把它們切在幾個碗盤上，小孩子吃著，舐著，門鈴響了，都快九點了，不知又是那個不速之客。山口愛匆匆去應門，竟是山家。

　　「大嫂，不好意思，我進去坐一下就好。」

　　山家說著把腳踏車牽進圍牆內，像熟客一般拾級進入房門。文雄趨步相迎，看見山家穿著西裝，警覺稍稍降了一些，再看見他滿臉醉紅，心裡又放心了一些。山口愛快步趕到客廳對著子女：

　　「快！快到廚房。洗完手到樓上。」

　　山家醉眼看著山口全家小孩：

「這麼幸福甜蜜的家庭，氣氛被我破壞了。」

山家說著爽快入座，山口愛趕忙擦拭茶几，隨後趕到廚房沏茶。淑子想上二樓，但被父親叫住了：

「我這位大女兒淑子也會講幾句中文。跟山家叔叔講幾句中文吧。」

「山家叔叔，」淑子腦筋轉了一下，「外面很冷吧，所以喝了點酒。」

山家蹤聲大笑：

「被朋友罰了幾杯。」山家用中文回話，「再說這邊真的冷，才 11 月初就像東京的一月。」

山家說著用中文向淑子垂詢學中文的經過，淑子簡答全部過關。山家：

「好像我是老師問話一樣。都答得這麼簡單。我問妳中日文有什麼基本差別。依妳的體會，用中文回答。」

「日語聲調好聽，但中文的字詞意味深遠，尤其是四個字的成語。」

「真的很用心，而且有自己的見解。山口兄真是調教有方。」

「那裡。淑子妳到樓上休息吧。」

山家喝著山口愛倒的茶，半晌無語，文雄急著找話頭時，山家開口了：

「記得山口先生說過以前在北平中文學校讀過書。」

「那時還是清朝，快民國了。是在外務部辦的同學會就讀。不是大學，是專門供外國人學習中文的。」

「是嘛。我在部隊的時候也被派到北平的中國大學中文系學習，可惜沒有畢業。」

「哦，西單鄭王府那一家？」文雄看著山家點著頭，「部隊不可能讓你待太久？」

「沒錯。」

「算來我們有共同的經歷呢。」

文雄感謝山家的這種經歷。這拉近了他們之間的距離，山家身為掌管藝文的報導部軍官，在文雄眼裡本來就不怎麼是軍人，現在更不像了。山家喝了一口茶，改用日語：

「法蘭克林‧羅斯福當選美國總統了。」

「我關心這事很久了,那知道已經選了。」

「今天中午才揭曉,明天報紙會刊出。」

「哈伯特‧胡佛一直救不了經濟的恐慌,換人做也是應該的。」文雄。

「美國經濟如救了起來,對日本也是一件好事。」

「對不起。」山口愛把頭伸了出去,望了山家一眼,「容我插一句話。世界經濟恐慌蔓延了兩三年,我們滿洲這兒好像都不受影響。」

「那是因為關東軍在罩著,戰時經濟體制比較封閉,加強生產,控制消費,問題就可以減到最低。」山家亨對山口愛釋出了讚許的眼光,隨後把目光轉向文雄,「日本本土基本上還是世界開放經濟體系的一環,東京大地震後,經濟就不是很好,美國這兩年經濟大蕭條,日本經濟就每況愈下了。」

文雄沒有搭腔,淡漠地點頭,恰恰反映了他平常對這種令人憂心新聞的冷淡。

「日本這兩年跟美國很像,買麵包要大排長龍,幾個清潔工的工缺,也是上千人在排隊搶。和美國的連動還是有的。時間不早了,那就……」山家說著起身,邊走邊說:「有人說,滿洲國解決了日本本土資源短缺、產品滯銷的問題。」

「你這樣分析很有道理。」文雄欣慰山家快人快語,沒有心機,「沒問題吧。酒醒了一點沒。」

山家把腳踏車牽出牆外,跨了上去:

「沒問題。所以918是一場經濟戰役。」

文雄夫婦揮手,目送山家隨著單車搖搖晃晃沒入夜暗的冷冽中,文雄有些不忍,開始解讀山家丟下的那句話,日本攫取滿洲資源,用來緩和國內經濟困局的報導,他看過,親自聽到一位軍人這麼說,還是覺得有些意外。

為了一吐胸中的塊壘,山家夜訪文雄,受了一些風寒,爾後每一旬半月,山家就會來文雄家走一遭,好像這個家對他特別有吸引力,也或許這個家庭對於離家千里為官的他來說,有一種家庭的溫暖。不過他的來訪往往沒有主題,聊個20分鐘、半個鐘頭便走人,

把這兒當成休息站似的。一次，李將軍剛好和文雄進行吟詠麻將聚會，山口愛前去開門，山家遠望客廳，知道有客，丟下「改天再來」便走人，以後來的頻率便少了。聖誕節快到了，他開著車拎著大包小包前來，小孩拿到禮物都非常高興，直呼他是聖誕老人。文雄再次端詳他，看他憨厚的樣態，直覺他不再是軍人，是真正的朋友了。

▦▦▦ 8. 父戀詩酒 女讀三國

　　山口愛調製李際春將軍二夫人雪兒的三餐還是費了一番功夫。雖然大部份菜餚都統一烹調，然後分出一點給雪兒，但她要求自己一定得為雪兒精心製做一道不同的菜餚。菜做好了一定自己親自送過去。淑子在家時，她有時會叫淑子端過去。她發覺淑子送飯過去時，淑子跟二夫人有說有笑，知道她們有共通的語言，就儘量叫淑子送了。

　　一天晚上，淑子用拖盤把飯菜送過去後，雪兒：

　　「我吃很快。我一邊吃，咱一邊聊，妳也省得再跑一趟。」雪兒閉眼唸唸有詞地禱告完，「這就是昏禮。阿拉伯那邊的祈禱要大聲叫出來。我們入境隨俗，不喧嘩，相信真主還是聽得到。」

　　「爸說日本人都不信教，他們結婚時走神道教的儀式，喪禮都依佛教。」

　　「是嗎？妳中文這麼好，是妳爸教的？」

　　「這麼多姊妹當中，他挑我來教。」

　　「以前在撫順，他的中文講座，妳天天都去旁聽？」

　　「對。」

　　「現在呢？」

　　「爸以前在撫順時，白天上班，晚上教中文，生活充實，來到奉天後，每個月前往遠地的兩個炭礦視察，賺一點微薄的顧問費，有點消沉，對我的中文教育也放鬆了不少。」

　　「妳對中文有興趣嗎？當然妳現在日常生活用語都會了，想不想多瞭解一點？」

　　「很想。古典詩詞都十分美妙，很吸引人。」

　　「那很好，我們可以一起研究。」

「二夫人要教我？」

「說到教，我不敢當，咱們互相學習好了。」二夫人瞥了一眼浮貼在牆壁上的回教寺院的剪影，「中國有一句話，吃人一口，還人一斗。意思是接受人家的好處就要加倍奉還。令慈和你們家對我這麼照顧，我加持妳的中文能力是我對你們家的最好回報。」

二夫人要用教中文來報恩。淑子心思一轉，她家讓我們一家人住，應該是我們向她報恩才是，她反而向我們報恩，直覺她那嬌小、白晰的體軀裡面含藏著強烈的正義和道義感。以前住撫順到柳瀨俊子家時，常聽到柳瀨醫生批評回教徒，那時就懷有回教徒主觀、自我族類意識強烈的印象。現在和二夫人在一起，只感覺她有著中國女性常有的溫柔敦厚，中國禮教對她的束縛打從纏足的腳底統領著她全身，或許因此把伊斯蘭的教條擱在一邊，阿拉只是她個人閉室潛修時心靈的依託，她從來不會拿來衡量人際關係。剛剛她飯前禱告完五體投地行禮時，毋寧像是佛教徒向佛祖頂禮膜拜，一點穆斯林的味道也沒有。淑子領受雪兒的恩義受教，也十分珍惜。

「二夫人以前教過書沒有？」

「倒沒有。不過很有興趣。這樣好了。星期一和四晚上，每週兩次。」

「好啊。」

「我這兒有兩本《三國演義》。」雪兒手伸向旁邊的小書架拿出兩本書，一本交給淑子，「妳利用兩天時間讀完一回，不懂的做記號，見面再討論。」

二夫人願意協助淑子補中文，山口愛頗感欣慰。在助讀的網絡的推波下，二夫人和文雄一家大小的互動漸次增多。如果雪兒一味孤棲在自己的房間內，山口愛會感到無比的壓力。

在家庭教學方面，雪兒會先審視淑子的讀本，在自己的教本上記註淑子打問號或做記號的地方，然後把讀本發回淑子，開始解讀。淑子的疑問就像一個坑洞，渴望填平，對於雪兒的解釋也吸收得非常快。古典小說甚多疑難的字詞超乎字辭典解釋的範圍，雪兒難免被考倒，但她用豐富的人生經驗帶出的書中人物恩怨情仇糾葛的描述，總是讓淑子對這精彩的歷史故事更加著迷。

一晚，淑子把二夫人的碗盤捧回廚房再回來後，她已經做好昏

禮。二夫人嫻靜地開口：

「上次我們講呂布和義父董卓同爭一個美女，結果爆發衝突。」

「最後兩句詩真有意思。沖天怒氣高千丈，撲地肥軀做一堆。」

「倒下來變成一團肉堆。哈哈。跟著我念一遍，發音不會的就記一下。」

雪兒一邊念，一邊就淑子標示過的部份作一些解說。

「司徒妙算托紅裙，不用干戈不用兵。三戰虎牢徒費力，凱歌卻奏鳳儀亭。這首詩真的要作一番解釋。司徒就是王允。」

「哦。」

「紅裙指……」

「……？」

「就是貂蟬。中國人常用胭脂，紅色的化妝品代表女性。這兒的妙算，前面的情節融會貫通後，才能理解。王允讓貂蟬為呂布陪酒，酒席間貂蟬對呂布『秋波送情』。另一方面王允又把貂蟬許配給董卓。就是說他把自己的小妾當做離間董卓和呂布這對『父子』的武器。」

「夫人這樣一講，我就連貫起來了。」

「三戰虎牢徒費力。這是第五回的情節，妳看第五回標題是不是『破關兵三英戰呂布』。『三戰虎牢』就是劉備、關羽、張飛三兄弟－『三英』在虎牢這個地方大戰呂布的情節。那時呂布還是董卓帳下的第一猛將，如果那三兄弟打敗呂布，董卓勢力勢必瓦解，可惜戰得難分難解。還不如王允用連環計搞到董卓和呂布這對『父子』在鳳儀亭反目成仇。父子反目，聲討董卓的計畫就有勝利的機會。至於『凱歌卻奏鳳儀亭』，很簡單，劉、關、張渴望的勝利，在戰場上得不到了，但在董卓和呂布反目的鳳儀亭得到了……」

雪兒針對「眉塢」、「左僕射」、「熊飛軍」和「執金吾」一些專有名詞做一番解說後，淑子指著前面一點：

「這兒突然出現『漢祀不斬』。意思是不殺漢祀這個人？我看前看後，就是看不到漢祀這個人，會不會我誤解了。」

雪兒笑了起來：

「妳被這個斬字誤導了。如果用絕字，妳就不會想得這麼遠。漢不是什麼姓，就是漢朝。祀是祭祀，指皇家的祭祖大典。大漢皇

朝祭祖大典沒有斷絕，就是大漢的命脈得以保住。這是王允安慰呂布的話，意思是，你呂布除掉了董卓，等於延續了大漢的命脈。」

「整篇文章都是殺氣騰騰。我還真以為要斬殺什麼人呢。真是鬧了一椿笑話。」

淑子說著兩人都笑了起來。雪兒：

「現在看『千里草，何青青。十日卜，不得生。』這是首預言詩。當然當時並不是真有這首歌，只是作者羅貫中自己設計出來的。把董卓兩個字拆開來。前面董字是千里草。後面的卓拆開來便是十日卜。十日卜或許是一種草名，或許是指卜卦了十天，但一直未見有人注釋。青青指強盛、茂盛、囂張。中國這種拆字，一般都是一語雙關。不管是董或千里草，對青青『茂盛、囂張』的含意都對得上。卓拆成十日卜，再加上不得生，是有著每天卜卦，都算出那個人活不成的意思。」

「實在很可惜。因為急著看接下來的情節，我就把這一首詩留給夫人解釋了。如果我用心一點應該就可以發現這種拆字的奧祕。」

「妳漸漸就會有信心的。」

「中國字實在很奇妙。很多四個字疊在一起，四句四句連轛一氣，意義特別豐富，也別有意境。現在又體會到了拆字的趣味。」

有別於父親逐字逐句解釋，再引申到生活或時事的教學方式，二夫人這種把人物從詞彙豐富的故事裡頭活絡開來的敘事方式，對淑子的中文學習來說，無異開了一扇窗，或者說開了一個新世界，燃起她對中文更大的興趣。父親不久開始在滿鐵奉天事務所開白天班的中文講座，也鼓勵她晚上有空參加別的老師開的課程。

此時最重要的是，她讀三國讀出興趣了，雪兒的課不斷加碼，中國春節前，兩人幾乎每天晚上都沉浸在三國的世界裡，淑子常常沒時間準備，而雪兒就像說書人一般，淑子也樂得在聽取故事時尋求另一種進步。

．．．

做為一名亂世軍人，李際春一向以關東軍馬首是瞻。關東軍沒有指派任務時，他就樂得在家，每個禮拜會勾出一兩晚找文雄打兩人麻將。12月一晚，北風呼呼，雪花亂飄，李際春一進門便脫下加絨防雪帽和大衣，高大的身軀抖落了一身冷寒，給人感覺溫暖。

「雪兒！雪兒！」

李際春叫著時，文雄已經移步客廳打開廚櫃下格，取出將軍放在這兒的白酒和一盒乾果。

「廚房有一些菜，我去取來。」

「文雄兄，不用了。」

文雄端來兩盤小菜時，雪兒已經在座了。將軍把酒倒進茶壺內，方便雪兒倒酒：

「文雄，今天題目我想好了，不用翻書找了。」

他們每週兩次的詩酒會，常用翻唐詩或宋詞的方式找詩句的起頭字，有時彼此有好的題目時，也會打破這種習慣。他們管這叫做破題。雪兒倒過酒後，李際春、文雄隔著茶几對飲。隨後雪兒把已經挑好的兩人麻將牌倒在旁邊的麻將桌上，洗出嘩嘩的聲音。李際春：

「滿鐵奉天事務所的中文講座，情況如何？」

「還是謝謝將軍大力推薦，白天班學員也比想像的多。專賣所、常盤館都有人來進修。」

「我建議所長開白天班，果然立竿見影。」

「現在生活朵實多了。大同煤礦和門頭溝煤礦畢竟太遠了，太虛了。」

「現在還是固定每個月去一趟？」

「差不多這樣。」

「我最近也要離開奉天了。到錦州。」

「……」

「去指揮救國軍？」

「正式編成的。」

「那不錯嘛。」

「誰促成的？」

「那個留著希特勒髭的少將。」

經過這一個月來的近距離接觸，文雄知道李將軍和土肥原賢二關係密切，對關東軍自然唯命是從。文雄雖然不欣賞將軍在軍事上的作為，但也無力抗拒：將軍極度友日才會對自己施恩。為此，他十分謹慎，避免在言詞或神情上流露出對將軍的批評。李際春：

「那今兒的題目就訂『救國軍』吧。一二四句用這三字開頭。

那我們還是先抓一抓牌吧。」

　　將軍說著移位麻將桌，和文雄對坐，隨後開始洗牌，各自抓牌，調整牌位，很快就在自己前面築了一道小綠牆。將軍先打出一張牌：

　　「南風。」

　　「補花。」

　　文雄叫了一下，同樣打出「南風」牌。

　　「白板。」

　　將軍打出白板後，文雄叫出「七萬」。隨後兩人，「四萬」、「伍萬」、「一萬」相繼出牌。

　　「胡啦。」

　　文雄說著看了一下牌局，隨即移步充當飯桌的茶几，再次和將軍隔几對坐。將軍：

　　「剛剛說了，用『救國軍』三個字做詩句的句首，第三句例外！我先啦！救援久不至，國都恐陷落，百姓攘臂起，軍威撼敵營。」

　　將軍說著用毛筆在茶几上的宣紙寫了起來。文雄看了將軍的墨字：

　　「將軍不愧是有備而來，事先想好。」

　　「不好意思。小弟一介武夫，不學無術，只好先在心裡打個小抄。承兄相讓了。」

　　「這個題目太難了。我還得想一下。」

　　文雄說著站起，走了兩步，軍字當然指軍隊、軍營，國當然是國家，但可分出國亂、國富、國窮……等意涵；救是援救，他馬上想到神、菩薩。當菩薩和國亂的意念在他心底相湧時，他走向門口，開了門，冷風猛然襲來，菩薩善道和軍隊的意念格格不入，雪花亂舞灑滿他一身。有了。他心中叫好，趕緊抽離庭院。回到客廳後，文雄把詩想整理了一下，邊吟邊寫：

　　「救苦觀世音，國弱頻戰亂，菩薩散天花，軍營響梵音。」

　　將軍看著好友的落筆：

　　「好好，太妙了。」

　　「這裡頭的觀世音不是名詞，觀是動作，表示菩薩關心世人的動作。剛剛走到門口，亂飄的雪花讓我想起天女散花。」

　　「看到雪花想到仙女。文雄兄確有詩才。」李際春將軍和雪兒相視而笑，「『軍營響梵音』太棒了。簡直是神來之筆。乾杯了。」

200 毫升的酒杯，三公分高的白酒一口氣飲盡，文雄開始有些飄飄然。雪兒：

　　「中國或者現在滿洲國的軍隊，佛教勢力還是很龐大的。」

　　「中國軍隊，佛教徒雖多，但都是隱藏性的。聽說回教徒就沒這麼聽話了。」

　　文雄小心翼翼地提出問題，沒想到李際春帶著幾分歉意地說：

　　「中國西北地方的軍隊有很多回教徒，他們依照教規，除了真主以外，不對孫中山行禮。長官叫行三鞠躬，他們頸子硬，動都不動。最後用軍法威脅，那些教徒才就範。」

　　「這跟他們的民族性也有關係。我們滿漢一帶的穆斯林就比較融入一般社會。」雪兒。

　　「沒錯。」李際春附和二夫人的語氣，「或許他們會認為漢化的回教徒比較世俗，但我還是認為不管是什麼教徒，還是要入鄉隨俗，入營依規。文雄兄，還好吧，剛剛喝得這麼兇。」

　　「沒事。再抓一抓牌就更好了。」

　　山口文雄說著移步麻將桌，李際春也走了去。

　　這次換文雄先出牌，於是兩人在「東風」、「北風」、「南風」、「綠發」、「紅中」、「九萬」、「綠發」、白板……不斷叫牌出牌聲中，酒醒了大半。

　　兩人再次回到茶几旁，將軍詩興再度勃發：

　　「現在這三個字押在句末，如何？」

　　「好。」文雄沒想到將軍來這一招，暗自叫苦，「將軍請先。」

　　「醉把美人救，從容赴上國。公侯爭相見，帳幕會中軍。」

　　將軍從容地把早先構思好的詩句誦了出來，再在宣紙上落筆。文雄：

　　「太好了。古意盎然，從很浪漫的救美人切入，呼喚出一段莊嚴國事，大開人的眼界。」

　　「最後兩句還是有情境上的落差。主人翁在大官面前受到英雄式的歡迎，但是大將軍要他到軍營中相見，救美的英雄氣勢摔了一跤。」

　　「這裡的中軍就是大將軍？」

　　「不錯。」

「英雄救美的情境沒有繼續上揚，氣勢反而被大將軍抑制了下來。但這主要是受制於句尾的那三個字。很難再想出更好的句子了。不管怎樣，實在是首佳作。」

　　被好友這樣誇獎，將軍瞇著眼，倒八字髭翹得更高了：

　　「文雄兄現在中文講座，用什麼當教材。」

　　「目前用唐詩。」

　　「那太好了，我們做的打油詩也可以充充場面。反正他們要學的是語言。」

　　「當然可以。效果可能更好。」

　　李際春感覺身邊多了個人影，回頭一看原來是淑子。

　　「哦。妳來多久了。」李際春把剛剛和文雄寫過的宣紙折了起來，「來看伯伯和爸爸煮酒論詩啊？」

　　淑子笑著回答：

　　「你們每次在做藏頭詩或藏尾詩。很費神呢。」

　　「該睡了，還下來幹嘛！」文雄。

　　「看一下就上去。」

　　淑子說著依雪兒的手勢坐了下來。李際春將軍：

　　「文雄兄該你了」

　　「剛剛胡亂拼湊了一些意象。很白話的，沒有古味。」

　　「有就好。反正我們都不押韻，也不對仗的。」

　　「好，學業好難救，……遊子想回國，不堪留學苦……，」文雄邊誦邊寫，最後一句空了幾個字，只寫最末字「軍」，「『軍』字很難押。」

　　「不如去從軍。」

　　淑子脫口而出，將軍和二夫人叫好。文雄略顯尷尬，還是頗感欣慰。文雄把淑子叫去睡覺後，李際春：

　　「有時想一下。不可思議的是，我們現在是同一國了。」

　　「哦，對了，滿洲國。不認真想一下，有時還真想不到這一點呢。」

　　「文雄兄，你看這個國家未來會怎樣？」

　　「大部份國家都傾向不承認。最重要的是要安定下來，大力開發建設，將來別的國家一定刮目相看。」

文雄對時事的看法常常站在中國人的角度，李際春剛好相反。談話時事，為了不傷害彼此的感情，他一直依著李將軍的思路啟口。不過有時還是會洩出自己思維的底。李際春：

　　「前一兩年我還很狂，想到有一點年紀了，也有點想安定下來休息了。但承軍方不棄，不時給我出任務。」

　　「軍方？」

　　「關東軍參謀長。他要我到錦州視察一個部隊，當然是滿洲軍的部隊。」

　　「去接手指揮？」

　　「但至少要離開奉天一陣子。」

　　「今天訂的題目救國軍，將軍是有感而發的吧。」

　　「是有一點。」

　　李際春說著笑了起來，文雄看著他滑稽的鬍子：

　　「我時常在下意識裡當你是中國北洋軍的將領。」

　　「哈！哈！改朝換代了。做夢的時候，常常還是北洋軍。」

　　「關東軍請溥儀來當滿洲王或許也是對的。」

　　「溥儀移駕老祖宗地，那年我也扮演了一個角色。」

　　「說來聽聽吧。」

　　「太晚了。不談當年勇。說來話長。以酒代言。」將軍自覺說溜了嘴，舉起酒杯，一飲而盡，「以後再說吧。」

　　隨著將軍舉杯，文雄也喝了不少。將軍要雪兒不要相送，她於是開始收拾桌上的殘局。開門風寒至，將軍夜歸營。李際春魁梧的醉軀從容地領受驟來的風雪，文雄和他握別，向他高大的背影鞠躬。李際春身緣薄弱的夜光襯出飄飛的雪花，漸漸遠去、壓低的身影似乎難敵無情的風雪，文雄也就越發感受到他患難相助的恩義。

1933

9. 淑子認親 名李香蘭

在這列強領事館集中區的商埠地，棕髮藍眼的外國民居不少，擁有像李際春這種高牆深院大宅戶的中國富家也有一些。李將軍雖然是回教徒，但「漢化」已久，逢年過節總是散發一股濃濃的中國味。距離中國春節還有三四天，這個大宅院已經叮叮咚咚，胡琴、嗩吶聲和歌唱的吟哦聲不絕於耳了。有孕在身，肚子明顯凸出的山口愛在沙發上坐了下來。

山口愛看向文雄，文雄把臉別開，似乎知道她眼光的含意。大概是去年九月中，承受了太多工作的壓力，禁慾已久的他，喝了一點酒，和妻子溫存了一下，燃起火花，那知一舉中的。此刻他和妻子，好似楚囚相對，四眼對望。「就當成把弘成生回來好了。」文雄常常如此安慰她，她也準備用這點來捍衛自己的懷孕。她還沒告訴子女此事，小孩也都看不出母親寬鬆衣服內身體的變化。

文雄看向李際春最近送來，張貼在牆上的的金雞賀歲圖。整張圖紅通通的，有些刺眼，不過金色的「1933」和大雞小雞的金色輪廓，倒很養眼。

「這一年又要勞妳多擔待了。」

文雄說著瞄了一下妻子的肚子。山口愛：

「給你生這麼多小孩，這一次懷胎可能是最輕鬆的一次。」

「老孕肚，子宮比較強了？」

「不是。」山口愛輕撫一下肚子，「以前在撫順家裡，到處都是榻榻米，時常坐在地板上，挺著孕肚爬起來很吃力，常常都要用手力撐椅子才爬得起來。」

「現在坐著隨時都可以起來，小孩子也都比較喜歡這樣。」

文雄說著心裡更加安堵，兩個禮拜前，撫順舊居終於轉讓給一個日本移民家庭。這是將軍請託奉天一家日本地產公司協助促成的。現在銀行多了一萬多圓存款，又無償住在將軍寬裕的家裡，他的中國夢是更加踏實了。

一陣鑼鼓喧天拔地起，鼓聲漸歇，奪魂穿腦的鎖吶聲過後，鑼鼓聲又起。山口愛：

「應該是中國傳統的戲班子前來表演了。」

「是不是將軍回來了？那一陣子來過後，他又到遼西，許久不

見了。」文雄。

「不知道。早上我上市場回來時看見一群穿著戲服，化好妝的男女從一輛軍用大卡車上跳了下來。」

「城牆內的中國人區一定更熱鬧了。」

「叮鈴。」

門鈴響了。山口愛前去開門，心裡念著「趙門神」覺得好笑，還好沒出聲。趙強：

「將軍今晚八點會來叨擾，老師在家吧？」

「在的。請向將軍說聲謝謝。」

知道將軍回來了，文雄很高興，也期待他的到來。李際春將軍如長期賦閒在家，每週二四固定來探視二夫人，趙強就無須通報。現在他離奉逾旬，突然歸鄉往訪，自然得通報一聲。

將軍果然八點前兩分鐘就來訪。拿著書本走出二夫人房的淑子看見落座的李際春，趕忙上樓。將軍搓著冰凍的手，滿意地看著淑子離去的背影。文雄：

「她現在跟著二夫人學中文，正在研讀三國。」

「太好了，太好了。」

雪兒踩著蓮步，輕輕走向沙發。將軍：

「我和文雄兄有要事商量。妳先回房……算了，既來之就安坐。」將軍再次望向有些不安的文雄，「本來想寫信徵求兄臺的同意，後來想想恐怕接不到文雄兄的回信，只好決定趕回來當面討教。」

文雄有些忐忑，罕見將軍如此拐彎抹角，難道他要把房子收回。將軍繼續說：

「是這樣啦。令愛淑子聰明伶俐，加之勤奮好學，小弟想認她做義女，不知兄意如何？」

「原來是這樣。」文雄笑了起來，「將軍對弟恩重義長，小女不才，如得將軍謬愛，自然是她前生修來的福。不過這種事還是得和賤內商量才是。我去叫她下來。」

「那就麻煩文雄了。」

「淑子要不要？」

「先不要。」

雪兒叮嚀一聲後，文雄拾步上樓，心裡還是有些亂。他想，既然將軍心意甚堅，只好順他的意，但也擔心妻子護女心切，把場面搞僵。

　　文雄夫婦匆匆下樓到客廳落座後，文雄把將軍的意思大致講給老婆聽。山口愛也是有些措手不及：

　　「實在很怕給將軍添麻煩。她已經給二夫人添加這麼多麻煩了。」

　　山口愛的華語講得慢，但大致達意。李將軍和文雄齊目看向雪兒。

　　「那裡。淑子用功，讓我重拾書本，她對我的幫助實在很大。」二夫人把露出的念珠收回袖內，「是這樣子的。這也要怪我不爭氣，不能給將軍生個一男半女。你們也知道，趙夫人生了三個兒子，都已成家立業，也養兒育女了。最難過的是，都在外地打拚，好像都變成媳婦的附屬品。將軍有兩個兄弟，也都育有女兒，獨獨將軍沒有。將軍雖然擁僕近百，擁兵上萬，但常感孤寂。收義女只是給老年心裡一些安慰，一個形式，名姓不改，不離開原有家庭。」

　　山口愛有些聽不懂，只能看著丈夫的神情揣摩二夫人的話意。文雄用日語把雪兒話的重點解釋給妻聽。山口愛：

　　「只是淑子一人？」

　　「就只有淑子。」二夫人雪兒語氣堅定，抿出唇角紋，「收義子義女還是不能違背倫常，這點將軍拿捏得很得體。將軍適婚年齡結婚，比文雄早了許多，他的長孫女五歲，比文雄最小的女兒玲子還小，如果把淑子做為義女的效應擴大，淑子姊弟妹的輩份比將軍孫子的輩份高，年紀也長些，合乎倫常。」

　　雪兒心思細密，文雄暗自佩服，但山口愛暗覺不妙，她肚子裡的嬰兒如果生出來，豈不打破雪兒心目中的倫常。她想著有些遺憾，但也無力再想下去。

　　「認親時，按中國習俗，是義父母同時受拜的。雪兒和她大姊兩個推來推去，我還真為難呢。」

　　將軍說完，文雄：

　　「既然將軍說了，那二夫人您就做義母吧。」

　　「當然是趙夫人。她缺女兒命，一直遺憾著。淑子給她做義女，她自然很高興。」

　　二夫人如是說。山口愛總覺得不夠圓融，她突然想通了：那就

做順水人情，讓淑子居中強化和將軍家的關係，於是對雪兒：

「由您來擔任不是更好？您和淑子已經這麼親了。」

「我嘛，不行啦。因為這不是收養，認義女只是一個形式，還是要維持一定距離。太親反而不好。如果我來擔，天天和淑子見面，她身邊有兩個媽，豈不矛盾。再說，淑子認了趙夫人，以後很少見面，情份存在心裡面，雙方都沒事，反而一派輕鬆。」

雪兒說著，罕見俏皮地看了山口愛一眼。大家笑而不答，就這樣決定由趙夫人擔任認親儀式的女主人。整個協調過程，將軍沒講多少話，了無意欲認親的強硬姿態，文雄夫婦感受到了將軍的誠心和善意，兩個家庭的家長談論認親儀式的種種時，愈顯親密，互信。將軍決定春節早上行禮，大家都沒意見，至於文雄夫婦的服儀，文雄傾向著中國長袍，用以表達親善。這個問題頗討論了一會。李際春是滿洲國將領，認日本女孩為義女所顯示的「日滿協和」氛圍，殆無疑義。山口文雄喝了一口茶：

「這種事情在日滿親善這個大題目上，總算沾上一點邊。印象中，將軍是漢族吧。」

「是的。」

「趙夫人也是。」二夫人雪兒搶著回答，彎月眉揚了起來，「我是滿人，置身美事一樁的『漢和親善』之外剛好。為了呈現這種親善，服裝上我建議文雄夫婦還是穿和服為佳。至於淑子，最好穿中式服裝，和服也未嘗不可。」

「淑子喜歡穿中國服飾，跟她弟妹很不相同。」

山口愛說著，李際春興奮地從沙發上站起來：

「我看得沒錯，中國話說得這麼好，自然跟別的小孩不一樣。」

只要提出一個想法，妻妾就會想方設法幫忙圓夢，這是李際春將軍最感欣慰之處。

中國春節的氛圍從東邊大城牆圍繞的外城和內城區吹向西邊的商埠地、滿鐵附屬地。整個城市叮叮咚咚，鑼鼓、嗩吶聲不絕，花鼓隊、末秧歌隊、踩高蹺隊到處湧動，華人、滿人大量流動，被日軍佔領一年多的城市好像又回到華民手中。

日本人不過農曆年，但學校還是在除夕和春節放四天假。文雄特地弄來一副春聯貼在門口。由於認親的時辰梗著，春節這一天，

雖然出太陽，但寒風刺骨，山口文雄一家無法放開心情過節。山口愛叮嚀弘毅和悅子管好妹妹，要求她們只能在二三樓窗邊看熱鬧。兩旁擠滿民眾的三經路夠寬，花鼓隊、踩高蹺隊伍齊頭並進。揮舞著長袖的「長腳」踩著密集的鼓聲、民眾的喧嚚前進，也深深悸動著站在三樓弘毅房間窗邊看著外頭的弘毅、悅子他們兄妹的心。熱鬧的隊伍在他們眼下消失，隨即響起猛烈的鞭炮聲。弘毅：

「應該進入將軍家了吧。」

悅子點頭，但沒有回話。如果不是姊姊等一下非進去李府不可，她實在不想進去那個大宅院。

鞭炮響起的那一刻，二樓主臥房內，山口愛：

「淑子，妳的頭髮太短，真難梳呢。我想給妳盤成新娘頭，比較有中國的味道。」

「做將軍的義女。真的什麼都不會改變嗎？」

「不用擔心，妳還是妳父親的女兒，一樣在家裡生活。不會過去住的。」

山口愛為了解除女兒的疑惑，總是不厭其煩地解釋。淑子懵懂地知曉即將成為義父的將軍有土肥原賢二當靠山，實力堅強。由於土肥原名聲不好，淑子擔心準義父過於涉入，陷入難以自拔的險境。淑子的憂慮不斷浮上來，頭兒有些不聽使喚。山口愛把淑子梳了好幾次的頭髮再次抓起盤成一個圓髻，隨後趕緊用黑色的橡皮筋綁好，最後插上花樣的梳子。

「淑子，照照鏡子看看。」

梳子插在圓圓隆起的髮髻上，梳齒全然沒入髮內，梳背美麗的紅色花樣盡露。緋紅色帶有浮水花紋的旗袍讓她看來嬌豔欲滴。在書房看書看不太下的文雄走了進來。

「哇，淑子真美。第一次看見妳把頭髮盤起來，真是長高了。」

「還沒上妝呢。」山口愛。

「讓她休息一下。」

「事實上，我也累了。頭髮不夠長真不好盤。」

「那就不要動了。這樣就好。」文雄看著女兒旗袍上面的浮水紋，感覺掐得出水似的，「這樣會不會太單薄了。」

「出門的時候給她披一件毛絨外套。你裡面有沒有穿毛質衛生

衣？」

「當然啦。和服寬大的袖子簡直是用來招風寒的。還是中國的馬褂加毛質外套或襖子耐寒。」

文雄夫婦提著大包小包，帶著五個小孩頂著寒風走進李將軍宅中國傳統式的大門。五個小孩子中，淑子著旗袍和披肩，其餘的中國式棉襖和和服各半，流露出兩大民族融洽的氣息。

「文雄兄！」將軍赫然從門房走出，向文雄打恭作揖，「恭喜！恭喜！」

文雄夫婦慌忙地說恭喜，小孩也都回了禮。淑子羞怯地向將軍鞠躬，將軍含笑回禮，但沒說什麼，怕給她壓力。兩名家僕幫文雄夫婦提禮品後，山口愛、淑子同行，悅子和弘毅各牽著一個妹妹跟在媽媽的後面徐行。

「文雄。我那輛小車子剛好要到車站接我家老二一家回來，不然去接你們一家過來。」

「將軍太客氣了。」

「分兩趟去載也行，但既然來了，也就……。這個宅院很大，要走一段路。」

「將軍公子從那兒趕回來。」

「老家河北豐潤。本來最慢昨天就應該回來的。」

路上走動的人很多，碰到將軍都會彎腰行禮。文雄和將軍對談的聲音不大，大部份都被風吹走，跟在後面的妻小幾乎聽不到。

一行人繞過一叢槐樹。葉子落盡，十幾株槐樹虬曲的枝椏下面窩著四、五棟低矮的混泥土房舍。幾名穿著灰色軍裝的士兵瑟縮在樹下。顯然這是將軍的護衛隊。經過一道兩旁盡是花花草草的迴廊，一座植滿松樹的土丘赫然矗立眼前。山旁有一座水池，池邊的柳樹葉子落盡，別有丰采。

「快到了。這兒的假山假水，我們只管叫它們松山柳池。再過去就是敬穆堂。敬是尊敬的敬，穆是穆斯林的穆。這個名字還是很中國的。」

「我以為是安靜的靜字。」

文雄說著仰頭望著隱約在冬樹的枝椏間，中國宮殿格局的兩層樓房。這個敬穆堂依山傍水，左右兩廂向後延伸，應該就是李家的

宅邸和將軍辦公處所了。隊伍的後面響起了車子的引擎聲，提著禮物的家僕叫了一下，將軍立刻要所有人退到路旁。軍用卡車旋即停下，跳下來的七八個人，立刻簇擁著將軍握手。

在家僕的引導下，大家紛紛前往左側廂房內的祖堂移動。祖堂天花板掛著一排宮燈，牆上掛著不少一隅寫著「花開富貴」、「加官晉爵」的年畫。牆邊的凳子都坐滿了人，不少人站著。二夫人雪兒見文雄一家到來很是高興，立刻叫家僕從別處挪來七八張凳子擺在前面給文雄一家人坐。一位高大的婦人走了過來。二夫人：

「這是趙夫人。」

「久仰久仰。」

文雄打躬作揖，一家大小的目光都移了過來。二夫人把文雄介紹給趙夫人後，趙夫人立刻打賞文雄兒女紅包。山口愛在雪兒的帶領下，尋覓將軍的孫兒，把依雪兒的意思，寫好名字的紅包一一送出去，從隔壁房間回到祖堂後，一位中年婦人靠近雪兒咬耳朵。雪兒指著淑子，隨後對淑子說：

「沒關係，跟她去，她會教妳待會要怎麼做。」

淑子走了，雪兒面向文雄：

「她是我們這兒的禮儀師傅。」

文雄點頭稱是，他一直盯著將軍看，看著他周旋眾賓客之間時顯出的丰采。將軍開始把賓客拉到文雄夫婦面前，把「義女的雙親」介紹給眾賓客。文雄偕妻回禮，才感覺這個場面的熱鬧。禮儀師回來了，向將軍俏聲幾句。將軍點頭繼續招呼其他親友。身著中國禮服的將軍和趙夫人坐在祖先神牌旁邊的太師椅後，向女禮儀師點點頭。禮儀師：

「大家安靜，安靜。相信大家都知道春節一早來這兒的目的。李際春將軍為了我們滿洲國，軍務繁忙。膝下無女的遺憾一直繚繞心頭。過年前人還在外頭忙，突然決定完成心願。由於事起倉卒，來不及發請帖，在春節最寶貴的時間硬是把諸位用電話或快信的方式招來。他除了感到不捨之外，也感謝諸位的捧場。他今天不是認養也不是認領，而是要認一位朋友的千金為義女。他這位可敬的朋友就是仰慕中國文化的山口文雄先生和夫人。」

禮儀師說著轉向山口夫婦，用眼神示意他們起立。

山口夫婦向大家鞠躬後，掌聲響起。

「好了。我們請今天的主角，」禮儀師示意淑子起立，「大家早就猜到了。還是個學生，很害羞。淑子同學請就位。」

除了前面的幾位外，賓客都站了起來。淑子站在地毯後面的中央。禮儀師低聲說：

「請。開始吧。」

淑子兩手交互插入另一手的袖子中，高高拱起，雙腳跪下，先向將軍行三個稽首禮，然後向夫人行禮。淑子似乎要起來的樣子，禮儀師趕緊用手勢把她壓下來。一位女僕端著上面放著兩個酒杯的托盤遞給淑子。淑子手顫顫地捧著，她自己和賓客都很擔心酒杯倒了下來。

「爸！媽！請用……酒。」

淑子差一點把酒說成茶，將軍和趙夫人取走酒杯一飲而盡放回托盤，淑子稍稍鬆了口氣。女僕遞給她一杯甜酒，她一飲而盡。

「還杯」的聲音輕輕響起，淑子照做。

「禮成。」

掌聲響起，眾賓客鼓動的手臂好像齊聲振翼的群鵲，禮儀師牽著淑子的手，把她拉起交給將軍。李際春：

「聽雪兒說，妳的中文進步很快。」

「前年，還是撫順永安小學六年級時，檢定三等合格。」

文雄在旁幫腔。儀式的莊嚴開始退去，賓客的言行活潑了起來。淑子：

「那時是父親在教。」

「是的。令尊的中文真是無人能及。我們中國人只會說，但他知道一句話為什麼要這麼說，一個字何以要發這種音。」

「就像雞和七，聲音很接近。但發雞的聲音時，氣流不會出來。」淑子有點得意地從父親手中接過撕成一半的衛生紙，把一端沾上唾液後黏在鼻頭，「看，我現在發七，紙是不是會飄動，現在發雞，紙動了沒有？」

熱烈的鼓掌淹沒了「這些都是爸爸教的」的最後一句話。

「我要給我的乾女兒取個中國名字。我已經想好了。」

李將軍說著走到祖先供桌前，用事先準備好的筆硯，寫出「李

香蘭」三個字。文雄看著將軍手上拿著寫好的名字，心頭一震，「『香蘭』不就是我寫俳句時用的筆名嗎？」將軍還真是有心人。

李際春拿著紙給眾人看，然後念出「李香蘭」，淑子與父母相視而笑，也都輕輕念出「李香蘭」。

將軍向大家解說，「香蘭」是取自其父寫日本詩歌時用的筆名：「蘭花還是我們滿洲的代表性花卉。」

女禮儀師領著大家齊聲念出「李香蘭」，眾賓客又是一片掌聲。

二夫人雪兒走近趙夫人：

「妳乾女兒的名字分別來自兩位父親的姓氏和別號，真乃渾然天成，好像是上天賞賜的。」

「太好了。妳在教她中文時，就可以用這新的名字稱呼她，才不會枉費將軍給她取這麼好的名字。」

「姊姊所言極是。」

將軍隨後大宴賓客，來客、家人、僕役和衛隊代表擠滿十餘桌。山口家較大的小孩和大人同坐主桌，較小的小孩坐在旁邊的小桌椅。山口愛兩頭忙。宴畢，八分醉的李際春送走賓客後累癱。他把夫人和僕役都打發出去，一人躺在臥室。雖然又累又醉，但空洞的心理終於有了依託，一股清醒灌入腦際。他想到山口文雄的讀書人風範、山口愛的嫻淑、淑子的聰慧和她弟妹的可愛。或許這一些會使自己有幾分爭議、幾分可鄙、幾分執著的奮鬥史標下一個美好的逗點。

▌▌▌ 10. 奉天影院 連番見識

將軍回到錦州，繼續率領部隊充當日軍進攻長城各隘口的前導，打了幾次混戰。日軍少將指揮官知道他的部隊面對同樣是中國軍隊時常顯怯戰，所以沒有將之擺放在真正的戰鬥位置，時常要求李際春的部隊策略性的誘敵後，就發回後方。日軍佔領承德後，形勢好轉，指揮官爽快地讓他告假回奉天。

家住奉天的駕駛兵開著他的將軍座車，幾經顛簸路段，花了近七小時，才把他送回奉天家裡。將軍把駕駛兵打發回家，累癱在床上，睡了一個下午，晚飯過後才到文雄家走動，看見可愛的義女李香蘭，更是心花怒放，體內的餘累立刻轉為舒爽。

文雄一家大小聽到隔壁的將軍伯伯要請看電影，都十分興奮。

將軍是急性子，說了就要馬上兌現。

「明天中午如何？你們小孩向學校請假吧。」

「他們都在放春假。」

「哦，對了。你們日本人學校現在正在等開學。太好了。」

第二天早上11點，將軍開著部隊配給的座車，張班長也開著將軍的私車前來接人，文雄一家大小和二夫人雪兒剛好坐滿兩臺車。最冷的一月份已然過去，雖然春寒料峭，兩三層樓上，屋頂殘雪斑斑，但道路兩旁的槐樹、榆樹開始吐出新芽，點點黃綠把人的思維從酷寒的恐懼中稍稍解放開來。兩輛轎車從日本領事館轉進浪速通後，隨即轉進北七條通。兩車在滿是馬車和人力車的大街行進，頗引人側目。

北七條通並不十分寬敞，但商店小而密集，店招橫豎交錯，形成景觀。兩車停在路邊，大夥相繼下車後，文雄像剛進城的鄉巴佬，為華麗的街景眩目。將軍：

「這裡是南段，純粹是商業街。北段是關東軍的軍事機關。」

「哦！」文雄不自覺地往北張望，「或許是因為有軍人的保護，大家反而安心在這裡做生意。」

「正是這樣。來，我們走一段路。」

將軍請大家吃壽喜燒，正合大家的胃口，賀家屋暖紅色的店招十分惹眼，從藍色的暖簾透出的白花花的蒸氣帶出了火鍋湯頭的香味。將軍食慾和酒興大起，他照例要和文雄對飲。

長春座二樓的牆壁、窗戶被繪有《夫人和老婆》[1]男女主角渡邊篤、田中絹代和市村美津子畫像的巨幅看板遮住。電影開始演時，片頭〈雙鷹行進曲〉雄渾的樂音攫住了將軍的氣息，他正襟危坐的神態和一般人慵懶的坐姿，大異其趣。

銀幕上男主角渡邊篤的滑稽動作不斷，觀眾的爆笑一波接一波。淑子不喜歡男主角誇張的動作。渡邊篤在片中演出的劇作家，噪音來襲時，用手巾蒙眼，用毛毯遮窗、覆身，甚至躲進木箱。淑子認為作家怕噪音不會是這種反應，而這種神經質的演出，也著實太誇張了。不斷地揉紙是大牌作家留給世人的傳說，把一位劇作家描摹成這樣，好像漫畫中的人物。女主角田中絹代平實的演出，倒很能獲得她的認同。看田中在銀幕中體貼丈夫，呵護小孩，有時生氣的

樣狀，彷彿看見自己的母親。

中場休息十分鐘，將軍和文雄上洗手間回來後繼續高談闊論，張班長拎著一大袋東西回座，然後分給每人一包雪花豆沙和一瓶飲料，場面一時混亂了起來。張班長用開瓶器給每人開飲料，山口愛擔心最小的子女喝得一蹋糊塗，把開瓶器借了過來，視情況再開。

密集的鼓聲和喇叭聲啟動開場樂，燈光暗了起來，舞臺布幕隨即開啟，站在舞臺右側麥克風前面的司儀開始介紹今天淡谷典子秀的主角。淡谷的秀，淑子看過兩場，很喜歡她的歌，母親山口愛更喜歡。

淡谷出場了，水色的拖地禮服和她那覆額濃髮下浮腫的臉顏，不太調和，樂隊昂揚密集的樂音響起，清晰上浮的小喇叭聲帶出淡谷高亢的歌聲。

「情滿花瓶，花開似錦，花謝如雨，淚灑庭院。花開花謝，命在須臾，花心志忑，誰人知曉？⋯⋯」

淑子很喜歡〈此刻我很憂鬱〉[2]這首淡谷的招牌歌。和歌名一樣，歌詞也折射出中國文字特有的含蓄、多重的意味。典子接著唱藤山一郎的〈越過山丘〉，女性柔美的歌聲唱出更多朝陽的精靈，這些精靈在弦律上跳個不停，也躍入很多人的胸口，淑子不自覺地跟她合唱了起來。

淡谷唱畢到後臺休息，布幕垂下，音箱放出輕音樂，山口愛給幼兒開飲料，不久淡谷重新登臺帶來〈婦人從軍歌〉[3]。所謂婦女從軍，只是去當軍護，歌詞都繞著這個主軸轉，沒有殺伐之氣，旋律雖然在進行曲的基調上鼓動前進，但歌詞完全訴諸軍護的醫療作業、辛勞和體貼，且由女聲表現，耳畔昂揚的絲竹聲很快便被從腦中升起的南丁格爾的溫柔、婉約形影淹沒。淡谷曲罷鞠躬，掌聲響起，吆喝和叫囂聲也此起彼落：

「妳要隨軍當軍中護士嗎？」

「妳把頭髮剃掉，當連隊長比較適合呢。」

「再來一首！」

淡谷典子想再唱一首的節奏被觀眾的呼叫打亂了，無法回答，只是不斷地鞠躬說謝謝。騷亂大致平息後，主持人要求觀眾冷靜，讓典子再展喉。最後淡谷高亢的歌聲在〈夜東京〉[4]中獲得延續。

離開長春座，淑子和悅子抱著玲子，和二夫人搭將軍的座車，文雄夫婦和弘毅、清子搭張班長的車子。坐在車上，〈夜東京〉的快節拍依舊在淑子耳畔響起。13歲了，還沒到過日本，懵懂的幼年期對日本有了概念，也知道自己是日本人，六七年來，只能從史地課程，或一些報刊，擷取祖國的一鱗半爪。東京對她來說，尤其神秘，她只知道很熱鬧，且勝過奉天。現在透過〈夜東京〉，她對東京開始有了一個概念性的認識。銀座的燈紅酒綠、淺草的電影街、神田的文教區和浜町的悠閒，開始觸發她的想像。她不時在心裡對腦海浮現的東京輪廓加以描繪、著色，建構了少女心懷的浪漫東京。

　　剛好又是晚餐時刻，兩輛車子駛回小西邊門，穿過城牆進入回民區，來到文雄剛搬來，將軍請吃午餐的涮羊肉店。和上回一樣，山口愛顧著清子和玲子，圍著一個小方桌，其餘大小朋友圍一個大爐。

　　淡淡的，和著蒸氣的羊羶刺激淑子的胃口，但讓山口愛不舒服。山口愛吃了一點，忍著反胃，看著清子、玲子吃飯，有時還要幫一下。淑子滿口油花花的羊肉，十分舒爽。母親走了過來，要她照顧兩位小妹，她只好端著飯碗過去。她看著母親很痛苦的神情，知道她要上廁所。

　　山口愛回來了，看來精神好了一些。淑子回座後，文雄要給妻子的大碗盛一些火鍋中的羊肉，山口愛：

　　「一點就好，不要太多。大概中午吃的消化不好，剛剛吐了一下。」

　　「要不要吃一點藥？」李際春看著山口愛拿著碗回座的背影，再看向文雄，「我叫張班長回去拿胃藥或什麼的。」

　　「不用，內人正在妊娠期。」

　　「太太有喜了？」二夫人喜中帶憂，「孕吐？」

　　「已經一個月沒有了。大概中午吃太多，胎兒壓到胃⋯⋯」文雄。

　　聽到自己的孕事被大家談論著，山口愛人臉通紅。在副桌照顧幼妹的淑子有些錯愕，眼神投射過去，弘毅和悅子也跟著看向媽，百感交集。將軍和二夫人準備熱議山口愛的有喜，甚至向文雄道喜，但看見山口愛一副困窘，而文雄也顯出後悔抖出此事的樣狀，將軍開始轉移話題。不過雪兒還是很關心山口愛的健康。文雄：

「不好意思，年紀都一大把了。」

「還好。」雪兒。

「主要是小孩子都這麼大了。」

「那裡。淑子也才13歲。」

雪兒這麼說了，淑子意外被這個有些難堪的話題扯了進去，好像懷孕的是她。四五年前家裡最小的是弘成，弘成走後，最小的輪到玲子。這兩弟妹是老么，已深植腦裡。迎接新的老么，她心裡準備不及，好像被革了命一樣。現在母親尷尬，子女也跟著難堪。如果母親肚子裡的貝比出生了，也差不多小玲子六歲，也會是一個很尷尬的存在。

其實，母親的懷孕對淑子來說，很快就不再是形象的問題。山口愛不再穿寬鬆的衣服，明顯隆起的肚子襯映著瘦弱的四肢、憔悴的面孔，讓人擔憂胎兒正附著在她身上吸走她的生命。看著母親羸弱、疲憊的身子，淑子對她肚子裡的小生命，有時覺得氣憤，自然也很氣父親的逞一時之快。但一到學校，看不見母親的狼狽，對於她懷中的小生命又有些憧憬，想像著未來如何去疼他。

淑子轉學至奉天女子商業女學校，可說打亂了她的求學步調。學校遠在大和區的南緣，她每天必須轉一趟市內巴士才能抵達學校。她從普通中學轉入職業學校，珠算、簿記和裁縫一類的專門課程，基礎不夠，學來倍覺吃力。最遭的是她不擅長的學科，份量重，去年12月底學期結束後，她拿到了空前最差的成績單。班上同學早就分成好幾派，常認為轉學生素質低，多抱持排斥、輕視的態度。

中國農曆年過後不久，四月升上二年級，全校舉行中文鑑定考試報名時，她持三等證照報考二等時，中文特別好的情狀才被同學知悉一些。但同學對她的中文實力還是半信半疑，也都希望她落榜，讓神話自動滅失。考完，她自信滿滿，二夫人和父親更是期待結果的公佈。

考試結果公佈了，走廊擠滿了看榜的學生。淑子找到了自己班級的成績單，但一直看不到自己的名字，不少同學也都認為她挑戰二等落敗。難道作業有誤，被當成棄考。她想著毅然前往辦公室找班導師清水美子，但撲個空。忍耐一個時辰，第四節終於熬到班導師的數學課。不待她質疑，導師一進教室劈頭就說：

「我們班上有一位迷糊學生，中文檢定考卷沒寫名字。」

同學彼此張望，似乎想找出那一位迷糊蛋時，導師：

「山口淑子，根據妳的學籍資料，妳前年在撫順永安小學就取得三等檢定合格。」

「好像是吧。」

「淑子，別客氣。」清水老師臉孔轉向全班同學，「根據筆跡鑑定的結果，本班山口淑子二等合格，全校唯一。」

「哇！不敢相信。不可思議。」

有些同學叫了起來。清水老師繼續說：

「三位評審老師和我都簽名具結，中午以前應該會把新的成績單公佈出來。」

二年級的淑子中文檢定冠全校，轟動一時，別班同學不時三五成群躲在她教室門外偷窺她，試圖知道唯一的二等長得什麼樣狀。

淑子懷著興奮的心情回到家。父親不在客廳。她趕緊跑到二夫人房外敲門。門開了，她劈頭就說：

「夫人，我中文通過二等檢定。」

「我就道妳一定會通過的。妳最近實在很用功。」

「夫人教導有方。這次考試考了很多四個字的詞兒。閱讀三國對這方面幫助也很大。」

「是嗎？我應該好好賞妳才是。妳這個月來實在辛苦。」

外頭傳來了開門聲和重重的腳步聲。

「會不會是妳爸回來了。他更渴望知道。」

淑子走出去，父親把買回來的醬油和一包糖放好後，剛從廚房走出來。淑子：

「爸。」

「高粱米又貴了一些。」

父親背著淑子咕噥了一聲。淑子：

「爸，我中文二等通過了。」

「太好了。」山口文雄右拳打左掌，一方面也打掉剛剛提著高粱米走動時手的酸楚，隨後面向二夫人，「夫人這半年來的教導應該是功不可沒。」

雪兒謙虛一番時，大腹便便的山口愛剛好下來準備下廚。

「夫人，站在這兒多辛苦。到沙發那兒坐一下吧。」

山口愛說著想扶二夫人。雪兒：

「沒事。我自己來。倒是妳自己要多保重。」

山口愛慢了兩拍，跟在雪兒的後面走。年近 40 再次懷孕，讓她自慚形穢。三年多前，她失去了幼兒弘成，全家大小傷心不已。現在突然懷孕，小孩一時都很錯愕，但漸漸地，把弘成生回來的聲音浮現了，但心情不免還在矛盾中擺蕩。山口愛走向客廳。文雄向她報告女兒的好消息。山口愛看向丈夫：

「淑子的表現給足你這滿鐵中文教師的面子。不過，熟悉中國文學的夫人的一對一傳授實在是淑子升級成功最大的推手。」

文雄點頭稱是，再度感謝雪兒。自從長女向二夫人雪兒學中文後，文雄每看到，甚或想到雪兒，都會從中感受到長女的殘影。他期待淑子成為國內政治家，甚或中國政治家的秘書。他所謂的秘書是在政治人物身邊學習，然後再獨立成為政治家或記者，並非像雪兒那樣，有點悲情地被收納為妾。

「淑子的未來，我看到一個方向。看看能不能考上北平的北京或清華大學，讀文學相關的科系。將來回到日本後到大學教書。不一定要做政治人物的秘書。」

山口愛說完，二夫人同聲附和，同時看了淑子一眼。文雄：

「這也沒有矛盾。學歷還是要有的。當初會這樣想也是李將軍和北平的潘先生給我的啟示。」

山口文雄說著陷入憂思。最近陸續傳出日軍在中國熱河、長城一帶猛攻，佔領不少據點的傳聞，又讓他陷入時局動盪的不安中。原來滿洲國不是時局的句點，看來一切還是得停看聽。淑子被大人談論著，覺得難為情，離開客廳後，直奔樓上。二夫人說要打賞淑子，結果是禮拜天帶她去看電影。

淑子獲邀看電影，山口愛擔心弟妹吵著要跟，結果，弟妹都認為姊姊和二夫人是朋友，都多少意識到這場電影欣賞是他們中文課程的一部份。

這一天，雪兒叫了一部馬車，沿著三經路往南走。

「找不到放映華人電影的電影院，只好選東北大戲院。」

「在那裡？」

「十一緯路八卦街。很快就到了。」

馬車走過澳大利亞領事館，街區的商店多了起來，但招牌都是橫的。

「李香蘭。妳有沒發覺商店跟一般地方不一樣。難得跟妳外出，我用將軍給妳的名字稱呼妳還習慣吧。」

「我還是滿喜歡這個名字的。中國的名字比較有繪畫感。就像妳的別號雪兒就讓人想到雪。」

「妳就是香氣迷人的蘭花。」

兩人都笑了起來。淑子：

「成排的商店、公司，不少招牌都用英文，還好都附有中文字，只是小了點。那些洋文招牌，有些可能是法文或德文吧。」

「不錯，都是外國人商店。也們跟著領事館來這裡買地買商店做生意。」

雪兒說著，馬車轉入十一緯路，進入南市場高大的拱門，「東北大戲院」的招牌隨即映入眼簾。

「師傅！就八卦街繞一圈吧。沒關係，繞回來就可以。」雪兒平息了車伕的猶豫，「這裡的街道都是按照中國的八卦方位排列，並加以命名的。走在裡面會迷路，走不出來。」

「這邊都是書館。怎麼這麼多書店啊？」

「這不是什麼書店，是男人尋歡作樂的地方。」雪兒見香蘭似乎未能完全領會，「這些都是風月場所。很多男人進入後就像進入八卦陣一樣走不出來。妳不要跟爸媽說，來過這個地方。」

「事實上也不算來過。反正我們看完電影就走了。」

淑子回望著那些多呈傳統綠瓦紅牆或白牆，門簷掛著紅色燈籠和綵球的書館，感覺有股力量吸引她，最後車子停在屋頂呈人字形，階梯狀的東北大戲院旁。

《火燒紅蓮寺》第一集雖然是老片子，但引領香蘭進入超現實的情境。電影裡面的紅蓮寺有點像剛剛看到的書館，傳統而明艷。武林高手攜手合攻時，騰空飛行和刀光劍影的卡通特效，讓她看得如醉如癡。末了，官兵一把火，紅蓮寺烈焰焚天，天空一片血紅，七個月前，撫順炭礦血火焚空的場景又映入她腦海。

五月中李際春將軍回到奉天大宅院。文雄看見將軍很是高興，兩人又在二夫人的酌酒助興下，醉談家邦大事，酣吟詩作。文雄：

「將軍帶兵帶得如何了？」

「現在不帶兵了。我們和幾個同志正在組華北自治軍政府，主要是河北東邊的幾個縣。小弟出掌政務廳長也快一個月了。」

文雄耳聞難免心驚。他只知關東軍在司令官武藤信義的指揮下佔領熱河，中滿兩國仍以長城為界。現在關東軍竟然進入關內，看來事情難善了，貽患無窮。文雄：

「屬於日本軍管轄的？」

「不錯。是在武藤信義司令官指導下組成的。」

「戰事越來越擴大，會不會難以收拾？」

「現在中滿兩國是邊打邊談，中國是一邊打一邊衡量自己的實力，所以不斷撤退，戰爭也就沒打得很激烈。」

「這樣說來。北平就是關東軍的下一個目標了。」

「這個我不知道。如果這樣的話，文雄兄視察門頭溝炭礦不就更名正言順了。不過，我還是比較擔心李香蘭的前途。以前你對我談過香蘭的教育計畫，我個人十分讚賞。」

「看來將軍給小女取的名字，還是挺認真的。」

文雄說著笑了起來。李際春：

「既然取了名字，要多用。慢慢就習慣了。」

「再給我一點時間。畢竟淑子叫了十多年。」文雄帶著幾分歉意，「剛剛提到的，我對淑子的計畫必須在政治、社會安定的情況下才能實現。目前時局混亂，如何是好？」

「再看個一兩年吧。時局總是有沉澱下來的一天。我個人是看好我們的拜把兄弟潘毓桂。你也知道，他能文能武有謀略，舞文弄墨學問高，還是春秋鼎盛之年，前途不可限量。不妨把香蘭送過去跟她女兒一起上學，給他調教一番。」

「那也要他老哥同意才行。」

「他最近來秦皇島找我。我特地向他提到香蘭的事，他爽快答應。現在我才敢跟你提這件事。」

文雄聽了若有所思，前此，他藉由面談或書信和兩位拜把兄弟談了一些長女的養成計畫，沒想到這兩位兄長如此積極，倒讓他有

些遲疑了。李際春見自己衝得快，擔心引發疑慮，想了一下繼續說：

「也不用管時局怎樣了，就像兄臺當年來到中國踏出改變自己的一步，令媛到北平讀書，也會是踏出改變自己的一步。畢竟北平才是中國新舊文化交會的地方。」

「說的也是。」

文雄說著想起了中國五四運動後以北平為中心的新文化運動對中國軍政經的影響。淑子如果能到北平站在思潮的風頭浪尖，接受時代的洗禮，自然是美事一椿，只是千頭萬緒……未免早了一點。李際春見文雄憂容滿面：

「桂毓兄在北平有一定的力量，塞一個學生進入某校，固然不會有問題，但還是順其自然比較好。」

「將軍的意思是？」

「牽涉到學籍問題，想進某一所學校，學校是有缺就可以進去，也許馬上就有，也許要等一段時間。」

「我倒希望慢一點。我家的淑子，也就是你的香蘭，轉進奉天女子商校才半年多。我想她應該是希望安定一陣子再說。」

「如果真有缺，不妨忍痛過去，圖個一勞永逸也好。」

文雄一時無言。時局動盪，短時間之內要淑子再轉學一次，而且是隻身到千里外，算是國外的北平，固然是一條大道，但還是有點措手不及，淑子感受的衝擊一定更大。

「她現在是中學二年級，或許中學畢業後順理成章讓她遠到北平……」

「哈！哈！」將軍右手輕撫上翹的鬍子，「我軍人本位的想法，或許太急了。我們軍人進軍或轉進，一個禮拜轉移個三四個陣地是常有的事。」

「那當然。」

文雄說著笑開，順勢把話題轉開，將軍不再談淑子轉學的事，文雄只當將軍一時興起，當話題聊開，並未當真。不過將軍離去時又重提此事，他只好先行試探妻女，淑子聞言臉綠得像得了重病。

註1：《マダムと女房》，1931年松竹電影，五所平之助導演，渡邊篤、田中絹代主演。

註2：〈私此頃憂鬱よ〉，古賀政男作曲，高橋掬太郎作詞，淡谷のり子主唱，1931年發表。

註 3：〈婦人從軍歌〉，奧好義作曲，加藤義清作詞，1897 年發表。明治時代軍歌。

註 4：〈夜の東京〉，井田一郎作曲，加奈木隆司作詞，1930 發表。

▌▌▌ 11. 肺病住院 幼妹誕生

淑子半夜醒來，但渾身無力，被自己濃重的呼吸嚇到。她掙扎著轉身，撐起身子，呼吸變喘氣，打開桌上的小檯燈後，急促地咳了起來。她呼吸的時候，胸口異常疼痛，似乎快要斷氣，本能而痛苦地把空氣吸進肺部，呼氣時肺部好像悶燒的火爐，隨時會爆炸。

一室的昏暗加深她的暈眩。呼吸的咯咯聲給她一點清醒。睡前縷縷的憂思變成濁流。來到女子商校還不到八個月，父親竟要她到北平讀書，而且是中文學校。她知曉這是將軍的建議。將軍一直這麼客氣，說什麼，父親總是言聽計從，好像將軍有什麼魔力，可以給父親這位身處亂世的異國遊子一盞明燈。

前不久拜將軍為義父，母親一再強調人不會過去住。但這一回真的要過去住了。住在父親另一位拜把兄弟潘先生，一個陌生長輩非常大、非常複雜的中國大家庭裡面，而且一去千里。給李家做義女，經過一個風光熱鬧的儀程後，依然故我，若真移住北平潘家，不曉得會不會也變成他的義女。李宅的豪門大院，她不久前進去領略過，潘家大院，父親談過幾次，看來也是牆高院深，樓宇棋佈，一入深似海。在學校，從師長或同學接收的訊息是，日本人好像征服者，高出中國人好幾等，有誰會知道，一旦到了中國人的領地，難保不會被淹沒。

她，隔著蚊帳兩眼空洞地望著漆黑的天花板，再視焦渙散地望向掛在牆上，檯燈光線所及的日曆，和電影明星田中絹代的畫像，她感覺身體剩餘的力氣都被濃濁的呼吸帶走了。困在氣管、肺臟，蠢動的氣體好像成為她生命的全部。現在眾人皆睡，只有她用呼吸掙扎出下一刻的光景。好像生命即將結束，過往歲月的幕景一直浮掠腦際，父母親、弟妹、柳瀨俊子、美都里、撫順炭礦、滿天火紅、柳芭……

她的尿意快速增加，和呼吸分享她的生命。她撐起身子，呼吸不順立刻引發狂咳。她努力調整呼吸，把咳意壓制下來後才移步，

不想吵到隔壁的悅子或弘毅。上過洗手間，努力回到房間，喝了一點水，躺回床上時，已是滿頭大汗。

清晨，山口愛依舊挺著孕肚給小孩子準備便當。文雄透早起床到小西邊門邊買中式燒餅、油條和豆漿。給妻子分憂一事，他一直做得斷斷續續，近三四個月，見老婆肚子越來越大，步履沉重，才做成習慣。文雄買了早餐回來，在弘毅的幫忙分配下，讓小孩儘快有得吃。山口愛：

「淑子還沒起來。悅子上樓看看，叫一下。」

悅子兩步併做一步跑上樓。叫兩聲淑子，敲兩次門，沒有回應，便徑自開門進去：

「爸爸叫妳起床。」

悅子說著掀開淑子的蚊帳。淑子掙扎著把自己撐起，一陣狂咳把悅子嚇退兩步。看著姊姊捧著胸，快要斷氣的樣子，悅子衝著下樓。

文雄衝了上來，看著呼吸濃重、急迫的淑子。

「幾時變這樣？」

淑子伸出兩根手指，想開口，立刻變成急咳。淑子再次比出兩根指頭。文雄：

「半夜兩點？」

淑子頷首，看著剛剛上來，挺著八月孕肚的母親。山口愛：

「可能有發燒。」

文雄摸著淑子的額頭：

「果然很燙。呼吸這麼困難，可能肺有問題。怕會傳染。」

「那就趕快送醫。」

文雄努力把淑子抱起急急下樓，放在客廳的沙發上，然後把圍攏過來的小孩斥退。

「不要靠近姊姊。可能會傳染。知道嗎？」

文雄說著急步上樓，不久拿著一疊口罩下來：

「這是以前撫順炭礦事務所發的防塵面罩。淑子對不起，我和妳媽媽都戴上了。」

「要送醫要叫車子。還不到七點那有車叫。看看二夫人有沒有辦法？」

山口愛說著驅趕窩在餐廳的小孩趕快上學，然後踅進二夫人的

房外敲門。門開了，看見二夫人顯然在晨禱，山口愛但覺惶恐，連聲道歉，然後說明來意。雪兒：

「呼吸困難。那還得了。我去找車子。」

二夫人說著移動蓮步，像高蹺的木腳一般，在地板上叮咚作響。文雄把口罩遞給雪兒，示意她戴上。二夫人：

「如果將軍還在家的話就好辦了。沒關係，我去就回來。」

二夫人說著就走，但很快便被山口愛叫住，她讀出山口愛臉上不忍她走一大段路回家的那種心情：

「沒關係。我只走到門房，然後打電話進去。」

淑子看著母親，淚眼盈盈。在母親被肚子內的嬰兒所累，身心俱疲的此刻生這種病，她覺得內疚，呼吸困難、濃濁，讓她長大了幾歲，也讓她更能體會母親挺著孕肚步履沉重的悲哀。她嚅動著嘴唇，似乎想說什麼，母親把頭伸了過去，試著側耳傾聽。但她始終沒說出一個字。只見她搖動著手指，好像要寫字的樣子。山口文雄急忙在茶几下取出一份紙筆，把她扶起寫字又引發她一陣強咳。文雄最後扶著一本雜誌讓她墊著寫。

「媽，別再懷孕了」這幾個字讓山口愛眼淚奪眶而出。隔了四、五年再次懷孕，有時她感覺懷胎的不是自己。應該是撫順血光之夜前播的種吧。胎兒一天天長大，這個生不逢時的生命的生長似乎也記錄著這段歲月整個家庭經歷的悲歡。她不時在想，要不是將軍的提攜和關照，這個在異域漂泊的家庭真不知會顛沛到何種境地。她愈是把整個家庭的命運投射在胎兒身上，愈是覺得懷著的是巨大的悲哀和不安。

面對母女兩人的滂沱淚眼，文雄像罪人一樣尷尬地枯坐沙發。一家三口靜默了兩三分鐘，文雄夫婦才對愛女的可能病情做一番討論。

雪兒開門急急走了進來。

「車子來了。張班長開來了。快一點。」

文雄把淑子抱起，山口愛挺著大肚急步向前幫他連開兩道門。文雄到達車邊時，張班長：

「讓她人先進去。坐著沒關係。」

父女倆坐進車子後，愛也想跟去。文雄：

「妳留在家裡好。都快臨盆了，到處走很危險。」

「真的，妳別去。醫院細菌很多，對胎兒不好。」

山口愛從感情和擔心的拍岸中轉醒過來，趕緊送別文雄。文雄把口罩遞給張班長。班長：

「老師，你別擔心。我身體鐵打的，雖然不是什麼刀槍不入，但至少是病毒不侵。」

張班長雖然也戴了口罩，但爽朗的笑聲讓淑子稍稍鬆了口氣，想，或許自己的病並沒有這麼可怕。

車子在領事館區轉了彎，熾烈的陽光驚鴻一瞥，從電電會社轉入浪速通後，一直背著晨光。山口文雄看著路上上學的學子：

「醫院這麼大，入口在那一條路？」

「在富士町。從大圓環繞過去就到了。」

車子從東洋拓殖大樓向左畫一個弧度，轉向富士町：

「快到了。」張班長說著突然一個急煞，把淑子震得咳了起來，「啊，對不起。走過頭了。」

車子開始倒退，隨後文雄也看到了路旁「滿醫急救室」的招牌。

「滿洲醫科大學醫院大門在前面，不過急救室先到。」

張班長說著一個轉彎，把車子開向通往急救室的側門。車抵急救室外頭，張班長奪車門快出奔向急救室。隨後兩名護士推著擔架床出來。淑子上了擔架床，文雄鬆了一口氣。

到了裡頭，文雄急著掛號寫資料填表格，掛好號走進急救室裡面，只見淑子臉孔罩著呼吸器躺在偌大室內一隅的病床，一名護士坐在她身旁，手不斷捏橡皮球幫淑子送氣。文雄：

「醫生怎麼說？」

「您是她父親嗎？」護士回頭看文雄一眼，「醫生還沒來。高燒 39.5 度，血壓將近 200，非常高。」

文雄走到床頭伸手觸摸淑子的額頭，聽到急促的腳步聲。高瘦的護士：

「這裡。」

終於出現的醫生承受大家的目光，看著繫在床頭，護士剛剛登錄的血壓和體溫紀錄後，要求護士拿下淑子呼吸器的面罩。淑子的呼吸依舊濃重，喉間不時發出痰阻的喀喀聲。醫生將聽筒貼在她胸部診聽，換了兩個地方聽過後：

「肺部好像有水，聲音很高，可能是肺結核。快點移送 E 區做隔離檢查。」

兩位護士給淑子戴上口罩，然後合力推動病床，經過昏暗的走廊，轉一個大彎後繼續快步前行。文雄和張班長跟著走。這個小隊伍在一個自動鐵門前停下。

「家長到這邊為止，不能再進去。」護士說著按下紅色的按鈕開啟鐵門，「不然你們可以向警衛室辦理會面，醫生會下來向你們說明。」

文雄環顧一下這兒狹隘的空間，除了鐵門邊有個警衛室外，右邊還有一個木門，顯示不用穿過大樓底層的長廊，經過院區的林園，從這道門進來也可以到達傳染病區。一名五六十歲的守衛走了出來，要求文雄他們沒事就離開。文雄：

「我女兒剛剛被推進去。」

「是剛剛住院的嗎？」

「不知道要不要住院。還沒檢查。」

「你可以到裡面等，醫生會下來跟你報告。」

文雄押了身分證件，具保沒帶證件的張班長後，被要求穿上防護衣。守衛把他們帶到自動鐵門門口，用掛在那兒的噴槍對著他們的衣服胡亂噴了一陣，算是消毒。兩人一起進去後，走道右邊設有幾排座位的偌大接待室空無一人。寫著「滿洲醫科大學附屬醫院傳染病科」幾個大字的木牌下面，設有兩間鑲嵌大塊玻璃的透明屋。左邊透明屋的左側，或者說剛剛進來的走道的盡頭也有一道門。顯然淑子被推進這道門後便與外界隔絕。文雄看了一下手錶，快八點了。處理女兒生病所生的煩燥多已退去，剩下的只是等待。心情平復下來後，他開始意識到張班長的好。他和張班長素昧平生，接連受到他照顧，和平常難得見一面的將軍相比，張班長有時也可以說是將軍的化身，總是像及時雨給他適時的幫助。他和張班長開始談李將軍，然後天南地地聊開。剛剛推淑子進去的兩名護士從神秘的傳染病科出來，走到文雄面前。文雄看到她們身上的名牌，知道原來高瘦的姓石橋，另一位姓岩下。岩下：

「令媛應該會做抽痰檢驗，照 X 光。我跟那邊的醫師講你們在這兒等。醫生會下來給你們做報告。」

「我可以去探視嗎？」

「不行。」石橋看了文雄一眼，然後望向張班長，「這邊管制非常嚴格。我們醫護進出都要消毒。」

「有沒有安排探視時間。比如說，早上幾點到幾點。」

「完全沒有。可以和醫生約定時間，由醫生向你們報告。探視病患是很危險的。」

護士走後，有三四人從後面的鐵門進來，雖然都不認識，但讓文雄他們感覺不再這麼孤寂。隨後又陸續有五六個人進來。文雄看一下手錶，快九點了，外面街頭的市聲已然鼎沸，這家醫院的各部門也已然開張，辦公和醫護人員開始忙錄了起來。但接待室的這一些人依然被這個世界遺忘。

接待室前面的自動門終於開啟，走出一名醫生和護士。護士：

「前田久美的家屬在不在？」

三四人走出座位，跟著醫護進入小玻璃屋。小屋內燈光亮起，醫生透過貼在牆上的人體解剖圖向家屬說明病患醫療的情況。文雄看著這齣啞劇，排遣了一些無聊。

「山口淑子的家屬！山口淑子的家屬！」

一對醫生和護士走了出來，文雄一時沒察覺，待看見，嚇了一跳，隨後和張班長跟上進入另一間玻璃屋。30幾歲，戴著黑邊眼鏡的醫生：

「山口淑子的父親？」

「我是。」文雄說著調整一下座位，手指稍稍偏向張，「他是朋友。」

醫生用磁鐵把淑子肺部的X光片貼在牆上，指著左肺：

「這是左肺，在這X光片看起來在右邊。左肺條狀或片狀的白色陰影比較多，這是肺浸潤的現象，右肺輪廓看起來比較清晰，但受到浸潤的地方也有。左肺這兒有幾個空洞和鈣化點。……」

看著牆上的X光片，文雄是越看越迷糊。除了幾對平行的肋骨很明顯之外，他一直無法從紋路複雜、凌亂的X光片中看出醫生講的白色陰影、幾個空洞和鈣化點：

「肺浸潤是什麼意思？」

「肺部局部發炎，造成肺裡面的組織水腫，並沿著淋巴腺往外

擴散。」

「我什麼時候可以探視小女？」

「我們會給她做最好的醫療照護。放心好了。探視？要耐心等候。」

「我和家人會不會受到感染。」

「一般說來，肺結核主要是靠飛沫和空氣傳染。長時間接觸十小時以上，不戴口罩，吸入患者吐痰、咳嗽、講話時產生的飛沫才有可能感染。像你及時把令愛送醫，又有戴口罩，感染的可能性很低。」

文雄有點失望地跟著張班長回去。第二天，他還是照約定前往聆聽醫生的報告，同時給淑子帶來一些衣物、盥洗用具。在小玻璃屋裡面，還是昨天的黑邊眼鏡的醫生小笠原：

「淑子的情況已經控制下來了。不過療程會很長，光是從痰裡面採樣作細菌培養就要一兩個禮拜。」

「細菌培養？」

「主要目的是，找出引起疾病的病原菌，以便準確地使用抗生素。」小笠原醫生看了一下放在桌上的筆記本，笑了一下，「沒事。至於令媛，出院後還是得在家靜養，太快回學校也會引發疑慮。」

「這個……」

「好好靜養，確定完全復原，沒有復發，避開群體生活，讓同學不再心生疑懼，在在需要時間……」

文雄頗思量了一會，向醫生確認過後，第二天一大早便到奉天女子商校給淑子辦理休學，然後匆匆趕到滿鐵奉天事務所上中文課。忙了一個早上，回到家時，發覺妻子病懨懨的，只好披上圍巾給中午放學回家的清子和玲子做簡單的午餐。

他相信妻子快生了，扒完中飯立刻趕到宇田町，請他熟知的婦科醫生佐藤前來把脈。佐藤太太陽子也來了。陽子是文雄比較小的幾個小孩的接生婆，看來這次妻子的生產也非她幫忙不可了。陽子：

「應該是操勞過度，身體虛弱，給她燉一點豬肝湯喝喝看，讓她恢復元氣。」

佐藤夫婦走後，不久陽子一個人背著助產工具、給山口愛服用的藥和一些衣物騎著單車過來。陽子認為山口愛這一兩天就會分娩，

文雄希望她住進來，淑子的房間剛好讓她睡。山口愛是高齡產婦，身體又虛弱，陽子也認為有必要全程照顧。

「真不好意思。這樣會影響妳先生的工作。」

「還好。平常都是一位老護士在幫忙。有時年輕的媳婦也會下去協助一下。」

看見大一點的小孩一個個放學回家了，文雄開始繃緊神經，他一方面洗菜烹煮，幫清子和玲子洗澡，督促大一點的小孩自己洗衣服，大部份衣服還是得他來洗，忙得幾乎忘了淑子的存在。

山口愛果然在第二天凌晨陣痛，在陽子耐心的誘導下，順利產下一女，取名誠子，用來紀念三年前過世的幼子弘成。

山口文雄開始在外物色嬰兒床、奶粉，在家翻箱倒櫃尋找玲子以前小時候穿過的衣物。家務的分工還是持續進行，12歲的弘毅洗的衣服更多了，10歲的悅子也開始在廚房幫忙，有時文雄還讓她單獨持鏟炒菜。當然餵奶換洗尿布，兩兄妹也做得得心應手。

家裡弄得有點亂，柳芭的來訪讓他有點措手不及。柳芭對淑子的住院且不能探視感到震驚，決定立刻給她寫信。

「前些日造訪貴府，沒能見著妳，很是失望，聞知妳重病住院，更是驚詫莫名。不過，看到妳新生小妹的活溜溜的眼神，知道妳不久就會康復……」

她的信用這種方式起頭，讓淑子知道她已經有了一個新的妹妹。

文雄抽空到滿洲醫大附醫申請第二天面見醫生。回來後，他也想到用書信的方式建立聯繫。他的信簡單扼要，但讓全家簽名，連小嬰兒也蓋上大大的腳印。淑子的第一封回函經由護士轉過來時，淑子已住院兩個禮拜了。她親筆表示肺裡的空洞已經癒合得差不多了。

淑子住院，山口愛產子的消息，經由二夫人傳到李際春將軍府後，趙夫人用電話聯繫遠在秦皇島，政務繁忙的將軍，將軍指示隆重其事，要求夫人趙氏夥同二夫人雪兒，把事情辦得大方圓滿。

身心備受煎熬，感情脆弱的文雄接到將軍府送過來的慶賀生女、預祝康復的兩個大紅包，和一大包給產婦、嬰兒、病女的名貴補品、營養劑和奶粉時，不禁涕淚縱橫，直呼將軍「待我如父兄也」。

文雄20幾年前在北京同學會就讀期間認識了將軍，那時他年紀

輕輕就當上了中國新軍的協統，相當於日軍的大佐。文雄心想，那年李協統懷著對日本明治維新無限景仰的心情和自己結拜兄弟，他果然不負眾望，南征北討，充份發揮青壯軍人的角色。自從搬到瀋陽郊外的北煙臺和撫順定居後，雖然和將軍保持聯絡，但對他的軍政發展和立場的改變一直是霧裡看花，也不便在信裡多問。直到去年秋搬到改名奉天的瀋陽，住在他的洋房，和他近距離接觸的結果，才知道他已成為關東軍的馬前卒。文雄不喜歡將軍的這種改變，「你的所做所為只有增加關東軍的氣焰，現在局勢這麼亂，你也要負一點責任啊！」心裡有時興起這種譴責，但還是難敵將軍給他的巨大恩澤，對於他悖祖叛族的行徑也就輕輕放下。

隨著淑子的日漸康復，二夫人得知淑子近日會出院後，立刻到大宅院門房打電話給張班長，要求他主動和文雄聯繫，確認出院的時間。

六月中旬的一個早上，淑子終於出院了。淑子出院的時間預定早上 10 點、11 點間，剛好和他在滿鐵中文課時間衝堂。文雄三天前便先向公司告假，希望當天淑子一定要出院，改日就麻煩了。

這天一大早，文雄先到市場買了一些食材，才和大宅院的張班長會合。由於肺結核和傳染病中心的敏感，文雄不鼓勵大家前去迎接。柳芭想向學校請假前去迎接，但被文雄勸阻了。迎接淑子出院的依舊是一個月前送她住院的父親文雄和將軍的司機張班長。

迎接出院的場面冷清，淑子有種再度入院的錯覺。車子在浪速通的一家餃子館停下，11 點半不到，文雄還是請大家吃了一餐熱騰騰的日本水餃。回到家門口，淑子十分近鄉情怯，好在母親聽到車聲就出門迎接，熱眼盈眶地擁抱淑子。進入屋裡，二夫人也是聽聲走出房門，大家相視而笑。

「淑子還是不能太接近大家。醫生還是要淑子多多休息，多獨處。」

文雄說出醫囑把淑子往樓上送，淑子到了二樓推開母親的房門，看見新買的藤編嬰兒床，眼睛一亮。文雄：

「不要靠近，遠遠看就好。」

母親山口愛進去把嬰兒床中的新生誠子抱了起來，看見臉孔縐縮一團的新生命，她病後脆弱的身軀開始化成淚水，溫潤著眼眶。上了三樓，淑子請求父母下樓，進入自己的房間後，發覺一切都沒

有變化，她提起沉甸甸的書包，裡面的課本還是一個月前準備上學的模樣。書雖然還這麼重，但整個學期沒有了。淑子感到茫然，想到了今早出院時，父親和醫生間的對話。

「你這個學期休學，手續我早已辦了。但學校說，這學期沒上課的日子太多，學校是不可能讓她直接讀下學期的。」父親轉述學校教務主任的話，「看來二年級必須重新再讀一遍。」

「那下學期也給她辦休學吧。畢竟令媛的呼吸能力已經倒退了好幾年。」醫生憐惜地看了淑子一眼，再望向文雄，「當然休學一年半載主要是讓令媛鍛鍊肺部，唱唱歌，尤其是世阿彌的謠曲，對肺部的擴張都很有幫助。當然主要還是要看令媛的興趣。」

12. 柳芭帶路 擺脫謠曲

出院就是失學，學校生活的框架沒了，這一年半載要如何過，就好像雙腳踩不到土地，更像是失去了身體的呼吸，是多麼怪異、荒誕啊！這場大病真不輕，可說改變了自己的一生。牆上明星田中絹代的畫像依舊美麗，她躺在床上再度無神地看著這紙年曆。外面傳來小孩的笑聲：

「大姊回來了。」

是清子的聲音。她和小妹玲子只上半天課。這兩姊妹探頭探腦出現在她房門時，她把她們叫進來。玲子溫馴地靠過來，讓她摸了一下臉：

「大姊的病還沒完全好，是會傳染的，所以儘量不要靠近我。中飯吃過了沒？」

「還沒。」清子。

「還不快下去，媽等著妳們吃飯。」

看見她們有點害怕的樣子，她就知道自己的病還沒好。

她圖個清淨睡了一覺，做了一個超乎現實又漫長的夢。夢裡有人拉她的腳，拉腳的動作越來越真實。

「姊不要再睡了，醒來吧！」

大妹悅子的聲音敲醒了一室殘夢。淑子睜眼坐起，也看到了一直對她笑的大弟弘毅。年齡相近，又是玩伴的三姊弟再聚首，顯得格外熱絡。在弟妹沒有多大顧忌的熱情的招呼下，淑子也放開了一

些，感覺快完全康復了。弘毅：

「感覺大姊好像從很遙遠的地方回來。」

「我剛剛就做夢到很遠很奇怪的地方，結果被你們搖醒拉了回來。」

「滿洲醫科大學醫院就在市區，但不能去看姊姊，一個月好像好幾年，最後是一點信心也沒有，很擔心會失去妳呢。」

悅子說著帶點歉意笑了一下，淑子調整一下坐姿，讓自己看起來好一些。

「我也是。醫生雖然每天都說有進步，父親有時也來接待室見醫生，但一直見不到面，心裡也很慌。」淑子離開床鋪，走到桌邊的椅子坐下，把床鋪讓給弟妹坐，「每天不是臥床，就是躺在鐵桶裡頭。」

「鐵桶？」弘毅。

「呼吸困難的時候就被塞進去，身體關在裡面，只露出頭部，護士說，鐵桶會自動改變氣壓，讓你的肺部自然膨脹、壓縮，不用費力就可以自動呼吸。他們說是鐵肺。等於是人造的大肺把人的身體包在裡面。」

「好可怕哦。」

弘毅和悅子異口同聲。弘毅：

「我們平常呼吸，都不知道肺在作用。爸爸說妳的肺裡面有好幾個洞。」

「都已經癒合了。肺裡有洞就好像缺牙齒講話會露風一樣，現在癒合了，原先呼吸的嘶嘶聲也沒有了。」

「妳的俄國朋友柳芭可能會來。」悅子。

「真的嗎？」

「她本來想去接妳出院的，但爸爸勸她別隨便曠課。她放學後應該會來。」悅子難得這麼自信滿滿，「說不定她已經在路上了。」

柳芭不久果然來了，而且帶來一大包巧克力和餅乾。姊弟三人立刻移師樓下，清子和玲子也都過來湊熱鬧。文雄要求悅子把誠子抱下來後，自己和弘毅合力把嬰兒床抬了下來。誠子雖然被安置在遠離客廳的一角，但聽到淑子、柳芭她們傳過來的快樂音波，不時手舞足蹈。身體還沒復原的愛子開始忙著做晚餐。為了和淑子多相

處一會，柳芭願意留下來用餐。和淑子的姊弟妹相比，高人一等的柳芭顯然精力旺盛，黃髮藍眼的異國長相和流利的日語逗得淑子的弟妹笑鬧連連。淑子跟不上這種快節奏的笑鬧，早早就面露疲態。

「現在大家別太鬧，聲音別太大，讓淑子休息一下。」柳芭讓淑子頭枕軟墊，躺在沙發上，「妳信裡說，醫生會送妳一個呼吸器，最後有沒有給？」

「給了。最後可能用不太上。」

「在什麼地方，我去拿，我幫妳呼吸。」

淑子仰看柳芭眼裡的強烈意志，只好說：

「叫弘毅去拿好了，在三樓我書桌下的一個紙盒內。」

「弘毅，你聽到了，三樓你大姊書桌下的一個紙盒內。拜託你去拿。」

強毅第一次承接柳芭的囑託，三步併作兩步直奔三樓。

盒子拿下來了，柳芭把面罩和氣囊直接抓出來。

「構造很簡單，一看就知道怎樣使用。」

柳芭說完拿著面罩靠近淑子的鼻子。淑子：

「別急。那氣囊不要按到底，按一半就可以了。就按妳呼吸的速度來按就行。」

柳芭不熟悉氣囊的抗張力，右手按著由左手托住的氣囊，按得太深了，淑子皺起眉頭，悅子也尖叫了起來。一直在偌大一樓一隅給誠子扇涼，逗弄她的文雄聞聲過來關心，驚見淑子已經在使用呼吸器：

「柳芭。妳好厲害。」

「現在比較順手了。伯父。面罩和氣囊太靠近了，我的手如不托住的話，會攔在淑子身上。」

「面罩的角度可以轉一下。可以在淑子肩膀旁邊放什麼墊著，我再想想。不然妳的手很快就痠了。」

「不過它的設計還算巧妙。壓下去，讓淑子呼吸時，面罩下面的活動孔會自動關閉，我把手鬆開，淑子吐氣時，那活動孔就自動打開，讓淑子順利吐氣。」

「瞭解它的原理，操作就更加得心應手了。」

文雄說著笑了起來，隨後起身到二樓拿一本厚厚的辭典給柳芭

用來墊氣囊。柳芭按累了，弘毅接手，柳芭還幫他打拍子。

「按下！鬆開！按下！鬆開！……」

開飯了，淑子的面罩被拿開後，悠然起身：

「呼吸不用自己費力氣，都快睡著了。」

淑子說著眾人都笑了起來。飯局十分熱絡，柳芭說了很多她們俄國社區和學校裡的趣聞，淑子吃了幾口高粱米飯和一些佳餚後，也貢獻了一些醫院裡的新鮮事。淑子忘了自己的病情還有一點風險，事實上也沒人在意這些。每人都覺得熱鬧的氣氛把病菌逐得遠遠的。弘毅和悅子也不遑多讓，開始把憋在肚裡許久的故事釋放出來，山口愛見小孩快活，也就離席，開始炸天婦羅。快速的話語像浪濤，淹蓋了油炸的嘰嘰聲，不斷拍打淑子的弱體，以致她恍惚得有點像醉了一般。文雄把她扶上三樓，柳芭也就把呼吸器和辭典帶上去。文雄讓她在自己床上躺下來，柳芭想幫她呼吸，文雄：

「她快睡著了。就不用了。」文雄把大燈熄掉，只開檯燈，且把光背著女兒，「柳芭，妳今天怎麼來的？」

「坐人力車。」

「現在天色已晚。我待會用腳踏車送妳回去。」

「怎麼好意思。」

「這麼晚了，女孩子落單搭車很危險。好吧，那就下去吧。」

「柳芭，再陪我一下吧，我住院的時候都看不到妳。」

看著淑子濛濛的雙眼，柳芭於是把椅子拉近，坐著握住淑子的手：

「我真的很抱歉。」

「所以住院是一片空白。」

「這樣好了。妳再陪她一下。我下去先把腳踏車打氣，再上來。」

文雄走後，淑子開始緊握柳芭的手：

「我已經不是可以唱童謠的年紀了。不過有個童謠，還是很懷念。」淑子閉著眼，開始輕哼，「大家手牽手，走在原野的道路上。」[1]

淑子氣弱唱不下去，柳芭接著輕哼：

「都變成了可愛的小鳥，大家唱著，鞋子也發出聲音……」

柳芭感覺淑子的手鬆開了，文雄也上來了。

知道柳芭要回家了，山口愛立刻把一個可扭緊的鍋子交給柳芭：

「這裡頭是剛剛炸好的天婦羅，日本特殊的食物，有炸蝦、炸南瓜、炸茄子和各種蔬菜。請令尊令慈品嘗一番。」

「伯母，怎麼好意思？」

「我還要謝謝妳的巧克力。」

山口愛說著對柳芭深深一鞠躬。柳芭隨著文雄走出房子，跨上文雄的腳踏車後，文雄把鍋子放在前面的車籃內。隨後柳芭在山口愛、弘毅和悅子的歡送中，隨文雄的腳踏車踏上歸途。

大病之後，為了趕快康復，淑子聽從醫囑，在父親文雄的撫導下開始練唱謠曲。文雄帶著她練唱最通俗的能劇《高砂》[2]裡頭的謠曲，強調從腹部發出聲音。

「高砂喲，海邊的船上，船帆升起，河邊的船兒升起了船帆。月兒高掛，淡路島的影子在滿潮的波湧中，經過遠處鳴尾[3]的海邊……」

淑子坐在沙發上跟著唸，唸幾個詞停頓了一下，一臉痛苦的神情。

「怎麼這麼難聽。比念經都還難聽。」

「為了妳的肺活量，妳跟著念就對了。好聽不好聽是另外一回事。」文雄知道這種唱腔很為難淑子，但為了說服她，改用中文，「中國有一句成語，良藥苦口利於病。這種唱腔雖然不十分好聽，但練好後對妳的肺是有好處的。」

淑子跟著再練了幾句。

「氣本來就不順，練這個幾乎要窒息了。」

「好了。爸爸給妳戴上呼吸器，讓妳的肺休息一下。」

文雄說著讓淑子躺在長沙發上，給她戴上面罩，同時按壓氣囊。

為了擺脫這種無味的課程，淑子渴望柳芭的來訪。不過，顯然擔心柳芭太晚回家，造成人家的負擔，柳芭父母不鼓勵女兒下課後去找淑子。好不容易熬到禮拜六，中飯過後，柳芭騎著她哥哥的腳踏車來了。看到柳芭來訪，文雄猶豫了一下，還是把她直接帶上三樓。柳芭：

「她睡著了。我還是到樓下再等一會兒。」

「沒關係。她只是小睡。也差不多快醒了。」

柳芭有點遲疑，在文雄的催促下，終於輕搖淑子的手。淑子恍然間醒來時，文雄：

「柳芭來看妳了。」

淑子由驚轉喜，立刻伸出雙手抓住柳芭的手臂。文雄讓柳芭坐在淑子的椅子上，自己到弘毅的房間抓一把椅子過來。柳芭：

「淑子的身體有沒有好一點？」

「我讓她練習謠曲。這對她的肺臟很有幫助。」

「謠曲？我倒沒聽過。」

「難聽死了。唱得我有氣變沒氣。」

「是嗎？」柳芭笑了起來，「謠曲，我雖然沒聽過，感覺是很古老的東西。」

「古老是古老，但唱久了就覺得好聽。」文雄思索著〈高砂〉的唱詞，發覺前半段有些忘詞，於是從下半段開始唱，「四海波靜，國政康泰，天下太平無事，天皇在上，攀生松可喜可賀……」

文雄停頓了一下，柳芭趁機插嘴：

「得了得了，實在是太難聽了。根本就不是在唱，也不是吟，根本就在虐待耳朵。」

文雄儘在傻笑。淑子見柳芭對這首歌的觀感跟她一樣，喜見聯合陣線成形。

「世界這麼大，好聽的聲音很多，生病的肺臟自然必須經過一番鍛鍊，苦練的過程自然可以增加肺的能量。」柳芭話鋒一轉，帶著堅定的神態，「我早就想到這一點。淑子，美麗的小姑娘，何不去學現代的藝術歌曲、民謠。練習這種美麗的聲音才適合淑子，一樣可以鍛鍊肺的能量。淑子是不是？妳小學也唱過的北歐民謠〈蘇爾維琪之歌〉，這不是很美嗎？」

「以前老師唱得很好聽。實在很羨慕。」淑子。

「我認識一位俄國女高音，應該說是義大利非常有名的女高音，後來嫁給俄國貴族，流亡滿洲國以前也常在大型歌劇院演唱，以『夢幻女高音』聞名於世。」

「難道妳要請這位名女高音教淑子唱歌。」文雄。

「不錯。她開了一間音樂教室，自然也要她同意。但我媽媽會儘量說服她。」

「我看那不太可能。這麼有名的女高音怎麼可能收淑子為學生。」

「人家雖然風光一時，但流亡到了這麼遠的異國，像是從雲端

掉下來。為了生活，還是當起了家教。況且淑子又這麼喜歡唱歌。這實在是一個大好的機會。」

「我還是不太放心。西方人的歌喉和東方人不太一樣。西方人的教法未必適合淑子。」

「伯父，別一直固執己見，不管怎樣，淑子也可趁這個機會學習一下俄語或英語。」

「妳越講越遠了。」

「不管怎樣，也要聽聽淑子的意見啊。」

文雄不再開口，飽經父親能樂唱腔折磨的淑子：

「如果那位老師願意收留我，我就去學。」

「那太好了。」柳芭起身，把躺在床上的淑子拉起來，「我和媽媽一定儘量爭取那位老師收妳當學生。」

第二天早上柳芭捎來好消息，那位俄國女高音要淑子下禮拜六前往試音。

「我們最好一起去。我下課後大約 12 點 20 分回到家，妳就在 12 點半到我家吧，我們一起用餐，休息一下就一起前往。」

「在什麼地方？」文雄。

「在木曾町，老師的名字是波多列索夫夫人。」

「木曾町，在小西邊門站或警察前站搭電車，在北市場站下車走一段路就到，大概是一兩站的距離吧。我每天到滿鐵事務所教課就是坐這輛電車。」文雄思索了一會，「一兩站的距離還是很遠。我再想想還有沒有其他走法。再不就搭人力車。不管怎樣，還是我帶淑子去？」

「伯父，不用了。只是去試音，還沒說要正式教，我去就可以，場面輕鬆點。您去的話，淑子會緊張的。」

文雄一直認為一位俄國或義大利女聲樂家教淑子，並不太可能。他不看好這件事，想：那就讓柳芭去搞吧。等她知難而退，再把淑子拉到身邊教育。

「柳芭，那就拜託妳了。」

「不過這一個禮拜，您就不要強迫淑子再唱那些難聽的謠曲囉。」

「妳說了算。」

柳芭感覺自己長大了許多。徵求文雄的同意後，帶淑子到小西

邊門內的中國人街區走逛。接下來幾天，淑子每天看著弟妹上學放學，心裡的慌張日甚一日。雪兒給她打氣，她才打起精神繼續跟雪兒學習中國文學。在這種情形下，向國際名師學唱歌一事給她很大的憧憬。她喜歡唱歌，跟國際名師學成後，復學後一展身手，豈不風光，足以洗刷休學的不光彩。正當她心裡浮現復學的想頭時，父親文雄又在客廳向她提起到中國北平讀書的事。

「李際春將軍來了一封信，還是強烈建議妳到中國的北平讀書，是中國人學校，講華語的。」

「醫生不是要我休學，把病養好嗎？」

「將軍是衡量了各種因素才做出這種建議。醫生的話一般都比較保守，康復期都說得很長。我看妳恢復得比預期來得快，再說，看見弟妹每天上學，休學反而讓妳有種失學的恐慌感。」

「爸，你也是來亂的。我正要向外國老師學聲樂，用這個來鍛鍊肺部，而且都講好了。」淑子瞅著父親有點心虛的神情，「不要將軍說什麼，就照單全收。我想聲樂學好再說。」

母親山口愛走了過來，直接落座：

「跟你說到北平讀書的事別急，你又拿來說嘴。淑子身體還沒復原，讓她拖著弱體到那麼遠的地方，萬一病情復發，傳染到別人……別將軍說什麼，就當成軍令狀。」

「我心太急了，一直惦記著要儘快實現淑子在中國政治家身邊實習的心願。」文雄先是避開又迎向妻子的眼神，「李際春將軍是軍人，他的工作不適合淑子。我說過的潘先生留學過日本，在中國華北政界很活躍，淑子在他旁邊實習，一定可以學到很多東西。」

看見父親心意有點軟化，淑子眼神帶嬌地望向母親：

「到北平讀書的事，就暫時沒有了？」

「那當然。身體完全恢復再看看。」山口愛產後瘦削的臉孔轉向丈夫，「再次向將軍說明醫生的專業意見。你以前可能沒說清楚。」

「那當然。」文雄點點頭，心裡還是有點頑強，「將軍是淑子的義父，我還是會強調醫生的意見，但他對淑子的期望，我們還是要珍惜。」

淑子回到樓上，有點無奈，心裡又陷入恍然悠忽的糾結。以前

讀過學校的憶思像雪片般浮過腦際。她也想到了以前的好友柳瀨悛子和小川美都里。和她們兩個先後分別後，她給她們寫信，但一直石沉大海，她想再寫，猶豫了一下便放棄了。以前這麼要好，難道只是把對方當成展示同樣嗜好、同樣服裝的道具？分離了，道具的價值沒了，與其懷念老友，還不如就近再找一個道具。真是這樣嗎？再說就讀的學校，在永安小學讀到畢業，還算好，初中呢，一學期多一點，就從撫順女校轉到奉天女子商校，然後竟休學。就讀女子商校，本來是權宜之計，父親原希望她就讀女校，因為女校沒缺，暫時窩在商校。不過看樣子，在女子商校取消休學，直接復學變得不可能，更遑論照原先計畫轉到女校了。再過幾個月，就是中國學校新學年的開始，父親很可能會再次提起要她到北平讀書的事……

她就在這種對未來滿腹不確定，在現實的失落中迎接週末的音樂課。這一天，文雄讓她坐人力車。她早早就出發，到達貝德洛夫餻餅店時才12點多一點。她相信柳芭還沒到家，一時找不到椅子坐，只好在附近閒步，然後倚在一棵槐樹下，兩眼盯著餻餅店，期待能在外頭和柳芭相遇，然後一起進去。她看著恍神了起來，突然被拍了一下，定睛一看，竟是柳芭。

「妳等了多久了？」

「幾分鐘而已。」

「妳既然早到就直接進去我父親的店裡就好了。」柳芭牽著淑子的手，「妳們東方人就是比較含蓄。」

淑子和柳芭一家人共用午餐，一盤優酪乳牛肉加馬鈴薯泥就讓她感覺七分飽，內包鮭魚的布林餅更讓她完全飽足。餐後一杯咖啡加甜點，讓她精神振奮了不少。不過她們的咖啡時間倒有著小小的爭議，兩人都搶要付待會到木曾町的車資，叫到人力車前，由伊凡哥哥裁定各付一半。

註1：童謠〈靴が鳴る〉歌詞。此曲，弘田龍太郎作曲，清水かつら作詞，1935年發表。

註2：《高砂》是日本室町時代劇作家世阿彌（1363－1443）的代表作。這首歌曲講述了一個神道教祭司遇到兩個古樹精靈的故事。這兩個精靈是一對夫妻，一個在播磨國的高砂，另一個在攝津國，儘管距離遙遠，但心心相連。

註3：鳴尾（なるお），地名，兵庫縣西宮市南東部，武庫川出海口西側的濱海地。

13. 俄女授課 苦學聲樂

木曾町的街路呈東北、西南走向，這一帶有幾棟獨棟的歐式建築，日人呼為西洋館。波多列索夫先生的旅館和住家就設在一棟三層樓的法式西洋館內。雖然是三層樓，右側頂樓上置四方形的廣告塔，看來醒目。這棟樓外牆層層相疊的木板形成自然的紋路，褐色的護板揭開後露出框線濃重的窗戶，日俄文並列的「波多列索夫旅館」店招橫在窗框下，廣告塔外面除了日俄文的店名，也刻繪著「HOTEL」和「旅」的字樣。這棟樓的左側是他們的住家，進出馬路雖有一扇門，但很少用，他們一家或前來拜訪的親友習慣走旅館的大門。進入大門後左轉進入一道牆門，就是他們的住家和音樂教室。

住家二樓除了音樂教室，還有書房和臥房。為了維持鋼琴的音效，音樂教室面積很大，後面還擺放一組沙發，整個樓層和旅館共用一道牆，所以窗戶都開向西南方。這兒的三樓和旅館打通，做為營業用的客房，所以二樓通往三樓的樓梯封住了。一樓除了客廳、主臥房和小孩房外，還設有衛浴和小小的廚房，擠著一個小餐桌，可謂麻雀臟腑。波多列索夫夫婦有時分房睡，夫人睡二樓臥房，年幼的獨生子有時跟父親，有時跟母親，做功課時也是一樣，平常在自己的小房間寫，母親沒課時，就搬到樓上書房寫，隨父母流徙了萬里，每天這種小小小的移動實在算不了什麼。

淑子和柳芭登上人力車，聽著車伕口中哼出的怪異曲調，隨後人力車、馬車和汽車交鳴爭道，車伕不再吟唱，一路紅牆綠樹繞過大圓環後直抵木曾町西洋館的波多列索夫旅館。櫃臺的俄羅斯小姐撥了電話，波多列索夫先生從兩屋之間的牆門出來迎迓。波多列索夫先生和兩位小女生握過手，向淑子親切致意後，表示波多列索夫老師待會會下來，然後一直用俄語和柳芭交談。一位面孔圓潤的中年西方婦女走出牆門，淑子知道她就是波多列索夫夫人，立即向她深深一鞠躬。

波多列索夫夫人領著兩位女生穿過牆門，從客廳旁邊的樓梯走上樓，樓梯口左邊的音樂教室十分寬敞，進入裡頭，迎面而來的是一臺大鋼琴，右側靠牆的是化妝室和書房，樓梯口右轉是臥房和洗手間。柳芭拉著淑子在鋼琴前面頗遠的沙發坐下，夫人把鋼琴椅移

到教室中央，然後坐下：

「因為妳是學生，我特別安排妳在禮拜六下午上課。本來禮拜六下午有一位主婦來學的，我把她調到禮拜三了。」

「我現在是休學狀態，什麼時候都可以。」

「啊！」夫人拍了一下手，笑了起來，「柳芭有向我提到，但給妳排時間時又忘了。」

夫人日語說得還可以，有時夾雜一些簡單的英語，氣氛稍稍輕鬆了一點，但淑子還是十分懾於夫人炯炯的眼神。夫人繼續說：

「等一下先練音階，唱的時候儘量發出聲音，這個房間有隔音設備，窗戶也是隔音的。等一下窗戶要關起來。練到一個段落再打開。」

柳芭把窗戶關好後，夫人請她到書房休息，或看一些書報雜誌。夫人把椅子放回鋼琴前面後，叫淑子站在琴旁。她一邊彈琴一邊唱：

「DO，MI，SO，DO，SO，MI，DO……等一下跟著我唱。」

夫人聲音宏亮，每一個音都拉得很長，琴聲跟著放慢，淑子感覺老師裝腔作勢，嚇得不敢開口。

「DO，MI，SO，DO……唱啊！」

淑子怯怯地跟進，聲音微弱得像病人殘喘。夫人有點不耐：

「那就換另一組發音：DO，RE，MI，FA，SO，RA，SI，DO，有沒有？聲音越來越高，唱到最後，嘴巴完全打開。」

夫人再唱一遍，要淑子跟上，但淑子嘴巴一直張不開，夫人再給一次機會，但惱怒的聲音讓淑子感覺沮喪，聲音顫抖得不成調。

「好了。算了。」

夫人說著兩手一拍，中止了淑子的發音。柳芭早已從書房走了出來，緊張地觀看淑子的練習。夫人把柳芭拉進稍遠一點的臥房，淑子站著不敢動，室內先是傳出夫人用俄語解說事情的聲音，說到最後有些激動，柳芭的俄語顯得急切，有些激揚，好像在爭取、懇求什麼。淑子知道，夫人一定嫌棄她，而柳芭幫她說情，內心沮喪、羞慚交迸。兩人走出來了，夫人似乎不理柳芭，但柳芭還是說個不停。夫人：

「哦！妳還站在這裡。休息一下吧。」

看見夫人擠出一絲笑容，淑子略略鬆了一口氣，隨後便和柳芭

跟著夫人打開所有窗戶。夫人：

「我看聲音不是很大，還是開著窗戶吧。晚上再看看時段關窗。」

淑子和柳芭坐在沙發上，一時不知該說什麼，淑子不能問剛剛她們對話的內容，柳芭自然也不能講。柳芭想了一下，正想談淑子的病情時，夫人拍一了下手，淑子知道就要上課了。夫人示意淑子坐在剛剛從小臥房拿出來的椅子上。

「先坐著練習，以後要站著練呢。坐好，腰桿打直。妳有點駝，妳知道嗎？或許是妳生了大病的影響。下巴內縮，胸部挺出來，這樣腰桿就自然直了。」

淑子好像在出基本教練，一個口令一個動作，夫人不斷用手糾正她的姿勢，繼續說：

「呼吸的時候把肺裏的氣呼出去，全部呼出去。好，現在俿住呼吸，把手按在小腹上面，這就是我們常說的單田，手用力按，不是一下子壓到底。對，就這樣，漸漸用力，讓單田漸漸鼓起來。大約用五秒鐘讓單田鼓到頂，然後持續五秒鐘，不能呼吸，妳剛剛好像吸了一點氣。最後，用五秒鐘漸漸放鬆。好了，現在可以呼吸了。等一下再反覆練習。」

夫人口裡的日語有時變成俄語、英語，柳芭感覺淑子聽不懂時，會用肢體動作暗示，或輕聲提示。接下來夫人都在教這種動作，繼而叫淑子站著練。由於不用發聲，只是呼吸的變奏，淑子沒有感受太大的壓力，練起來也頗有心得。夫人重新坐在鋼琴椅上時，淑子有點忐忑。夫人側眼看淑子：

「拿出妳剛剛練的呼吸法練習音階 DO，MI，SO，DO，SO，MI，DO。好了，開始。」

淑子吟誦時，感覺氣順多了。希望老師認為她有進步。淑子唱完兩遍後，夫人又叫她練另一組音階。夫人沒有責備她，也沒誇她，蓋上鋼琴後：

「好了。下禮拜六下午兩點再來喔。」

淑子和柳芭兩人手牽手步出西洋屋，在人車都少的木曾町走著。柳芭：

「我們走到浪速通再叫車回家吧。」

「老師看見我發音不好，把妳拉進臥房時，和妳說了什麼？」

「沒什麼啦。她只是說妳身體不太好，聲音弱了一點。」

「這些話可以直接跟我講，為什麼把妳拉進去講。」

「或許她認為日本小孩對這個很敏感。她希望我轉告妳，叫妳練好身體。」

淑子有點半信半疑，心裡的沮喪還沒化開，看到浪速通人行道有雙人椅直接落座：

「柳芭陪我一下，我還不想回家呢。」

「對了，我在小房間時跟老師說，對呀，她就是因為肺弱才來這裡練歌，練肺活量的啊！」

淑子有點相信了：

「但是妳們談了很久。」

「我說妳從小練琴，在學校也常在歌唱比賽得名，應該對妳觀察久一點。後來我們把話題轉開，談一些她和我媽媽之間的事。我們俄國人不像妳們日本人這麼嚴謹。我們常常公私混在一起的。」

柳芭的談話，除了淑子從小練琴，擅長唱歌，要老師對她觀察久一點是實話外，其餘都是她虛構的。不過淑子也從這幾話當中揣摩出，老師對她很不滿意，靠柳芭的爭取才有下次繼續上課的機會。

淑子：

「我感覺妳好像是我的保護人，發現我有困難，便跟老師交涉，她也當妳是我的監護人，有什麼事還要徵求妳的同意。妳不覺得妳好像是家長嗎？」

柳芭有點尷尬，不過靈機一轉：

「我確實很想當妳的監護人。妳有才氣，我有力量，看我高人一等，男生都怕我。心情好一點了嗎？」

「好一點了。」

「現在監護人有一個叮嚀，那就是今天老師教的回家好好練習。下禮拜讓老師對妳刮目相看。」

「妳下禮拜會來嗎？」

「會。」

淑子回到家並沒有把下午上課的挫折帶回家，她一直讓家人認為她十分滿意這第一堂的聲樂課。文雄知道女兒正在學丹田呼吸法後十分滿意，他認為女兒下禮拜可以在小西邊門試搭電車再步行一

段路前往音樂教室。但淑子擔心遲到，希望暫緩這麼做。淑子很珍惜這個讓她暫免失學慌，暫緩遠赴北平，免去立即衝擊的機會，在家努力練習，弟妹上學時，她會在房間練習音階和呼吸，晚上，她就躲在浴室練習，畢竟在房間練習會讓弟妹難以適應。

　　再次來到波多列索夫夫人的音樂教室，柳芭已等在那兒了。夫人把上次教的課業重新操作一遍，然後進入第二階段的發音練習。夫人從書架取出五六本精裝書，叫淑子靠牆站著，然後把書疊在他頭上，一樣進行 DO，MI，SO，DO，SO，MI，DO；DO，RE，MI，FA，SO 的發聲練習。淑子頭上的書掉了下來，就重新發音一次。書終於沒掉下來，她滿以為夫人會誇她。夫人：

　　「這次書沒掉下來，我看主要是妳沒按照要領呼吸。妳有意讓身體保持平穩再發音，發出的聲音就平淡無奇。從事藝術工作要冒險。腰桿打直，肩膀放鬆，兩眼平視，吸氣時，口腔稍稍打開，腹部向外擴張，讓氣自然地流進腰部、後背，腹部有了氣自然能發聲。一邊練一邊好好體會。」

　　淑子頗練了好一會兒。夫人讓淑子休息後，逕自進入臥室休憩。柳芭和淑子退到後面沙發休息。柳芭：

　　「看著妳這樣練，我好緊張哦！好在後來書都沒再掉下來。夫人好像對妳很滿意，終於笑了出來。」

　　「是嗎？我倒沒注意。不談這個好嗎？在這邊談這個對老師不禮貌。」

　　「哦。」

　　「妳現在是六年級了，初中打算讀那個學校？」

　　「我還沒認真想到這個問題。我們來這邊時都會看到浪速女校。我有時會想，或許那天我就就讀這所學校。」

　　和已往一樣，她們談最多的還是學校和未來。休息結束後，夫人要求淑子做腹部發音練習。淑子躺在鋼琴旁邊的藺草席上，柳芭把六本書放在她腹部，夫人再把書調整到橫隔膜上方。樂音響起，淑子跟著「啊！啊！啊！」哼了起來。跟剛才站著時一樣，書本掉了幾次，柳芭協助擺好，再重新哼唱一番。也不知哼唱了幾次，淑子有點不耐煩了，但書本不再掉落。夫人很有耐心的彈奏：

　　「好，很好，繼續發聲。」

淑子偷偷瞄了一下牆上的時鐘，快下課了。果然，夫人離開鋼琴後不再叫她練習發音，拿出《德國合唱曲練習曲集》，要她自行哼唱第一首：

「沒有歌詞，妳只要按照發聲要領呵呵地隨著弦律吟唱即可。」

淑子熟悉樂譜，哼了兩遍，唱曲成形，夫人馬上接手伴奏，沒做太多要求，讓她唱了兩遍便下課。

回到家，禮拜天專心彈奏老師給的《德國合唱曲練習曲集》，禮拜一到五除了練習彈奏這些曲子外，練習發音最好的時光莫過於弟妹上學，爸爸文雄前往上中文課的時候。她可以從容地躺在父親書房內的小床上，母親山口愛幫忙把父親的幾本精裝書疊在她身上。她啊啊哦哦地哼唱時，母親嚴肅地聆聽。她曲終喘一口氣時，山口愛：

「妳看小誠子聽姊姊唱歌，高興得手舞足蹈。」

淑子聽了起身把書本移開，抱著小誠子逗弄。在她自己或別人眼裡，她已經將健康形象找了回來，不再擔心把病菌傳給小孩。山口愛：

「妳就用這種方式唱一首歌怎樣。」

「會不會很奇怪？」

「不會。妳練這個的目的就在唱歌。唱一首童謠好了。」山口愛頗思索了一會，「〈麻雀學校〉好嗎？」

「好啊。」

山口愛她把書疊上去後，淑子調整呼吸：

「嘰嘰喳喳，嘰喳喳，麻雀學校的老師，教鞭揮啊揮的，嘰喳喳，麻雀學子們圍成一圈，嘰嘰喳喳齊聲唱，加油，加油，加把勁，嘰喳喳……」

淑子唱到這兒，氣不順，肚子抖動了一下，書本紛紛掉落，小誠子笑了起來，山口愛抱著小誠子給淑子看，小臉上的微笑餘波還在，淑子也覺得不可思議。

波多列索夫夫人的教學持續進行。這一天淑子提早啟程，試著搭電車前往，到達波多列索夫音樂教室時距上課時間還有近半小時，她遲疑著要不要進去這間西洋館，最後還是進去了。她正要上樓，旅館裡頭俄籍小姐看著害羞的淑子：

「夫人還沒上去，要不要等一下。」

小姐進去通報後，夫人走了出來：

「今天特別早。」

淑子把通勤上課擔心遲到，所以提前出門的事講了出來，夫人頗為嘉許：

「還有 20 分鐘，上次給妳的歌本帶來了？很好，我的鋼琴給妳練一下。我還在跟人談論事情。」

淑子感覺驚寵，又有些忐忑，她上了樓輕輕打開琴蓋，試了一下音，才練習歌本前面的幾首曲子。她感覺有人站在旁邊，回頭一看原來是柳芭。柳芭笑了起來：

「妳彈得好棒哦。今天第一次見識。」

「都是簡單的曲子。」

「都是名曲了，那會簡單。所以介紹妳來這裡，實在是正確的決定。」

夫人上來了。柳芭：

「老師，淑子彈得好好哦。」

「有練習進步就很快。」

夫人這一堂課，還是繼續前兩次教的各式發聲練習。全部演練一遍後，夫人用快板、極快板把這些練習各重新演練兩遍。淑子開始領略調配、尋找氣息，讓聲音順利送出去的要領。整個過程，雖然有些失誤，但大致良好。練完兩三首沒有歌詞的練習曲後，夫人把琴蓋蓋住：

「好！下禮拜開始練歌，歌本前面的〈格林卡〉、〈紅裙〉可以先練彈，練唱。」夫人看著滿臉笑容的柳芭，然後正視淑子，「還是以基本發音為主，中間抽一點時間練歌。」

淑子和柳芭向夫人揮手走下樓梯，步出旅館，柳芭牽著哥哥的腳踏車：

「妳今天怎麼來的？」

「我坐電車，然後走一段路。」

「妳好厲害。來上來吧，我載妳到車站，妳也省掉走一段路。」

「每次上完課，我都不想立刻回家。不知為什麼。」淑子看著跨坐單車上的柳芭，「載我到大廣場好嗎？來奉天這麼久了，時常

經過，但從沒進去過。」

「太好了。我也想去。我們在那邊聊一聊再回家。」

淑子跳上柳芭的單車：

「不好意思，讓妳這麼費力。」

「我正好可以鍛鍊腳力。學校運動會，我被安排1500和800米。」

「太棒了。他們怎麼不讓妳跑百米。」

「日本小朋友雖然腿較短，但腳動的頻率很快，我人高腳長，動作大方，比較適合長跑比耐力。」

單車滑過浪速通與木曾町交會的十字路口，浪速女校紅磚白邊的校舍在整齊的兩層連棟屋舍後面浮出，單車正式轉進浪速通，視野開闊了開來，兩層歐式店面排列得十分整齊，高大的銀杏、電桿排列成行，給單調的街景平添一些風味。路上行人很少，偶爾走過五六輛馬車拉的貨車或兩三輛汽車。兩人無語，單車從東洋拓殖大樓直接切進浪速通廣場。

這個大圓環才建好20年，「圓」內樹木疏落有致，視線無阻，整個大圓直通蒼穹，他們找了一個有樹蔭的草坪坐下。柳芭：

「夫人對妳的表現非常滿意。」

「我不敢這麼認為，一直很需要妳精神上的支撐。」

「跟世界級的名師學習確實是個挑戰，我把妳引進來，自然全力支持妳。」柳芭看著淑子憂鬱的臉孔，「很清楚看得出來，妳現在進步神速，剛開始時可能太緊張，現在妳的才氣全然顯露出來，老師彈琴的時候，也是神彩飛揚，面帶微笑。」

「彈幾個音如何神彩飛揚？」

「她的頭就是擺來擺去，好像被妳發出的歌聲帶來帶去。」

「妳安排我到老師那兒學習，一直陪我上課，又處處幫我說話，真是一個盡責的小家長。」

柳芭笑了起來，表示自己向來就在班上保護弱小的同學，尤其是女同學：

「雖然都小我一兩歲，但有些男生很悍，但發覺要仰著頭跟我吵架，氣勢就減了一半。」

「但我還比妳大呢。我年頭出生，妳年中吧，但妳處處照顧我，會不會有點錯亂？」

「理應如此，不會錯亂。妳人嬌小，好像是提早來世間報到。但才華洋溢，是天生的藝術家。我個子高，身體強，是天生的保護者。中國俗話說，名師出高徒，將來妳歌練好成為真正的藝術家後，我就要給妳提包包了。不過在沒練成前還是要聽我的話。」

淑子不知如何回話，兀自含羞地捏弄指頭。柳芭裝出權威的樣相繼續說：

「不要缺課，如果有什麼困難，要先跟我講一聲。」

「妳幹嘛這樣，至少我現在是中二，你小六。」

「妳現在休學，明年還是中二，我也中一了。」

「妳年紀小還學人倚老賣老。」

「至少妳和夫人溝通時，英語和俄語還是要我來罩。」

「她見妳在場，才有時說些英俄語吧。」

「她確實有些無法用日語表達。這是真的。」柳芭仰向蒼穹，「我今天裝腔作勢，學大人樣，都是開玩笑的。」

「我知道。鬧著好玩。」

「我看妳上夫人的課，壓力很大，很悶，所以逗妳開心。」柳芭身體坐直，兩手後撐，「我有空很喜歡來這裡，坐在這裡周邊都是日本人建的權威建築，前面警察署，雖然不高，但看起來很有威嚴。左邊的正金銀行，也是巨柱撐牆，像巨型碉堡，有種被日本統治的感覺，看起來很政治，但在廣場內又自由自在，因為太開闊了。」

淑子向外張望，她看不懂這些紅紅白白醒目的建築物，但知曉它們賦予這廣場更鮮明的圓形輪廓。在這輪廓內，視覺十分清爽。不過回憶的暗潮終於讓她思路清晰，這些建物原來是日本近年佔領滿洲的產物，而撫順的血光之夜正是對這次佔領的反抗。雖然這次佔領，這場戰役好像一個夢，並沒有在現實界造成太大的波瀾。柳芭：

「我哥說，日本人喜歡建圓環，因為像旭日旗，四周的道路像旭日的光芒。」

淑子對世事有了更清楚的認知後，更加討厭政治現實。她在現今奉天南方的北煙臺出生，那時出生地還是中國的土地，日本軍人的囂張一直把她推回過往的時光，她有記憶之初就住在煤都撫順，

那時只模糊知曉自己是日本人，對日本軍人幾乎沒有什麼概念。此外，旭日旗很早就出現在她生活中，但並不知道那就是日本軍旗。

柳芭轉個身：

「妳怎麼都不講話？」

淑子對自己的胡思說不出口，也覺得不好意思：

「剛剛不曉得想些什麼。只覺得這個廣場好像是開放空間，很多時空都會通過這裡。」

「講得這麼深遠。」柳芭深覺淑子承受的壓力太大，感覺她要遁入遙遠的時空，急著把她拉回，「看那棟白色的建築，看到了沒？」

「看到了。」

「那是大和飯店，是不是很漂亮？」

「和圓周其他感覺很重的建築不同，白色的牆面好像窗玻一樣透明，很像用白色的巧克力砌成的。」

柳芭笑了起來：

「妳真是好眼力，果然有藝術家的想像和眼光。真的感覺好薄。妳知道每年秋天夫人－妳的聲樂老師會在這裡舉行音樂會，還有兩三個月。」

「真的。妳看過沒有？」

「去年我和媽媽、哥哥去看過。很風光，觀眾，俄國、日本、中國人都有。」

「今年應該也會辦吧。」

「應該會。但妳別跟她提起這件事，除非她主動提起。」

兩人聊了一個鐘頭，準備分手回家時，淑子想坐馬車，柳芭好人做到底，想繼續用腳踏車載她前往車站：

「我剛想了一下。走加茂町的大馬路直抵電車線路，再右轉沿著鐵軌走不久就會到妳的北市場站。」

果然七八分鐘後，淑子就抵達車站，順利上車。

雖然天還很亮，淑子到家時已是六點多一點。父親文雄欣見她臉上煥發的健康神彩，山口愛質疑她到那邊玩了。晚餐很簡單，主菜豬肉咖哩飯每人一盤，兩盤青菜和一盤蛋磚隨意取用。山口愛：

「妳說柳芭載妳到車站，再騎回家？」

「對。」淑子腦裡浮現柳芭手長腳長,有點大人的樣狀,開始撒嬌,「是不是也給我買一輛比較小臺的,這樣我上課會比較方便。」

山口愛期期以為不可,認為現在車子雖然不多,但開得很快:

「還是坐電車,再加走路比較安全。柳芭也學唱歌?」

「她陪我上課,已經是第三次了,有時我英語、俄語聽不懂的地方,她還幫我翻譯。」

山口愛若有所思:

「她好像是妳的小姊姊呢。」

「事實上,她還比我小幾個月。」

「那真難得。妳的外國人緣太好了。過不了多久又要到中國北平讀書,和妳父親以前一樣,也會認識很多中國朋友。」

「外國人緣好,和父母相處的時間就少,表示和父母緣淺。」

文雄此話一出,弟妹的眼睛骨碌碌地往淑子臉上盯。山口愛:

「沒這一回事。緣淺或深存乎一心。將來即使分離了,想念父母的心還是很強,表示緣還是很深。」

淑子的咖哩飯已用完,開始挾一點蛋磚和青菜。文雄:

「淑子,妳現在休學很悶,可以來我在奉天滿鐵事務所的中文班上課。妳現在身體看起來很健康,上課已經沒問題。我們搭電車去,坐到火車站。」

「學員如知道妳女兒得過肺病,馬上嚇跑了。」山口愛。

「她們不知道。我沒說過淑子什麼。即使那天我請假接她回來,我也沒說她得什麼病。」

「才 13 歲,大白天上你的課,要怎麼說?」

「說她心臟或腎不好休學。」

「會給妳講衰。淑子休學了,在外學習的機會多多益善,但絕不能提到她生過傳染病或身體器官不好。」

「那就說她休學準備前往中國讀書。」

「這種事不要公開宣示,人前是非多,被人染上政治色彩就麻煩了。」

「就說我品性不良被學校開除好了。」

淑子此話一出,弟妹笑翻。文雄夫妻最後做出一個標準答案—

體質弱，在家調養。

滿鐵事務所的中文研修所日間班，週一、週三和週五是初級班，二四六是進階班，都是文雄授課。文雄希望淑子上進階班，淑子慨然應允。文雄：

「可以只上拜二和拜四，拜六，擔心會影響妳的歌唱課。上完課回到家已經快一點，匆匆吃過飯再搭車到音樂教室，可能趕不及。」

14. 巧遇淡谷 午茶歡暢

禮拜二早上九點多一點，文雄、淑子並肩走出家門，經過日本領事館直抵三經路口的「警察局前」站。父女倆進入這座木造的小站後，三排座位已坐了五六個人。

電車來時已坐了不少乘客，這站八九個人上車，車廂幾乎都坐滿了。車子嗚地一聲啟動後哐噹哐噹一路行進，文雄把公事包攔在大腿上：「我們現在上唐詩，屆時我會在辦公室拿一本課本給妳。」

「二夫人教我讀過一些，很有味道。」

「她還在教三國。」

「對，有時教一些其他的做為調劑。」

北市場和十間房站，乘客也是上多下少，看著車廂有點擠，文雄把臉轉向窗外。淑子也望向窗外，這兒新市區和中國人傳統的舊市區景觀確實有差，四層上下的樓房櫛比鱗次。

「哦，我看到了，奉天劇場。」

這個奉天劇場，主建築的山形屋頂和下面唐門上面呈弧形的屋簷，很有日本味，然而屋簷下面和旁邊七個圓形深凹且並排的窗戶給人怪異的感覺。

「妳來過了？」

「你帶我來看過戲。你忘了？」

「這條電車鐵道以前叫馬車鐵道，妳聽過嗎？」

「？」

「電車還沒引進前，兩匹馬拉著載著乘客的馬車在鐵道上行走，中國人叫馬拉鐵道車，或簡單叫馬鐵。」

「現在用什麼拉？」

淑子說著故意糊塗起來，顯出小女生的天真。文雄：

「電車當然用電力拉嘛。」

「對哦。」

制式的雙層住宅一排排地後退，寺舍高低交疊，土牆斑剝頹圮，綠樹掩映，浮出低矮圍牆的延壽寺落入眼簾。

「淑子看那座高塔。」

「好像癩痢頭哦。」

「那是有名的西塔。外層原來是塗成白色，所以叫做白塔。」

淑子想再看時，塔已經被電車拋在後頭，廣大，但傾頹的延壽寺的廊廡、枯樹，從淑子的眼角消失後，淑子的眼神再次被兩三層，櫛比鱗次的樓房佔滿。

「爸你看，這一家真聰明，種這麼多松樹。」

「或許有些人想把夏天的常綠留一點給冬天。冬天，萬物俱灰，如果看到一叢綠，感覺是很溫暖的。」

「政府應該多鼓勵種植。」

文雄不知該如何回話，只顧看著窗外景物。電車轉個彎，甩開街屋迎向一席鐵道匯流的暗灰色盛景。十幾條平行的鐵道不斷交錯，很快形成六條軌道通向奉天站。

文雄父女下了車，同車的乘客多走向車站。文雄父女逕自過馬路走向對面的滿鐵事務所。三層樓咖啡色牆面，窗框和簷下拉出白邊的磚樓，淑子看來眼熟，跟著父親文雄走進穹形的大門向右轉。教室裡面已經有五六位學員在自修，文雄示意淑子找一個位子坐下後，逕自前往辦公室。淑子久等不到父親回來，教室內的學員越來越多，也都對坐在後面的淑子投以好奇的眼光，有人交頭接耳，大概是談論她吧。

父親文雄終於出現了，但也快上課了。他把課本翻到今天上課的地方給女兒後直接上講臺宣佈上課。

「翻到 27 頁〈晚次鄂州〉。這是中國唐朝中期詩人盧綸的作品。……盧綸，上禮拜介紹過了，是一位考進士老是考不中的讀書人，……這首詩正是反映他飄泊流浪生活的片斷。」

文雄開講了，遇見比較生澀的詞句，還是稍稍用日語加註，講完後叫一位學員把整首詩念了一遍時，在黑板上畫了漢水、長江交匯的簡圖，且在交匯處畫上三個圓。

「雲開遠見漢陽城，濃雲分開，太陽露臉，視線更好，可以看見遠遠的漢陽城。」文雄在左下的圓圈寫上漢陽兩字，「漢陽在漢水的南邊，長江的西邊。瞭解了？那猶是孤帆一日程，大崎你來解釋一下。」

　　「漢陽城雖然看得見，但我這艘孤單沒伴的帆船還要走一天才到呢。」

　　「太好了，完全正確，把情境都帶出來了。現在回頭看題目『晚次鄂州』。晚，晚上，帆船從白天走到晚上，次，到達，鄂州，就是現在的武昌。」文雄在有點斜的長江的東邊的圓圈寫上鄂州，「鄂州就在漢陽的對面，隔一條長江。另外一個圓是什麼？啊！小林說對了，就是漢口。」

　　文雄接著解釋「估客晝眠知浪靜，舟人夜語覺潮生」這一句：

　　「……這兩句談到同船的商人和船伕，還沒談到自己，但裡頭的情境就頗有日本詩人常用的『波枕』的況味。尤其是第一句：商人白天睡覺，睡醒的時候感覺浪特別靜，就有著把頭枕在浪上睡覺的那種漂泊意境。」

　　講解這首詩，花了第一節課大部份時間。接著文雄引領大家吟唱。淑子感覺非常好聽，吟唱時甚且能夠帶出詩的情境。那天柳芭來探視時，父親如果不吟〈高砂〉，而是唐詩的話，柳芭一定讚成她在這方面學習的。

　　下課了，學員紛紛散去，淑子偎在父親身旁，引起不少學員側目。文雄：

　　「這次先讓他們有感覺。下次妳如果來，我會做正式的介紹。」

　　「第一次聽到爸爸吟中國唐詩。」

　　「很好聽是不是？這是我以前在北平同學會時，一位老師教的。不過吟唱簡單，無助於妳擴充肺活量。」

　　父女倆並肩走進電車站，上了車，電車哐噹哐噹一路響，打散了她剛剛對唐詩的美好感覺，以致要如何吟唱，全然忘了。

　　中飯過後，淑子全然沒有睡意，開始坐在客廳旁邊的鋼琴邊練琴、練歌。文雄在沙發上看書。起先她練琴練歌時不喜歡有人在旁邊，一直要求父親到二樓的書房看書。文雄：

　　「妳這就是孤癖。我現在是看閒書。不用花腦，聽聽女兒的琴

聲也很舒服。」

淑子現在漸漸習慣了，有時還會像成熟的琴師那般，陶然在自己的樂音中。電鈴響了，淑子跑去開門，是奉天女子商校的女班導師清水美子。淑子啊的一聲：

「清水老師，是您。」

「淑子，兩個月不見了，身體好些了沒？」

淑子一時不知怎麼回答，文雄已來到門口，直接向老師問好：

「趕快到樓上叫妳媽。」

淑子跑到樓上，山口愛正給誠子餵奶，她把誠子交給弘毅照顧後隨淑子下樓時，父親正向美子老師說明淑子的情況。母女倆殺到廚房，趕忙泡茶，準備點心。茶點端到時，清水忙說謝：

「既然淑子身體好轉，我也就放心了。現在學校準備放暑假。九月初新學期開始，就快到了。我問過校長，淑子中止休學，直接復學是沒問題。淑子這麼優秀，校長也很希望淑子有時能幫她處理一些中文的文件。」

「淑子快出院時，我問過教務主任，也轉述過醫生的建議。他認為淑子的情況，必須休學，第二年再復學。」文雄。

「教務主任的說法是學校行政人員的制式反應。凡事還是校長說了算。尤其是我們校長比較具有創造性的想法。」

「是，是。」

文雄囁嚅著，不知該說什麼好。學校內部的意見沒有統一，讓他好生困擾。他接著把淑子跟一位俄國女高音學聲樂的事披露出來，山口愛：

「專家說，唱歌擴張肺活量可以加快肺部的復原。」

「真是太好了。淑子住院後，我就聽有些同學說，淑子喜歡唱歌，畢竟相處的時間不夠長。」

清水老師說著看了淑子一眼，淑子感覺羞怯，自忖一二年級加起來差不多只上了半年的課，竟引發老師這麼關心。文雄把淑子計畫明年中國春節過後赴北平求學的事和盤託出：

「本來計畫九月就去的，淑子一場大病和後續的學習規畫打亂了這個計畫。淑子總不能再回貴校待了幾個月又離開，把學校玩在股掌之上。⋯⋯」

「這樣很好嘛！北平是中國的古都，我也十分嚮往。」清水美子低頭凝視淑子，「那就恭喜淑子了。」

淑子不知說什麼好，困窘地看向父親。文雄：

「一位中國的將軍大力協助，應該不會有問題。」

「太好了。那種神秘而迷人的城市。那就恭喜淑子了。」

清水老師的話語和神情，幸福感滿溢，淑子看了，不免有些心動。

門鈴又響了，淑子急著去開門。這回不但讓她嚇了一跳，更讓她久久不敢置信。她不就是淡谷典子嗎？常在長春座演出的歌手！

「請問您是？」

淡谷沒有回答，面露痛苦。淑子：

「您臉色這麼蒼白，發生了什麼事？」

「果然是日本家庭，太好了。」

「不好意思，想借個廁所。」

淡谷說著急急脫鞋上來。淑子立刻拿脫鞋給她穿，指引她廁所的方向。清水老師從沙發回頭望了一下，沒聽清楚那一段簡短的對話，以為山口家來了新的客人。山口愛前來淑子這兒關心時，清水老師正向文雄告辭，走向門口時，剛好遇見山口愛母女。山口一家只好隨著走到大門口，送清水老師離去。

看著清水美子騎上單車離去。文雄：

「清水老師這麼喜歡北平，我倒是很欣慰。」

「到那邊旅行固然很浪漫，但如果要到那兒工作生活，可是另一回事了。」

被妻子輕輕潑了一點冷水，山口文雄猛然想到家裡的新客人：

「剛剛進來的女孩是誰啊？」

「好像是淡谷典子，大概是內急。」山口愛。

「真的？」

山口文雄難掩驚訝。淑子：

「她剛沒講，等一下問她就知道了。」

約莫過了五分鐘，淡谷出來了。

「真不好意思。」

「到裡面坐一下嘛。」

淡谷朝山口愛手指的沙發組的方向望了一下：

「這麼丟臉的事情。對不起，就當我今天沒來過。」

淡谷說著，迎面向山口文雄尷尬地笑了一下。文雄很能理解淡谷身為巨星的狼狽，基於地位懸殊，不敢強留她。淡谷逕自走到門口穿鞋。山口愛：

「淡谷小姐，真的很榮幸，我們時常看妳的演出呢。」

淡谷走到馬路上鬆了一口氣：

「就當做沒有這一回事，真是太丟臉了。」

「我們不會說的。」山口愛瞥了一眼跟著出來的淑子，再正視淡谷，「明星的形象比什麼都重要。」

淡谷心頭還是滿滿的尷尬，轉頭看見淑子一臉清新，煩愁消退了一些。

「妹妹妳叫什麼名字。」

被淡谷這麼一問，淑子有些驚寵：

「山口淑子。」

「好美麗，好可愛。這張漂亮的臉長在我身上就好了。」

山口愛母女有些尷尬。作為一個歌手，淡谷只以歌聲見長，欠缺一張標緻的臉。不過山口愛總是相信，越唱名氣越大，人就越看越順眼。山口愛：

「我們的淑子最近也跟老師學唱歌。」

「那太好了。好好栽培，將來肯定成為大歌星。」

「謝謝。您最近也在長春座演出吧？」

「最近演出空檔，才有機會出來閒走，沒想到迷了路。下個月在奉天座有檔期。」淡谷想趕快脫身，向左右張望，「都沒有車子過來，我是說人力車。」

淑子眼尖，看見稍遠處胡同口一棵樹下一位人力車伕正坐在車內休息，似乎在打盹。淑子向車伕招手，沒有回應，提起裙角跑了過去。

淡谷典子和山口愛繼續閒聊，不一會兒，淑子坐著人力車回來了。淑子下了車，淡谷向母女倆鞠躬後輕快地上車。

揮別淡谷，母女倆鬆了一口氣。淑子：

「真沒想到會遇到大明星。」

「我感覺是妳引來的，妳的老師波多列索夫夫人也算是大明星，

只不過失去祖國的庇蔭，就顯得有點落魄了。」山口愛脫了拖鞋踏進家門，「一個禮拜上課兩小時，會不會太少啊？」

「還好。老師教一些要領，在家裡充份練習更重要。」

....

　　看見夫人授課神情愉悅，淑子信心大增，在家練習也更加把勁。柳芭見好友上課順利，不勞她操心，有時也就沒來陪課。

　　夫人教練唱，一開始是以《德國合唱練習曲集》為主，隨後加練各國代表性名曲，最先是練俄國民謠〈紅裙〉、〈格林卡〉，德國名曲有貝多芬的〈我愛你〉、舒伯特的〈小夜曲〉。淑子唱著，眼角瞥見夫人彈琴的手指越來越柔軟，轉頭望向她的時間多了起來，唇角流出的微笑融入一波波的琴音，淑子不敢張望，眼睛盯著曲譜，不過歌聲跟著快活了起來。曲終歌止，淑子後面響起一陣掌聲。週六下午上完淑子的課後，波多列索夫一家有個簡單的下午茶時間。有時受邀的兩三位客人提早到，就到樓上的音樂教室旁聽，看見學生的練唱告一段落，也樂於鼓掌，開啟聚會的氣氛。此刻，夫人也站了起來鼓掌，面向山口夫婦和李際春將軍兩手一攤：

　　「提早下課。等一下樓下有聚會。」夫人請柳芭作一些善後，轉向眾賓客，「大家請下樓，現在是下午茶時間。」

　　禮拜六下午一樓客廳的下午茶，淑子參加過好幾次，上上禮拜山口夫婦親自來接淑子，沒坐多久便離去。這一回，山口夫婦和李際春、二夫人雪兒連袂前來。此外，柳芭也很快便和將軍夫婦熟識。一堆人坐滿客廳，看來圓滿。知曉波多列索夫夫婦粗通日語後，大家不約而同使用日語溝通。雪兒不太懂日語也無妨，反正不多話。李際春日語還應付得過去。客廳四面牆上掛滿照片，前牆正中央的巨幅照是夫人在聖彼得堡演唱會獨唱時的留影，是年輕時候的影像。其他大小照片，除了先生、獨子維奇或一家合照外，夫人演唱的照片居多。山口愛難掩欽羨：

　　「真的是世界有名的。」

　　「對啊。」

　　李際春眼神從牆壁移開，遞給波多列索夫夫婦各一張名片，夫人看了名片：

　　「哦，總司令。」

「總司令只是虛銜，一般都叫我將軍。」

李際春說明過後，波多列索夫還是有些疑問：

「日本將軍？還是中國？」

「當然是中國人囉。」夫人搶著回答丈夫，「看多了，從一個人的名字就可以判別到底是中國人或日本人。」

賓客笑了起來，波多列索夫知道將軍是中國人後，稍稍放鬆心情，夫人看向李際春：

「您是淑子的義父吧？」

「感謝老師這麼用心教她。樓下的波多列索夫旅館是你們開的吧？」

李際春在軍旅一路莽莽撞撞上來，接觸不少日本軍官，這一年和山口毗鄰而居，日語更進步了不少。波多列索夫夫人：

「不錯，應該算是隔壁吧。一對莫斯科來的年輕夫婦幫我們顧店，他們夫婦就住那兒，輪流當掌櫃和清潔，週末、周休我先生會換他們下來休息。」

夫人接著說明，這兒三樓也充當客房，和隔壁的旅館打通。炭燒的水壺響了，柳芭趕緊離座，把雕花的茶壺提了過去，倒滿開水，再提回茶几。夫人提著茶壺給茶藍內的茶杯注滿茶水，小心的動作和雕花的茶壺、茶杯開始吸引每一個人的眼光：

「我們俄國人都喝甜茶，有一種叫糖茶，一顆糖果含在嘴裡，不要吞下或咬碎，喝茶的時候，用熱茶慢慢澆糖，融糖……」

柳芭機靈地站起，把茶几上的糖盒遞給每一人。每人抓一顆糖含在口裡。這時，夫人已把茶杯放在每個人的座位前。

波多列索夫夫婦和柳芭直接把糖粒放進杯裡。淑子喝下的紅茶融化嘴裡的糖液，流進喉嚨後，新的糖液又從舌下分泌出來，但舌頭被糖粒拌住，一時無法開口。李際春不耐這種飲法，直接把糖粒吞了進去：

「夫人，開旅館為何不在哈爾濱？那邊俄國人比較多。」

「夫人原來就住哈爾濱……」

柳芭有些亢奮，代為回答後，夫人吐了一口氣：

「那邊俄國人確實比較多，都住家裡，不太上旅館。新進移民過來的俄國人或許需要旅館，但他們的經濟狀況不好，不是很好的

顧客。前幾年，兒子比較大了，我們夫婦搬過來了。很多在哈爾濱事業有成的俄國人，來奉天旅行的機會多，我們提供的服務剛好派上用場。不過好景不常，滿洲的俄國人大量回到蘇聯，現在生意差多了。」

「哈爾濱那邊，政府管得也比較嚴吧。」

李際春的話觸動了沒落貴族波多列索夫的敏感神經。波多列索夫夫人：

「確實如此。以前哈爾濱是俄國皇帝在遠東建立的指標性城市，俄國革命後，大量平民、貴族逃到滿洲，也都優先住在這個城市。這個城市對日本政府來講是比較敏感，所以他們特別設立俄國移民事務局來管理。奉天商業氣氛濃，我們來這兒開店，至少是比較自在些。」

波多列索夫夫人基於日本友人在場，對於移民局常用的監視、告密一類的特務手段，或憲兵慣用的白吃、白住的劣跡，一概不提。波多列索夫不斷給賓客添加茶水。

「哈爾濱的複雜是命中註定的，前年日本軍隊從中國取得滿洲，哈爾濱是抵抗最久的城市。」

李際春這番話不無敏感，山口文雄見大家無言，開始炫耀朋友：

「將軍的作戰經驗非常豐富。」

「不管戰爭或生活的流徙，大家經驗都很豐富，文雄一家從日本來到滿洲，波多列索夫一家更是，從遙遠的莫斯科來到奉天。」李際春將軍悶久了，有點想從言語上掙脫政治上的拘縛，「我也是從中國華北流落到滿洲國，現在接受日本關東軍的指導。事實上，我希望像哥薩克人那樣，到處征戰。」

「哥薩克人！」波多列索夫兩眼亮開，「那可是非常驃悍的軍人。」

「我年輕時入伍訓練，教官就是哥薩克人，後來當了將軍，轄下也有哥薩克馬隊。我最懷念的時光是，那年像哥薩克人那樣遠征蒙古。」李際春笑得仁丹鬚默默地往上躍動，「不過回憶終歸是過去式，願望再好，也會變成空談。年輕的將官一個個冒出頭，我這種年紀，也幾乎是退了。」

「那太可惜了。」夫人看著將軍陶然的神情，「我們這個下午茶，每回都要來一次小小的俄式音樂會。剛剛上課，我還欠淑子20

分鐘，就用這個來還。」

　　夫人逕自走向鋼琴。這臺比樓上教室的小很多，波多列索夫從牆上取下巴拉萊卡琴。夫人示意淑子唱〈紅裙〉，她的幼子也跟著唱。歌畢，賓客齊聲鼓掌。淑子接著唱〈荒城之月〉，讓眾人沉醉在日本的風情中。歌畢，夫人：

　　「淑子的課補完了。」

　　「恕我多嘴，太謝謝夫人和先生的教育。我從戰場上退下來，殘命一條，兒女成家立業各自飛，文雄兄讓我重拾做父親的喜悅，看到李香蘭唱得這麼好，我實在太高興了。」

　　將軍自覺話太多了，然而波多列索夫夫婦沒聽清楚「李香蘭」三個字。

　　「你要感謝柳芭。」夫人說著把兩位小女孩拉在身邊摸頭，「若不是柳芭的堅持，我會失去淑子這位學生。」

　　「夫人是否曾在一般劇院演唱過？」

　　山口愛說著時想到了淡谷典子，柳芭口直心快：

　　「夫人再過十天就要開演唱會，在大和飯店。」

　　「那是我們俄國貴族十分捧場的一個音樂活動，這次承蒙奉天放送局贊助，十分感謝。音樂會每年舉行一次，這一次我要找一個學生在我的音樂會暖場。」

　　「是淑子。」

　　柳芭搶先說出，被夫人瞪了一眼。夫人沒有關子可賣，只好直說：

　　「我現在收的學生不多，但淑子聰明勤奮，這兩個多月進步很大，我很高興和她同臺演出。」

　　夫人說完向淑子輕輕拍手，結果招來更多掌聲。山口愛：

　　「聽說夫人原來是義大利人。」

　　「是啊！我在莫斯科演唱認識我先生，於是嫁雞隨雞，跟他在莫斯科住了幾年，結果一起來到中國，應該說是滿洲國了。」

　　夫人說完，山口愛向雪兒使一個眼色，文雄也覺得叨擾太久了……。

15. 淑子試衣 樂會開嗓

　　跳下人力車，淑子直奔家裡，看著報紙的父親站了起來，弟妹

也從樓上跑下來，正在廚房炒菜的母親回頭睇了她一眼：

「彩排順利吧？」

「很好，夫人很滿意。」

父親看著她穿的中式長袖棉麻衫：

「你媽幫妳找到了，好像是買了一件和服，是夏天穿的浴衣。現在天氣熱中帶涼，穿這個很適合。」

「真的？」

「等一下給妳試穿，是向當鋪借的。」

山口愛說著，無奈中流露出問題有解的欣慰。文雄嘆了一口氣：

「大和飯店，這麼大的一間飯店竟然找不到一件和服。」

「和服當然有，但不合身，其他國家的衣服倒有，像唱葛利格的〈蘇爾維琪之歌〉時，飯店內劇場人員會為我換上北歐的服飾。」

淑子邊說邊想，現在對服飾的品味似乎比較確定了。歐洲傳統服裝華麗，但有些俗艷，穿著亮相可也；日本和服，基本上是把人兒包裝起來，只具裝飾功能，穿起來行動不便，且沒有安全感，動作太大致帶子鬆掉，那就慘了。穿旗袍，雖然如廁不如現代服飾方便，但看起來服貼、甜美、行動方便，還是她的最愛。父親文雄一時不知該說什麼：

「第一首還是〈荒城之月〉？」

「對。」

淑子聽飯店劇場的服務小姐說，和服是世界最難穿的衣服。夏天穿的浴衣還好一點。有一兩個人幫忙，那還好。一個人自己穿，會穿出一把淚來。她不知道是興奮還是緊張，這一餐飯吃得特別快，沐浴時，也是有點手忙腳亂，差一點燙到自己。山口愛和文雄匆匆上樓，到自己的房間，捧著用紅色的淺籃盛著的女性浴衣，再上淑子住的三樓。她把衣服提起，紫氣祥和的衣布上面印著美麗的白鶴圖案。

「漂亮嗎？」

「好看。」

「啊，對了。妳房間沒有鏡子，還是到我房間吧。」

淑子跟著父母下到二樓不久，弟妹聞風而來，擠滿一室。山口愛：

「姊姊試新衣，沒你們的事，快去做功課。不過悅子，妳留下來。」

年紀最大的長男弘毅把才幾個月的誠子帶到三樓照顧，山口愛再次把浴衣提起後，把穿著用的配件：內衣、伊達帶、腰帶、胸帶、長帶子和夾子一一展示給淑子看。山口愛要求淑子換穿內衣時，和悅子先行退出房間，文雄也回到自己的書房。山口愛和悅子回到房間時，淑子已換好內衣，略嫌羞澀地坐在床沿。山口愛再度提起浴衣披在淑子身上，淑子兩手伸進寬鬆的衣袖後，山口愛把浴衣的左襟蓋在右襟上面。

　　「穿浴衣一定是左襟蓋住右襟，過來看看鏡子，浴衣背後的縫線是不是對準背脊。」

　　淑子把頭轉了過來，望向衣櫥，室內燈光不夠亮。

　　「看不清楚。」

　　「悅子，妳過來幫忙抓住衣襟。」

　　山口愛說著走到淑子後面調整衣服後回到淑子面前。淑子：

　　「對準了？」

　　「不要亂動。」山口愛提起淑子的浴衣，「看到沒？裙襬剛好遮住腳踝，左襟稍稍提起，右襟往左襟下面平行移動。多餘的折回來。」

　　雖然電扇吹著，山口愛一身汗，淑子的額頭也滿是汗珠。山口愛示意悅子到衣櫥拿手巾。悅子拿了後立刻給母親和姊姊擦汗。淑子等著母親趕快把衣服穿好，發現穿衣的動作遠比她想的冗長。她心焦汗湧，有點不耐煩：

　　「媽，不用教了，趕快穿好吧。」

　　山口愛給愛女浴衣繫上腰帶後，把前後衣服鬆弛的部份拉平，遮住腰帶，山口愛指著衣前腰部的縫線和褶痕對悅子輕聲說：

　　「兩條線呈十字交叉，就很好看。」

　　山口愛在淑子的胸下繫上伊達帶，看著淑子哭喪的臉：

　　「淑子，快好了。很快就讓妳休息。」

　　山口愛迅速把綁上伊達帶的浴衣的胸前和背後部位抹平，隨後把伊達帶拉正，讓寬邊的部位貼在胸腹之間。

　　「先這樣。淑子照照鏡子看看。燈光不是很亮就是了。」

　　淑子鬆了一口氣，看著自己一身紫氣所呈顯出來的平和、安寧。再說，紫色代表憂鬱，多少切合〈荒城之月〉所顯現的繁華落盡，遺世蒼涼，甚至是年輕死亡的氛圍。伊達帶下面三四隻伸腿站立，

引頸企盼，低頭啄食，或振翅欲飛的白鶴，形塑了白鶴群居的樣態，胸前展翼高飛的那一隻，腳和部份翅膀雖然被帶子遮住了，但翔姿還算完整。山口愛：

「怎麼？滿意嗎？」

「很喜歡。像練歌一樣，過程苦，但練成了，就感到欣慰了。」

「背後脖子和領子之間的縫隙小了點。」山口愛稍稍拉動淑子的衣服替她調整頸背的空間，同時指著籃子裡面放著的淺黃、淡綠相疊的帶子，「最難的部份還是那條長長的帶子。纏來繞去結成蝴蝶結後，腹部就會很飽滿。今天暫時這樣告一段落。明天彩排的時候把浴衣帶過去。飯店劇場的小姐，應該會很快地把妳包裝起來。」

山口愛用「包裝」來形容穿衣，悅子笑了起來，淑子也輕鬆了一些。

淑子和悅子回到三樓的房間，悅子拿著衣服下到一樓準備洗澡。淑子拿著彩排程序表，心思游離出去。她對浴衣是既期待又怕受傷。剛剛那場穿著有夠繁文縟節，但竟然還沒穿好，最複雜的還在後頭。她很懷疑飯店或主辦單位的小姐有沒有這份耐心幫她穿戴。再說，夫人或主辦單位未必喜歡這套浴衣。

事實上，父母也很關心這件浴衣能不能給淑子加分。第二天早上，淑子拎著大紙袋出門，媽媽山口愛送她坐上人力車後，心裡還是記掛著昨日替淑子試衣時的那份辛苦和甘美。

淑子不到中午就回到家了，一進門，二夫人赫然在座。淑子肩背小布包大方落座，問候二夫人。二夫人：

「很久沒看見妳背書包了。背著小包包，真像小姐了。」

「媽媽前幾天買的。」

「進出大飯店背書包不太得體，所以給她買個化妝包。」

山口愛的聲音從廚房傳過來後，二夫人向淑子睇了一個眼色。淑子：

「裡面裝簡單的化妝品、口紅、梳子和鏡子。」

「淑子長大了。開始工作了。」

文雄笑著說完摸了一下眼鏡，心中不無感慨。每天看到淑子忙著練歌、彩排，好像在進行職前訓練。想到自己剛到奉天時只是兩座遠地炭礦的顧問，每月定時不辭奔波走一遭，領取微薄的車馬費、

顧問費，一家勉強餬口，現在淑子小小年紀就有很扎實的入世拚搏感。若非現在又有了中文教師的工作，真的會感覺無地自容。二夫人雪兒：

「今天彩排還順利吧。」

「歌都練得很熟，還好。」

「妳老師是俄國人？哦！妳說過是義大利人，嫁給俄國貴族，但肯提拔妳。我看音樂人心胸都很寬廣。妳下禮拜表演的時候，我也很想去，順便欣賞她唱歌時的丰彩。」

山口愛圍裙沒脫就興沖沖地快步走了過來：

「妳的浴衣有沒有穿？」

「主辦單位請飯店的兩位日本小姐幫我穿上，好快哦！好像包粽子，又綁又拉的，一下就搞定了。」

「妳的老師還滿意吧？」

「她說很好。她說，天底下如果有紫色的夜色，那就最美了。飛翔中的白鶴就當做月亮吧。穿這件衣服來唱〈荒城之月〉剛剛好。」

「衣服呢？」

「主辦單位正式徵用作為演出服裝，已經委託飯店人員清洗加燙了。」

「既然徵用，就表示會付費吧。」二夫人。

「不知道。也不想想太多。」

對於山口愛來說，淑子有了演出的機會，就已經是非常大的恩寵，她不曾想到將和服的租借費用轉嫁給主辦單位。既然雪兒提到這一點，她不免想到夫人如果每年都辦這種音樂會，她穿著的服裝應該大部份由主辦單位提供，自然沒有租費的問題，在這種大環境下，淑子小和服的來源很容易被忽略。雪兒：

「不好意思，我們中國人是比較會算的。」

只是「妳和將軍或許會算，但不想算」，山口愛想著現在的住房，拍了雪兒的肩身：

「二夫人，您既然已經出來了，就一起用中餐吧，不用再回房間了。」

「哦！等清子、玲子回來吧。」

「沒關係的，會留給她們。」

∙∙∙

淑子閉著眼睛，任由俄國小姐在她臉上塗塗抹抹。她的臉像畫布一樣，任由俄國小姐塗上潤膚液、粉底、睫毛膏，在兩頰掃上胭脂、眼線、雕修眉毛。她閉著眼睛，可以感覺樂隊指揮盧布烈夫和鋼琴手朱茵、第一小提琴手娜塔莎進來坐在別的化妝椅上。舞臺監督尼可拉夫，不時從後臺化妝間走上舞臺，跑上跑下。淑子聽見尼可拉夫和盧布列夫用俄語交談了一下便走下椅子。中國籍的朱茵和俄國籍的娜塔莎也跟著走了。事實上，他們並沒有化多少妝，只是讓化妝小姐補個妝，梳梳頭髮，整理一下衣服而已。淑子想著待會要做的動作，和即將要唱的歌詞時，聽到夫人高吭的俄語話聲。聲音就在她面前，似乎是講她。淑子睜開眼睛，看見夫人不斷打量她，然後對化妝小姐用俄語嘀嘀咕咕，化妝小姐退後兩步後，夫人改用簡單日語看著淑子：

「我對她說，這樣就好了。年輕就是最好的化妝，妳化太多妝反而不好。」

淑子兩眼亮了起來。夫人早就在自己的專屬休息室先行著裝上妝。紅底鑲黑，下邊從左膝斜向右踝，波浪狀的裙襬預告了待會〈卡門〉玩世、豪放交雜的熱情。果然如夫人所囑咐的，化妝小姐把淑子的妝略做整理後就把她交給候立一旁的飯店日籍女職員。

飯店小姐把淑子帶到更衣間，拉上布幕，阻絕俄羅斯的氛圍後，三個日本姑娘在一起自在多了。服飾小姐動作雖然比上次彩排時慢了些，還是十分輕快俐落，超越了那晚母親幫她穿衣的憶思。她想不起母親幫她繫上腰帶時的前後動作，兩位小姐已經把她浴衣上的伊達帶繫好，拉到正位。一位小姐幫她做整體的修正，另一位也把早就結好的蝴蝶結腰帶套在她身上。

舞臺監督尼可拉夫滿意她的裝扮，要她休息一刻鐘，上過洗手間後到舞臺側下方休息間休息。熱哄哄的聲波不斷從觀眾席傳來，傳到淑子耳裡，多少轉化成焦灼和不安。

她在舞臺側後方等了許久。白俄女司儀宣佈演唱會開始的俄日語雙聲帶終於響起。女司儀照往例先介紹樂隊和指揮，如雷掌聲響起後，淑子摒住氣息。她聽到自己的名字後，從幕後走到臺前，掌

聲雷動，但她腦中一片空白。指揮向她頷首致意，擺手請她就麥克風位置。鋼琴手望了她一眼，看到她的微微頷首後，〈荒城之月〉的前奏開始流洩。指揮右手揚起，她和第一小提琴手同時起音，參與合奏的樂器不多，除了提琴外，都是低音合鳴，好像是她歌聲的回聲。

「春上高樓賞花樂，觥籌交錯花醉影，千年松樹自葳蕤，昔日光景今何在？……」

鋼琴不再彈奏旋律，叮叮咚咚打著拍子，淑子用日語唱出的歌聲好像踩著這些拍子迴旋向上，當歌聲像細絲一般嬝嬝升起時，提琴的樂音失而復得，歌琴雙音並轡，同步止息。

盧布列夫的指揮棒再度揚起，伴奏的琴音不再壓抑，在間奏裡熱鬧交鳴，好似各種春花怒放。

「……天光雲影終不改，世事榮枯隨流水，過眼雲煙今在否？荒城月夜只堪哀。」

和平常練習一樣，她直接跳過第二、三段，直接訴諸第四段。對她來說，歌詞與其說是訴說人間的無常，倒不如說是明喻年輕的死亡。步步高升的音階再次滌除許多聽眾的心垢，加大他們的想像。

淑子唱完一鞠躬，所有觀眾起立鼓掌，俄籍美女的小提琴手也持弓輕敲琴身，表示喝采。隨後指揮拉著鋼琴手，淑子拉著小提琴手，指揮又拉起淑子的手，四人同時向臺下鞠躬。在這比較輕鬆的片刻，她依舊看不到父母親和柳芭的身影。

淑子回到後臺化妝間，監督尼可拉夫輕輕拍手迎接她，用生硬的日語說：很好很好。俄籍小姐聽不懂，感覺他語氣滑稽，都笑了起來。化妝師把淑子臉上的濃妝抹掉，用清潔液洗淨後，再撲上薄粉，點上腮紅。〈卡門〉帶著挑逗、俏皮的樂音和歌聲傳了過來，淑子開始想像波多列索夫夫人使勁地扭動身軀，抖動四肢，擺動、撥弄裙襬的形影，相信觀眾的情緒已被撩撥開來。夫人曾向她抱怨離開俄國後演出減少，身材發福不少，演唱〈卡門〉時，舞步就沒那麼俐落有力，沒那麼勾魂了。

不過淑子依舊相信老師的唱功，「愛情是一隻不羈的鳥兒，任誰都無法馴服……」義大利語的歌聲隨著響板傳到淑子耳裡，已是強弩之末，但依舊鏗鏘有力，句句擊中她心弦。隨後夫人在謝幕時，

掌聲中隱約傳來尖叫和呼喊，正中淑子心懷。

淑子待會要唱的〈蘇爾維琪之歌〉，和〈卡門〉一樣，帶有角色扮演的意味。彩排唱這首歌時，她穿著 19 世紀北歐蕾絲高領、蓬蓬袖的服飾進場，這次，服裝小姐還幫她找到了帽沿豎起，像蚌殼包臉的寬邊帽。

一票俄籍女性端詳著她，讓她照鏡子，嘀嘀咕咕不知說什麼，剛剛幫她穿和服的日本女子，看著淑子困惑的神情：

「是有點像歐洲姑娘，只是頭髮不夠長，不夠捲，但遠遠看去，看不到頭髮的問題。」

淑子來不及回應，日本女子就被叫走了。她或許是善意地傳達俄籍女孩的意見。其實淑子又要開始準備下一場演出，無暇思及太多。

夫人繼續唱第二首曲子〈托斯卡〉。這首詠嘆調沒有太多劇情的張力，音域逐步升高，飽滿的抒情曲調正好撫平觀眾剛剛被撩撥起來的情緒。

淑子佇立舞臺側邊等著，夫人出來後向她微笑的同時，她聽見司儀呼喚她上臺，走向舞臺時，送夫人出來的指揮正好迎著她，拉著她的手繞行半場接受歡呼。

十幾隻小提琴合奏，有如日出海天，霞光普照，樂音稍止時，大提琴、豎笛，輕輕撥弦、吹氣，帶出不同的光色。樂器再度合鳴，聲音低調，音色黯淡，對於她的歌聲虛位以待。

「冬天不久留，春天要離開，春天要離開。夏天花會枯，冬天葉要衰，冬天葉要衰。任時間無情，我相信，你會來，我相信，你會來。我始終不渝，朝朝暮暮，忠誠的等待。啊！啊！……」

淑子唱的是作曲家堀內敬三譯的詞。當初練習時，她一邊聽老師的唱盤，一邊揣摩著德語的發音，但沒有十足的把握，最後還是決定用國人譯的日語歌詞。

「無論你在那裡，願上帝保佑你，願上帝保佑你。我要永遠忠誠地等你回來，等待著你回來。啊！啊！……」

她忘情地唱出對蘇爾維琪苦守寒窯，對浪蕩子皮爾金特的深切期待。她不再有顧慮，還沒唱完便完全鬆懈。謝完幕，指揮送她出場時，夫人已在那邊等候。夫人已經換穿黑色長裙，肩上披著披肩，

手裡拿著一朵紅花。她待會要唱《蝴蝶夫人》一劇中主人翁蝴蝶夫人所唱的三首曲子。彩排時，她也考慮換穿日本和服，但想了一下，身裁不具可塑性，又不是演出歌劇，沒有情境的壓力，最後決定穿出自我，只賣歌藝。夫人照例給她鼓勵性的微笑。她走向樓梯時，感覺腳被扯了一下，低頭看，發覺踩到了夫人的披肩。彩排時，夫人的披肩似乎沒這麼長，是她看錯，還是夫人換了一條新的。隨著閃過的念頭，她回過頭看了一下，夫人正瞪了她一眼。

「美好的一天，你我將會相見。一縷清煙從大海的邊緣升起。之後，船隻出現在海面……」

波多列索夫夫人用母語義大利語歌唱，承載著劇中主人翁蝴蝶夫人期待和美好想像的歌聲緩步攀升，然後自然流動，歌聲渾厚平和。歌聲最後在「我會秉持堅定的信念，引領期盼」的願念中陡然上升，和器樂聲音結合，譜出驚人的聲勢。

淑子坐在化妝椅上，化妝小姐並不急著替她補妝。接下來，她應該只需換一套衣服，補一點口紅即可。前幾天彩排時，夫人對她講過：

「很高興能用自己的母語義大利語唱這首歌，但唱的時候又必須把心思寄往一個既陌生，又有點熟悉的國度日本。雖然是唱著劇中人物蝴蝶小姐的哀傷，唱到最後卻是感傷自己的身世比較多。必須用高一度的歌聲驅逐想哭的感覺。」

淑子整好衣裝，在等待區等著時，掌聲響起。不久夫人又唱起《蝴蝶夫人》第二幕的〈櫻花〉：

「讓我看清楚艦名，艦名，艦名。看見了，是阿伯拉罕·林肯號！他們所有人都在撒謊！所有人，所有人，只有我明白，只有我是深深愛著他。你知道懷疑是多麼愚蠢的吧。他回來了，他剛好回來了。你們還說：哭吧，死了這條心吧。」

旭日緩緩上升的音樂帶動夫人的歌聲，當夫人唱出主人翁蝴蝶小姐對「謠言」的駁斥時，歌聲才顯得激動尖銳。

「去搖動櫻樹的花葉，讓我沐浴在掉落的花瓣中，讓芬芳清爽的花語淋在我發燙的額前。」

現在應該是舞臺上櫻花飄飛的時候。在飯店兩位日本技師的協助下，夫人演唱這一首的場面，還特地搭設簡單的櫻花佈景，把紙

做的櫻花透過紙花機噴灑她週身。

　　夫人開始演唱《蝴蝶夫人》第三首〈我可愛的小孩〉。這首歌正是劇中蝴蝶夫人泣別愛子吻頸明志時的悲嘆。哀慟一波接一波，歌聲難以承載，所有樂器都退到邊邊，只在歌聲的轉折處填補一些音符。為了讓感情的投入更加真實，夫人增加了肢體動作，好像真的摟著一個小孩，又摸又吻，泣訴一般。照夫人自己的說法，她是摟抱自己的命運：飄泊異域，去國懷鄉的心情，她唱得感傷且激動。

　　淑子接下來唱舒伯特的〈小夜曲〉，夫人唱兩首俄國民謠，中場休息時，特地邀淑子到她休息室。一開始不發一語只顧打量淑子，夫人溜溜轉的眼睛洩出一絲笑紋，然後兩人相視大笑。

　　下半場的演出，也十分順利，終場謝幕時，淑子、夫人和樂團成員接受獻花，然後一字排開向觀眾鞠躬，樂團退去後，夫人的朋友貴賓紛紛湧上臺，淑子聽到有人呼叫她的名字，這才看見父母親、二夫人和柳芭一家人已站在舞臺邊緣。淑子毅然請她們上臺。臺下滿日兩國的攝影記者指手畫腳要求臺上貴賓趕快就定位，擺好姿勢，被俄籍朋友包圍的夫人急著找淑子，叫了兩聲「淑子」。看見剛剛演出的淑子往前挪移，俄籍貴賓紛紛讓路，夫人看見山口文雄和柳芭，簡單介紹給俄國朋友，說出感謝的話後，俄國朋友紛紛鼓掌，場面又亂了一陣。好不容易拍完照，淑子：

　　「老師，我想現在就跟父母親離開。」

　　「妳也辛苦了好幾個月。趕快回家休息。不過妳得先把戲服還給樂團。」

　　夫人指著她的衣服，用有點生硬的日語說著，俄國人多聽得懂，即使聽不懂也能會意，以致紛紛笑了起來。淑子要柳芭把兩人的父母親、悅子和二夫人帶到飯店門口，隨即匆匆跑回後臺。

　　大和飯店在浪速通和富士町交會的大圓環旁。穿回自己的衣裳，同時取回浴衣的淑子腳步輕快地在飯店外廊的拱門下找到父母親和柳芭一家人。柳芭看向悅子，再看著淑子：

　　「妳的弟妹都沒來。」

　　「大弟要照顧小嬰兒，另外兩個妹妹也太小，爸爸認為不適合聆聽音樂會。」

　　飯店的熱鬧和騷亂迅速退潮，淹沒了淑子心頭弘毅未能前來觀

賞的遺憾。此刻燈光熄滅了許多，多少倒退到夜暗中。柳芭兩手扶著水泥欄杆看著日俄戰爭紀念碑在夜暗中泛著白光：

「演唱會成功，夫人唱俄國歌曲，淑子唱日本歌。這座塔碑應該改為日俄歌唱紀念碑才是。」

眾人笑開，柳芭父親格里涅茲報以讚許的眼神。文雄：

「不要被關東軍聽到，軍管區司令部就在對面。」

「司令部？」山口愛。

「妳不知道啊？就在東洋拓殖大樓裡面。」

每個人的眼睛不禁投向對面三層陰沉的大樓。在山口愛眼裡，這棟方形、穩固的大樓，確實散發著軍營的那種神秘和威嚴。站得稍遠的二夫人雪兒向前走了兩步，迎向黯淡光影的臉孔一片雪白。

「將軍今晚沒來看晚會很是可惜。」雪兒仰看前面有些疲倦，有點漫不經心的臉顏，「將軍別號叫鶴翔，淑子今晚穿著的戲服剛好有這個圖案。」

「哦！對哦！想起來了。」文雄思前想後，「將軍在我面前很少提到這個別號，大概和軍政界人士來往時比較常用。」

山口愛仔細聆聽，但一知半解，文雄把「鶴翔」兩個字用華語解釋一遍後，她腦中殘存淑子和服裡頭引頸或低頭的白鶴似就要振翼飛了起來。

16. 受邀錄唱 父有意見

一周後的禮拜六下午，木曾町波多列索夫夫人音樂教室，淑子正在練舒伯特的〈晚安〉，一名日本人來訪。夫人看了日人一眼，正是上禮拜音樂會散場後到後臺見她，表示今天會來她的音樂工作室拜會的奉天放送局企畫課長東敬三。夫人叫淑子練彈舒伯特的小夜曲，請東敬三坐在沙發組內，笑著說：

「她今天來了。」

「是的。我看到了，剛剛聽到她的聲音，真好聽。」

站在窗邊的柳芭也走了過來，東敬三：

「妳的女兒。」

「淑子的朋友。」

夫人叫柳芭到樓下取茶具，再打量了一下東敬三，她看過不少

滿頭刺目短髮、短髭的日本兵，這位頭髮茂密，隱在圓框眼鏡內的眼神帶點霧氣的文化人，確實讓人感覺舒服：

「淑子經過一番苦練，從丹田發出的聲音出來後，練來就輕鬆多了，而且效果更大。淑子，過來一下。」

淑子靦腆走了過來，向東敬三深深一鞠躬。東課長：

「妳叫淑子吧。妳唱歌實在好聽，剛剛那首舒伯特也很棒。」

淑子沒有回答，緊張得直睇緊緊收攏的雙腳。穿在身上，剛剛還隨著歌聲波動的奉天女子商校的水手服，此刻僵硬得一如她的身體和四肢。柳芭把茶具端了過來，直接把茶杯倒了六分滿。東敬三遞給淑子和柳芭各一張名片，再看向淑子：

「夫人跟妳說過了。」

淑子不知東課長的用意，靦腆地看了東敬三一眼，再看看名片。夫人笑著說：

「我只跟她說，有人肯定她的歌藝。」夫人望了淑子一眼，再正視東敬三，「沒說太多。因為實在不知道你是不是說說而已。你上禮拜說的五族共和，我還是有點不懂。當時實在太忙，要招呼賓客，又要指揮工作人員收拾場地，結果回頭找你卻不見你。」

「夫人跟我約好後我便走了，我想等見到淑子再詳談更好。事實上是這樣的，不是五族共和，是五族協和，我們放送局要推出滿洲國民新歌曲，利用歌曲促進滿洲、日本國相互友善，也就是日滿親善，進而再促進大和、漢、滿、蒙和朝鮮族相互友愛，像兄弟和睦相處，也就是五族協和。」

「唱歌就唱歌嘛，唱歌是為了藝術而唱的，聽你這麼一說，好像是為政治服務。」

東課長暗自心驚，開始琢磨自己的想法：

「夫人您誤會了，是為了各民族之間的和平相處。歌唱改變民族的氣質，就像個人一樣，氣質改善了，相互之間就更容易相處，民族也一樣。」

「照你這樣說，歌唱畢竟還是產生了政治效用？」

「這個嘛！」東課長腦筋急轉了一下，到底那邊出了差錯，「哦！對了，原來政治、軍事做不到的民族之間的和解，音樂或歌唱辦到了。」

「你這樣理解就對了。」夫人看著奉天放送局的這位課長，覺得人還滿謙和的，用這種態度求淑子唱歌就對了，「貴公司要請我們的小淑子唱歌，直接講就好了。調子一下拉得得這麼高，講得冠冕堂皇，反而模糊了焦點。」

「是的。」

「淑子如果去貴公司，會唱什麼歌？」

「中國、滿洲傳統歌謠或流行歌曲，從中選出一些，再徵求一些新的歌謠，計畫推出以『滿洲新歌曲』為名目的國民歌謠節目。」東敬三從皮夾拿出三本唱本，「我手邊正帶著，裡頭打鉤的歌曲優先。」

夫人把兩本唱本分別給淑子和柳芭。柳芭不好意思地咧嘴笑開。東敬三轉向淑子：

「有沒有興趣到我們放送局唱歌？」

淑子第一次被東課長直接問到，有點不敢置信，也不知如何回答。夫人看著剛剛拿到的歌譜，對著中文歌譜蹙眉，隨即笑開：

「東先生，有中文歌正好。我們小淑子中文也說得很好。」

「太好了。」東敬三心情豁然開朗，提高嗓門，「我們本來是想找一個中國或滿洲少女，除了會講標準的北京官話，會讀譜，也要懂一些日語，以便和放送局的日本員工溝通。但是聽到淑子的歌聲後，想法改了。我向上級報告後，局長認為日本少女也可以，中文部份再請老師教，尤其是淑子這麼年輕，可塑性強，那知淑子竟會講中文。真是得來全不費功夫。」

波多列索夫夫人感受到東敬三的誠意：

「我想趁這個機會多瞭解一些，淑子，我聽柳芭說，妳拿過中文檢定證照。」

「不久前取得中文檢定二級資格。」淑子輕聲細語，氣息有些微弱，「是學校舉行的考試」

「淑子上中國人學校？」東敬三。

「沒有。爸爸親自教我的。他以前在滿鐵撫順炭礦事務所晚上教中文，我去學習。現在在奉天也開班，我也繼續去上課。」

「實際上，我們的小淑子年中生了一場大病。」夫人姑隱淑子肺浸潤的病名，「目前休學，所以有機會到處學習。」

「那太好了，有時更可以到我們放送局走走。我們甚至可以安排一些課程。」

東敬三說著喝了一口茶，同時謝謝柳芭的再次倒茶。柳芭瞬了好友一眼，臉顏朝向東敬三：

「淑子也跟她的乾媽學習。」

「乾媽？」

波多列索夫夫人好生疑惑。柳芭：

「李際春將軍的二夫人。上一次下午茶，兩位都來過。」

「李將軍就是留著仁丹鬍的那一位。我還有印象。」夫人腦裡塞滿音樂和歌劇，還原一下當時的場景，有助於她的記憶，「妳說的乾媽就是那位皮膚白淨，腳很小的那一位。」

「對。」

「那很好。」

夫人說著向淑子使了個眼色。

淑子認的乾媽是趙夫人，並非雪兒，她知道越解釋，事情就變得越複雜，只好先擱在腦後，他日若她還需要解釋再作打算。

「她教我讀中國古典小說。」

淑子說完，夫人不住地點頭。東敬三：

「哦！我想起來了。李際春將軍，我聽過，是個大人物，中國，或者滿洲那一邊的實力派。淑子會說中國話，乾爸又是滿洲的將軍，條件確實很好。好，就這樣決定，滿洲新歌曲就由淑子來唱了。」

東敬三先聲奪人，爽快下了決斷，柳芭興奮得抱著淑子，化解她身體的僵硬和緊張，夫人用甜蜜的微笑表示對此事的讚成和欣慰。東敬三拿起擺在茶几上的歌本，指著目錄中打鉤的曲子，希望夫人代訓後，想了一下，到底遺漏了什麼。

「哦，對了，貴住所、家長的大名。」東敬三從皮夾取出紙筆交給淑子，「我應該到府上找妳父母親談一談，越快越好。」

淑子看了夫人一眼，書寫好名字、地址和雙親名字後交給東課長。東敬三高興得起身告辭。大家送他下樓，直到門口。淑子心頭突然湧出一塊雲翳，急急奔向跨出大門的東敬三。

「東先生。東先生。」

「哦？」

「有一件事忘了告訴你。爸爸要我去中國北平讀書，轉學過去。可能過幾個月就會去。」

「日語學校？」

「中文學校。」

東敬三看了淑子一眼，吐了口氣，想：真是好事多磨，希望不是真的，跑到老遠求學，恐怕問題多多。或許只是說說。這兩天找她父母談，如獲簽約，這個問題自然迎刃而解，不然就非好好勸阻不可了。

「嗯。那我就要早一點敲定這件事。令尊這兩天晚上會在家吧？」

夫人和柳芭跟著過來，帶著幾分歉意看著東敬三：

「淑子要到北平的事，我也是第一次聽到。」

「此事果然成真，就要應變了。」東敬三儘量讓自己看起來輕鬆，「比如，把握時間多錄幾首歌，等到淑子寒暑假回來時再補錄。」

「貴放送局願意發展歌謠，給新人機會，值得大大表揚。相信淑子會把握這個機會。再說環境的變化固然影響大，但是團隊，也就是你們放送局的意志，和個人的意願還是決定一切。」

夫人好像現身說法一般，用激勵的話語話別東敬三。三人轉身走回門口時，柳芭感覺淑子有些陌生，不敢正視她，走著上樓梯時，還是覺得畢竟是新朋友，交往不深，不用太在意。回到樓上，三人自然在沙發落座。

「淑子真的要到北平讀書？」

夫人的語氣隱約著責備。淑子：

「爸爸有這個意思，事成不成還不知道，也不知道什麼時候去。所以沒先向老師報告，剛剛看到東先生，覺得先講出來比較好，免得……」

「老師，我知道淑子的意思是，希望東課長別寄望太高，事情可能有變數。」

柳芭這一番話多少說出了淑子的憂思，波多列索夫夫人：

「淑子，妳處理事情分寸拿捏得還不錯。到北平讀書的事，因為事情還沒成熟，就不急著跟我們說，但東課長那邊就不一樣。妳是擔心他高興過頭，到時候失望更大。」

柳芭看著淑子，笑著頻點頭，好像代淑子回答。夫人繼續說：

「不用擔心太多。凡事掌握在自己手裡。如果真要到北平，去之前把握時間配合東課長，或寒暑假回來協助他，就會讓他的困擾減到最低。就像我當年從莫斯科逃到中國滿洲，不曉得將來會怎樣。因為有那一份心，所以現在還持續做音樂的工作。」

老師的話像醍醐灌頂，淑子頻點頭。夫人看了一下牆上的時鐘，上課時間過了一大半，乾脆就繼續聊下去。她叫柳芭把水壺拿到樓下加熱水，上來後，紅茶變淡了。夫人看著柳芭臉上的雀斑有些腫，上唇微啟：

「柳芭想說什麼？」

「沒有啦。」柳芭靦腆地笑著，看向淑子，「捨不得淑子，妳好不容易來到奉天，沒想到又要走了。」

「我也捨不得淑子。」夫人閱歷豐，挺過的風浪多，不太在意人世間的起起伏伏，「我也十分捨不得，好不容易有這麼好的學生，不過她馬上就要面對人生的抉擇。」

波多列索夫夫人喝了一口茶，兩手交胸想了一下。她知道奉天放送局是滿洲國政府的，代表國家意志，一般家庭或個人多會順其意，如果淑子全然投入，不再來音樂教室，她還是可以就近觀察她的發展，給予指點。但如果淑子真到了北平，情況就大不同了，也只能寄望北平的一位同好能夠給淑子重啟聲樂教學。

在這段片刻的沉默裡，柳芭除了揣摩夫人的想頭外，相信淑子的爸媽應該會衡量放送局的壓力，打消淑子到中國讀書的事。柳芭對自己的想法感到滿意，夫人的獨子維奇上樓呼叫，夫人叫柳芭下樓幫忙準備待會要進行的家庭茶會。夫人拿著東敬三給的唱本，走到琴邊：

「先別想要到北平的事。妳不用唱，我彈彈看，聽就好。」

〈昭君怨〉的樂音流出，旋律緩慢，有時慢到快要窒息，曲了又藉由另一組樂音甦活開來，時而跳動，時而拖長的琴音好像正在演一齣戲。夫人回過頭：

「我看不懂中文，這首歌好像有一段很長的故事。」

淑子對於王昭君是人，是物，還是職務名稱，沒有一點概念，不便置喙，不過，聽著夫人鋼琴流洩出來，訴諸久遠的哀怨琴音，

她直覺，王昭君是人的話，肯定是女性，且是歷史的悲劇人物。

「淑子，是不是這樣？時局混亂，但音樂的火種還是要繼續點著。」

這首曲子的旋律讓夫人興起了憂患意識，淑子隨著夫人兩手靈活的流動，落入古典中國的情境，夫人兩手騰起重重落下，迸出強音時，淑子從她不十分暸解的中國歷史遁出，腦海浮現去年九月那一晚撫順礦坑的火海、第二天被打到死的中國勞工。「平頂山好慘哦！整個村莊三千多人就這樣被機關槍打死，被砲彈打死……」在火車上聽到的農民的談話又在她耳畔響起。只是聽說，沒有文字的描述、照片的佐證，整個事件雖未曾在她腦中展成血肉交纏堆疊的一片，有時甚至退縮成一個數字，但她越想越加憎惡戰爭的殘殺。

夫人離開鋼琴，到桌邊坐下，用筆急書，然後把淑子叫了過來：

「這是我教學生的時間。除了這時間外，妳可以隨時來找我。譬如說，我早上9點到11點有課，下午找我就可以。我陪妳練習滿洲新歌曲，免收學費。」

「這怎麼可以？」

「那天演唱會，妳給我暖場，創造了很大的效果。妳的成就值得這一些。再說，妳不久就要到北平，而奉天放送局也會給妳安排課程或錄音實作。所以不用客氣。」夫人看著靦腆的淑子，「不然待會到樓下我再跟妳討論時間，妳家沒電話吧。」

「沒有。隔壁李將軍本來要給我們安裝的，但爸爸婉謝，因為我們不曉得會住多久。」

「柳芭他們開麵包店，我們開旅館，都有電話，有事聯絡比較方便。」

「那就定個時間比較好，但也不能耽誤老師太多時間。」

「那就下去慢慢敲定吧。」

下午茶結束，淑子和牽著腳踏車的柳芭慢慢走向浪速通：

「謝謝妳每個禮拜六下午都陪我練唱。」

「夫人要妳下禮拜一上午去唱。」

「她排一三五，有的在下午，不過也好，妳學校有課，妳就專心上課，不用這麼辛苦陪我了。」

和柳芭在浪速通分手後，她叫了一部人力車。五緯路旁高大的

銀杏一片秋黃，在夕照下光彩奪目，車子慢慢移動，枝葉呈輻射展開的銀杏樹黃色的光幻不斷噴出，旁邊低矮起伏的暗色房舍沾了一點光後，有了一點生氣。秋風乍起，黃葉紛飛，拂過路面後又凌風亂舞，好像一首歌。歌手的夢在她心裡滋長，剛剛在下午茶，她獻唱了〈蘇爾維琪之歌〉，夫人和柳芭對她讚美有加，她察覺了在體內形成的表現慾。綠瓦白牆的日本領事館在望，幾聲火車汽笛的鳴叫驚醒她的歌手夢，她叫車子往右拐不久就到家。

回到家，父親正在客廳閒坐。

「淑子今天練得如何？看來你的身體好多了。唱歌的事可以暫停一下，回學校讀書了。但明年就要到北平，這樣回去也不太好。」

文雄嘀咕著，心裡的矛盾自然流露。他聽從醫生的建議，讓淑子休學，但看到女兒失去了學校的歸依，心裡還是有些慌。」

「爸爸的意思是回奉天女子商校？」

文雄難耐心裡的矛盾，微汗沁額地點頭。

「那天清水老師來訪，爸爸不是以要到北平讀書婉謝她了嗎？」

淑子說著不耐父親的反覆，本想直接向父親說出放送局邀約，夫人要加強訓練的事，但心裡不舒暢，逕自上樓找弟妹，暫時當個小孩王。晚餐時刻，二夫人做完晚禱後照先前講好的前來共餐。

大家用餐交談，大都日語夾著華語進行。有時講著日語，看二夫人一眼時，便加註華語。有時日語講多了，山口文雄會綜合一下，用華語向二夫人匯報一下。事實上，二夫人一直處在有日本人的環境中，先生李際春又時常和日人周旋，耳聞目染，山口一家人談話的內容已能聽出兩三成。父親文雄喝了點小酒，心情正好時，淑子提到放送局的事。母親山口愛：

「太好了。上禮拜演唱的事果然不是夢。上禮拜演唱會場面太華麗了，有時我會感覺臺上的不是淑子。」母停頓了一下，收納大家投過來的目光，「演唱會結束後，我竟有大夢初醒的感慨。感覺這是淑子的第　次，會不會也是最後一次。現在看來，淑子要走出一條路了。」

「淑子還是要以學業為重。北平的潘毓桂幫淑子找到學校了，是他女兒目前就讀的學校。明年中國春節過後開學，還有三四個月。信，我老早就收到了，只是不想太早告訴淑子。奉天女子商校扣掉

暑假，也有三四個月沒上課，現在申請回去再讀一兩個月沒多大意思，也只有增添學校和老師的困擾。」文雄的焦慮消退了許多，「到北平新學校開學前還有三個月，淑子要好好在家自修，我自然會從旁輔導，不然到了那邊會跟不上。」

「書當然要讀的。讓淑子到放送局唱歌，你還是表示一點意見好了。」山口愛。

「當初讓淑子學唱歌，目的是鍛鍊肺部，現在歌唱好了，表示肺臟復原良好。」文雄近來瘦削許多的臉龐，罕見地帶出了刻薄的心思，「身體好了，就是要多讀書，不要再想其他事情。再說，並不是每個人都可以成為淡谷典子的。」

淑子的不滿快速升高，她的想法從來不曾這樣被父親抹殺過，母親見淑子臉色沉了下來：

「那也要看淑子的意願。」

「我如果不唱的話，老師會很失望。」淑子不能忍受世界有名的女高音不被當一回事，「她教學生唱歌很是辛苦，比爸爸教書還……」

淑子沒有說完，話語戛然而止，舉桌不再動嘴，開始動筷夾菜。山口愛見女兒立場堅定，擔心這對父女遲早會再碰撞：

「既然淑子如此說了。」

「奉天放送局要淑子給它唱歌，那是要簽約的。約簽好了，人又跑到那麼遠的地方，可能一年半載才回來一下。」文雄放緩語調，流露為父的憂思，瞬了淑子一眼，再正視妻子，「這樣不就在玩弄放送局嗎？」

「那就慢一兩年再去北平吧。」

「怎麼可以這樣。人家都已經在那兒打點好了。」

文雄說著瞪了妻子一眼，山口愛轉向二夫人：

「不知道將軍會是什麼看法，想聽聽他的意見。」

「先吃。先吃。飯菜都冷了。飯後我再提出意見。將軍心裡我很清楚。」

山口愛泡好一壺茶後逕自收拾碗筷，清理桌面、餐具和廚房，淑子幫忙督促兩個還小的妹妹把最後幾口飯吃完。母女倆無奈地把一切希望寄託在二夫人身上。

客廳只有二夫人和淑子。二夫人十分支持淑子唱歌的願念。她以將軍不久前到波多列索夫夫人教室看淑子練歌時感動得兩眼泛紅為由，一定持相同的看法：

「將軍不在家，上週演唱會，他公務在身不能出席，我前幾天回去跟他講過電話，他對於未能參加音樂會一直感到遺憾。現在淑子受邀到放送局唱歌，他雖然不知道。不過，一定讚同她前往錄唱的。」

聽雪兒這麼一說，淑子心定了一些，再次給二夫人的茶杯添加一點飯後茶：

「請問夫人，王昭君是歷史人物？」

「是漢朝，應該是西漢的一名宮女，被迫嫁給北方遊牧民族的頭目，用來換取邊境的不再戰爭。我還要再查資料。」

雪兒說著眼角射出一絲疑問，淑子：

「奉天放送局給的歌本有這首歌。」

「王昭君在歷史上有名。但讀過歷史，只留下模糊的印象，溫習一下才有較完整的瞭解。」

山口愛洗碗盤時，女兒和二夫人的對話聽得一清二楚，廚房事告一段落，走了過來：

「剛剛聽二夫人這樣說，那將軍是否會認為淑子到北平讀書會礙到她的歌唱路？」

雪兒心裡的想頭貼近將軍，被山口愛這一問，對於一些沒談論過的事，只能揣測一番了。

「他認為淑子在奉天遇到名師，可說可遇而不可求。雖然讚同她學聲樂，但北平拜把兄弟的邀約也太強了，他心裡一定有這種掙扎，他的矛盾和文雄的矛盾屬於不同層次。不管怎麼說，我覺得將軍於淑子歌唱的期許比文雄更具有浪漫的想像。」

「哈！哈！」文雄從廁所回來，「做親生父親和義父不一樣，換我做李將軍，對淑子學唱歌也可以滿懷浪漫的憧憬。」

文雄落座點燃一根煙，他的話聽在女兒耳裡十分刺耳。淑子知道父親自覺在將軍面前矮了一截，才會如此誇誇其談。事實上，文雄吸煙時，腦筋總是在想，此刻，他的思維藉著噴出的煙氣盤旋上升後又形成另一層次的思維。文雄看著雪兒：

「將軍還在出任務，什麼時候退下來？」

「他現在在華北自治軍政府擔任政務廳長，你也知道。這個政府是臨時機構，算是關東軍的馬前卒。他雖然掛名廳長，但還是督導軍務，要負戰事成敗的責任。」

文雄吐了一口煙，沒有回話。心想，將軍春秋鼎盛，不再直接指揮軍隊，一定感覺失落。事實上，他也不希望李際春帶兵打仗，如今在這名不正言不順的機構間接帶兵，頭頂著滿洲政府的壓力，也可能被下面的將官架空，萬一跌了跤，失了勢，甚至家業受到衝擊，自己也會因此頓失依靠。文雄想，或許他保住軍銜退了下來，是最好的結局。二夫人雪兒：

「每天刀尖舔血，遲早都要退的，最重要的是，他帶著滿洲軍和中原軍作戰，打的都是中國人。自相殘殺的感覺不是很好。」

文雄不住地點頭，撚熄煙頭，還是沒回話，「又是關東軍」，他心裡念著，這幾年關東軍不知把局勢翻了幾翻，實際上也是他們夫妻有時談話時難以繞過去的梗，平時只要一想到那三個字，他對淑子設想的遠大計畫就被推遠了。他想著把內心的苦笑吞了下去。二夫人：

「他現在是，兒女成家立業了，但都不再身邊，所以我每次談到香蘭，尤其是她唱歌的天份，他就特別開心……。」

「我這做父親的也特別開心。我從小培養她在中國語文的能力，讓她上音樂班，就是要她儲備長大後做中國或日本政治家秘書的基本學養。我的意思是，學音樂、歌唱得好，這些才藝差不多就可以了，不用太專精，可以協助淑子把秘書的角色扮演得更好就行了。」

淑子不滿父親一直堅守自己的想法，想離去，但被母親拉住了。山口愛歉意地看著二夫人：

「我先生一直把女兒當兒子養，期待她將來功成名就。」

「時代不一樣了嘛。」

「淑子被他灌輸強人教育。」山口愛看著二夫人，但瞬了傻笑的先生一眼，「多少是我害了她。」

山口愛一語既出，惹來女兒和雪兒專注的眼光，她嚥了一口氣後繼續說：

「我畢業於東京日本女子大學，那所大學的創立者廣岡淺子是

一位傑出的女性。……」

　　經由母親的敘述，淑子得知廣岡淺子雖然生在日本最富裕的三井家族，生在女子無才便是德的庭訓中，但把求知的慾望轉為創業，開創了若干銀行和人壽保險業。

　　「……廣岡淺子年輕時，日本婦女備受壓抑，父親也認為女孩子不需要讀太多書，她的求學生涯因此被迫中斷，但事業有成後，淺子毅然奔走集資成立女子專門大學。」

　　山口愛說完，喝完杯中茶，文雄把她的茶杯注滿茶：

　　「妳以前說淺子的故事，我是很認真的聽，也很有感，但我從不曾把她的成功投射到淑子的養成教育上。」

　　「自己說過的話，現在又吞回去了。」山口愛撅了小嘴，「以後講話要錄音。」

　　文雄一派輕鬆笑開，雪兒也笑了起來：

　　「夫妻就是這樣。不過淑子要到北平讀書。我真有點不捨。」

　　「過完中國年才去，要趕上新學期開始，還有三四個月。」

　　「她身體不好，還沒完全恢復，我真有點不放心。」雪兒。

　　「日本有句俗諺：越是疼愛小孩，就越要讓他們出去歷練。」文雄用日語說出，隨即翻成中文，「妳放心，淑子到了北平，潘先生會照顧的。」

▮▮▮ 17. 電臺試聲 友家遭難

　　二夫人回房休息後，一般都待在裡頭看書不太出來，以免影響山口一家的運作。文雄兀自坐在藤製沙發上沉思，沒人敢打擾他。淑子到樓上烘最小的妹妹睡覺，輔導較大的做功課後下樓，洗個澡出來時，發覺東敬三正坐在客廳，擦乾頭髮後立刻走過去向東敬三行個禮後落座。文雄：

　　「讓她學中文，主要是希望她長大後擔任政治人物的通譯或秘書。送她到北平讀書也是基於這個目的。北平的潘先生早年畢業於早稻田大學，擔任過中國政府國務院參議。他家裡軍政要人進出很多。我想淑子在他身邊見習，進步一定很大。」

　　東敬三看見淑子，心裡篤實了些，但目觸淑子浮在雲鬢上邊的霧濕，夢幻感悄悄上身，感覺眼前的淑子好像遠在北平一般。他仔

細端詳淑子，再望向文雄：

「我剛剛說過，滿洲新歌曲目的在促進滿洲五族協和，是滿洲國的國策，自然也是大日本的國策。」

東課長說著時，文雄頭低了一會，抬起頭迎來妻子催促的眼神。文雄：

「小女年紀這麼小，那堪承受國策的重任。」

「山口先生太客氣了，也請別把事情想得太嚴重，就只是唱歌，在錄音間配合小樂隊演出，很娛樂的。」東敬三收納文雄帶點猶豫的頷首，看向山口愛，「令媛馬上就要到北平嗎？」

「預定明年二月份。」

「那好。比我預想的還好。」東敬三稍稍鬆了一口氣，「今天下午聽令媛說可能要到北平讀書，我回去局裡馬上和相關人員緊急會商後認為這樣也好，人歌分離反而符合我們的做法。淑子如果在奉天學校讀書，她的歌聲經由廣播被同學認出來的話，可能會在學校引起騷動，對淑子和學校都不好。你剛說明年二月才去北平，那這三四個月就多錄一些。明年暑假回來時再多錄一些就行了。」

「只是錄音嗎？」山口愛希望協助淑子把握機會，「如果時常登臺，我怕會錯亂淑子學生的身分。」

「那當然。會保護好淑子，不讓她曝光，不讓她受傷。」

「那太好了。既然放送局這麼有誠心，那……」山口愛俯身看向文雄，「那就不妨接受東先生的好意，畢竟也是為國家做事。」

文雄嚴肅地點頭，東敬三從皮夾拿出契約書，雙手交給文雄。文雄仔細地讀過：

「那我們淑子還這麼小就為國服務了。」

「是的。但是要以中國少女的身分唱歌。歌聲實在太美了。上禮拜聽到她的歌聲，我就決定不再找別人了。」

「淑子到北平後，也可以繼續練習。我們可以在北平幫忙找一位老師。」

「我的老師說她也有一位同好在北平，以前做過歌劇的女主角，可以教我。」

淑子說完，東敬三故做興奮地張大嘴，看見文雄還在書寫，隨即壓低聲音。

「凡事老天都準備得好好的，實在不用我們太操心。」

東敬三說完不再開口，兩眼凝著邊看契約邊書寫的文雄。淑子心情篤定了一些，看向母親，再迎向東敬三的笑顏。

東敬三從文雄手中拿到契約書，瞄了一下，請淑子和文雄補簽名後，放進皮夾內。四個人閒話幾句，東敬三離去時對著客廳一隅的老舊家庭型鋼琴看了一眼，想開口時，山口愛：

「淑子平常練習用的。她妹妹也在練。」

「太好了。」

「這小孩從小就喜歡音樂。六七歲就開始練小提琴、鋼琴。」

「怪不得。真是天賜才女也。」

送別東敬三課長，淑子拿著東敬三先前給的，作曲家榊神原編著的曲譜走到鋼琴邊，邊彈邊試唱。雖說是滿洲新歌曲，但唱的都是中國歌曲，且多源於古代經典的歌曲。所謂滿洲新歌曲，事實上是詠唱中國。滿洲國顯然是一個很模糊的概念，畢竟它才兩歲。同樣在滿洲國任事，父親自認為是日本人，東敬三想來也是。然後習慣性地稱滿洲本地人是中國人，東敬三說要推展滿洲新歌謠，又強調要找中國少女歌手，這種錯亂不就是這種習性的展現嗎？反之，本地人也自稱中國人，講到滿洲國就雞皮疙瘩。中國對她來說，是一個若即若離的存在，過幾天她就要以中國歌手的身分唱歌，不久也要到北平讀書了。

住在小西邊門外，只要走一小段路越過城牆，就是中國人區。城內，父親帶她去過幾次，但都讓她畢生難忘。大和區，她再熟悉不過。波多列索夫老師住家的木曾町、柳芭住的浪速通、幾個月前天天通勤的奉天女子商校都在大和區。這兒街道整潔、屋舍整齊，即使最熱鬧的春日町，同一模子打造出來的商店櫛比鱗次，店門口拉出的遮陽幔也都大小風格一致。逛街的人多三三兩兩，人與人間有適度的距離，穿在身上的和服可以展現應有的丰采，走在街上時，男的搖擺，女的優雅。偶爾幾輛載客馬車雍容通過，給街景平添了幾分優閒、貴氣。和日本人區的簡約風格，中國人區就大不一樣了。四平街最是熱鬧，前清留下的樓房、頂樓山牆雕飾繁複的大正樓房、由希臘石柱撐起的高大絲房，此起彼落，綿亙如山。每天日上三竿，不甚寬闊的街道，行人、載貨馬車、騾車、人力車、馱貨的騾馬，

甚至巴士、汽車，駱驛於途，顯示了中國人多物饒的一面。人行道路窄人多，形色倉促的行人不斷溢出，人車馬爭道，有時途為之塞。這種雜亂和豐富構成的風俗畫強烈攫住她的心。這種風俗畫也可以是一首樂曲，她過幾天就要歌詠中國了，是不是也有機會唱這種曲子。不管怎樣，能夠成為中國歌手，不也是很浪漫嗎？

　　第二天，才用完晚餐，正要上樓照顧弟妹時，門鈴一響，隨即看見東敬三神色倉皇地進來，淑子暗覺不妙，以為事情有了變化。東敬三還沒落座：

　　「昨天忘了一件事。忘了向你們討教令媛的中國藝名就走了。」

　　「我還以為你們公司會幫她取呢。」

　　文雄說著請東敬三落座，東敬三：

　　「你是中國通，漢學這麼好，你來取最適合了。」

　　「中國歷代文人向來會取字、號，一般都兩個字，不冠姓，聽起來很文雅，耐人尋味。不過文人絕大多數是男性，不太有參考價值。」文雄沉吟了一會，「女作家很少，傷腦筋哪。像李清照號易安，這個還好，朱淑真號幽棲，就太孤絕了。」

　　文雄使用日語，見東敬三眼神茫茫，又用日語把寫在紙上的「易安」和「幽棲」兩個詞解釋了一遍，隨後文雄夫婦和東課長又陷於沉默，三對眼睛對望了一下後，全都投向淑子。淑子：

　　「年初隔壁的李將軍給我取了一個中國名字，就用這個好了。」

　　東敬三如獲至寶，文雄趕忙解釋。東敬三：

　　「李香蘭，很女性化的名字嘛。很好。蘭花也算是滿洲國的代表性花卉了。」

　　「要不要向李將軍打一聲招呼。他人就在隔壁。」文雄。

　　「不用叨擾人家。你說的那位李將軍，我們很清楚，他對滿洲國的開國是有功的。」

　　「是啊。」

　　文雄輕輕止住話題，他不想把話題衍伸到戰爭、死傷。東敬三：

　　「是這樣子的。淑子既還沒有開唱，我們就低調點，待令媛的歌經由廣播傳到李將軍的耳朵，反而會給他帶來一個意外的驚喜。」

　　「還是東課長想得妙。如果淑子演唱成功了，將軍聽見自己取的名字傳揚開來，一定很高興。」

將軍不在的時候，張班長每個月會接二夫人回去兩三趟，用個餐再回來，用意是夫人想從大宅院拿什麼東西過來，或在大宅院交辦什麼事，可以藉這個機會辦理。二夫人體念香蘭通車，然後走路到老師家學唱歌，麻煩又辛苦，託人幫香蘭準備的單車送到了。車子不高不矮，跟淑子身高很搭配。另一方面，能幫助淑子理解〈王昭君〉、〈蘇武牧羊〉歌詞的一些老書也同時到達。禮拜一早上，淑子很高興地騎單車到老師家，波多列索夫夫人一開始就要求她把一些中文歌的歌詞念出，讓她用俄文注記在漢字旁，然後淑子念一句，夫人念一句。夫人念熟了，哼過幾遍後才開琴陪淑子練唱。柳芭不在，練唱場合有點冷清，夫人看不懂歌詞，師徒兩人不時討論，練歌的氣氛很快便熱絡了。

　　這一天，在家裡，山口淑子離開鋼琴後，坐回藤製沙發，看著母親，母親也細細打量著她。淑子穿著優雅的淡橙色麻質寬鬆長衫，胸前斜斜的襟扣散放著中國傳統的氣韻，同樣色系的及地長裙把她烘托得像是長大的少女。她向母親抿唇笑了一下時，門外響起了車子的喇叭聲，母女奪門而出，兩位弟妹也跟著過來。東敬三從車上下來後，親切地招呼淑子上車。東敬三踩了油門：

　　「很快就到了。這輛車，社裡常用到。我看妳家門前有一輛單車，有時騎車過來也可以。妳看，現在車子轉進信濃町，直直走過了千代田通就到了。」

　　淑子有點想說聲歉意，但又怕東課長過意不去：

　　「我到老師家上課也騎腳踏車去。」

　　「很好，好像沒這麼遠。」

　　「看過地圖，從我家到放送局確實比較遠。自己騎車自在多了。」

　　「謝謝妳有這種想法。」東進三鬆開油門，讓車子停在路口，「今天唱〈昭君怨〉，有準備？」

　　「這兩天有到夫人那兒練唱。夫人說現場可能用中國樂器伴奏。」

　　「主要是揚琴。其他樂器聲音會被蓋住。聽揚琴就可以了。到了。」

　　掩映在黃綠相間的樹林下，一棟一連八九間的西式平房很像一列火車，和右後方峰起的鐵塔形成一簡單的構圖。

　　「這是剛接收下來的公司，設備不算好。將來還是要擴充改建。」

淑子跟著進去，轉眼間身陷狹窄、暗鬱的走道，感覺迫促。

「我先帶妳去見局長。」

前川局長小小的辦公室在長條型建築的中段，一進門，天皇伉儷的合照高掛牆上，留著中分頭的前川熱切地招呼淑子，並遞上名片：

「東課長跟我談了妳的歌藝。新星終於出現，我們的勞苦、忙亂也暫告一段落。」

淑子有點不安地望著局長和東課長。前川局長請淑子落座，東敬三跟著坐下，前川道：

「政府提出五族協和的政策是非常好的。那知突然來了一個公函要求我們執行，要從漢滿蒙，甚至朝鮮族各找幾位歌手，但談何容易，我們東課長跑遍各大城市的放送局、歌藝團體，就是找不到一位適合的。後來就簡化成先找到會日語和華語的年輕女孩。波多列索夫夫人的演唱會，我們是讚助的一方，她打出來的海報並沒有提到妳。」

「她是臨時要我唱的。她提出時確實讓我嚇了一跳。」

「我聽演唱會時突然有一個靈感，唱完後拜託東課長去找妳。令尊叫山口文雄，不過沒關係，妳在這兒就叫做李香蘭。大家都要習慣妳成為滿洲女孩。妳在這兒出生，對中國或滿洲又感到親切。這就夠了。可惜我不懂中文，妳在的時候，可以幫我們和中國員工，應該說是滿洲員工做個溝通的橋樑。等一下妳會知道，我們專屬樂隊的成員多屬滿洲籍，他們吹奏的都是中國樂器。」前川局長看向東課長，「今天錄音嗎？」

「今天練習，培養默契，讓彼此相互熟悉，但會試錄，明天才正式錄音。」

雖然是練習，淑子，或者說李香蘭全力以赴，唱到身體微微發熱，原先在室內還能感受到的秋涼已不知所蹤。在這裡，滿籍樂人、職工都稱她為李香蘭，大家都知道這是國家的小小政策。日本人方面，一般員工也都稱她李香蘭，有的幹部知道她本名的，會直呼她淑子。

錄音室揚琴聲輕輕揚起，琴音密織，隨後低迴，李香蘭的情思隨之落入荒遠的年代，琴音琤琤淙淙切換出悽涼的漢宮氛圍時，香蘭看著指揮的手勢引吭高歌。

「王昭君，悶坐雕鞍，思憶漢皇，朝朝暮暮，暮暮朝朝，黯然神傷，前途茫茫，極目空翹望，見平沙雁落。……」

一開始，歌聲多少為四字斷句所拘，不甚連貫，唱出了肝腸寸斷，幾句過後，數句哀怨連綿成一氣，高胡、琵琶的低鳴一直隱在歌聲下，每唱完一段，歌詞尾總掛著幾聲清脆的揚琴音。嗟嘆、蒼茫的景象在樂音中層層疊疊，歌聲帶出了大時代的哀愁，李香蘭的情思越能感受到古漢大漠的無邊風月，唱得越是忘我。

歌詞甚長，「前途望身世，飄零付杳茫，囑君望古陽，魂歸漢地，……」哀怨綿綿難訴盡，歌聲突然轉為激越，「陽關終唱，後事淒涼，琵琶三疊，前途望身世……」一連幾句快板，她唱得不急不徐，心裡更加篤定。

淑子唱完後鬆了一口氣，掛名指揮的胡琴手杜漸示意音響師關掉錄音。杜漸：

「唱得非常好。」

「聲音很自然地上去，沒有掙扎的樣子，轉折也很豐富。」

日籍揚琴手阪口內子也不禁用生疏的北京話發出讚嘆。東敬三開門進來時，頭上還戴著耳機，他把耳機取下交給別人放回原處後，笑著對阪口內子：

「很好很好。我都聽到了。這位唱歌的妹妹也是日本人呢。」

「真的。」

夾在兩國樂人間的李香蘭於是用雙聲帶，帶點翻譯，讓大家都明白她的意思，也把自己練習的經過講了出來。杜漸好奇地看向香蘭，開口日語：

「妳說以後想找中國樂師給妳伴奏，陪妳練習？」

「是的，我的俄籍老師這樣建議。」

「那我們就大大失職了。以後就在我們這兒練習，我會安排時間。在他們這個小樂團錄完節目有空的時候。」東敬三轉向從京都學成回來的杜漸：「沒問題吧？」

「當然。」

「我是說試錄的結果。」

「超乎水準，只有一點瑕疵，但那一點瑕疵也可以變成她的特點。最後快板，『前途望身世，飄零付杳茫』的『前』字好像糊掉了，

但『途』很快就跟上了，沒有人聽得出來，會以為她故意這樣唱。另外『魂夢憶君王』唱得有點像『還夢』……當然這些都是吹毛求疵。歌者和樂團倉卒湊和在一塊能有這種成績實在是奇蹟。」

杜漸雖然用日語說明，但歌詞部份用中文發音，東敬三聽得有些不耐，離開後，淑子在杜漸的要求下做了一點分段練習，然後一氣呵成地完成正式錄音。

前川局長聞知新近歌手李香蘭的工作提早達成，很是高興，中午請參與早上錄音的員工吃日本料理。車子只有一部，坐著的都是會講日本話的，另外中國樂人自行騎車前往春日町料理店。東敬三再次充當司機，車子緩緩駛向千代田通。前川局長看向隔座的淑子：

「小淑子，這裡人都叫妳的中國名字，習慣嗎？」

「是不太習慣。離開放送局，叫我本名就好了。」

「妳明年初要到北平念書，山家亨會觀照妳。」

「什麼？」

淑子嚇了一跳。有一陣子沒有山家叔叔的消息了。記得剛搬來奉天時，他常來家裡做客，和父親也是由生疏到熟絡。淑子並不十分瞭解山家叔叔，只知道他隸屬關東軍，是那種握筆不拿槍的軍人，好像是去年聖誕節來訪大送禮物過後就沒來過，不知道他忙些什麼？難道就忙著督導放送局的事。

「他說他跟妳父親一直很要好。」

「他怎麼知道我會來放送局？」

「他是中國通，又是軍部的人，我們仰仗他的地方很多。再說，我們放送局成立就是山家君一手策劃的。那一天，他過來，我和東課長談到找到一個新歌手，又論到令尊，說他也是中國通，他突然笑了起來。『怎麼這麼巧？你說的山口文雄應該就是我熟知的山口文雄。』後來大家比對了一下被談論者的年齡、外貌、住所和女兒，認為毫無懸念的是同一個人。」

餐會時，以滿籍樂人為主的小樂團成員大家都稱呼淑子李香蘭，東敬三、前川局長坐在她旁邊，有時輕聲而短促地叫她淑子，有些樂人也模仿日本職員用日語發音的「李香蘭」稱呼她，而引來一陣笑聲。她可以感受到投射過來諸多好奇的眼光，尤其是阪口內子。內子不時看著淑子標緻的小臉，彷彿越注目，就越能把她家和山家

亨的關係看清楚一般。山家亨長袖善舞，讓身為揚琴手的她深感好奇，看見淑子這般模樣，不禁在心裡描繪山口文雄的形貌了。

淑子開始熱絡地用茶水向滿籍樂人舉杯，同時交談，還好都交流無礙。滿籍樂人有些好奇，心想這個李香蘭或許是混血兒，母親是滿人，但也不好多問。

餐後東課長送淑子回家，到了家門口下了車，淑子正要道謝時，東敬三從後車箱提出一包東西：

「這是公司新買的電子管收音機，是局長送的禮物，希望可以用來收聽妳自己的歌聲。」

「哦。我家已經有一臺了。」

「這一臺比較輕，妳也可以帶到北平伴讀。」

「真是太謝謝他了。」

淑子說著時，父親開門走了出來。兩人同時向進入駕駛座的東課長揮手道別。

接下來，淑子把較多的時間放在放送局。此一期間，〈漁家女〉、〈孟姜女〉和〈茉莉花〉陸續開唱。其實滿洲國民新編歌曲不算多，時間還算充裕，有時一天錄兩首，錄完有空就練習下次的目標歌曲。彼此有了默契後，身為節目部經理的杜漸不再指揮，每首曲子由他的胡琴或阪口內子的揚琴起個音便開始合奏。此一期間，東敬三特別貼心，給她在節目組辦公室搬來一個小桌子，讓她有自己的空間，用功、休息都自在。每隔一天，或一連兩天，她一進入這兒便和世界切斷。每人都叫她李香蘭，或稱李小姐、香蘭，讓她越發覺得自己是中國人，向波多列索夫夫人學歌的過程變成遙遠的記憶，她也驚覺和柳芭也有許久沒見面了。事實上，父親山口文雄要她前往北平的日子也越來越接近了。

在放送局這種獨特的場所，尤其是錄音室完全封閉的地方，待在裡頭對她來說好像被關在密室，她幻想自己就這樣被帶往北平，來不及和親友道別。有了這種感覺，她第二天立刻騎單車馳往波多列索夫音樂教室。

已經一個多月沒來夫人的音樂教室了，夫人自然不會認為她是來上課的。淑子也很高興夫人天南地北地和她聊，把她當成畢業很久的學生。

「妳好像有一段時間沒跟柳芭在一起了。」

「是的。最近錄歌有點忙，我還是去她家一趟好，搞不好去北平前沒機會碰面。」

「妳來之前，我正想聯繫柳芭的媽，但電話打不通。不是人不在家的那樣子，好像線路有問題，感覺怪怪的。」

「我就去她家看看。」

「妳騎單車倒很方便。認得路啊？」

淑子騎著單車從木曾町急急轉入浪速通，經過兩個街區，捨去繞行圓環一週，在東拓大樓旁直接切入圓環裡頭的公園，在大和飯店旁再度進入浪速通南側人行道，經過滿蒙毛織大樓，到達貝德洛夫糕餅店時，淑子不禁傻眼。

貝德洛夫糕餅店，日俄文並列的招牌已被拆下，大門和窗戶都已被木板封死。店外，人群聚集，持槍帶刺刀的日本憲兵來回走動。淑子心急如焚，想衝進屋裡看看，但被憲兵擋住，她繞到後面，憲兵也是逡巡不已。碎裂的窗玻藉由反射割裂著週遭的景象和人群。從玻璃掉落的窗戶看過去，可見裡頭被搗毀的玻璃櫥窗和桌椅。圍觀的人群顯然日本人居多：

「裡面的老闆和小孩子都被帶走了。」

「好像是逃走的。憲兵隊逮不到人，才把這個店搗壞。」

「可能是共產黨，才會被整得這麼慘。」

「刻意在日本人區開店，一定有情報的陰謀吧。這地方離大圓環的關東軍司令部、警察署、重要產業機構特別近。」

圍觀的市民七嘴八舌，胡亂塗黑抹紅，淑子感覺柳芭一家蒙了不白之冤，羞憤莫名，不覺哭了起來。

「柳芭其卡！柳芭其卡！」

淚眼和傷心模糊了淑子的意識，她像小孩一樣走向封鎖線。

「笨蛋！走開走開。」

淑子淚汪汪地被憲兵罵著走開，又引發圍觀民眾的一番議論。

1934

18. 新春誌趣 揮別父親

春節到了，淑子興奮中難掩落寞。她想到以前在撫順時，和小川美都里、柳瀬俊子一干死黨快樂逍遙的日子，如今連柳芭也棄她而去。她想不通柳芭一家何以遭此磨難，難道就如那天圍觀的人群所說的那樣？但妄加猜測，對朋友也不禮貌。柳芭是她的好友，經此事件，兩人屬患難之交，是更加無可置疑了。以前在撫順時，住在日本人社區，整個家難以向中國年開放是很自然的事，如今在奉天，守在義父的大宅院裡，週遭多公家機關，民宅比較不密集，左鄰右舍也比較少中國人，但至少和義父一家互動密切，今年的中國年還是有得過。此外，她也有一種自覺，去年春節拜李將軍為義父，經過莊嚴儀式的洗禮，她的一舉手一投足彷彿動見觀瞻，受到週遭的檢視。從學習唱歌到現在到放送局錄歌，都已經證明她已不能再像小女生一樣玩得忘我，現在過年一個玩伴都沒有，不正也在呼應這種改變嗎？

過年前兩天晚餐前，二夫人提著簡單的行李從房間走了出來：

「香蘭，妳媽呢？」

「來了。」

山口愛急步走來，不久文雄也都到客廳了。二夫人：

「謝謝你們年來的照顧。大姊請我回去過年。」

「那太好了。您太客氣了，是我要謝謝夫人和將軍呢。將軍回來了？好久沒見了。」山口愛。

「浪蕩子回來了。現在嘛要守著家不輕易出門。他當然也很想見你們，尤其是香蘭，他的義女，表現得這麼好，把他給的名兒傳揚出去。大年初一一定要來，11 點左右。」

淑子弟妹就讀的學校入鄉問俗，春節期間放了幾天假，聽二夫人雪兒說，大宅院的官兵、僕役，甚至將軍家眷都開始大掃除，山口愛也召集眾子女整理、清潔家園。

大年初一，陽光雖然露臉，但天氣嚴寒，小孩在樓上樓下衝上衝下再跑到外面，抖落了不少寒意。外面鑼鼓喧天，聲音由遠而近，鑼響鼓動持續久了，空氣動蕩，地面震動，嗩吶的高鳴難掩人聲的吟唱。小孩被迫退回屋裡，於是一家大小跑上樓俯瞰。高蹺踩街隊伍帶著舞龍陣朝浪速通走去，聲音漸遠。山口愛頹然坐在床沿，呼

叫淑子和弘毅管好妹妹，不要到外面。

「我是有點糊塗，將軍不是回教徒嗎？幹嘛還過春節？」

「中國是這樣的，回人信回教，宗教是他們生活的全部，是信奉入骨的。但李將軍是漢人，不知道那一代開始信奉回教，但好幾代一直都住在漢人區，從南京遷到河北，現在搬到奉天。他們幾兄弟從小就被要求讀中國的四書五經，並非在回教的環境中長大。二夫人是滿人，我不太瞭解，但也都有自己的傳統文化。」文雄挖空心思，揣摩好友的生活和習性，「根據我的觀察，中國的回族長久被漢人統治，已經相當程度漢化，普遍會說華語，改用漢名漢姓，穿著漢服，讀儒經。也就說，他們生活的部份屬於儒教，相對輕鬆，想到神，才正經八百地齋戒沐浴進行禮拜。有種祖上傳下，不得不信奉的那種包袱……」

「我對東方幾個國家的宗教信仰還有點認識，像我們日本，平常是神道教，往生的時候是佛教。他們中國，生死都差不多，不是佛便是道。」山口愛大底認同丈夫的觀點，「前年剛搬來時，將軍請我們上回教餐廳，說他是回教徒，嚇了我一跳。道教，我多少還能接受。」

「回教徒不能喝酒，你看他來這兒找我摸兩圈，打麻將可是漢人的習俗，另外，二夫人每次倒酒給他，兩杯下肚他就吟詩作賦，很儒家。再說他到處帶兵打仗，那一次是為了阿拉。」文雄正襟危坐，壓低嗓門，好像有人偷聽一般，「碰到任何人，尤其是他家人，都不要提他宗教信仰的事，免得多說多錯。懂不懂？」

「瞭解。」

一直樓上、樓下跑的清子、玲子被山口愛吆喝幾聲後，安靜了下來。山口愛把他們的服裝再次整理一番。街上的鑼鼓聲早已遠離，一家人靜坐客廳，等待中略顯不安。山口愛看著時鐘已指向 10 點 40 分：

「現在就去吧。」

「李將軍說過會叫人過來請。別急。」

文雄說著，一家又陷入等待中的焦慮。10 點 50 分門鈴響了。山口愛前去開門。僕役打扮的李家家丁：

「李將軍請山口老師一家到寒舍共用團圓飯。」

一家人隨著家丁走向隔壁，李際春將軍和趙夫人早已等在門口了。看見文雄提著一大包：

　　「你這又是怎麼了？」

　　「前幾天到滿蒙百貨買的軟餅，是京都名產八橋餅，還有一些仙貝。」

　　文雄說著，趙夫人目光移向宏毅背後揹著的，全身包得緊緊的，露出一張凍紅小臉的誠子，笑眸細聲逗了她一下。李際春跟著用滑稽的神情看了誠子一眼，摸摸每一位小孩的頭：

　　「哦，香蘭！許久不見了。看到妳真是太高興了。歌唱得這麼好，傳揚我們家的名聲。」

　　將軍身形高大，一身長袍馬褂，趙夫人也不矮，毛絨棉服配上長褲，看來時髦。兩夫婦迎著冬風，越走越快，文雄夫婦和小孩快步跟上。看著趙夫人輕盈的步履，淑子是更加憐憫二夫人雪兒了。隨著父母和將軍急走，淑子感覺舒暢，討人厭的寒意逐步遞減。走過軍營，經過園林時，將軍放慢腳步，給文雄介紹裡頭的花草、石景。

　　不久，歇山頂的兩層樓的主建築來到眼前。敬穆堂內外掛滿大紅燈籠，正門口的一對大燈籠還寫著吉祥對句。文雄一家大小在沙發坐定後，僕役奉茶奉果的動作還真快捷，顯然他們早已做慣了這碼事。李際春和文雄夫婦寒暄了兩三句，李際春的視線從小客人掃過，最後落在文雄臉面：

　　「這是我們中國人的傳統，對幼輩發紅包討個喜。」

　　文雄正待阻擋，原來一直侍立旁邊的女侍早已端著放有紅包的茶盤等候多時了。紅包發放完畢，李將軍：

　　「小朋友等一下就要吃飯了，紅包先給媽媽保管。」

　　山口愛有點不好意思，一旁的女侍立刻協助收好紅包交給山口愛。山口愛把紅包交給背著小包包的淑子，狼狽地取出根據雪兒提供的李家幼輩名字包出的紅包，趙夫人眼尖，忙把她拉到柱子邊：

　　「過年，大家聚財散財，各自打算。我們家老爺算盤一撥，還有點剩餘，就發了。妳的留著就好，我若收了，會被老爺子罵的。」

　　山口愛順著趙夫人的眼神轉個頭，二夫人雪兒迎面而來，遞上一隻長杯：

「來，山口太太喝一點年酒，甜甜的。」

山口愛接下酒杯，尷尬被沖淡了不少，喝完甜酒後，杯子交淑子，然後把誠子從弘毅背後卸了下來，揹在自己背後。

弟妹被李家媳婦帶到庭院遊戲後，淑子還是留在父親身邊。李際春和留守的軍官、管家談了一些事後，請文雄父女坐在沙發上，隨後雪兒、山口愛也加進來了。李際春摸了一下唇上髭：

「按中國人的習俗，初一是不離家的。今天有請文雄兄一家過來，表示你們並沒有離家。我們都是一家人，大家團圓。」

聽將軍這麼說，山口愛和雪兒大笑，淑子也禁不住露齒笑了。文雄：

「將軍最近都在忙什麼的？」

「紛擾了一陣，確定是棄武從文了，不再有軍銜。想來這種職務也是做不久。」李際春自知自己的地位、聲勢大不如前，壓低聲音，「還是在華北自治軍政府擔任政務廳長。」

「兄長擔任此職差不多有一年了？」

「沒錯。自治政府本來設在秦皇島，現在改在唐山。」李際春不太想講，但也不希望掃文雄的興，「我那廳長職務還被人戲稱督軍，因為下面統轄四個保安總隊，分散四個縣。」

「一路奔波也是挺累的。」

「還好，現在暫時不用打仗了，退下來了。坐車子到處巡視、視察部隊，人家練得辛苦，我們只是過去看一下，算是撿現成的。現在老了，人生就要收攤了。倒是我們的香蘭提前踏出她人生漂亮的腳步。」

「那裡，歌聲還好啦，應該是你替她取的名字造成的效果。」

「聲音太美了。我這幾天也都收聽到了。這個聲音如果被埋沒掉真是滿洲的一大損失。」李際春面向淑子做出讚許性的笑意，發覺淑子的笑並非回應他的誇獎而是指向他後面的牆面，「哦！那是阿拉伯文書寫的可蘭經文，就像我們東方人的書法書道一樣。」

大家的目光隨著李際春的話投向牆上一幅土色底黑字的書法。

「將軍伯父，那些字的筆畫都黏在一起，分不出是一個還是很多字，而且每一筆畫都在跳動，好像音符一樣。」

「香蘭也真有意思。真的像音符。」李際春。

「將軍唇上也有音符。」

淑子說完，李際春伸手摸臉剛好碰到向上翹起的凱撒鬍，大夥笑開，但很快便收斂起來。李際春：

「還是我的香蘭可愛，別人捋虎鬚會惹到麻煩，她捋虎鬚只有讓人開懷。」大家笑得更開，一直有點拘謹的山口愛和剛回來的小孩也放開了不少。山口愛：

「北平現在情況怎樣，會不會很緊張？」

「還好，中日兩股勢力平衡著就好多了。」李際春收斂笑意，危坐了起來，「啊！李香蘭過年後就要到北平讀書了。當然不會有問題，關東軍在北平城內外都有據點，不成問題。」

淑子覺得將軍的思維有點怪，日軍在北平的布局足以制衡中國的軍隊，中日兩國軍力勢均力敵，然後北平的情勢就可以穩定下來？這之間都沒矛盾嗎？文雄對時局雖然憂心忡忡，但認為該做的還是要做，既然把女兒交託出去，就讓將軍或潘參議多費心，自己一介平民，沒事就默默關心，有事再作打算。他原本擔心這偌大的室內和室外交替出現的聲音會把誠子嚇哭，看著她在山口愛的背後兩眼迷濛，稍稍放下心。文雄：

「現在我記掛在心的是，年後要到門頭溝煤礦看看他們開工的情形。」

「父女一起去。」

「我一個人先去，她過幾天一個人來，我再到車站接她。」

「一起去不是很好嗎？」

「日本有一句話：疼愛自己的小孩，就要讓她自己一人遠行。」

李際春好奇地看著好友，俄頃間，他了解了。

「在某種意義上，文雄兄是要令媛重蹈你以前的遊學過程？」

「沒錯，我 16 歲時，父親帶我前來中國的東北，到北平讀書就我自己搭車前去。」文雄把心裡的想頭攤開來檢視，有了意外的感受，「是這樣啦。這是個流動的時代，日本如此，中國也該如此。就日本來說，軍人出征海外，百姓移民滿洲。以前也相似，失去主公的武士就變成浪人，詩人走唱就變成行吟詩人。」

「文雄兄這麼一說，小弟心有戚戚焉。個人過去西征北討不說，軍人四處征戰，一般百姓奔波四方，躲避戰亂，都是如此不安，都

渴望喘口氣，甚或安頓下來。」

「我感受到時代的氛圍，有時就會把小孩置諸時代的一端。有時不放心又會想把他們拉回身邊。老是這樣自相矛盾。」

「親爹扮黑臉，那我這做義父的就扮白臉囉。」李際春直覺讓一位 14 歲的小女生單獨搭乘過夜的火車還是太冒險，「要不我找一位內親陪香蘭去。」

「先不用。讓她試試看，她需要膽識。」

李際春沉吟了一下，摸著唇上的音符：

「成！北寧線都是關東軍掌控，治安好，應該不會有問題。再說，文雄兄的豪情我是最欣賞的，現在直接傳給女兒。我倒想到以前漢軍旗人，徐治都將軍的夫人作的一首〈馬上歌〉。實在是太久沒讀書了，好像是快馬輕刀什麼的……」

李際春鎖眉撐思之際，將軍元配趙夫人請大家入席。見誠子睡著了，雪兒協助解開繫帶把她放了下來，安置在一間安靜的小房間，請人在旁看顧。

三張餐桌擺在祖堂，淑子環顧了一下，這不就是去年此刻拜乾爹取名李香蘭的祖祠嗎。框在兩幅對聯中間，薰著一點燭光的祖宗牌位還是有說不出的神秘，而高掛天花板的兩只大型宮燈垂著一股壓迫感。李際春帶著兩位夫人和子女簡單上過香後，餐宴開始。李際春、趙夫人、二夫人、子女，和山口家較大的成員：文雄夫婦、淑子、悅子和弘毅坐主桌。山口家兩位較小的成員被帶到小孩桌。這一桌，將軍的兩位媳婦照顧幾名將軍的孫子，順便協助督促山口愛的小孩吃飯。

「今天的菜，滿漢回都有，和菜，這兒沒這種人才，做不出來，就不敢冒然做。」

李際春神清氣爽，希望今年有一個好的開始，場面話也講得實在。文雄：

「將軍太客氣了，把我這個黃臉婆徵召過去，不就得了。」

「豈敢，豈敢，或許叫我的廚子到大嫂那兒見習幾天。來，大家喝一杯。」

開胃菜吃了一半，家丁端來一盤黃澄澄的肉丸濃湯。

「這叫牛肉柯夫塔，把牛肉攪碎，加上洋蔥、芹菜攪拌製成。

很像中國人的獅子頭。日本也有吧。」

「我們也叫獅子頭，或叫獅子丸，根本就從中國傳來的，發音也很像。」

「嫂夫人的中國話也講得不錯呢。」

被李際春這麼一說，山口愛有些心花怒放：

「中文不用太多語助詞，直接講出來就可，主詞、述詞秩序分明，反而好學。」

男僕拿了一本線裝書給李際春。

「有了。我剛剛想吟的詩……」李際春環視一桌，然後連吟帶說：「快馬輕刀夜斫營，健兒疾走寂無聲。歸來金鐙齊敲響，不讓鬚眉是此行。這是形容以前女兵襲擊敵人的時候，全身緊繃，不出任何聲音，任務達成回來後放鬆身子抖落許多聲音，最後是，歡迎的鼓聲掩蓋不住兩腳拍打馬鐙的聲音。」

將軍吟完解釋過後，高興得和大家舉杯賀歲：

「吟這首詩主要是給我們的香蘭，也就是淑子送行。才 14 歲，一個人旅行將近 700 公里，還要過夜，過海關，好像女將。」

「李香蘭哪，要學習將軍的膽識，帶著將軍的祝福前往。來！大家敬將軍。」

第一次聽到父親在公開場合這樣稱呼自己，顯然父親已經酒酣耳熱，完全對李際春剖心析肝了。主桌氣氛熱絡，男女主人無暇顧及婦孺桌，山口愛趁機走到小孩桌拿出一疊小紅包，李家兒媳不好拒收，於是要給將軍孫子的紅包順利發送出去。

大年初十晚，淑子準備就寢時，母親走了上來：

「將軍來了。」

聽母親如此說，淑子打消睡念，穿好脫鞋便拾級而下。坐在鋪著墊背的藤製沙發上的李際春：

「文雄兄，你在找什麼？」

「麻將，不知被我老婆整理到那兒了？」

「今天不打了，談一下事情。」李際春看見淑子，「香蘭，妳也坐下吧。」

文雄回來落座。山口愛給他們倒酒：

「香蘭，吃一點乾果。」

淑子搖著頭時，二夫人雪兒也來了。李際春看向文雄：

「事情不好了。毓桂兄來電謂：北平翊教女中本來說好寒假一結束，新學期開始時，淑子就可前往報到入學，結果註冊前校方來電話向毓桂兄確認，一直聯絡不到他，名額被搶走了，只好等待有人轉學或休學空出名額。」

「這樣啊？」

文雄沉吟了一下。這種情況如果發生在去年秋冬之際，緩衝一下女兒面臨的衝擊，他會認為是好消息。但女兒失學已久，到放送局錄歌也告一段落，他看著女兒有些失望的神情，李際春：

「學校雖然不大，但總會有人休學或退學。那就再等一段時日吧。再不然就另覓他校。」

「還是跟他女兒同校好。別把事情搞複雜了。」

「幾時到北平、山西一趟？」

「再過五六天，本來可以跟淑子一前一後去北平的，現在只好自己一個人去了。」

「你去北平，會暫時住他那兒吧？」

「這次講好了，會去一趟。」文雄本來想叫淑子上去休息，但想到她現在心情還懸在半空，也就不擾她，「將軍，去年尾我去的時候錯過他的大宅院，直接前往門頭溝走看。」

「這樣太辛苦了。他住的地方比我的更大。可以去見識一下。」

李際春提到潘家大院，文雄心裡起了一點漣漪，自從見識過李家大院後，他對於中國頂端家宅的高牆厚宅就有些平常心了：

「未來若常到北平，可能就免不了會常去叨擾他。」

「這次，香蘭也去送行吧？」

「剛好是禮拜天，小孩都在家，山口愛留在家照顧小孩，就淑子送我上車。」

「先去實習怎樣買票，怎樣找月臺上車。」

李際春很想善盡義父的責任，偏偏二夫人忙著澆冷水：

「人家這麼聰明，不用你操心。」

李際春不理會老婆的嘀咕，認真地看著義女：

「坐電車到車站，奉天沒幾條電車路線，小西邊門到車站剛好一條，香蘭搭過沒？」

「搭過很多次了。那一陣子跟爸爸到車站前的滿鐵事務所上課，就搭這一條線，到木曾町音樂教室上課，也常搭這條線，不過在中途下車。」

「太好了。妳要是叫我搭，我才真不會搭呢。」

「將軍出入都是大車伺候，自然沒有機會和老百姓爭坐這種大眾交通工具。」被文雄這麼一說，李際春撚著唇上的音符笑了起來：

「哈哈。你離開後，我們奉天伊斯蘭協會也要忙一陣子。剛好今天和你話別，慢個兩天就不行了。」

文雄舉杯一飲而盡。李際春：

「川村狂堂聽過沒有？」

「聽過了，好像是日本人吧。」

「不錯，但一直在北平西單清真寺掛單，相當融入中國的風土人情，也經常到各地打點，可說以中國為家，新京過年後成立伊斯蘭會，他出力甚多，本來以為他會當選會長，結果落空了。不過他的地位還是沒有人可以取代。過幾天他就要來奉天，大家都要去歡迎他。」

「還真是奇人異士呢。和中國相比，日本伊斯蘭相對少。他不但對伊斯蘭投入深，對中國的國情也是如此。」

「以後要仰仗他的地方還有很多。」李際春拿起一粒乾果，送進嘴裡，「這次他幫忙新京的教徒解決墓園遷葬的問題，去年初達成協議。我們奉天鐵西區回教墓園的遷移應可比照辦理，屆時也有勞川村狂堂他老人家費心了。」

「將軍祖上的墳也在鐵西？」

「是我這小老婆的。」

「鐵西工業區除了要讓三井、三菱、住友重工業進來之外，還要發展軍事工業，複製一個大阪和廣島，所以什麼都要遷出，人都要遷出，死人也要遷出。遷移的規模比新京大多了，新京要的只是一小塊機關用地，咱奉天，他們要的是一個工業區。」

山口文雄慷慨陳詞，李際春嚇了一跳，不無尷尬。日本財團不斷獵地，造成伊斯蘭亡靈不安，文雄替將軍的族人抱不平，無意間捅出將軍和關東軍之間的矛盾。其實，這種矛盾只是很籠統的說法，將軍一點也不在意。除了二夫人，他遠親近戚家族的墳地都不在鐵

西區，將來雪兒族人的墓地要遷葬，照市政府作業走就行了，實在毋須煩惱太多。看著將軍一派氣定神閒，文雄跟將軍乾了一杯，愁思消退了一些：

「祖墳集體遷葬勞民傷財，你剛說的川村狂堂又能做什麼？」

「遷還是要遷，但是希望比照新京，教民派代表選擇墓地，遷移費用由建設局出。……哦香蘭妳去睡吧，我待會也要走了。」

淑子並未充份理解將軍和父親之間的對話，當然，回民被迫遷葬的無奈和焦慮，她自然想不到。

第二天下午，天氣開始轉寒，春節期間的小陽冬已然隱在層層的濃雲後面，文雄一身毛絨連帽棉襖，走出門外，冰風刺骨，打了好幾個寒顫，淑子的兔毛圓帽差一點被吹下來。

「等一下。」

山口愛說著趕緊回房，淑子等了一會才見母親拿著一條厚厚的披肩跑來。

淑子把披肩包住頭後，三點多一點，父女兩人朝小西邊門車站走。路上行人很少，才幾天，春節的熱鬧全然在風寒中瑟縮了起來。

「這城門還真高大。」

文雄說著，淑子從披肩的縫隙瞥見小西邊門，在一切人事物都在冰風中顫顫危危，縮頭藏尾的此刻，這座飽經滄桑，從舊時代挺向現代的高大建物，給了她不少安堵感，寒意也為之退去了不少。她和父親一樣，平常無視於城門的高大，身體瑟縮時才感到它的高聳。

小西邊門站是搭建在貨運站旁的一座簡單木屋，窩在城牆下，和旁邊巍峨的小西邊門相比大異其趣。父女倆進去後，三排靠牆的座位已坐了十來個人。

車子來了，文雄和淑子上了車，還好有座位，父女並肩坐一塊。車子嗚地一聲啟動後，文雄把行李倒過來豎著，把手攔在上頭，用華語說：

「中國有一句老話，人無遠慮便有近憂，什麼意思知道嗎？」

「大概瞭解。」

淑子說著又搖了兩下頭。文雄：

「遠慮是還沒來到的憂愁、擔心，近憂是迫在眼前的憂愁、擔

心。無時無刻都在擔心。」

「到北平讀書後我會照顧自己，不用你擔心。」

「這個我知道。」

長年對時局的憂慮，在體內糾結成團，他有點想講，但淑子畢竟還是太小了。淑子：

「爸，你這次到北平是要到我就讀的學校看看嗎？」

「當然要去確定學校的狀況，妳的潘伯伯沒有講得很清楚，親自走一趟比較好。我直覺還是按原計畫，妳跟著我的腳步，晚我幾天來北平一趟好。機會是留給積極的人。另外，我還是要去門頭溝碳礦和更遠的山西大同煤礦。」

「是很大的礦？」

「是挖坑採礦的，不是露天的，是北京和山西那一帶最大的，但比起撫順的差遠了。」

被遺忘許久的撫順炭礦又在她腦海裡燒得通紅。文雄看著女兒兩眼的鬱雲：

「是中國人經營的煤礦。李將軍運用影響力把我弄進去當顧問。」

電車來到北市場站，一個白人家庭上了車，兩名小孩隨即掙脫父母的手，分散坐在空位上，眼露天真而得意的神情，文雄父女見了相視而笑。文雄：

「主要目的是拿撫順礦工安，就是工人和工作安全的經驗，給他們參考。」

淑子望向窗外，看見女兒不太聽，文雄有點擔心到了門頭溝炭礦後，講的話也沒人在聽。不過既然領了這份薪資，下坑後每看到一項缺失就要具實呈報。不管怎樣，兩三天很快便過去了。

這一段車程，淑子和父親常搭乘，車窗外的景物對她不再那麼有吸引力，延壽寺剝落斑斑，雜草叢生的白塔，此刻即使霧罩在陰鬱的空氣中，對她來說也不再神秘。文雄不太喜歡談工作的情形，淑子閒談身邊的瑣事，有時非用日語說出不可，覺得十分不便。父女倆漸漸不太開口。列車開進調車場，淑子才憑窗仔細觀看十幾鐵道交錯的盛大場景。

文雄父女下了車，和一些同車的旅客一起頂著嚴寒橫過廣場走

向車站。車站大門人進人出，有時串成人流。車站大廳人氣更盛，身體暖得有點發燙。文雄給自己買了一張票也給女兒買了一張五天後的車票：

「妳的班車 10 點半就出發，比我的早，大概早上六七點會到北平，屆時我會到車站接妳。」

淑子接過車票，放進胸前的暗袋。文雄把交代的話講完便跟上人龍進入月臺，揮別父親後，淑子腳步沉重了起來。父親現在就棄我而去，我五天後就得一個人前往北平嗎？到北平不是到撫順，要過夜還要過海關。她感覺胸口悶，開始耳鳴，來來往往和坐著的旅客都隱了身形，只剩下嘈雜的聲音在她身邊流動、交錯，她找了坐位坐下把車票掏出，再次確認開車的日期。

███ 19. 風雨列車 飄搖過河

淑子單身赴平，母親山口愛雖然也有些擔心，但知道這是丈夫教育女兒的一環，也就不好違拗。長達三個禮拜的乾冷天氣變得更糟。晚上開始下雪，坐在房間依舊可以感受窗外風雪交加的場景。第二天早上看著弟妹全身包緊冒著風雪上學，淑子還是感到有些不捨。希望他們快點長大，長得像她這麼大，也就比較能忍受風雪的摧折了。母親山口愛把八個月大的誠子抱了下來，走向客廳交給坐在沙發上的淑子。

「來，大姊姊陪妳玩一下，我去準備米糊。」

淑子輕唱童歌，看著小妹也開口咿咿呀呀，開心地笑起來。山口愛從煮好的稀飯鍋裡撈出飯粒，放進布裡頭擠壓、揉捏，讓出來的米汁流進鍋裡，最後也把壓碎的米粒刷進鍋內。她把鍋子加一點熱，再次攪拌，一小鍋米糊終於大功告成。山口愛端來一小碗，用小湯匙餵食：

「小麻煩吃得很香呢。」

「沒有放糖，也好。」

淑子說著很想對母親說：「媽，別再生了」，看著母親瘦弱的體軀，知道她不可能再生，說了，也只是增加對她的羞辱。四年前兩歲的弘成生病走了後，全家陷入憂傷，不久前母親懷孕，弟妹直

覺小成回來了，都欣喜不已。不過誠子的出生，並沒有給她帶來太大的喜悅。那時，她正好肺浸潤住院，撫順炭礦悲劇的回憶不時回訪她，加上不久柳芭一家被日軍趕走或帶往什麼地方，在在都讓她覺得這種時局對一個新生命實在是一種折磨。

風雪持續，但漸漸沒這麼強了。向晚，淑子晚飯後洗澡，一陣鈴響後又是敲門聲，母親急忙從廚房走過去應門。淑子隱約聽到李將軍家男僕要母親到李家聽電話的聲音。

淑子洗完澡，母親剛好回來。淑子：

「我去給妳拿一件衣服。」

「不用，我可沒像妳這麼嬌嫩。」

淑子還是幫母親撢掉衣服上的幾朵雪花。

「洗完澡後還這麼冷，媽，到樓上吧。」

淑子快步上樓，母親跟上。淑子蹓進房間鑽進被窩，母親也鑽了進來，母女倆同蓋一條被。山口愛：

「妳爸打電話過來。應該說我打了回去，趙夫人幫我透過電信局撥接，他在朋友潘先生那邊等。妳父親要妳明天不用到車站搭車，先退票再說。妳父親緊接著要趕到山西大同炭礦那兒，大同離北京也遠，大同炭礦看過了，他會回來。也就是妳不用到北平跟他會合了，到北平讀書的事會再延後。」

「學校那兒有問題？」

「他說校學初中部二年級這學期有兩個缺額，但學籍都給轉學生佔去了。潘先生說，他只是口頭報備，沒有提出妳的任何資料，比如在奉天女子商校的在學證明或個人身分證明，學校就跳過妳的案子，把機會轉給別人了。妳父親回來後，會把資料補齊再寄給潘先生。」

淑子一時不知是失望還是高興，畢竟失學很久了，再苦學業還是得趕快跟上別人。山口愛：

「我又賺到和淑子在一起的時間了。淑子又可以充份做自己，白天到放送局錄歌，有更多的時間幫我照顧小誠子了。」

山口淑子除了抽空找波多列索夫老師，取得她音樂教室開出的才藝證明外，持續前往放送局報到，放送局上下自然高興。她現在又化身李香蘭，錄了兩首歌後，由於不確定何時前往北平，局長要

求節目課給她安排一個月的錄歌訓練計畫。

父親文雄回來了，一家人都很高興，父親還帶回一些大同炭礦礦長送的山西特產，給一家子寒冬送暖的感受。文雄：

「好在電話打通了，不然那天我一定得到車站等淑子，然後很多事沒辦法按該畫進行。……那所學校也可以借讀，潘先生要淑子依原計畫前往北平就讀，他說借讀費他會出。我說萬萬不可。教育費我一定要自己出，不能牽累人家。再說，淑子將來到你家住，也就夠叨擾了。」

「他家很大吧。」

「很大，走呀逛啊的看不完，裡面員工就有百多人。還有私人軍隊。」

文雄說著，還是難掩寒酸。李家大院如此，潘家大宅更是那般。如果不是為了淑子的事，這次也會像去年末一樣，直接到門頭溝，避開潘毓桂的大宅院。不過，既然見識過了，也就看淡了些。山口愛：

「那就和李將軍家一樣。」

「他不是軍人，是政治家，但和軍方關係密切。」

文雄說著餘話梗在喉頭，他這次赴平，得知潘毓桂是宋哲元將軍的政治顧問，也知道宋哲元去年初和日軍、滿洲軍在長城一帶打得很兇，這裡頭的滿洲軍，主要是由潘毓桂的拜把兄弟李際春帶領，他從中領悟到結拜兄弟潘毓桂和宋將軍的密切關係，內含危險的對立性。山口愛看著若有所思的丈夫：

「淑子到他那兒後，要學習的事可多了。」

「沒錯，他也叫我不要小氣巴拉的擔心淑子在這裡吃住什麼的，他說淑子看到這麼多人忙裡忙外的，一定會自己找事做。不然，他會給她當禮賓小妹。」

「禮賓小妹？」

「他在政治軍事界的朋友太多了。每天進進出出，淑子沒課的時候可以到門房引他們進來，泡茶什麼的，送客時，帶他們出大門。這也算是工作，淑子就會住得踏實一點，寄食的感覺就會少很多。」

「還是希望潘先生給她多一些實習的機會。」

「當然，他充份了解我的看法。再說，認識軍政大員也是一門學問，很重要的一課。」

日子一天天過去，淑子一直沒赴北平讀書，奉天放送局東課長喜出望外，冬去春來，沒想到最擔心的事最後好似虛晃一下，李香蘭的歌曲錄唱一直很順暢，且超前甚多，放送局的長官見李香蘭一直未就學，甚至心生不捨，希望她趕快過正常的學校生活。

春暖迎人的五月初，淑子的北平行終於兌現。和上次一樣，文雄自己先行安排到門頭溝炭礦視察，要淑子慢一點自行到北平車站，和父親會合。

一家人用過晚餐，淑子向二夫人道聲晚安，聽過一席叮嚀話，到了三樓房間時，母親山口愛差不多把她的行裝整理妥當。離別在即，山口愛的憂思帶出少女時期的經歷，兩相對照，她對於淑子去了北平之後遵守校規或潘家家規，未擔憂太多，功課方面，她覺得女兒在可藉閱讀勤以補拙，文史方面的課業，應該可以逐步跟上，她比較擔心的是數理科目，畢竟脫節太久了，基礎概念和運算還不熟悉，陡然進入進階概念和運算，又無法靠自修補強，容易自暴自棄。

「數學、理化一些科目，妳能夠請教潘家兩姊妹，媽媽就放心多了。」

母女倆談憂遣懷，談到最後，心中的石頭掉了不少。她們面對不可知的未來都覺得個人的能力有限，毋須承受太多，一切交給未來即可。

第二天，山口愛送大小子女上學後，又要準備二夫人的早餐、誠子吃的稀飯，沒一刻閒著。她背著飽後入眠的誠子坐在沙發稍事休息時，淑子也提著柳條行李箱到二夫人房間道別。二夫人堅持要送她到門口，淑子便攙著她走到客廳。二夫人淚眼汪汪：

「妳現在就要高飛了，不再跟我學中文了。」

「感謝二夫人的教導，將來放假回來，還是會跟您學習。」

「將來的話，就好像回母校向以前的老師討教了。」二夫人說著破涕為笑，「不管怎樣，妳的學習進入新的里程，妳現在等於剛剛從文雄、雪兒中文學校畢業，現在正要畢業旅行。」

以前到二夫人房間學中文、聆教，二夫人裹著小腳，儘管行動還算俐落，但坐在小椅子上的樣態，總讓人感覺顫顫危危，臨別的此刻，淑子對她心存感激，但一直不敢太熱情，深怕把二夫人的身子壓垮了。此刻，她看見母親漂過來的流眄，立刻靠向二夫人，半

蹲著擁抱雪兒獻上親吻。二夫人：

「我的好淑子、好香蘭，祝妳高飛，和妳的歌聲一樣高飛。」

母女倆揮別二夫人後直接往車站搭電車，山口愛在女兒的協助下，把誠子改揹在胸前。上班尖峰時刻已過，她們順利落座。二夫人對山口愛來說似乎有著說不出的神秘。山口愛很喜歡從女兒那兒聽到她的點點滴滴。淑子：

「媽，她還讓她的小腳給我看呢。」

「真的啊！是不是很恐……」

山口愛自覺用這個字眼不太厚道，淑子：

「她把纏住腳的絹布解開，把小腳放在手心上讓我看，輕輕地按摩。」

山口愛吐了一口氣，淑子繼續說：

「她的小腳感覺很纖細，很可憐。……媽，妳別皺眉頭，妳親眼看見就不會覺得有多那個了。」

淑子把話題轉開，但母親又忍不住談到二夫人。母女倆沉默了半晌，看乘客上上下下，窩在媽媽胸前的小誠子醒了，溜溜轉的小眼睛看著角度有限的車內狹獮世界。「媽！別再生了」的呼聲又在淑子心頭響起，她終究沒說出口，去年差不多這時候，她肺病猝發，身心、感情脆弱至極，在紙上書寫「媽，別再懷孕」的字樣，結果害媽老淚縱橫的憶景重回眼前。現在小誠子快滿一歲了，二夫人的小腳又讓媽重溫生命的苦澀，相信她應該不會再生，實在不用從中觸痛她的傷口了。

淑子憶思湧動，奉天車站裡頭也是人潮如湧，人聲雜遝，壓倒小誠子的哭聲，山口愛把淑子帶到大廳裡側一個柱子的後面：

「妳父親一定會在車站出口處等妳，萬一沒看見妳父親，妳一定要站在附近比較顯眼的地方，不要擅自跑到外面……」

母親的叮嚀夾雜著旅客的喧鬧、誠子的哭聲，淑子腦裡一片渾沌，只希望趕快離開眼前的一切：

「媽，您趕快回去吧，弟妹都快放學了。」

「不打緊。門沒鎖，他們不致在外流浪。他們頂多在家等個二三十分鐘我就回到家了。倒是妳到潘家後，凡事……」

山口愛叮嚀了一陣要求淑子把衣襟的排扣解開，然後迅速從腰

包取出一只鼓脹的信封袋，讓淑子瞥了一眼裡頭的鈔票後，把信封袋塞進淑子衣服裡側的暗袋裡。淑子感覺鈔票深深掉進暗袋，才把扣子扣上。山口愛：

「要把錢交給妳父親。從現在起，妳要衣不離身，身不離衣。」

悶熱、嘈雜，加上誠子的哭聲，加深山口愛的急躁，狠著心不理會誠子的哭鬧，她只是慣性地把懷裡的誠子抖了兩下。淑子：

「小誠子不要哭，媽媽會被妳累壞。」

誠子持續哭鬧，引來眾人的目光，山口愛的心情在煩燥中脆弱了起來，看著剛剛哄過小誠子的淑子：

「妳不久前要我不要再生了。其實生了弘成後，我整整六年沒生小孩，幾乎忘了怎樣生小孩，以為小成是最後一位。四年前小成走了，我恍恍惚惚了三年，然後糊裡糊塗懷了誠子，弘毅、悅子很高興，以為小成回來了。那天產婦來了，誠子生下前後，妳父親擔心妳病後會有後遺症，一點也沒有又做父親的喜悅。」

淑子剛剛還有點想說這些，聽母親自己說出來，倒希望她別再提了。她看看時間差不多了，提著柳條行李箱走向驗票閘門，回望年已 40 的母親：

「我先進去好了，誠子受不了，媽還是先帶她回家吧。」

「快要中午了，」山口愛指著淑子背著的行李袋，「我給妳準備的飯糰，到裡面先吃兩個，剩下的晚上再吃，不會壞的，但不要過夜。……」

淑子帶著母親的叮嚀剪過票進入月臺，隨著人流移步，手提行李有點重，走到通往天橋的階梯口時，淑子用力提起行李，想到父親鼓勵子女遠行的話，「疼愛小孩，就要讓她遠行」這句話撐著她的腳步，待走上天橋再向下走向第二月臺時，她感覺長大了許多。

列車姍姍來遲，淑子提著行李跟著一堆人走進車廂，坐在後座。車廂很亂，滿地都是被踩過的棄置物。好在她坐在車廂一角靠窗的座位。一位年輕男子幫她把行李提上行李架，好奇地打量她。淑子有點緊張，一直把臉別開，看著窗外的月臺。等了許久，列車隆咚震了一下，終於動了，但好像很不情願離開這座城市。淑子把視線投向車廂，迎來一陣撲鼻的辛酸味和流民的景象。有人把棉被捆在簡易的推車上，外掛鍋盆、器具，有人把棉被塞進大背包直接提上

車。他們多沒有座位，只能坐在走道，或自己的行李包上。

　　列車晃晃蕩蕩，彷彿要被這廣袤的高粱田淹沒。高粱田一片雨濛濛，列車行進其間，有點拖泥帶水。她藉著窗外景物淡化車內的印象，心裡的芥蒂很快尖突了出來。她實在搞不懂，父親把她推向一趟危險的旅程，母親還要加碼把她變成危險人物。身懷巨款，好似身負祕密任務的間諜。這些錢或許是她在北平的生活和教育費，屆時父親會轉給潘伯伯。她也實在想不通，這些錢如果父親該帶而忘了帶，非由她攜帶不可，在家裡就應該搞定，結果在車站演這一齣。她兩手環腹感受貼著腹部的硬物，心中激湧的荒謬和荒唐感久久無法在高粱綠浪的波湧當中平息下來。

　　列車速度不快，約莫一個時辰，駛進一座城市，在遼中站靠上月臺，一小波人上下車後，列車久久沒有動靜，但窗外細雨濛濛，為了沖淡車內辛酸的空氣，開窗的人還是很多。哐噹一聲，以為列車要開動了，淑子定下神才知，旁邊的軌道停了一輛日軍專列。

　　「是鬼子專車。」

　　「鬼見愁。」

　　乘客的牢騷還沒發完，突然傳來一陣嗶嗶的口哨聲，一隊滿洲國的警察竄入各車廂，手拿棍子指著窗戶，要求乘客關緊窗戶。乘客不再吭聲，無奈地隔窗望著從車廂走下，在濛濛雨中信步的日本軍人和後截車廂附掛的軍車、坦克。日軍專列開走後，列車才緩緩起步。淑子從乘客口中得知，日軍專列比較快，普通列車必須停下來讓它先過，避免被追撞。這種情形往後還會有。

　　雨沒有停下來的跡象，醫巫閭山連天峰巒被雨霧糊成水墨遠景。雨越下越大，很像午後雷陣雨，雨箭越發密集，傾囊而下的水幕遮住了一切山景。山風襲來捲起雨瀑拍向車窗，列車彷彿顛簸了幾下。過了錦州，天已全黑，風雨更加肆無忌憚，不再為人們的肉眼所能捕捉，暴亂的聲音逸出形體，相互噴發、撞擊，景況慘烈。

　　窗玻嘩啦啦一連幾聲刺耳椎心，暴雨拍打車窗，擾動車體，有時還捲入搖晃的車輪傾軋軌道所生的呻吟聲中。懷中的大筆錢讓淑子十分擔驚。她蜷縮在一隅，儘量盯著窗外的黑風暗雨。她不想跟任何人講話，事實上，她上車至今好幾個小時了，一直沒跟任何人講過話，開口只會增加她身分和財物曝光的風險。但別人講話她都

很專注地聽：

「大概 11 點多會到山海關。這個山海關也是海關。過了這一關就是中國了。」

「他奶奶的。本來都是中國的。碰到日本鬼，……」

淑子看了一下腕錶，現在才九點多一點，還有得折騰的。

「天這麼黑，雨這麼大，車子這麼慢，正是游擊隊襲擊的好時機。」

「你老兄沒搞錯吧。我們都是窮人。你看一車子的苦力工人，游擊隊來打我們幹什麼？」

「人家看到這麼長的列車，就會感覺是日軍的一部份，人家也只會認為裡面一定有很多日軍，或滿洲的部隊，誰知道你我在裡面。」

「這位大哥說得也有道理。車上是有一些警衛，到時雙方打起來，子彈可是不長眼……」

很多人都陷入土匪或游擊隊來襲的恐懼中，摸摸口袋，翻翻背包，再次確認身上僅有的一點財物。淑子不敢亂摸，只是用身體感受錢還在她肚子邊。父親應該知道搭火車有遇襲的風險，居然讓她一個人搭乘。「爸爸真討厭。媽媽也真是的，還要我身懷鉅款，爸爸前些天才去北平，他自己帶去不就得了。」她在心裡碎碎念，風雨嘩啦啦地拍打車窗，阻斷她的意念，但隨後意念還是繼續流動。「或許父親臨走前忘了這筆錢，母親不得已要我代送。生活總有許多意外，就如同這場暴風雨。」車外強風豪雨掀天，她體內也刮起小風小雨。

車廂一派昏暗，加上嗆鼻的辛酸味干擾五官，實在很難分辨誰在講話，或這句話出自誰口。所可知者是列車在強大的風阻雨擾下，從煙突噴出，立刻就被吹散的蒸汽和煤煙像喘氣一般，拖著列車前進。風捲狂雲，挾持豪雨，捲動的東西越來越多。大小物體被風掀起，撞向車體，石頭墜谷般的碰撞聲淹沒了引擎聲、車輪輾軌的傾軋聲。

突然，「嘎－嘎－嘰」，車輪激烈地摩擦鐵軌，車速猛然停頓，每一個人都被震出座位，有些人跌落髒污的地板，撞成一堆，淑子撞到前座的靠背後彈了回來。

「遇劫了！」

有人驚呼，加深了大家的恐懼。強烈的閃光像探照燈劃破夜空。

淑子沒看見盜匪，瞬間映入眼簾的是滾滾濁流和樹倒枝折的「荒」亂慘景。一記雷聲重擊車體，餘響雜亂、有力，震懾住整車人的心思。

「游擊隊開炮了。」

剛剛驚呼「遇劫」的人又叫了。

「一定是被土匪攔了下來，車子才緊急煞車。」

「車子停了下來，雷公也打得比較準。一定就打在這兒附近。打中了就不得了了。」

「列車現在不動了，反而危險，隨時都會被掀翻，你信嗎？」

你一言，他一語，最後也只落得風狂雨驟。大部份人的心思冷卻了下來，知道游擊隊斷不可能在此時來襲，除非本列車深具重大的戰術價值，於是把游擊隊或盜匪來襲的說法拋諸老遠。

「讓開！讓開！給列車長過。」

有人移動棉被，有人移動滿箱的家當。列車長在兩名警察的陪同下來到車廂：

「我們遇到了暴風雨。現在很接近山海關，但山洪爆發，附近河川水位暴漲，河水淹沒了橋墩。為了避免危險，列車會用最慢速過橋。我們一定會安全地把各位送上岸。」

列車長走到另一車廂後，大家立刻被新的恐懼佔有。

「搞不好大水已經淹到鐵軌了。」

「那不是大水，是奔流，是狂瀾。一萬頭牛狂奔，照樣把這節車廂推翻踏扁。」

「哐噹」一聲，列車再度啟動。大家互相張望，試圖從對方的臉孔和神情尋求一份支撐。親人或好友，有的緊握對方的手，有的緊靠或抱在一起。生離死別的景象震撼淑子。她只能神經繃緊，雙臂抱胸，蜷縮座位一隅。

「誰打開窗戶？」

隨著有人開嗆，一陣風兼雨吹了進來。很快地，抱怨轉成好奇，大家紛紛開窗，想看個究竟。淑子悶久了，也想開窗，奈何力氣太小，旁座的工人幫她開了。

淑子看不到鐵軌，借助薄弱的車燈，不顧臉上雨箭的穿刺，驚見車外滾滾濁流，列車好像浮在江面滑動。

寬廣的河面是暴風雨的新道場，強風從下游呼嘯而上，怒河逆

流，後浪撲前浪，怒濤奔騰，似千軍萬馬，群浪拍岸，激起千層浪。強風挾浪席捲上游後，再次東下，狂流挾帶萬物再次轟擊橋墩，龜行的列車好似被深水炸彈轟炸一般，震動了幾下後左搖右晃，好似漂進水面。淑子本能地離開車窗，雙手抱胸蜷縮在座位上，旁座的幫她把車窗關上後，她驚魂甫定，依舊費心判讀車子有沒有在走動？車子如果掉進水裡，還能浮上來嗎？乘客紛紛關窗，淑子感覺列車有在動後，稍稍寬心。

「快上岸了！」

被風雨碎裂的驚呼從前面傳來，漫漫長夜終於露出一點曙光。淑子的內心又有一番新的掙扎，她恨不得自己有股神力，把列車及時推上岸。

「上岸了！」

「看到陸地了！」

有人憑窗張望，也有人再次開窗，想看最貼近的地面。一節節車廂傳來加油、歡呼聲。最後機關車發出吵啞的汽笛，喘了幾口氣後，恢復平速。感知列車動力依舊，加上剛剛渡河時的驚懼憋太久了，前面車廂有人再度歡呼鼓掌，這種歡慶很快便蔓延全列車。

淑子審慎地迎接關鍵時刻，列車上陸前，她沒有憑窗張望，深怕自己的躁動會破壞列車的上岸，列車上陸後，她也沒有歡呼。

列車慢慢行進，元氣漸漸恢復，開始找回磨軌的踏實感。這種平穩和踏實滌除了乘客的疲累和焦慮。約莫半小時，歷經風雨、渡橋險狀的列車終於開進山海關站，得以泊岸休息。淑子看了一下腕表，剛好 11 點半。列車長在兩名警察和服務人員的陪同下再次露面：

「現在列車停靠半個鐘頭，12 點整重新開動前往北平。因為國情不同，幣制也不一樣，所有乘客必須檢查入華證外，所有滿洲國錢幣必須拿出來換成中華民國錢幣，所有錢幣都必須交出來。」

列車長講話時有些聲色俱厲，而且「所有錢必須拿出來交換」和「都必須交出來」前言有點不對後語，或許他表達得不夠完整圓融，但淑子心生畏懼，即使全部錢拿出來也可能被訛，只換到一點華幣。再說，她一個中學休學生竟身懷鉅款，被查出後一定嚴加追究，最後必然落得「全部交出來」被沒入的慘境。感覺還在腹部的錢對她來說已成為難以承受的重，甚至會讓她被警察扣留、關押。

「這筆錢要原封不動地交到妳爸手裡」，她惦記母親的話，再

次悄悄觸摸腹部，決心伺機逃離。她的座位在第一車廂車尾，兩名服務員在一名警察的陪同下從車頭開始驗證、換鈔，乘客掏出入華證接受檢驗後，開始兌換鈔票。服務員驗證換鈔時，和乘客時有小齟齬，工作還算順利。服務員漸漸逼近，淑子想要逃離，想來想去也只有廁所可躲，但躲了進去必然會被拖出來，眼睜睜看著服務員走了過來，淑子從口袋掏出入華證接受查驗後，服務員直接跳過她，接受其他乘客的換鈔，但警察好奇地看了她一眼。她自忖那些服務員一定認為她隨家長出遊，身上不可能有錢，但也不能心存僥倖，服務員或警察如果詢問跟他坐在一起的工人，她的身分就會露餡，也就逃無可逃，於是咬緊牙關站了起來，服務人員以為她內急，心想家長還在，也就不以為意。淑子擠入擁擠髒亂的走道，撥開乘客，慢慢前進。乘客關心身上的財物，不太在意一位「內急，急著找廁所」的小女生的唐突動作。到了第三節車廂，她看見一位工人被警察從座位拖了出來。

「沒有入華證還敢搭這班車。身上還帶著這麼多錢。」

警察說著賞他一頓悶棍。另一名警察正在數剛剛沒入的鈔票。這兒的警察特別多，他們翻查的行李不知是否也是這位工人的，那位倒楣的工人和修理他的警察成為全車廂的焦點，讓她得以從容穿越走道。她走到車尾的廁所邊，感覺這間廁所旁邊的人氣沒這麼旺，立刻開門進去把自己反鎖在內。她摀著鼻子蹲在漆黑狹窄的廁所裡面不敢動彈，不過腦裡還是盤算著一些對策。如果有人敲門，敲急了就出來，如果警察問，就說內急，如再問，就說跟親人出來旅行。希望到此打住，如果一定要她把親人追出來的話，事情就不妙了。

她苦等焦思，終究沒有人敲門。機關車汽笛高鳴，列車重新啟動後，她站了起來，倚在廁所牆壁，恢復一點元氣，確認外頭沒什麼異狀後，悄悄開門，一腳踩進室內風暴過後，有些怪異的安靜裡。

才從風暴的驚嚇中還魂過來，又飽受列車人員的騷擾，終於在座位上安頓下來的旅客，大都不再多事，不講話，靜靜守住自己的安寧。淑子擔驚瞬刻霧化的同時，警覺地向前移步，深怕攪擾到他們。她回到自己的座位後，周邊的乘客大都閉目養神，準備入睡。她走過最難堪的時刻，有種凱旋歸來之感。她看了一下窗外車站站體，嘆了一口氣。剛剛勇渡危橋，是大家的共業，但為了避免鉅款曝光所做的逃逸，是她的個人秀。或許本來沒事，一切都是庸人自

擾，但為了把風險降到最低，她還是得勇敢付諸行動，而且也頗滿意於行動後的成果。豈不是嗎？為了保護懷中的鉅款，免掉那半小時的時刻擔驚，那一室的惡臭又算什麼？

在車站建築的保庇下，列車所受風雨的肆虐大大減少。事實上，此刻，風雨的威力已大減，當列車駛出車站時，汽笛也變得愉快多了。和火車一樣，她雖然倦極，但也有一種苦盡甘來的快慰，於是犒賞自己，睡了一次好覺。

淑子不知睡了多久，她睜開雙眼，列車剛剛駛離天津車站，車速漸次加快，靠窗的旅客多望著這座睡著的都會。黑夜的光和暗逐一把歐式樓房和塔樓的輪廓浮雕出來，車行變快，街景的光雕不斷換頁。

旭日躍出朝雲，萬道金光射向田野，窗外的麥田，向陽面一片金黃，被樹林西斜的長影罩到的，呈土黃色，明暗分明的景象加快她的清醒。灰瓦土牆的農舍在麥浪裡浮動，成排的樹林從容地伸向晴空，和滿洲高粱強勢遮住一切景觀的情況相比，確有差別。真的來到一個新的國度，滿洲雖然也是中國的一部份，但現在被強勢分開，兩三百年前，它們也分屬不同的國家。現在來到貨真價實的中國了。灰黃色的房舍越來越密，好像拱出了一座城鎮，聽到週遭旅客的談話才知道已經到了北平的城郊。

■■■ 20. 親炙古都 住進潘家

終於到了北平，這個古都不像天津用歐式建築引人側目，她用高大的城牆召喚人們的目光。眼見城牆越來越近，越看越高聳，緩緩行進的列車竟然穿牆而過，淑子頗感震撼。隨後另一道城牆又在右邊慢慢靠近，經過了兩三分鐘，列車似乎轉了一個大彎後開始貼近高大的城牆，煤煙受到城牆的壓抑紛紛倒灌車內，旅客紛紛關緊車窗。灰色的城牆，磚泥剝蝕斑斑，裂隙處，小樹、花草蔓生，活像岩壁。牆面越來越靠近，列車越駛越慢，稍稍震動，城牆好像就要崩塌，被她遺忘多時的下腹鉅款又重新佔有她的知覺。

三四百名乘客一下子湧進月臺，漫過天橋，淑子帶著軍警又會再次檢查的擔心下車，隨著人潮湧向出口，頗張望了一會，待人群明顯退潮，好不容易見到了一直揮手的父親。她和父親進入車站，

在大廳偏僻的一隅，一臉懊惱、憂慼，頗為困難地把懷中鉅款交給父親後，感覺真正到了北平。文雄看見女兒一臉狼狽，滿懷歉意。

「我來北平前，潘伯伯，就是妳要借住的潘家的老爺一直強調妳在北平的生活費用、學費由他包辦，於是我一身輕的前往北平。但後來越想越不好，還是打電話給妳媽，託妳冒險帶過來。」文雄端詳女兒有些浮腫的眼瞼，知道自己的孟浪實在緣於過於依賴李將軍，「總算平安帶到。」

「帶這麼多錢，算是有驚無險。車子更是驚險萬狀。」

文雄「哦」了一聲，淑子繼續說：

「碰到暴風雨，車子差一點掉進河裡。」

「這樣啊！」

文雄老眼睜開，眉頭上聳，額頭發冷，打了一個寒顫。

「我們到那家早餐店再說。」

文雄說著手指左前方兩三攤販賣鍋盆杯碗、衣物攤販後面的小店。

早餐店食客不少，淑子想漱口，但找不到方便的水源，只好藉啜飲豆漿清潔齒頰。這裡的糖油餅很受歡迎，文雄吃得津津有味，淑子是有點飢不擇食。淑子把昨晚驚險的過程講了出來，文雄無可置信地看著歷劫歸來的女兒：

「按照常理，洪水淹沒了橋墩，火車就不該過橋。」

「從車上望下去，火車好像在水中行進。」

「任何人在這種情況之下，都會有這種錯覺，但實在是非常危險。這兩天我會注意報紙，看看有沒有那邊河流氾濫成災的報導。」文雄咀嚼糖油餅的香和酥，再看著女兒，「妳在臨檢時逃開也是對的。那些檢查員把妳那一帶旅客的錢幣兌換完後，很可能想弄清楚妳的家長是誰。這樣一來，就麻煩了。」

「可能會怎樣？」

「發現妳一個人，可能會展開調查，甚至把妳留置山海關警所，當然也可能對妳搜身。」

文雄詒帶挑逗，帶點自嘲，惹來女兒一臉怨氣：

「爸明知有這種情況，為什麼還讓我一人帶這麼多錢上火車？」

「我以前搭火車從沒碰過在車上強迫兌換錢幣的事，可能是中國剛實施貨幣新制，為了遏止滿洲錢、日幣在黑市流通，才啟動這種檢查換匯的方法。」

父女倆不再開口，專心用餐，只是昨晚的風雨又在心中吹起，淑子喝完豆漿，狂風勁雨才在腦裡稍歇。文雄避開店內面容枯槁的食客，看向被油煙燻黑的牆壁，面露吸煙的神情，再次倒抽一口冷氣。好不容易讓淑子一人單獨旅行，無非是想實踐「疼愛小孩，就要讓他遠行」的明訓，結果幾乎惹禍上身，試想，如果一座橋墩鬆動了，淑子豈不葬身洪流，再來，如果淑子不逃避臨檢，那筆鉅款豈不被警察沒入。在他混亂糾結的心思裡，這些自責好像來自幽冥，像惡靈索命般地在他腦裡糾纏，遲緩了他的決斷。他慢慢起身走出早餐店，才稍稍掙脫這種思慮的螺旋。

　　山口文雄叫了一輛人力車，上車時不免對好像穿著灰白條紋衫，樣子秀麗、摩登的北平東站投以欣賞的眼光。文雄腦裡都是女兒剛剛對於風雨行車一夜驚魂的敘述，不禁摸了一下女兒的頭髮。

　　「第一次一個人長途旅行就如此驚險萬狀，還真難為妳呢。」

　　「事情過去了，心裡的驚恐也過去了，就不覺得有什麼了。我倒擔心要在潘家久住會適應不良。畢竟那不是一個晚上。……那兩座城門好高哦！」

　　淑子說著仰頭張望，文雄把俗稱前門的正陽門和附屬的箭樓，加上連結兩樓所形成的甕城簡單地向淑子解說一番。

　　「可惜兩樓之間的城牆被拆很多年了，所以看不到甕城。」文雄被眼前景物弄得有點眼花，一時不知從那兒切入向女兒解說，「師傅！到前面兩個城樓之間繞一圈。」

　　「繞一圈，要出城門嗎？」

　　「出去走順城街，沿著城牆走，到宣武門再看看。」

　　人力車穿越電車軌道往南移動，淑子仰望箭樓：

　　「這棟樓的上半不像中國傳統建築，窗戶整齊、密集，很有現代感。」

　　「那不是窗戶，是射箭孔，一共四層，最上面還有一層，被屋簷遮住了。」

　　被父親糾正後，淑子自嘲地笑兩下，三輪車從箭樓頹圮一半的臺座經過，往正陽門進發。淑子：

　　「城門下好像是廟，看起來好小哦。」

　　「是兩座，一座是觀音廟，一座是關公廟。」

　　文雄說著，人力車師傅停下腳步回望了一下：

「左邊拜關公，右邊的是觀音。」

「爸，要不要下去拜一拜，許一下願。」

「不用了，在車上看一看就好。」

車子走出正陽門，視野豁然開朗，但車子隨即轉彎，左邊還是城牆，右邊多公司行號和行洋，雖然是三四層樓，但中國風味很濃。文雄：

「我知道妳心理壓力很大，所以讓妳看古城牆，回到歷史，忘掉現實，看來妳顯然自在了些。」

「爸！你真是的。」

「現在我們到宣武門看看甕城。」

文雄說著，車伕突然停車，文雄嚇了一跳。

「老爺您可要到宣武門。不過那兒什麼都沒得看。」車伕回頭看著發愣的文雄，「那兒的箭樓和甕城全拆了。」

「什麼時候拆了？我以前讀書時還有。」

「兩三年前吧。現在只剩一座孤城。」

「那現在有還什麼城可以看的。」

「西便門和阜成門，但都要繞路。」

文雄一開始便剔除規模小很多的西便門，和車伕討價還價的結果，車費加兩點五個大銅幣，請他拉到阜成門：

「待會走西單北大街好嗎？」

車伕點頭，繼續趕路，一座城門漸漸逼近，車伕說此為宣武門後轉個大彎，遠離城牆，真正進入城區。偌大的街道除了兩道電車的鐵軌，看不見一輛汽車，行人像沙灘的螃蟹，在馬路上縱橫行走，人力車、馬車走的路線也跟著凌亂，電車從後面傳來噹噹的聲音後，行人開始避開軌道，兩輛汽車從前面叭叭開來，大馬路清淨了後，行人立刻從兩旁湧了過來。路兩旁店面多兩層樓房，店招林立，商業氣息濃厚。人行道上的槐樹正值花季，每一棵樹掛滿成串的黃色花朵，香氣撲鼻。漸漸地商店少了，四合院多了，院裡院外的綠樹浮在灰色的磚牆上面，遠處灰綠濛成一片，好一幅春城的景象。

走馬看花看了阜成門，淑子非常滿足地隨父親上車。原來甕中捉鱉就是這樣。敵人進入甕城，不待關門，千斤閘門一落下，門自然關閉。城牆上面的弓箭手居高臨下開始射箭，待敵軍死傷慘重，士氣大傷時，藏在洞裡面的伏兵一湧而出，便可一舉殲滅敵軍。淑

子：

「潘先生多大年紀了？」

「比我大五歲。妳叫他潘伯伯就好。」

人力車終於轉進胡同到達潘府。潘府氣派大，雕鏤精緻的大門向兩旁沿伸的圍牆高達三四米，圍牆上端做成屋簷的形態。門前一對石獅旁邊站著一對持槍的衛兵，讓人望而生畏。離大門稍遠處，兩輛人力車並排等著，如有人從潘府出來，要用車時隨時可叫到。

文雄領著淑子進門，再轉進門房。門房經理方正正叫人把桌子上的一個大紙箱抬到手推車上。方經理：

「這是日本寄來的字畫，給老爺的，你們交給吳秘書就可。啊，山口先生，您請坐。」

文雄父女在靠牆的座位落座後，方經理隔著大長桌面向文雄：

「一大早就去車站接女兒。接到了很高興。」

文雄頷首微笑，引來站在門房一隅的眾僕的側目。方經理拿起電話：

「吳秘書，老爺的日本朋友山口先生把女兒接回來了，對……現在在我這兒。……是！是！」經理掛掉電話，轉向文雄，「山口先生，對不起。潘老爺現在正和市政府秘書談事情。吳秘書請您和千金先回到敬亭軒休息，他會儘快安排會面。」

「好。」

「我叫個人給您帶路。」

「我認得路。」

「常常有客人走過兩三遍還是迷了路。」經理開口逗笑眾僕，待笑聲止歇，看向文雄父女，「我要他給你們準備一套寢具。」

為了讓這塊南北狹長的地塊多一點景觀的變化，迴廊有時向東，有時向西迴繞，形成較大的庭園，這兒的庭園地帶比較少廂房，文雄隨著一位女僕走了一兩百公尺，看見自己住的廂房時，僕人回頭表示要給他拿小棉被，請他們自行回房休息。

這兒的廂房都是中國古典的一樓建築，和李際春將軍府裡頭的房舍形貌相仿。敬亭軒格局不大，兩扇紅門十分耀眼，門兩邊的垂蓮柱頭也都漆得五彩繽紛。父女倆循石階上去，發覺房間外寬內窄，裡頭南側塞了一個炕床，外面擺設的明清沙發倒顯得大氣，沙發靠著的木板牆上還掛著一幅巨畫，畫中好像巨龍的頭正好俯視炕上。

房間北側窗邊還擺了一張西式的桌子。文雄要淑子上炕休息，淑子上去後把另一套寢具遞給父親。文雄把涼被放在木質長沙發上後，移動沙發，放上枕頭躺下後剛好和女兒身體平行，父女倆一上一下，講起話來還算方便。文雄問起家裡的情況，淑子關心轉學的情形，聊著聊著，敲門聲響起。文雄起來應門後，剛剛帶路的女僕一進來逕自把文雄沙發上的涼被放在炕上，將三張墊子放在沙發上，表示鋪上墊子躺得更舒服，文雄點頭稱謝，躺下蓋上涼被後繼續聊天。淑子：

「潘先生也是將軍嗎？他家門口還有衛兵，和李將軍府一樣。」

「中國政界重要人物都會自設警衛團，自己招募士兵，並非只有將軍府才設衛兵。」文雄用手肘把身子撐起來，然後右手支頤望著女兒，「你的潘伯伯到日本留學回來後一直就在政治界發展，目前擔任什麼職務，我不清楚，人家都叫他參議。」

「會不會很兇？」

「有時看起來很嚴肅，但心腸很軟。」

「……」

「哦，對了。他喜歡舞文弄墨，人家說他是政壇才子，他也不否認。」

「真的哦？」

「看見沒？牆上那幅水墨就是他的傑作。」

淑子隨著坐起的父親旋起身子坐在炕上，看向牆壁：

「長城的？他還題字呢，『歷史長城 大地遊龍』。看他簡單一筆，長城就出味了，還真像一條龍，大部份身段露了出來，但少部份隱藏了起來。」

「遠山上面的烽火臺畫得像龍頭，除了長城用寫意表現外，近山遠山他都畫得很工整。」文雄再次審視畫作，推敲畫者作畫時的心思，「或許長城開始變成龍，超乎現實，他不在龍身上細描，主要就在強調這種變化感。」

父女倆談完畫，再次躺下，天南地北地聊了起來。敲門聲再度響起，文雄前去應門。一位男僕表明潘老爺約見，文雄父女倆趕忙整理服裝，走過地磚，跟著男僕踏上迴廊，直走到底。

潘爺住辦合一的廳堂也是典型的四合院。圍牆中間的垂花門，重簷高高隆起，重簷的雕鏤壯麗多姿，門椽的彩繪也繁複艷麗。門

外兩側圍牆邊另闢有車房、馬房和秘書室。主人夫婦的愛車和愛馬均可經由西側門直接開往或騎往外面的胡同。大門左側的秘書室聲音嘈雜。帶路的男僕進去匯報後，吳秘書笑著步出，和見過面的文雄招呼過後直接引他們進入宅門，經過迴廊進入西廂的大會客廳。潘毓桂參議應聲出來：

「歡迎，歡迎，文雄兄，你的掌上明珠，第一次見面就這麼大了。裡邊請。」

「伯父好。」

淑子笑意盎然，到了沙發組後並沒有隨父親坐下，對著掛滿牆上的畫軸和條幅前顧後盼地掃描片刻。潘毓桂看著淑子等她落座，文雄看著女兒評鑑的眼神，擔心她語出唐突。淑子再次對潘毓桂笑開：

「畫得很好，讓人印象深刻呢。」

文雄額頭冷汗微沁，潘參議開懷大笑，把想返回秘書室的吳秘書留了下來。

「妳還沒坐下就對我的畫提出看法，難得，十分難得。很多人在這裡進進出出，對這些畫是不聞不問。文雄兄實在是教導有方。」

「來這兒之前已聽說過您是政治界的才子。」

淑子一言既出，文雄駟馬難追。淑子明明是現買現賣父親剛講過的話，卻很世故地宣說是來北平之前聽來的，小小年紀就懂話術，一種危險感讓文雄有些難安。潘老爺再次笑開：

「我們闢才胡同的名兒，意思是開發人才。是從以前『劈柴』，用斧頭擘開木柴這個詞語美化來的。我的才其實就是木柴，每畫一次都有『橫柴入灶』的感覺，明明才能不夠，就硬是要闖藝術這個大門。」

「毓桂兄太謙虛了。」文雄很高興潘毓桂把話題扯遠，「大凡大畫家都是越畫越覺得不夠，越發感到謙虛的。」

「說到這裡，又有很多故事可說了。」

兩名女僕把剛剛招待客人的茶水撤走後，重新端了一套進來。潘毓桂繼續開腔，開始論及現今政客軍人的文藝修為，文雄洗耳恭聽，未曾置啄一詞。潘參議繼續說：

「以前文臣都是進士出身，都是讀書人轉任，即使武將也都飽讀聖賢書，有所謂儒將，甚至懂書畫，識音律……現在民國亂世，

政治軍事界多不學無術之輩，……」

「毓桂兄早年留學早稻田大學，依中國古代標準，也算是進士了。」

「謝謝文雄兄謬賞。文雄留學中國北京，算是日本古代的進士。所以說彼此彼此。」潘毓桂看向被冷落多時，有些不自在的淑子，「妳叫淑子麼？我兩個小女比妳大一些，會是妳的玩伴，也是讀書伴。」

「謝謝。」

淑子早先從父親那兒得知潘伯伯有兩位這樣的女兒，也知道自己會被安排進入她們就讀的學校，也自信會跟她們相處很好，但希望別住在一起，各自擁有獨立的空間，對於心眼比較小的女生來說比較不會有齟齬。

「晚上入寢前，她們會來找妳，來個正式見面。在妳父親回奉天前，妳就多陪父親，有空再到那邊小女住的倚翠閣看一下，房間很大，妳父親回去後，妳就固定在那兒住。重要的是，憑妳的才學要好好教她們。……」潘毓桂老爺看著面帶羞赧的淑子，隨著話鋒轉向文雄，「我看還是趕快談妥令媛淑子的事。際春兄來信要我好好培養淑子，找機會讓她見習。她談到淑子的成就也讓我震驚。他說她是奉天放送局首席女歌手，歌聲傳遍大街小巷，還說中文鑑定全校第一名。他說良禽擇木而棲，我回他說，感謝你給我這個機會。」

潘毓桂的話開始夾雜日語，至少講到淑子的名字時，都用日語發音。文雄：

「李將軍對我的好勝過自己的兄弟。」

「我們三人都是兄弟一場，現在淑子也要和我女兒共敘姊妹情了。」

潘毓桂提到淑子即將就學的翊教女中，表示他兩個女兒也在該校求學，以後三人在校是同學，在家裡也是同室。潘毓桂若有所思：

「有一件事十分重要。有點忘了……對了，淑子要取一個中文名字，要用中文名字上學。文雄兄，幫我想一下。」

「去年李際春將軍幫她取了李香蘭的名字。」

「他取的名字自有他的專利，弟這兒還是得自取。她在學校，我是她的監護人，姓潘自然比較適合。你看名字取什麼好？梅呀？菊呀！粉嫩香軟什麼的？」潘毓桂搬弄文字，顯然想主導命名，「我那兩個女兒名叫月華、英華，她們小時候，我這兒招待一對日本夫

婦住過，他們就管叫她們月子、英子。」

「那就叫潘淑華好了。」

「很好。感覺名字沒變，只是日語、中文表現方式不同而已。」

「老爺子啊！你收了一個乾女兒……」

一個女性的聲音從後面傳來。淑子回頭一看，一位身材高挑，面貌姣好的中年女性正搖擺著小腳走來。文雄起身跟她招呼：

「我帶小女前來，還請多照顧。剛剛參議幫她取名潘淑華。」

「太好了。我叫東娘，人家都這樣叫我。」東娘落座，開始端詳淑子，「人長得挺標緻，看李將軍的手諭，知道人嘛歌唱得好，也是多才多藝。毓桂啊！有大場面，帶她去亮相亮相。」

「講什麼話嘛。她還是學生呢，要把她當交際花，讓大家都認識？」潘毓桂看著滿臉尷尬的文雄，「西晉文人陸機有兩句很好的詩，我最近才寫過送給人家。詩句說：『石韞玉而山輝，水懷珠而川媚』，女子也是一樣，她有才德，靜靜地待在自己的地方，她的才德自然會影響週遭的人。」

「我的老爺，跟你開玩笑的，我只是測試你，既然替她取了潘家的名字，那就認她做義女了。」

「名字都取好了，自然就是義女，也是妳的乾女兒了。」

潘毓桂兩眼從東娘掃向文雄父女，知道淑子很不耐煩。東娘：

「山口先生，或者我稱呼你文雄先生好了。毓桂常向我提到你。知道你飽讀中國書，很懂中國的人情事故。……說真格的，你把女兒託我們，我們就會全力照顧，衣食無缺，生病了，也會請大夫看診，打針施藥。已是乾女兒了，就視同潘家女兒，到學校上學，或在外面學才藝，旅遊，凡事都比照月華、英華，我們負責到底了。很多小孩子寄住親戚家，結果除了睡覺外，什麼都要自己打理……」

「好了，好了。」潘毓桂打斷老婆的話，「除了取了名字，好像要有個儀式。文雄兄，淑華去年的儀式怎麼做的？」

「真正的儀式很簡單，長跪三叩首，端酒給義父母，再自己舉杯敬義父母，幾分鐘就結束了。拜義父母前，化妝就花了一個鐘頭。結拜完後又大舉宴客，對眾賓客來說，事後宴才重要。」

「那我們簡單就好。不用化妝，也不宴客了。」潘毓桂看向吳秘書，「你去拿一張紙和筆來。」

吳秘重新落座後，大家開始討論儀式的過程和注意事項，文雄

父女也就記憶所及儘量說出過程的細節，由吳秘筆記下來。潘毓桂：

「我看還是讓文雄兒和淑華洗個澡再進行儀式，不化妝，也不穿漂亮衣服。」潘毓桂看了文雄一眼，再瞅著老婆，「我們這兒的作息不一樣，實在是招待不周。我家來了一個省水婆，我們做西藏人做習慣了。」

「事實上是這樣子的。當家不容易，理家更不容易。」東娘給在座每一人的茶杯添加茶水，「待會就要用中餐了。中餐過後，我會叫下人燒水給你們洗澡，洗個痛快。我一直認為水就像財富一樣，容易流失，貯存不容易。北京有自來水廠，但是裝設管線的住戶不到 5%，用的人少，水費就貴，以前算過，把裝管費用算在內，自來水的費用大概是市面販賣的 250 到 300 倍。我們潘家一開始也用自來水，但是水來得容易，傭人就讓它嘩啦啦流啊，洗菜洗衣服，好像打水仗。我們潘府現在是有一點錢，但是老爺目前沒有一官半職，吃的用的都是以前攢的基業，況且要維持 100 多人的開銷，算盤不打精一點，很快就垮了。⋯⋯」

淑子從東娘口中得知這兒的家人都是兩個禮拜到外面澡堂洗一次澡，傭人是休假時回家洗，但想到待會就可洗，大大鬆了口氣。從離開奉天家到現在，已經超過一天沒洗澡，尤其是在火車上躲在廁所內的一二十分鐘，想到就噁，有形無形的臭，攻頂又攻心，到新學校上課，被同學聞出來，豈不見笑。

「就這樣決定了，中餐過後洗個澡，我看休息到晚餐前一刻在這裡進行結親儀式，吳秘書當司儀。」潘毓桂笑著看向東娘，「妳自然是義母了。」

「我看老爺你是有口沒心。義母自然是西娘啦。我生了十個夠多了。西娘一個都沒有，趁這個機會給她抱一個不是很美嗎？」

「說的有道理。妳也哄她一下。我擔心她不肯出頭。」潘毓桂想著一直生不出小孩，順勢退出名位，把東娘生的小孩捧在手心加以服侍的西娘，冷待她這麼久了，也應該給她補償了。「我在這兒上房給她留的房間，她一直不肯入宿。她這次如果肯賞臉走完儀式，妳也哄她留下來，很久沒跟她靜下心來聊聊了。」

「希望她看在淑華的面上⋯⋯」

中飯時間，淑子見到了兩位乾姊月華和英華，兩位乾姊也渴望見到她，三位女生一見如故，讓用餐輕鬆了不少。文雄父女洗過澡

後，著實休息了一兩個時辰。晚餐前，淑子行禮如儀，順利拜潘爺為義父，除了文雄稱呼她淑子外，大家都呼她為潘淑華了。結拜禮結束，觀禮的家人、僕役散去，淑華也隨著兩位乾姊到她們的房間倚翠閣參觀，準備用晚餐。客廳只剩文雄和潘爺，文雄從皮包取出一疊裝在信封內的鈔票，潘爺一看就知文雄的用意。

「既然是我義女了，淑華以後在校讀書、學費，或生活費，都由我來負責了。」潘爺既出此言，文雄感覺不妥，但旋被拉到一旁，潘爺改用日語表示，這個大宅院上百人生活其間，多淑子一人，好像瓢水入江，沒什麼變化，而兄臺子女多，收入尚不豐厚，多留一點家用，非常有必要。文雄有些氣弱：

「淑子的學費，我是專程帶了過來。」

「淑華的學校，學費一學期才 26 圓，現在一個人一個月的生活費大概 4 圓，一整年加起來，不到一個中學教師一個月的薪資。實在不多，兄弟！給我面子，勿再爭論此事。」

文雄見兄長財力既如此雄厚，衡量一下自己的處境，於是遂了他的好意不再爭辯。

文雄提供的淑子在奉天女子商校的在學證明，和翊教女校的期待落差很大，認為她連初二上的課程都沒讀完，不過她的中文鑑定二級及格和波多列索夫音樂班給的才藝證明，引發老師很大的興趣，經學校長官和老師漫長的討論後特准她直接進入初中二年級就讀。這時初二下學期也只剩下一兩個月的課程了。

▌▌▌ 21. 胡同賞景 初學騎馬

翊教女中是典型的迷你中學，初中三年，每年級各一班，升上高中後，每班拆成普通班和師範班，採小班制教學。淑子，現在應該說潘淑華，和比大她幾個月的英華同班。她在班上很沉靜，引起同學很大的好奇。同學試著跟她對話，見她總是害臊地簡答一兩句，就不好意思再問了。潘英華下課時都會過來陪她，或帶她出去走走，同學見有英華護著她，名字又類似，以為她們是同宗堂姊妹，對她也就不再這麼好奇了。

中午，英華帶她到學校旁西單商場邊緣的飯攤用餐。英華叫了兩份粉蒸飯：

「上課還習慣吧？」

「太吵了點。」

「妳以前在日本學校上課都很安靜嗎？」

「學生都怕老師。或許是尊師重道的一種習慣吧。」

「尊師重道原來是中國的，現在只存在於日本了！？」

「東娘是妳媽嗎？……為什麼要這樣稱呼她，不是很奇怪嗎？」

「從小就這樣叫。習慣了，也不會問自己為什麼。我想可能是這樣吧。我媽生了這麼多小孩，因為管小孩，無形中在這大家庭裡面產生了權威。西娘沒有小孩，和我父親的聯繫就越來越淡，而她也甘於淡泊，用服務代替權威，也贏得了尊敬。我想東娘應該是我媽要我們這樣叫的。意思是，這樣叫她的時候，心裡會想到還有一個西娘－大媽的存在。」

「有道理。」

「我們這個大家庭有很多習慣或者規矩。比如，東娘今天給我們每人兩角兩分，其中一角是用來回家時搭人力車用的，另外一角兩分是中餐的費用，我們吃的粉蒸飯是一角，省下的兩分，我們習慣說兩個銅子兒的，便自己攢積起來。」

「今天老爺的車子有空，載我們來，那明天如果沒車坐，東娘豈不要多給我們一角？」

「對。我一般是帶飯盒的，東娘希望我帶妳熟悉學校內外環境，所以今天沒帶飯，過兩天妳也帶飯後，就沒有這種外快了。」

「家裡到學校不遠嘛！我以前在撫順讀的小學離家更遠，我們姊妹也都用走的。」潘淑華腦筋轉了一下，「我們不搭車，豈不就可賺那 10 分？」

「放學回來有時還可以這樣做。我們宅院大門外，常有一兩輛人力車等在那兒。早上上學時，我們姊妹如果捨棄不搭，門衛就知道我們不打車。尤其是我們往東走的時候。」潘英華看著淑華困惑的眼神，「因為往東走到西單北大街，學校就快到了。另外，如果門口沒有車子，我們要打車一定會往西走，因為走一小段路就到北溝沿，這裡路寬才有車可叫。」

「所以早上要省下那 10 分、20 分，也不是很自在的。」

「當然，我和姊姊偶爾不想搭就不搭，反正門衛不會說，除非

東娘開口問。當然不能常常這樣。」英華吃了一口粉蒸飯，「東娘讓我們搭車，一方面是希望用這種機緣讓那些車伕有一點收入。以前我和姊姊常常都是兩人搭一輛，兩姊妹各搭一輛，20 分就沒了，合搭一輛給 12 分，就現省 8 分，替自己謀利之外，母訓也兼顧了。以後我們三姊妹也可以這樣，月華一人一輛，我們合搭一輛，但省下的錢是大家的。」

「如果長期不打車，那……」

「這要怎麼說。在適度的範圍內，取個巧，鑽點漏洞，有點像遊戲。如果天天不打車，但天天從東娘那兒取了錢，那就是純欺騙了，久了，心也會不安。」

英華說完，靜靜地用餐。淑華咀嚼她的話，知道那兩姊妹在這複雜的大家庭裡發展出了一個小圈子的文化，自己入鄉問俗，多聽多看即可。淑華：

「這所學校實在是太小了，我看是妳家大宅院的三分還是四分之一不到。」

「有點失望？」

「不知道。有點錯亂，回到家，看到大宅院的多彩多姿，反而像來到學校。」

「住大宅讀小校，大概是上天特意的安排，就當做是修行好了。」

對潘淑華來說，來這所學校就讀，不僅是修行，簡直是苦行。這個學期已經過了一大半，第三次月考也已迫在眉睫，上課時她不時把課本翻到前面的章節，發覺很多字詞不太懂，以致上課心情大受影響。好不容易放學了，英華鼓勵她，國英文或史地有空就看。

「字詞看不懂直接問我和姊姊都可以。理化或數學就先擱在一邊吧。這些科目，我也很差。」

放學了，三姊妹相約一起回家。英華和淑華在教室外面站著等，不久月華來了。英華：

「距離家實在不遠，我們走路回家好吧。淑華，帶妳走一趟，熟悉一下路徑，再品味我們闆才胡同的風華。」

「說的也是。東娘要我們打車上學，維持潘家的體面，但我們老在車費上搞節儉，尤其是放學時，搞出學生經濟學，淑華會被我們帶壞。」初中三年級的月華向兩位妹妹使一個眼色，「來，我們

去買冰淇淋吃。」

　　英華和淑華跟著月華經後門離開學校，直接進入西單商場，穿過踴擠的購物人潮，快到西單北大街時，月華在巷道入口的冰水攤收了兩個妹妹的錢，依各人口味買了三杯冰淇淋。淑華吮著久違的甜蜜滋味，快步跟上月華和英華。月華想領著大家橫越馬路，一輛電車噹噹地駛來。月華：

　　「實在很近，我們闢才胡同的巷口就在斜對面。看得一清二楚。如果坐電車不到一站的距離。只是胡同裡面拉得比較遠而已。」

　　電車走過後，三人快速橫過馬路。三三兩兩的年輕學生從闢才胡同巷口走了出來，看著她們。

　　「他們都是中國大學的學生。大學生呢，看起來很神氣。」月華把冰淇淋的殼吃進嘴裡後快跑三四步，然後倒著走，「半個鐘頭後，女子師範大學附中放學，新潮的學生出籠後，我們這一條古老的巷道可就很有風情了。」

　　「我們闢才胡同真的是很有文化氣息，真的在開發人才。」英華睇了淑華一眼，看她有沒有在聽，「事實上一直就有人才，從古至今，可說埋藏了很多才子。」

　　三人走過中國學院校舍，也經過了好幾條向北分出的小胡同口。由於兩所名校在此落腳，這個巷子也繁榮了起來，果子鋪、雜貨鋪、飲食店連綿一氣，理髮店、舊書店也來湊一腳。有些住屋改裝成店面後，裝上店招，看起來高了一些，巷子跟著展現了街頭氣勢。月華看向淑華：

　　「慈禧太后，妳知道吧？」

　　「知道。」

　　「聽說她也是在這條胡同出生的。」月華仰看女子師範大學附中弧形的鐵製校門，側臉暈在夕陽的餘輝裡，「她妹妹入宮時，書上有清楚的記載，慈禧這位姓葉赫那拉的，父親叫什麼來著的，應該也住在劈柴胡同。大家都這樣推測。」

　　「那位妖婆一定是看到有關她出身劈柴胡同的記載，非常不爽，下令把有關的書籍銷毀。後人根據她妹妹的出身推測她也來自這個胡同。」英華滿腔傳自歷史老師的憤怒，「畢竟本家只是一個小貴族，又出身在砍柴人家的巷子裡，教她這種目空一切的人怎能忍受得了。」

淑華前些日子從義父潘爺口中得知「闊才」是「劈柴」的美化，此刻，在兩位乾姊的調教下，更加確立了闊才胡同原名「劈柴胡同」的概念。或許就如月華說的，古早以前的住戶應該多以刀斧劈木柴為業，或許慈禧小時候，這條巷子還是一片劈柴的刷刷聲。淑華好像上歷史課一樣，興致大開：

「那位慈禧以前住那一戶人家？現在還在嗎？還找得出來嗎？」

「當時沒有人敢知道，資料失傳，所以現在無從考據了。」月華一副睥睨亂世巨蠹的神態，「好在沒有人知道，不然早就被人搗毀了。」

淑華瞄了一下腕錶，還不到五點，三人隨即走出巷樹的長影，沐浴在溫暖的夕陽裡。

「淑華，妳知道她的巢穴－墳墓被人搗毀，被鞭屍的事嗎？」

英華說著神秘地笑了一下，淑華搖搖頭，一臉驚愕。月華縱聲笑開，三人不覺間已經走過女子師大附中的校舍了。月華指著剛映入眼簾的胡同的標示牌：

「胡同太多了，名字又奇怪，越記越糊塗，妳們看這個『南沈箆子胡同』，竹字頭那個字怎麼念？」

英華聳肩攤手，淑華立刻打開書包，拿出辭典。淑華翻查時，英華伸手想把辭典拿過來幫忙查，但被姊姊阻止了。淑華：

「有了，念畢。」

「淑華真的好神呢。反應這麼快。」

月華誇完，英華道：

「大概常查字典的緣故。」

「快到家了。沒走多久，是不是？」月華對著淑華抿嘴笑開，「累嗎？」

「走慣了，不累。」

「我也只對我們家周邊的胡同一知半解。其他的我真的一無所知。這個胡同的名兒就比較文雅有氣質一些了。」

淑華順著月華的說詞看著巷口木牌上的「榆錢胡同」四個字，還是感覺怪異。月華領著大家往北轉，左邊一堵長牆，右邊是一戶戶人家。英華引導淑華的視線攀向長牆：

「牆裡面就是我們家，從外面看過去，和從裡面看過來，完全不一樣，時常連不起來。」

淑華沒有搭腔，不住地點頭。月華：

「傳說中，這胡同兩邊以前家家戶戶都種榆樹，現在這裡，看到的榆樹也不多。我們家就是父親住的正房的後面有兩三棵，但還在老遠，這裡看不到。」

月華說著有些慌張地往右邊的一般住家尋找榆樹，淑華氣定神閒地賞屋。巷道右邊是典型的胡同人家，簇擁成團的老樹，遮屋蔽院，剝蝕斑斑的瓦牆，一戶接一戶，黑灰色的瓦、灰泥剝落的牆面和牆腳風化嚴重的疊磚，在在泣訴著歲月的流痕。左邊一道向北通到底的高牆裡面就是潘家，槐樹、楊樹在牆裡牆外爭出頭，一株枝葉茂密的槐樹立刻改變整個巷道的景觀。

「啊！看到了。這邊有一棵。」月華興奮地叫了起來，「這一家也有一棵。」

淑華跑了起來，追上英華後，一起快步走了過去。

月華指這棵榆樹十分高挑，還承受了不少夕陽的餘暉。

「看到了沒有？榆莢，榆樹的莢果，很像葉子，也是綠色，但是圓圓的，很像一群蝴蝶擠在一起。」

樹葉的光影斑駁大大影響淑子的視覺分辨力，她怎麼看，都只看到一片綠葉。英華摟著她的肩身：

「避開陽光，這樣看，看那一團濃濃聚在一塊，好像綠色的玫瑰，一片片很像花瓣，也像很多葉子聚在一塊，事實上，那是榆樹的莢果，是種子。那，略呈橢圓形，散得很開的，才是榆樹的葉子。」

「啊！我瞭解了。我很早就看到了。一開始就覺得怪怪的。」

淑華說著，月華鬆了一口氣：

「那莢果就是所謂的榆錢，長得像圓圓的錢幣，事實上民間也有榆樹的莢果變金幣的傳說。」

「榆錢，餘錢，年年有餘錢。」英華語帶揶揄，「這個榆錢雖然不能買東西，但能夠吃，是防病保健的良藥。聽說甜甜的，很香。」

「窮人沒東西吃時就吃它，小心越吃越窮……」

月華不待講完拔腿就跑，逼得英華、淑華跑步跟上，淑華不由得想起幾年前讀小學時，和小川美都里、柳瀨俊子在撫順街道一時興起相互追逐的往事。印象裡，童年時分，三人追著白楊落葉跑，現在變少年了，少了那份天真，榆樹的傳說再有魅力，恐怕也帶不動她們三姊妹的腳步吧。月華見英華和淑華喘著氣跑過來，笑了起來：

「淑華別跑太快。」

「妳們潘府的圍牆還真長。」

淑華說著跟著兩名乾姊轉個直角，進入另一條胡同，看著月華手指的兩株從圍牆伸出的榆樹，知道樹的前面就是潘府的正房，可惜被圍牆遮住看不見。三姊妹繼續前行，走了一小段路，向左再轉一個彎後，淑子知道已繞著走過泰半個潘府。月華指著一戶人家的門牌：

「這兒叫跨車胡同，也是很怪的名字，門牌 13 號是大畫家齊白石的家。淑華，齊白石聽過沒？」

淑華聳了一下肩：

「好像聽過，人還在？」

「還活著，大概 70 歲了，父親常提到他。父親常說人傑地靈，意思是：和傑出人物結了緣，這個地方就沾了靈氣。」

「所以說，淑華，妳現在正住在一個有靈氣的地方。」

英華這句話伴了淑華一個晚上，固然緣於於兩位乾姊給她做的簡單的文化之旅，齊白石的印象開始在她心中形成，過往對這個古老城市的一些感觸更在她心裡澎湃了起來。她直覺這座古城，基於千百年的文化積累，開始對有緣人釋放一些能量，讓他們置身在傳奇的氛圍裡。一夜無夢醒來後，她又聽到鴿笛的聲音。這幾天早晨她就是被這種掠空而過的聲音吵醒，聽過兩位乾姊解釋過後，心裡還是十分懵懂。

這兒的水十分珍貴，女僕打好，放在屋外的一臉盆水讓三姊妹洗臉，她趁著早起趕緊先洗，把漱口杯裡頭的水勻一點沾濕毛巾，放在自己的臉盆裡。她在屋外刷牙時，鴿笛的聲音更響了，東天開始綻白，只見為數數百的鴿群黑壓壓地飛近，大陣仗轉彎時所有笛聲齊鳴，呼嘯而去後又盤旋飛回。她看不見綁在鴿子腳上的蘆葦或竹子做成的風笛，即使天亮了，鴿子飛得太高太快，也無從見到。她直覺這種暗夜空氣的奏鳴乃是這座古城神秘力量的顯現，是一記空中傳奇。

兩位乾姊也起床了，待她們洗過臉後，三姊妹一起著馬裝戴馬帽，前往大門口右側的馬廄。淑華和英華都只穿馬背心，大姊還穿上馬靴，感覺又高了一點，且顯得帥氣。馬廄裡頭有六匹馬，都由

門衛負責飼養。察覺有人進入馬廄，馬兒有點騷動，身體碰撞欄杆的聲音和嘶鳴聲攪動著廄內味道濃重的空氣，淑華忍著氣味看著英華用手輕撫探出鐵欄杆的馬臉，淑華羨慕這種親密，綽號叫金鐘的門衛把鐵欄杆打開後，月華、英華先後把馬牽了出去。門衛的班長老徐充當淑華的教練。老徐牽著馬兒走：

「不用擔心，這匹馬是最小最乖的。」

淑華談不上緊張，只是要從頭學習一種技藝，感覺十分厭煩。老徐牽著馬走出大門時，英華、月華和金鐘早已躍上馬背，手握韁繩轉動馬頭，似乎在等淑華上馬。老徐：

「你們先走，我這位小姐初學，我們慢慢來，你們先走。」

月華領先起步，英華和金鐘跟上。老徐：

「上馬會不會？」

「忘了，以前學過一點，但忘了。」

「妳會騎腳踏車吧，……很好，騎車是不是從腳踏車的左邊上，因為人都習慣固定左腳再旋動右腳。」老徐用左腳踩住馬鐙，再伸進去，「用手抓住馬鞍前部，手和腳都有了支撐，右腿就很容易抬起跨往右邊了。」

教練示範兩遍後固定馬匹，淑華帶著一點攀爬，也順利地上了馬，按著老徐的指示，兩手抓住馬鞍前面的握環。

「不要怕，身體挺直但不要僵直，順著馬匹的律動上下擺動，妳姿態良好，馬也會感覺舒服。」

老徐一邊說，一邊拉著韁繩，馬兒慢慢走，淑華像過江的泥菩薩，在馬背上顫顫危危，不斷提醒自己拉直腰桿，還擔心別人異樣的眼光。

有些學生天還沒亮便起床，天剛發白便出門，趕到遠處的學校才會升起的太陽，已在心中破曉。有些老人準備晨跑，或趕赴太極拳練習班，在路上絡繹不絕。這些老小即使眼望地面，但被她看見，她心裡還是會起疙瘩。越過了西單北大街，老徐終於躍上馬，馬兒的步速雖然快了些，但兩人共騎的感覺讓她心裡寬鬆了些。馬兒從一小段皇城根¹出來，面臨寬闊的府右街。老徐：

「我們過馬路時稍稍快一點，所以抓緊些。」

老徐兩腳稍稍夾緊馬肚，馬兒加快了腳步過了馬路，綠瓦紅牆

下，遠處近處都有人溜馬。老徐：

「聽說姑娘是從奉天來的。在這裡習慣吧？」

「奉天那兒靠左走，這邊靠右走。」

「那邊歸日本人管了，日本人都是靠左走，和我們不一樣。」

「這堵牆另一邊是什麼？」

「北中南海，以前王公貴人住的和辦公的地方。」

「是三個湖泊連在一起的嗎？」

「很好。小姐有一點概念，很好。我們現在走在中海這一段，再走下去，牆的那一邊就是北海了。」

「我什麼時候可以學習抓馬繩。」

「馬繩叫轡繩，拿轡繩我們叫執轡。」老徐看著從後面急馳超前的女士，「回程再來。屁股習慣了隨著馬浪起伏擺動後，以後學什麼都快。」

兩人繼續前行，不再講話，馬兒順著高牆轉個彎後，一陣清風從湖泊那兒吹了過來，淑華槐香滿抱，驅退了一些緊張。左邊也是一道灰色的牆，只是沒這麼高，坐在馬背上，浮出於灰牆，錯落在綠林間，一眼望不盡的層層疊疊的山形房舍，盡情地宣說它的規模，和右邊擋住了中南海大部份殿閣臺榭，讓人望眼欲穿的高牆大異其趣。淑華撇頭望著一座大宅院，有些出神。老徐：

「注意看前面。……那是市政府。」

「市政府長得這個樣子，好像不太搭調。」

「專心一點。」

走過了市政府，眼前開闊了起來，寬闊的馬路對面是一片廣場，廣場再過去是綠柱、綠瓦，屋簷鑲紅，三層高的殿式建築。兩邊的廂房也是同樣格局。

「這是北平圖書館。」老徐指著前面的兩根白柱，「有沒有看見那兩支華表－白色的柱子。我們繞著它們走 8 字形可以訓練妳的平衡感。」

馬兒由慢步到快步，淑華感覺就要被拋飛出去，緊緊抓住拉環。老徐：

「別緊張，越緊張馬就走得越快。」

「看！是誰啊。淑華這麼快就苦練呢。」

淑華回頭一看，原來是月華，在稍遠處練習打浪的月華，也在

馬背上站起坐下交互動作間驅馬過來。老徐：

「妳們要回去了？」

「是，我們打瓊華島回來。」月華。

「金鐘呢？」老徐。

「先回去了。」月華看向淑華再看著老徐，「教練也要回去了？」

「我至少要讓淑華看看北海。」

老徐說著，英華也出現了，於是四人三馬擺脫了高牆，進入御河橋，聳立在瓊華島上的永安寺的白塔開始映入淑華的眼簾。湖面波光瀲瀲，剛升起的陽光把掩映在濃密綠蔭下殿閣一隅的簷牆照射得耀眼刺目。四人先後下馬，淑華：

「那座山上有一座喇嘛廟，喇嘛廟才有這種白塔。我在奉天看過。」

「那不是一座山，是一個島。」月華接著把這兒的北中南海各有一小島的情況向淑華說明，「中海的小島，這兒應該可以看到。」

大夥隨著月華牽著馬往南幾步走到橋緣，再往南眺望。淑華順著英華的手勢看向前方好像凸出水面的半島：

「看到了，太貼近陸地了，看來像黏在一起。」

「不對！妳看到的是陸地，它本來就凸出湖面的。」英華把淑華拉近了一點，「想想萬綠襯出一點紅，這個島其實只是一座涼亭，很漂亮的紅綠相間的涼亭，看到了沒？」

「是不是那，屋簷像波浪的那一座？」

「對。它叫水雲榭。」

「好像和陸地相連。」

「遠遠看過去，水面上的荷葉和陸地上的樹林連成一氣。這個島亭其實和陸地沒有橋相通，是真正獨立的。」

經潘家兩姊妹的解說，老徐和月華交換過馬匹後，淑華滿意地踏上歸途。到了市政府牆外，老徐開始教淑華手持韁繩的要領，讓她初步有了駕御一匹馬的實感。

淑華回到家下了馬直奔房間，見乾姊不在，從床下臉盆取出濕毛巾擰成半濕，擦完手腳後躺在床上，躲在涼被裡面開始擦身體。英華走了進來找人，看見淑華：

「妳這是做什麼來著？」

月華也走了進來，淑華含羞地掀開涼被，把毛巾披在床頭坐了起來。英華：

「她用濕毛巾擦身體。」

「這樣舒爽一點了嗎？」

被月華這麼一問，淑華點點頭。

「好像給馬兒乾洗呢。」

英華說完，三人都笑了起來。

「可不是嗎？現在水呀十分寶貴，東娘也不許我們浪費，馬兒沒水洗身體，那些兵用刷子刷馬，馬兒也很舒服。現在人嘛學馬兒乾洗倒很實際。現在好了，以後洗臉水就不要倒掉，暫時留下來沾濕毛巾，上學前用來擦拭一下身體。」月華看見英華帶點疑惑的眼神，使出一點為姊的權威，「只是擦身體，妳也體會一下用刷子刷馬兒的滋味。」

三人又都笑了起來。

翊教女中，學校小，班級少，但同學多富家子弟，十分活潑，上課時有些鬧，下課時，同學嘰嘰喳喳，但喧而不煩，每人講的話，句尾都捲起「兒」音，一副燕語鶯啼春氣暖的氣象。她在奉天時就曾從父親那兒知道京片子，今兒身歷其境才知曉它的魅力。老師說，兒化音並非標準國語，但一些外省老師都十分推崇京片子，認為「超乎國語，就像變奏總是比原曲好聽一樣。」淑華聽了正中心懷。聽著同學兒來兒去，她有時很想小露一手，但始終不敢貿然開口，深怕自己生硬的兒化音壞了同學自然的談話氣氛。在兩位乾姊面前，她的心情寬鬆了許多，試著在家裡講兩句京片子，乾姊不免笑開，但隨即表示很可愛，並嘉許她的努力。捨京片子不談，她發現自己很多字詞的發音也不符國語的標準，她不時就教同學和乾姊，勤查字典，默默念誦正確的讀音。由於月考考得很不好，期考的壓力提前到來，如何改善國語能力滋生的煩惱就只好束諸腦後，待暑假到來再說了。

註1：元朝始建的北京城，由最裡面的紫禁城、中間的皇城和最外圍的外城三部份組成，元朝時的皇城叫「蕭牆」，在今北京市東城區和西城區。城牆位址，西邊在今府右街、西黃城根南街、西黃城根北街，東邊在東黃城根南北街，北邊在地安門東西大街，南邊在東西長安街沿線一帶。民國初年，歷經戰亂，皇城也被破壞、被人民蓋屋居住，殘存的皇城就被稱為皇城根，其中保存最好的就是有名的天安門和周邊的城牆。本世紀初，政府將佔用戶和企業遷出，加以整修，規劃為皇城根遺址公園。

1935

22. 騎遊三海 闔家外浴

在潘老爺跟前見習，學習接待政治人物一事，淑華從乾姊那兒輾轉得知，老爺有這種構思，主要還是來自自己父親山口文雄的想法。東娘認為她們三姊妹年紀尚小，待知識長進了一些，禮節、儀態兼備後再進場不遲。

「接待那些官兒，也不能太失禮。東娘說，廚房－我是說正房的－裡面的茶具要怎麼用，各種茶要怎麼泡，都得學習一番。」

聽月華這麼一講，淑華恍然大悟，怪不得每天早上到正房向老爺請安時，老爺總要大家坐下品茗，然後說出茶的種類，叫侍兒拿茶葉罐讓大家輪流聞一聞。

「茶葉罐裡頭的和泡出來的有沒有一樣，好好聞一聞。」老爺爽朗的笑聲又在耳邊響起。英華：

「討厭的是，有些客人來這兒就是要吸大煙。東娘還得幫他們燒煙泡。」

「偏偏東娘是省油的燈，不讓客人吸第三泡，咱家畢竟不是開煙館的。」月華心裡不爽妹妹提到這問題，「半大不小的官兒才會顯露出這種嗜好，我媽東娘也比較好應付。頂級的大員不是不吸，便是不會在這兒丟人現眼。」

學習當政治人物的秘書，還要服侍他們的客人吸鴉片，淑華一時驚悚到不行，但隨後想到在這個大宅院待人接物，不可能整天鎖在煙霧迷漫的房間內，老爺和東娘看起來很康健，稍稍釋懷了一些。不過還是試探性地問：

「客人吸的時候，老爺和東娘也會從旁吸到一些吧。」

「爸爸陪客人走不開，但一兩泡幾分鐘就過去，客廳很大，煙榻用屏風隔著，媽媽會到外面走廊透透氣，或坐在門口，爸爸招呼時隨時聽得見。」月華擔心淑華鑽進死胡同裡，「天天吸，照三餐吸，吸到肚子裡才會出問題，爸媽一直都很健康。」

「我們中國人對於不想聽的事，常說充耳不聞。一樣的道理，不想聞的味道，也可以是充鼻不聞。」

英華補了一句，淑華感知這對姊妹處在這種環境裡，有她們防備的一套，擔驚大幅減少，但殘存的疑惑還是盤據內心。她開始留心這一家人的言行舉止，試圖從中推出老爺的吸食量，但一直看不

到他的行為、言語直接或間接地涉及鴉片膏。這意味著不會很多，至少吸大煙不是他生活的重心。她心裡稍稍釋然。

期末考越來越近，她心裡還是被兩種力量拉拔著。

「北京還沒住慣就回去，怕妳下次來又要重新摸索一陣。」

東娘還是習慣把北平叫成北京，兩位乾姊也攛掇她別回去。這期間她馬練得頗有心得，她有點有想續留北平，一方面趁暑假充份享受馳騁街區大道甚至原野的快感，另方面和兩位乾姊擴大交流，學好應時的中文和華語。父親來了信，同時把車費寄了過來，這封信把她向家鄉拉回了不少，考前一天，父親又來了一封信，表示，放送局企畫課長東敬三急著要她回去錄歌，同時奉上車費。「車費我收了，所以我寄給妳的車資等於是奉天放送局出的」，她把這種事向老爺稟報，老爺和東娘自然催她返家。潘毓桂：

「際春兄向我提過了，我一忙就忘記了。」

「怪不得。爸爸，不久前她在音樂課測驗時，唱得真好聽。」

英華說著浮現淑華在音樂課高歌一曲的動人畫面。同學對她不熟悉，突然之間驚為天人，感覺可望不可及，暑假她又得回奉天，以致她的友好圈還是很小。

「妳們要好好疼惜她。她是我拜把兄弟的女兒，也是滿洲國策公司－奉天放送局派來的使者呢。」

潘毓桂說著把刁著的煙斗拿下放在茶几上，東娘拿著扇子把煙味扇掉後對英華說：

「淑華在奉天放送局唱歌的事不能跟同學講。」

「知道了，連她是日本人這事兒，我們也都不講。」

「這才是真疼她。」

淑華頗感尷尬，還是把證件和車費交給東娘，東娘差人去辦理，很快就把車票買好了。

暑假過了一天，淑華才準備回家。前一天，在青島讀大學住校，二乾哥騏千也趁著暑假回家，和淑華見了面。這一天早上，她們三姊妹用完早餐才策馬上街，且沒有教練陪同。她們用輕快步一路從府前路直奔文津街，再經御河橋轉入中海東岸。一路上馬蹄得得，柳絲垂岸，絮雪紛飛，好像向她惜別。兩位乾姊突然加快速度，人馬雙雙消失在密林中，淑華一急趕緊夾緊馬肚，讓馬跑起來。跑進

林中，才發覺不只是樹林，左邊一道綠簷紅牆，馬兒蹄進鋪石道後，淑華不自覺地放緩馬速，兩邊高聳，樹皮剝落，樹肌裸露在外的蒼松、勁柏夾道，淑華好似走入歷史，人也卑微了起來。月華和英華從高牆的小門出來後，淑華終於看見了她們。淑華隨著兩位乾姊把馬牽進去拴在萬善殿大殿左前方階梯旁的玉石欄杆的望柱頭上。月華：

「這裡是萬善殿，也是佛寺。」

淑華跟著兩位乾姊走上石階進入大殿緣廊，轉個彎來到大殿前面，五六位遊客在這邊的階梯上上下下，緣廊也有兩三位遊客。

三位女生放輕腳步經過緣廊進入大殿。大殿非常寬敞，三世佛前，老尼誦經聲、敲木魚聲，聲聲入耳，五六個信士或合十，或頂禮跪拜，大殿兩邊兩排眾神佛像，也有兩三人佇足觀賞。月華：

「拜一拜吧。」

「我們三人一人拜一尊。」

英華說著，月華瞅了妹妹一眼，輕聲說：

「少嚕囌。」

三人拜完步出正殿，走下石階後步向濱湖的廂房。這兒的廂房是兩層長形樓房，樓頂松柏的枝葉糾纏、交錯，十分耐看。月華帶大家進入樓梯間，淑華突然抓了一下月華的手臂。

「妳看，這些窗櫺子都好精緻哦！」淑華指著樓梯旁的窗戶，「每一個都雕得一模一樣兒，好像機器大量生產出來的。」

「和大殿的一個樣。」月華用手輕撫窗框，往窗門的上下打量了一番，「都沒有變形，也沒有裂開，好像是用鐵製成的。」

「好像屏風，常見的屏風都是這樣精雕細琢的」

英華說著特地再次把窗門打量一番，月華：

「我們上樓吧。」

三人拾級而上，穿越一道小門，置身於一個小露臺。

「這也算是一個觀景臺，哦！對不起。」月華用手遮住直直射來的朝陽，「從這邊看中海西岸，就是有名的太液晴波。應該下午，接近黃昏時看比較好。」

淑華拉下馬帽遮住眼角：

「只看見一片樹林。」

「就是這樣，秋天樹葉掉光後就可以看到隱在樹後的樓閣了。」英華。

「那時又是另一番景象了，叫做太液秋風，都是燕京八景之一。」

月華說著，淑華努力想看出什麼名堂。她只覺得帶狀的樹林好似一片被光幻銷熔的綠意，而且浮在千頃瀲灩的湖光上，湖面點點輕舟搖晃著波光，也是一種閒情。月華：

「看到了沒？覺得怎樣？」

「也是一派湖光山色，光熔熔的。」

三人下了樓，月華帶她們回到大殿，再繞到殿後登上千聖殿，隔著門窗窺看有名的七層木塔，然後馬不停蹄地沿著中海畔直抵南海，但遊人越來越多，她們不得不放慢腳步。新華門前遊人三五成群，她們三人高高坐在馬上，可說鶴立雞群，淑華有點不好意思地騎著移步，感覺好像佔據了市民的遊憩空間。

好不容易出了新華門，三人和馬立刻匯入府前街、西長安街的人流當中。古城的人潮就像是非洲草原動物大遷徙一樣，簇擁著電車、汽車和馬車往前推移。

回到了大宅院，三人牽馬回廄，才走出馬房，門房雇員匆匆趕來：

「老爺要妳們在房間等，別走遠，等一下要到澡堂。」

「知道了。我們就是為了這個特地趕回來的。」

月華有點不耐煩地把門房打發走，三人於是快步走回房間。

到澡堂是這個家庭成員最期盼的日子，兩週洗一次，天天望穿秋水。這次托淑華的福，才五天便盼到了。老爺為了給淑華送行，特地在她上車前大家一起沐浴，然後用餐。

淑華住進潘府以來，這次是第四次隨潘家大小到公共浴池洗澡。初聞東娘提到全家定時在外洗澡時，她有些擔心，沒多久英華便跟她解說澡堂的情況。

「全家大小年齡差距這麼大，爸爸又非一般販夫走卒，自然不能跟大家混著洗。一般辛苦人家都洗公共浴池，像日本人一樣，父子或母女同浴時，都會在不太大的浴池裡相互避開，爸爸就不讓我們有這種尷尬。」

淑華提著乾淨的衣服、梳洗用具，跟著乾姊走出倚翠閣，英華一個多月前講的話又在耳畔響起。

　　一家人在門房會合，涼風輕拂，潘毓桂和東娘領著大家走出胡同口，陽光普照，不算熱，明快的腳步驅退了一點慵懶，即將洗浴的興奮繼續散放活力。轉進太平橋人行步道後，東娘挽著老爺的手臂，兩位乾姊有時要管管走在路上的弟妹，淑華和最近吃飯才見過面的二乾哥騏千有時走在一起，不免有些不自在。騏千：

　　「這條街叫什麼知道吧。」

　　「太平橋。」

　　「走了五分鐘，沒看到一座橋，橋在那兒？」

　　「橋在歷史那兒。」

　　淑華說著，英華、月華都回頭笑了起來。騏千有點不服輸：

　　「妳可別道聽塗說。」

　　「不是道聽塗說，是老爺，您父親說的。」

　　淑華說著，兩姊妹又笑了起來，淑華繼續說：

　　「老爺說，應該叫太平橋大街，現在人都習慣少說大街兩字。」

　　「真是物換星移，街道的景觀變了，街名也被去頭截尾的。」

　　騏千有點自我解嘲，沒多久，澡堂－平橋浴池到了。大夥經過鐵門，拾階而上，在大廳坐著等候時，飄來一股房子受潮的黴味

　　澡堂很大，男女分開，從大廳往左右看過去，一目瞭然。裡頭蒸氣瀰漫，被一股涼風拂過，變得有些濕涼。男浴池的休憩間有點嘈雜、凌亂，四排單人床逾半有人躺著按摩、聊天或刮臉。休憩間過去，用屏風隔開的大小兩個公共浴池分別給一般男士和小孩使用。公共浴池對面是兩排隔間的個人浴室。個人浴室裡頭，浴池和簡單的臥鋪並列，由於遮蔽性佳，除了正常的喝茶、休息或按摩外，偶爾有人打麻將、吸大煙，不一而足。

　　東娘買單時，淑子放眼望去，男池這兒，在公共休憩區裸著大半身接受按摩的多為中老年人，按摩的師傅也都坦胸露肚，看來肉臭四溢。

　　東娘買完單，發給每人一個個人浴池的牌子，她自己帶著兩個小孩單獨使用一間。淑華跟著兩位乾姊移步女池休憩區床鋪間的走道，見這兒接受按摩、修腳指甲的太太少了點，整體看來比較安靜，

個人動作也比較小。

　　整個澡堂，熱水升煙，蒸氣蒸騰，但不燠熱。淑華進入浴室時惦著月華的囑咐，把要換穿的衣服放進籃裡，然後擱在室內一隅，免得太靠近浴池不小心打翻到水裡。她放好熱水，調整水溫，開始寬衣，然後咬緊牙關入池。

　　全身抹好肥皂，經過一番抓搔，沖洗過後，她加了一些熱水，開始躺著享受這片刻的鬆弛。她想月華就沒辦法這麼悠閒了，這次輪到她先行洗好，照顧年幼的弟妹，讓東娘洗浴。

　　出了澡堂，中飯時間已近，大夥於是前往隔壁的平橋食坊－平橋澡堂經營的餐廳。

　　這家餐廳的裝潢走中國傳統路線，牆上柱上掛滿了四字菜名的書法和相關圖片。偌大的餐館，除了潘家這一桌外，十來張大圓桌，半數有食客。潘老爺落座沒多久，跑堂走了過來。潘爺：

　　「今個兒有啥新菜沒有？」

　　「有，油嘴滑舌。」

　　「用牛舌還是豬舌？」

　　「牛舌加勾芡，滑滑的。」

　　「那也只是指滑舌，油嘴呢。」

　　「在您自己的臉上。」

　　潘爺有些丈二金剛摸不著頭緒，跑堂繼續說：

　　「屆時您吃得油油的。油嘴就是指這，是指用餐的人，不是指食物。」

　　「你也還真油嘴滑舌呢。」潘爺逗得全家都笑了起來，「好就這一道。」

　　潘爺在菜單上勾選了幾道他熟知的菜餚，繼續說：

　　「我今兒要給義女送行，有沒有相關的菜？」

　　「有。羊關三碟。」

　　「我已經點了帶醉羔羊。」

　　「不同的部位，不同的烹法，味兒差得十萬八千里。」

　　「好，成了。就這樣。」

　　餐廳前面傳來胡琴輕快的琴音，〈三潭映月〉跳躍的音符企圖在顧客心裡激蕩出月光搖蕩湖面的景象。

「淑華，等一下妳也來唱幾首歌吧。」潘爺遞出一本歌名錄，「看看要唱什麼。這些曲子，那位琴師都很熟悉。要他伴奏，遞張字條給他就行了，怎麼啦害羞啦。先吃了再說吧。」

40來歲的男胡琴手，塊頭很大，但拉出的音色優美，聽來迴腸蕩氣。一直沒人唱歌，胡琴手自拉自樂，這兒的菜也上得很順利，「神雞妙蒜」來過後，「水過鴨背」接著上桌，女侍對菜色做一番解說後，用湯匙把鴨子分解，隨後一碗碗滋補的鴨湯已端到每人面前。一位女士領銜走到前頭唱出平劇《貴妃醉酒》的橋段後，開始有人走出去唱平劇。這些歌曲顯然不在樂手伴奏的範圍，胡琴手只是根據她的唱腔做簡單的伴奏。

跑堂端來一大盤麵，每人自取一小碗，吃完「麵瘦雞怡」這道雞肉細麵，淑華感覺喉嚨滑順了些，她覺得不能再拖下去了，於是慫恿英華一起出去。英華：

「今兒個我陪妳唱一回，回頭上音樂課抽到我上臺時，妳代我唱。」

「老師會答應嗎？」

「就說妳欠我的。」

「得了。」

塊頭男輕快的琴音帶出了男女打情罵悄的氛圍，淑華摒住氣息，等著幾道急拉的短促琴音導入主弦律。淑華先唱男聲：

「我聽得人家說。」

「說什麼？」英華。

「桃花江是美人窩，桃花千萬朵，比不上美人多。」淑華。

「不錯。」

「果然不錯！我每天踱到那桃花林裡頭坐，來來往往的我都看見過。」淑華。

「全都好看嗎？」

「好！那身材瘦一點兒的偏偏瘦得那麼好！」淑華。

「怎麼樣的好啊？」

「全是伶伶俐俐小小巧巧婷婷孃孃多媚多嬌。」

淑華脆脆地念唱時，潘家人或別桌客人感受到了歌詞裡頭挑逗的意味，都輕鬆地笑了起來。待英華帶點裝腔作勢的「那些肥一點

的？」脫口而出後，笑得更明顯了。淑華、英華唱得正入港，淑華的歌聲按既定的步調自然哼出：

「那肥一點兒的，肥得多麼稱多麼勻，多麼俊俏多麼潤。」

「哈，你愛上了瘦嬌，你丟了肥的俏，你愛了肥的俏，你丟了瘦的嬌，你到底怎麼的選，你怎麼的挑？」英華把女聲最妖嬈的一段一口氣唱了出來，一家人都摒住了氣息，感覺最受用的還是潘爺。

「好！桃花江是美人窩，桃花千萬朵，比不上美人多！」

兩人以合唱作結，下臺一鞠躬。潘爺：

「聽妳們唱了，我還真想去湖南省桃江縣看一看呢。」

「北平美女這麼多，何須至桃江縣？」

「看看那條江水是否桃花很多。」潘爺把老婆丟過來的尷尬拋開，轉向英華，「在家裡都沒聽過妳唱歌。」

「你那聽得到，你住得這麼遠，又是深宮大院，那聽得到我們的聲音。」

潘爺微笑頷首略顯歉意，英華繼續說：

「淑華抓著我們練，早上騎馬到中南海公園，我們也趁機練了一下。」

「淑華一向用高幾度的音唱，聲音那麼細，我們都陶醉呢。剛剛是兩人對唱，她一個人唱或許發揮得更好。」

在潘爺和大家的鼓舞下，淑華唱了〈鳳陽花鼓〉，氣足音順，美聲立刻風靡全場。

「羊關三碟」來了，果然是三盤紅燒羊拐筋，每一盤三塊筋骨緊貼一塊。由於叫的菜色甚多，這種關節筋肉耐嚼，吃來費時，所以潘爺只叫三盤，剛好每人一塊。潘爺說，這種羊拐筋比羊蹄更夠味，淑華吃來，果然肉軟筋嫩，一咬便柔滑入口，吸吮滑舌的骨髓更是香醇潤喉。

「果然是好滋味，送別友人招待這等美味定能減少許多離愁。」潘爺用衛生紙擦了一下嘴唇，「月華，妳也來一首吧。」

在家人的鼓勵下，月華終於站了出來：

「我就獻醜一下，唱〈陽關三疊〉了。這是我們音樂老師根據古譜自己創作的曲調，還沒有公開發行。」

月華本來打算清唱，琴師抓住她的弦律後，還是給她做了簡單

的伴奏，王維的〈渭城曲〉在她喉間唱出時，第一遍疊「渭城朝雨
浥輕塵」這句，唱第二遍時疊「客舍青青柳色新」這句，唱第三遍
時疊「勸君更盡一杯酒」這句，唱來全無失誤，聲音略顯低沉，但
十分清麗，也贏得了滿堂彩。

這一餐飯，潘家大小吃得特別舒暢，開嗓快樂餘溫還在的月
華、英華姊妹倆尤其如此。餐後，三個義姊妹並沒有休息多久，淑
華尤其沒得閒，她整好行裝後，四點不到便在月華、英華的陪同下
坐著潘爺的轎車前往火車站。她這次坐火車返回奉天，感受到了潘
家的強力後盾，不再身懷鉅款，雖然要在車上過夜，感覺紮實安穩
多了。

回到離開將近兩個月的奉天，她感覺好像從遙遠的古代回到
現世。她先去拜訪波多列索夫夫人再前往放送局報到。夫人給了
她住在北平城東的好友貝德洛夫夫人[1]的地址，並給她寫了介紹
信，希望她繼續聲樂練習。原來這位新的音樂老師和昔日好友柳
芭母親同姓。俄國人姓名太長，她稱柳芭時，總是呼名而忘姓，
想起柳芭父親開的貝德洛夫糕餅店，才想到那間店是以柳芭的母
親命名的。

她在放送局繼續錄歌，最近流行的〈鳳陽花鼓〉和〈毛毛雨〉
都在錄製之列，斷斷續續錄了 20 幾首歌，放送局滿意，她把為數
可觀的酬勞全交給父親，和去年一樣，父親滿臉感動、慚愧、感謝
和不可置信交雜的神情，讓她久久難以釋懷。

暑假結束，山口淑子回到北平，又展開潘淑華學生涯新的一
頁。乾姊月華升入高中普通科，假日開始協助東娘接待客人。她和
英華升上初三，依然過著少憂少慮的學生生活。月華就讀高中部，
降完旗後有時還得上一些靈修課程，所以放學後，如不想太早回
家，淑華單獨和英華閒走北中南海的機會大增。有時她們早上溜馬
來到其中一海，意猶未盡，放學後便親自走一趟，徜徉在歷史的情
境中。

註 1：貝德洛夫夫人和柳芭母親同姓。柳芭家開的貝德洛夫糕餅店，就是
　　　以其母的姓命名的。

這一天早上，三姊妹騎馬來到北海五龍亭，人兒在婉轉曲折的石橋間流連忘返，遙望著被如山的樹叢舉起來的白塔，淑華嚮往的心情一直在心中悶燒。

大概是遙望了太多次了，淑華放學後和英華相約再度前往北海，第一次穿越華麗的牌樓正式進入瓊華島，感覺是來到很遠的地方。英華是急性子，腳步輕快地通過山門，來到法輪殿，拉著淑華大剌剌地在長方形院子裡走一遭，臉往大殿裡的佛像瞥了一眼，過殿而不入，丟下「我看神像、佛像都是一個樣，看多了就不稀奇」一句話，繼續往上爬。

龍光紫照牌樓前後是很長的坡，竹影搖曳，松濤婆娑，英華連爬帶跑地奔上，淑華喘著氣跟上，到了頂吐了幾口氣，迎面看到從圓弧門洞透露出來的彌勒佛像。淑華沒有多逗留，旋即從正覺殿走到後面的普安殿。此刻兀立在殿頂上方的白塔看來唾手可得，淑華不再流連，跟緊英華的腳步續往前行，豈知才到殿後，筆直得叫人腿軟的陡坡赫然豎立眼前。英華：

「別怕。一口氣爬上去。妳看白塔向妳招手了。」

淑華沒在怕，一口氣爬了一半，喘了口氣，望著上頭的英華再一階一腳印地奮力登上頂。

到了小巧的善因殿，走到外面的迴廊仰望白塔，方覺白塔塔高宏偉，像一頂壓在基臺上，威儷前面善因殿的巨大白帽，自然不容許人們攀爬。英華：

「終於來到最高點了，看啥都沒阻礙，那就眼觀八方吧。」

「那白塔不讓爬嗎？裡面也不讓進？」

淑華問著看向塔下封閉式的基座，隨後跟著英華回到善因殿，往東眺望，看到了矗立在景山上，睥睨故宮群殿的萬春亭。英華：

「在那邊的萬春亭上看故宮，自然較嚴整，但在這裡看，也另有一種美。至少建築都浮出來了，沒被城牆、樹林和其他建築物擋住。」

不勞英華解說，沐浴在夕陽餘暉中的群殿金頂已納入淑華眼底。隨著英華走到另一邊，看到的是被光影斜切的黑壓壓的屋群和點綴其間的樹木。淑華：

「從這兒可以看到闢材胡同嗎？」

「就是這個方向，但難以分辨。怎麼樣？剛剛看故宮還算美吧？」

「還不錯，但我還是喜歡看一般民居。像這一邊的街景看起來就特別有勁。」

淑華說著跟英華沿著善音殿外的階梯再上一層樓。

「帶妳看一樣東西。」

英華說著來到殿門，淑華看到了一座多手多腳的青銅塑像。英華：

「這就是大威德金剛。」

「有夠醜，頭上又生出一個小頭，這麼多手和腳，看來真像好幾隻螃蟹疊在一起。」

「好！那就下去吧。」

下山很快，像溜滑梯，到了普安殿，她倆做了簡單的參拜後坐在殿旁的地板上，英華：

「我想去找一位老尼，向她請教一個問題。妳坐著等我。」

英華走開後，淑華趕緊從書包掏出國文課本，翻到「生於憂患，死於安樂」這一課，開始默念。片刻後，英華掩至她背後：

「唉喲！妳還在這兒偷用功呢，還查字典。妳問我不就得了。」

「自己查印象比較深。」

「說的也是。」

「這裡頭曾益的『曾』和我們現在用的土字旁的『增』意思一樣？」

「課本註釋裡頭有。不過有一句『出則無敵國外患者，國恒亡。』老師解釋得不是很清楚。」

「它的意思是指一個國家不要單獨強大，獨大容易自滿、腐敗、自我毀滅。」淑華回想老師的話，加上自己的揣摩，「最好要有一個相對強大的敵國，就像西漢，匈奴時常犯邊，漢武帝秣馬厲兵，國家就強盛了。」

「妳說得很好。這樣我理解了。」

「關於這句話，我突然想做一個延伸，比如說日本和中國。」

淑華說著起身，英華跟上。

「妳是說把日本當成中國的敵國，套上那句話。」英華和淑華邊走邊談，經過正覺殿中庭，「事實上，父親的中日兩國關係的新觀點，是暫時拋開敵國或非敵國的概念，他認為日本文明比較高，用來指導、帶領中國人是剛剛好。」

「聽父親說妳父親是留日的。」

「他嘛早稻田大學畢業，日本很有名很難進入的一所大學。」

「他日語講得還真溜呢。」

兩人緩步走下龍光紫照牌樓前後的階梯。英華：

「他一直希望兩國能夠抹掉邊界通力合作。像東北被日本佔領，蔣先生沒做多少抵抗，他就認為很識時務。他說滿洲未來會是富強康樂的國家，會是中日合作的金字招牌。」

「妳也讚成他的見解。」

「多少，也不全是。心裡時常在拉鋸。」

「這些話都不能跟同學講。」

「當然啦。我只是傳達他的想法。他沒有特別灌輸我，我剛講的也不算是家庭教育的一環，我只是體會他的想法而已。而我們的學校教育當然是另一套……」

「談些別的吧。」淑華一時找不到話題，胡亂吐出，「妳將來會留學日本吧？」

「父親還沒和我談。不過二哥已經在準備了。」

「妳大哥也留學日本吧。」

「他嘛，讀慶應大學醫科。」

「慶應也很有名。爸爸談過。」

「和爸爸讀的早稻田齊名，不過慶應的醫學部最難考。」英華作了一點回思，「爸爸說過，日本民間流傳一種說法，有錢人讀慶應，窮人去早稻田。當然這只是一則笑話。」

淑華有些失落，父親雖極力栽培她，但礙於經濟能力，總是走一步看一步，若非兩位義父大力贊助，自己可能還在一般女校就讀，往後上那所大學，一點眉目也沒有。兩人沉默地穿過永安寺的山門，走向永安橋。

仲秋的太陽已然西下，天空的餘暉返照著秋高氣爽的氛圍，彩霞斑爛，黝暗的城區開始釋出零星的燈火，她們急步走在御河橋時

遇見人力車，談好了價錢便打車回家了。

回到了僕役忙進忙出，黑影幢幢的大宅院，淑華想起了義父潘爺。在這中日兩國多事之秋，想不到潘老爺會以英華所述的那種方式定位中日關係，或許是識時務吧，但日本能否提攜中國，讓兩國共存共榮，淑華深表懷疑。

冬去夏來，淑華度過了平靜的一個學期，她感覺各方面都大有進步，即使最討厭的數學、理化，也不會太差。初中畢業後，她搭車快樂地返回奉天，父親搭乘放送局東敬三課長的車子來車站迎接。回到家，淑華又變回淑子。

淑子落座久違的客廳，從茶几下面抽出一份過期的盛京時報，再探視一下几下，也只有幾份過期報。她相信家裡不再訂報。事實上，自從淑子赴北平讀書後，文雄習慣每天到滿映奉天支所教中文時，在辦公室看報，有時帶回學員棄置的報紙，假日，或有重大事件時，才會買一份零售報。

她發覺快升初三的大弟弘毅長大了不少，已是少年郎了，最小的誠子已兩歲，還喜歡到處跑，讓哥哥、姊姊窮追不捨。

父親把她的行李提到三樓房間後：

「山家還記得嗎？」

「記得。很久沒看到他了。」

「他想從妳這兒問一些最近在北平發生的事。」

「什麼事？」

「我也說不清。他當面問妳會比較清楚。」

拗不過女兒再三懇求，文雄才說出是中日衝突事件。

事實上，隔了一個多禮拜的上午，山家亨才再次來訪。山家一身長袍馬褂，肚子微凸，頗有中國商人的韻味。他一開口便用華語問候：

「兩年多不見，姑娘長得這麼大了。現在應該上高中了吧。」

「現在放暑假，假期結束就是高中生了。」

「最近發生的日本人進攻豐臺的事件，妳聽過沒有？」

「沒有。」淑子滿頭霧水，「豐臺在什麼地方？」

文雄笑了起來，山家想想，這種不大不小的事件，涉世未深的小孩或許真的不知曉，但他追尋真相，繼續談下去，或許她能提供

一些蛛絲馬跡。

「在北平市的西南郊，就在城牆外不遠。」山家喝了一口茶，潤了一下喉頭，「這不是我的業務範圍，我只是想私下瞭解，我們內部流出的說法版本很多，或許淑子小姐無意間看到什麼，可以幫我釐清一些真相。就我所知道的事情發生的經過是這樣的……」

山家還是一樣，日語夾帶華語講個不停，淑子從而知道一支日本人和當地華人組成的隊伍，就在她期考正在進行的 6 月 27 日晚，從天津坐火車到豐臺，企圖從城南的永定門進入北平，結果被中國軍隊擊退。山家：

「他們的目的是要組成華北自治政府，結果倉卒成軍，功敗垂成，我得到的消息是，有的說妳家老爺潘毓桂也參與其中，有的說沒有？妳有沒有聽過或看到什麼？比如那幾天看到比平日還多的賓客出入他們的大宅院。」

「那幾天我們都在上課、考試，白天都不在家。」

「比如晚上。」

「山家兄好像在烤問了。」

文雄說著笑了起來，淑子感覺事情複雜，甚是嚴重，越發感到擔心。

「不用擔心，我們和潘先生是站在同一邊的。我只是擔心中國政府對他不利，如果他涉入這件事的話。因為中國這方面的首謀已經被中國政府通緝了。」

「他住的正房離我們住的有一段距離。我們待在房間裡面，老爺晚上會什麼客，我們不會知道的。」

「我們？」

「我和他的兩個女兒住一起。」

淑子說著看到擺在茶几上的盛京時報斗大的標題：「梅津‧何應欽達協議／華軍決撤離河北 反日團體休矣」。淑子知道這則新聞一定和山家談的事件有關，伸手拿起報紙。山家看向淑子：

「這是我剛剛說的豐臺事件的後續。豐臺事件有兩起，第一次發生在 6 月 9 日，第二次就是我剛說的妳住北平的潘老爺可能牽涉其中的那一次。第一次衝突後，日本的梅津中將就草擬要求中國軍隊撤退的協定，但第二次衝突過後，中國的何將軍才正式簽名回

覆。」

　　山家說了一堆，淑子的視覺受到干擾，沒看內容便放下報紙。文雄也是一身悶，他最感厭惡的事又來了，關東軍還是改不了豺狼本性，強佔別人的領土，還要趕走別人的軍隊。文雄相信山家會同意他的看法，但囿於山家軍職的身分，他不想和山家分享這種看法。山家：

　　「其實這檔事也與我無關。我是擔心淑子的義父牽扯到裡面才開始瞭解。」山家聽著從廚房傳來的炒菜聲，「再說，這檔事也只是讓我們的工作推展更加不順，軍方搞越多破壞，我們報導部籠絡文藝界人士的工作就越發多阻。」

　　文雄不住地點頭，山家繼續說：

　　「有沒有？我們的工作是爭取民心的，有點像傳教。比如西方牧師好不容易在這個地方有了教堂，收了一些信徒，結果軍方搬來戰車、大砲，一陣猛轟，信徒會不會跑掉？」

　　「確實，只有在穩定，相對和平的環境，你們才使得上力。」文雄瞥見從樓梯下來的清子和玲子，還是看著山家，「你們報導部應該獨立開來，不再隸屬軍隊。」

　　「一時要脫離軍隊很難，但開始有了彈性的做法。就是報導部人員為了工作的方便，可以在外駐點，也就是在外租用辦事處，不用穿軍服。」

　　「這樣很好。」

　　文雄點頭稱許時，在廚房幫忙的悅子請山家過來用餐，山家似乎還有很多話想講，樂意留下來作客，淑子發現父親胸中似乎也有很多塊壘想向山家宣洩。弘毅和悅子抱著誠子下來了，淑子匆匆回到客廳，拿起茶几上的盛京時報。

　　「……中國政府同意撤退駐守河北的東北軍、中央軍和憲兵第三團……，撤走在河北的黨政機關，並撤換國民黨河北省主席于學忠和天津市長張廷諤，取締河北省的反日團體藍衣社、復興社，禁絕一切反日活動等等。……」

　　淑子瞄了幾眼放下報紙，漲紅著臉，氣堵塞了一般，想到了兩年前好友柳芭一家被憲兵惡形惡狀趕走的那一幕，怪不得同學都這麼討厭日本軍人。日本軍人像過動兒，很難安份守在自己的營地，

到處惹是生非，甚至燒殺擄掠，中國人命喪黃泉無處訴，日本軍人到處留下血債，有時後果還得由日本平民承受。淑子想著，心裡明白，情勢如果繼續惡化，雙親和諸弟妹的處境只有更加艱難。

淑子慨慨地走進餐廳落座，山家嗜杯中物，喝了三杯便口若懸河，暢談「梅津、何應欽協定」和「土肥原、秦德純協定」。

「『土肥原、秦德純協定』已經簽了，但『梅津、何應欽協定』還沒談定。因為牽涉的層面太廣，尤其是主權的問題，簽了會被中國人罵賣國，所以中國的何將軍雖然被逼著簽，但能拖就拖。」

「我瞭解了，日本軍方每次都強勢拋出風向，反正他們認為中方最後一定會簽。」

文雄說了兩三句便打住，山家認為他太客氣，為了顧及朋友的顏面，不忍說出日本軍人最醜陋的一面：

「關東軍很嚴厲地命令中國政府罷免河北省長、天津市長，要求大小駐軍撤離，何應欽是留日的也不敢簽，中國政府可能的策略是：不明說要撤軍，但于學忠的第 51 軍可能就悄悄離開河北。條約是死的，實際行動並不一定要跟著約定的條件走，跟著走就太遜了，太窩囊了。比如先前的長城戰役，日本軍方強烈要求宋哲元的部隊調走，宋將軍不從，關東軍到處調兵遣將，改變整個局勢，中國政府最後沒辦法，只好叫宋哲元把他有名的 29 軍調離。這樣會給人一種印象：宋哲元撤軍是衡量局勢的結果，並非被日軍直接逼著撤退。這樣一來，中國保留了一點顏面，當然日本軍人也達到了它的目的。」

文雄察覺自己的心裡話被山家講了出來，爽快地和山家乾杯：

「前些年，關東軍控制了中國河北省的東北一角，小弟就想它的第二步會是什麼。等了許久沒下文，以為局勢就穩下來了，那知道它終於出手了。」

「很多事情都是暗中進行，報社即使知道，報紙也不會寫。很多事情還是要我們自己判斷。」山家想了一下，同時瞬了山口愛一眼，希望自己的一番話別驚嚇到她，「關於『梅津、何應欽協議』最早傳出來的是，日本軍方也要求撤換北平市長袁良，最近報紙提到這個協定，就不提袁良了。我後來發現袁良早年留學早稻田大學，是日本通，可能因此免掉被罷免的命運。」

山口愛聽到山家滿口中日兩國政戰爭鬥的消息，神經開始緊繃，也為自己倒了半杯。

　　「山家先生，每次你來，我都準備不及。」山口愛指著山家前面的炸蝦，「有客人來，我都是炸天菜或炸蝦，做成天婦羅待客，嚐嚐看。」

　　「剛剛吃過了，很好吃。」山家再次舉箸，挾了一塊炸蝦天婦羅，「不好意思。在軍中講話不方便，把貴府當成宣洩口。」

　　「彼此，彼此。你帶過來的最新局勢的訊息，聽了感覺很紮實，覺得跟現實接軌了。」文雄瞅了山家剝蝦的手一眼，看著他下垂的眼瞼，「話說回來，一直希望有個安定的日子。局勢穩定，政治人物出頭，淑子也才有前途。」

　　「我也是這樣想。」山家看了淑子一眼，醉意醺然，「我們何嘗不是希望安定下來。但局勢掌握在別人手裡，那些高階將官、內閣官員欲求很高，就像中國成語欲壑難填，永遠不知道滿足。有了滿洲就想要華北、華中，然後是征服亞洲，再來跟美國和蘇聯強碰。或許有一天他們的欲求碰見高牆，爬不上去了，局勢穩定下來了，政治家才會真正想要一位秘書，來協助處理大小事務。」

　　「現在的內閣官員，還是需要秘書協助吧。」

　　「我覺得現在還是戰爭內閣，最近的首相又恢復軍人擔任。內閣強調從上而下的指揮，內閣閣員好像變成首相的執行秘書。他的部會裡若再設秘書，功能有限。」

　　聽了山家的解析，文雄有些失落，不過還是從山家的裝扮看到一點希望：

　　「確實，如你提醒的，世界上主要國家只有日本是軍人組閣。不過你們報導部去軍事化，融入中國民間，或許有意無意間會對現在政局提供一點暗示。」

　　「難啦！飛蛾撲火！」山家笑了起來，剛剛嚥下的鮪魚手捲差一點吐了出來，「我現在所在的報導部，基本上是不用上戰場的部隊，可以不住軍營，不用穿軍服，走起路來不用叩叩響，這樣和滿洲或中國文化藝術、影音人士相處，就自在多了，也容易發現對方的優點。不過，現在日本進行的是極端政治，報導部的這種特殊文化很容易被檢討。佔領區的工作如果成效不好，很可能會回到軍事

管理。戰爭到了最絕望的時候，可能還是要拿槍下戰場的。」

送走山家後，酒醒一分，憂思又回復一分，文雄腦子開始喚回剛剛山家講的話。弟妹都回到樓上房間，淑子還坐在客廳，兩眼望向父親又看向牆壁，似乎和父親一樣處在同一憂慮中。文雄坐在淑子旁邊，希望她別想太多。淑子：

「要不要寫信給潘伯伯探詢這件事。」

「千萬別做傻事。信件是會被檢查的，中國政府或滿洲國這邊都可能會，到時候，人家本來就清白沒事的，反而惹出一些嫌疑。妳也別寫信給英華或月華談這種事。」

淑子本來就有這想法，被父親這樣一講，也開始有了政治上的警覺：

「乾爹李際春將軍也是消息靈通人士吧。」

「他最近忙著在唐山做他的政務廳長，很少回來。即使回來見了面，很多軍事方面的事他也不便說太多。」

暑假期間，她除了有時到放送局錄歌外，心裡一悶便想到局勢的問題，父親有時會買《盛京時報》看，她順手拿來看，也沒看見什麼大事。這一期間，她一箭雙雕給兩位乾姊寫些關心生活的信，兩位乾姊的回信也看不出有什麼異常。泰半暑假過去了，她和東娘約定提前兩個禮拜回去的時間也到了。

■■■ 24. 明公造訪 初遊太廟

淑子回到北平潘府，潘爺剛好榮任平津衛戍新科司令宋哲元上將的高等顧問，潘府大宅院洋溢著喜氣。東娘認為區區一個司令部的高等顧問，遠不及老爺以前當過的蒙藏院副總裁和國務院參議，但老爺賦閒多時，久無爵位，似官非官的大顧問正像是久旱的甘霖，撐起了這個大宅院的門楣。潘淑華聽到老爺有了新職位，且是當今中國抗日名將的軍師，不久前變節的傳聞不攻自破，自然替他高興。晚上在大宅院集義軒用餐時，淑華很想看老爺獲得新職位後的神情，但久候不至，始知老爺應酬去了。

第二天一早梳洗過後，三姊妹連袂到正房向老爺請安。三人到老爺寢室外面柚木嵌大理石沙發上坐著不久，老爺和東娘走了進來，

親子互道早安後，東娘：

「茶涼了，趁早喝吧。」

「待會兒騎馬到那兒兜風？」

潘爺說著一臉倦容，月華也還有一點睡意：

「到德勝門轉一圈便回來。」

「這麼遠啊。」

「教練帶著走。」英華看了父親一眼，「今天還是要恭喜爸爸。爸爸終於有班可上了。」

「哈哈！」坐在太師椅上的潘毓桂笑得身體往後仰，「妳終於知道爸爸失業的痛苦啦。」

「顧問？到底做些什麼？」

「這個也不好多說。要幫忙看公文，秘書處會轉一些公文過來，爸只是簽註意見，給司令參考。有些案子不是很熟悉，還是要向資料庫調資料來研究。說不忙，事實上事情滿多的。」

「爸媽早。」

眾口一聲。原來騏千領著小弟小妹來問安。三姊妹順勢起身讓座，溜馬去了。在潘家的諸多子女中，月華和英華特別要好，跟其他兄弟姊妹似乎隔了一層，淑華緊跟著她們，對於有些在外求學、嫁到外地，或還小的乾兄弟姊妹，自然生疏了些。

離開學還有十幾天，東娘希望淑華和英華學點訪客的招待之道。由於月華已經有了一年的工作經驗，東娘就讓英華和淑華跟在月華身邊學習。東娘交代門房，姑娘實習期間，所有訪客的引導全交給三姊妹。月華她們自己排班輪流接受門房的差遣。不過說巧不巧，姑娘正好有空接送客人時，老爺偏偏上班去了。這一期間，除了週末和週日，訪客並不多，有的是東娘的客人，有的不知老爺不在家，引進來後，由東娘代為接待，事情代為轉達。

星期天一早，三姊妹都在房間待命，第一位客人進來，由一人前往引導外，其餘兩人馬上到正房報到。客人進來後，由東娘接待，英華、淑華便在月華的調教下，泡茶準備點心。

老爺休假期間，老闆宋哲元來過一次，由月華負責迎送。宋將軍頭頂作戰帽，一身多皺痕的粗布服，淑華前來奉茶時以為是那兒來的鄉下阿伯，待東娘也來作陪，彼此稱呼過後，才知是宋上將。

宋哲元：

「今兒隻身前來府上，卻有這麼多美女服務。」

「都是小女。」東娘瞥了一眼走過來的丈夫，「趁著暑假來學習待客進退應對之道，做得不得體之處，將軍別見怪了。」

「久聞潘兄多子多女。今兒更目睹教子有方。承教了。」

宋哲元說著目迎潘毓桂。潘老爺笑著落座，淑華見宋哲元好似隔壁阿伯，沒有官威，輕鬆了不少。東娘和月華回到隔壁茶水間後，宋哲元：

「今日來此實想暢所欲言。」

潘爺揣摩上意：

「淑華，妳到隔壁歇一下。」

「沒這意思。有小姑娘倒倒茶，談起話來也順心。況事情皆已發生過，大家都知道，無關機密。」

淑華給主客兩人倒滿茶後退到客廳一隅。

「在這亂世有時難免隨波逐流，但是機會來了，也要趕快掌握。」宋哲元拿起放在桌上的軍帽把玩了一下，再放回去，「你看，我在長城一帶浴血作戰，大刀隊把火力強大的日軍殺得抱頭鼠竄，好像建立一條精神長城，結果土肥原一個協定就叫我撤離長城，被放逐到天津。」

「您是說秦德純和土肥原簽的那個約？」

「不錯。我被趕走，白堅武、石友山的機會就來了，結果他帶日本人佔領豐臺車站企圖攻進北平。」

「石友山這個人東倒西斜，白堅武不是帶兵的料，沒有指揮能力，以為帶一些日本的烏合之眾就可以成事。」

「所以說他們準備不夠，註定失敗。白堅武夾著尾巴逃走後，我來了。我從長城退下來，是退兩步，回防北平是進一步。」

「明公英明。」

「我的 29 軍奪回北半的控制權，對我和國家都非常重要。如果我沒把握這個機會，我就是喪家犬，被人家唾罵，因為人家不會記得我的過去。我重新掌握北平，表示土肥原可以逼我們簽約，但我也可以把約踩在腳下。」宋哲元呼了一口氣，睜開兩眼，「南京的蔣先生對於我擅自行動有些錯愕，還是頒給我青天白日勳章，給我

做平津衛戍司令。你的高等顧問也就是這樣來的。」

「明公可是一人得道雞犬升天了。」

潘毓桂看著這位比自己小一歲的上司，想著他身經百戰，自覺比他矮了一截，只好笑著對他發出半開玩笑的恭維。淑華趁著兩位大人開心笑開時悄悄走到窗邊，避開他們的視線。

「亂世何來升天？浮上檯面剛好就是敵人最好的標靶。」宋哲元看著潘毓桂魁武的身形，腦中浮現武將的形影，「潘兄是日本通，素與日人交好，不知日本軍方對我的任命有何看法？」

「目前並沒有直接從那些頭頭聽到什麼看法。日本軍方那邊長久以來對將軍的看法是，將軍和蔣先生素有嫌隙，又比蔣年長，戰鬥經驗更豐富，這種偏見會繼續左右日方現今主將的想法。」

潘爺有所隱瞞，但他這番話也讓宋將軍沉思片刻。東娘和英華端著新切的哈密瓜進來，同時叫淑華把茶壺拿到茶水間添加開水。

「南京對我來說，可謂軍令如山，但煥章¹對我來說，患難情也似海，南京政府不能因為我和蔣先生不親，就認為我要搞獨立王國。」

「將帥不和，日方就容易見縫插針。」

對潘毓桂的警示，宋哲元回以兩聲乾笑。

「宋將軍，嚐嚐哈密瓜吧，剛從地窖取出來，甚是冰涼。」走進來站了瞬刻的東娘把水果切盤放在將軍前面的茶几一角，「挺甜的。」

宋上將吃了一口哈密瓜後，用棉紙擦手拭唇：

「我如今坐上這把交椅，首當其衝的就是日本鬼子。軍事我自己來，和日本有什麼紛爭，政治解決，發揮緩衝機能，一切還是要靠兄多擔待。」

「司令放心。我最不願見到的就是百姓死傷，兩軍交戰，百姓可憐了。凡事事緩則圓，以拖待變，不得已非戰不可時，司令也有更多的時間準備。」

淑華把添加開水的茶壺再次端進來後不久，宋哲元將軍起身告辭。潘爺要送他出去，宋哲元：

「你歇著。」宋哲元看著月華，「這位姑娘，應該是令媛，送我出去就可。免得一路聊著，越談越起勁，到時候又走不了。」

宋哲元走後，淑華、英華和東娘收拾茶几。潘毓桂：

「上將真是快人快語。」

「無怪乎他用兵也是速戰速決。你跟著他的腳步就沒錯。」

「不過世事難料。」潘爺嘆了一口氣坐下，「局勢變化太快，人的想法和立場也都在變，尤其是被大環境推著走，最後的結局，誰也說不準。」

淑華想起上個月初剛回奉天的家後不久，山家亨來訪告知的，從天津坐火車到豐臺，企圖從永定門進入北平的日本人和當地華人組成的隊伍，就是剛剛宋上將說的白堅武、石友山帶領的中日烏合之眾。這兩段敘述相當吻合，她預感中日之間的衝突，遲早會在眼前發生，不再只是傳聞。

開學後，整個班級直升高中，但一分為二，她和英華分別進入普通班和師範班。分在不同班後，她和英華漸漸不互相約束，放學後各自回家。她的自主空間多了起來，也漸漸有了新的朋友。

翊教女中，學校小，班級少，每天都有老師罵小日本、日本鬼子，但每天課照上，同學照樣玩樂，淑華已有一種隨遇而安的心理準備。一般同學在這狹隘的空間一待就是六年，心情難免躁動。就淑華來說，數學、國文和體育老師就是以前初二、初三時教過她的，對初中讀過三年的同學來說，老師回鍋的情形更「嚴重」。以前教地理的老師走了，學校好不容易請了兩位兼課的老師，其中一位就落在他們班上。謝欣宜老師一週兩節的課安排在禮拜五上午，由於是兼課，且只在禮拜五連上三班，所以只在週五到校。沒有人看過他，不知他是男是女，同學猜測紛紛。他名字文縐縐的，好像是女生，如果是男的，應該不會太老太醜。拜五第三節上課鐘響了，很多同學期待一位俊男或美女，結果進來的是一位又黑又瘦又禿，但頭上有幾綹頭髮的阿伯。謝老師自我介紹時，這個人數不多的班級，空氣裡頭還是充滿竊笑、私語的嗡嗡聲。

「我迫不及待地想向各位上課，在這種時代，比上課更重要的事越來越多了。」

看著他認真嚴肅的神情，有些同學還是忍俊不住，只好用手緊緊堵住嘴巴了。謝老師：

「上個學期末到暑假初，兩週之內，日本軍方逼迫我們簽訂兩

個羞辱我們的協定。妳們知道嗎？」

班上的竊笑私語被鎮懾下來後，謝欣宜化繁為簡地把「秦德純、土肥原」和「何應欽、梅津」兩個協定大致說了一下。

「東北不說了，他們早就佔領了熱河，現在把我們的軍隊、官員趕出河北省，河北省和重要城市官員的任命要他們同意，他們也在察哈爾、天津廣設特務機關，要求我們同意他們對蒙古的工作……」謝欣宜越說越激昂，「各位看看，這是你們下學期的地理課本，內容都是講華北、東北和塞北，到時候這些土地都給日本人佔據了，那我們下學期也不用上地理課了。」

竊笑和私語少了些，但謝欣宜老師還是覺察出一些，正覺吶悶時，坐在淑華右後方一點的溫貴華舉手，獲得老師的同意發言。溫貴華：

「剛剛老師慷慨激昂的講話，我們都很佩服，也深有同感。不過我想補充一點。」

「請說。」

「我在想，屆時如果河北連同北平都被他們佔領的話，老師氣憤地說，下學期不用上地理課。我在想，國文、英文、數學和理化可能暫時還是沿用現在的課本，然後加強日語教育。當然如老師擔心的地理課，我想，他們一定會更改課本內容，東北不用說了，華北、北平會被他們日本國內學校列入本國地理，在北平教地理的，如老師，也會同步教授同樣的內容。」

「這位同講的沒錯，史地課，尤其是地理，對日本鬼子來說，一定是國內和佔領區同一步調。如果有這麼一天，我當然不會教，東北、華北被他們劃入本國地理，各一章。本來要上一整年的本國地理變成外國地理的一章或兩章，教下去會泣不成聲。」謝欣宜看了一下大部份同學抗拒感動的神情，摸了一下下巴，「教地理心情落差很大，妳們在下聽講的沒差，或許是另一種心情。」

「哦？」

同學有些錯愕、不解。謝欣宜繼續說：

「屆時妳們都是日本新國民了，華北仍舊是妳們的國土，妳們新日本人在地理課研讀日本新的或原來的領地是理所當然，想來也是妳們很期待的事。」

「怎麼會這樣！我們沒這麼賤！」

「老師是故意激我們！」

「當我們是亡國奴，不會思考。」

…………

同學被老師的激將挑動後，驚叫連連，想用他的頭髮捉弄他的念頭開始萌生。謝老師環顧了教室一週：

「好了，別鬧了。我只是開個玩笑，宣洩一下心情而已。……現在打開地理課本，第一課是首都南京。南京是我國五大古都之一，但名氣是五都當中最小的一個。那五都指的是那幾個城市？」

謝欣宜聽取學生的解答，加以補充說明後，又要求同學舉出設都南京的朝代。

「不管怎樣，大家都有一個基本認識。那就是設都南京的都是很小的朝代。回家翻書也未必找得到的那種朝代，那種小國。」謝欣宜噤口走了幾步，用來壓抑同學間暗中串連的惡作劇意念，「各位都知道明朝是大的朝代，明太祖定都南京，但被明成祖換掉了。現在民國也一樣，中山先生定都南京，但沒幾天就被袁世凱換掉了。現在委員長統一全國，南京又奪回首都的寶座。但是現在日本人惡虎撲羊，來勢洶洶，屆時風雲變色，變成別國的城市，遑論首都了。不管怎樣，南京做為國都，被剝奪感一直很重。現在很多國家還以為中國的國都在北京……」

謝欣宜察覺竊笑、私語像浪花一樣，在有如波浪起伏的學生群間流竄，他直覺剛剛的激將挑起了同學好玩的本性，根據過往的經驗，知道這個他新接的班級一定又尋他的頭髮窮開心。他機警地把國都的敘述從歷史帶進國仇家恨的情境，希望藉此遏止學的笑鬧。

「別吵！別鬧！敵人就在城裡城外虎視眈眈，妳們還有閒情嬉皮笑臉。上南京的地理課，不能不講到它的歷史。想談一千公里外的國都，但我們身在故都，故都被欺凌的屈辱還痛在我們心裡。」謝欣宜見課堂秩序好了一點，「宋哲元司令，大家知道吧！現在北平就靠他這根大柱支撐了。有一種傳言，他出任平津衛戍司令，日本軍方表示同意。真是不要臉到極點，好像宋司令是他們任命的一樣。宋上將不是省油的燈，看來好戲在後頭。大家要

有心理準備。」

謝欣宜的警語發揮了一些威儡作用，課堂安靜了不少，但下課十分鐘，同學交換過意見後，再次上課時又回復了不少先前的輕佻、浮動。下課後中午吃飯時，溫貴華和前兩天一樣，暫時借坐淑華隔壁同學小張的座位，以便就近和淑華一起聊天吃飯。小張見狀，乾脆和溫貴華互換座位，免得兩個一直搬來搬去。位子換好後，兩人都掀開便當盒。淑華：

「大家對這個謝老師有點意見？」

「她們只是覺得好玩，沒有惡意的。《三毛流浪記》這個漫畫看過沒？」

「沒有。」

「這個漫畫很流行，以前看過一些，現在都讀高中了，就不再看。」

經溫貴華的介紹，淑華始知《三毛流浪記》是漫畫家張樂平筆下的卡通書，書中的三毛原為富家少年，因為日本侵略失去父母，淪為孤兒。由於生活貧窮，致營養不良，頭上只有三根頭髮……。

「同學看到他頭上只有幾撮頭髮就想到三毛，其實三毛很受歡迎，他那不被艱難環境打倒的善良的形象深植人心，同學用三毛嘲笑謝老師時，心中還是有些同情。畢竟謝老師跟其他老師一樣，也在喚醒大家的民族意識。」

「同學會慢慢習慣他的頭髮，不再嘲笑他的。」

「哦！有一件事，妳是潘英華的堂妹？」

「哦！」

「我起先以為妳們是親姊妹，但又覺得不可能，一問才知是堂姊妹，她還說妳們家住豐灤唐山鎮。」

「她這樣說哦？」淑華感謝乾姊替她掩飾，原先感到的錯愕很快便消退了，「她只大我幾個月。」

「妳來北平一年多了。故宮去過沒？」

「去年十月和伯父一家去過。兩位堂姊意願不是很高，但為了陪我也就去了。」

「所以去故宮的機會很多，我們學校也會安排到那兒戶外教學。」溫貴華吃了一塊臘肉，「太廟，妳去過沒？」

「泰國廟？在什麼地方？」

「太是太陽的太。怪不得，它像冷衙門一樣，很多人都不知道。」溫貴華特地詳加解釋，「在故宮前面，是以前清朝皇帝的宗祠、家廟，祭拜祖先的地方……」

「北平值得看的地方實在太多了。」

「故宮平常遊客多，時常一大隊一起過來後又是一隊。在裡頭有著非跟著移動不可的壓力，或者是習慣，別人東看看，西瞧瞧，妳不跟著看就覺得什麼不對勁。如果落單，一個人坐在一個角落享受悠閒反而讓人起疑。太廟就不一樣，遊客很少，很多人進去就是為了尋思，找靈感，培養氣質，然後一坐就是半個鐘頭，一個小時。然後妳會發覺這個地方屬於妳，不是大家共有的。」

「妳體會很深呢。」

「我常去。離我家不遠。」

「妳家住那？」

「東單王府井大街。」

淑華被說動了，下午放學後，溫貴華帶著她走出校門，在學校巷子口的堂子胡同站上車，天安門站下車，她算了一下，回程在甘石橋下，多了一站，車費才 11 分錢，她腰包的零用錢綽綽有餘。

下了車，淑華跟著貴華穿越馬路，和前往故宮一樣，穿越金水橋，她就迷迷糊糊跟著貴華走了。穿過皇城的高牆是一片迷離的蒼松勁柏，松鼠跑跳，鳥鳴啾啾，兩人在樹幹、枝椏間遊走，走了兩三分鐘才進入兩邊排列成行的柏樹大道。

淑華每到一處古蹟，就像進入另一時空，常常是「過關登塔樓外樓」。今兒來太廟也是，走過柏樹大道才算到達廟牆，過了琉璃門，正式進入廟內，又在貴華的簡單介紹下，通過戟門橋和宮殿形制的戟門。原以為只是一座簡單的廟，來的過程如此繁複，她不由得心生深入深宮的不耐。

淑華兩眼循著貴華的視線，落在前面正殿－享殿正面簷下，書有「太廟」兩個字的巨大牌匾，跟著放慢腳步，發現自己踩著的石磚竄壞累累，凹凸不平，磚縫間小草成行。走過明顯泥化的鋪石廣場來到太廟正殿，兩人步上階梯進入殿內，仰望高聳的金絲楠木大柱後繞到後面。溫貴華帶她繞回前面，再到旁邊的配殿坐在前廊。

淑華問起後面還有什麼好看，溫貴華：

「我們就坐在這邊享用黃昏時光。如果每一處都要看會很乏味。不需要看得沒完沒了，反而要讓古建築看著妳，讓妳覺得自己的憂慮沒啥了不起。」

她們伸腿坐著搖腳聊天，有時看著古建築琉璃瓦上的夕照餘暉、拉長的簷影，沉默下來時，她就打開書包，把課本拿出來看一下。早上謝老師時局緊張的談話，不覺拋在腦後，似乎遠在天邊了。

她和兩位乾姊一向就不談敏感的時局問題，地理老師的一番言論，她自然不會講，如今她發現了一個新天地，回到家後，她也打算暫時不講。

又是中秋時節，大宅院裡頭常見的槐樹、楊樹的葉子還是黃綠相間時，校園圍牆裡側的幾株銀杏已變得橙黃，樹上和樹下的葉子黃成一片，最讓人感受到秋天的訊息。潘老爺平時要上班，賓客多集中在週末和周日前來。淑華和兩位乾姊輪流迎送客人，有時送走一位客人，剛好有新客人進來，就順便帶到正房。周日，通常早上客人多，下午客人少，她們還有充裕時間小寐一下。

註 1：指馮玉祥。宋哲元幼年家貧，刻苦讀書，北洋陸軍隨營武備學堂畢業後服役於馮玉祥部，升至團長，1922 年，參加直奉戰爭，升任第 25 混成旅旅長，是馮玉祥五虎上將之一，兩人關係密切。

25. 訪客驚魂 反日潮起

這天周日中飯過後，東娘要淑華幫忙把新印好的幾本年曆拿到正房。東娘趁機給她做機會教育。東娘把該說的說完時，潘老爺也回來了。他知道老婆跟淑華講些什麼，雖不同意老婆的看法，但也只能無奈地看淑華一眼。

淑華回到寢間時，兩姊妹正要上床小憩。英華：

「拿兩本年曆要這麼久，肯定東娘找妳有事。」

「沒什麼。」

「妳說沒什麼就表示有什麼。」

「看妳臉色不太對。」月華下了床，走近淑華，「說啊，沒關係。」

「只是機會教育。沒什麼啦。」

「說來聽聽。」月華拉著淑華的手，躺著講好了，「我們很想聽呢。」

三位女生躺在一起蓋上棉被，好像多了一層保護。淑華：

「她說日本女性有很多習慣不好。」

「哦。」

「她說，我和別人說話，動不動就笑，這樣不太好。」

「這樣不是很好嗎？」月華展現了做姊姊的氣度，「這正是日本女性的優點，給人感覺溫柔婉約。」

「她說這樣就像賣笑，會被人輕視。」

「東娘想太多了。妳實在很冤呢。」

英華說著笑了起來，月華複訴「實在很冤」後，三位女生也都裹在棉被裡笑成一團，淑華閉上了眼睛，感覺安全了一些。

「長輩既然這麼說了，我也不好說什麼。」淑華停頓了一下，語含歉意，「她還說日本女性碰到朋友都要停下腳步深深一鞠躬，這樣太超過了，太卑屈反而傷了自己的尊嚴。」

這些話引發兩位乾姊大笑。其實，淑華早就對日本有些禮節深不以為然：

「孔子說『過猶不及』。中國人看來，太過有禮貌，反而是失禮。」

「東娘，我媽，講話一向就很辣。不過這一點，她講得是有點道理。」月華抑制住笑意，「日本女性禮節非常周到這一點，我雖然覺得不無美感，但我就是做不來。這是習慣的問題。」

「她認為該怎麼做？」

英華問得直接，淑華：

「她認為點點頭就可以了。」

「哈！哈！」月華迅速收攏笑臉，「我一直認為日本女性的禮節，在肢體語言上做得很精緻，但中國話也很厲害，三言兩語就叫它退縮了。」

「那我該怎麼做？」

淑華說著翻身起床，兩位乾姊也都掀被起身，回到自己的座位。英華：

「就照她的話做。現在中日關係緊張，被認為是日本人也不太

好。」

「同學都不知道我是日本人。」

「我沒講，自然沒有人知道，況且妳的中文這麼好。她們頂多認為妳是外省口音。」

午後時分，外頭太陽照出暑氣，室內一片秋涼，三姊妹難敵睡意，簡單漱過口，上過洗手間後，各自入睡。淑華睡不安穩，醒來後微汗和罪責感同時沁出。在班上，她不敢表明自己的日本人身分，越是隱瞞，越覺得自己不再是百姓，至少是披著侵略者的外衣，求學的日子恐怕動蕩不安。

兩位乾姊起床後，她也跟著下床。她們喝了一小杯水潤潤喉嚨後開始聽黎明暉的唱盤，學唱〈人面桃花〉。約莫過了半小時，門房的老魏通報要小姐前去給客人帶路。淑華應召前往。

來客身材魁梧，嬌小的淑華和他走在一塊，備感壓力。兩人來到正房客廳，淑華叩完老爺的房門回來後，看見來客正在觀賞老爺的畫作，似乎藉此掩飾內心的不安。淑華進去茶水間時，東娘已泡好茶，於是一長一少兩位女子分別端著茶水和糕餅進去客廳。

「你也是聰明一時糊塗一時啊？」老爺瞥了東娘和淑華一眼，再正視來客，「沒關係，廖參謀，你就暢所欲言吧。明公沒有辦你，算你運氣好。」

兩位女子擺好熱茶和甜餅後退到房角的小屏風後面小坐。廖參謀：

「我把收到的錢全部上繳，之前一直放在家裡不敢動用。」

「多少。」

「500 圓。」

「也不算多，等於一個教授的薪水。」潘老爺要來客吃甜餅，別客氣，「我說述德兄。明公是最討厭人家收回扣的，尤其是負責軍火採買的。你看他一身土裡土氣的打扮，就知道他很節儉，不貪財。你好在把錢原封不動地上繳，加上他心情好，不然早就把你送辦，甚至拖出去那個了。」

廖述德噤聲不語，額頭冷汗微沁。潘老爺繼續說：

「在民國的將軍裡頭，宋哲元是殺氣最重的一位。你也知道。兩年前，他帶兵在喜峰口、羅文峪砍死八千多日本兵，再往前推，

七年前鳳翔大戰¹，黨玉琨部隊五千多官兵被他俘虜，他親自坐鎮，一個個砍頭。殺死這麼多人，不在乎多你這條冤魂。」

「是有聽過，但平常沒記在心裡，都淡忘了。」廖述德的聲音哆嗦得厲害，「都只怪自己警惕不夠。」

「你來找我不會是要我替你向明公求情，讓你官復原職吧。」

「我怎敢？」

「你最好離開北平。更別來我這兒。他時常來這兒，萬一你們又碰頭了，對你我都不好。」潘爺見廖述德臉兒慘白失神，「他早上剛來過，暫時不會來了。」

「早上他有沒有說到我的事？」

「這倒沒有。」潘爺知道廖述德有抽大煙的癖好，「來吸它一兩泡定定神怎樣？」

廖參謀應允了，老爺馬上招呼屏風後面的東娘和淑華。東娘和淑華進入客廳後面的小房間，東娘從廚裡取出兩個煙盤，分別放在兩張煙榻旁邊的小桌子上，然後點燃兩盞煙燈，淑華打開象牙小壺後，跟著東娘把煙壺放在煙燈上面將煙膏烤軟，再用針狀的煙籤刺向煙膏，一點煙膏凝固在煙籤上形成煙泡後，再刺一次，重複了好幾次，煙泡呈塊狀後，便塞進笛狀的煙槍上面凸起的煙葫蘆內。潘爺和廖參謀進來後，煙槍已準備停當。一主一客各自拿著煙槍側臥在煙榻上後，東娘叫淑華到外面透透氣。兩分鐘過後，淑華再次進來時，整個煙室瀰漫著煙霧和香氣，潘老爺和廖述德都側躺著瞇著雙眼，一副陶然。潘爺：

「怎麼樣，比較好了一點？」

「嗯。」

「有種寵辱皆忘的豁達？」

「海闊天空吧。」

「哈哈！我們這裡頂多兩泡。這種玩意不能當飯吃。」

……

主客在聊著時，東娘和淑華手上的煙籤又挑出第二個煙泡，然後分別塞進兩人的煙槍裡頭。

潘爺結束會客，淑華送廖參謀到大門，一路上感覺廖參謀神彩奕奕，好像變成另一個人。

東娘表示，鴉片偶爾吸一下，不礙事，老爺有時陪客人吸個兩泡，平時也沒吵著要吸，還算 OK，至於她們女生服侍客人時吸進一點二手煙，更應該沒事。雖然如此，她一直不敢把這檔事說給父母或同學聽，算是她生活中的一個祕密。

　　當然裹在她體內的祕密不只這一樁，時序由中秋進入深秋，路樹的葉子多已掉光，樹木密織的枝椏隱約在冷冽的薄霧中，讓人感覺悽涼。時局越來越緊張，每一個老師上課時，都會慷慨陳詞，咒罵日本人或和日人親善的所謂漢奸，有時也會開放個一二十鐘給學生討論。11 月下旬，殷汝耕成立冀東防共自治委員會，宣佈脫離中央後，大家的情緒更加激動，加上傳言日軍把河北和察哈爾的自治寄託在宋哲元身上，一再向宋哲元施壓，各地大學學潮不斷，一天全校班會在「聲援中央，堅決反對自治」的統一議題下，讓學生大肆討論、宣洩。同學除了口號式的呼喚，教條式的謾罵之外，對於殷汝耕這種小角色似乎沒有多大興趣，多把矛頭指向宋哲元。

　　「俗話說，縱虎歸山。宋哲元就是那隻虎。以前他在長城拿大刀，日本人硬，他更硬，大刀直接衝下去砍了下去。現在他來到故都當大官，像是被養在籠子裡面，被日本人逗了幾下就軟了……」

　　「我父親說，他的司令部裡頭用了很多親日派，司令部開張了以後，擺出官場的架子，日本鬼子特務進來，他也是送往迎來。主戰派變成了談判派，看來不久就要變成投降派了。是不是？把你司令部裡頭鬼子的鷹犬抓起來才是原來的宋哲元。」

　　同學發起言來，有模有樣，好像大人在背後操弄一般，淑華戰戰兢兢，深怕被點名站起來發言，同學提到宋哲元豢養親日派的人馬後，淑華嚇了一跳，好在那位同學講下去時，沒有提到任何名字。另一個同學開口了：

　　「大家你一言我一語，把宋司令的志氣都給淹沒了。歷史老師說得沒錯，……日本人勸他和殷汝耕合作，但被他拒絕了。可見他志氣還在，大家應該給他加油打氣才是。」

　　「宋哲元，誰不知道他想當河北王。在他前面的不管是中國人還是日本人，只有一個殺字。一將功成萬骨枯，他的目的已快達成了，就等著領賞，安居北平的這一段沒有作為的日子裡，肯定不會再卯起勁來對著日本鬼子幹了。」

「我們不能一直把矛頭指向宋司令。我們來檢驗南京的蔣中正，北平前線這麼緊張了，他一直不願前來，一直派代表來，每派一個代表簽一個約，中國的主權就失血一次。我很懷疑他這個在日本讀過書，喝過東洋奶水的，碰到日本就軟了一半。他在南京坐得這麼安穩，一定有自知之明，認為打不過日本鬼子，偏安江左，做個晉元帝、宋高宗這種半票皇帝，也勝過什麼哀帝、廢帝的。」

「對，我們不能容忍蔣介石一再打壓共產黨。他說攘外必先安內，這是屁話，還不是為了鞏固他自己的權位。南京反共，日本人防共，看似敵對的雙方，在反共防共的共同題目下，天曉得是不是稱兄道弟，進行所謂的『中日提攜』，交換利益。」

「我們是小學校。外面的大風大浪終究要吹進來。剛剛那位同學講得沒錯，蔣先生不肯來，那我們就過去如何。我家附近住了幾位大學生，他們已經有了這種想法。如果情勢惡化下去，北大、燕大、中國大學學生決定組團到南京包圍中央政府，然後串聯全國各大中學發動全面性的示威，屆時我跟著過去……」

....

同學發言踴躍激昂，班會50分鐘完全沒有冷場，淑華如坐針氈，發覺好友溫貴華也沒發言，才稍稍寬心一些。

放學後，她在校園逗留了好一會兒才到堂子胡同口搭車。等車的同校生少了很多，貴華自然不在裡面。她們應該都搭前幾班次走了。電車走得很慢，剛剛同學的發言又在她內心狂飆。思潮在她腦裡湧動，形成一波波耳鳴。

她在天安門站下車，憑著對地圖的印象，走過又寬又短的中山路，一堵高大的黃瓦紅牆進入眼簾。這就是貴華說過的，在舊皇城遺址外緣建造的新牆，只是傳統的厚牆變成現代式的圍牆。她通過牆門，果決地走過松柏林，身體暖了一些，印象中一片青綠的柏道，兩個多月不見，兩旁柏樹的綠葉掉落大半。這些在主幹之上盤捲，抖顫，掙扎成一團的枝椏多半不長葉子，秋去冬來，樹梢嫩枝的葉子紛紛掉落，綠意大失，好似她此刻心情的寫照。柏樹雖然長青，但這兩行長年生長受到人工壓抑的柏樹，還真是柏樹界罕見的禿頭族。

過了琉璃門，淑華好像被什麼召喚，也像被什麼驅策著一般，

快速通過戟門橋、大戟門，來到前配殿坐在廊廡下。天邊彤雲密佈，夕陽隱晦，她身上一領學校外套，十分單薄，她望著前殿後方翹起的雙簷，冷冽寒意襲來，但一股思潮也在胸腑內澎湃開來。「打倒日本鬼子，我們要揮師山海關收回東北故土……」班會同學尖銳的呼喚充滿她耳際。「同學們，我就是那日本鬼，侵略妳們的日本鬼就在妳們身邊，先把我打倒再談進一步的行動吧……」她體內如此熱呼呼地吶喊，致眼眶濕紅了起來。天空快速轉暗，冷漠領有一切，她的憂慮凍結了，突然覺得離家太遠了，腦裡只想快搭車回去。

回到家，正在練歌的兩位乾姊對她的晚回沒有多問。三人商議了一下後決定把三人的桌椅從窗邊搬到炕床的旁邊，個人的空間少了許多。這個炕床的灶口開在外面，每天晚餐時，僕役會在灶口內的炭爐添炭點火，睡前會再加炭，讓炕床溫暖到半夜。三姊妹移到炕床上睡覺，一個禮拜後，淑華才知道炕床的這種設計，僕役添炭火時，房內人不會被擾到，燃燒後的瓦斯自然排到外面，房內也是安全無虞。

共同在集義軒用過晚餐回房後，英華故做神秘地問：

「今天班會很熱鬧吧。」

「吵翻天！哦！不是，每一個人都講得很激動，沒有冷場。」

「妳有發言嗎？」

「沒有，我怎麼敢講。」

「我們真是同病相憐。父親以前留日，現在日本朋友多，老宋重用父親後，也被懷疑抗日立場有變。像我們這種高敏感家庭，班上一些活動，能夠閃就閃。」月華拿著國文課本直接上炕床，「但也不能一直逃避，心裡也得想幾套說詞，必要時拿出來用。」

英華和淑華聽著也都擠到炕上溫書，房間前面木門旁邊木板牆上新近懸掛的潘爺新作，黑瓦紅牆的〈鼓樓〉正好看過來。門的另一邊牆自然也掛著一幅〈鐘樓〉，只是不在視線內。潘爺作畫時，〈鼓樓〉正脊兩邊的神獸作了比較多的渲染，輻射狀的水氣把灰白的天空蝕成一個眼白。此刻這雙「眼睛」注視著炕床上的三姊妹。月華抬頭望了畫作一眼。

「爸爸畫了這兩幅畫掛在我們房間，是提醒我們暮鼓晨鐘，晨鐘時刻就要趕快梳洗，準備上學，暮鼓時刻用過晚餐，開始溫習功

課。」月華吐了一口氣，看了英華和淑華一眼，「局勢逼得大家在學校都在談政治、街頭攻防。女學生也變得強悍了起來。」

淑華心頭鬱結稍解：

「課堂上討論國事在日本女校根本是聞所未聞。中國女學生自主性太強了。」

「我班上的同學也都說得頭頭是道。大家的口才出奇變好了。基本上我也同意她們的說法，但我們還是得顧慮父親的立場或看法。」

月華說完，英華直接了當：

「父親是我們的包袱。」

「那我是不是也是妳們的包袱？」淑華。

「怎麼會？我們都是邊緣人，同一國的，要相互取暖。」

月華說著大家相視而笑，淑華陡然從笑聲中落下，「邊緣人」不就是棄兒，現在不再是一家人傍著將軍安穩地生活，而是一個人置身政軍情勢複雜的北平，尤其在學校，可得面對很多事情。淑華想開了一點：

「我父親如果知道中國女校的學生自主性這麼強，一定會嚇一跳。」

「妳不會寫信告訴他老人家吧。」月華。

「當然不會。回到奉天的家也不講。」

「想開一點，明兒一早騎一趟快馬把這一些紛擾全拋到馬後。」

淑華沒有回應，開始專心讀歷史課本……。

如月華所言，她們三姊妹真的自成一國。班上，班會課或有些老師在課堂開放時事討論時，她們都儘量避開鋒頭，或虛應一番。放學了，淑華想，一般同學一定把在學校的情緒帶回家，家裡如果有兄弟姊妹，一定會延續在校時的熱烈討論。但她們三姊妹回到家便放空學校的一切。

河北、察哈爾自治的傳聞越來越盛，各種版本紛飛，任課老師在課堂上痛陳時事的時間越來越多，而且口中的自治版本也不一樣，早上老師講河北一省，下午又加上察哈爾，到了第二天變成整個華北。這一天，和翊教女中同在一條巷路，但胡同名稱不同的北平大學法學院學生代表來到學校各班向老師借時間宣導。這些學生前腳

剛離開，大木倉胡同的中國大學學生又來串連，要求學生加入 12 月 9 日他們遊行的行列。這種散兵游勇似的招兵引來同學不同的意見，上課被擾的歷史老師也開口嗆中國大學的學生了：

「同學，你們這樣搞會亂掉。翊教女中雖然是小學校，但遊行這種事，要怎樣參加，還是得經過班聯會議決定。據我所知，翊教班聯會還沒召開，然後根據以往的先例，他們都是跟在北平大學法學院後頭的，學生部隊從胡同走了出來，同一胡同的自然形成一個聯隊。翊教的學生到你們那兒組成聯隊，還要越過大街，屆時交通管制，過馬路困難，被警察驅散，對大家都不好。再說，女子師大附中也在貴校隔壁，你們帶著女師附中女生就可以了。不是嗎？」

老師的談話明言中國大學撈過界，言畢獲得學生熱烈的掌聲，中國大學學生覺得沒面子，剛踏出教室門口又折回。老師見他不屈撓，勉強同意他發言。

「剛剛老師和同學可能誤解我的意思。告訴各位，我們是在領導全北平的學運。」大學生瞧見臺下有些同學很不以為然的神情，「上個月成立的北平學聯就是我們學校大力成立的。12 月 9 號那天一大早，我們會率先前往南海的新華門，你們肯定跟不上我們的腳步。我們回頭串連的時候經過西單北大街，希望你們加入……」

這些大學生滿懷熱情，但都只向高中部宣導，都沒打初中部學生的主意。

12‧9 話題在學校燙燒，但回到家裡，兩位乾姊都不提，淑華做功課休息時會想一下，入寐前躺在床上，學生街頭示威的畫像潮水般淹至床邊，甚至湧動了起來，大概是想著要如何找藉口不參加時入睡。第二天一早，教數學的班導師徐志業宣佈班聯會的決定：

「12 月 9 日禮拜一，……參加同學八點在學校集合，我們學校一樣和北平大學組成一個大隊，我們人少就在胡同口排在他們旁邊。先發部隊預計 8 點從新華門集結出發，在西單牌樓轉進西單北大街，很快就到我們胡同口……」

照老師的說法，北平大學的代表會先加入先發部隊舉大牌，北平大學學生看見「北平大學」的大牌子便自動匯入遊行行列，翊教女校學生自然跟上。

遊行的事定調後，學校平靜了一些，師生上課情緒也回復了一

些，意味著看 12・9 一舉是否成功再決定往後怎麼走。再過一天，禮拜五。

「我說過的，如今都到眼前了。我也不再多說，都去參加吧。」

地理老師三毛兒不再多談時事，認為多談無益，雙腳踏出去展現行動，或許有一點意義。他似乎想好好上課，但眨眼呼氣間還是一直窺探學生的神情，想察知她們的意向或反日的心理堅定度。下課後，溫貴華面向淑華：

「禮拜一，一起參加遊行吧。」

「我是有點想參加，但最近身體很差，走那一段路恐怕體力難以負荷。」

「我看妳最近有點恍神，把身體調理好要緊。」

好友突然邀約，淑華有點措手不及，本想說義父管教嚴，要向他請示，但想到把潘爺拖下水，反弄巧成拙，情急之下拿身體擋箭，總算混過一關，也很感謝貴華的體諒。

傳言即將成立的自治政府，由宋哲元主持的傳聞甚囂塵上。華北日軍力薦宋出任自治政府委員長，企圖把屠日最力的戰將打成親日派，而宋也不撇清，讓人質疑他有意疏離南京國民政府。潘毓桂跟在宋的身邊擔任要職，宋被認為媚日，潘毓桂向來與日方交好，自覺難脫干係，大宅院也開始緊張了起來。潘家雖然富裕，但招牌不響亮，中國大學、女子師大附中學生每天在潘府門口來來去去，沒人知道門眉「潘府」裡頭住的是誰，也不知道潘毓桂是何許人。但潘宅未雨綢繆，開始進行防範。潘爺首先關閉常開的小門，撤掉門衛，避免招來物議。同時藉著樹木的隱蔽，在偌長的圍牆多處要點設置暗哨，加倍人力，不時向外監控。

> 註 1：1928 年初，宋哲元受命於馮玉祥，攻打陝西鳳翔縣黨玉琨部，久攻不下，7 月獲援軍，以炸藥攻城，城陷，黨玉琨亡，5000 餘部屬被俘，宋悉數交各團處決。少數軍官偷偷放走部分人，其餘悉數被殺。據統計，此次「鳳翔大屠殺」，至少有 4000 人慘遭屠戮。前段，潘爺口中的明公即指宋哲元。

▮▮▮ 26. 宅院偷閒 街頭熱戰

禮拜六一早在淒厲的鴿笛聲中醒來，洗過僕人供應的熱水臉後，三姊妹又前往正房向老爺和東娘請安。潘老爺請她們喝過早茶後：

「我們家庭處在時代的浪頭上，妳們在學校就儘量表現得平凡一點，別人呼口號，妳就跟著呼，別人發言，妳就跟著發同樣論調的言論。」

「不發言可以嗎？」英華。

「到最後只剩妳沒講話，妳就有問題了。」

三姊妹一陣暗笑，月華：

「12‧9要參加嗎？」

「都不要去好了。」潘毓桂搗著下巴，兩眼尋思似地轉了一下，「我們這個小宅院要加強安管。妳們去參加了，會擔心家裡的情況，我們也會擔心妳們在外頭的情形。找個理由推掉好了。」

禮拜六下午，淑華照例到中山路中華門附近貝德洛夫夫人的音樂教室練聲樂。禮拜天早上，三姊妹想跑馬，但被潘爺勸退了：

「這幾天都待在家裡。」

於是聽聽唱片，讀書，玩牌，三人悶的感覺一直持續到晚上。第二天一早，想到同學們即將用遊行、示威、高呼口號充實他們的一天，而心虛得有點茫然，於是另有一番行動的呼喚又在體內升起。她們向老爺再度提出跑馬的想望。潘爺：

「我說妳們三個小女生湊在一起，有個壞處就是膽子大了一些。」

三姊妹竊笑了起來，老爺繼續說：

「現在警察局布下重兵，遊行路段和附近重要交通道路都布滿警察，妳早上騎馬出了去，回來時就會碰到交管，警察不讓過就不讓過。妳繞來繞去或許會碰到好警察。最糟糕的是碰到遊行隊伍，隊伍一拉就是好幾公里，繞不過去就回不了家了。再說敲鑼打鼓吹口哨，馬兒容易受到驚嚇……」

三人無言以對，只好說聲謝謝。

太陽升起來了，空氣依然冷冽，躲進房間，透過玻璃才能感受到它的一點光熱。

「有沒有聽到？」

坐在桌前的月華和淑華把頭轉了過去，看著正把耳朵貼近門玻的英華。淑華一樣豎耳傾聽，果然聽見悶在空氣裡，似乎從很遠的地方傳過來的市聲。英華突然把門推開，群眾聚在一起的喧聲更明

顯了。英華把門關上回到自己的座位上：

「應該是中國大學和女師大附中的學生部隊正在集結準備出發。」

「我看是女師大附中的學生。」月華。

「聲音這麼含混。妳聽得出都是女聲嗎？」

「中國大學學生不可能從後門出來。」月華看著英華，一臉狐疑，「妳還以為那是他們的大門哦？中國大學的大門在大木倉。」

英華翻了個白眼，淑華也笑了起來：

「月華姊不說，我也以為開在我們胡同的門是中國大學的大門。常想：大學大門怎麼這麼小氣。」

「女師大附中的師生朝著西單北大街走，不經過我們這裡，不然我們這邊的門衛會更緊張。」

月華說著站起打一個哆嗦，說一聲上廁所後逕自開門走了出去。淑華決定寫一封簡短的家信報平安，寫了兩行字，月華開門回來了，但沒有回到座位。

「長亭外，古道邊，芳草碧連天……」

輕柔，帶點抑制的歌聲從窗邊響起，淑華一時以為是從外面傳來的，抬頭看著分別貼身大門兩邊窗戶的兩姊妹，知道是月華的歌聲。淑華默默跟著哼，接著提高一個音度唱出另一段：

「天之涯，地之角，知交半零落，……」

兩姊妹回過頭，笑臉盈盈地看著她唱。

「一瓢濁酒盡餘歡，今宵別夢寒。」

淑華把末兩句唱完後，眼眶濕紅了起來，示意大家一起唱後，三姊妹齊開嗓，從頭開始，把這首歌又唱了一遍。唱畢，餘音繚繞，一種感動把三個人緊緊牽繫在一起。

「怎麼？淑華，妳哭了。」

月華說著，英華忍不住看了淑華一眼。

「歌詞的意境，那意境讓我忍不住……」

淑華哽咽了兩下真哭了起來。兩乾姊趕緊扶她到床沿坐下，透過背部用手撫平她的啜泣。淑華內心因著歌詞喚起的別離場景而感傷、脆弱，加上想到柳芭，承受班上反日情緒多時的壓力終於找到宣洩的出口，隨後就控制不住了。

「我感謝大家讓我進入中文的美麗世界。」淑華恢復平靜，腦筋如洗，「那歌詞的情境真的很美。」

「芳草碧連天。青綠色的草原一望無際，和天合而為一。」月華一邊回味歌詞，一邊形塑詞中的意象，「夕陽山外山。太陽西下，遠山一重又一重。真的很美。」

「有這麼美的意境，不進入，不去體會，就只想到擴張領土和勢力。」淑華。

「我覺得留在這種意境，靜靜欣賞就可。想太多反而錯亂。」月華收納淑華投射過來的疑惑，「我們家的大人都認為中國和日本熔合的過程，會是痛苦的，但痛苦過後，一樣有妳所謂的這種美的意境。」

「我還是不太懂。」

「妳所不懂的就是政治。父親和他的朋友，談到中日關係時，常常是從日本的角度思考的。沒有所謂的侵略的……」

英華的話，閃光乍現，淑華的腦門瞬刻洞開，奉天的乾爹李際春也立刻進入她的思維。她想：潘老爺、李將軍不但是父親的拜把兄弟，可以說是把他當成同胞，說白一點，也算是為她的身分和感受鋪陳一個平順、沒有矛盾的環境。她避開「漢奸」這種難堪的字眼，把心思轉向溫柔敦厚的文字世界：

「管到政治，實在有點不自量力，中文的夢才是我們該追求的。」

「妳很喜歡中文，來到北平讀書就對了。別的就別想太多了。」英華。

「是真的很喜歡，有時感覺自己是中國人。」

「淑華很想成為我們，可是我們的父親卻希望自己是日本人。事情就是這樣，人各有志，也沒有可以大驚小怪的。」英華聳了一下肩頭，「聽說這首曲子的作者做和尚去了。」

「李叔同，弘一和尚，這首歌他只作詞，作曲的是洋人，記得以前課本是這樣寫的。對吧？」

月華說完，詢問似地看淑華。淑華：

「沒錯。作曲的什麼名兒，一時想不起來。」

「弘一法師現在還在嗎？」

英華說著，三人相視而笑。

　　「我想起來了，作曲的是美國作曲家奧德威。」淑華隨著兩位乾姊回到座位，「歌詞裡面滿是看破紅塵的美感，我在想，弘一寫這首詞是在預示自己不久會離開塵俗，遁入空門。」

　　「有道理。」英華的話聲急切，帶出對話題升高的興致，「他還活著嗎？如果還活著，在那兒掛單？」

　　「很久以前看過他的消息。好像是四處托缽，又好像在浙江，還是福建掛單。」月華說著把座位移到桌外，好看見淑華。淑華搖搖頭，不過還是開口了：

　　「我記得還在奉天的時候，在當地的盛京時報看過一篇文章，日本人寫的。」

　　「日文寫的？」英華。

　　「中文寫的。或許是有人翻譯過來的。而這家報紙是日本人辦的中文報。」淑華在月華暗示英華別插嘴後繼續說：「這篇文章討論中國文人娶日本妻，或和日本女子有過感情的事。像寫小說的周作人，也做過和尚的蘇曼殊都娶過日本妻。」

　　「那弘一法師也娶過日本妻嘍？」英華。

　　「那篇文章，我印象比較深的是，他在浙江一家寺廟剃度出家，他的日本前妻哭著從日本跑來要見他一面，但他就是不出來。」

　　淑華說著，英華面露驚訝，眼兒圓睜。月華：

　　「他娶日本妻的事，我好像也聽過。」

　　「聰明的男子都娶日本妻。日本女性溫柔賢淑，就像我們的淑華，美麗，才藝又高。」

　　英華對自己的讚詞感到滿意，感覺自己也隨著這些詞語變得美麗起來。淑華不喜歡和日本女性的溫柔牽扯在一塊，只好對著月華傻笑：

　　「小女子無才也無德，東娘調教有方，已經盡去東瀛姑娘的陋習了。」

　　淑華應變得體，三人笑在一塊。英華：

　　「可見妳是改良種的日本女性呢。」

　　月華笑到腰彎了下去，淑華尷尬頓消，也笑到兩手捶桌。片刻後，月華：

「我媽東娘講的是入鄉隨俗的問題。不過日本女性還是最溫柔的。大哥在日本求學這麼久了，應該體會得很深。他明年又想上大學院，一時回不來，看來不娶日本女子為妻也不行了。」

「二哥呢。淑華，去年暑假你們見過面，他對妳的印象很好。」英華的話興開了，一時煞不住，「這次寒假別回奉天，或是晚一點再……跟騏千哥見過面，玩一陣子再回去。」

「別又把我扯進來。」

淑華急著把英華的話甩開，兩位乾姊越看越有趣。

「英華，別給淑華壓力。」月華看著淑華漲紅的臉，「大家隨緣，會很輕鬆的。寒暑假撥一點時間，也不用太深入，維繫一下熟悉度就可以了。」

英華見笑鬧已過，沒有參加遊行，跟團隊脫節的失落感在心底形成一股冷涼，喜歡熱鬧的她急著找其他話題：

「我們原來談唱歌，結果扯到天荒地遠。剛剛唱歌的時候，我也很感動，固然是歌詞有意境，但淑華的歌聲嬌嫩，又非常具有穿透力，聽得我的心都融掉了。」

月華接著表示，淑華應該只展現了三分唱功，但已經美到無法形容。淑華珍惜兩位乾姊的疼惜，直言各方面都會加倍努力。這一天，三姊妹就在心情適度地轉換後平靜且愉快地度過，大部份時間都忘了大多數同學在街頭拋頭露面遊行呼口號一事。

第二天，淑華一早到校，發覺三位同學沒來，大概是前一天遊街走得太累了。只有 20 幾位同學，而有些同學離開自己的座位，坐得老遠，平常顯得有些鬆散的班級，此刻是更加零落了。班導師徐志業參加了遊行，一上課便講述遊行的大概情況。淑華從同學的反應得知大部份同學都沒參加。

「參加的人數估計約上萬人。其中不少是社會人士，包括我在內。北平市大學、高中這麼多，一二十萬人跑不掉。所以參加的多屬幹部領導型的學生，參加的情況差強人意。北平學聯決定號召學生罷課，繼續上街。或許我們學校考量實際的情形，會以學生的課業為重，……」

這番話引發學生的怨嘆，徐老師察言觀色：

「我知道妳們在這種寒冷的天氣上課很辛苦，很希望休假，也

知道妳們的心和遊街的學生在一起。昨天的示威，好的發展是，獲得全國各大學、高中學生的響應……」

　　知道大多數同學都沒有參加遊行，淑華寬了一些心。想到旁邊的貴華，除了早上一句問候話外，早自息一直都沒吭聲，不覺慚惶了起來。下課了，她鼓起勇氣問：

　　「妳參加了？」

　　「對。妳呢，在家休養吧？」

　　「很慚愧。」

　　「淑華，妳沒參加也不用自責。如老師說的，班上參加的不多，在混亂中，我只看到黃琳月。」

　　「這樣哦。我跟她不熟。她今兒也沒來上課。」

　　兩人一起上廁所回來後，上課鐘響了。第四節歷史老師沒來，班長特地跑到辦公室，徵求導師的同意後，有些同學向體育組借了排球、羽毛球到窄小的球場玩了起來。溫貴華見狀把淑華拉到教室後面沒人坐的空位上，要把昨天經歷的大概情形講給她聽。貴華：

　　「昨兒一早我到學校的時候，學校大門由警察看守著，不讓進，還勸我們回家讀書。兩位三年級學姊也跟我一樣被擋住。巷子裡面不少黑衣警察來回走動。所謂集合根本不可能，一定被化整為零地勸退了。我們裝著要回家，拐進西牛角胡同看到有人向我們招手，我們跑了過去鑽進西單商場。商場照常營業，那位學生把我們引進一個堆滿食品，臭味很濃的小倉房。裡頭蹲著的大多數是北平大學法學院的，一共 30 幾位。」

　　淑華看著外面球場上同學的身影，溫貴華嚥了口水繼續說：

　　「不斷有人去小解，法學院領導的大學生也不斷強調，時機到了大家集體衝出去，不要被沖散。他的意思是，先頭部隊請願成功，就改為和平遊行，一樣要繞道這裡，等於是在皇城根外面繞一圈，隨後大家跟著隊伍到北大串連再回到天安門宣佈解散。如果請願不成，一樣繞一圈，但改為示威遊行。」

　　淑華聽得有些累，貴華的敘述和她所知有限的地理概念，有些兜不攏，於是小聲地問：

　　「向誰請願？」

　　「向正在新華門內辦公的何應欽將軍請願，請願內容，妳剛

剛看過的單子便是。我們在市場裡面等了超過半小時，在新華門外頭擔任斥候的大學生終於回來說出時機到了。基本上外頭的**轟轟聲**被市場的聲音蓋住了。我們魚貫而出組好隊，頂著酷寒一起衝的時候，」貴華拍了一下課桌，「五六個警察拿著棍子也衝向我們的隊伍，有人跌倒挨了悶棍，隊伍散了再度復合，終於衝向大隊伍，而且衝到隊伍的前頭。妳知道，我看到了誰嗎？」

剛剛溫貴華在課桌上拍了兩下，吸引了還留在教室的同學的注意，兩三位還移到貴華旁邊的座位坐著當聽眾。同學：

「碰到誰阿？」

「就是上禮拜到我們教室宣導，差一點被**轟**出去的中國大學的學生。」

「這樣啊。」

「中國大學學生走在前面，我在那兒隨隊繞了一下就看見他了。我向他介紹我是翊教女校的學生，還來了一位同學後，他很高興，表示他的努力沒有白費。事實上沒有他，我也會參加。」

「妳沒當面損他吧？」淑華。

「當然沒有。他叫蕭力言。我感謝他告訴我一些前面發生的事情。他說：只是請願，但是靠近新華門，讓官方的頭兒何應欽感到不安，就觸動了軍警的敏感神經。武裝摩托車警察把學生團團圍住，企圖逼學生返校。我們照原計畫，部隊折向西行，走到六部口時，手拿皮帶的警察對我們又是一陣毒打。有名的大刀隊騎車過來了，一下車不管三七二十一就用刀背劈砍手無寸鐵的學生。不久，消防車也來了，高壓水龍頭的水射了過來，水噴到衣服很快就凍成冰。但是我們挽著手臂繼續挺進，迎著警棍、大刀和皮鞭前進，轉入西單後，他們就不再追來了。」

貴華停頓了一下，同學倒了一杯水給她解渴。一位同學：

「真的動刀哦。那個有名的，砍殺日本兵最厲害的 29 軍的軍人？」

「是用刀背，不是真砍人。」

「好在大家都穿得很厚，棉襖啊……」

「淑華，妳說對了，蕭力言也這樣自我安慰。他還說，軍警不管怎樣整我們，上天都站在我們這一邊。衣服結冰了也沒關係，一

直走，身體熱了，衣服又暖了。軍警的標準很簡單，只要隊伍散了，就沒事了。隊伍遠離新華門，也就暫時沒事了。」

看見同學聽得入神，溫貴華是逾講逾起勁，把看到聽到的和盤托出，前一天新華門前的景象彷彿如實地搬到眼前。聽到清華、燕京大學學生被軍警擋在西直門外後，學生群情更加激憤，直言秦德純市長不夠意思，是親日派，走狗，而更加堅定北上串連的決心。

「我們看到的都是家家戶戶緊閉的門窗，天氣這麼冷，但不斷有人加入遊行陣容，我們呼口號，心中狂喊，到了護國寺附近，五百多位輔仁大學學生加入遊行陣容，神佛果然護國。接著我們從荷花塘南邊轉進景山景區，一路走，北京大學二院和一院那兒陸續有學生衝了進來，應該不下兩百人。到了王府井大街，等於在城區內繞了一圈，又到了敏感的前線了。為了避免大家又成為軍警攻擊的目標，前面的幾位指揮要求隊伍分散，以小組的方式向市民宣導，但學生軍成千上萬，王府井大街從八面槽往南都是人，再拐個彎往前走又可見新華門了，於是軍警噴水，用棍棒打，用刀背砍，全都來了。很多人被打得頭破血流，但越打，血流得越多，勇氣越夠，反抗越強，也越多人被抓。有些學生躲過水柱，一湧而上，從警察那兒奪過消防水龍頭後，反向噴警察，獲得圍觀市民的喝彩⋯⋯」

到球場打球的同學陸續回到教室，貴華的故事也到了尾聲。同學要回座位前：

「後來呢？」

「指揮宣佈解散，然後大家到北大三院集合開會。事實上，再開會的是那些頭頭，大多數人都回家了。」

「妳有什麼感想？」同學。

「我嘛只覺得很疲倦。我乾脆講一些大學生的看法。大刀隊用刀背砍他們。他們感到錯愕、錯亂。『那些軍人不是來保國衛民的嗎？而且以前戰績這麼好。』但有一位學生說，『就當做是家長教訓子弟好了！』他的話被大家噓。結果他又說，剛剛有很多人說要衝過東長安街，直接到日本使館示威，那會是什麼景象。『他們使館內的兵營，成千上萬人，一人開一槍就夠了。』這位同學說完，大家也就理性一些了。」

中飯時間，吃到剛剛蒸過的便當，暖在心窩。貴華把課桌靠過到淑華身邊，悄聲說：

「我剛剛說了一大堆。有一件只跟妳講。」

「真的，什麼？」

「我昨兒認識一位男學生。」

「真的。大學生？」

「燕京大學讀物理的，他們也很辛苦，被擋在西直門後，大家化整為零，有的跑到別的門進城。他嘛跟在一個老少都有的家庭成員後面混了進來，在北大那兒追上我們。」

「真是奇遇。」

「我說過在王府井那一段，軍警發動另一波攻勢，我、他和許多人手挽著手面對攻擊，隊伍被攻散後，我跑著跌了一跤，他還把我扶了起來。」

「好浪漫哦。正式交往了沒有？」

「他說，翊教女中名兒真美，要寫信給我。」

「妳人更美。他一定會很珍惜妳。」

「這種事情真難以啟齒，結果我竟向妳說了。」

「表示妳很有信心，對他或對妳自己都一樣。」

「不管怎樣，妳還是我最好的朋友。」

「謝謝。」

淑華說著給貴華深切的回眸一笑。貴華：

「妳那動人美麗的歌聲是任何人都沒辦法取代的。」

「謝謝。我只有更努力來回報妳的鼓勵了。」

「妳不用急著回報我。用妳的歌聲撫慰，比如那些冒著風雪示威的學生，或在前線作戰的士兵。」

淑華半口飯哽在喉頭，待貴華說完才下嚥。現在做一個中國女學生就超出她心理的負荷，想儘快逃離了，何況要做一個中國女歌手。淑華：

「有這種機會的話，我就獻醜了。」

「再說，音樂、歌唱沒國界。」

淑華心裡打了一個寒顫，「難道貴華知道我的國籍」。淑華屏住氣息，貴華繼續說：

「和日本鬼子作戰，我們武器沒他們精良，軍隊訓練沒他們紮實。或許妳唱一首歌就可以征服他們，軟化他們的侵略意志。」

「原來貴華要我當對日柔性作戰的歌人。」淑華心裡念著，覺得貴華的想法很有創意，但恕她難以配合。她化身為中國學生，就已經很為難了，若再被賦與積極的任務，只有加深她體內的矛盾。再說，她已是滿洲的國民歌手，如果在另一場合以中國歌手現身，角色扮演的衝突只會讓人錯亂，暴露身分，甚至癲狂。淑華：

「妳題目是越做越大，我真不知道要如何回應。」

貴華睨了淑華一眼：

「對，對，我也變成說教的夫子了。回想剛剛講的話，也還真是語言無味呢。」

過了幾天，溫貴華接到燕京大學男學生陳洪仁的來信，很高興的把信和淑華分享。陳洪仁在信中很明確地表示，這次運動是共產黨學生在組織指導下發動的。可說是國共內戰的延長。大家齊心抗日即可，不用介入那些黨派的爭鬥。貴華：

「妳的看法如何？」

「看來他是很冷靜的青年。我也時常這樣想，愛國，盡自己的一份心力即可，不用去沾什麼黨派的利益。」

「讓我想想看，遊行隊伍的口號裡頭有：反對防共自治運動、立即停止內戰。可以看到政黨的影子。」

「當然內戰是不應該的，要反對，但不是從黨派的立場理解，而是要從一般公民的立場來理解。」

「妳頭腦很清明呢。」

雖然得到好友小小的讚許，但整整一個月，淑華沒有一刻心安，可說度過了學生時代最艱困的時期。12‧9餘波動盪，各界聲討國民政府，要求還一個公道的呼聲，此起彼落，全國大城市抗日反政府的示威，一天比一天激烈。12‧16冀察自治政府成立當天，更大的示威狂潮再度席捲北京城，淑華一樣沒參加，但和兩位乾姊躲在大宅院裡忐忑不安，有點擔心。在冀察自治政府裡頭，潘爺不再只是一個顧問，而是有名有實的政務處長，雖然不像委員長宋哲元這樣紅，也算浮出一點檯面。平津衛戍司令部想派保安隊支援潘家大宅院的守護，但被潘爺婉拒了。他認為無事生事反而容易出岔，照

現行體制加強防備就夠了。平常巴不得老爺風光出仕的東娘，這回倒有點擔心他出名了。東娘把三姊妹叫了過來，確定同學應該都不曉得她們父親的名字後，稍稍放下一些心。

1936

潘老爺新官走馬上任兩個禮拜後，民國邁入 25 年，學生示威的怒火漸漸平息，學校氣氛不再這麼緊繃，淑華得以喘一口氣，但也疲倦已極。寒假快到了，雖然早已習慣冰天雪地的日子，但一直不想掙脫不想動的倦怠感。她發了一封信給奉天放送局的東敬三課長，說明自己的情況，東課長回信表示，上回暑假錄了不少歌，目前還有備用的，加上局裡小樂隊兩三成員因不耐酷寒體況欠佳，希望暑假天氣好時再回來多錄一些歌。

淑華打定主意這年寒假不回奉天，兩位乾姊都非常高興，東娘自然十分歡喜，終於有機會讓這位小義女體會一下北平過年的風味。

寒假到了，學生的怒火開始放寒假，日本兵的囂張氣焰也暫時冰封了。在青島讀大學的二乾哥騏千回來了。月華和英華巴望二哥和難得長假不回奉天的淑華有進一步接觸的機會，無奈騏千表示已有要好的女朋友，在家停留兩天便藉口回青島，家人知道他女友在青島，也不再為難他。戒備森嚴的大宅院讓三姊妹感到心焦，徵得東娘的同意，她們每隔一天便到北海滑冰。過年領了一點壓歲錢，她們玩得更大。在瓊華島疊疊紅樓下的冰場，她們滑得熱血沸騰，湖的北半寬廣處，冰床、小冰車和雪橇來回穿梭，十分熱鬧。

三姊妹到帳篷櫃臺還了冰刀鞋後上岸，在漪瀾堂前的飲食攤吃了一點熱食。攤前小徑的盡頭鬧哄哄的，她們走了過去，陡山橋一帶湖面狹窄處，在凌亂的冰牆、雪堆間，大人小孩忙著堆雪人、動物、冰屋或其他造型的東西。英華比較愛玩，她奔離小徑，走下滿是雪的斜坡，直奔雪人區。月華和淑華跟著過去，她們手忙腳亂地堆出一個人形，送給旁邊的一對小姊弟後，又奔向冰床區。一位漢子向她們兜售，知道他的冰床可拉到西海，她們頗感興趣，經過一番討價還價，上了車。名叫冰床，實際上是冰上馬車。雙馬開始在冰面慢跑，她們玩得身體發熱，冷風從窗縫滲了進來，她們頓覺肌膚沁涼如水，十分舒服。淑華希望冰床走得越遠越好，冰床穿越什剎前後海到西海時折返。月華：

「我生平第一次來到西海，英華應該也是。感覺是很偏遠、荒僻的地方，但來玩冰的可是人山人海。」

「真的，一路上都是人。」

淑華說著望著什剎後海市民滑冰、滑小冰車、拖拉冰床，交織而成的紛雜動線，感受庶民的活力、熱力，眼前柳絲依舊密織，白楊樹枝椏依舊濛向蒼茫，然而寒意不再濃重，她想著一股溫熱從體內沁出，心頭暖了起來。

她和兩位乾姊每天都希望把自己操得夠累，才情願回去，一方面克服了逼人的寒意，一方面把中日之間衍生的種種煩惱拋諸老遠。兩位乾姊央請東娘讓她們三人每天都出去活動，東娘鑑於局勢緩和了不少，自治政府運作漸次順暢，終於答應她們的請求，但離開學也僅一禮拜多一點了。

開學了，打起精神上學，酷寒消退了一些。見到不熟悉的同學，也覺得有些親切。溫貴華見淑華氣色好了很多，很是高興，和她分享寒假生活時，也頻頻點頭稱許。

眾所觀注的冀察自治政府基本上仍在南京政府的指導下運作，並未明顯地向日軍傾斜，對學校教學造成壓力的學運看似熄火多時，不再燃起。開學後，一場雪給侷促的校園敷上一層濃厚的白妝。校舍的白牆和地上的白雪連成一氣，乾禿的樹枝披上一層霧淞，天氣放晴，霧淞晶亮滿目，感覺既清涼又溫暖。禮拜五，積雪漸成冰，還沒融化，好不容易又是地理課時間。淑華有點怕上地理課，至於同學，也不再放肆地戲弄那位地理老師。主要是因為謝欣宜老師有點憤世嫉俗，嚴厲譏諷時政的同時，也常在學生耳畔敲響警鐘。

綽號叫三毛兒的謝欣宜老師進來了，和同學相互行過禮，往黑板上的河北省地圖瞄了一下，咳了兩聲。

「各位看了這張掛圖有什麼感想。上學期講太多了，唐山市在就冀東殷汝耕的勢力範圍。不想講待會還是要忍痛講。」三毛兒拿起教鞭指著地圖的上緣，「這上邊就是察哈爾，塞北的一部份。那邊的蒙古部族首腦德王不是一直要求自治嗎？南京政府也同意了。結果現在呢，他在日本人的指導下搞了一個蒙古軍政府，自封總司令、總裁。所謂自治不久就變成日治。宋哲元的冀察自治政府版圖少掉一塊啦，不久的未來他的自治政府也會變成日治政府。日本顧問都已經聘請了，聽說那個大特務土肥原賢二也想去當宋哲元的高級顧問，如此一來，不花一兵一彈，那個政府就要被日本人接收了……花這麼多心血上這種課，到時候土地都變成別人的，我白教，

妳們也白上課一場。遇到這種情形，妳們有什麼感想？」

「既然白上課了，我就投筆從戎。雖然我無法拿槍作戰，但我做後勤人員總可以吧。」

「我不是要妳們講志向，或做法。我的意思是，我準備充份上了華北五省的課，妳們也認真聽取華北五省的大概情形，結果一夕之間，華北五省拱手讓人了。妳我都會感覺失落、沮喪，我只是希望大家想一下，用什麼很具體的情境來形容這種心情。」

部份同學還是不太明瞭三毛兒的問題，貴華雖然知道，也想出一些諸如白忙一場、白費心機一類的成語，總覺得太簡單，並沒有情境的描述。三毛兒見沒人回答，隨便點了幾位同學，但都沒獲得滿意的答案。他看到低眉垂眼的淑華，點了她。淑華站起：

「為他人作嫁衣裳。」

「非常好。擊中要害點到穴了。請妳給大家講解得具體一點。」

「辛辛苦苦縫製好了新娘服，也夢想穿上它，但新娘是別人，看見別人穿著自己縫製的新娘服，很幸福的樣子，自己卻感到萬分失落。」

「就是這種心情。」

三毛兒看見有人舉手，示意她發言。

「辛辛苦苦把兒子養大，但最後發現是別人的種。」

這位同學語畢，哄堂大笑。三毛兒：

「基本上是從剛剛潘淑華同學講的衍生過來的。少了一份文雅，多了一點俚俗，當然也更好笑。」

老師說完，全班 20 幾位同學又笑成一團。笑過後，很多同學和溫貴華一樣，難敵體內湧出的一股亡國的蒼涼，而淑華體內的矛盾也再次浮出。

過沒幾天，一天下課，教員辦公室外頭的文化走廊，學生越擠越多，原來他們爭睹佈告欄公佈的「維護治安緊急治罪法」。這個法令由南京中央政府頒布，學校代為傳達的同時，也加註希望學生讀書報國，勿參加學運的教條。這一天，班導師徐志業的課已結束，他特地利用午休時間前來宣導。

「……站在學校立場，當然不鼓勵大家參加學運，但也要看政府做得好不好。做不好，不得民心，大家都會挺身而出。去年 12．9，我自己都忍不住去參加。」

同學兩手攔在便當上面笑了起來，但都希望他快點講完走人。

徐志業：

「如不得已非參加不可，也要考慮到自身的安全，遇到軍警攻擊時，能躲就躲，跟他正面對抗，妳就違反緊急治罪法，會被抓去做牢。再說，上次不管是 12‧9 還是 12‧16，軍警用警棍、水槍伺候，還算文明。現在這個法令條文很嚴厲，它的意思是，聚眾危害公共安全，執法人員，也就是軍警，可以用武力強制制止，這就隱含軍警可以當場格殺的意涵。以前民眾遊行碰到軍警開槍，死傷慘重。這種事情未來也可能發生在學生身上，不能不防……」

學生吃完便當，小睡片刻後，多不再記掛徐老師的宣導。事實上，緊急治罪法只是南京政府對學生反擊的第一步。才不過幾天的功夫，禮拜一，就有同學說軍警在週末和周日包圍中國大學和東北中山中學，然後進入校園抓學生的情事，禮拜一第一節數學課，班導師徐志業一進教室劈頭就說：

「今天晨報看到了沒有，斗大的標題，下課妳們可以到圖書室看看。」

接著他把前一天軍警闖進北平學聯大本營中國大學抓學生的事情報告出來：

「事實上，之前兩三天警察和軍人就開始抓學生了。剛好沒有妳們班上的課，我想或許會立刻放人，所以就沒到教室向妳們報告。現在人還沒放又抓一批新的，情況看來不妙。……學生在街頭和警察對抗，結果被抓，還情有可原，但這是學術殿堂，學生在裡頭也沒幹什麼勾當，結果讓軍隊進去抓人。蔣介石自稱是孫中山先生的信徒，是革命軍人，我看他是軍閥上身。抓學生很神勇！但全世界都在看笑話，被看成是日本人的打手的話，他只有遺臭萬年。」

看來徐老師原本對蔣介石還有點期待，至此是更加失望。不安的氣氛在同學之間蔓延的同時，徐老師還是持續追蹤這個事件。

「你看，原來他們把北平和天津學聯當成非法組織。」徐志業把新聞剪報發下來，讓學生傳閱，「我看這種事情沒完沒了，還有後續。」

果不其然，禮拜天才用過早餐，三姊妹回到房間想靜下來讀一點書時，東娘拿著一份報紙走了進來。「軍警直搗北大清大╱百餘學聯學生就逮」斗大的標題字映入眼簾。

「妳們三個看看就好，別傳閱。當學生，讀書保平安，當個職業學生，搞得好，升官發財，搞不好就吃牢飯。」

東娘丟下這句話就走人。月華居長，大家先讓她看北平晨報，淑華瞥了一下副題「清大教授張申府夫婦入列」，便回到自己的座位，只希望報紙別傳到她身上。第二天，這種事情自然在學校引發師生強烈的不滿和抨擊。班導師徐志業認為政府小動作不斷，只有更失民心，把知識份子趕到共產黨那兒。貴華認為當權者愚蠢，大家都在休養生息，不想生事的當兒，政府沒事找事，到頭來只有砸自己的腳。

北平市政府警察會同 29 軍部隊取締北平學聯，到各大中學校活逮學生的動作如火如荼，北新橋陸軍監獄人滿為患。各大學校長聯袂赴北平市政府交涉，要求放人，市政府要求學校依規開除學生，有些校長屈服，有些虛與委蛇。學生陸續釋放，一車車學生被載回學校，受到師生英雄式的歡迎。翊教女校雖然沒有學生被捕，但這些消息透過報紙還是牽動著學生的心情。空間侷促的圖書室，下課休息時總是擠滿看報的學生。

溫貴華拉著淑華的手經過走廊進入圖書室，頓覺暖和了起來。她們擠進看報群，學生一個個離開後，空間寬裕了些。貴華指著中央日報：

「妳看，他們笑得多開心。」

「好像參加什麼 party。大概因為是學生，沒有受到太多的磨難。」淑華看著被一群學生包圍的軍車，「一輛軍卡的北大學生，真的像凱旋歸來。」

「聽妳這樣一說，我倒有點想進去體驗一番呢。」

「或許有些人沒這麼幸運。一群人被抓，和一兩個人被抓，不太一樣。」

「沒錯，落單了就不妙。不過看見這麼多人回來，我確實是很開心。」

貴華說著和淑華愉快地聊著進教室，上課鐘聲剛好響起。不過，溫貴華的開心並未持續太久。

週二早上也有班導的數學課。徐志業老師上課時有點病懨懨的，講話有氣無力，也比較少開口，只顧在黑板寫演算程式讓學生抄得手軟。然後在下課時冷冷丟下「話講太多也累，學生生命是寶貴的，

現在有人被刑虐致死，就等著老天報應」這幾句話，便走人。

不祥的預感襲來，淑華和貴華立刻奔向圖書室，但文化走廊也圍著高初中學生，淑華看著被人頭遮住的海報，「悼省立北平中學……被刑求致……十八歲生命……」這幾個字印在腦裡後，直奔廁所，回來後再看，得知一位高二學生郭清含恨九泉，各校學生除了要舉行追悼會外，也要向涉案單位討回公道。

「太可恨了，才 18 歲，竟然一點機會也沒有了。」

貴華說著握著淑華的手，掐得更緊，淑華看著貴華的淚眼，不發一語，貴華感受到了她的心意，但她不想陷入貴華的哀情裡頭。年輕的死，淑華感到傷痛，以前父親教她吟過唐詩，此刻她只想到杜甫，想學那位古詩人用大環境的寬宏稀釋個人的憂傷。下午放學後，她在制服上面加穿高領棉襖，頭戴護耳帽，再度隻身搭電車前往太廟。來太廟三四次了，她第一次走到後殿，現在才三月上旬，遊人很少，春寒蝕骨不輸隆冬。她踩著雪地漫步，讓自己暖和一些，不再有隱藏身分的壓力。這兒的殿閣、樹木看多了環境的變遷、人事的更迭，都海涵著難以言喻的寬宏。

她走出前殿，再走出大戟門，拐個彎，迎面幾行高聳的柏樹，柏樹的綠葉蒙著幾許灰白，顯示著樹齡。再走過去，在這寬闊的太廟前院林木盡頭有一座紅柱六角亭，亭內沒有座位，只有一口被封住的井，她知道這兒就是井亭。她於是坐在井亭附近門階上面的石獅旁，方才靜下心來想著那位年輕死亡的生命。

在武士刀、馬靴踩躪下的這片廣袤的土地，生命像鴻毛一樣輕賤，每天打開報紙，不外乎這裡死幾人，那兒死廿幾人，東北吉林柳河縣大荒溝百餘老百姓被日軍虐殺的案件更是喧騰一時，激起的怒火久久不能平息。學生的死因此漸漸被淡忘了。

月底北京大學三院禮堂舉行被刑求死亡高中生的追悼會，驚動市警局和憲兵隊，大批軍警趕來包圍三院，學生抬棺衝出重圍，遊行隊伍從北池了經南池子，直衝東長安街，被保安隊摩托車警追上，軍警一陣亂棒，好幾十位學生被抓。這件事情見報後，大家才又想到那位死難的學生。淑華：

「抬著學生的遺體到處闖蕩，又被軍警衝撞，對死者太不敬了吧。」

「說得也是。而且生人要迴避的。」

貴華也覺得學生魯莽，聽到有人說是空棺後，趕緊到圖書室，

看到報紙內相關報導的新聞幕後，知道學生臨時借來一口空棺當抗爭的道具後，和淑華兩人才平復心情，閱讀其他的報導。

▌▌▌ 28. 瀛臺茶會 內心呼喚

清明過後，北平下了一點雨，白天向陽處，春暖花漸開。一個天和景明的週末，第三節下課，她在辦公室協助班導師登錄多班月考成績，完事了，剛走出辦公室，上課鐘聲響起，她趕忙跑進教室坐好。貴華：

「等一下帶妳去參加一個 party。」

「哦！今天要……」

生物老師剛好進來。一堂沒有政軍味的課程，讓人輕鬆，徜徉在牡蠣、蝸牛、章魚、烏賊……可愛的外表、神秘的生命機能的世界中，讓人忘憂。一週的課程終於結束，下課後，同學擾嚷一片：

「清大學生沒啥了不起，我不去……」

「妳等我，今天輪到我打掃。」

「我騎腳踏車，我載妳去好了……」

貴華開始收拾書包：

「清華大學同學邀約，到南海瀛臺。」

「這樣啊。班導會去嗎？」

「應該不會去，班長可能有跟他報告。」

「想來也是，班導師若去，那些大學生會覺得礙手礙腳。」

「不錯。」貴華應了一下，一種新的想法從胸中湧出，「現在的大學生，尤其是那些頭頭，敢衝敢撞，對大中學生來說，就是學生領袖，一般老師都要讓三分呢。」

「說的也是。」

「不過他們的服務還是會很好的。他們說會供應一些點心、飲品……吃不飽，但也餓不了。」

「那就一起走吧。不對，我堂姊在隔壁，我跟她說一下。」

淑華快步走到隔壁班，剛好碰到正走出來的英華，講了幾句話才回教室。

「看到英華了？」

「跟她說不用等我吃飯。原來她們師範班也被邀請。」

「她去嗎？」

「她直接回家。」

清掃的同學已經到她們這兒了，淑華整好書包後立刻離座。她們從後門離校，在西單商場買了兩口霜淇淋後，直接進入太樸寺街。淑華：

「清大學生怎麼會邀我們呢？」

「來我們班上的那個大學生說，是中國大學學生介紹的，他們原本不知道有翊教女中。」

「咱們學校不是挺有名嗎？」

「學校小，本地學生可能知道，外省來的大學生可能不知道。」

淑華邊吃霜淇淋邊想，大學生現在都已成為示威抗議的代名詞了，這次邀約難道會是另一波示威的前奏，先給我們中學生勤前教育。她沒有把這種疑慮說出來。主要是自己一直迴避遊行，直覺貴華已心存介蒂，擔心說出來只會引起她的嫌惡。

「在北平讀書很有風味，有時會有這種 party，像……」淑華差一點說出在奉天女校讀書的事，「記得剛來的時候，就有過一次 party，在孔教大學，妳還記得吧？」

「哦那是初三時，是孔教學會邀的。他們可是在敦親睦鄰呢。」

「還是上學期班導師辦的比較有風味，他也真辛苦，自己提著煮好的茶水走這麼遠的路。」

「我和幾個同學幫他提點心、餅乾。」

貴華的話語鋪陳了 party 的氛圍，淑華想起半年前的那場茶話會，彷彿是很久以前的事。這幾個月來中日之間紛爭不斷，學生抗爭一波波，在在把時間拉長，上學期初始那天在中山公園水榭垂柳下喝茶吃點心的平和時光還真恍如隔世。看著一班 20 幾位同學一下子在池畔坐了下來，老師頓感不安，一再提醒同學不要逕自離開，以免落水時沒人知道。茶水有點苦，伴隨著紫丁香氣喝一點潤喉，還是舒暢到胃裡。淑華：

「我曾經把那一天茶話會的事寫成一篇小文，直接寫進週記裡頭。」

「真的！」

「還小用文言文。」

「妳好厲害。」

「是日也，天朗氣清，惠風和暢……」

「還真有古味。」

「這是直接從王羲之的〈蘭亭集序〉直接搬過來的。」淑華狡點地笑開，「那天我們聚會的地方附近也有個蘭亭。」

「哦。」

「我們二年級才會上到這一課。我看到二年級的堂姊在背，我有時也順便借來讀，然後加以運用。」

「妳真用功，我要多多向妳學習。」

「王羲之的那篇文章接下來談宇宙、萬物啦，我就改為遠眺太液之盛，近觀殿閣之美……」

「遠跳太夜？」

「遠眺，就是遠遠看去，眺是目字旁，太液就是……」

「我聽出來了，西苑三海的古稱。」貴華抓住淑華的手，抓緊她的情誼，抑制自己的感動，「事實上看不見北中南海，不過妳……」

「沒有錯，在水榭那邊看不見三海，想像看得見。」淑華回想徐志業老師那天讚賞的神情，「他說模仿就是最好的學習。也說，意在筆先，有了佳句、好文章，就表現出來，環境的邏輯不要成為絆索。」

「今兒妳又可以再寫一篇了。」

貴華看見前行的同學跑了起來，也拉著淑華開跑。她們一口氣穿過府右街，繞過四存中學，在萬字廊旁邊的圍牆穿過一座小門，順利進入中海、南海交界的殿樓群。

「這座小門好在有開。」

兩人快速通西式風格，佔地龐大的海晏堂，沿著湖畔快步走時看見幾位同班和隔壁班同學，過了瀛臺橋，穿過仁曜門，一口氣登上翔鸞閣。一票同學過了涵元門，進入涵元殿前的庭院，隨著一名大學生的指引，大家從側門穿過這個主殿群，藻韻樓旁邊也有一位大學生在引導。淑華：

「他們服務真週到。」

「快到了。他們說在鏡光亭。」貴華鬆開淑華的手，跑了幾步，看到前頭的人群，「到了，前面就是。」

小小的紅柱八角亭坐滿了同學，兩旁錯落的怪石也坐了不少人，

淑華和貴華找個石頭坐下後，陸續有同學過來。一名大學生忙著給新到的同學開瓶遞上荷蘭水，另一名遞上一小包餅乾。長相清新的女大學生手持一盤餅乾、糖果，走到新到的同學面前讓她們抓取。一名男大學生背靠假山，手持喇叭，面對同學，居高臨下坐著：

「都到齊了？耽誤大家寶貴的週末時間，十分抱歉！」

翊教女中普通班一年級班長和師範班班長交談了幾句，再看向持喇叭的大學生：

「該來的都來了。有些人說不來。」

手持喇叭的男大生自稱是清大化學系二年級的陳維民。自我介紹過後：

「剛剛和比較早來的同學聊了一陣，知道最近大家都非常關心國事，痛恨日本的侵略，對於最近一連串學生示威愛國行動也非常支持。今天找各位出來就是要傳承我們的經驗……」

淑華臉色沉了下來，果然不出早先的預料。她環顧了一下，每位同學也都嚴肅地聽講。陳維民站了起來：

「我們學校在 2 月 29 日那一天，被三千軍警包圍，20 多位同學被抓。同一天，北京大學也被抓了好幾位。在北平軍警鎮壓下，總計二月份被捕的學生達 200 多人。3 月 31 日，我們到北大三院追悼死難的郭清同學，扛著他的靈柩遊行，又有好幾位被抓。」

陳維民說著停頓了一下，溫貴華站了起來：

「對不起，學長，我只是想瞭解，沒有不敬的意思。那天扛的不是空棺嗎？」

「謝謝這位同學的問題。我也趁機解釋一下。那是北大同學臨時向附近民家借來的，郭清同學的遺體雖然不在裡頭，但他的英靈在裡面，帶著我們抗爭。」

陳維民從容回話，自信滿滿。溫貴華自覺問了一個愚蠢的問題，臉紅了起來。

「現在日本本土和關東軍不斷增兵天津，北平、天津的日軍公然演習、閱兵，南京政府和日本軍人所謂的中日關係，完全呈現曖昧不明的狀況，日本軍人不斷和國府要員接觸，表面上是協助防共，實際上向南京施壓，要求南京接受廣田三原則，承認偽滿。更荒謬的是，山西的閻錫山阻止紅軍東進抗日，竟然接受日本軍援，接受他們的武器彈藥，他們所謂的共同防共，實際上是國府軍隊成為日

本侵略軍的幫兇。」陳維民嚥了一下口水，看著幾位對他搖手的女同學，「日本軍人除了軍事侵略、政治要脅外，經濟侵略更是殺人不見血。他們干涉天津、秦皇島海關緝私，以致華北日貨走私猖獗，大沽口每天都有上千噸日本貨進來……」

從喇叭發出的控訴慷慨激昂，在座學生的戰鬥情緒都被激發了起來，有些同學原先期望輕鬆的茶話會，期待落空後，也都很快轉換心境，讓自己武裝起來。陳維民關心每位同學手上是否都有汽水和餅乾後，看了一下腕錶：

「現在進入討論時間。日本關東軍一手策劃成立偽滿洲國，殷汝耕的偽政權離北平又只有咫尺距離，如果日軍越過北平城牆打進來了，各位有何打算？請各位同學發表自己的看法。……」

翊教女校學生，一方面有些害臊，一方面期待別人先發言，不少人的眼神在大學生的注目下縮回，低頭笑著。

「不用太嚴肅。我的意思是，講的內容輕鬆點，說笑的口吻也可以，反而容易開口。」

陳維民的話引發的輕笑在密林裡頭，春意初萌的疏落枝椏間蕩開。

「我要奮死作戰，與北京共存亡。」上次和貴華一起參加學運的黃琳月首先發難，「北平，北平，被平定了，這個名稱好嗎？還我北京，才能氣壯山河，抗日才更有力量。」

陳維民點頭稱許，班長接棒講了：

「我嘛！到陝北參加紅軍，建議上級策反閻錫山部隊抗日。」

「我們女學生沒有接受軍事訓練，想參軍，軍隊可能也不接受我們。」個子比淑華還小，師範班的王麗美同學講話有些慢，但一直整理自己的思維，「但我要爭取擔任後勤，搬彈藥，照護傷兵。」

「這位同學講的很實際，我相信她會是一位好護士。」

陳維民給麗美打氣後，同屬師範班，皮膚黝黑，但眼睛明亮，綽號反白的同學站了起來：

「我要到南京參加國民政府的軍隊。」

「南京政府是不抗日的。」陳維民。

「我相信他們只是在忍耐，爭取準備的時間，時機一到一定遍地鋒火，況且抗日是全國軍民同心的。」

「這位同學說得很好，對不起，我剛剛是有點故意激她。全國

軍民同心抗日很好，給大家帶來更大的信心。其實我有時也認為我們的介石兄與敵人周旋的同時，心中有謀略，不到最後，我們也不能妄下定論，但也希望南京政府早一點拿出實際的作為。」

溫貴華看了淑華一眼，站了起來。

「我要參加游擊隊，深入敵人的後方，天天與敵人周旋。」

溫貴華說完，自覺自己只是為講話而講，不覺心虛了起來。燕京大學的陳洪仁最近來信向貴華表示，如果情勢惡化，無法繼續學業時，願意接受訓練從事敵後破壞工作。淑華想，貴華今兒這番話應該是受到這封信啟發的吧。見同學一個個主動發言，淑華越惶急越想不出適當的話語。長久以來，尤其是這半年，中日兩國之間的衝突一直在她心裡交戰，而此刻尤甚。就像父母親吵架，進而拿刀互砍那樣。她一直低頭不語，貴華講話時，陳維民便注意到她了。

一時沒有人主動站起，發言中斷，陳維民踱了幾步，對著淑華微笑。淑華頭腦空洞，倉皇站起時也未能慣性地在腦中閃現什麼話題。她兩眼空洞地穿透春意濛濛、密織的枝椏，直抵南海南畔長牆上面的一個光影：

「我要站在北平的城牆上。」

淑華閃現腦中的意象突然變成話語脫口說出，招來不少同學的側目，陳維民也盯著她等她的下一句。淑華察覺自己這句話並沒有直接攻擊日軍，也沒有對北平市形成護衛，只是挺身而出，有點愚勇，但很貼切自身的處境。

「妳應該在城牆尋找掩蔽然後向敵人射擊。」

陳維民說完，有些同學笑了起來。淑華直覺有人訕笑，心裡一急：

「我要用身體控訴侵略者的暴行。」

「這位同學很勇敢，她要用自己的生命喚起大家抗戰的意識。」

淑華原先擔心自己的話語被檢視，沒想到反被誇大解釋，頭一直不敢抬起來。同學繼續發言，精彩的談話時有所見，隨著陳維民注意力轉移，淑華才稍稍把頭抬起。翊教女中同學的發言，陳維民還算滿意，他看向腕錶，時間已過了一點一刻，決定收攤。

「時間不早了，最後三位發言，把握機會。」

最後三位講完後，陳維民要求男大生義工收回汽水空瓶，一些同學趕緊把汽水喝完交出瓶子走人。清大學生收拾好物品向還逗留現場的翊教學生說再見後，現場同學已不多，而淑華也早被貴華拉

著走到後面的一座殿舍了。這兒的殿閣都已封鎖，不能入內，只能外觀。她們站在緣廊隔著窗子窺了一下，只能看到一張桌子和一個書架。貴華：

「這是以前乾隆還小的時候讀書的房間。」

「這兒也真是讀書的好環境呢。」

淑華說著走到石階坐下，貴華跟上說道：

「妳剛剛講得很好哩。」

「我講了一句，一時語塞，不知道下面該怎麼講。」

「不過，妳還是講出來了，而且很適合妳自我犧牲的特質。」

「是嗎？」

「不誇大。不會說出一堆自己做不到的。當然妳擅長唱歌，這種藝術氣質也會讓妳講話不圓滑。」

「我想到了。我應該說，我要站在城牆上唱一首歌。反正唱什麼歌，同學會幫我想。」

「確實如此。下次這種場合，就這樣說。」

「妳真的要去打游擊？」

「也是找話出來講……」

貴華說著，兩人都笑了起來。貴華從書包取出剛剛發的餅乾，撕開包裝紙後分一半給淑華，於是兩人邊充饑邊聊，到了涵元樓，把周邊的殿閣流覽了一番才步下階梯，過橋後分手各自返家。

淑華回到大宅院已近兩點，兩位乾姊都已結束午休，月華對鏡梳妝，看見淑華回來了，試穿薄棉夾襖的英華：

「妳吃過中飯沒？」

「吃了幾塊餅乾。」

「我們給妳留了飯菜。我去叫人給妳加熱來吃。」

「我去。」

月華說著逕自走了出去。

「我自個兒去。」

淑華想去廚房但被英華拉住了。

「姊去就可以了。東娘給我們買了薄棉夾襖，是春裝。月華的大一號。剩下兩件，妳要粉紅的還是乳黃的」

「都可以。妳先挑。」

英華堅持淑華先挑。

「不然我先試穿乳黃色的看看。」淑華脫掉制服，穿上夾襖對著衣櫥鏡轉了一下身，「我先穿這一件，改天換妳穿，交換一下。」

「妳真聰明。今天茶話會好玩吧。」

「不好玩，太沉重了。」淑華脫掉夾襖，換上家便服，「清大的學長要我們講如果日軍進城，我們要做什麼，拿出什麼態度。不過他們的服務很好。」

「我早就預感他們會談這些。」

「我也是。但我也不能丟下貴華讓她一個人去。」

「說的也是，朋友的情義要顧到。」

英華說著指名，要求淑華說出那些同學到底說些什麼。淑華就印象所及一一說了出來。說到最後，淑華被逼著把自己說出的話交代出來後，英華也不禁笑了起來。月華把飯菜端了過來，淑華接了過來，也覺得有些餓了。英華看著姊姊：

「我跟妳說過的中午那場茶話會，她們在討論日軍打到北平，要進城了，大家要怎麼做，淑華說要站在城牆上當炮灰。」

「我沒這樣說。」

淑華差點把飯吐了出來。

「妳的意思就是這樣。」英華得寸進尺，繼續取樂，「那位清大學生還誇妳要犧牲自我喚醒大眾。」

「那明兒就先上城門，從凹口往下看，看看有沒有懼高症。」

淑華被月華逗得滿臉苦笑，還是把飯吃完。

次日一早，三姊妹一起向潘爺請安。月華：

「淑華來了快兩年還沒上城樓。」

「這樣啊！要去看看。這些城牆早晚會拆掉。」潘爺摸了一下下巴，「這樣吧，阜成門離這兒最近。妳們三個走著去，練一下腿力也好。」

用過早餐，休息一會兒，每人都把夾襖穿在身上，裡層的薄棉衫長袖露出來，看起來滿秀氣的。到了門房向經理方正知會一聲便走出大門。到了北溝沿，英華拉著淑華就走，月華：

「走錦什坊街比較快，路比較直。」

三人越過寬闊的北溝沿後拐進一條比胡同大一些的街道，道路

兩邊都是黑瓦灰牆的民宅，牆裡牆外的樹木爬滿新春的枝葉。

「這條街也算是胡同。」月華指著前面，「比較熱鬧，商店多。再說，這條街有六七百年歷史，算是北平最古老的胡同。」

三人走著聊著，淑華越走越有興味，過了一個夾道，早餐店正在營業，油炸燒餅和焦圈兒的香味撲鼻。月華買了幾個焦圈兒，一人兩個就在路上吃了。

「剛剛吃過早餐，所以吃個意思意思。」

「這樣吃相怪難看的。」英華。

「妳平常不拘小節的樣子，現在反而裝正經了。」月華用眼神向英華、淑華示意了一下，小聲說，「妳們看，她們那樣更難看。」

這家旱煙葉販賣店看來十分寬敞，店裡擺滿了各式煙葉。老闆正在給顧客包裝煙葉，店外母女倆正坐在爐邊叼著煙袋，煙鍋貼近爐火，煙鍋內的煙葉不斷冒煙，繚繞的煙氣和母女吐出的煙霧攪和一氣後迴旋上升。淑華：

「她們大概是給自己的店打廣告。」

「不過真的很難看。」英華蹙了一下眉頭，走過這家煙葉店，「一般的煙吸成這樣，大煙一定也在吸吧。」

「看她們那副德性，根本就在吸大煙。」

月華說著，三人走過兩家雜糧鋪、一間西藥店和點心鋪後，傳來酒的腥酸味，淑華覺得暈眩，月華駐足看著夥計把竹提子伸進酒罈打酒。酒肆裡頭的酒罈都用紅布包著的木蓋蓋緊。大罈小罐擺滿一室，顯得豐盛。三姊妹看飽那種豐足後滿意地離去。

店家漸漸少了，英華兩腳彈起，跑了兩三步，進入一家書屋。月華和淑華跟進。淑華環顧了一下，書架擺滿了徐枕亞、海上漱石生和包天笑等人的小說，進入內間，有兩三位小朋友坐在地板看小人書。英華抽出一本漫畫：

「看像不像妳的地理老師謝欣宜。」

淑華看著書裡頭頭頂三根毛的小朋友被斥責的畫面：

「妳帶我來這裡原來是要我看這個。我們班上現在都不怎麼笑他了。」

走出書屋，淑華漫不經心地跟在月華後面走，把頭抬起驚見一幢白色巨影：

「又是白塔！」

「這座比瓊華島的那一座高大許多。」英華踢開一塊石頭，「父親說它是北平，也可以說中國北方最高的建築。」

「可以進去看看嗎？」

淑華問著再次放眼望去，白塔確實龐大，除了佔領了巨大的空間，週遭低矮，呈波浪狀、黝暗的民宅，更一直匍匐在它腳下。總體說來，那巨大的白，雖然有些斑剝、陰影，完全力壓黝暗的民宅。一層高過一層的巨大螺旋疊出的動感，好像旋著塔頂巨大的華蓋逐步昇空。

「當然可以。」月華淡然地望向妙應寺的白塔一眼，「我們先上城門，回來時一起去。」

白塔越來越高，被塔前殿舍遮住的塔身也越來越多，三人越過了阜成門大街。

「兩位，我走得不耐煩了。」

英華說著拔腿就跑，月華和淑華只得跑步跟上，快速拋開路旁低矮的家屋、店家。淑華再度想起以前在撫順時，和同學小川美都里、柳瀨俊子一時興起跑步上學的情景，一切是那麼無憂，彷彿中日兩國之間根本就沒事一樣。英華衝刺了片刻後，幾個大步把速度緩了下來，然後停下喘口氣時，阜成門已然在望，Ｘ形階梯也已清楚地展現眼前。三人選擇右邊的階梯上去，左側的馬道還算完整，但右側人行梯道的石階，普遍被踐踏得塌陷下去，城牆壁和靠牆的石磚縫雜草蔓生。她們扶著梯壁小心翼翼地上去。

城牆上的通道凹凸不平，鋪地城磚處處塌陷，三姊妹小心翼翼地從城樓走到箭樓再繞回來。城樓和箭樓的門都封住不讓進，英華失望大嘆：

「記得以前小時候來參觀，是讓人進去看的。」

「兩年前爸爸帶我來參觀時，箭樓是開放的。」淑華。

「現在市政府可能沒錢，也可能局勢不好，沒有心情對城樓內部加以翻修，貿然讓人進去有安全問題。」月華好像老師訓諭學生，不自覺地板起臉孔，「再說，這些城樓和城牆不久的將來可能被拆掉。咱來參觀就像到病院探望一個病得沉重的老人，靜靜地看他就可，別期望他跟你聊什麼。」

「姊，妳什麼時候變得這雄辯了？」

「或許是因為我比較關心這個問題。」

「其實不用工人拆，日本人來的時候，砲彈一**轟**就拆掉了。」

「啊！對了。」月華把淑華拉到身邊，「妳知道，北平車站旁邊的前門和箭樓，上世紀最後一年，八國聯軍來的時候，被大砲**轟**掉屋頂，只剩牆壁。」

「這樣哦？」

「所以妳說要站在城牆上，日本人不會用子彈，他們會用砲彈**轟**。」

英華說著，三人笑成一團。三人一路笑鬧回到城樓旁，淑華身體靠著垛口，發覺兩位乾姊沒跟上，回頭一看，只見英華正附在月華的耳朵講悄悄話。英華：

「妳只管看外面，別管我們，看外頭。」

淑華莫名所以，敏感地感覺被戲弄，但也只能順受。她看著牆外破落的聚落，感知庶民生活的艱困，再眺望蒼茫的遠方，良久才回過頭，但未見兩位乾姊，感覺旁邊不遠處有人，一看原來是滿臉神秘微笑的月華和英華。月華：

「妳看前方的時候，我們一直看妳，看著妳站在城牆的模樣。這是妳人生的寫照。再說，妳的側影確實很好看。」

淑華臉紅了起來，除了感謝她們的貼心外，不知該說什麼。

三人同身回望城內，兩眼還是被那座好似一口垂落地面大鐘的白塔吸住了，感覺週遭的屋舍很像伏貼地面的魚鱗。月華：

「英華，這個白塔有幾年歷史，知道吧？」

「一千多年。」

「不對。六百多年，元朝建造的。」

在這悠悠的景觀中，歷史是一個重要的面向，而歷史也展現了大度、和平的本質。然而戰爭無可避免，外來的釁端將毀壞一切；激烈的現狀也將被歷史淹沒。駐天津的日軍西進顯然已勢在必行，如日軍獲勝，接管學校，公開表揚、暴露她的身分，她反而無法見容於學校。這會是未來的圖像嗎？她有些擔心，但也相信，心裡先打預防針，就能避開這一切。

1937

29. 中日交戰 愛澤來訪

日復一日，月陰月晴又復陰，中日兩國之間依舊紛擾不斷。日本軍方一直以華北五省為目標，不斷派員到北平和南京磋商、談判。日本將官慣常用到人家家裡撒野的高姿態「協商」、議事，消息洩了出來，成為人們談話論事的好題材，教師據以向學生宣導，效果超好。不過，每天擾擾嚷嚷，教師說得有點膩，學生聽得有些煩，多少有種看戲的都膩了，演戲的也應有知所進退的自覺。日本悍將既然討不到多少便宜，或許會知難而退吧。如此風風雨雨一年多，淑華轉眼間由高一下讀到高二下。學期結束後，她返回奉天老家，變回山口淑子，而月華也已畢業，暫時待在家裡協助東娘處理家務，招待客人。

淑華變回淑子，需要一兩天的功夫才能適應家裡的一切，畢竟「漢化」漸深，又經過北平學運怒濤的洗禮，有主見了許多，要變回百依百順的日本小女子，確實在心理上有些抗爭。她自覺世面見多了，而弟妹也已長大不少，大弟弘毅也早已是高中生了，最小的誠子也已四歲，不怕爬樓梯，常待在淑子的房間，東摸摸西看看，見大姊沒回她的話便自言自語。母親山口愛瘦了許多，鬢角添了些華髮，似乎不可能再懷孕，淑子稍感放心。父親山口文雄依舊在滿鐵奉天分所擔任中文教席，他的課多在早上 10 點到 12 點，所以每天早上，稍晚些才出門，等他回來，大家才一起吃中飯。

一方面是暑假懶散心理作祟，一方面是期待中餐的心理慣性，中午父親快回來前，大大小小的小孩都已在客廳，或坐或聊或玩。父親終於回來了，比較小的小孩立刻走到門口，把他的公事包拿到客廳，幫他擺放脫下的鞋子。

文雄把領帶扯下後，悅子接過手立刻奔上二樓將之放在衣櫥內。文雄進入餐廳時，大家都跟上坐下。山口愛：

「上課還好吧？」

「初階班，現在是下半年的第二堂課，目前還在認識學員，跟他們做簡單的對話，還沒正式上課。」

「大姊讀了幾年中文學校應該也可以教了吧。」悅子。

「當然，她可以先在家裡開個班。」

大家笑了起來，接著一陣沉默。文雄繼續說：

「弘毅把客廳茶几下面開過的酒拿過來。」

「晚上再喝不行嗎？中午就喝。」山口愛看了丈夫一眼，「一定是碰到什麼不如意事。」

文雄不太講話，也都以冷淡的片言隻語回答家人的問話，酒倒喝得很勤，山口愛不好意思地沾一點唇，他就喝下一小杯。

「我最擔心的事終於發生了。」

「什麼事？」

「日本和中國開戰了。」文雄矇矓的雙眼掃瞄了盯著他看的家人一眼，「北平郊外的盧溝橋。日本軍隊進行夜間演習，結果一名士兵失蹤，部隊長要求搜查附近的縣城，中國守軍不但拒絕還開槍，就這樣打了起來。」

「或許是一時衝突，雙方平息下來就會坐下來談。」山口愛。

「淑子！我的公事包有份盛京時報，幫我拿過來。」

淑子走到沙發那兒，坐著打開爸爸的公事包取出報紙打開來看。一版未見相關新聞，二版觸目驚心的全都是。她把報紙拿了過去，父親：

「我看過了，妳自己看一下吧。」

盛京時報雖然是中文報紙，但是日本人辦的，軍方餵他們什麼新聞，他們照登，也樂得不用查證。淑子站在餐廳攤開報紙，在「華兵暴戾對日軍行不法射擊」的反白總標題下，頭題「對操演中之日軍/華兵橫加射擊/該事態推移頗堪注目」的標題下，刊了兩則急電，第一則表明：「……駐豐臺日本軍當即派遣軍使前往交涉，要求道歉，若廿九軍到底堅持不遜態度時，須斷然膺懲之……」。

這一段基本上是夾敘夾議的評論，淑子輕瞄淡看，反正日軍，也就是我國軍隊，就是橫著走，無理也不饒人。淑華再看其他新聞：

「29軍非法攻擊 我軍反擊」、「日軍占領龍王廟 華軍繳械」、「盧溝橋城內華兵 揭白旗……未抵抗」幾個標題交織成一片火海，看了幾段描述，得知祖國軍隊侵門踏戶，喧賓奪主，甚至反向羞辱主人。情況到了這種地步，必定很難善了。即使南京政府屈服，願意退讓，中國各地的知識份子必不善罷甘休，各地學潮必將排山倒海傾覆一切。如果她回去等開學，北平市、學校一片混亂，大部份時間都困在潘宅的生活畫面浮現她腦海。

淑子坐下用餐時，母親山口愛把報紙接了過去。她的中文，足以應付日常生活，看中文報，望文生義，標題的意思大致抓得準，內容還得由丈夫多作解釋。

　　文雄心情鬱悶得化不開，好像釀得出酒似的，他坐著喝悶酒，舉箸時夾的菜也不多。他關心女兒淑子的前程，最擔心的是中日之間發生衝突，但中日之間的警訊不絕如縷。如今盧溝橋事件，似乎不再只是一個衝突，看報紙的論調，日方似乎有意把它渲染成戰爭。這件事剛好又發生在北平，不僅淑子的政治家秘書夢的環境遭受破壞，生命的安全都備受威脅。

　　「時局如此混亂，淑子可能無法繼續在北平讀書。」文雄眼瞼沉重地看了一下淑子，「要有這種心理準備。」

　　「我腦筋一片混亂，我也不知道。如果可以的話，我還是希望繼續讀下去。」

　　淑子很難想像北平要從她的生活中抹去，這座古城的風味早已成為她精神的一部份。山口愛心疼女兒動盪的求學過程，想了一下說道：

　　「如果日本佔領北平，會不會關閉很多中文學校，再設立日語學校。」

　　「不太可能。北平和滿洲不一樣。日本佔領滿洲以前，滿洲一直是日本的勢力範圍，很多日語課程的大中小學早已設立，所以佔有滿洲後，可以進一步推動日語教育。現在日本在中國華北一點基礎都沒有，一下子要完全取代現有的學校是不太可能。」文雄搔了一下頭髮，「愛澤信實，還記得嗎？」

　　「那個年輕的特務軍官。」

　　山口愛說著給自己倒了一杯酒，她被丈夫的憂愁快速感染。子女一個個吃完飯離去，悅子和淑子留下來收拾殘羹剩飯。兩夫婦端著酒杯移師客廳，好像被什麼控制住一樣，開始酒祭體內的憂鬱。淑子把剩菜馬鈴薯燉肉和薑汁茄子端過去後，也留了下來。山口愛看著丈夫：

　　「你剛說的愛澤很久沒來了。他不是說過北平學潮鬧得很兇嗎？我本來想寫信問淑子，但覺得信可能會被檢查，對淑子也不好。也就作罷。」

「真的鬧得很兇。尤其是前年12月前後。日本軍人用盡各種方法想逼迫中國北方五省獨立。」淑子的語氣隱含著不是很想談這種事情的苦楚，「這就好像是，到了人家家裡不懂客氣、謙讓，還頤指氣使，指這罵那的，人家當然要翻臉。不只是北平，各地的大學生都在示威抗議，讓人受不了。」

　　「淑子，妳有參加過反日示威嗎？」

　　「我都避開了。」

　　「妳不參加，不是會引發同學的懷疑嗎？」

　　「基本上參加的都是一些比較活躍的同學，很多人都沒參加。」

　　淑子的回答一直難擋母親山口愛一連投過來的問題。山口文雄狀似閉目沉思，頭漸漸側傾，顯然已陷入醉眠。山口愛：

　　「潘家兩姊妹有參加嗎？」

　　「她們也都避開了。」

　　「我想也是，潘老爺一定不讓他的子女參加遊行，換上李際春將軍也一樣。這種事情，每個人各有自己的立場，講多了也不好。」山口愛一臉酒紅，吃了幾口茄子，「北平陷入空前的混亂，妳剛好回來，回到這裡單純的環境就暫時先不用回去了。」

　　「媽的意思是：又要休學。」

　　「只是暫時。」

　　「暫時就會變永遠。我捨不得那邊的好同學，還有潘家兩位姊姊。」

　　「小孩子就是小孩子，暑假很長，慢慢想吧。」

　　山口愛剛說完，二夫人雪兒的房間傳來兩聲咳嗽，於是拿起報紙：

　　「二夫人要是聽到我們談這個也不太好。我們到樓上談吧。」

　　文雄眤了一會，一叫就醒，精神也回復了不少。夫婦倆和淑子一起上樓，悅子把酒菜全撤後在廚房忙了一陣。

　　文雄夫婦、淑子盤腿坐在榻榻米上和小誠子玩了一會，悅子把泡好的茶端上來後，山口愛要悅子把誠子抱到隔壁清子和玲子的房間，誠子執意不肯，且伸手要抓媽媽手中的報紙，悅子只好把她放下，拖出一紙箱玩具讓她玩。文雄右手支頤仰躺在大床的榻榻米上，顯示幾杯飯後茶只打消了他體內的一點倦怠感。

「日本軍人像是變異的人種。認識的，像山家亨、愛澤信實，當然就像朋友，不認識的，尤是拿著槍站在街頭的，好像是敵人，看到了就趕快閃。主要是他們對我們百姓還是有絕對的權威。一軍一民在窄巷裡相遇，」文雄躺著指著自己，「像現在喝完酒一樣，腎上腺素、血壓都會急速攀升。」

　　血壓升高是什麼情況，心跳加快？像四年前剛向波多列索夫夫人學唱歌時那樣，或臉孔脹紅？剛剛看盛京時報時就是這樣。在別人的土地惹了事，還理不直氣壯，喧賓奪主，在報紙上口誅筆伐。淑子越想越難受：

　　「我在翊教的歷史老師說，日本人至少在明治維新開始，就一直處在精神亢奮，神經緊繃的狀態。所以這個新聞報導說中國軍人先開槍，我就有點不相信。」

　　「精神亢奮的應該是男子，我們女性也是被壓迫的。」

　　山口愛說著，文雄苦笑了一下，認為老婆不應該一竿子打翻一船人，應該精確地道出素行不良的軍政人士才是。

　　「一直以來，中國老挨打，淑華說的沒錯，一定是日本軍人先開槍，把事態擴大才有利於他們進行進一步的計畫。現在誰先開槍已經不重要，現在要看誰在攻城掠地了。」

　　文雄說著再度露出睏倦的神態，淑子起身想要離去。山口愛：

　　「中國和日本打起來的事，別跟二夫人提起。妳知道李將軍一心嚮往日本，二夫人雖然唯丈夫是從，但骨子裡還是中國人。妳父親談話提到關東軍或日本軍人時，她總是低眉抿笑不吭聲，顯示心中對那些軍人或軍事行動的抗議和不以為然。所以盧溝橋的事別在她跟前提到。」

　　此後，文雄密切注意北平局勢的發展，希望事情有轉圜，但一連四五天，敵對兩方的動作都充斥報紙的版面。他不再帶報紙回家，在家也不在子女面前談北平局勢，山口愛有了給淑子轉學的打算，既然覺得淑子留在身邊好，也就樂得催促女兒到放送局報到。

　　淑子見父母悶悶不樂，不太講話，她也不想想太多，頂著對時局的嫌惡，也就樂得到放送局錄歌。在辦公室裡面，日籍幹部和滿籍員工都不太談北平局勢的敏感話題，即使知道滿籍員工或樂人聽不太懂日語，日籍同仁間也避免在滿籍人員前談這種話題。處在這

種小天地裡，她也就不太在意外面的紛擾。錄了兩首歌，她抽空前往木曾町想探望久違的波多列索夫夫人，結果撲個空，波多列索夫先生說太太帶兒子到哈爾濱作客，協助有些劇團客串一些角色，順便探望親朋好友，預計在奉天秋演前一個月回來。淑子好生失望，盤算了一下，如果中日情勢有轉圜，夫人回來時，學校正好開學，這個暑假就和老師無緣見面了。但如果戰火蔓延，甚至連學校都毀了，她才可能留步奉天，和老師再敘師徒情。

　　繼前幾天錄了兩首流行歌曲後，淑子，或者說李香蘭，這一天要錄兩首藝術歌曲，但也可以說是童歌。一般歌曲都是作詞和作曲者密切合作完成的，但這兩首曲子，詞和曲的作者南轅北轍，分屬不同的國度或世代，詞人和樂人越位感受、思考，完成了超時空的再創作。〈花非花〉和〈送別〉這兩首歌，她都很熟。〈花非花〉列入翊教初二上的音樂教材內，她到翊教就讀時已是初二下學期，雖錯過了這堂課，但不時聽到學妹上課時吟唱，那種未能留住美好事情或事物興起的惆悵像濃雲，她在家練唱時，可以感受到一千多年前詩人的心情。〈送別〉一曲排在初三下的音樂課，老師把它當成驪歌教唱，但翊教女生初中畢業後多直升高中，了無傷離別的情緒，但國家多難，民眾流徙頻繁，這首歌還是很能喚起同學的共鳴。前年冬天，她和兩位乾姊躲避大遊行共唱這首歌感傷的情景還歷歷在目。

　　淑子騎著腳踏車，八經路路旁櫨子樹正開花，樹不高，花花世界唾手可得，她腦中響著〈送別〉的弦律和歌詞，中日大戰帶來的衝擊和恐懼已然鈍化，早被歌曲濃郁、悠悠的傷愁淹沒。她相信放送局小樂隊揚琴手阪口內子講的是真心話。前幾天錄完音，胡琴手杜漸介紹完新曲〈花非花〉和〈送別〉，她準備回家時，勤學中文的內子向她表示，李叔同版的〈送別〉比起一直繞著鄉情和親情的原曲「Dreaming of Home and Mother」和日本版的〈旅愁〉還要深沉，鋪陳在天地間的離愁遠遠超越思親帶來的鄉愁。

　　淑子一踏進放送局，又必須是李香蘭了。知道她本名的，有時會叫她淑子，但基於她的歌必須以李香蘭的名兒播出，還是儘可能用藝名稱呼她。她和前川局長、東敬三課長一些長官打過招呼，聊了幾句後，由小樂隊負責人兼胡琴手杜漸招呼進入錄音室。

阪口內子兩手揮動琴竹，揚琴的前奏錚鏦響起，李香蘭開嗓時，胡琴、琵琶齊奏，沾染著琴音的歌聲飄灑了出來，藉由歌詞的暗喻，歌聲彷彿開花起霧，也好似夜晚籠罩小小的錄音室，最後「無覓處」一詞聲音拉長放緩，帶出的惘然、零落感綿延到第二遍的揚琴前奏。

這首歌特短，唱完兩遍後，杜漸：

「李香蘭小妹妹，唱過了有什麼感覺？」

「第一遍感覺捉摸不到的詩意，很朦朧、縹緲。唱第二遍時，霧還是不可捉摸但『花非花』不再有朦朧意，不再是似有若無，而是花飄零了，『無覓處』是指不想去尋找，不是找不到。」

「不錯，不錯，這樣就比較貼近生活，但還是呈現了另一個情境的詩意。」

杜漸說著，其他琴手都表讚同，李香蘭臉更紅了。

休息十分鐘後開始〈送別〉錄音，阪口內子改用鋼琴伴奏。前奏輕輕響起，聽進李香蘭耳裡完全是東方味，杜漸提起胡琴弓，香蘭的歌聲和胡琴、鋼琴的琴音同時響起，古意的歌詞藉著婉轉的歌聲直接訴諸歷史的追憶，兼及個人的親身經歷，「夕陽山外山。天之涯，地之角」不禁使人感到天地悠悠，心生愴然。清越的歌聲回到「一觚濁酒盡餘歡」離別的現場，大家的感慨都已經在時空之旅洗練過了。同樣的歌詞再唱一半，收在「夕陽山外山」，伴奏的樂音持續流動，悠悠的歌聲也在每人心裡流淌。樂音結束，杜漸提起琴弓，伴奏的琴手都淚眼湛湛。

小香蘭的鬱愁拂去了不少。今天滿籍樂人的表現還不錯，沒人談到盧溝橋，也沒人看起來很沮喪，或許日籍長官不准他們談，也或許他們心理早已放開，歡迎更多人加入淪陷區，更多人命運與共，共同分憂。或許這也是弱者的自我安慰。淑子一路胡思亂想回到家，不久父親也回家了。

山口文雄表示，現在華北局勢渾沌，消息混亂中，日本海陸軍源源不絕開進華北，但有時又放出談判的呼聲。他覺得一直像鴕鳥把頭埋在沙子裡也不是辦法，決定今天好好面對這種時局。

「這兩個國家這幾年都在打打談談，或許這次打累了，也會坐下來好好談一下吧。」文雄咕噥了兩句，看見妻女都沒在聽，「或許日軍要求和談，只是煙霧彈，讓大軍有更充裕的時間整備、部

署。」

文雄一臉倦容，把報紙放在茶几便離開沙發上樓去了。淑子瞄了一眼報紙見弟妹想看便放手，悅子、弘毅各拿走一張，似懂非懂地看著。他們最近幾年也從父親，甚至二夫人那兒學中文，只是未能持之以恆。

山口淑子今早兩首歌從練習到錄音都順利，也不去想北平的事，用過餐躺在床上很快便睡著，過了一兩個鐘頭，在圍城之戰的夢醒邊緣被母親叫醒。山口愛：

「妳爸上次提到的愛澤信實先生來了，見他一下好吧。」

淑子愣了一下。她是最近才從父親口中聽到這個名字，不過接下來也得知他和山家一樣，屬於特務情報系統的日本軍人，不過山家屬於經營佔領地文化藝術的報導部，愛澤是情報部門的軍情軍官。突然聽到他來訪，心裡不禁打了個哆嗦。她在盥洗間，用水沖個臉匆匆下樓。

愛澤穿著便衣，看起來年輕帥氣，比起高瘦的山家有氣質，但少了一些寬仁，見到淑子起身哈個腰，她也在母親的注視下向愛澤淺笑點頭示意。愛澤：

「越來越漂亮了。」

「越大越不懂禮貌了。」

山口愛說著再次看女兒一眼。淑子皺了一下眉頭，第一次和愛澤見面就被恭維越來越……。她知道這是男人的口頭禪，不是很在意。文雄：

「淑子還沒睡飽吧。不管怎樣，愛澤大尉，你就繼續分析給大家聽好了。」

「和談當然是假象。現在雙方各懷鬼胎，據我所知，日本方面急著從關東軍、日本本土，甚至朝鮮抽調軍隊，換了新的司令官香月清司，決意奮力一搏。蔣介石方面，也派出中央軍前往保定，做為 29 軍的奧援。所以更大的衝突還在後頭。」愛澤瞅了一下淑子，再面對文雄，「令媛在北平求學一事，看來勢必難以繼續。」

「當初實在是我判斷錯誤，加上中國朋友的建議，才把她送到北平讀書。現在情勢這般嚴峻，淑子應該有心理準備。」文雄給愛澤倒茶，話鋒一轉，「大家都不希望戰爭，即使有，也希望快快結束。

以前滿洲事件，聽說中國採取不抵抗主義……」

「情況不一樣了。如果蔣介石還是繼續採取不抵抗主義，他的政權很快就會瓦解，他背後的紅軍馬上就會取而代之。」

「看報紙，本來對戰的國民黨和共產黨現在要合作了。」

「所以我說這個仗會更難打。那兩黨的合作，雖然不是一加一等於二，起碼大於一。」愛澤喝了一口茶，潤一下喉嚨，「打仗輸贏是一回事，大家都希望戰爭快快結束。實力懸殊，可以速戰速決，最怕的是兩個實力差不多，泥巴戰打個沒完沒了，死傷也多。戰爭對一般士兵、中下階軍官是沒多大意義的，他們和百姓一樣，只是將官求取名功的墊腳石。」

愛澤說完，大家沉默了一會。山口愛給大家添茶水，文雄思索了一會，想到了淑子義父潘毓桂的頂頭上司：

「中國北方的主將宋哲元，曾經是日本軍隊很頭痛的人物，不過現在好像變成一個政治家了。」

「當一個將軍，心思比較單純，想的就是就是如何打一場勝仗。他現在是一個行政長官，這麼多人、這麼多錢讓他支配，學校、地方這麼多狀況，他也要設法擺平，無形中他的王國、勢力就大了。另一方面，日本軍人一直以他為目標，給他製造狀況反而墊高他談判的份量。他也很喜歡和日本人談，認為南京非靠他不可，周旋在敵對的兩造之間，反而危險。一旦南京的中央軍大量開過來接戰，而他下面的各師也前來支援，被調度的話，事權歸中央軍，他很可能會被架空，王國就瓦解了。」愛澤似乎厭倦軍政的話題，改用華語輕聲面對淑子，「妳在班上有人知道妳是日本人嗎？」

「都不知道。」

「她是以她義父乾女兒的名字，中國人的名字註冊入學的。」文雄。

「你上次說過。我記得。」愛澤閉著眼睛呼了一口氣，部份用華語表現，「中國人說樹大招風，翊教女中是小校，在反日示威中並不突出，因而安全。起碼我們特務單位裡頭的檔案沒有這所學校的名字。淑子如果在北京大學或中國大學，也是用中國人的名義就讀的話，可能非常危險，身分一旦曝光，會被認為是間諜。」

山口愛倒抽了一口冷氣，遮住嘴巴的左手遮掩不住一臉的驚恐。

愛澤繼續說：

「那些有名的大學裡頭有很多共產黨學生，他們會認為他們的潛伏是一種機密。當然日本軍方也對他們組織的運作很感興趣。」

「那華北方面的派遣軍有沒有布建一些學生在裡面？」

文雄自覺自己問得很愚蠢，愛澤頗沉思了一會：

「日本華北軍才剛剛進來，根基弱，還沒有這種能力。現在滿洲或許有可能，但要吸收可以信任的滿人學生也不容易。」

「如果你們軍方佔領了北平，會怎樣對那些學生展開報復？」

淑子的質問帶點責備，愛澤有些吃驚，看了淑子一眼：

「我只是幕僚人員，負責收集分析情報。也不屬於華北派遣軍。那些大學的命運，大概要看司令官怎麼處置了。根據以往的例子，如果學生流走了很多，被佔領區的學校很可能淪為野戰醫院，甚至兵工廠。如果學生大都還在，可能會繼續讓它運作，再慢慢改課程，審查教師。」愛澤改說華語，聲音放輕，「淑子交了大學的男朋友？」

「沒有。但我一位好朋友，她的男朋友讀燕京大學。」

「妳的好朋友，日本人？」

「我的同學，當然是中國人。」

「哦！燕京大學是美國的資產。日本軍方可能暫時不會找它的麻煩。但未來很難說。」

淑子替貴華鬆了一口氣，算來陳洪仁應該要升大四了，如果大環境逆轉，而他願意留下來讀書的話，還可以和貴華相處一段時間，不致馬上分離。文雄：

「現在這麼亂。北平那邊的炭礦，日本軍隊攻下來了？」

突然被長輩問到自己很不熟悉的問題，愛澤一時無以為對。山口愛：

「我先生現在是北平，北平門頭溝炭礦的顧問。」

「哦！這樣啊。」愛澤笑了起來，開始詢問礦場的概況、文雄的職務和工作情形，知道文雄是礦場裡頭少數的日籍幹部，「這樣的話，如果雙方一直交火的話，當然會暫時封礦。不過，即使現在不封礦，您還是暫時先別去，這時候，礦工很容易牽怒您。」

愛澤接著表明自己最近要到天津華北派遣軍司令部出差，突然想到許多老朋友久未謀面，故特地前來拜訪。隨後他和文雄就一些

比較枝節的事情交換意見，建議淑華現在先別寫信給朋友或同學，即使要寫也要避開軍政方面的事。

愛澤婉謝文雄晚餐的邀請，父女三人都到外頭送他。愛澤自駕車前來，上了車後，文雄行 15 度鞠躬禮，山口愛深深一鞠躬時，瞥見淑子點了一下頭，同時右手輕浮地揮動。

送走了愛澤，父女三人回到屋內，腳步依舊沉重，回到沙發坐下喘口氣後，山口愛：

「好啦！我們的客人要到天津，在座的父女倆無法再去北平了。」

文雄沒有回答，身體後仰，發出乾澀的苦笑。山口愛繼續說：

「我看淑子到北平求學後，腰桿變硬了，禮貌變差了。」

「東娘教我的。要適應中國人的生活，最好改掉日本人的習慣。」淑子不太習慣和長輩辯解，雖覺得理直，但氣不壯，「再說，在那種環境裡，行 90 度鞠躬會被認出是日本人，而招來麻煩，也很不好吧。」

「既然淑子說得出一番道理，表示她確實有這種改變的需要，就順著她吧。依我看來，她的舉止還好，並沒有很失禮。」

文雄給這小小的爭議定了調，老婆不再吭聲，這天下午異常沉重的會客時間終於告一段落。

▐▐▐ 30. 北平陷落 總裁開示

平地一聲雷的盧溝橋事件發生在七月七日，此後中日雙方打打談談，似乎在試探對方的底線，並沒有發生全面性的衝突。淑子有時看看報紙，不時從雙親的談話得知北平並沒有想像中的亂，好像大小戰鬥都在週遭的山地或鄉野進行，城裡相對安定。文雄夫婦看見女兒一直沒有從繼續在北平求學的念頭退卻下來，有些動容，見情勢沒有想像中的壞，也就暫時不提要她休學或轉學的事。雖然關心時事，但賦閒在家的母女倆都不去買報紙，不會刻意讓報紙聳動的標題直接刺入眼簾。淑子每週三個早上前往放送局錄音，也發覺他們刻意管制報紙，不讓滿籍員工輕易看到。

文雄每天中午騎著腳踏車回家，拖著疲憊的腳步進入家門後，

母女倆會特別留意他的神情和舉止，把他當做面對殘酷事實的緩衝區。一連幾天，文雄都沒在餐桌上談起中日之間的情況，也沒拿出報紙，山口愛母女倆都沒問，只在心中暗禱局勢快一點平穩下來。

此一期間，卸下華北自治軍政府政務廳長一職的李際春，轉任瀋陽銀行總裁，夜訪過文雄幾次。文雄沒有心情吟詩搓麻將，只是對飲暢談。淑子被叫去作陪了一會兒。李際春總裁勸文雄看開一些：

「雙方和解當然最好，即使日軍拿下北平、天津，甚至河北，會很快恢復秩序。慢一點去上課也沒關係，這中文女校的文憑一定得拿到。如果剩下一年就放棄太可惜了。」

「您最近有沒有跟潘毓桂兄聯絡？」

「現在還是先不要打擾他。他那冀察政務委員會不知道還在不在，也很想知道他現在在幹什麼。現在政治敏感度高，待事情告一段落後，我再試著聯繫他。」

李總裁走後，文雄安穩了一些。不過這種脆弱的安穩也維持不了幾天。

禮拜五這一天，他照常上課，但提早回來，一回來便躺在沙發上閉目沉思，形成一個肅靜的風暴，小孩都不敢去打擾他。中餐時間到了，他還是自動起來，但惱意未消，把報紙丟到餐桌上。

「日本兵在北平周邊打了兩三天，我一直希望情勢有所轉圜，或那一國出面調解，但事情越來越棘手。」

文雄說完看著神情黯然的老婆，再看滿桌清肉淡菜，心情更加沉重。悅子撿起報紙拿給淑子，頭版頭的標題赫然是：「我軍進占通縣、團河／今南北夾擊攻北平／天津航空兵團馳援奏效／古城四郊華兵頑抗後節節敗退」看看內文，多是 28 日天津或北平電的短篇新聞。山口愛瞥了一眼報紙：

「現在已經 30 號了。」

「所以說嘛，說不定現在已經攻進北平了。和中國的樑子結大了，我們的日子只有更苦。」

文雄說著兩眼茫茫地看著一桌菜餚。山口愛：

「不用每天買報紙，聽聽收音機，消息更快。」

「家裡那一臺收訊不太好，聽淑子的歌還好，新聞放送很多雜

音，而且時常放出假消息。寧願慢一點知道。」

淑子放下報紙，旋身起來後走到客廳取來一瓶李際春總裁送的威士卡。文雄：

「這是要留著和總裁一起喝的。」

「想喝就喝了吧。明天我出去再給你買兩瓶白乾。」山口愛看向老公，想著女兒的貼心，眼睛溫潤了起來，「看你這麼沮喪的樣子，酒精就是你的知己，會在你的腦裡生出和平的美景。」

看見弟妹手忙嘴快，淑子趕緊拿來一隻碗，把馬鈴薯燉肉、炸豆腐和海帶雞骨湯中的菜肉裝滿一碗放在父親前面。父親文雄喝快了一點，神情恍然，口中用華語念念有詞：

「書中自有黃金屋，酒中自有和平門⋯⋯」

戰事升高擴大給這家庭，尤其是山口愛和淑子母女帶來的衝擊，有時會在文雄的醉態中獲得緩衝。不知為什麼，看見父親醉容可掬，淑子有種局勢和緩的直感，彷彿戰場也被酒精灌醉了一般。

第二天週末，文雄雖然沒有安排課程，但給學生補課，幾乎每一週都去。中午，大家等不到他回來，只好給他留一點飯菜後自行用餐。淑子在樓上房間午休片刻，不知父親回來了沒有，下樓後發現母親正扶著側躺沙發的父親，協助他把湧向喉嚨的食物吐在臉盆上。山口愛看見淑子，催她到浴室拿毛巾。毛巾拿來了，文雄嘴角被拭乾淨後歉然說道：

「回來中途吐了不少。學生請我吃飯。」

「你騎腳踏車回來？」

「車子放事務所，搭人力車回來。」

「北平被攻進去了沒有？」

文雄點了幾次頭，眼睛闔上，把一切都拋諸腦後。淑子上樓到父親書房拿他的枕頭和被單下來後，站著的母親兩手正捧著盛京時報，淑子把身子靠過去看見兩張照片。右邊這一張，一隊日本士兵通過城東朝陽門，照的是背影。左邊這張較小，一隊圍著盧溝橋碑亭的日軍，奮臂舉槍面對鏡頭高呼萬歲。山口愛放下報紙，拿著臉盆往浴室跑，淑子接過報紙，流灠完頭版，翻到第二頁，赫見整塊新聞在「通州冀東自治政府內部嘩變」反白橫題的掛帥下，帶出「保安隊員變鬼畜／虐殺我無辜同胞⋯⋯」的驚悚標題。她在副題的引

導下抖顫顫地看完滿是「砍頭……強姦……刺刀插下體……兒童被刺穿」的內文和慘不忍睹的照片。原本在日軍指導下運作的華人保安隊，不知何故突然抓狂，把留守通州城內少數的日本特務殺光後，屠刀轉向家屬，婦女、兒童死狀尤慘，總計 200 餘人遇害。主新聞通州事件後面有一些事件原因的分析報導，她已沒有能耐再看下去，血腥的畫面橫切腦際，哽住喉嚨，她抖顫顫地把報紙折好塞進父親的公事包內。母親回來了，把臉盆放在沙發旁邊，以防丈夫再嘔吐。母親山口愛表示自己看顧丈夫即可，要淑子回樓上房間休息。

舊日的記憶襲向她，她被追著上樓。五年前九月那晚，撫順炭礦血光沖天，一天後傳聞中的平頂山槍炮滅村慘案又闖進她的思維，和剛剛報紙披露的血腥畫面形成交疊，難道這是冤冤相報？血債血償？而血債誰又算得清？

日本人是淑子的印記，但她沒到過日本本土，思維感物本來就欠缺日本意識，成長的過程幾度被日本軍人的暴虐驚嚇，祖國感甚至游離出去了，柳芭一家被日本憲兵迫害，友情、恩情，加上同情，合成一道彩霞，伴隨著有著夕陽魅力的波多列索夫夫人，一時間把兇惡、拙劣的日本推得老遠。再說，滿洲只是政治名詞，她過去生長和現在受教育的地方都在中國，長久目睹一直呵護、撫育她，一如母親的中國被陌生的祖國凌虐，她自然是站在弱勢的一方衡情量理。

文雄並不知道淑子看過他報紙裡頭的通州慘案的描述，也不曾向家人提及這個案件，主要是擔心家人難以承受衝擊。淑子擔心他會講出來，盤算了兩三天，看見父親越來越消沉，不再關心中日戰事，知道他會守住這個秘密。

文雄倒在自己的淚水和痛苦糊成的泥漿中兩三天，突然攘臂而起。戰役的消息紛至沓來，他像是久經戰陣的士兵，不再怨天尤人，接受每一筆事實，也不斷在用餐時提出「世界亂糟糟，人們互相殘殺，自我毀滅才心甘情願」一類的論調：

「反正人命就像草芥一樣，根本就不值錢。犯不著我們替他們哀嘆。」

「說得倒很輕鬆。那戰禍臨到我們頭上時……」

山口愛反唇相向，文雄執拗依舊：

「一樣。我們就認命，自食惡果，也不用祈求別人的同情。」

文雄雖然認為現代化軍事大國不應該一再欺凌文化古國，但人的力量有限，無法改變什麼，只能逆來順受。未來若北平變成新京第二，對淑子的求學反而更方便。他想過這一點，心裡是有些掙扎，好像有悖良知一般。

兩天後，李際春來過一趟，匆匆之間，表明日軍完全佔領北平，情勢穩定，學校的教學暫時不會有太大改變，一般學校可望繼續營運，淑子暑假過後，繼續註冊上學不會有問題。文雄內心爭戰一番，總算接受。八月中旬松滬會戰開打，陸海空立體戰震撼民眾耳目，平津一帶除了偏遠荒郊還有零星的戰鬥外，情勢還算平穩。但文雄夫婦對時局的信心再度動搖。

母親希望淑子趕快下定決心轉學，文雄大致同意，還特地到奉天高等女校跑了一趟。學校正好放暑假，留守的幾位教職員，只約略表示應可在開學時，先行試讀，待原校在學證明寄到後，再辦理轉學。不過能否試讀，還須教頭點頭。文雄想找出三年前淑子就讀奉天女子商校的紀錄，跑了一趟商校，但相關人員不在，只好作罷。

淑子寫了一封短信給英華，信中只提城內是否很亂，學校如期開學否？她覺得既然選擇了北平這一條路，只要沒有立即的危險，就必須走下去，毋須遲疑。月華說得好，大難臨頭時，選擇站在北平城牆正是她人生的寫照。選擇繼續就讀翊教，不去想太多可能的情況，不再閃躲，就是站在無所遮掩的城牆上，即使被指摘為校園間諜，也必須無畏地挺下去，直到無路可走，一切終了。她的淚水隨著思緒流了下來，濕了枕頭，但腦海雨後天晴，蕩滌如洗。英華的回信一樣簡短，只是簡單地說，城內還算安定，城郊還有些亂，學校照常運作，如期開學。這強化了她前往北平續讀的決心。

淑子把自己的決定說出來後，父母同感煩惱，母親直覺天有不測風雲，擔心北平戰事再起。父親山口文雄目睹女兒身陷困境，感到內疚，雖然態度沒有很強烈，但也一直婉轉地表達對她安危的擔心。

中日兩國在廣袤的土地上開戰，結果在她們小家庭裡面引發小小的爭戰，淑子想到這兒覺得有點好笑。放送局要她優先錄唱〈小桃江〉、〈春朝曲〉、〈燕雙飛〉和〈柳絮飛〉四首歌。她在試聽

室看過這四首歌的歌譜。杜漸：

「作曲家上原滿男來我們這兒短暫逗留，協助我們指揮製作了『滿洲之夏』的演奏節目，妳唱的這四歌就放在這個節目的後面，用來墊場。」

「他的『滿洲之夏』做了幾集？我這四首夠嗎？」

「他目前做了四集，妳墊場的曲目當然可以多錄，不夠的話，拿舊的來用也可以。」

她欣然接受這份工作。這樣她可以多一點時間待在放送局，少一點時間傷時局的煩惱，聽父母的咕噥。〈燕雙飛〉帶有中國古調，〈柳絮飛〉青春洋溢，〈小桃江〉情義綿綿，〈春朝曲〉活潑輕快，她順利錄完，等著製作團隊給她找新曲。

李際春總裁到北平公幹，一去就是十來天，回來後立刻找文雄，二夫人前來作陪，義女李香蘭自然也被父親招來見習。文雄自覺栽培女兒的計畫一直不順遂，開始想：或許以後就把她放在總裁義父身邊學習了。李際春先垂詢義女的近況，喝過山口愛倒的茶後，面向文雄壓低嗓門：

「這次是接受土肥原機關長的邀請，一起去拜會吳佩孚，勸他出山，用他的威望收拾華北的殘局，當冀察政務委員會的委員長或什麼相當的職務，以便穩定華北的民心。」

「對了。你以前說過年輕的時候和吳將軍是開平武備學堂的同學。」

「機關長就是看中我這一點。」

「結果吳將軍答應了沒？」

「他說敗軍之將不可言勇，當年接連被張作霖和蔣介石擊敗，結果到四川投靠楊森，被人恥笑，現在如果投靠日本人，更會被天下蒼生唾棄。他一口回絕，土肥原很沒面子。事實上，我早就預料他不會答應，以前滿洲國成立時，就被他罵得要死。」李際春認為這個話題不宜多講，於是把話頭導開，「潘毓桂兄，你知道，現在當了北平警察局長。當然是在日本軍方指導下就任的。」

文雄夫婦噢了一聲，李際春繼續說：

「毓桂兄施鐵腕，治安大好，學生運動也變少了。現在華北，尤其是平津一帶很平靜。」

山口愛反對淑子繼續前往北平讀書的話梗在喉頭。文雄：「現在還是處於交戰狀態，讓淑子繼續到北平讀書可好？萬一中國軍隊反攻進入北平……」

　　「現在應該叫北京了。華北駐屯軍把名字了改回去。」李際春吃了一顆無花果，喝了一口茶，「現在戰局轉移到上海，兄大可放心。有效的統治自然成為安定的力量，東方軍事力量勃興，誰也擋不住。大家也只能在東亞新秩序裡頭調整自己的角色。」

　　「如果各國朝向新的國際秩序前進自然好。」文雄試探性地望著李際春，「只要不是經過戰爭。」

　　李際春點頭表示同意，但不想接續這個話題。

　　「香蘭將來要做政治家的秘書，再往前走可能就成為政治家，成為中日兩國之間的橋樑，各種紛爭的調停人。」李際春突然轉向枯坐一邊的淑子，「怎樣，香蘭！有沒有這種期盼。」

　　淑子笑而不答。李際春繼續說：

　　「你爸爸要妳成為中國政治家的秘書，我們討論過多次。我覺得不管外面情勢怎麼變化，只要環境許可，妳還是要堅持下去。」

　　山口愛瞬了先生一眼，再看向李總裁：

　　「將軍的意思還是讓她繼續讀下去。」

　　「沒錯。不用想太多。再說現在交通更加方便了，沒有了關防，火車一路通到底。潘毓桂兄又是警察首長，安全上沒有問題。」

　　李際春總裁走後，山口愛不再提淑子轉學的事。凡事習慣以將軍馬首是瞻的文雄，也不再多想，心裡念著「船到橋頭自然直」，直覺相信李總裁就是了。

　　不久，文雄接到天津大東公司滿洲華北礦區人力招募懇談會的邀請函。邀請函註明他是北京門頭溝炭礦的代表。這份函件多少掃除了他心中的一些疑惑，他相信門頭溝煤礦的經營已落入日人的手裡，而且更名為門頭溝炭礦，應該已繼續採礦，或正要招工續採。9月2、3日開完會，剛好趕上淑子9月6日的開學。他萌生帶著淑子一起去開會，再帶她到北京讀書的想法。老婆山口愛默許了，李際春總裁夜訪時，他也出示這封邀請函。李際春笑著說：

　　「這表示日本人已經有效統治京津一帶，這一帶交通順暢。」

　　「那兩天食宿開會都在大和學堂？」

「應該是。宮島街是日本人租界區。搭火車在東站下車就很近了。」

「我帶淑子去開會，開玩會再帶他她去讀書，我順便去門頭溝看看。」

「可以攜眷參加嗎？」山口愛有點不放心，「食宿會通融嗎？」

「應該不成問題。他們一定是趁開學前開放學生宿舍給前來開會的人住宿，七八人或五六人住一間，多一個人應該會通融。如不行，就在外頭找一家旅館住。只一兩個晚上。」李際春把信函再看一下，指給文雄，「這邊有說明，遠到的學員前一天可先報到，安排住宿，床位很寬鬆。」

末了，李總裁表明會代為電話聯繫潘毓桂後離去，隨後文雄也修書一封寄了過去。文雄感覺心頭的一塊石頭落了下來，世界似乎平靜了許多。

31. 陪父赴津 邂逅川島

父女倆坐夜車，一路搖到天津，走出車站時已是第二天午後兩三點。聽將軍說，出了車站是俄國租界，淑子果然看到不少洋蔥形的圓頂建築。淑子還是習慣在心裡直呼義父李際春將軍，她隨著父親走進一家飯莊，飽餐異國風味的佳饌後，由於時間還算充份，他們選擇一路走逛慢慢接近目標。文雄看著地圖，抓好方向後再往前走。他們得先找到海河，果然前面有一座波浪狀的鐵橋。橋下破舊的舢板麋集，和橋上規劃整齊的街容落差很大。過了橋，應該就是將軍說的法國人區，父女倆在兩傍兩三層樓歐風建物的街道漫步，偶爾看到兩三棟頂著尖塔的四五層大樓。比起奉天商埠地和風、洋派和華式建築交錯的街景，這種清一色洋風的街景讓她打從心底發出歡呼。走著走著，瞧見綠樹叢中冒出的紅色天門－鳥居，她心中雀躍了起來：

「爸，我看到了。那兒應該是神社吧。」

「對了，應該到了日本人租界區了。」

日本租界區街區都很小，走沒多久便到了另一條街，淑子彷彿回到了奉天的日本人區，兩旁都是大正風的兩層樓商店。文雄確認

父女倆正走在宮島街後，開始邁開腳步，過了一條街，圍牆取代了商店，圍牆內好幾棟紅磚樓房拱出了常見的大學校園景象。文雄邊走邊看，兩支塔狀的水泥柱頭懸著刻鏤著「大和學堂」四個字的鐵板。

　　進入林木蔥鬱的校園，循著指示牌的指引，找到男生宿舍。男舍是三層紅磚大樓，一樓陰暗的大廳，一排桌子後面坐著兩位工作人員，面對幾位報到人員，後面幾個閒聊的男子正沉醉在祖國對華戰爭勝利的喜悅當中。

　　「我國占領中國進行一系列戰爭，天津是最平靜的城市。」

　　「我也這麼認為。不過你也說來聽聽吧。」

　　「攻占北京時有圍城之戰，進行激烈的圍城戰，南苑一戰就殺敵上千。上海嘛，是第二戰場，但陸海空力量同時較勁，我國轟炸機出動一趟，殺敵六、七百，甚至上千是跑不掉的，但是陸軍遭遇頑強抵抗……畢竟沒做好充份的準備。」

　　「你這樣一說，倒提醒我一些心中的想法。我日本一直以華北為目標，而天津日本租界區基礎也穩固，待戰事吃緊，兵援的師團一團團進來，天津租界區簡直成為我軍的大軍營，天津到處軍事演習，早就呈現半占領狀態了，戰爭一開打，中國所有軍隊都往北京集中，天津空虛，自然就被占領了。」

　　這人說完，舉座大笑，引發辦事人員的不悅。輪到文雄報到了。他出示邀請函和身分證明後，請示家眷是否可留宿。工作人員看了一下淑子，走到後面向一位聊天的長官請示。長官：

　　「一樣，收一點住宿費，和先前來的那位有家眷的住一起。」

　　辦完手續，文雄找到二樓房間，歇了好一會兒，到了晚餐時刻，這間八個床位的家眷房已經住了三位學員和四位家屬。

　　第二天一早，文雄帶著淑子前往大禮堂報到，不久便看到了同為門頭溝炭礦顧問的平沼哲郎。和同一座位區的學員互相交換名片後，文雄始知門頭溝新任礦長河田和採礦課長龍井也都坐在一塊。年紀比文雄還輕的河田和龍井對文雄非常客氣，表示有空要向他多多討教。文雄知道這只是客套，也知道無足輕重的顧問會被選為礦區代表，主要是緣於礦區改隸，人事斷層，華人時代就擔任顧問的文雄和平沼一夕之間變成寶，但只要礦場正常運作，旬月過後，閒

職的顧問很快就會無息地被礦工艱危、苦難的工作完全淹沒。

　　九點鐘，會議開始，大東株式會社社長主持會議，要求大家休息時間到禮堂走動走動，觀賞「滿洲國勢照片展」。文雄父女這時才發覺大禮堂牆壁貼滿了照片。

　　應邀致詞的官員強調，滿洲鞍山鐵礦、撫順炭礦和滿洲其他地方的炭礦對帝國生存發展的重要性，雖然每年努力提高生產量，但缺工情形一直嚴重。現在華北新歸附的礦區已經陸續作業，缺工情形未如想像嚴重，希望他們人事穩定後，協助滿洲兩大礦和一些次要的礦場招工，或者將多餘的人力轉介過來。

　　官員致完詞後，由撫順炭礦代表述說撫順礦人力運用情形，兼及缺工狀況，最後談到員工的食宿、醫療和福利。文雄不認識這位談話的代表，猜他可能是從滿鐵調來，或是這幾年獲得竄升的員工。撫炭代表說明完後，由滿洲一般炭礦代表上臺說明。文雄這才對滿洲炭礦轄下的阜新、鶴崗、北票和遼源一些小礦有了概念性的瞭解。

　　早上會議結束，用過餐後，父女倆午休時都未入眠。下午聽完鞍山鐵礦說明會後，大家一起欣賞紀錄片《新生的榮光》、《樂土新滿洲》和《滿洲開拓者》。這些宣傳片，文雄以前看過，但那時對滿洲還有幾分憧憬，現在滿懷對戰爭的憂懼，對影像畫面的感觸，可說大為走樣。以前看影片，雖然覺得銀幕旁白的讚頌不太自然，但看到農漁工勤奮工作的身影，仍然由衷發出稱許，認為國家由點到線到面，用這種步調發展下去，政治清明，人民安樂的日子也不遠了。他培育淑子做一個政治家的助理就是基於對政治美好的想望。如今開戰了，影片中的一切許諾、願景都將落空、毀棄，即使當初前來拍片的那些人，看了影片後也一定是滿腹受騙的心情。

　　影片放映後的休息時間，河田礦長暫時移坐文雄右邊的空位：

　　「川島芳子，聽過沒有？」

　　「這個名字如雷貫耳。三五朋友在一塊，最喜歡傳播她的故事。」

　　「那太好了。今晚我帶你們父女一睹她的真面目。」

　　「她會來這裡？」

　　「不是。她新開的餐館東興樓今晚開幕，隔兩條街，一起去。」

　　「晚上出去嗎？」

「我問過了。晚上九點半關校門，九點離開那兒就行了。」

有一陣子被同學熱議，聲名狼藉的川島芳子，今晚就可以目睹。淑子覺得有點不可思議。同學談到川島時，雖然難掩憤怒，甚至罵她叛國，但有時還會流露一點佩服。相反的，日本人一定視她為英雄，甚至是同胞。餐廳這麼多人，自己又只是一個小人物，淑子直覺只能遠遠地看她，不會有什麼……

下午課程結束回到住房小憩，準備用餐，文雄表示餐後很想到東興樓看看，同時向淑子講述川島的一些事蹟：

「……清朝的公主，國家沒有了，變成日本軍人。……現在又當滿洲國軍人。人家管叫她金壁輝司令，實在是一個傳奇人物。」

晚餐，門頭溝炭礦的人都在同一桌，河田、平沼、文雄一干人吃了七分飽便走人。坐滿的餐桌一下子走了一半人。已經六點過半了，夕陽還是斜掛西天。一夥人拐進街燈活像紙糊燈籠的小街，走了片刻，過了一條馬路，松島街便到了。

夕陽餘輝尚在，但東興樓店面的飾燈已然亮起，以霓虹燈形式亮相的東興樓三個字周邊的燈泡流動式的閃滅，十分勾引人們的目光。河田帶頭，大家魚貫進入餐廳大門，接受禮儀小姐的歡迎。

「今天是東興樓開幕晚會，本人代表川島芳子小姐金壁輝司令歡迎各位佳賓光臨，本餐廳準備了日本、中國、西洋口味的食品、飲料，歡迎大家免費取用，免費欣賞日本、中國等國歌曲，當然要跳舞也請免費上舞池……今天是……。」

手持喇叭，站在大廳一隅的男士用日語講完歡迎詞後接著用華語重述一遍。隔了一陣，看見比較多人進來時，再重新致詞一次。

文雄父女跟著人家排隊取盤子，取用菜餚和水果。賓客很多，餐桌不夠，很多人坐在牆邊排成列的圓凳上吃，即使如此，圓凳也嫌不夠。龍井課長有先見之明，在大家去取菜時，先佔住兩個圓凳，同時從他處取來圓凳。文雄面向女兒：

「一下不要拿太多。」

「事實上我也吃不太下。剛剛才吃過。」

「那妳就取一點水果好了。」

五個人回座後，結果取用糕點的比較多。大家把飲料放在安全的位置，一邊吃點心一邊聽歌，看人家婆娑起舞，甚或看小樂隊的

伴奏演出。天津當地的女歌手接連演唱〈花非花〉和〈採蓮謠〉兩首中國歌謠，帶來濃情密意的中國風情。在短暫的休息時刻裡，一直伴奏不歇的小樂團也鬆懈了下來，有人離去，但不久又回來。二胡手取出吉他試音，接著司儀宣佈將由日本女歌手演唱〈酒是淚水還是嘆息〉[1]。吉他琴弦撥弄出的東瀛憂鬱透過麥克風傳達到每個人的耳裡。其他樂手都束手，讓吉他手獨奏。琴弦輕輕撥出的鬱愁越來越濃，抑卻了不少人心中的好戰思維，淑子也想不通為何本質這麼憂鬱的民族到處啟釁，殘害生命。歌手開始演唱，很多人的心意還是被歌聲底下的琴音牽動，待間奏再起時，心頭又全然為鬱愁籠罩。歌曲進入尾聲，前面的客人突然離席，河田礦長搶先佔住一個座位後，大家跟上，總算坐上有桌子的座位。歌手接著演唱大家耳熟能詳的〈船伕可愛〉[2]，

「夢中也會淋濕吧。海風吹到晚，船伕可愛呀。誒－，船伕可愛呀，枕著波浪。應該相隔千里吧。一個相思情，同樣夜空下，誒－，同樣夜空下，看著月亮……」

隨著歌聲在空氣中搖曳，淑子想到了今年五月溫貴華帶她遊頤和園，在昆明湖認識的一位白髮船伕。把白髮梳到腦後綁成辮子的老船伕自稱年近九旬，曾經服侍過西太后，貴華最近一兩年每到昆明湖遊湖便搭他的小船，而她今年五月還是第一次坐他的船。只是經過這一番動亂，不知道他老人家是否還在湖中操槳，而貴華也不知怎樣了。實在很想她，還好兩三天過後又可以見面了，但也很難講，萬一她真的遭遇戰火，或者她男友投入戰爭……。正當她心神惘然時，歌曲已進入尾聲。

「金司令到！金司令官到著！」

司儀華日語雙聲叫出後，伴奏的樂音嘎然停止。司儀的叫聲如雷貫耳，驚人心脾，大家兩眼本能地搜尋司令官。佇立在小舞臺上緣的樓梯中央，身後跟著六七名穿著軍服的女性隨從的川島芳子收集到每一個人投射過來的目光。淑子看見了一尊女神，而這尊女神緩緩下樓時更見神彩奪目。川島芳子下了樓，後面的女侍從解散後，她在秘書千鶴子的陪伴下拿著酒杯逐桌向客人敬酒。另一歌手開始上場，樂隊的伴奏也恢復了。原來川島排場很酷的進場，也算是節目的一部份。文雄、河田一干人再分批去取點心和水果。回座後，

龍井課長盯著遠處的川島：

「清國奴被日本軍頭重用後，騎在我們頭上了。」

「別亂說！」河田用手肘刺向龍井的肚子。「人家是比男子還男性，比日本人還日本人的。」

大家不再講話，聽歌的同時，眼睛看著向客人寒暄的川島。川島除了客套話之外，碰到熟人還會聊上幾句。剛剛站在樓梯，像神一般高高在上的司令突然盡現親和力，流露出相當的魅力。川島終於來到這兒，大家站起來舉杯後，川島：

「河田，你也來了。」

「我來介紹一下，都是門頭溝炭礦的同事，這位是龍井課長……，這是平沼顧問……。這是山口顧問，他也是中文教師。這是他女兒……」

「你是中文教師？大家坐下……」

千鶴子拉了空椅讓川島坐下後，文雄感受司令的親切，看見女神變得隨和，淑子也鬆了口氣。

「這是我的秘書千鶴子。」

川島說著臉兒轉向身旁穿著日本鏽花浴衣，容貌乖巧的千鶴子，千鶴子隨即彎腰向賓客致意，請大家多多指教。文雄的兩眼隨著臉孔轉動，但眼神一直維持驚異，川島剛剛還在雲端，他還不敢仰視，如今倒和他話起家常來了：

「我是滿鐵奉天支社的中文教師，小女淑子目前在北京讀中文學校，我現在在天津開會順便帶她去學校。」

「我講話也是華語、日語切換著使用。」

川島改說華語，平沼和龍井頗感訝異。川島一直盯著淑子，顯然對她頗感興趣。淑子感到司令一直看她穿著的旗袍裙，心情放鬆了許多，於是用華語回話：

「我在北京翊教女子學校讀書，再一年便畢業。長了這麼大，還沒去過日本。」

川島「哦」了一聲笑開，露出一口招牌大門牙，回望著笑開的秘書千鶴子。淑子膽子大了些，繼續說：

「不過，這次來到天津租界，有種回到日本的感覺。」

「噢！」川島再次笑開，頭向前傾，左耳貼近淑子，同時改用

男士的日式口語，「妳的名字叫 yoshiko，我的也發 yoshiko 音，小時候被叫 yoshikochan[3]，現在妳家人也叫妳 yoshikochan 吧。所以以後妳碰到我，就叫我哥哥好了！」

「這怎麼可以？」

川島沒有答腔，笑得有些矜持，和秘書離去後，一桌的驚訝久久未能平息。對於剛剛這位東洋魔女的認知看來最是局外人的小女生竟然獲得最大的青睞，河田一干人都認為川島和淑子天生有緣份，彷彿今兒大家來此赴會，是冥冥中給淑子設的局一般。大家開始談論川島，淑子從而得知剛剛那位女司令原來是清末肅親王的 14 公主，從小過繼給日本滿蒙獨立運動健將川島浪速為繼女。長大後依附日本軍人立下不少汗馬功勞。

時間一點一滴地流逝，與會的興味漸漸冷卻，淑子起身到點心區抓了一點糕點。

「yoshikochan。」

淑子回過頭，看見川島和千鶴子，下意識地叫出：

「nichan。」

被淑子稱呼哥哥，川島十分高興：

「妳家裡面，有哥哥嗎？」

「我最大，我是長女，下面有弟弟和妹妹。」

「那好。稱呼我哥哥剛剛好。」芳子貪婪地看著淑子，瞬了秘書一眼後，又把兩眼飄了回來，「妳明兒能夠來嗎？」

「明天中午爸爸開完會就要帶我到北京，車票都買好了。」

「那真可惜。給我妳的電話或住址好嗎？」

川島說著，千鶴子已將筆記本和鉛筆遞出，淑子接過筆和簿子，像被附身一樣，站著書寫潘家的電話、自己的本名和在潘家的名字：

「這是一個很大的家庭，要找到人不容易。」

「潘淑華是妳的中文名字，很好很好。」

淑了回到座位，察覺到自己的輕忽，沒經過東娘的同意，這樣就把電話示人，被知道了恐會是一場風波。或許是想太多了，人家可是有頭有臉的重要人物，應酬應接不暇，如何想到妳這位黃毛丫頭，登錄了電話號碼可能也是隨錄隨忘。淑子想著心寬了起來。

註 1：〈酒は涙か溜息か〉，古賀政男作曲，高橋掬太郎作詞，1931 年

註 2：〈船頭可愛いや〉，古關祐而作曲，高橋鞠太郎作詞，1935 年發表。
註 3：日語芳子、淑子，都念よしこ（yoshiko），後面加ちゃん（chan），
　　　表親切，常用於對女性、幼兒的膩稱，後續的章節直接譯成「小」，
　　　如小淑子、小蘭。

32. 潘家低調 窗誼續敘

　　第二天下午回到潘家大宅院，她又回復潘淑華的身分。文雄還是被安排在以前借宿過的敬亭軒住宿。東娘跟著進來，把房間再次打量一番時，英華已在外探頭探腦了。東娘：

　　「淑華，妳先回妳房間吧，我跟妳父親聊一下。」

　　淑華提著行李興高采烈地跟著英華回到倚翠閣。淑華：

　　「聽說老爺當上警察局長了。」

　　「差不多就是漢奸了。」

　　淑華一時語塞，不知該說什麼，或怎樣安慰她。

　　「月華呢？」

　　「在家裡閒著，爸爸想把她抓去警察局當雇員。她心裡甚是矛盾，還沒答應。」

　　「戰爭有打到這兒嗎？」

　　「東娘不讓外出，我們也知道分寸，不知道外面的情況，只是有時聽到隆隆的砲聲，好幾次還響起防空警報，但也隱隱約約聽到砲彈爆炸聲。」

　　「但畢竟淪陷了。日本軍進城了？」

　　「幸好妳剛好回奉天，不然妳也要到城樓站著呢。」

　　淑華想笑但笑不起來，她實在想不到，去年春天大家在瀛臺的擔憂，如今都在眼前，貴華應該不至於到日軍占領區打游擊吧，但一定時刻想到那一天的誓詞。雖然當時多少是應付一時的場面話，但終究不是戲言。不過最重要的是她依舊安好，希望過幾天開學時還可以看見她。一陣沉默，英華繼續說：

　　「爸爸或許一時風光，但未來很難預料。我直覺我們家未來會是大起大落，那一天國民政府軍反攻回來，北平光復了，我們家也就解散了。」

「英華，別想這麼多。」

淑華勸乾姊別想太多，結果她自己非多想一些不可。她開始有一種身陷這個家庭矛盾的警覺。她這麼多乾兄弟姊妹，大的在外求學或成家，小的還沒有行為思想能力，偏偏處在叛逆期的月華和英華和她在一起，到目前為止，兩位乾姊一直牽就父親的做為，放棄了年輕學子該有的質疑、反抗的熱情。月華比較老成，變異的可能性較小，英華任性，比較難捉摸，那一天想做自己，變成學運悍將，把她還原為山口淑子，而起了敵對意識，豈不尷尬。

淑華覺得自己胡思過頭了，待月華下班回來，三姊妹重溫姊妹情，心裡不再有介蒂。月華把頭髮捲燙了起來，看起來長大了不少。淑華：

「月華姊，以為妳上了大學了呢。」

「大學？那一陣子大學生反抗這麼激烈，就知道日本人一進來，大學會變得怎樣。有的人選擇待在家裡，靜觀時變。有些人當了流亡學生，國民政府也把大學招牌拆走了，在大後方重新招生。學生跑光了，清華變成日軍野戰醫院，北大變成監獄。我們能說什麼。父親的事業如此，他迎接他的機會，我也就暫時躲進他的避風港。」

「爸爸他自己改朝換代，我們還是守著舊時代做自己的中國人。不然又能怎樣？」

英華很真誠地表明了心跡，淑華也有感而發：

「我也覺得自己越來越像中國人，家母都說我變了。」

「妳本來就是中國人。」月華彎下腰撿拾掉下去的筆，「我也是最近才知道。照美國的法律，妳在這兒出生就是中國人，何況妳一直在這兒長大。」

「奉天不是在滿洲國嗎？」英華。

「妳傻了，滿洲國才成立幾年，何況大家都不承認。」月華一副老大姊的口吻，「現在世界大部份國家還是把東北視為中國的一部份。」

晚上，一家在集義軒共進晚餐，潘爺看見文雄特別開心，一直給他酌酒：

「現在戰事告一段落了，安定最重要，希望淑華這一年順利畢業，把她還給你。」

「感謝兄臺對她的照顧。」文雄一再言謝，也把昨兒和川島芳子邂逅的事講了出來，「她好像對小女特別感興趣，講話的時候一直把臉兒湊過來。」

「聽說她是在一次作戰時右耳受傷失聰，所以聽人講話時左耳會自動靠過來。」

「原來如此。不過也因為這樣，讓她得以展現謙和的一面。」

「這個小女子是遇強則強，遇弱則弱，騎射功夫一流，也學了一點東洋武功，一個飛踢就把一個日本軍官踢倒。她時常幹這種事，好像替她的老祖宗一雪甲午戰敗之恥。」

飯後，文雄被潘爺邀到正房續杯，三姊妹回到倚翠閣，從北京的城陷談到川島芳子。兩姊妹對川島並沒有太多苛評，只是覺得她恃才傲物，若寬大心胸，重新認識這個世界，或許會有不同的思惟和作為。

前半夜過半，淑華還是回到敬亭軒和父親作伴，第二天父女倆在鴿笛聲中醒來，淑華帶父親到老爺房做完晨課後，依例和兩位乾姊出去溜馬。

「就是跑馬也是最近才恢復。」

月華說著加快腳程帶著大家到馬廄。

這天是拜日，她們特地策馬到學校門口，發現學校好像沒什麼異狀，隨後沿著紅牆繞著西苑三海跑了一遭才返家。明天就開學了，時間從早上到晚眠，她越發感到近鄉情怯。

第二天一早她趕到學校繳費註冊，排隊的過程中碰到親切地走來向她招呼的貴華，她心裡放鬆了一些。註完冊回到教室，一片亂哄哄的，同學都在猜測那個同學或老師不來了。鐘聲響起，大家隨著擴音器往小小的操場移動，排好隊伍才知道班導師還是徐志業。300 多位學生集合完畢，校長直接講話，平常讓大家感到些許厭煩的升旗典禮沒了。望著空蕩蕩的旗杆，校長勉勵的話聽來特別傷感。回到教室，徐志業的第一句話便是很高興再和大家見面：

「國家遭逢巨變，很多家庭南遷，每一班級都有兩三位同學沒來，離職老師也不少，學校為了穩定同學的心情，決定班導師儘量不變……初三畢業的依往例升高一，暑假期間，一片動亂，初中一年級沒有如期招收新生。董事會傾向不續招，主要是考慮目前教學

方式沒法持久，擔心將來學校被日人接收，結果很多家長，不管是子弟在學的，或子弟被阻絕於校門外的，擔心這是廢校的初步，紛紛打電話進來，或親自到校了解，希望子弟能入學，或學校堅持下去，讓他們的子弟順利畢業。董事會面對這種壓力，最後決定招生，但學生還是不足。……

每個人都難過得俯視桌面，徐志業繼續說：

「唐朝詩人元稹有一首〈遣悲懷〉的詩：昔日戲言身後事，今朝都到眼前來。我把它改寫一下……」

知道老師要寫黑板字，大家才把視線從桌面拾起投向黑板，只見黑板寫著「昔日正言淪陷事，今朝都到……」

「到眼前來……」

見老師一直背對大家，以為他失憶了，有些同學善意提醒他。看見老師肩膀抽動了兩下，有些同學：

「老師你怎麼啦？」

徐志業回過頭，淚流滿面，同學哇地幾聲，有的淚水噴了出來後撲在桌面，有的直接哭了起來。貴華哭得倉促，邊哭邊咳，淑華幫她撫背也淚流滿面，滿腦子都是戰爭的殘酷，她想到了傳聞中的平頂山慘案、報紙揭露的通縣慘案和最近聽到的上海大轟炸。哭聲漸歇，徐老師貼好課表，表示明天正式上課後宣佈下課。才 10 點 20 分，同學一個個離去，淑子見貴華還呆坐在座位上：

「妳要回家嗎？」

「在家裡待了兩個月，都悶死了。」

「我也是，找個地方走一下好嗎？」

「也好。」

「去頤和園好嗎？上學期妳帶我去過。」

「好是好。我想一下。應該不會有危險。前幾天我本來想邀陳洪仁一起去的，沒想到還是跟妳成行了。」

「打車去要花一點錢。」

「剛開學，爸給了我一些零用錢。」

貴華說著時，同學小楊走了過來：

「妳們要上頤和園？」

「是。」

「現在園區還被日軍佔領，不讓進。我們一家上禮拜想去，結果被擋在門外。」

「這樣好了。我們就坐電車，看它把我們拉到那兒，我們就到那兒。」

「也好。我們頂多多繞一點路。」

淑華浸潤在華人世界業已三年，對於這個被壓迫民族的憤怒感同身受，在家裡感受到了兩位乾姊在矛盾情境下的低抑，在學校有時會隨著同學的反抗意識和憤怒起舞，但是面對反日行動，感覺像是砍向父母一樣，會立刻縮手。但一旦置身實際情況會如何？她不禁想到，萬一戰亂突然來臨，她也只能跟著大家一起逃，後面的子彈、砲火無從分辨她的身分，她只要倒下橫死，就成為真正的中國人了。

她的腦海滿是中國人，或者一般百姓，如她雙親，哀嘆之所及，也常是中國百姓。現在她只要靜下來，那些哀愁就會湧上來，所以她渴望走動，最好到處遊動。兩人有點自暴自棄的決定引來那位同學欽佩但又有些質疑的目光。

淑華和貴華在候車站等了好一會兒，電車來了，順利地上車。在車上，彼此交換暑期的生活經驗，淑子有些懊惱，她仍然必須用家住唐山搪塞一切：

「唐山一直是日本人的勢力範圍，所以比較平靜。」

貴華談的和英華講的差不多，有時聽見零星的槍擊聲，顯示城內並未激烈交戰，她們口中遠處沉悶的砲聲顯示中國軍隊企圖在城外決勝負，並沒有將戰火帶到城內。貴華：

「聽說南苑很慘。日本軍突破學生軍的陣地，學生死傷慘重。」

電車過了太安侯胡同並沒有轉進太平倉胡同，她們知道車子會直奔西直門。貴華繼續說：

「燕大的學生暑假大多沒回家，學校也不鼓勵他們回去，畢竟遍地鋒火。」

「學校就成了他們的庇護所？」

「正是這樣。他們的美國校長還弄來一塊星條旗升起來，和週遭成群的日章旗對抗。日本軍人自然恨得牙癢癢的。」

貴華接著把前幾天在西直門搭燕大交通車到燕大校園和陳洪仁

會面的情事交代出來：

「等了快放棄了車子才來。到了燕大，陳洪仁帶我逛校園，登上博雅塔，從高處望下去，古典的樓群好像在校園湖畔的綠樹中展翼的紅鶴，美極了。」

電車到了西直門，所有乘客都必須下車，兩人決定乾脆上城樓看一下。城後的登城階梯經過長時間的風化和踩踏，變成階痕斑斑的斜坡道。磚縫裡鑽出的花花草草也在不知覺間撐大了磚縫。兩人一前一後，有點困難地攀爬上去。上了城樓都習慣走向箭樓，淑華望著西天的層層山巒，門頭溝大概就是在這個方向吧。父親應該已經到了那兒的炭礦，且正在工作，晚上回到潘宅再宿兩晚，大後天下午才會到車站搭車前往大同。貴華指著浮在遠處村落外緣的一衣帶水：

「那就是長河，從頤和園流下的水。」

淑華看著長河消失在一片蒼茫中：

「遊不成頤和園，但也看到從它那兒流出來的水。」

「也算是小小的滿足，是吧！」

貴華淡淡地說著往回走向西直門，淑華跟上。兩人站在城樓回望城區，感覺索然無味，準備下去時，貴華突然叫了起來：

「妳看，那一條街家家戶戶都掛著日本旗。這一條街也有不少……」

淑華定睛一看，掛著日章旗的不是剛剛走來的西直門大街，而是裡頭的胡同。貴華背靠在城牆垛口的邊緣：

「有時我會忘了日本人已經佔領了這個城市。還記得去年春天清華大學學長在瀛臺召開的茶話會嗎？日本人攻進城了妳怎麼辦？妳說妳會站在城樓上。」

淑華皺了一下眉頭，她不喜歡這件事再被提起。貴華繼續說：

「我當時說我要參加游擊隊。事實上，這是陳洪仁的志願。但如今我們都還繼續讀書。不過再不到十個月，我們一起畢業後，就不再有任何藉口了。」

「妳的意思是：屆時沒有學校可以躲，必須要……」

淑華吞吐了一下，貴華：

「屆時就要面臨很簡單但也很困難的選擇。反正一刀剖兩半，

如果要上大學，妳可以選擇留下來就讀日本人控制的大學，但也可以到西安或長沙讀那些臨時大學。就業找工作也一樣，可以在佔領區工作，也可以到大後方很艱困的環境討生活。」

「這個太難了，不是每一個人都做得到。」淑華囁嚅著，希望貴華轉移話題，「恐怕我也會讓妳失望。」

「或許是我陳義過高，說得鼻孔朝天。」貴華笑著拉起淑華的手，「如果妳有了男朋友，或許就更有豪情，背後有人靠畢竟不一樣。」

貴華的幽默激不起淑華低宕的心，她只說了一聲「或許」，心思又蹇鈍了下來。

「不過對於一個弱女子而言，戰亂的時候站在城樓上，也是很悽美的。」

貴華意味深長的話激不起淑華的熱情，她只好就眼前所見的地景，亂點鴛鴦譜地宣說一番。

「以前常聽同學講鐵獅子廟、火藥局，原來並非真的是廟或火藥庫，聽妳這一說，才知道是胡同的名稱。」

淑華說著總算綻開笑顏。兩人扯了一會，下了城樓，搭上回程的電車，淑華在甘石橋下車，貴華坐到王府井，草草結束了這趟電車之旅。

1938

33. 潘掌天津 愛澤示警

　　氣候夏去秋來再轉冬，翊教女中小操場邊的銀杏也由綠轉黃再全然落葉，甚至結成霧凇。期末考快到了，隨著同學對期末考和隨之而來的春節的淡陌，淑華知道今年的過年會很沒氣氛。另一方面，奉天放送局並沒有錄歌的通知，她一身倦怠，決定寒假不回奉天。北京雖然成了佔領區，學運領袖和大學生紛紛後撤，但不時還有游擊式的示威和抗爭，讓警察局長潘毓桂有些疲於奔命。有時抗爭大一點，他還必須親自坐鎮。

　　這一年頭，日軍積極南下，不知覺間北京變成了大後方，每個人都期待小偏安持久一些好喘口氣。有些人逃到西南或大後方，留下來的還是得生活，職場裡頭，同事或上級，又多是中國人，專注生活細節時，常常忘了國家已淪亡。淑華不時聽見同學說家人被搶或家裡遭小偷，開始注意治安問題，猛然想到警察局長就在身邊。每天早晚都會和潘爺見面，尤其是晚餐時刻，但是從他的神情和談話實在看不出他對北京治安的憂慮。或許他認為只要沒有學潮，北京治安就算良好，小偷小搶實在不足掛齒。東娘給丈夫酌了一杯酒：

　　「今天情況怎樣？天氣這麼冷，街頭平靜嗎？」

　　「中山路一帶有學生鬧事。他們先在中山公園集會，演說，後來沿著中山路往南走，我們警察封住中華門和東長安門，他們折回經過西長安門時，腳踏車警察隊殺出，把他們驅散了。」

　　「都是休學的學生？」

　　「我們驅散他們，有時讓他們流一點血是在保護他們。如任他們放肆、撒野，日軍出面收拾殘局，那一定更慘，豈非害了他們。或許很快他們會瞭解。」潘毓桂把一小杯酒一飲而盡，「我們的女警隊柔性勸導，勸他們上車，有人上了，然後我們送他們回家。他們罵得多難聽，說那些警察賣國，是日本的狗腿子。都是同胞嘛！是不是？那一天他們拿起槍桿子，我局裡的那些警察、女警隊恐怕都得跟他們站在同一陣線。」

　　「我們通情達理，那些少不經事的那會瞭解。……」

　　經過東娘和白酒的安撫，潘爺的心情平復了一些。

　　「不過這種日子很快就會過去。」潘毓桂停頓了片刻，「王克敏要我……」

「那個臨時政府的委員長？」

「就是啊，來過我們家。」

「我有印象，是我帶他進來的。」

英華說著看了父親一眼，潘毓桂回望她：

「他要我接天津市長。」

「什麼？」東娘叫了起來，差點把飯吐了出來，「都快過年了。」

東娘與其說是驚訝，不如說是驚喜。她想，以她先生潘家和宋家的世交，宋哲元長官圍於潘毓桂不是將領出身，一直沒對他賦以重任，潘反而在改朝換代後，被日人重用。反觀宋哲元，29軍兵敗，棄守平津，詬罵隨之，前途未卜。以前兩人同一帳下，如今兄弟殊途，也只能說造化弄人了。東娘：

「什麼時候上任？」

「下週一17號。」

「現在都已經13號了。住那兒呀？」

「先住天津市政府裡頭的招待所，妳和我先去就可。」

「住招待所，怪怪的。」

「市長剛上任就先招待自己。」

英華語畢，大家都笑了起來。晚飯過後，回到倚翠閣，英華：

「姊妳怎麼搞的，妳和爸共事，他派任天津市長，妳都不曉得。」

「他沒講，我自然不知道。知道的話，吃飯前就告訴妳了。」月華自覺委屈，皺著眉頭看了妹妹一眼，「爸爸的這條官路可能不是很亨通。不然他早就講了。」

月華的猜測似乎說中了一些。第二天晚飯時，潘爺不再談此事，只和東娘談到打包物品的小事。

「別急，先準備一點禦寒衣物就可，說不定事情會有變化。做任何事，要想到後路。」

老爺的話讓大家挨了一記悶棍，再過一晚，他表示日本軍方已經認可後，大家才鬆口氣。

潘家兩個小妹和最小的弟弟住在中庭右側的怡虹閣，有保姆照料，兩個妹妹就讀比翊教女校還近的四存中學，最小的弟弟將來也可能讀四存。雖然同姊妹，但「翊教幫」和「四存幫」，似乎有點

距離，親姊妹變得有點像堂姊妹。這個禮拜天早上，潘家小弟潘驥千肚子挺著小鼓，在中庭邊敲著唱邊跳，「左手鑼，右手鼓，手拿著鑼鼓來唱歌，別的歌兒我也不會唱……」

「弟弟你唱的真好。誰教你的？」

淑華彎下腰，感覺做小朋友真好。驥千也很天真：

「老師教的。他說唱唱跳跳，天天像過年。」

「淑華，原來妳在這裡。」

「有一個叫愛澤信實的人找妳。」英華遞給他名片，神秘地笑開，「那個人長得很英俊哦。」

名片上面是「北支那方面軍參謀本部 愛澤信實大尉」。去年夏天才在奉天見過他，不知道趕來北京找她何事？淑子邊走邊想，想不起去年和他講了些什麼，只覺得他儀表堂堂，搞軍事情報有點可惜，如果擔任報導部的軍官，如山家亨然，一定大受中國藝文女子歡迎。淑華快步走到門房，果然是他。愛澤隨俗，用華語開口：

「幾個月不見，變得更漂亮了。」

「好在沒有時常見到你，」淑華睨了愛澤一眼，「不然一見面都講那些恭維的話，你自己也會煩。」

「是的。應該想一些不同的說詞存在腦裡。」愛澤站了起來，走向門口，「令尊有重要事情要我轉達。我想我們到外頭找個地方好好談。」

「我還得跟乾媽媽說一下。」

淑華於是跑到東娘所在的正房，在房外小房間輪值看守的僕役向內通報後，東娘出來了，淑華告以原委，東娘：

「那就去吧。我給妳一些車錢。」

她接過東娘給的兩角，又快步跑到門房。愛澤開了一部黑頭車過來，看來東娘給的錢是賺到了。

車子從西單轉進西長安街，繼續東行，經天安門後轉進王府井，在仿膳坊餐廳停下。下車後，兩人直上三樓餐廳。愛澤點菜快速，好像下軍事指令，也似乎很熟悉這家餐廳。

「令尊要我轉達他的擔心。他認為妳在這兒的處境越來越危險，他希望妳找個比較牢靠的住所，比如日本人家庭，或是轉學。」

「轉學？我都快畢業了，還轉學，轉到什麼地方？」

「轉回奉天是最穩靠的，不然天津也有女校。」

「既然這樣當初就不應該讓我來讀，至少開學的時候，就阻擋我來北京。」淑華吐了一口氣，把對父親的氣投向愛澤，「你來我家的那時候，就不太讚同我回北京，媽媽也是，後來情勢緩和了，就改變態度了。這當中，爸爸的中國拜把兄弟，一位退役的滿洲將軍說什麼，爸爸都會聽，他一句話：北京平靜了許多，就不再提轉學奉天的事。」

「妳說的是李將軍吧。」愛澤凝著淑華，點了兩下頭笑了起來，「你爸跟我提過。妳爸交好中國人，又得到這麼多幫助，好像傳奇。聽說妳現在住的潘家，那位潘先生也很夠力。」

想到父親這麼軟弱、翻來覆去，她心裡的氣還沒消，想到愛澤為了傳話，不遠千里而來，她也覺得夠蠢，換作山家，一定會揣摩她的想法，當面跟父親協調解決，避免她受到太大的衝擊：

「爸爸一定很久沒和李將軍在一起了。如果將軍今天去看他，他可能就改變主意了。」

愛澤忍俊不住，雙手抱胸，抑住笑意：

「不管怎樣，我只是傳達令尊他老人家的意思。令尊基於和你另一個義父潘先生是好友的關係，不好意思寫信向他說，妳直接向潘先生解釋，最好不過。」

「我絕不會跟他提這件事。到時候，全世界都要被山口家的反反覆覆攪昏頭。」

「中國人說，識時務者為俊傑。」愛澤攤開兩手，企圖緩和淑華的心情，拜託妳不要情緒化，要瞭解自己的處境。潘先生一直仰慕日本文化，他今天越來越發達，一定是出賣了本國的利益，是中國志士鋤奸的對象，如果中國志士知道有一個日本女孩住在他們家，就會成為他們的重大目標，被綁架用來交換俘虜都有可能。」

「你這個大特務，簡直是危言聳聽，以小人之心衡量別人。」

淑華說著，愛澤嚴肅的臉孔擠出輕佻的笑意。兩人快速地用日語你來我往，中國侍者還以為是日本情侶拌嘴。連續來了兩道菜，菜餚的溫暖紓緩了兩人舌戰的氣勢。吃了幾口菜，心情沉澱了一些後，淑華改說華語，愛澤也順著她意。愛澤：

「如不想轉學，退而求其次，轉到日本人家庭，我可以幫妳找。

東交民巷那兒很多。」

「我已經習慣中國人的生活。早上在日本人家庭走碎步，彎腰90度，來到學校又得抬頭走大步。這樣我會錯亂。」

「令尊說，他因為工作的關係，打算搬來北京住，妳遲早就要回歸日本人家庭，何不現在就重新開始。」

「那好啊！等爸爸把家搬過來，我就回家住。……」

彼此互不相讓，像吵架一樣，愛澤結完帳後就氣呼呼地下樓，淑華只好悻悻地跟上。回家的路上，愛澤只顧駕駛不發一語，到了潘家大宅院，把淑子放下後，不服輸似地說，「我還會再來」，車子便揚長而去。稍早前，潘爺和東娘也才搭車赴津。大宅院頓失男主人和女主人，大家都感到有些失落。

日本人不過春節，不過還是在大年初一給一天假，潘爺除夕匆匆回來，第二天吃完年飯又趕回天津。事實上大宅院上上下下都沒心情過年，月華和英華對於父親的高升一時難以適應，淑華感同身受，跟她們一樣不提老爺的新職，不外出，壓底心情枯索度日，每天不是看書，打車小遊，就是唱歌。

寒假就要過去，淑華心情慊慊，一個細雪飄飛的早上，愛澤又來了。淑子披上毛絨大衣奔到門房外後發洩似地跳進他的座車。

還是王府井那家仿膳坊，還是那一套要她搬家的說詞。愛澤似乎胸有成竹，飯局過半，愛澤欠身把椅子靠了過去壓低嗓門：

「上次，消息還不是很成熟，還沒有確實查證，所以沒跟妳講，但這回非講不可了。妳爸爸為什麼這麼緊張？因為妳家那位潘先生犯了一個恐怖致命的錯誤，現在才會高升天津市長。」

淑華防衛性地把身子退縮椅背，愛澤繼續說：

「潘毓桂把29軍的作戰計畫交給日軍，指點日軍進攻南苑時集中攻擊學生兵團。那一天，日軍總攻南苑，炮火就先集中在南苑陣地南面的學生兵團駐地，日軍隨後突入學生軍陣地，學生兵才剛剛領到槍便和日軍展開白刃戰，才徵召前來的1700名大學生，死了超過一千人，一位副軍長率教導團趕來增援，後來也戰死。」

「我不相信。潘老爺不是那種人。」

淑華說著離座站了起來，似乎防止他進一步攻擊。愛澤：

「妳不信，也由不得妳。潘先生這樣做有他一貫的思維，他一

再強調不要戰爭，但不得已兩方對陣非戰不可的時候，一方攻打對方最脆弱的地方，讓戰爭早點結束，可以阻止戰禍蔓延。但人算不如天算，學生兵的慘死並沒有讓戰爭早點結束，戰爭還是蔓延開來，學生兵的死會是他一生最大的夢魘，歷史也會記上這一筆。」

淑華嘴硬，但實際上是有點相信了。事情不太可能空穴來風，潘爺果真犯了天條，她反而不可能在這時候背棄他們，背棄月華和英華。

「我現在和潘家兩姊妹住在一塊。她們的父親升官，她們反而很憂鬱，一點也不開心。」

「那意思是她們也知道了。」

「不可能知道。主要是你不瞭解中國人的感情和想法。我，潘淑華，還是會和潘爺的女兒潘月華、潘英華站在一起，跟她們榮辱與共。戰爭是你們挑起來的。如果潘先生要為自己的失算負責任的話，你們的責任更大。」

「妳簡直是反了。好了，我改口，妳愚蠢到了極點。現在最現實、最迫切的問題是，情報顯示有很多學生軍要找潘先生算帳。他休假回北京府邸的時候，是下手的最好時機，但他們也可能選在他不在家的時刻給他下馬威。如果他們的情報顯示妳在裡面的話，妳可能會是他們的另一目標，他們的攻勢會是即刻無情的，用火攻、全面佔領都有可能。我要說的都講得很清楚了，為了你自己，為了妳的父母親，避避鋒頭，轉學遷地為良吧。」

「我跟你說過，我已經習慣這裡的一切，翊教女中也比日本女校來得自由、有活力，只剩一個學期，我一定要讀到畢業。」

「真拿妳沒辦法。看來妳爸也奈何不了妳。妳嘛！無可理喻。」

話題難以為繼，菜來了，兩人默默舉箸。愛澤開始談他熱衷的太鼓：

「……愛媛縣新居濱太鼓祭，我看過兩次，實在太棒了，一個鼓架十來米長，100百多人舉起，用手舉著，鼓臺三米半高，鼓架和鼓臺大概站著、坐著十個人，一般一二十個鼓架連在一起，鼓臺裡面的人打鼓，20個鼓架同時舉起、放下，像波浪般起伏。現場人山人海，歡聲雷動。……」

淑子的興致不高，但為了用餐順利，還是洗耳恭聽，也樂得對

日本地方文化多了一點認識。

送淑子回潘宅時，愛澤見氣氛緩了些，又重提轉學遷居的事，見淑子不回應，只好緊握方向盤，專心開車。

淑子想愛澤這回該放棄了，不知會不會再來一次，若再來可能會更有強制性。他應該了解她並非純日本人了。事實上，她對自己也常感到難以理解。北京淪陷了，學生的反抗活動轉移到境外或轉入地下，不再見大規模的示威，學校也婉言勸學生不要從事反日活動，真要愛國可以想辦法前往大後方接受訓練，再赴前線或其他地方。不過學校老師和同學的反日言論是有增無減。日軍的殘暴是普遍的認知，同學罵日軍時，她可以感同身受，感覺和同學膚肉相連，甚至在心裡同聲痛罵，但一聽到有人說出勸人到大後方的話，她總是鎖眉蹙額，這種話她說不出口，自然不會跟進勸說。如果她跟著演出，感覺違逆了她體內的日本人血液，若演得不自在，反而會讓她現出日本人的原形。

傳聞中義父潘爺做出的那種蠢事，她一直耿耿於懷。她相信月華和英華已然知曉，她自然不便提起。「很多學生軍要找潘先生算帳……用火攻、全面佔領都有可能。」愛澤的話在她腦中升起，她回想了一下，這一段時間，潘宅並沒有加強維安，加派警衛，一切如常。時日久了，她也就忘了愛澤的警告，不再煩惱這件事了。

34. 共餐山家 聆辦報事

潘爺赴津履任後，她和月華、英華美其名為政治家秘書的見習工作也暫時停止。淑華的社交活動反而多了起來。以前奉天家裡的常客山家亨調到北京，開始找她外出，加上每週六定期的貝德洛夫夫人的音樂課，她打扮漂亮外出的機會多了起來。月華看到時常穿著漂亮旗袍外出的淑華，也開玩笑地感慨：

「爸爸閃一邊，淑華的時代來臨了。」

山家亨比愛澤信實年長許多，人也比較親切，以前在奉天時，他來作客，淑華有時雖然作陪，他還是會找一些比較輕鬆的話題作球給淑華，活絡氣氛。加上，他談中國的風土人情時，習慣用中文表達，避開拗口的日語發音，跟她的生活體驗也比較接近。

山家第一次來，把車停在胡同內，淑華剛好要找貝德洛夫老師，山家順便載她往城東馳走，山家：

「妳在奉天時向俄國女老師學歌，到了北京也向俄國女老師……」

「她們相互認識，奉天的把我介紹給北京的，不過時代錯亂，師生的緣份還是淺的。」

山家哦了一聲，把車子轉向東長安街。淑華繼續說：

「我四年前初三跟她學聲樂，每禮拜六下午去，穩定學習了一年，升上高中，北京開始鬧學潮，交通混亂，時常沒法去上課。老師乾脆把我當成畢業生，不用再繳學費，有空來聊聊，順便做一些練習就可以了。」

「理解。我如果當老師，我也會這樣做。」山家把車子停了下來，「事實上，在這種亂世，如果可以選擇的話，我什麼都不想做。」

綠燈亮起，車子續行，淑華咀嚼山家的話，覺得滿有道理。

第二天，週日下午，山家又來了，直接表明要帶淑華到外面用餐。儘管山家喜歡穿長袍馬褂，談話也像中國人，見了她還是用日語稱呼她淑子：

「妳一下子就多了好幾個名字。在奉天聽廣播，妳的歌聲都用李香蘭播出，聽妳爸說，妳在北京的義父給妳取名淑華。」

「家庭的氣氛決定一切。在北京，在家在學校，我都叫潘淑華，你儘管叫我 yoshiko，但我覺得我臉上的標籤還是潘淑華。但暑假回奉天時，家裡都講日本話，所以我的標籤就變回 yoshiko 了。」淑華說華語時，還是一樣用日語稱呼山家，「山家叔，你應該也有中國名字吧。」

「以後妳自然會知道。心裡面有點遺憾，所以暫時不想說。日本有極少數人到了中國，名字也不用改。」山家看著淑華好奇，帶點困惑的神情，「江戶時代一位學者林羅山，根本就是中國名字。」

「日語裡頭，姓氏的念法太多，像林姓，就有三個音節，中文才一個音節。」

「是啊。不曉得日本的林姓是不是直接從中國傳過來。」

就這樣，淑華和山家在一起，生活語言多了起來，坐在他的車裡，也比較自在些。淑華：

「第一次看你穿長袍馬褂，剛剛很想笑，現在習慣了。」

「妳也是一身中國服裝。」

「我在奉天時就常穿旗袍，來這裡讀初中時穿得更習慣了，畢竟我一直生活在中國人的家裡，而你是軍人。」

「我工作的對象也是中國人居多。入鄉隨俗……」

山家說著專心開車，不再多說，和愛澤一樣帶淑華來到王府井，他停好車子，帶著淑華在東安市場走了一圈：

「這裡什麼都有？妳爸有意搬到北京，可以試試在這裡找房子。」

走過一連幾家骨董店，山家跨出一道門，淑子：

「好多人。」

山家帶著她鑽進人牆，只見兩個年輕的賣藝人各玩一個扯鈴，本來在兩手拉直的線上滑動的扯鈴，突然像球一樣拋飛出去，把鈴收回後，兩位賣藝人又配合肢體擺動玩出一系列複雜的花式動作。兩人表演完畢，接受觀眾的掌聲後，各自把一隻臉盆踢上接住後接受觀眾的捐贈。山家和淑華走出市場華麗的牌樓進入金魚胡同，東來順飯莊門口有一對石獅子，山家摸了一下獅子頭進入飯莊：

「摸摸獅子頭，聽說這一天運氣比較好，買彩票會中獎。」

「這樣啊？」

侍者給她們安排好座位，山家點好味噌湯頭後，淑子：

「爸爸又叫你來勸我搬家或轉學？」

「愛澤信實的話妳都聽不進去，我也沒有那份能耐。聽說愛澤調到天津了，還好只在北京待了一下。」

「那你不是早就調到北京了嗎？我記得四年前剛到奉天放送局錄歌時，一位長官就說，我如果到北京念書，山家叔叔會觀照我。」

「沒有關照到妳，實在很抱歉。那一年來北京，是要發展工作，但職務沒有調動，還是屬於奉天軍部，時常要回去覆命。」山家淺笑，有點無奈地看向鄰桌火鍋冒出的白煙，「那時北京學潮正猛，我奉令成立一家小報社，但招工不易，沒有多少中國人敢來應徵。後來有一點時間，想到妳在這兒讀書，怕給妳招來麻煩，就沒有來找妳聊。」

「現在比較沒有學潮了。」

淑華意味深遠地說著，山家狡獪地笑開：

「好不容易來找妳了，妳就快畢業了。畢業後上什麼大學？這樣我才可以繼續關照妳。」

淑華淺笑搖頭，沒有答腔。男侍者端來一盆熊熊爐火，兩人本能地把臉別開，隨後，裝滿味噌高湯的銅鍋端了過來，另一位小姐把火鍋料和一瓶白酒送過來後，山家把頭撇向一邊，避開從爐底升起的火焰。

「這種天氣吃這種羊肉涮涮鍋非常適合，他們選的羊肉都是從張家口運來的，切成薄片，燙一下夾起來吃最是恰好。」山家先把白菜、香菇、南瓜一類的蔬菜放進鍋裡，「吃來吃去還是中國火鍋夠味。吃日本火鍋，都在吃麵粉，酒也淡而無味。」

羊肉片來了，淑華拿起筷子夾幾塊肉片放進鍋裡。

「我是在軍隊實際佔領北京後才正式調到北京，創辦報紙的工作也比較順手。前不久回奉天，也找了令尊。他希望我跟妳見面，了解妳的情況。當然最重要是勸妳。」

「既然要你像愛澤信實那樣勸我，就不用了解我的情況了。」

淑華說著夾了一塊肉片，放進碗裡。山家嚼完肉，喝了一口白酒，腦中浮現山口文雄的囑託。

「妳父親的想法還是有點亂，一會兒要我幫妳物色日本人家庭，一會又說，都這麼大了，要妳自己適應新的環境。剛剛說過，回奉天女校，讓大家看到安心，不久又說，應該已經開學了，辦理轉學手續恐怕很麻煩。看來有點拿不定主意，時間漸漸站在妳這邊。不過知道我在北京已經穩下來了，他又放心了許多。」山家從口袋抽出一張名片遞給淑華。名片上寫著「北支派遣軍司令部報導部宣撫擔當中國班長陸軍少佐 山家亨」。

「頭銜這麼長，看了頭暈。」淑華想到最近看過的一篇小文，啞然失笑，「中國慈禧太后死後頭銜也很長。」

「妳說那個老太婆，老墳被挖開鞭屍的那位？」

「正是。」

山家從口袋取出另一張名片端詳了一下，笑著說：

「太長了，的確太長了，很像被供奉在神桌那樣。」

「記得以前在奉天時，你來我家，好像說你的工作就是管電影、

報紙這種文化性事業。」

「沒錯。現在的工作也一樣。」

「你命真好。這種工作不用帶槍。愛澤好像要拿槍。」

「我們工作性質不一樣，我搞宣傳，雖然穿軍服，但從事的是文職工作。他搞情報，算是軍人，穿軍服時還是要佩掛手槍的。」山家給自己倒了半杯酒，「妳雖然是日本人，有日本的戶口，但也是滿洲國的居民，妳也可以是我工作很好的對象，或者說是目標。因為沒有軍事情報價值，所以就不是愛澤工作的對象。」

淑華不由自主地身體後仰，緊貼椅背，端詳著山家酒紅，但有些迷糊的臉。

「妳用李香蘭的名字在奉天放送局唱國民歌謠，整個過程我都一清二楚。只是到妳家做客時，我都假裝不知道。這個電臺的設立，我也是主要籌備人。」山家看到淑華垂首低眉若有所思的模樣，喝了一口白酒，「話說那一年，東敬三選中了妳後，我看到照片和資料嚇了一跳，這不就是山口文雄的女兒嗎？從那時我才開始注意妳的表現。」

「所以那時起我就是你工作的對象？」

「妳別緊張。我工作的重點還是滿人，或者說華人。了解他們的社會關係，屬於什麼團體，國家或政權認同，……這一切都要經由刺探、調查，是有點陰暗。但對妳，尤其是李香蘭這部份來說，我們的工作很簡單，就是保護妳人身安全和身分的隱密，讓人不知道妳是山口文雄的女兒，而符和滿洲國策的需要。」

「強迫性的隱瞞身分，是對當事人不尊重。」淑華吃了一口柔嫩的羊肉，「你不覺得嗎？」

「妳說的很好。妳四五年前剛剛唱歌不久，放送局內部也有人對這種做法有異議，一次開會，他們請我列席，我就提出一個聰明提案。要求重新定義所謂滿洲國人。我說土生土長，也就是在東三省生長的人，自然是滿洲人，另外，從中國內地移入，雖然還有中國籍，但已經在這兒生活，也算是滿洲國人，再來，從日本過來的，除了軍公之外，也算是滿洲人，妳的父母就是很典型例子。至於妳，在滿洲出生長大，當然就是滿洲人。」

「照你這樣說，我就是滿洲人，合該叫做李香蘭。」

「就是這樣。這樣大家地位一樣，可以加速大和、漢人和滿人的融合。」山家把長袍的袖口捲了起來，「我的觀察，在滿洲那地方，日本人都說自己是日本人，當地土生土長的和中國外省來的，都說自己是中國人。所謂滿洲國的人，根本就是一個泡沫。日本人到了那地方一再強調自己是日本人，放不下身段，滿洲國人永遠形成不起來。」

「這是很好的構想。做得到的話，人間就不再有強迫性或不得已的隱藏或隱瞞了。你知道我在北京翊教女中讀了三四年，沒有人知道我的身分。我有時都認為自己已經變成中國人了呢。」

「瞭解。」

「不過你剛剛說的提案恐怕也很難落實。」

「隨便說說罷了。事實上，也不會有人把這個開會紀錄當一回事往市政府或國務院送。」

兩人不再開口，就近把煮好的菜夾進碗裡，挑些比較不燙的往嘴裡送。淑華壓低嗓門：

「有一件事想向你求證。」

「什麼事？」

淑華於是把不久前愛澤說的，有關潘爺洩露軍情，害北京學生兵團慘遭日軍痛宰一事講了出來。山家遲疑了半晌：

「我聽令尊提過，他也是從愛澤那兒聽來的。我知道令尊很擔心，也很希望這點獲得澄清。愛澤和我的業務完全不相干。這種事情如屬實，也是極機密等級，愛澤不該說出來，我們軍人也很少去刺探別人的業務機密，除非是很要好的朋友。所以令尊向我求證，我也只能以亂世多謠言，除非有確鑿的證據，寧可不信來回覆他。」

淑華心情稍稍寬鬆了一些：

「我向你刺探一個情報如何？」

山家冷不防她有這一招，全身警覺了起來：

「請說。」

「你來北京有一段日時了吧？」

「斷斷續續累積起來大概是兩年多一點，但都是浮光掠影，不是很深入。」

「你對北京的姑娘有什麼看法，你應該接觸了不少女子。」

「原來是這個，我們報社是有幾位女性員工，很乖，很聽話，對於政治現實是慢慢看開了。我們看不到的，看不開的一定更多，現在想來，日本軍人侵犯她們的領土，而且造成傷亡，實在是遺憾。」山家眯著醉眼，陶然中帶點憂傷，「妳搞錯方向了。妳應該問有沒有俊男，事實上我們報社也有幾位男子，也有留日回來的。罷了，年紀比妳大一截，不談了，妳上大學再找才是正道。」

「如果有一位中國男子看上我，那他家就要鬧革命了……」

淑華覺得自己臨機擠出來的幽默不好笑，正懊惱時，

「王二爺！」

「王二爺在這兒呀！」

…………

山家亨站了起來，立刻被一群女孩簇擁在中間：

「妳們也來這裡用餐哦！」

「我們大家集資來這邊奢侈一下，剛看到你，以為看錯人了，那知真的是你，還在這兒跟漂亮女生約會。」

「是朋友的女兒，我們在談事情。妳們既然來了就盡情吃吧，我待會兒過去。」

「創辦人王總跟一位小女生約會，我們先寫一篇報導，待武德報正式出刊後當花邊新聞如何？」

一直講話的瀏海女孩說著，同來的女同事異口同聲：

「讚成，好耶。」

「待會要過來！」瀏海女子。

「會。」

山家含糊回應後，淑華兩眼發愣，一直盯著這一群男少女多的熱情人兒。這些人鬧完走後，山家亨重新落座，迎來淑華要求解釋的眼神。山家：

「我們公司的員工。」

「公司？」

山家趕忙從口袋掏出一張名片遞給淑華。名片寫著「北京 武德報新聞公司總經理 王嘉亨」。淑華：

「王嘉亨……怪不得他們叫你王二爺……武德報……怪不得他們開玩笑要把老闆的花邊也上報……」

「本來計畫下次再給妳。很多事情，一下子不要知道太多比較好。」山家吸了一下食物的香氣，拂掉心中的一些尷尬，「這回頭銜沒這麼長了吧。」

「還是太長了。武德報總經理就可以了。『新聞公司』可以拿掉。但為何取名武德？」

山家吃了幾片羊肉，說明「武德」是編輯部長取的名，開始解釋武德報創立的背景：

「……我們編輯部長建議這個名字，我覺得不理想。但軍方同意，我也就沒有意見。這家報紙，前身是華北日報，看過沒有？」

「學校以前訂的是北平晨報、世界日報。現在晨報還在訂。」

「現在這晨報轉由日本人經營了，雖然還是中文報。」山家腦中浮現日軍佔領北京後，報界的兵慌馬亂，「我說這武德報，雖然接手了華北日報，接到的是一個空殼子，廠區很大，但記者、訂戶都沒有了，只剩下設備和機器等著你來用。不過經過一番努力，組織架構起來了。」

「每天出幾張？」

「目前談出報還太早，現在是努力恢復北京以前的文化榮景，重建文藝界和新聞界。」

「戰後重建？」

「可以這麼說，做什麼事都要靠人。戰爭把人才打跑了。如果是中國內戰，自己人打自己人，人才躲一下就會出來。現在是人才跑走了，如中國人常說的跑到大西南、大後方。沒逃走的就躲在家裡不願出來。」

「北京陷落前，民心反抗這麼激烈，尤其是年輕學生。」淑華用筷子把一塊放在碗裡片刻的豆腐放進嘴裡，「一般記者都很年輕，都是剛從學校畢業，還是保有很強烈的學生反抗精神。」

「確實是，我們找來了一位友日的，管翼賢聽過沒？」

淑華搖頭，山家繼續說：

「留學日本的，我請他當編輯部長，他又找來一位臺灣來的，叫張深切的幫忙。從友日的開始一個一個找創業夥伴，時常開會討論，建立共識，有的喜歡採訪，有的擅長寫文章、小說，有的編輯，分門別類作功能編組，現在目標是先讓報社運作，用報社做骨幹，

再做其他雜誌社。」

「山家叔的構想很有道理，報紙如果發行成功，因為天天發行，力量比較強，用它來帶動其他文化體，很恰當。」

淑華和山家亨第一次在北京共餐便在這種輕鬆的氣氛下結束。由於年輕女子用完晚膳再一個人回家，給人觀感不好，山家想了想，還是約她下個週日再一起進用中餐。

淑華拜六上半天課，通常回到家，午餐已等在餐桌。這個週末下午，貝德洛夫老師希望她有空就來聊，她決定再去一趟東交民巷那兒，免得師生情又生疏了。山家既然約她週日上午見，她只好在家等了。潘毓桂市長在天津應酬多，回來的次數漸少，東娘有時會到天津陪丈夫，對於淑華的外出是越來越管不著了。

35. 再會山家 無所不談

這一天，同樣一身長袍馬褂的山家還是開車前來潘宅，淑華接獲通報出來後，山家：

「我剛剛在圍牆外圍繞了一圈，牆裡面都是潘爺的家。」

「正是。」

「真是一個大宅院。妳的老爺即使不做官，也是一方之霸呢。」

淑華上了車，車子從東長安街轉進王府井大街，鐘錶行、洋服店、泊來品店、咖啡屋、高級餐廳的招牌，不斷從茂密的槐樹的遮蔽下出現，有時凸出店面，又復隱退。一整排鐵灰色牆面的商店，古風的紅門綠簷算十分搶眼，有些還藉著裝飾風格的新招牌試圖勾串出現代風情。車子經過東安市場的棚架，停下讓路人走過後暨進金魚胡同。

山家把車子停妥後，和淑子一前一後走著，「東來順」的黃字嵌在回教藍的匾牌中，兩邊的燈籠垂懸著中國風情。在一陣歡迎光臨聲中，兩人又被引進靠裡側的雅座。

山家點了菜，不久，炭爐、銅鍋、白酒和食材都來了。有感於一室的煙氣和話聲，淑華兩眼一直往餐館的深遠處逡巡。山家捕捉到了她的視線，在中國餐館用餐，他照例使用華語：

「妳在找什麼？」

「我看你公司的女員工有沒有在這邊吃鍋？」

「她們不會來了。」山家笑看淑華嬉謔的神情，「她們撞見了長官的隱私，就會刻意避免再犯。這是中國人善良和含蓄的一面。再說那一天，等於是我請客，我後來全數補貼他們的餐費。」

「那她們更應該再來才是，反正你會請客。」

「今天週日，編輯部員工都上班，大部份是女員工，我對她們很好。她們認為這樣就夠了，那一餐我請客，她們只覺得不好意思。」

「既然不好意思，那一天她們應該躲得遠遠的。」

「有兩三位比較活潑。她們認為躲著不禮貌，就帶著一起過來了。」

「來見你是對的，感覺也滿好的，看到眼睛都亮了起來。」

武德報社年輕女職工簇擁山家的畫面又在淑華心中喚起。溫暖在她體內溫潤開來，耳聞目睹和想像中，戰爭帶來的血腥就像殘雪在她腦裡滴溶了。認識山家六年來，他那種隨和、客氣的樣狀，很容易教人拿來和一般兇悍、冷酷的軍人作一對比，他有點輕浮，但這不礙事，重要的是他能隨身帶來自在和溫暖。他如今被中國女性同仁擁戴，只能說他親和力夠，緣合力強，打破了他和週遭人之間的小小國界。淑華：

「你公司的員工很歡迎你。他們都是編輯嗎？」

「那一天，妳看到的多是編輯、撰稿和揀鉛字的，女子多過男子。排版、製版和記者好像沒來。」

「感覺滿好的。你確實做到日華和諧。」淑華話鋒一轉，「日本軍人如果用你這種方式侵略中國，收效可能會比較好。」

山家豁然笑開，微醺的臉孔搖動出幾許恍然，被淑華刺了一下，心情大爽，喝了半口後繼續吃肉片和高麗菜，淑華也跟著吃了一些。

「基本上北京的文化人比起學生務實一些，但也磨合了很久。」山家很喜歡眼前呈現的，在游離中融合的視覺，「我不是說我的員工，我是指文化界人士。基本上那些人都在寫作，都希望有一個發表的園地。有些人就化身為記者……」

「你的意思是指作家，寫小說的？」

「差不多是這個範圍，也有一些社會評論家。」山家再喝了半

口白酒，舒暢一下思路，「社會的不公和痛苦產生作家，戰爭更是，讓更多人的筆更加蠢蠢欲動。但這裡頭就有難解，且危險的矛盾。」

「危險的矛盾？」

「一個作家寫社會的不公，或窮人的生活，政府可能不管。但戰爭是有權勢的人發動的，你要寫戰爭，寫戰爭帶來的民生凋敝，就會劍指有權勢的人，現在這有權勢的人就是日本軍人。你敢用筆劍指著他，他就用武士刀砍過去。」

山家恍然之間，激動的話語大聲了些，引來鄰桌的側目。淑華：「講話小聲點。」

「是，謝謝。我教他們，那些搖筆桿的要有上位思考，別把自己搞得這麼辛苦。」

「上位思考？」

「東亞共榮本來就是上位思考，是對抗西方殖民主義的利器，結果那一些人把它當做戰略，訴諸戰爭，結果中國人承受的人命損失和痛苦，遠遠超過被殖民，理想變廢墟了。」

「你這樣一講，我想通了。東亞共榮由好戰份子提出，當成戰爭的目的，可以說自己污名化了自己。」淑華看著山家的醉態，自己的眼睛反而有些醉了，「如果東亞共榮由思想家或政治家提出，而且訴諸和平、說服的手段，團結力量大，那真的可以遏阻西方勢力的囂張。」

「淑子，妳說得太好了。妳除了歌唱的才能，也有政治頭腦。」山家興奮地舉杯，「妳以湯代酒即可。令尊要培養妳成為政治家的秘書，果然不是徒托虛言。」

淑華靦腆地垂首低眉，山家繼續說：

「如妳所說的，東亞共榮污名化了。我想在廢墟上重建上位思考，是小規模的，是要保護中國文化人的。我建議他們想事情不要一直著眼中國或日本，要從整個東亞的觀點來看。站在高處看東亞的遠景，中國的戰亂看起來就變小了，當成為了未來幸福付出的代價也未嘗不可。」

「你這豈不是自欺欺人。既然成廢墟了，就別談了。」

「妳畢竟還是學生，不懂得這其中的奧妙。」山家亨視線從左前方退席的客人拉回，「我是小人物，但還是可以利用這個大題目

的剩餘價值。中國的文化人想發洩心中的塊壘，有各種方式和管道，我想指引他們抒發東亞共榮的議論，既安全，有時還可名利雙收。那些人，如果夠聰明的話，可以把他們的民族思想或憤怒藏在裡面。」

淑華對這議題感到厭煩，毋寧說不喜歡山家自以為是的口吻，兀自用湯匙撥弄碗中的殘菜。山家見狀清醒了些：

「我當兵時被派到北京中國大學中文系就讀，我喜歡中國文化，進而喜歡各種文化性的產業。武德報的言論雖然受制於軍方，但還是有一點空間可以運用，工作的同仁又都是文化人，大家相處愉快。在戰爭、軍隊體系巨大的壓力下，這種工作算是可遇不可求了。」

「叔叔有這種興趣是好的。在報導部，雖然有軍職約束，但至少是比較接近興趣。」

「妳說到軍職的約束，我好像是被軍方放了出來，在外面租房子住，擁有了像民間的公司和辦公室。我工作的對象是中國平民，日本，應該說是滿洲國政府的事務，我有時也插手幫忙。奉天放送局是我籌辦的，滿映辦起來我也出了不少力。」

「萬榮？什麼公司？」

「株式會社滿洲映畫協會，簡稱滿映，設在新京。」山家全然用日語講出，然後改用華語，「這個公司要大大地拍符合滿洲國策的國民電影，和妳的國民歌曲相輝映。」

「我還第一次聽到。」

「所以這一家公司是有點神秘。他們拍電影，導演和攝影都是日本人，但電影由滿洲人，也就是說中國人來演。」

電影公司對淑華來說，非常遙遠，她也不想多了解：

「你把公司，像奉天放送局辦起來了，然後就拍拍屁股走人。武德報會不會也遭受這種命運。」

「不排除這種可能。武德報雖然還沒出報，但人事都安排的差个多了，初期發行鎖定臨時政府的各級機關，試印也很順利，只等軍方一聲令下，就可以正式發行。」

「好像是說，即使報紙還沒發行，你也可以隨時走人。」

「妳說到重點了。我擅長創立、創造，不是經營，即使我留了下來，經營上，我還是會交給別人。」

山家把他的無拘和灑脫融進自己的醉態，淑華直覺山家之所以在女同仁面前那麼吃得開，應該和他凡事放得開有關。不過她吃得肚子有點脹，不想開口。山家繼續說：

　　「將來上海穩定下來後，文化體系要重建，那些長官一定會想到我。我做開路先鋒應該也累積了一定名聲。」

　　可惜了，他是有些自得了。淑華知道山家的輕佻有時會帶出一點浮誇的個質。她淡淡地看著別桌的客人，再望向山家：

　　「叔叔，平常心，你如果有機會派到上海，上海的情況應該比較好處理。商業都市嘛！對於突然來的重大改變，會比較看得開，觀念也比較開通。」

　　「妳說得很有道理。不過一件事很麻煩。聽說這次皇軍南進，南京死傷慘重。妳聽過沒有？」

　　淑華搖搖頭：

　　「你說日軍死傷？」

　　「是中國的軍民，包括市民，我只是聽說。資料不容易找，事實上，我也怕去找。」

　　事實上，淑子也不太想聽，她只懇求上天讓她平靜一段時日，屆時她再像記者一樣尋求真相即可。或許是另一個平頂山，既然戰爭有了這麼大的發展，如果真是平頂山再現，一定是更大的一件。

　　日子一天天過去，淑華知道日軍一直往南攻。學校訂的報紙，張數變少，有時沒發行，有時四開變八開，比一本書大一些，加上內容嚴重日化，不太有人看，淑華也很少看，但同學口耳相傳，知道日軍已經佔領上海。淑華厭戰的心悶燒已久，山家見剛剛的話惹淑華不悅，兩人不再交談，專心進食。山家想找別的話題，頗思量了一會：

　　「我想到了。既然妳在奉天放送局唱國民歌謠大獲好評，妳畢業後不妨到北京放送局當個專屬歌手。不用當什麼政治家的秘書了。」

　　「政治家的秘書？父親原先的期望，看來他也看淡了。」

　　「我和他談過後也有同感。他對時局那麼失望，對於你義父涉入的政治風險心裡應該有個底。」

　　「到北京放送局的話，唱的是流行歌？」

「沒錯。」

「你在說笑了。我先後向俄籍的波多列索夫夫人和貝德洛夫老師學習古典歌曲，除非另外接受訓練，否則我不敢貿然轉行當職業流行歌手。」

「妳在奉天放送局唱的是國民歌謠？」

「大都是民謠，接近藝術歌曲。」

「那就換個老師。」

淑華沒想過這一點，如果為了現實的需要換老師的話，對老師是一種羞辱，她想都不會想。淑華無意識地瞄了一眼桌角，心頭憋著的悶氣難解，不知說什麼好：

「武德報，武德，名字怪怪的，你不是說要給政府機關看的嗎？」

山家聽著少不更事的嘲謔皺了一下眉頭：

「這個報紙，中國傳統的京劇和演員，將來還是會報一些。京戲強調忠孝節義，武將是重要角色，強調的是武德。我們的編輯部長管先生開會時建議取名武德報，一方面讓人聯想到中國以前的武將關公、岳飛，一方面呼應日本軍方的武運長久。我雖然不是很喜歡，上頭認為很好：戰勝固然勝之於武，但如果沒有德，沒有了正當性，武運，戰爭的運勢就不會長久。將來這個報紙如果問世，應該會以軍政新聞為主，尤其是重大的戰勝新聞最能激勵民心。」

「這種報名恐怕會在中國人的傷口上灑鹽，會讓他們覺得一直被日本武力控制。」

山家沒有回話，帶點無奈，有一段時間沒有進食的淑華繼續說：

「我在中國出生、長大，了解中國人，他們的歷史常有征戰，強調的是要如何讓民心歸順。」

「民心，對，如果改用這個當報名就很適切。」山家搖了兩下頭，撩開一點意識裡頭醉意的迷霧，「妳也知道我的個性，不會喜歡這個名稱，但開會時，好戰的長官在場，表示很好，只好先這樣，我看遲早會改名。」

聽山家這麼說，淑華鬆了一口氣，想了一下，還是就最切身的就學和住居問題就教於山家叔。山家：

「上次和妳會面後，我就根據妳的談話綜合幾點向妳父親報告，

還沒接到他的回信，或進一步的指示。」

「你信怎麼寫？」

「我只是說，潘市長雖然在這節骨眼出任要職，犯了中國人的大忌，有人揚言對他不利，但報紙裡頭他的新聞不多，顯然還不是很顯著的攻擊目標。另一方面，妳非常適應潘家的生活，也快畢業了，熬過幾個月完成學業後再回奉天讀大學不遲。」

「你信這樣寫？」淑華想到山家剛講的有些怪異，「你說什麼在這個節骨眼？」

「就是傳聞他洩露軍情造成學生軍死傷慘重的那件事。這種事不好在信中表示，用暗示的，令尊應該能夠意會。」

「聽你這樣說，爸爸應該會相信潘爺的情況沒這麼嚴重，也就放心我繼續留下來就讀。」

「妳安定了，安穩了，他老人家也才安心。有事情打電話給我，上次我給妳的名片有我的號碼。」

「平常四、五點放學後才能打，在門房那兒打。」

「行，四、五點我還在報社。打過電話沒有？」

淑華有點不好意思：

「還沒。」

「拿起聽筒後再撥號，然後等對方的反應。拿起聽筒就等於通知電話：我要使用你了。我年輕時第一次使用的時候，人家幫我撥號。隔了很久要再打的時候，到底是要先撥號再拿起聽筒，還是先拿起聽筒……不好意思問人，結果想了很久……」

這次會面讓她安堵了不少。重要的是，有電話可以打了，不再一直封鎖在這個大宅院了。另一方面，東娘跟著到天津的時日多了起來，和潘爺有時一個月才回來一次，有時拜六回來吃晚餐，第二天用過午餐又趕回天津。東娘開始把英華和淑華上下學的車費一次給足一個月，另外在月華身邊存放一點錢，讓她假日在西娘或保母的陪伴下帶一家大小去澡堂沐浴。淑華的手頭乍看寬裕了許多，但過慣了那種精打細算的日子，她一時豪爽不起來，彷彿東娘進駐她體內一般。至少她看見西單商場內好幾元的漂亮衣服，或幾角錢的口紅，還是自覺寒酸。

向山家借錢的想法突然閃進她腦海。這一天放學後，她鼓起勇

氣到門房，打了一聲招呼把電話拉到一邊，壓低嗓門說華語，語帶模糊。山家：

「什麼事？聽不太清楚。」

「想向你借……」

「還是聽不到。」

「有急用，想買一件東西。」

「知道了。要多少？」

「不多。」

「我們約個時間，我開車送過去。」

山家開車過來時，淑華還沒吃晚餐，跳進他車內，腰包充裕了許多。

「我還是要跟爸爸說一聲。」

「對，寫信跟他講，一方面對自己的行為負責，一方面對他沒有隱瞞，也可以用來約束自己。」

「還是先不說，怕他擔心。」

「要勇敢一點，妳在奉天放送局唱歌賺了這麼多錢都交給他，現在抽一點回來讓自己打扮得漂亮一點，一點也不為過。」

「那就這樣辦吧。」

「讓他知道自己的女兒已經長大了。」

淑華道了謝，起身想離去，但被山家叫住了。

「等一下，確實有一事相告。」山家遲疑了兩三秒，「川島芳子妳認識嗎？」

淑華愣了一下：

「同學常談到她。」

「那天，市長設宴款待日本軍方人士，說巧不巧她也來了。在這之前我也許久沒見到她了。聊了沒多久，她就問起奉天放送局唱歌的李香蘭是誰。她知道奉天放送局的設立，我是創臺人，應該知道李香蘭是誰。另外，妳也知道，沒有事情可以瞞過她的。」

「所以……。」

「我說李香蘭只是藝名，本名是山口淑子，是我朋友的女兒。她想了片刻，yoshiko、yoshiko 唸了兩下，『她父親是不是中文教師？』我說是的。『我想起來了。去年，我的東興樓開幕，他們父

女來過我店裡。』」

「她那時對我似乎很感興趣，要我叫她哥哥。」

「這就是她。她好像是用這種方式宣示對妳的主權。」

淑華撇嘴一笑，聳了一下肩。山家繼續說：

「沒事，開玩笑的。她小時候還滿可愛的，長大後變了性。」

「你認識她很久了。」

「我年輕時候在松本聯隊。松本在長野縣的正中央，她們家就住那裡。那時候是可愛的姑娘，趣事很多，但被她養父教壞了。」

「把她訓練成間諜、戰士？」

「她不斷變換角色。她說她現在像花花公子，每天和自己的班底玩到半夜才回家睡覺。」山家的手握著方向盤，不時轉動一下，「她可能會來找妳。她還向我問了妳的電話。」

「去年和她見面時，我留了老爺家的電話，或許已經被扔掉了。」

「不管怎樣。她想見妳就會見到妳。見一次面讓她滿足一下就好。」

「這個人好像滿有趣的。她不搞軍政了嗎？」

「她說退休了，經營餐廳，晚上沒事幹就找樂子。她這人有點脾氣，任性，愛搞笑，淺嚐就可。」

「如果她來找我？」

「那就去一下，增廣見聞也好，好在她人在天津，不能時時來找妳。那妳自己看著辦，我要回報社一下，不耽誤妳了。」

淑華慢慢走向倚翠閣，去年秋東興樓的那一幕又重臨腦際，她參酌山家的意見，開始有點期待和川島會面。

▎▎▎ 36. 遊頤和園 聽晚清事

小校園後圍牆邊的一排銀杏的新芽已長成青綠的枝葉，長寒之後身心逢春，但淑華還是難掩心裡的落寞。以前聽到反日的言論或看到反日示威，她心裡會有切身的苦楚，現在，日本軍人佔領了一切，她心裡依舊是切身的苦。這種心情，貴華無從理解，倒是和月華、英華很貼近。在反日運動如火如荼展開之際，月華和英華顧慮

到父親的立場，都選擇避開，日本人佔領北平，父親的訪客變少了，她們也樂於減少跟父親碰面的時間，免得太常看見父親有悖時情的神態和言論，待父親當上北京市警察局長，她們的羞愧感油然生出。東娘不時以丈夫識時務為民服務的說詞，把她們的感受拉過來一些，但她們旋即退縮回去。月華被父親拉到市警局當雇員後，整個警局，除了兩名日籍的高級顧問外，率皆中國人。大家朝夕相處，有時真會以為北平還沒淪陷。兩姊妹的抵抗開始減少，漸漸向東娘的現實主義靠攏。淑華感同身受，也就跟著兩姊妹接受新的現實。

下課時間，班長從辦公室回來時捎來兩三封信，貴華接過信拆開一看是兩張頤和園的入場券，看著信的內容時，上課鐘響了，決定中飯時間再和淑華分享信的內容。

上學期開學時，淑華和貴華原本要到頤和園一遊，無奈得知園區被日軍封閉只得作罷。時隔七個多月，終於如願。禮拜六，陽光普照，在學生服外罩著小冬衣，還算暖和。淑華書包裡面放著向山家周轉過來的三元大洋，感覺充裕多了。貴華書包裡帶著兩張男友陳洪仁買來的頤和園入場券，中午放學後帶著淑華前往西單商場買了一些包子，便搭電車上路了。

兩人上了車，手拉吊環，貴華：

「今天真順，一到站，西直門線的車就來了。」

「環狀線的班次較多？」

「這我就不清楚，大概一半一半吧。」

「遊完頤和園，妳就到燕大找陳洪仁去吧。」

「這樣太晚了，不好。他明天會來找我。」

「哦。」

「他們學校有交通車，只要抓準時間，來北京還算方便。」

「我們學校小，早知道該找個有交通車的中學讀。」

「他們學校離市區遠才有這種需要。市區的大型中學應該都沒有交通車。」

「我想到了。」淑華像是發現了什麼似的，「中學生完全交給學校管，不能自由進出學校，自然不需要交通車。大學生是半個自由人，有時沒課要出城、進城，或要到別的校區上課時，在在需要車子。」

「妳很聰明。」

「貴華，妳說，他們學校變成孤島，校風也開始改變。」

「學校勸學生不要跟日本軍隊硬碰硬，不要再搞反日活動。美國人校長也終於體會我們中國人的明哲保身。」

「學生都很配合吧。」

「學校給他們辦了很多活動，像京劇欣賞、電影觀賞、野外遠足等，分散他們的注意。不過學生週末還是很喜歡到城區玩。」

壯觀、華麗的西四牌樓橫在眼前，很多人下車，兩人坐下剛空出的座位後繼續聊，貴華接續剛剛的話題：

「學生知道大勢已去，自然不會以卵擊石，只做心理上、思想上的轉進，等畢業後找到著力點再做反擊。」

「心裡很苦悶，我在想。」

「所以每到週末，一票人就湧進城區看電影、跳舞，被教授罵說：學生不知亡國恨，進城猶看長恨歌。」

「猶看長恨歌？」

「《長恨歌》是指兩三年前很紅的古裝電影。教授認為學生逃避到電影裡面。」

淑華第一次聽到這部電影，自覺孤陋寡聞而沉默了下來，貴華也找不到新話題，兩人於是隨車逐軌，看看外頭街景、上下車的乘客，待電車轉至新街口西大街後，才聊一些瑣事。淑華：

「這裡頭店面好多」

「到那一頭就少了。」貴華把書包移到雙腿上，「妳有沒有察覺北平街路的名稱特別亂。明明是一條街，短短的一條路，這兒叫新街口西大街，另一邊叫西直門大街，光是記那些路名，就搞得我暈頭轉向。」

「胡同多，名字又怪。以前沒地圖，不曉得古人是怎樣找路。」

「妳這問題實在值得探討。同一區塊，從南到北上百條胡同，沒有記載，沒有地圖，如何知道這些胡同的排列順序……」

聊著聊著西直門站到了。兩人下了車，逕自走向城門，在城樓外牆找個石頭坐下，和著自備的茶水把剛剛買的包子吃下肚。鑑於去年坐人力車前往遊園時，車伕在石子路上長途奔波、累癱的印象，淑華建議坐馬車前往：

「遊園的門票，你男朋友付費。那坐馬車來回的車資我來付。」

「妳這小妮子豪爽了起來，我招架不住了。」

貴華一方面接納淑華的誠意，一方面強調，付費的場合很多，和以前一樣平均分攤方能可長久。最後講明，馬車去程淑華請客，其餘馬車回程、電車費、船資和飲食，全部兩人分攤。

各大城門中，西直門外的聚落較少、較鬆散，馬車滑過一些低矮的民居，進入田野，遍地的高粱苗還遮不住褐色的泥壤。過了一道橋，馬車傍著長河行進，路兩旁高大榆樹新春初生的枝葉掛滿白色的花串。榆樹夾道種植，榆花連綴成花河，在這種白花花的迎賓大道迎著河風馳騁，兩人心情愉快至極。淑華：

「重新開放後，遊客很多吧？」

「聽陳洪仁說，比以前人更多，尤其現在週末時刻。」貴華望向沐在一片光幻中的西山，「以燕京大學學生居多。春節前後重新開放後，燕大校方和日軍交涉，要求給學生遊園優惠，正中日本軍方的下懷，日本軍人巴不得那些學生整天遊園玩水，不再鬧事。美國人校長也放下心中的一塊石頭，每天戰戰兢兢沒出事，就比較沒有關校的危機。」

「頤和園剛好就在他們學校附近。」

「簡直成了他們學校的後院。」

達達的馬蹄聲終於響進了燕大的「後院」。馬車直接進入頤和園東宮門的牌樓。遊客不算多，學生三五成群，張望了一陣後加入門口排隊的行列。淑華和貴華也跟著排隊進場。看過仁壽殿前的巨石、麒麟銅雕，重溫耶律楚材墓後，兩人沿著昆明湖畔南行，湖中扁舟點點，泛舟的年輕人還真不少，大底學生情侶都是自己縱棹，兩位女生同舟的，多雇人操槳。十七孔橋連轄一氣的橋洞形塑的立體感一直吸引淑華的目光，弧形橋上點點的人影也像是一個個形塑上去的人偶。兩人快步走了過去，橋頭看來有點壅塞，爬了一段小坡後，橋面越走越寬，過了橋，兩人在龍王廟和涵虛堂轉了一圈，才到渡船頭。幾個船伕圍了過來，貴華快步走出包圍，然後回過頭：

「我找黃公公。我們只做他的生意。」

一位船伕領著她們走了幾步，直指坐在碼頭階梯抽水煙，一絡白髮在後腦脊綁成辮子的長者。黃公公看到貴華這位老顧客帶著有

點眼熟的淑華前來，十分高興。

　　黃公公用竹蒿把小船撐離水岸後才坐下操槳，照貴華的意思把船划進橋孔，在南湖轉了一圈後划向練橋，讓兩位女生看過橋上方的方亭後再沿著西堤往北划。堤岸垂柳馱著一身雪花，好似飛瀑急凍，上面灑落一些白雪。淑華看向貴華：

　　「人家說，這兒的堤岸，湖光山色很有江南的味道。」

　　「大概是吧。江南就在杭州那一帶，沒去過。」

　　「現在已經沒有江南了。」

　　兩位女生乍聞黃公公開口，有些不解其義地看著他。黃公公繼續說：

　　「江南不是已經被日軍佔領了嗎？」

　　兩位女生哦了一聲，黃公公繼續自言自語：

　　「潮起潮落，朝起朝落，明朝起元朝落，清朝起明朝落……日本朝起得快，看來也會落得快……」

　　「公公世事看多了，講話是很有智慧的。」貴華。

　　「妳們慧眼識英雄。我划船也很行，輕輕一搖，船就滑得老遠。」

　　「我們找您代勞，就是看在您划得比年輕力壯的小夥子更有境界。」

　　看著貴華和黃公公你來我往說個不停，淑華也在動腦，說什麼好：

　　「黃公公，恕我冒昧，您真是公公嗎？」

　　「我如果不乾淨，能夠侍候那位老太婆嗎？」黃公公看著臉顏羞紅低垂的淑華，「30 年過去了，我反而虛長那位婆娘十有八了。她最後幾年，夏天都來這兒住。」

　　「您看過光緒沒？」淑華。

　　「常看到。實在是很不想看到，但偏偏看到。」黃公公把槳收起，翳在向上翻揚的白色長眉下面的魚尾紋，似乎隱藏著很多故事和見聞，「慈禧一直把光緒當犯人帶來帶去。到了膳堂，她坐下來，福晉、格格們都不敢落座，皇帝更不敢。她瞄了光緒一眼，『皇上，坐下吧。』光緒怯怯地帶點慍意坐下後，她才轉過身來招手示意格格們也都坐下。他們都坐在椅子邊邊，不小心就會滑下來，老太婆

興致好，招呼他們吃一些，他們才敢動一下筷子。如果她不高興，橫眉豎眼的有些氣還沒洩，大家只好餓了……」

這些故事對貴華來說，算是老掉牙的了。她側著身望向萬壽山西側，企圖看穿小西冷島和萬壽山陸塊之間的水道，看到脖子有點痠，看似島、陸分離了，但又黏成一塊。淑華：

「看來他們是冤家路窄。」

「親家變仇家，路再寬也會變窄，30幾年一直在狹路裡面。」黃公公重新操槳，划了幾下，任由萬壽山密林、宮闕的倒影在湖面離裂、蕩漾，「外傳光緒是慈禧私生子交給她妹妹養，這我們姑且不論，但光緒至少是她外甥，每天早上光緒向她請安，叫她『親爸爸吉祥』。她如不高興，沒叫他起來，他就長跪在地。有嬸姪之名，皇太后對皇帝，動不動被叫爸爸，更有親子之實。人家說虎毒不食子，但毒婦偏要虐子。……」

貴華覺得這話題新鮮，把身體轉回來，看了看造型優美的玉帶橋後，再望向前方的湖面：

「光緒也太怕太后了吧。」

「每天戰戰兢兢，就是怕被她廢掉，結果越擔心就越害怕。」

「我在想，或許光緒寧願被廢，當個王公也自在。」

黃公公冷不防淑華會這樣說，眉毛豎了起來。

「中國歷史上被廢的皇帝都很慘，很多是被毒死或殺死的。」黃公公垂目鎖眉，想了片刻，「光緒走了大概有30年了，他的死傳說最多的就是被毒死，基本上他早就被廢了，只差那位老太婆沒有另立一個木偶皇帝。」

淑華和貴華相視而笑，淑華藉著笑意把剛才貿然發聲的歉意釋放出來。黃公公見兩位女生不再開口，於是像說書人般把甲午戰敗後，光緒執意革新，聯合六君子推動新政，招來慈禧的殺機，結果密令袁世凱發兵，意圖刺殺大臣榮祿，包圍頤和園，反被袁世凱出賣，致六君子被殺，光緒自己被囚的事講了出來。

「殺來殺去，殺到最後，大家的命都賤了。她先毒死光緒，再毒死自己。」

「黃公公，您是說慈禧自己服毒死亡？」淑華。

「坊間說重病不起，胡說。人好好的，剛才整過人，殺過人，

生啥病。她不是一般的人，敢殺人就敢殺自己。」黃公公看著滿臉狐疑的淑華和貴華，「那有人這麼厲害？預知自己明天會死，今天就先殺死一個人，一定是自己計畫要死，找一個人來當墊背。」

「公公英明，英明。」

貴華誇得公公大笑，露出缺了幾顆牙的牙床。黃公公：

「不過那頭老狐狸精可以預知幾年後的事，倒是事實。光緒死前兩年，革命黨人密集點火，她驚覺現在最有力量的是袁大頭，她也知道今天袁大頭出賣光緒，明天就會出賣她。結果不到三年大清就垮了。她的身體好得很，活到我這種年紀絕對不成問題，榮祿死了，她身邊沒人，預知袁世凱會轉而對付她，心裡一橫就自我了斷了，……」

「這都是您的看法？」

淑華難得接近公公，對於他講的故事還是有點存疑，黃公公繼續開口：

「我說老太婆服毒，沒人相信。不過妳們慧眼識英雄。」

「我們相信您。」兩女生異口同聲，淑華加一句，「您的分析實在有道理。尤其是袁世凱擁兵自重這一節。慈禧權謀一輩子，政敵一個個倒在她前面，驀然回首，發覺重兵簇擁的袁世凱比她還高大……」

「黃公公用高大來詮釋權力，我覺得很傳神。」

貴華說著，黃公公的視線從綠蔭遮頂的長廊收回：

「人過了壯年，權勢就和年歲相反，體力開始衰退，權力就會流失，往往年老的怕年輕的，就像慈禧怕袁世凱……」

黃公公說著開始談論那兩人的年歲：慈禧長他一輪，袁世凱小他一輪。兩位女生也才驚訝於袁世凱的早逝。貴華：

「看他照片一副老相，我心中老是叫他袁老頭呢。」

「以我現在的年齡看來，他們都只活到我晚輩的年紀，還是看不開權力的年紀。」

「我在想，如果慈禧善待屬下，即使權力隨著體力流失，還是會贏得尊敬，不用擔心被秋後算帳。」

「正是這樣。」

公公簡單回應淑子的話後，收起船槳互擊槳板，船已近岸。貴

華：

「公公還是載我們到渡船頭吧。」

「船塢那兒不讓進，只讓大船進去靠岸，小船靠近會有危險，也會被罰。」

兩人在清晏坊旁邊的船頭下了船，揮別黃公公後逕自踏上小蘇州路，貴華：

「時間不早了，我們就看看西邊的一些建築，然後順著長廊回到出口。」

「此言甚是。」

兩人過了牌樓步上苻橋，在樓亭張望了一下，看看橋下的萬字河，再走下橋穿過牌樓，片刻裡感覺許多牌坊、亭蓋輪流戴在頭上，好像經過一場別開生面的典禮。淑華：

「畢業典禮在這兒舉行，大家走過這橋和牌樓就算……」

「其實我心早就畢業了。三毛兒走了妳知道？」

「知道。還是很懷念他。他到那兒了？」

「可能在家裡。現在連長江中下游都不保了。他能教什麼？」

「地理老師普遍都有這種心理困境吧。」

「豈止地理老師，歷史、國文老師，應該所有老師都有吧。」

貴華說著先踏進五聖祠，兩人朝拜五聖，祈求戰爭趕快結束後，經過一片竹林來到迎旭樓。兩人上了二樓，找到竹椅坐下後，貴華：

「現在太陽從西邊出來了。」

「？」

「萬壽山這個皇家大園林是一個整體，旭日樓應該擺在東邊，結果擺在西邊。」

「哦！對哦！」淑華向四周張望了一下，實在分不出東西南北，「當初蓋的時候，皇帝沒注意到，不然有人要人頭落地了。」

貴華看著東邊山河交錯、點點紅樓掩映在樹海當中的景色：

「清朝歷代皇帝應該很少來到這裡，老太婆把頤和園當宮殿，恐怕也很少來到這兒的邊陲地帶。」

貴華表示，北邊的澄懷閣和迎旭樓相似，但景觀大不同，從澄懷閣俯瞰大小船塢、九曲橋和隱在松柏中的宿雲簷，別有一番景致：

「來我們下去走那木橋吧。」

「我們要走回去陸地？」

「我們現在在小西冷島，走過九曲橋就是萬壽山的陸塊。」

「九曲橋常常聽到。」

「江南的園林都有九曲橋，當然未必是彎九次。在這兒設橋主要是要讓人有身在江南的感覺。」

走多了石橋，走在這搖晃不已的木橋，淑華感到新鮮：

「這橋會搖呢。人生多曲折，會晃蕩，這是現實每一個人的人生寫照。」

「比起一般石造或鋼筋水泥的九曲橋，這座木橋好像真的比較通人性，會感受人的哀喜。」

貴華說著和淑華走過九曲橋，向小大船塢進發的當兒，宿雲簷的城樓已然在望。遊罷船塢，兩位女生開始登上城關，頭頂八脊攢尖圓寶頂亭閣，感覺置身很高的閣樓，站在垛牆邊向下眺望，只感受到右邊船塢和小河的低下，前方老樹掩映，湖面隱約可見，來時搭舟的南湖島似被逐到很遠的湖邊。隨後兩人一路往下，避開上次參拜過的佛香閣，隨著長廊往東，看過幾座堂軒，步出東宮門時已是黃昏時刻，再搭馬車、電車回到家，業已天黑。

她進入大宅院，準備向門房打招呼，門房經理方正：

「有個叫川島芳子的劉姓女秘書找妳。」

淑子哦了一聲，震驚異常。方經理：

「她打電話過來，我說我們要叫人找妳。她說待會會再打。我和副理都知道這號大人物。叫人通知妳過來，英華說妳去頤和園可能晚歸。我再和副理商量的結果，決定她再次來電就推給東娘。因為我們也不知道來人是真還是假。」

「後來呢。」

「大約兩點多她又打來了。我們就依計推給東娘，說沒東娘同意她不可能到天津。妳是怎麼和她搭上的？」

「不知道。或許對方弄錯了。」

淑華匆匆逃離回到倚翠閣，英華：

「有人打電話找妳。那位叫山家的日本人。妳跟他有約？」

淑華搖頭。

「肚子餓了吃過再說吧。」

英華早已將晚餐裝進鐵盒便當放在她桌上。月華和英華知道最近有一位日本長腿叔叔常找淑華，淑華經濟獲得支援，不難理解，對於她豪爽地遊頤和園，自然不便置喙，只是很有興味地聽取淑華的出遊報告，對於那位清朝遺老尤感興趣。兩姊妹的玩興被激起了一些，淑華只好第二天陪她們坐電車到中山公園和太廟走一遭，然後中午趕回來吃預留的中餐。搭電車到天安門來回費用低廉，東娘當然會認帳，兩姊妹用完餐就上床休息，淑華感覺渾身勁，用電話約好後，再搭一趟電車到東郊民巷探望貝德洛夫老師，順便唱幾首歌，過得充實而辛勞。

37. 會見川島 夜遊累癱

過了一週，淑華接到東娘打來的電話，要她拜六到天津一趟，川島芳子很想見她。

經理方正奉東娘之命叫了一輛馬車搭載三姊妹到車站，月華和英華送別淑華後原車折返，但心裡還是有幾分惶惑。「東洋魔女」、「東方瑪塔哈利」要見淑子。她們飽聞川島芳子的傳聞，依稀知道她幹過的案子，加上淑華並未清楚交代與川島的關係，著實對她擔心。

東娘親自到天津東站接人，車子到達義大利租界區靠近海河的潘家公館時，已五點多。淑子沒休息多少時間便被東娘貼身女僕打扮得美美的，準備送到東興樓。潘爺雖然知道義女是奉天放送局專屬歌手，但萬萬沒想到會被平日呼風喚雨的川島大人拉去當座上賓。他在天津的勢力並不穩固，如搭上日本華北派遣軍司令官多田駿愛將川島這條線，或許能讓他天津市長這個位子坐得穩當些，所以對義女的受邀是樂觀其成，免不了慰勉幾句。

司機阿忠把車子開上橋越過海河，在松島街的東興樓旁邊停下，依東娘吩咐說道：

「我在這兒等妳回來，回來晚一點沒關係。」

淑華想了一下：

「不用等我。你自個兒先回去。」

她自忖川島不可能上半夜就讓她回去，決定賭一次，只是沒先

向東娘表明，擔心回去挨罵。

六點半了，天已全黑，東興樓懸在門上的霓虹燈招牌開始作簡單的閃爍。淑華走向磚牆拱門的入口，接受禮儀小姐的歡迎後，進入偌大的餐廳，耳邊傳來前方小舞臺女歌手演唱的蒙古牧歌，空氣中流蕩著草原、駱駝的芬芳。餐廳內，兩排中國式的宮燈從挑高的天花板懸垂下來，小方桌、圓桌排比緊湊，坐了七八成客人，牧歌曠遠的音域掩蓋了饕客的喧囂。淑華正想找人問時，一位小姐走了過來：

「請問妳是李香蘭小姐嗎？」

淑華愣了一下，隨即點頭稱是，於是跟著小姐走向右前方兩面屏風框住，靠近樓梯的小隔間，迎面而來的是川島芳子的盈盈笑臉。

「李香蘭？」

川島用日語呼她的名兒，淑華也用日語稱是，想著要如何回呼川島時，遲疑了一下。川島依然用日語：

「叫哥哥。」

淑華回稱川島哥哥，坐在她對面後，川島還是咧嘴看著淑華，讓在座的中日客人對她們的關係感到好奇。川島改用華語：

「自從上次分別後也有大半年了。終於把妳找了回來。沒想到李香蘭就是小淑子，小淑子就是李香蘭。」

川島簡單易懂的日語逗得在座的中日客人對這位剛剛來到的小女生更加好奇，有的還在心裡揣摩她們相識的奇異過程。

「是的，實在沒想到哥哥還記得我。」

「早知妳是李香蘭的話，那一天就把妳包下來，不會讓妳這麼快就走。」

川島說著露齒大笑，接著從她左手邊開始順時針方向介紹在座嘉賓：天津市政府陳姓顧問、天津駐屯軍吉川中佐、若林大尉，跳過淑華後，是川島的主任秘書劉玉珠、三六九畫報社發行人朱書紳，隔著兩個空位預留給京劇演員馬連良和他的助理，接著是川島的秘書千鶴子。

劉小姐端來一瓶虎骨酒，男士都喝了，除了川島外，所有女士都不習慣那種味道，都沒喝。川島給全桌敬過酒後，看向淑華：

「小淑子，我一直以為李香蘭是滿洲的少女呢。」

淑華俯首躲開眾人的目光，川島繼續談論收聽奉天放送局李香蘭歌唱的美好感受，隨後再看向淑華：

　　「喜歡天津吧？」

　　「滿喜歡的。比北京進步。」

　　「哈！哈！」

　　川島帶頭笑，其他賓客跟上。朱書紳：

　　「天津是現代化的都市，是外國租界最多的城市。北京還是很封建、古舊。」

　　眾人點頭稱是，川島自顧自笑著，示意其他人不要講話。川島：

　　「小淑子，看來我們還真有緣。山家亨那個笨蛋，在把妳找回來這件事上也算立了一個大功。真是瞎貓碰見死耗子。」

　　舉座大笑，兩位聽不太懂華語的日本軍官也只好跟著笑。千鶴子用手肘撞了川島的手臂，說華語：

　　「哥哥，小淑子這麼可愛，妳怎麼用死耗子來形容她呢。」

　　「實在想不到更適切的。」川島一開始一本正經，但笑意難抑，「你們幫我想一個更適切的。哈！哈！」

　　馬連良終於來了。平常在舞臺上面高不可企的京劇大師，此刻只以聳眉明眸示現人間，川島一再感謝他的捧場，簡單地把他介紹給大家。

　　「今天的菜特地為您作了一些調整，都沒有豬肉。」

　　「謝謝金司令貼心，在宴會的場合，不小心吃到豬肉，也不知多少次了。」

　　馬連良說著大家都笑了起來。淑華這才知道馬連良可能是回教徒。兩位穿著便服，留著平頭的日本軍官雖然不太懂華語，還是鬆開嘴角抿唇笑了一下。川島看向座上賓：

　　「今天晚上我的秘書千鶴子，她的華語也很行，全程照料你們。」

　　上菜了，冷盤的雞肉才剛潤喉，千鶴子便把潘淑華、馬連良和助理叫到屏風外，瞭解他們所要表演的內容後，規劃他們的演出秩序。三人重新落座後，宴席熱了起來，大家紛紛向川島敬酒，隨後互相敬酒。「李香蘭小姐」、「李香蘭樣」、「小淑子」中日語的稱呼在她耳畔飛來飛去，聽到人家這樣稱呼淑華，川島也十分高興。

淑華想，或許川島對於「李香蘭」只獻聲不露面的演唱方式有些瞭解，刻意設計一個場合讓李香蘭獻聲又顯身。

馬連良和他的助理被拉去著衣化妝準備上臺後不久，淑華也被千鶴子叫去後臺等候。她被叫進化妝間，沒有看見馬連良。淑華在狹小的化妝室坐著讓小姐撲粉畫眉時，傳來臺上司儀小姐的聲音：

「接下來演出京劇《空城計》的片段，但現場沒有佈景，沒有城牆，沒有灑掃街道的士兵，也沒有司馬懿，只有孔明一人唱作。馬連良大師說，看戲不成聆唱可也。現在有請北京扶風社創始人馬連良大師。」

小型國樂隊的西皮慢板樂音響起。

「我本是臥龍崗散淡的人嗯嗯⋯⋯」馬連良唱腔稍歇，鑼聲響起，響板帶出樂音。「我正在城頭觀山景，耳聽得城外亂紛紛，旌旗招展空翻ㄅㄥ影。卻原來是司馬發ㄚ一來的兵。」唱腔稍歇，馬連良再開腔，「我也曾差人去打聽，打聽得司馬領兵就往西行⋯⋯」

淑華看不見馬連良的演出，只能想像他一定是手搖羽扇，搖頭晃腦，拂鬚振袖地開嗓大唱。馬連良唱完後，迎來熱烈的掌聲，而略施薄粉的淑華也已坐在舞臺側後的小椅子上。

「接下來我們請李香蘭小姐帶來黎明暉老師創作的〈毛毛雨〉。她現在還是個高中生。」

淑華稍稍鬆口氣。剛剛和千鶴子商量出場方式時，她堅持不要提到她是奉天放送局國民歌謠歌手一事，但千鶴子不置可否。如今司儀未提到自然最好。四、五年前，和奉天放送局簽約時，母親希望只獻聲不露相。結果一直都用這種方式錄歌再播放出去。但約定裡頭有無不能以李香蘭名義對外演唱這一條，她無從確認。但至少不提奉天放送局歌手一節，也不唱滿洲國民歌謠，她感覺放心多了。樂音響起，她從容來到麥克風前：

「毛毛雨下個不停，微微風吹個不定，微風細雨柳青青，哎呀呀，柳青青。小親親，不要你的金，小親親⋯⋯」

唱完上半節，間奏長了一些。她看見主桌屏風的後面，有兩三對男女正在歌曲間奏的伴奏下，相互擁舞。原來餐廳右前方主桌的後面，屏風擋住了視線，餐廳管理階層決定不擺餐桌，闢為小型舞池，讓客人隨歌隨興起舞。

「毛毛雨，不要盡為難，微微風，……。莫等花殘日落山，哎呀呀，日落山。」

下半節唱完，淑華浴在掌聲中鞠躬下臺，隨後由千鶴子領著匆匆離開後臺，回到座位，接受川島和其他賓客的掌聲歡迎。她聽到司儀的播報，知道馬大師要反串成旦角：

「……向來只演鬚生，現在在非正式演出場合，他個人史無前例地棄鬚畫眉，……」司儀的話語言猶在耳，淑華落座後，臺上已是一位鳳冠霞帔，眉黛唇紅的新娘了。

「春秋亭外風ㄥ－雨ㄩ－暴，何處悲聲破寂寥？隔簾只見一花轎……」

臺上新娘輕吟細唱，唱腔輕搖，與水袖、身體一同款擺。川島的主任秘書劉玉珠小姐把身體靠向三六九畫報的朱書紳：

「臺上真的是馬大師？他演那一段？」

「《鎖麟囊》春秋亭外風雨這一段。」朱書紳把嘴唇附在劉玉珠小姐耳畔，「他演富家女薛湘靈……」

「為什麼鮫珠化淚拋？此時卻又明白了。世上何嘗盡富豪，也有饑寒悲懷抱……」

新娘遮著手指的水袖隨著激動的唱腔，開始在胸前作出較大的起伏，時而輕拂臉頰，帶動觀眾的情緒。音樂節拍加快，臺上新娘水袖的拋灑更加無拘。

「梅香說話好顛倒。蠢才只會亂解嘲，憐貧濟困是人道，那有人袖手旁觀在壁上。」

新娘唱到這兒，水袖射向地面，收回時，音樂嘎然止住，臺下爆出如雷掌聲。大家以為演出結束了，不久新娘又唱出另一橋段。

淑華坐著的，由屏風圍著的主桌，雖然斜向舞臺，但歌手和演員的表演，仍然是近水樓臺。兩位日本軍官一直保持低調，有時低聲交談，有時也從隔鄰的陳性顧問那兒聽取同座賓客對話的日語釋意，以便多少融入這個飯局一些。馬連良演出結束後，餐廳內掌聲、尖叫聲齊飛，待接下來的女歌手唱到一半時，才步出化妝室回到座位。川島領著眾賓客向馬連良敬酒，朱書紳直誇他的女聲不輸梅蘭芳，舉座同意，川島問他是否有意轉行當旦角。馬連良：

「當鬚生就當到底，今兒演出旦角只是玩票性質，絕不能在正

式場合演出。」

大師斬釘截鐵地說完，大家除了再次讚美他的扮相和唱腔外，不再勸他換角或轉行。

「我看馬大師眉清目秀，瞳仁如水，自有一番女相，扮演旦角還是有些自然天成。」

淑華說完，舉座叫好，少不得又再端詳起馬大師了。馬連良：

「謝謝這位姑娘指教。妳剛才的美聲才教人陶醉呢。」

川島芳子廢弛軍政已久，耽於逸樂的過程中培養了一點美的興味，她端詳著馬連良和淑華後帶著挑逗的語氣面向淑華：

「要不要跟馬大師學唱戲啊？」

「我現在跟一位俄國女聲樂家學聲樂。」

「那好！看來是高人在指點。」川島從馬連良的神情收納了不要為難人家的勸意，「隨緣啦！大家隨緣，有空多來東興樓，有緣來相會，心想就事成。」

大家邊聽歌邊聊，佳饌暖肚，美酒灌腸，好不快哉。一個時辰過去，節目演出結束，大桌小桌客人漸漸散去。川島要千鶴子帶馬連良和他的助理到對街一間咖啡座接受朱書紳訪談，隨後看向千鶴子：

「用東興樓名義付帳，妳有興趣也待在那兒聽聽，學一點京戲，全程由妳打理，訪談完如還有時間，帶到這兒樓上客房休息，半夜12點宵夜再下來同樂。」

兩名日本軍官低調地向川島道別，跟著陳顧問走後，川島對著劉主任：

「玉珠！這位李香蘭小姐今晚就交給妳。妳帶她到處玩一玩。」

淑華預料自己不可能餐後就脫身，有點羨慕已經離去的客人。餐廳的座位空了很多，也有些客人跑到臺上對著麥克風自個兒清唱了起來，她跟著玉珠隨意坐下，看著臺上素人的演歌。劉玉珠：

「要不要再上去唱一兩首。」

「不行。肚子有點脹。」

「剛剛為什麼不多唱幾首？」

「馬大師開唱，我嘛陪襯即可，形成競唱就不好看。除非事前規劃好的。」

「小小年紀就這麼懂事。」

淑華沒有回答，隨後便在劉玉珠的招呼下往餐廳後方移動。劉主任秘書身材高挑，把手放在她肩膀，摟著她行進：

「我們去跳幾支舞。」

「但我不太會跳。」

「我帶著妳跳。」

餐廳後面的一片高牆的左側開了一道小門，進去後，西式樂隊吹奏的舞曲隱約可聞。這兒狹窄的廊道的另一邊也是一道牆，不過中間開了一道寬闊的拱形門。劉玉珠：

「這個廊道共開了四道門，左邊這個門通往內庭，右手邊的直接通馬路，形成舞廳和餐廳的共同出入口。前面這座大門進去就是舞廳。它和後面通往餐廳的門是兩門不對開，形成餐廳和舞廳的噪音不互相干擾。」

舞廳大門坐著一位收票員，劉玉珠給了兩張票後，兩人順利進入舞廳。

舞廳和餐廳面積差不多大，但豪華了許多。兩排樹形大吊燈直直通往盡頭樂隊所在的舞臺。座位區和吧臺靠近大門。劉玉珠和淑華選在靠近吧臺的空位坐下，觀賞雙雙對對人們的婆娑起舞。帶有拉丁風格的〈行軍舞〉舞曲結束後，樂隊吹奏的樂音緩和了下來。劉玉珠：

「這是慢四步，我們試跳一下。」

劉玉珠臂力強勁，被她一拉，淑華的猶豫瞬刻消逝了不少。到了舞池邊，劉玉珠把右手放在淑華肩背，左手抓住她的右手，隨著樂音，忽而向前，忽而後退，或是橫步，一步步帶動滑步。在劉玉珠手臂強有力的拖拉下，淑華來回滑步幾趟，感覺腳步輕盈了起來，也找回了以前練跳時的一些記憶。吉魯巴舞曲的樂音響起，劉玉珠摟著她快步後退，再前進，她的腳步有些凌亂。劉把她拉到場邊，示範幾次給她看後，她總算悟出要領，不過被帶著旋身時，倒是一部到位。淑華跳著，舞步漸次熟練，看見一對男女摟著從舞廳這頭快步滑向另一頭，側頭過去，這對男女已從那頭滑到另一邊了。劉玉珠：

「別看他們。那是職業高手。」

「看了壓力很大。」

「跟著我按部就班跳就可以了。我也跳不出那種舞步。我如果照他們那樣跳，肯定會摔得四腳朝天。」

兩人繼續跳著，淑華腳步漸漸熟練後，舞曲也快結束。曲罷，兩人很有默契地回到場邊休息，啜飲侍者送來的飲料。淑華：

「金司令呢？」

「璧輝啊！現在是她的交際時間，宴完客後，她可能到外面見某個重要人物，或找朋友聊天，有時也會在這裡出現。」劉玉珠點燃一根煙，向外吐出一口煙，「下半夜才是她練兵的時刻。」

「練兵？」

「她的親衛隊，都是娘子軍，有時穿軍服。」

「我上次來這兒的時候看過了。」

「然後大家一起去俱樂部、酒店，打發時間玩一圈……。那妳有中文名字，稱呼妳李小姐好了，不得已才叫 yoshiko。妳是在那兒學過跳舞的？」

淑華笑了一下，只好把翊教女中大致簡介了一下。

「學校小，沒有舞蹈社團，但附近大學，比如說中國大學的學生，有時會利用我們課外活動時間到校教交際舞。他們學校開舞會也會邀請我們參加，然後被帶著跳，但沒有真正學會。」

「我看妳學得很快嘛！」

恰恰舞曲結束，樂隊接著演奏倫巴舞曲，劉玉珠熄了煙，拉著淑華上場，教她一些花式舞步。劉玉珠不再摟背抓手，兩手拉著她的雙手轉了兩圈後再比肩前進，回來時一樣把手轉兩圈再比肩行進幾步，或拉著她的右手讓她轉幾圈再拉回身邊，淑華不再拘泥於嚴謹的移步，感覺身心釋放，自在了許多。劉玉珠改變步法拉著她的手臂，隨著雙雙舞動的另一隻手臂，腳步滑遠，劉玉珠再次把她拉回互換位置時，淑華感覺有一個人影出現眼前。川島芳子禮貌性地示意劉玉珠讓位後，很快接住淑華的手，依循音樂把淑華拋遠後又把她拉回攬在懷裡，轉了一圈又把她拋遠然後拉回。

接下來的恰恰節奏比較快，淑華一時腳步有些凌亂，在川島的帶動下，很快穩住步伐，被川島拋出拉回攬住，雙手展翼後再次合體……

淑華像掌中娃那樣，被川島舞得團團轉，像花蝴蝶一般被人拉近拋飛，比起唱歌更能展現女性的魅力。這兒跳舞的女士多穿著開衩旗袍，音樂輕放，樂音如流，旗袍裹著嬌軀，優美旋身，旗裙飄飄，別有一番蘊藉之美。有時舞樂飛騰，光影飄蕩，袍裙隨著雙腿翻飛，而項鍊、耳飾、手鐲和漂亮的圍巾，也在熠熠的燈光下，隨著女子的舞姿閃爍全場。自從有了山家亨這個週轉的管道後，這些飾品對淑華來說，不再是遙不可及的夢。再兩個多月就要畢業了，本來照父親的意思，或許先不考慮讀大學，畢業後先做政治家的秘書看看，而就近幫助潘毓桂市長處理事務，正是最佳模式。豈知世事多變，這種最理想的組合反而變成忌諱。畢業後回奉天，若繼續在放送局錄歌，放送局一定會鼓勵她站出來到各處演唱現形，也會鼓勵她妝扮美麗，而那些美麗的飾品將為她的生活開啟另一扇窗。

　　在舞池擁舞的男女少了很多，慢節拍的舞步也不時流露出慵懶的氣息，此刻已是晚上11點半，徵得川島的同意，淑華由劉秘書帶到餐廳樓上的客房休息。但躺沒多久便被叫去樓下用餐。

　　東興樓宵夜共擺出兩桌，川島、兩秘書和川島親衛隊成員一桌，川島部份親衛隊和舞廳部份成員一桌。大家坐定後，千鶴子報告馬連良和朱書紳等人太累了，已先就寢，川島：

　　「那好。吃完宵夜妳就先去休息，跟她們同步，明天好招呼他們到車站坐車。」

　　宵夜多點心、冷盤，偶爾來一盤辣炒牛肉，煎蛋或炒麵，最後是一大碗熱湯。餐後川島幫娘子軍一行十幾人，帶點喧囂地走在闃寂的街道，還真是天津的一幕奇景。其實晚間在街道巡邏的日本憲兵已經習以為常，睜眼閉眼了，如果逕行取締或逮捕，碰到川島的反撲一定非常難堪。川島不再是滿洲國的安國軍司令，但餘威尚在。四月份的半夜還是十分冷，淑華在棉質春裝外外罩一件綿襖，沁骨寒還是不時讓她身體打起哆嗦。

　　她和劉玉珠走在一塊，川島急步從後頭趕了過來。

　　「李香蘭小姐。妳打過撞球沒有？」

　　川島晚上行樂時都講華語，她的秘書千鶴子即使在，她也講華語，她說華語時總是直呼淑華李香蘭，用這個來表示對她歌藝的肯定。只是淑華對這個藝名還是有些淡然，總覺得這個名字對她來說

只是一個偶然。

「沒有。」

「那沒關係。待會我們要到撞球場。劉主任會教妳怎麼打。」

「不打，光看可以嗎？」

「別擔心。到時妳自然就想跟著別人進球了。」

川島說著又急步超前，走到隊伍最前面。大夥進入街角的彈子房，彷彿進入暖房，感覺有點燠熱。

偌大的店面，十座球檯只有兩檯有人玩。老闆娘看見川島一臉喜氣。

「今天來得比較早哦。昨兒等了一整天都等不到人。」

「昨天在志津俱樂部耗費太多時間，那裡節目多。」

「還是開四檯？」

「先熱熱身，如果有人要對打，再看看。」

球桌上的球都已排好，老闆娘順勢指著相鄰的四檯給川島後，川島一桌一桌開球，只見她有時握桿直擊，有時反手持竿從側後擊球，都至少有一球進洞。球檯小姐一人記兩檯，川島幫的四組娘子軍按往例，各組據一檯收拾善後。第二組這檯，劉玉珠首先推桿攻進一球後，對淑華：

「注意看她們怎麼打。現在只是練習，妳看她們把白球放在比較好打的位置。」

淑華聽得霧煞煞，川島走了過來：

「玉珠，不要跟她講比賽規則，教她握桿推桿就可以了。」

淑華看著同夥相繼握桿出手，神態自若，心理壓力開始成形。輪到劉玉珠推桿，她手持球桿面向淑華，一邊動作一邊解釋，要她放鬆心情，表示若手和腕部肌肉緊繃，手臂變僵硬，就不能平順滑動球桿擊球：

「妳看著，右手握桿時，拇指、食指與虎口處輕輕夾住球桿，不能太緊，小指和無名指虛握即可。妳也看到了，左手用來架桿。架桿的方式很多：像這樣手掌平伸，五指分開，指尖扣住檯面，是不是形成像架子的形狀，瞄準好，桿子從這手架滑出去。」

劉玉珠說著出桿，桿子撞到白球，白球受壓撞到 8 號球，8 號球滾了一陣順利滑進桌角球洞。隨後劉玉珠要求淑華推桿，淑華親

手握桿才知道球桿又粗又重。玉珠：

「別要求進洞，打到球就可了。瞄準球中心下面一點。」

淑華俯身，眼兒順著球桿、白球，瞄準 5 號球，順利地擊中 5 號球，沒進洞，但渾身疲倦。玉珠要她坐在靠牆的椅子上休息。沒多久，球檯剩兩個球，又輪到她出桿。她渾身不對勁地走向球檯，握著球桿俯身瞄準，但眼力渙散，臉趴在球檯，狀似瞄準，但週遭的聲音越來越遠。

「怎麼瞄準這麼久？」玉珠再次看淑華，「睡著了？還是昏倒了？」

同組女孩趕緊過來，把淑華扶起來的同時，她也醒了一些。淑華在椅子上坐下後，川島也急步趕過來：

「怎麼啦？」

「太累了。站著推球就趴在球檯上睡了一下。」

「玉珠妳扶她到客房睡覺好了。妳也同步休息，明天中午以前送她回她在天津的家。」

其實她根本不用人扶，剛剛小寐一下，精神好了些。劉玉珠陪著她回到東興樓，上樓進入房間後，給她開燈開窗時，川島閃了進來：

「我一件旗袍送妳。」川島說著指著床鋪上的大紙袋，「拿出來試穿看看。」

淑華從紙袋抽出一件折好的旗袍攤在床上，只見是綴滿五色芙蓉花樣的粉紅色法國蕾絲旗袍，淑華拿著到衛生間更換，出來後，川島和劉玉珠打量了她好一會兒。劉玉珠：

「果然是青春美少女，怎麼穿都美。」

淑華面露靦腆，川島把手搭在劉玉珠肩上：

「妳也很青春。」

「跟妳幾年都跟老了。」

「別說老了，一直說老，也把我說得老了。我們走吧，李香蘭要休息。」

主僕兩人離開後，淑華把衣服換下打包好，隨即入睡。

第二天一早，千鶴子開著川島的座車送馬連良一夥前往天津南站，一個時辰後，同一車，又由劉玉珠開著送淑華回潘市長宅。

第二天才回來，淑華有點擔心被義父和東娘罵。沒想到潘毓桂看到她的第一句話是：

「累了吧！再休息一下吧。」

「還好。」

「金司令那兒很熱鬧吧？」

「她的客人多，節目也多。」

「她個人的客人多，餐廳的客人也多？」

潘市長說著叫司機阿忠先到車站買下午兩點左右回北京的特快車票，淑華接著把昨晚的情況大致說了出來。東娘：

「她還是那副男士裝扮嗎」

「穿西裝打領帶」

「東娘認識她？」

「見過面。不久前天津市政府員工喝春酒就是在她的東興樓辦的。市長和我都和她見過面。不久前為了妳的事打電話過去，她對我都還有印象。」東娘看著淑華有些凌亂的頭髮，「看來人算不如天算。一個清朝王室的格格年紀輕輕就成為日本年輕軍官的偶像。」

「我也有這種感覺。昨天那個餐會，她幾乎都講華語，表明自己就是中國人或滿人，兩名日本軍官坐在那兒也都乖乖的。」淑華昨晚餐會的印象突然鮮明了起來，「他們靜靜地喝酒，講話也挺小聲，如果金司令不在，肯定會狂放開來。」

「流亡的公主，加倍奮鬥開創自己的人生，這樣，多田駿才會對她另眼相看。好啦，再談下去妳會累壞。」

東娘帶她去客房休息後不久，帶來四包錢，一包給淑華外，其餘的託她帶回給月華和英華。其中一包大的要交給月華，由她平均分派給更小的弟妹。

38. 再會山家 說川島事

揮別了這座歐風現代化城市，回想川島風的夜生活，潘淑華一人上了火車，不免落寞。列車開始西行，一排排三四層樓街屋形成的歐式街道不斷進入眼簾，還是在腦裡形成一點古味。淑華把頭兒擺回車廂內，看著前座的椅背，這才想到自己下意識地把那些歐風建築和美國新大陸的摩天樓群作一對比，才會心生古舊觀感。列車

駛出租界區，凌亂的街景和破落戶又把她推向更古舊的中國記憶了。她帶著幾許疲憊搭車回到潘家大宅院，已近晚餐時刻，在倚翠閣把東娘託付的錢交給月華和英華：

「東娘說，或許下禮拜會回來。她說盡可能。」

「天津玩的還開心吧？」月華把錢收入小背包，揚起眉頭，「有見到川島芳子嗎？」

「和去年開學前第一次見面一樣，很親切，和她一起吃晚餐、宵夜。她很忙，客人多，要照顧的人也多。」

淑華見兩位乾姊還能接納川島，於是把昨晚的情況大致講了出來。月華：

「根據妳講的，我開始拼湊對她的印象，並沒有想像中的暴戾，還算親切，用中國人，有中國朋友，所以並非完全與中國為敵。」

「她是前清的格格，被日本人收養，清朝被民國滅了，所以聯合日本人打中國人，許多人都這樣想。」英華。

「沒這麼單純。但我也不想太為難她。走吧，吃飯去吧。」

月華說著，和兩位妹妹走在暈著路燈燈光的槐樹下。淑華：

「她邀我有空再去玩，妳們想不想去？」

「會感覺錯亂。」月華手攬著旁邊的樹幹繞了一圈，「她也算是日本人了。妳跟她生長背景類似，又會講日本話。妳們緣份比較多吧。」

「搞不好訓練我們去當女間諜。」

英華說著，三人笑開。月華：

「她要找女諜，也輪不到妳。」

淑華祭出試探的語氣，挑逗兩位乾姊：

「跟她走在一起，或有所交往，會有背叛國家的感覺？」

「說到背叛。父親就已背叛這個國家了。」

英華一語驚住另兩人的腳步，而食堂石階正好在眼前。

「在這動亂的年代，每家都有難念的經，咱們也不用學人家的愛國八股，川島芳子也有她的無奈。」

月華說著拾級走向餐廳，兩位妹妹跟上。

由於男女主人都不在，西娘也只顧和一些管家坐在一桌，主桌都是小毛頭，月華算是小家長，晚餐吃起來特別輕鬆。淑華：

「川島芳子的秘書有中國人，也有日本人。她們都好厲害，會開車、跳舞，依我看來，武術、射擊恐怕也都會。」

英華咀嚼一口肥牛捲：

「妳爸爸也希望妳成為政治人物的秘書。是吧？」

「我們這兒的女秘書訓練，只學到一些泡茶、引導客人進出，或服侍他們抽大煙。」

月華說著三人都笑了起來。英華收斂笑顏，看著淑華：

「妳父親希望妳成為政治人物的女秘書，該不會是這種允文允武的秘書吧？」

「我倒還沒做這種聯想呢。」淑華噗哧笑開，「父親當然想都想不到。若有人給他這種建議，一定會被他罵。」

「確實，會開車、跳舞，還好，若會格鬥、玩槍，他老人家一定不能接受。」

月華雍容大度地替山口文雄設想，但淑華努力把話題轉開，覺得少談川島好些，免得話題走偏，碰觸姊妹的敏感神經，她自然也不敢跟貴華說起和川島會面的事，遇見山家週日來訪，倒有些釋然。

淑華略施薄妝，從倚翠閣出來，山家正在門房和兩名僕役聊得入港。見淑華走了過來，山家也不急著脫身，口沫橫飛了一陣才離去上車，她跳進山家的座車，山家：

「妳上禮拜到天津去了？」

「你來找我！」

「門房這樣說，去看妳義父？」

「川島芳子果然來找我。」淑華看著車子閃過一輛驢車，「她的女秘書打電話過來。後來東娘我乾媽也打電話來催，我才去。」

「節目很多吧。」

「和你說的一樣，吃一頓大餐，吃飯時聽人唱歌，飯後跳舞，半夜再夜遊。」

淑華說著把那天晚上的事大致交代出來。山家：

「還好妳一早就離開，等她中午醒來，妳還沒離開的話，又會被她拖磨一整個晚上。我看去過了就好，下次找妳就儘量婉拒。」

「你好像很瞭解她。」

「瞭解她的人都避開她。只有一些涉世未深的年輕軍人會被她

迷惑、利用。」

　　車子轉個彎驅近巷口，傳來一股喧囂。聽到急切哨聲的同時，淑華看見了行軍隊伍，一名憲兵急切地要山家的車子順著部隊移動的方向往北開。部隊走在馬路中央偏左，隊伍左邊還有空間容許車輛行進。山家知道憲兵不可能讓他穿越部隊駛到馬路的另一邊，於是急轉車頭駛回胡同內。山家低頭瞧向車窗外，發現憲兵沒有進一步動作，且稍稍遠離了些，才好整以暇地坐好。士兵像被什麼驅策一般，一個個往前走，淑華試圖看清每一個人的神情，但都只看到每個人的側臉、肩上的步槍和肩後的背包。她失神地望著，當士兵身上的槍枝、水壺、背包摩擦的聲音佔滿她腦海時，士兵的身影彷彿消失了一般。

　　「寧願在這兒等。」山家關掉引擎，「那些軍人可能在車站下車後列隊，然後一路行軍到城外，跟著他們走，走遠了要繞一大段路才能到王府井。萬一迷了路更麻煩。」

　　五輛軍車在馬路中央急馳而過後，三輛拖著山砲的卡車也陸續跟上。山家：

　　「試圖穿越馬路是很危險的，尤其是剛好那些軍車經過的時候，可能會被認為是游擊隊，而被亂槍射殺。」

　　「他們萬萬想不到坐在裡面開車，穿著唐裝的人是日本陸軍少佐。」淑華腦筋轉了一下，「山家叔叔，你以前行過軍沒？」

　　「年輕的時候在有名的松本聯隊，行軍時我都是打頭陣。最風光。」

　　「這樣啊？」

　　「我個頭高，擔任旗手，一個聯隊兩千多人，我走在最前面……」

　　山家回想以前在長野縣松本町那段年輕軍官的青春歲月和清純可愛的川島芳子，心頭鬱雲又起。那一年，他婉拒川島速婚的請求，也拒絕她的獻身後，她自殺未遂，從此性情大變，開始男裝打扮，用言辭攻擊他。分手十幾年，偶爾見過幾次面，她都藉機調侃、奚落。這樣也好，他就不用對過去懷著太多的感傷和愧疚。淑華：

　　「你現在雖然不拿槍了，但你還是日本軍中文化界的旗手，開創奉天放送局、滿洲映畫。」

「這句話很中聽哦。」山家愉快地笑開，「北京師範學院音樂系一位叫江文也的教授，妳聽過沒？」

「沒有。」

「他是臺灣人，在日本讀書，是作曲家，和妳一樣，也學聲樂。26 歲就以作曲拿過柏林大賽大獎，把日本老一輩的音樂家都比下去了。」

「他得什麼獎？」

「柏林奧林匹克運動會藝術競賽的獎項。」

「還真難得，畢竟是東方人。」

「軍部認為他是大東亞共榮圈的指標性人物。我最近打算和助理去訪問他。」

「登在武德報。」

「對。現在登也是刊在試刊號。但好的報導將來正式出刊時不排除再拿來用。」山家往後看，看見馬車、騾車各一，沒有汽車，「是這樣子，臺灣人到日本讀書，娶日本妻生小孩，現在又來中國教書，聽說很受中國學生歡迎，又給新民會製作會歌。」

「音樂人向來就是超越國界、地域的。我以前的老師波多列索夫夫人就是，義大利人嫁給俄國貴族，現在又流亡滿洲。」

「對，沒錯。我跟我剛說的江教授還有一點地緣關係。他中學讀長野縣上田中學，我的家鄉在長野縣松本，兩地相隔 20 幾公里，他年紀輕輕的就給我待過的松本聯隊唱隊歌。」

「你們還真有緣呢。光是這一點就可以寫一大段呢。」

「還沒訪談就可以先寫，好主意。」

「不只是因為你們都有兩三國的居住經驗，而是你們的思維是泯除國界的，不是用佔領，而是用文化交流的方式。」

「妳講話越來越有智慧了。」

行軍隊伍終於結束，山家得以將車子開到另一側的南下車道，繞過故宮，等於走一個馬蹄形到達王府井東來順飯莊。

他們的行程被行軍隊伍耽誤了一點，進入餐廳時，已超過 12 點，正是食客食興勃發，酒酣耳熱之時。這次他們改吃套菜，山家再點一個小火鍋。淑華看著一室喧鬧：

「怎麼沒看見你公司的員工。」

「前幾天才出刊，今天他們休假，下禮拜趕出刊，禮拜天就忙了。現在定調雙週刊，隔一週出一次報。」

「很想看見那些女孩子圍著你。」

「這樣啊？」

「這樣感覺很溫暖，很和平。」

山家從隨身公事包取出一疊報紙，交淑華：

「每次出三大張，是試刊第二號，或許以後會改為旬報，甚至週報。」山家大致上還是華日語七三分地暢談，「兩個禮拜發行一次，第一個禮拜天編輯部一般都上班，希望週一二進廠，週三四印出，週五前在車站或其他公家機關發送出去，或送到書店擺放。」

淑華避開戰事報導，翻到內頁，裡頭有一篇〈懷念譚鑫培 兼談中國第一部電影《定軍山》〉，譚鑫培是誰？原來是已故的京劇演員。一篇女明星王人美的訪問稿，題目是「鋒火上海灘 夜訪王人美」。這裡還有「新民映畫協會」的介紹，新民映畫又是什麼，原來是滿洲映畫的北京分社，顯然剛成立不久，作者還滿懷期望呢。

「看得這麼入神，一定可以給我很多意見。」

淑華仰看山家：

「新民映畫協會？你剛剛在車上好像說到什麼新民會，是它的簡稱嗎？」

「是兩回事。新民會是日本派遣軍背後支持，由中國人組成的社會組織，總會在北京，各地設分會或婦女會、識字班。」

「我大概了解了。是拉攏中國民心的一種軟性組織？」

「大概就是這樣。主持這種組織的中國人都被罵得要死，被認為是出賣國家、民族。我辦的武德報的很多員工都參加新民會。」

山家被淑華睜亮的雙眼看得有些無奈、尷尬，隨即繼續說：

「另外，那個……上次我跟妳提到的那個滿洲映畫協會，妳還記得吧。新民映畫協會就是它的分會。」

「新民映畫協會有在拍電影嗎？」

「隨軍拍了一部戰地紀錄片，但也只有這一部而已。《東洋的和平之道》是戰情片，內容是強調日軍秋毫無犯，受到中國百姓的歡迎，但沒人看，徒增反感。一定要拍劇情片，公司才能發展。我向軍方反映，他們也瞭解，但問題是北京找不到演藝方面的人才。」

「不是沒有人才，人家躲起來，怕被你們發現而已。」

侍者端來了兩道菜，隨後白酒也來了。山家軟肉填胃，幾杯下肚後，意興遄飛了起來：

「現在一方面招人，一方面寄望滿映。實在沒辦法的話，只好請求滿映技術和人力支援了。」

「滿映也在招人。」

「妳看到廣告了？」

「嗯。」

「跟新民映畫比起來，滿映各方面都已上軌道。她有演員訓練班，日本知名導演不斷前來導戲，目前計畫蓋一個特大的攝影廠，為了擴充需要，還是要儲備人才。如果妳有興趣的話，也可以去應徵看看。新京在奉天的北邊，都在滿洲。」

「我嘛！怎麼可能。我惜身如玉，那會拋頭露面。」

「奉天放送局的做法只是權宜之計，歌者獻聲終究還是要現身。難不成妳要像阿拉伯婦女一輩子臉孔都藏在面紗裡面？」

淑華自覺理窮，垂首，手指輕敲桌面。小火鍋剛好進來，兩人邊吃邊聊，話題就這樣漫無目的地展開。山家談到家鄉松本和在松本聯隊的往事，就是避談川島芳子和她養父川島浪速。

「我有一個女兒，許久沒見面了。」

「你結婚了？還跟這麼多女孩這麼親近。」

「老婆身體不好。我們之間一直沒有夫妻生活。」

「聽了讓人難過，你這樣不忠實，她身體只有更加不好。你女兒幾歲了？」

「五歲了。聽說長得很漂亮。」

「還聽說！」淑華突然有所警惕，自己長年與家人離多聚少，弟妹照也沒帶在身邊，只能感覺他們的可愛，「我最小的妹妹也五歲了。」

「誠子啊！我在奉天時還常看到。」

「就是沒看到自己的女兒。」

淑華說著，山家無奈地垂首抿唇淺笑，把老話題找了回來。

「令尊不再叫妳搬家了吧。」

「剩兩個多月就要畢業了。」

「那畢業後還是到北京放送局唱歌吧。妳也別急著回奉天放送局了。」山家仰頭看了一下天花板，「令尊既然要到北京住，妳也就在北京安頓下來。北京放送局唱歌就比較沒這麼拘束了。軍歌也很受歡迎。」

「軍歌？」

「唱軍歌比較輕鬆。調劑一下也好。當然，妳也可以兩頭跑，比如在七八月夏季回奉天唱國民歌謠，冬天再回來北京。」

「等畢業再說吧。」淑子心底突然湧出一股苦澀，「或許等戰爭結束再說吧。現在戰爭打到那兒了？」

「聽說江蘇北部還打個不停。上海、南京兩大據點算是穩固下來了，重要據點之間，比如天津和上海間，津埔鐵路還沒有效打通。戰爭就是靠點線面決勝負。以前日本佔領滿洲時，中國不抵抗，關東軍很快從點到線到面全面佔領。現在中國在抵抗了，戰爭就不好打。只能說，戰爭要結束還遙遙無期。」

戰爭的插話讓飯局有些掃興，但小火鍋的酸湯助長胃口，肉片、菜心、豆腐、牡蠣……平順入口，再談一些有的沒的。山家談話的最後結論是，要淑子遠離川島。

「以前日本的中國駐屯軍司令官多田駿稱讚川島是東方的瑪塔哈利。」

「瑪塔哈利？」

「第一次世界大戰德國女間諜。她是舞女，身段柔軟，被法國軍政府逮捕時，還沒有人知道她的真實身分。川島現在不一樣了，她幹過太多案子，身分曝光了，又把自己男性化，舉止粗糙，脾氣暴躁，早已失去做為瑪塔哈利的條件。小心她找妳擔任真正的瑪塔哈利。」

「怎麼會呢？」

淑華感覺不可思議，山家禁不住帶點訕笑：

「妳能歌善舞，還是一個政治素人，她只要把妳柔情似水地融入中國的達官貴人或軍頭裡頭，她就成功了，而妳就危險了。」

「山家叔你在說笑，你想像力太豐富了。」淑華這回笑裡含慍，也引發鄰桌的注目，「我才不會被利用，我也沒有那種膽量從事那種工作。」

「妳確定？」

「確定。」

「那太好了。我跟妳說過，川島那兒淺嚐就可。她愛面子，妳多少讓她滿足一些就可，不用太縱容她。」

山家說著拿起帳單，走向櫃檯，淑子跟上。淑華走出飯莊，逕自走向東安市場，山家只得跟隨。走進熙來攘往的市場，在山家的帶路下，淑子很快便找到皮件兼飾品店，她想著自己一直對貴華刻意隱瞞和川島接觸一事，特地給她選了一個銅扣茶色的軟皮手拎包，作為補償。她想了一下，也給自己買了同款的一件包包，和一支口紅、一盒雪花膏。至於買給兩位乾姊，她想都不敢想。她們家有錢，買來送她們，感覺怪異，如真買來送了，她們一定不忍她花錢，向東娘討錢還她，場面豈不尷尬。

淑子把內藏口紅和雪花膏的包包放在和英華共用的衣櫥裡頭，一直沒用，英華和月華看到了，心想一定是日本朋友送的，也不聞不問。

月華上過班，有了一個包包，也有一點私房錢。一個禮拜天，她帶著弟妹前往浴堂洗過澡回家時，路過一家衣飾店，看見掛在玻璃櫥上的包包，也給英華和就讀高一的另一妹妹思華買了一個包包：

「淑華，妳也挑一個吧。」

「我已經有了。」

「這樣啊！」

39. 女校遭炸 初識李明

接下來兩天，淑華和英華如常上學。這一天，兩姊妹坐人力車到了學校，看見兩名灰衣警察站在校門口，感覺怪異，進入校園前庭又看到兩名警察，待進入 L 形校舍的走廊，和幾名別班同學一起轉入樓梯口時，發現梯口被封住。兩名把關的老師：

「教室不能用了，到操場那邊，你們班導師會招呼你們。」

淑華和英華離開走廊跑了一下回望校舍，發現二樓高二和高三四間教室都被炸壞了，淑華的高三普通班的教室損壞最嚴重，面向後門的整面牆都不見了。這四班同學都在平常朝會集合的地方聚

集，有人還拿著報紙當坐墊，坐在地上。淑華和英華各自到自己的班隊，不久貴華也來了。有人問班導是怎麼回事？嫌犯抓到沒？班導徐志業也說不知道。

「一定是游擊隊，以為這裡是日軍司令部。」

「戰爭打到這裡來了。」

「用這方式顯示戰爭也實在可笑。」

「北京的戰爭早就結束了，然後現在在放馬後砲。」

同學眾口異聲，玩笑的口吻居多。笑聲漸歇，看著徐志業老師嚴肅的臉孔，又找回忘失已久的臣虜感。

朝會如期舉行。校長承認爆炸案是建校十年來最大的挫折。

「校地實在窄，早就不敷使用，遷校擴校，建小禮拜堂計畫因為時局關係停擺，現在四間教室毀了，加上現在學生來源不足，以前董事會討論過的減招案可能會再次被擴大討論。同學也不用傷心。國難當前，現在不是有很多有名的大學遷往內地變流亡學校嗎？……」

校長的談話依舊在區區 300 多位師生間造成愁雲慘霧。現在初高中六個年級，基本上都只有一班。升上高中，因為分科的關係，一班拆成普通和師範兩班。淑華想，每年招生就是招收初一新生，所謂減招不就是一班減至零班，停招了嗎？去年因為戰爭的關係，初一新生遲招，人數也不足，今年暑假如果停招，也算是學校順應時代變遷引來的命運。

「剛剛召開臨時校務會議的結果，高二普通班改在圖書室上課，高二師範班改在教務處。教務處暫時移到校長室。……至於高三普和高三師兩個畢業班的課程決定中止，提前到下禮拜一舉行畢業考。」

校長這番話又引起小小的騷動，被點名的兩個畢業班同學，彼此互望，又看向班導師，失落感久久難以平復。朝會結束後，淑華這班被安置在升旗臺後的白楊樹下上課，英華那班則在後門附近的銀杏樹下上課，失落感部份轉化為放逐感，部份轉成暑假提前，長假漫漫，喜悅、茫然交織的心緒。所謂上課，也不過是請任課老師輪流講述畢業考的方式和範圍，這一天沒擔任課程的老師也被通知趕來學校對學生作一番交代。

好不容易從天津回到北京家裡的東娘，晚餐時聽到翊教女校被炸，女兒提前畢業的事，看著老公，然後再面向眾小孩：

　　「我們家老爺當北京市警察局長時決不允許這種事情發生。」

　　「他要炸，誰當局長都一樣，難防啊。」

　　潘爺說完，東娘又看著小孩們：

　　「好在思華他們讀四存中學。不然一堆小孩失學，如何是好？難道叫妳老爺一個人到天津上班，我還得照顧你們吃喝拉撒睡。」

　　「媽！我們會照顧自己，天津市長夫人是何等耀眼的官夫人，我們大家都好好表現作妳的後盾。」英華。

　　「好了。別鬧了。」

　　月華畢業快一年了，在混亂的局勢中錯失了上大學的機會，很想東山再起報考輔仁大學或燕京大學，英華想就女子師範學院碰碰運氣，雖然都買了一些參考書，但想到有志氣的人都奔向大後方，求學兼報國，想到自己一旦考上入學後如果身分被起底，也許根本就考不上……讀書的心情就渙散了下來。淑華這兒，似乎就沒這麼多煩惱，只要六月份拿到畢證書，奉天是回定了。即使父親要她讀大學也是奉天的事了。或許繼續當錄唱歌手，進而走上檯面……如果家人要搬到北京，那一切都再說吧。

　　既然不上學了，她幾乎一整天都和兩位乾姊在一起，與她們同愁共喜。月華把她去年在警察局打工的薪資貼了出來，買了一臺相機，遊興鵲起，淑華感懷這四年食衣住行都用她們的，也不避諱地把她從山家借來的錢拿來助陣，她們平常很少去的地方：雍和宮、天壇、西山景區都逐一踩踏過。風景區常見日章旗，或「建設東亞新秩序」一類的政治標語。由於經費還算充裕，她們包兩次馬車，分別出遊十三陵和八達嶺長城的計畫終獲實現。如月華所說的，「這兩個地方去過才不枉費來北京一趟。」

　　老爺夫婦休假回來，照例會帶回一些當地名產給兒女享用，這一回還把當地名流或日本人送的字畫一股腦兒帶回家。一家大小集合在正房客廳，由吳秘書和助理一幅幅攤開給大家欣賞，潘毓桂：

　　「現在忙得沒時間畫了，還是有人替我畫。」

　　「還是別人替你畫好。」

　　「是我畫得不好？還是我畫得太辛苦了。英華！妳講話越來越

像妳娘，總是有帶點刺兒的。」

「我是話兒快像箭，聲音尖像那個鏃頭，不像她弦外有音的。」

東娘辯解一番，大家笑過後，吳秘書退下，東娘發一些糖，打發較小的小孩出去後：

「淑華，那位格格，金璧輝的秘書又打電話給我，看妳能不能過去給她唱幾首歌。」

「下禮拜天就畢業典禮了。」英華。

「既然這樣。畢業典禮過後再去。格格很想念妳，就給她唱歌去吧。」東娘看了一下剛剛掛上去的一幅日本浮世繪，有所感慨，再次轉向淑華，「從來沒有她求人，只有人求她，看來妳們還真有緣呢。」

「看來格格被淑華的歌聲擄獲了。」

英華這句話深得淑華的心。淑華一直沒把山家的警告放在心上，對她來說，過去從事軍事破壞行動的川島毋寧是傳說中的川島，她現實所見的川島可謂女扮男裝的花花公子、享樂主義者。她正需要這種享樂環境讓自己從學校的刻板生活釋放開來，讓自己像蝴蝶飛舞般美起來。還有一點，她自己也有點不明所以，帶有男子豪氣的川島確實吸引著她。她看著義父臉上不置可否的神情，心裡有些猶豫。潘毓桂被老婆慫恿了一下：

「那就下禮拜畢業典禮過後，和以前一樣，自己搭車去。」

「那好，待會我先給妳車錢，還是我叫人給妳先買好票。妳來天津前先電話聯絡，我再派車去接妳。」東娘笑著轉向月華和英華，「妳們也一起去吧。」

「不去。我幫忙看家，幫妳顧弟妹。」

「真是好小孩。」東娘知道兩個女兒不喜歡和日本沾上邊，還是慰勉幾句，「處處都讓妳妹妹。」

「淑華是自由身，來去自如。」月華。

「哦！對了。」東娘腦筋亮了起來，「妳們兩個大學準備得怎樣了？」

東娘看著兩位女兒逃避的神情，繼續說：

「女子師範或許比較容易，月華，輔仁和燕京可難了。妳又一年沒上課了。」

「姊姊這兩校都試，不同天考，或許再選一所試試。」

英華這樣說了，其實東娘早有新的想法：

「我知道妳們心裡有疙瘩，到日本讀怎樣？」

月華和英華抿嘴低頭，避開母親的笑臉，兩眼看向淑華，好似求救。月華：

「淑華，妳就一定要回奉天？」

「大概吧，回奉天放送局唱唱歌。」

「再陪陪月華、英華讀大學如何？」

被東娘這麼一問，淑華有點傻眼，英華嘟著嘴：

「好是好！人家隱忍了四年，如果上了大學，日本人身分見光，那可不得了。連我們也都有那份擔心。」

「妳爹當了天津市長反而讓妳抬不起頭來？」東娘杏眼一翻兩瞪，讓女兒們縮了回去，「當市長是解決市民的困難，謀求老百姓的福利。妳阿爹市長扛在肩上的就是一份責任榮譽，不是求官求財。市民生活貧困，社會局濟助一份，妳爹再私加一份……」

東娘說得義憤填膺，但潘爺一點情緒的波動也沒有，神情淡漠地叼著水煙袋吸食起來。潘爺逕自離開後，東娘語氣放緩：

「當然啦，大環境如此，也不能怪妳們。妳們爹最近也都在想，要順應時變，整個國家在變，我們家也在變，妳們大哥駿千在日本讀書很上道，或許會在那成家立業，妳們爹當然也想過讓妳們過去，變就變得徹底。至於淑華，本來就應該回日本讀大學，最好妳們又在那邊同校同學。……」

東娘說了很多，深層的憂慮一股腦兒宣洩出來。她強調世局混亂，隨時會有翻天覆地的變化，三姊妹都聽進去了，但女兒長大了負笈東瀛，分散家庭風險，兩姊妹都理解，但還是一時拿不定主意。

在老北京住久了，天津的新穎最近一直向淑華招手。她如到天津，活動地區，除了潘市長官邸，主要就是川島芳子的餐廳和隨她出遊的附近街道，範圍還是很小，但都在租界區。租界區街道整潔，樓宇錯落，店面儼然，好像世外桃源，對淑華來說，銷金的誘惑依舊強，她鼓起勇氣到門房打電話到武德報向山家求援。

「很好很好。我現在沒辦法分身，妳打個人力車來。好，車錢我來付。」

淑華依約乘車前往王府井大街的武德報館館址，大街三四層樓連棟的街坊，在南段梯子胡同和大紗帽胡同之間百來米的路段內矮了下來，在一群複式四合院的群屋裡，有幾棟半西式的二樓建築，是後來加蓋的。這落規模和潘府不相上下的大宅院，原是清廷官員的宅邸，灰色的磚牆外緣習慣性地露出紅綠，但短促的宮簷，或向上凸起雕飾繁複的山牆，成為這些群屋的特色。這座屋舍群集的宅院後來成為印製《政治官報》和臨時公報的印鑄局，九年前國民政府的華北日報接收了鑄字、排版、印刷、裝訂和機房等車間後開始出報。如今華北日報撤走，武德報接收設備，也準備大展拳腳。

　　武德報社辦公室矮矮的二樓在這屋群中並不起眼，但兩扇大玻璃門，可以從外面直視裡頭。淑華張望了一下，看到山家好像在裡頭的玻璃房內和一個人講話，敲敲玻璃門後推門進去。山家走出房間時，她才發覺房內坐著一位打扮時髦的女子。淑華被引入房內立刻向在座女子頷首致意。山家一邊倒茶一邊說：

　　「不久前向妳提過的《東洋平和之道》這部電影，還記得吧。」

　　「記得。」

　　「這位就是片中的女主角李明，這位是我朋友的女兒李香蘭小姐，她還在讀高中呢。」

　　山家接著把兩人名字的漢字簡單敘述過後，兩位年輕女孩握了手。奉天放送局外面的世界，川島芳子曾稱呼淑華李香蘭。此外，就是這一次的山家。淑華想，山家罕見此舉，大概是想把她和李明連成李家的女性。李明警戒地望著香蘭：

　　「李小姐聽得懂日文？」

　　淑華正想著現在自己該用李香蘭這個身分應對時，意識到對方察覺到山家用日語稱呼電影名稱的用意。山家：

　　「她父親是奉天的日文教師。」

　　淑華感覺不太對，稍事回想，山家確實把中文教師說成日文教師。她理解山家叔的用意，只是一時不知道該如何向李明啟齒：

　　「李小姐主演的電影……」

　　淑華還沒講完，李明：

　　「不是主演，我只是一個小角色。」

　　「一開始當配角比較好。哦對了。」山家從口袋掏出一紙信封

交給淑華，「共 50 圓，收好。」

淑華把信封放進皮包，避開李明，望向外頭空蕩蕩的經理室。

「現在禮拜天，樓上編輯部有一些編校在工作，算加班。」山家看了一眼李明，然後望向淑華，「川喜多長政，知道這人嗎？」

淑華搖頭，山家漫不經心地看向樓梯再收回視線：

「他也是有名的電影人，剛說的那部電影就是他籌拍的，內容描述一對中國夫婦逃避戰亂，在十三陵附近，遭到一些打敗仗的中國軍隊的搶劫，結果日本巡邏隊經過替他們解了圍。這種經歷讓他們感到中日已經友好合作。」

「好假哦！」

淑華說著迎來了李明犀利的眼神。山家：

「川喜多當初向軍方申請拍電影時就表明，想拍反戰的電影，主旨是中國地大人廣，歷史悠久，反抗也強，日本軍隊前來只會陷入泥淖，最好的策略是趕快退兵。結果拍的時候軍方強行介入，整部電影就走調了。」

「照你說來，這位川喜多還真有勇氣呢。」

「他有這種家學淵源，他父親幫助中國結果被暗殺，他繼承父親友善中國的遺志。我奉天一位朋友山口文雄也一樣。」

淑華愣了一下，開始領略山家叔的話術，剛剛父親被他消費了一下，現在又被他玩在口舌間，但隨後還是感受了山家式的善意和幽默，也知道李明並不知道山口文雄是她父親。山家看著李明：

「川喜多目前沒有拍片計畫，他主要的興趣在進口德國電影。妳不會是一部電影的明星。滿洲映畫那兒我可以幫妳試試。」

「那就拜託王二爺提攜了。」

李明自覺在陌生女子面前說出求助的話，有損顏面，於是把話題扯向武德報：

「這裡是武德報的門面，擺個經理部就可以了。編輯部應該可以安排在別的地方。」

「確實如此。華北日報留下太多房間，不好好利用可惜。找個比較安靜的地方做編輯部確有必要。」山家想著人力不足，房間空著，一房一煩惱，有些心焦，「現在還沒正式出報，軍情多變，也不曉得軍部未來會不會改變計畫，還是一段時間過後再說。」

眼看話題似被山家搓掉，李明有些不悅，淑華想圓場：

「世事多變，時局、戰情也是如此。」

「妳說得沒錯。天有不測風雲。」山家深呼吸，調整一下心情，「我太太月初病故了。她身體一直不好。」

淑華頗受驚嚇，一時不知如何安慰頭兒低下來的山家：

「山家叔叔節哀了。」

「這些日子多虧李明照顧我。」

淑華一時無語，但好幾種思緒齊湧。她對山家叔的家庭生活了解不多，起先還以為他是單身，來北京讀書，暑假回奉天才從父親那兒得知，山家妻子體弱多病。山家長年在外服役，沒有攜眷前來，淑華上回和山家見面時也才從他口中得知他們夫妻情緣早淡，如今也一定沒有回日本治喪。淑華想到山家可憐的幼女，想著他剛剛說的話，直覺他早已接納李明，把髮妻拋到雲外了。淑華直覺山家還在喪妻期間，實在不宜與李明在一塊，而自己剛好置身這種場合，有種亂入之感。當然，這都是山家的錯。這樣想著，她反而有點同情李明了。淑華舉起茶杯：

「以茶代酒，我敬你們，也敬妳對山家叔叔的照顧。」

李明芳心大悅，展現了北方女兒原有的大器：

「妳在那兒讀書啊？」

話題從此聊開，校園趣事一波接一波，山家被晾在一邊，但很高興。隨後和編輯部同仁一起走到東來順時，李明摟著她肩，她感到李明的高大，而有些自卑時，李明才挽起她的手臂繼續前進。

李明對淑華似乎有一股特殊的吸引力，回到家，一閉眼就會浮現她的影子。

6月19日禮拜天，英華和淑華終於等到了畢業典禮。普通科和師範科聯合畢業典禮假一年級教室舉行，簡單低調。接到畢業證書，每個人都五味雜陳，近兩個月沒上課不說，過去兩三年，每一堂課都沾染了這個國家掙扎和敗退的氛圍。想在本地日軍占領區繼續升學的多不敢張揚，深怕被人取笑。典禮過後，大家一起用餐，隨後紛紛返家。

40. 逐夜奢靡 義父譴返

三天後，淑華要赴津了。兩位乾姊把她打扮得美美的，還特地到正房取來東娘用的腮紅，在她臉頰暈成紅霞，好像即將出閣的女兒。淑華看看鏡中的自己，再看看兩位乾姊，感受到闊別的氣氛：

「別難過，我很快就會回來。陪妳們參加大學考試。」

「妳儘量玩，我們的考試不重要，一直沒怎麼準備，或許會棄考呢。」

月華這樣說，淑華是有些難過，但不知怎樣安慰她，只希望自己離去後，她能利用剩餘有限的時間全力衝刺。

這次的天津行，一路順風，到了天津潘毓桂市長公館已近兩點，東娘給她吃了一頓簡單的午餐後讓她在房間休息。東娘：

「已經聯絡好了。她的秘書說五點半以後會來接妳。妳就在她那兒用晚餐了。」

「她的晚餐等於是歡迎宴。這時候她也比較熱情大方。」淑華若有所思，瞥了一眼牆上掛著的兩幅潘爺畫的水墨畫，再收回視線，「不過她的節目很多，我可能晚上回不來。有可能在她餐廳樓上的客房休息。」

「這點我也想過了。太晚回來了驚動老爺也不好。如果她繼續留妳的話，白天回來一趟，打車回來休息一下再過去吧。」

睡了個午覺起來後，她在公館高級浴室洗了一個久違的熱水澡，換穿自己帶過來的開領，晶白花樣爬滿側身的米色旗袍。這回千鶴子來接她，她從東娘那兒領了一點零用錢後，便上路了。她看著千鶴子髮髻上的一朵絨布紮成的布花。

「千鶴子小姐，妳頭髮上別著一朵花，感覺很嬌美呢。」

「哦！哥哥要求我這樣做的。有時別真正的花。」千鶴子中文也很溜，「她老是強調和我之間的對應關係，來彰顯她的男性風格。」

「妳們好像很親密。」

「我們從小一起長大，我到她家就像在自己家裡一樣。她越長越大越是不拘小節，凡事大而化之，房間也是一樣，很隨興，大概初中開始，我看不過去便幫她整理，那時感覺自己懂事多了。」

「她有今天的成就，妳功勞不小呢。」

「那裡！」千鶴子笑了起來，側顏擠出一個小酒窩，「後來她養父教她騎馬、射擊、劍道，教她學開車，駕駛飛機，把她塑造成騎射功夫一流的戰士，生活上就更需要我了。」

車子向左轉了 60 度後駛向波浪狀鐵橋。千鶴子：

「來過這座橋吧。」

「來天津常看見這座橋，好像也坐車上來過，只是不曉得叫什麼橋。」

「因為是由法國公司建造，直接通往法國租界，所以叫做法國橋。但這座橋也是通往各國租界必經的要道，也被稱為萬國橋。」千鶴子看了外頭橋樑的鋼鐵桁樑一眼，「是開放性的橋樑，兩邊橋面打開升起後，可以讓大船通過。北邊不久就要建一座木橋，可以直接到達日本租界。」

車子在不平的橋面抖顫顫地前進，框在鋼柱鐵樑之間的河景和街景不斷變化。淑華探向車外：

「河水黑黑的，看起來很深。」

「確實很深，很多河流匯聚在這條河道，很多人想不開，就從橋上跳下去，尤其在這戰亂、混亂的年代。」千鶴子把車子開向海河南岸街區，「真的是萬國橋，前往天國也要經過這座橋。」

千鶴子黑色的幽默，淑華笑不出來，兩眼睇著轉了彎後直駛過來的電車：

「劉玉珠小姐也是她的秘書？」

「她是哥哥當安國軍司令時的部屬，跟著哥哥同進退，被哥哥封為主任秘書，負責對外聯繫、協調，安排哥哥的行程。她年紀輕，人長得也夠高，十分帥氣，是很好的門面，也很重要。我只是照顧川島的生活起居。」

「妳和劉小姐之間有沒有工作上的從屬關係？」

「應該沒有吧。工作的範圍都已經調好。劉主秘負責哥哥的公共事務，我嘛，專注在生活領域。當然啦，她有『官銜』，得尊重她。」

「不過她不能到日本。」

「沒錯。哥哥回日本，大小事就由我一人包辦。」

「妳好像很仰慕她，我是說芳子。」

「她有王者氣勢，凡事敢做敢當。聽見別人暗地裡笑她清國奴，我掉頭就走。別人越罵，我就越尊敬她。」

「她得到妳，實在是人生有幸。」

「應該說，幸運的是我。」車子進入日本租界，千鶴子低頭揚眉看著車窗外昏暗的街景，「即使知道她志在復興滿洲，很多日本年輕軍官還是很迷她，她身邊一直有很多追求者。對她來說，算是王女復仇記的前篇吧。」

千鶴子把車子停在餐廳外面。薄暮時分，天光還在，但東興樓拱門上緣招牌周邊的燈泡不斷流動，從坐擁十幾家店面寬度的餐廳和舞廳窗戶流洩出來的燈光和街燈相互輝映。在每家店面都很窄，相對黯淡的松島街，東興樓像是一個龐然的發光體，被牆窗擋掉了七分的歌舞音樂聲不斷流洩出來。

餐廳小舞臺不見小樂隊，但開放顧客上臺對著麥克風清唱。千鶴子把她帶離餐廳進入裡面廂房。廂房內，十餘位川島女親衛隊的成員圍成兩桌，有的聊天，有的大聲笑鬧。顯然今晚沒什麼客人。牆角坐著一位女胡琴手，〈飄零的落花〉的哀怨弦律不時穿透室內的喧嘩，零零落落地觸動一些人心。千鶴子向劉玉珠打完招呼，對著眾女孩：

「李香蘭小姐，大家都還記得她吧。」

劉玉珠安排淑華坐主賓的位子，然後請她和胡琴手商討待會演唱的歌曲。淑華這才知道女胡琴手是劉玉珠的堂妹，是南開大學音樂系的高材生，常被邀來演奏助興。她和淑華坐在一塊，兩人相談甚歡。

「金司令到，司令官到著。」

外面餐廳隱隱傳來櫃臺經理中日雙語的呼叫。淑華以為川島會馬上進來，結果等了五六分鐘，這一期間，服務小姐為每一人的酒杯注滿酒，菜也進來了兩道，但沒有人碰杯舉箸。川島和親衛隊成員半夜玩起來，雖然有些脫序，甚至荒唐，但在晚餐時刻、一晚活動的起始，還是保有嚴整的軍紀，似乎向淑華或胡琴手這些外人透露金司令全盛時期軍威的一點豹斑。

川島頭頂員外帽，一身長袍，一進來，立刻引來一陣歡呼：

「司令好……司令晚安……」

淑華立刻想到被公司女職員簇擁、歡呼的山家，只差這些女孩還守著軍紀沒有圍上去。自許為軍人、男人的川島也習慣置身在脂粉堆裡頭。

「稀客！啊！稀客！」

川島看著正對面的淑華，只顧笑，而且笑著觀賞淑華，到最後大家都忍不住笑看靦腆地垂首的淑華了。

和往常一樣，大家先舉杯祝川島戎安。酒過兩巡後，淑華先給大家帶來〈鳳陽花鼓〉，輕快的歌聲融入纏綿的琴音，還是讓人飄向悠遠。川島轉頭看著她唱，不久所有在座女孩也都把頭轉了過去，不再舉箸。淑華看在眼裡，知道芳子有一顆摯愛藝術的心，本質不壞，傳聞中她從事的間諜、軍事上的可畏的勾當，或山家投訴的有關她的種種乖戾行為，應是她背負著反民復清、借日抗中的嚴肅思維下的變貌行動。她只要置身在脂粉堆中，應該沒什麼危險性。歌畢，大家報以熱烈的掌聲，好像是在很正式的場合，川島免不了對她和胡琴手誇讚一番：

「我時常在收音機旁聽妳的歌聲。現在還是十分懷念那一段聽歌想人的日子，李香蘭到底是什麼人？長得怎樣？雖然見過幾次面，但只要沒看見妳，這種思維還是會在腦中喚起。……」

川島接著對玉珠的堂妹誇讚一番，於是兩桌女孩都對歌者和琴手舉杯致敬了。酒過兩巡後，淑華和劉同學又給大家帶來一首〈人面桃花〉。唱畢，舉座認為和娃娃音過濃的黎明暉相較，淑華唱腔的童音聽起來悅耳多了。

餐畢，川島表示鬥志昂然，想摸個一兩圈，侍者把餐桌收拾乾淨後，千鶴子拿出兩副麻將，於是七八人留下來陪主子玩牌，其餘人從劉玉珠手中取得舞券後紛紛往隔壁的舞廳移動。劉玉珠和堂妹共舞，一位陳姓女孩邀淑華共舞，她欣然同意。兩人在舞池奔波了半個小時，陳女帶她跳華爾茲，帶著她前後、左右滑步再旋身，滿場迴旋，舞得團團轉。但有幾次出腳錯誤，很想休息時，川島突然現身，淑華只好投懷送抱。

臺上的樂隊演奏新的樂曲，這是她較為熟悉的舞步，她柔順地不斷被川島拉近、拋出，又拉近攬在懷裡，由於不斷移步旋身，運動量頗大，舞完，她感覺剛剛吃下肚的食物消化了不少。布魯斯舞

曲響起，川島把握機會摟著淑華，淑華一直和她面對面慢慢移步，沒有迴旋的空間，看著她情意深切的眼光，不無壓迫感。

「潘毓桂是妳義父？」

「是的。」

「所以他給妳取名潘淑華。」

「其實是我父親建議的，他認為很好，接受了。」

「這名兒很好。但我還是比較喜歡用李香蘭稱呼妳。」

川島一耳失聰，為了聽清楚，頭靠了過來，越來越貼近她的臉頰。和這位女扮古式男裝的人舞得這麼貼近，不明究裡的人可能會認為她們是一對情侶。一陣沉默，川島把頭拉回，腳步放小，好方便談話。為了避開川島電人的眼神，淑華努力尋找話題：

「妳好像也很懂得欣賞藝術。」

「這怎麼說？」

「剛剛我唱歌，妳這麼專注地聽歌。」

「妳唱歌時，我們都沒動筷，沒有偷吃。」

「好像在軍營一樣。」

淑華說著笑了起來，川島略作回思：

「我以前很喜歡畫畫，現在比較沒那份閒情。再說，我寫的書法也很有勁道，獲得很高的評價呢。」

「妳這種藝術家的氣質會妨害妳出任務。」

「藝術的愛好只是兒女私情。出任務、作戰，是為國，為民族，是公事。我能做到公私分明。對敵人就要硬心腸，心狠手要辣。」

「好可怕。」

「不過，我發現敵人的優點時，還是會欣賞他的。」

「就拿我父親來說。他是有點壞，我們關係一度非常緊張。」

「妳是說妳養父？」

「是。那時我簡直把他當敵人。但後來想想，他實在教我很多東西，可說是傾囊相授。而且那些技藝和思想別的地方永遠學不到。他把他所有的人際關係都讓我繼承。所以後來我還是恢復對他的信心，認為他到底是一個人物。」

「很敬佩呢。」

「我和他雖然沒有血緣，但復國建國的志向是一致的。」

上半夜自由活動，有人摸三圈，有人打牌，有人跳舞，或做其他活動，午夜 12 點一起用完簡單的消夜後便列隊集體活動了。

穿著唐裝的川島帶著一批身著旗袍的年輕女子一路往北走，黯淡的路燈中斷了，淡素，不斷移動的旗袍渲染著遠光反射出來的銀色光彩。闃寂暗黑的街道，商店都已打烊，也沒有路人，偶見一輛車子馳過，一小隊銀灰色的光彩在龐大的夜空下，發出銀鈴般的笑聲，轉個彎後繼續前進，她們要到榮街的俱樂部。如此衣飾鮮明地到日本人館，淑子有種踢館的怪異感。

到了榮街的街尾，像大鵬展翼，黝黑屋頂的沉重壓垂下，日本俱樂部一樓展演場白晃晃的，看來有點刺眼，而亮燈處還流洩出一波波喧聲。川島領著大家走進碎石子小徑，在小徑兩旁石燈籠燈光的指引下，一隊娘子軍很快便到達俱樂部門外了。一夥人脫掉鞋子陸續進入比東興樓餐廳小一點，榻榻米鋪成的座席，在經理的指引下，四人一組盤腿坐在事先訂好的左前方四個矮桌旁，前方舞臺上正在上演日本滑稽戲，坐席不時傳來笑聲。東興樓一票女生，由於多數人聽不太懂劇中人的對話，一方面還沒坐穩，多沒看向舞臺。川島坐在後排，回過頭向右邊和後頭認識的人揮手點頭，對方也都回應了。淑華看在眼裡，直覺把一堆穿華人服飾的人置身在穿和服和西裝的人們中間，而且可以平起平坐，只有這位東洋魔女辦得到。酒食上了桌，川島一一呼名，向周邊認識的人舉杯，大家開始觀賞舞臺上日本劍術表演。一個持木劍的女刀手隻身對抗五名大漢。女劍士正握木劍和對手過招幾次後，迅然反握木劍，撥開對手的木劍後，趁隙欺身對手，反持的木劍抹向對手的腹部，被判死的劍士立刻退到舞臺一角蹲下。女劍士依次將五人解決後，六人排成一排向觀眾鞠躬致謝。演出人員才抬起頭，川島右後方的一位穿和服的男子站了起來：

「演出太粗糙了，都是套招套好了。」

穿著和服的司儀小姐碎步驅前，鞠過躬後細聲說：

「三木先生，您也是劍道教師。要不要也來指導一下。」

三木豪不遲疑地上臺，也拒絕穿戴護具。三木身形高大，刀法凌厲，女劍士不敢輕敵，雙手握木劍迎擊，三木也一直調整步伐，避免被對方接近，幾番激烈快速的交手後，三木的木劍猛然向右下

方劈下，女劍士快速反持劍擋開後，一個旋身，刀子迅然畫過前衝的三木的腹部。三木認輸，向女劍士致歉，掌聲熱烈響起，川島也直呼叫好。

魔術表演是這個俱樂部必演的節目。年輕魔術師和女助理出場，彬彬有禮地向觀眾鞠躬敬禮後，女助理手持掛滿鋼圈的鐵桿向臺下展示，讓觀眾知道鋼圈都是一個個獨立存在，隨後把鋼圈全部套進魔術師的手臂。魔術師把所有鋼圈滑出手臂，提起一個鋼圈，結果全部鋼圈都掛在這個鋼圈下面。魔師把所有鋼圈套進手臂的同時，伸直手臂，鋼圈又都分散開來。觀眾看得傻眼，只好報以掌聲。女助理接下所有鋼圈，遞一個給魔術師後，隨後把鋼圈一個個往上拋，魔術師用手中的鋼圈去接，結果上拋的鋼圈一個個套進魔師的鋼圈裡頭。大家自然大呼過癮。

「接下來我們請愛知縣特技團……」

司儀小姐聲音才收束，一名兩手持轉動鋼條的女郎走了出來，另一名女子把盤子一個個放在轉動中的鋼條上面，盤子自然也轉了起來……節目演出告一段落，一票女子眼帶眷戀地離去。走在石子路上商議了一下，大家決定往吉野街的賭場進發，川島對劉玉珠：

「我看妳堂妹和李香蘭都累了，妳就送她們回客房休息吧。」

劉主任秘書應允，於是三人連袂打道回府，一夜無話。

吃喝玩樂的日子一連過了近兩個禮拜，淑華感到心虛。這天一早千鶴子送她回家，東娘應門。東娘：

「妳趁老爺還沒起床前先到房間休息一下。今天是禮拜天，好歹陪老爺一下，不要再去東興樓了。我會打電話向劉小姐說。」東娘隨著淑華上樓走到她房間，「妳先躺一下吧。等老爺醒來，我再叫妳。他也有許久沒看到妳了。」

淑華「哦」了一聲，警覺到自己一股腦兒栽進東興樓，而疏失、荒廢了很多事情，連這白天休息過的房間，自己都覺得十分陌生。她躺在床上，隔著蚊帳看著窗戶的玻璃，朦朧的窗玻越看越萌睡意。她不知睡了多久，也許一刻鐘，也許更久，就被東娘叫醒。

她下了樓，潘爺正坐在氣派的沙發上看報紙。家僕阿忠正拿著澆花器給放在諾大客廳四角的散尾葵、龍血樹一些大型盆栽澆水。潘爺：

「淑華，到東興樓這麼多天，應該學到很多東西吧。」

「主要還是玩。」

「川島小姐嘛，文武雙全。她看見妳這麼單純的女生，即使不能教妳射擊作戰這類危險的把戲，教妳開開車，找一些書法、戲劇老師來，讓大家一起成長總可以吧。」潘市長若有所思，苦笑了一下，「妳歌唱得這麼好，學學京戲，大有可為。我一直沒有忘記妳父親的交代，將來妳不管在中國或日本政界服務，這個本領可以是複雜情勢裡頭的潤滑劑。」

淑華向來對給政治家當秘書的想法沒有積極過，加上最近時局丕變，父親也不再提這件事，她更覺得此路不通。此外，義父雖居高位，但似乎也是高處不勝寒，不知什時候倒臺，不安感充斥，對於女兒和義女的升學，或叫到身邊當助理，都沒有積極的介入或運作，淑華想閃躲這個話題，不知該說什麼好：

「關於學習京戲的事，川島小姐很忙，要照顧很多人，管不到我這兒。」

「她忙一些什麼？」

淑華聳聳肩，沒有回答，東娘也已來到沙發邊坐下了。潘毓桂繼續說：

「她有沒有跟妳提過她想回東北－滿洲的事？」

「沒有。」

潘毓桂把臉轉向旁邊的東娘：

「多田駿現在是第三軍司令官，希望把川島小姐調回滿洲，已經向關東軍聯繫。」

「她回去她故鄉也比較好。」

「問題不在這裡。昨天上午，多田駿把我叫了過去，要我以市長的角度對東興樓多瞭解一點。」

「東興樓有問題了？」

「多田駿聽到這種傳聞很久了。就是川島小姐一直宣稱東興樓是滿洲安國軍在天津的司令部。滿洲安國軍早就解散了，她還是以司令自居。」

「多田駿把她叫過去糾正一下不就行了。」

「現在問題是，傳言擴散出去了，收不回來。」潘爺感覺讓淑

華知道太多也不好，嘴巴靠近東娘耳朵，「東興樓是多田駿撥給川島小姐經營的，結果被川島濫用，對多田的威信實在傷害很大。再說，川島還自稱是多田的女兒，到處招搖。多田的擔心不是沒有原因的。」

東娘兩眼沉重地望向斜對面的淑華：

「我看妳就先回房休息吧。吃飯時我們會叫妳。」

淑華上樓回到房間，還是躺在床上，蚊帳收起來了，她望著從空洞的窗戶透進來的一點街景，腦筋一片空白。她想了一下，似乎有點明白了。原來川島和日本華北駐屯軍司令多田駿關係匪淺，既然川島主動邀她，義父就順水推舟滿足川島，希望能和川島搭上線，藉以加強和多田的關係，讓天津市長的位子更加穩固。正當義父躊躇滿志之時，從多田那兒得知，川島已失去了信用，似乎可以不用再搭她的便車了。12點，東娘上來了：

「我剛剛和劉小姐通過電話，說妳身體不舒服。她說，妳實在累，也該休息一天了。我也跟她說，下星期一如要去，我們載她過去，不用派車來接。」

「那好。」

「老爺說，妳禮拜一再去沒關係。吃飯時就不再講這個話題。」東娘突然綻開微笑，「一點事情想問妳。」

「哦。」

「她們在那邊都稱呼妳李香蘭？」

「川島小姐收聽奉天放送局廣播時常聽到我唱的歌。我唱歌時都用李香蘭這個名字，所以喜歡用這個名字稱呼我。」

「剛開始她的秘書打電話找妳時，『我要找李香蘭，很會唱歌的女孩』，我說，我們這兒有一個叫潘淑華，日本名叫山口淑子。『那就對了，應該就是她吧』。後來想想，李香蘭這三個字似曾相識，原來妳父親帶妳來北京讀書時向我們提過，結果我們都忘了。李際春將軍取的名字總算有實際的用途。」

禮拜一，淑華再過去時，川島的宴席高朋滿座，舞臺有人演歌，宴席桌和往常一樣，設在樓梯附近，同樣用屏風圍住，一般親衛隊員都坐在外頭。日本軍官和當地官員用完晚餐後全都離去。川島把親衛隊員打發去跳舞或做其他娛樂後，帶著淑華和千鶴子上樓，在

樓層中段叫騏麟軒的客房內。

「我還有一件旗袍送妳。」川島說著指著床鋪上的大紙袋，「拿出來試穿看看。」

淑華從紙袋抽出一件折好的旗袍攤在床上，只見一件飾以反白的星月、椰樹圖案的粉紅色法國蕾絲旗袍。

「這一件和上次我送的是同一套，算是姊妹款，試試看，應該合妳身。」

淑華拿著新衣到隔壁的空房間更換，出來後，川島和千鶴子打量了她好一會兒。千鶴子：

「美極了，裡頭星月和椰樹是瑩白，在舞池的時候會變得晶白。」

「就穿這一件下去跳舞吧。」

川島芳子說著，淑華把舊旗袍折了一下放進紙袋裡，提著就走。

「放在這裡就可。今晚這就是妳的客房。」川島。

淑華和千鶴子舞了一兩個小時，顯得精神不繼，千鶴子知道她身體還沒完全復元，勸她直接回房休息，不用再熬夜夜遊了。淑華得到這個恩准，也樂得上樓回房，伴隨著過多的思慮，提早入睡了。第二天，她一早起床，梳洗完後便提著紙袋走出東興樓，路上行人很少，還是清晨時分。她憑著記憶，朝法國租界的方向走去，對街一輛人力車突然停下，走下一位婦人，她如獲至寶，抱著紙袋跑過街，直奔坐在路邊休息的車伕。

回到潘市長公館，她拾步走上扇狀階梯，看了一下手錶，已經七點了，不算太早。家僕阿忠出來應門。淑華走過客廳拾級上樓。

「誰呀？」

主臥房傳來東娘的聲音。

「是我淑華。」

東娘沒有出來，淑華回到臥室，發現桌上多了一本《電影旬刊》。她知道這個電影雜誌，隨意翻了幾頁，被裡頭介紹日本東京淺草區電影街的篇章吸引住了。大勝館、電氣館、富士館……一個個電影院的影像流進她腦海，照片中流動的人潮開始在她腦中湧動。看完這一篇，再翻其他篇章，但心神漸漸渙散。終於有人敲門，她前去應門。東娘：

「下去用餐吧。」

兩人下去坐好，幫廚廖媽和司機兼清潔的阿忠也都坐定位。今天的早餐是兩份煎餅果子和一碗豆腐腦，看起來很好吃，都已置放桌上，是幫廚廖媽的拿手菜。潘老爺下來了。

「你們先用，不用等我。」

潘市長這樣說著，還是坐下開始吃煎餅，其他人跟著舉箸。開始啜食豆腐腦後，潘爺繼續說：

「淑華，今天這麼早就回來。」

「感覺特別累。昨天又脫隊了。」

「妳常常脫隊？」

「是。她們都是玩通宵的。我全然跟不上。」

「川島小姐為她事業做的努力，我們要重視，她的過去不容抹滅。」潘爺把頭抬起，看著東娘，「我上禮拜六派人調查她的生活。昨天那人向我報告，她的生活確實糜爛、荒唐，已經失去一個軍人、建國志士的本色。妳事先就應該對她的生活多加瞭解，她邀淑華去，以後要限定淑華早點回來，尤其是不能過夜。」

「如果她生活真是那麼墮落的話，淑華想去，我都不會讓她去。」

東娘辯解完後，淑華兩頰發燙，不敢抬頭。三四月前，淑華初訪潘爺天津公館時，潘爺談到川島，頗有英雄相惜之慨，如今全然翻轉，川島形象在潘爺眼裡一夜之間崩壞，足見她毫不遮掩的放蕩行徑，很快就壞事傳千里。潘爺：

「淑華。我看就回北京吧。東娘會找一些婉轉的理由推掉川島小姐的邀約。好啦。你們慢慢吃。淑華，要全部吃掉喔。」

「是。」

義父要淑華回北京，她驚覺7月上旬已過，既已畢業多時，既已向義父母表明要回奉天，也就該回去了。潘爺和司機走後，廖媽也吃完退下。東娘：

「明明是講給妳聽的，卻一直看著我，還帶一點責備。」

「東娘對不起哦。」

「沒什麼。不用記掛在心。他昨天回家，就對川島的事講了很多。現在想來，他字字清楚地對著我講，主要還是護著妳，怕妳承

受不起。」

　　阿忠回來後帶回來下午一點一刻開往北京的車票。東娘隨即交代廖媽提早吃中餐。

　　　　註 1：《キネマ旬報》，1919 年 7 月於日本創刊的電影雜誌，由電影旬
　　　　　　報社發行，亦是世界上歷史最久的電影雜誌。「キネマ」，是德語
　　　　　　電影 kinematograph 簡寫 kinema 的日文音譯。

▌▌▌ 41. 滿映有請 揮別潘家

　　淑華回到北京潘家大宅院，兩位乾姊的大學考也已結束，三人相視而笑，淑華想著要回奉天，但害怕生活巨變的惰性在心中升起，心裡似乎有所記掛，在心裡推敲了一番才知道是希望兩位乾姊也能到天津遊歷一番。她到門房打電話大膽建議東娘回家換兩位姊姊到天津陪父親，竟當場獲允，兩位乾姊也十分欣喜。東娘回來看守大家宅後，月華和英華欣然赴津。淑華預備北返奉天，但被東娘慰留作陪，好不容易等到兩位乾姊回來，打算一兩天內回奉天時收到貴華的來信，要求她見函後能用電話聯絡她。電話近 11 點打通了，溫貴華邀淑華再到頤和園，淑華有點為難：

　　「去到那兒太陽也快下山了。」

　　「咱快去快回。只到排雲殿、佛香閣這一縱線。」

　　淑華向兩位乾姊告假，乾姊要她用完中餐再走，她只好再次聯繫貴華。用過中餐，淑華立刻趕到甘石橋電車站，好在貴華早已等在那兒。

　　「人走了就留下兩張門票，他自己捨不得用。」

　　「陳洪仁什麼時候離開北京？」

　　「上個月畢業後就走了。他說會先回河南老家，再取道西安前往重慶。」

　　「那妳呢，追隨他去？」

　　「等他回信，確定他住在那兒後再去找他。但也得通過父母這一關。」

　　「兩邊互相敵對，信收得到嗎？」

　　「應該收得到。聽說相互匯款都可以。信也是一樣，還是有管道通，但還是不宜談政治、軍事。」

「也快一個月了吧。」

「路遠事難測，等得心慌才試著找妳。沒想到妳還沒回家。這次考那所大學？」

「書讀得煩了。找事情做做看。妳呢？」

「想都沒想。看看陳洪仁在那兒落腳，找到他安定下來再看著辦！」

兩人談著，電車來了。和上次一樣，坐到西直門後改搭馬車。到了頤和園一樣找黃公公泛舟，聽他講老掉牙的故事。

貴華愁鬱滿懷，一湖光綠被她看成一頃鬱藍。她凝視湖面，乍看好似認真聽黃公公講話，事實上心思遠在天邊。陳洪仁說好到西安會捎來一封信，但還沒收到，或許他還沒到西安，或許剛剛到達正準備寫信。或許根本就沒機會到達。在這亂世，每逢分離，幻滅感隨即在心中起伏。

黃公公的故事告一段落，對著兩位女生抿唇微笑，他的白髮往後梳成辮子，但仍有些許飄浮頭上，訴說遺世的孤獨和瀟灑。淑華：

「別難過了。看看黃公公，學著像他那樣放開些。」

「妳們在說些什麼？」

黃公公說著再次看著眼前兩位小女生，大體猜得出貴華的心事，只是兀自笑著，不再多問。貴華看著黃公公清癯的臉龐，對自己侍年輕想當然耳的心緒展現感覺有些忸怩，但還是無法掙脫開來。

萬壽山越來越近，佛香閣和周邊樹林的倒影，隨著水波混在夕陽金色餘輝中幻化成的斑斕七彩也被船棹打得支離破碎。岸上「雲輝玉宇」的牌樓越來越壯麗，萬壽山全然罩在夕陽迷離的光影當中，淑華按捺心中的焦急，舉目四望，散佈綠林中的塔寺、樓臺、亭榭、門廊琉璃瓦、磚陶的彩釉和凸顯著各色雕飾的紅牆……迎著夕照，折射出各式光彩，交織出繽紛眩目的光幻世界。連天雲朵展現出多樣的彩霞，萬壽山、玉泉山和香山連峰的天際線，向西迤邐出多重紫灰色的沉鬱彩帶。黃公公讓她們在排雲殿碼頭上岸。淑華和貴華登上階梯，排雲門赫然在望，貴華奔向門前左側的巨大銅獅，隔著矮欄把手伸了過去：

「摸一把吧，求個好運道。」

「它不讓摸的，太遠了。」

「手儘量往裡伸就是一種祈求了。」

隨後他們像是跟夕照賽跑一樣，迅速通過光影濃聚的排雲殿，直奔佛香閣。淑華站在聳立著佛香閣的高臺的下面，仰視交叉成菱形的階梯，有點腳軟。貴華：

「咱們到佛堂許個願吧。」

淑華隨著貴華爬了上去。爬完第一階，貴華也有點喘了：

「看來這個佛也不是這麼輕易就讓你拜。沒有一點耐心和誠心是拜不成的。」

「吃點苦爬上去才算有虔敬心。」淑華向上舉目，只見高牆，看不見閣體，「慈禧也是爬上去的嗎？」

「當然不是。是用大轎抬上去的。」

「那就顯示她誠心不夠了。」

「才會一臉敗相，遺臭萬年。」

中途休息了兩次，爬上五六層樓高度的石階，終於到達閣樓底層，進去佛香閣大殿，已經有一男一女正在對三世佛頂禮膜拜。淑華還是不習慣跪下來拜神，但第一次感知禮佛是基於自身迫切的需要。貴華口中念念有辭，希望男朋友趕快回信，好讓她動身前往相會，淑華心中默念的是，戰爭趕快結束，回到奉天後工作理想，發展順利。

拜完佛，她們來到二樓圍廊，從高處往外眺望，夕陽只剩遠天一抹殘紅，湖上遊船好似點點漁船，除了南湖島的殿閣聚了一點燈火外，窮目所極，渾沌渺茫一片。家在那兒，她心裡有些慌，這個晚上似乎回不去了。

貴華也有點慌，兩人無語快馬加鞭趕到西直門後，搭上電車後心裡才稍稍寬鬆下來。淑華在甘石橋站揮別貴華後直奔闢才胡同。她很少這麼晚回家。要不是東娘不在家，她不敢這樣放肆。她加快腳步，到了中國大學後門，索性跑了起來。日本人來了，這所抗日學生大本營的學校還是續辦，看來有點詭異。這所大學離家最近，但兩位乾姊都不敢問津，深怕身分洩露了惹來一身腥。隨著局勢的日益惡化，潘老爺的氣勢高漲，兩乾姊如上了大學，也非像自己一樣隱姓埋名不可。淑華邊想邊跑，好像有人在家裡等她很久似的。

潘宅外面停了一輛黑色轎車。這不是山家的嗎？淑華定睛一看，

車牌果然是。她正想探向車窗時，車門開了。山家：

「到車裡面來，有重要事情商量。」

「都已經八點多了。」

「我們等了一個多鐘頭。滿洲映畫的山梨稔先生也來了。」

淑華心思扭擰一塊，一時解不開，看到從車內走出來，西裝筆挺的山梨的笑臉，知道事情重要而緊急，心裡有些忐忑。山家：

「一起到王府井用餐。」

「從不曾這麼晚出去。」

「東娘在家嗎？」

「在天津。」

「那就好辦了。」

淑華跑進大宅院倚翠閣向兩位乾姊報告時，山梨稔把前座讓了出來。淑華回來後只好坐前座。車子駛出巷道轉入西單北大街。山家：

「跟同學出去玩啊？」

「是。」

「好在妳還沒回奉天，不然山梨先生就白跑一趟了。」

「這樣啊。」

淑華說著歉意地往後看了一下，山家：

「有一件事想請妳協助，現在正是時候。」

到底是什麼事，淑華猜多少跟滿映有關，但不想問。畢業後，她想回奉天繼續錄唱，即使亮相演出也無妨，有餘暇，像父親一樣，到日語小學教點中文也不錯。為此如果到新京滿映工作，壞了她的計畫，她會覺得困擾。坐在後座的山梨稔：

「山家兄，你說武德報進入預產期。」

「就是這樣，派遣軍司令部那邊要求很多，也不斷聯繫國內的朝日新聞、東京日日新聞，和婦女雜誌、講堂社、集英社一些出版、雜誌社的人前來指導，想把國內那一套文化體系移植過來。時常開會，擱置了很多事情，試刊最近也停了。」

「新婦待產，公公、婆婆很多。」山梨笑了一下，「小叔、小姑也來軋一腳，像小號的公公婆婆。」

「就是這樣，如果我一個人罩得住，早就正式出刊了。」

「大概什麼時候正式出刊？」

「預計九月中，目前採贈閱，因為是中文報，主要是發送給中華臨時政府各級警政軍機關。那你們滿映發片還好吧。」

「滿洲軍政一體，運用既有的發片系統，倒是很順利。」

「武德報現在計畫靠北京城南琉璃廠南柳巷永興寺一帶的發行系統發報。現在試刊號就跟新民報、民眾報一些報紙一起發送，還算順利。」山家轉動方向盤，將車子轉向西長安街，「我沒看過，聽說報伕多為山東大漢，肩上掛著一條藍布長袋，內裝報紙，健步如飛，分送各衙門、商號，很是辛苦。」

「這樣太辛苦，也太慢了，騎著腳踏車送倒比較實際。」

「說的也是。」山家無語半晌，「你一個堂堂業務部長調到理事長室幹什麼來著？」

「理事長一直沒來，理事長室空蕩蕩的，我在裡頭好像是理事長特助，批批公文，看看案子，然後再由助理轉到隔壁的專務理事林顯藏那兒。」山梨稔難掩對自己目前有點姜身不明職務的失望，「不過到理事長室看的文件或檔案多，對全公司的事務可以做全盤性的瞭解。」

「看來林專務似乎有意提拔你了。」山家緩緩把車子停在紅燈前，「理事長金璧東都不來嗎？」

「他一直住在旅順老家，偶爾來一下。他嘛識時務，知道國務院只是讓他掛個名。滿映畢竟還是日本人創立的，自然歸日本人管。」

「和他妹妹失勢有關吧。金璧輝如果還得意的話，他就不會這麼低調了。」

山家說著輕踩油門，車子續行。

金璧輝不就是川島芳子嗎？原來滿映掛名理事長的還是她哥哥。淑華難得有一個政治醒悟：中國滿清皇朝覆滅後，獨肅親王善者親日，儘量把子女送到日本留學，企圖造成聯日復滿的局面，才得以在日本人的扶持下，恢復小小的榮景，其他各支系只有任其凋零了。

車子從寬宏的東長安街轉入王府井大街。入夜後，這條大街燈搖影晃，市聲雜遝，山家把車速放慢，小心翼翼地前進，避免碰到

橫斜著切進的人力車或腳踏車，話也變少了。車子轉入金魚胡同後停了下來。

晚上的東來順，食客更多，天氣熱了，吃火鍋的少了，少了一份煙蒸氣捲滿堂香的景象，但垂吊在天花板下面的宮燈和牆柱上的壁燈全亮，把偌大餐廳彩繪的古典紋飾全然照開，在更加熱鬧的同時，也更顯古意。三人坐定後，山梨遞出名片，淑華看著名片，再經山家的介紹，知道前面笑口常開，十分帥氣的山梨稔剛剛卸下滿映業務部長的職務，目前改任理事長特助。更難能可貴的是，他還是從日本大電影公司東寶借調到滿映進行技術支援的，如今這位電影戰將戰到北京，似乎也挺自然的。山家繼續說：

「這位小姐，是我朋友的女兒，我稍早也跟你提過了，有兩個中國名字。她是奉天放送局首席女歌手，她這個首席是 13 歲就開始唱，而且都是寒暑假從北京趕回奉天錄唱，唱的是滿洲新歌謠，都是中文歌曲，但是人只聞其聲不見其人，十分有傳奇性。」

山梨稔聽了幾句，面向淑華一直點頭微笑。山家亨接著轉向淑華用華語述說滿洲映畫創建的過程：

「導演、攝影都是日本人，算是技術指導，因為是要演給滿洲人看，所以演員都滿洲人，跟妳的奉天放送局一樣，是國策公司，一樣奉行『五族協和』、『日滿親善』的基本國策。成立快一年以來，招募了不少演員，經過培訓後拍了不少劇情片，接下來預定推出歌唱片，但那些中國明星都不會唱歌，演出可以勤練後上陣，但唱歌就不行。所以想請妳直接代唱，在電影後製時把歌聲放進去，算是幕後配音，和放送局錄唱一樣不露面。」

山家兩眼瞬向山梨，表達只說華語的歉意，淑華對於自己的計畫被干擾，有些懊惱：

「畢業回奉天後，我還想繼續在放送局錄唱新國民歌曲。」

「滿映那邊只是唱幾首歌，基本上也是唱合乎國策的新歌謠。」

山家說著時，山梨一直盯著淑華，他雖然聽不懂華語，但知道山家正徵詢淑華的意見，看見香蘭面露猶豫，不免擔心。山家繼續說：

「事實上，滿映去年末就注意到妳的歌聲了，那時我還在奉天軍司令部，雖然時常出差北京。滿映的製作部次長牧野滿男前往新

京放送局聽見妳唱的滿洲新歌曲，感覺很好，於是聯絡奉天放送局，看能不能借將，當電影幕後主唱，放送局不敢做主，牧野次長於是親自拜訪奉天軍方的報導部，由我接待。我直接跟牧野講，李香蘭是我朋友的女兒。牧野立刻合掌拜託我讓妳支援滿映。我說有點麻煩，你要的女孩目前在北京讀中文學校，應該是高三了，中國學制比我們晚三個月結束。牧野聽了摸了一下臉，『無論怎樣都不能中斷人家的學業，那就是說還有半年。』」

「這種事情，你為什麼不早跟我說？」

「在那之後，牧野就沒再聯絡我，我一直以為滿映中斷這種計畫，或牧野忘了這件事。所以就當成沒發生過這件事。事情還沒成熟就通知妳，造成空歡喜，那種傷害更大。」

山家說了老半天，香酥烤鴨、涼拌沙拉兩道菜來了，山家喜歡的冰鎮啤酒也來了。山家給每人都倒了啤酒，看著淑華沒有反對的意思，再面向山梨：

「這是用冰窖取出的冰冰過的，夏天喝來爽口。」

山梨喝了半杯，清涼沁心，但對於山家剛剛到底說什麼，疑惑還懸在心頭，接著他企圖用有限的訊息來破解對淑華的迷思。此前他只從山家口中得知淑華是朋友的女兒，既是中國名字，照理就是中國友人的女兒，但剛剛山家提到牧野滿男時，都用日語發音，她聽來無礙，顯然也懂一些日文，再說，為何山家一直在她面前提牧野，難道這女孩和牧野早認識了？美食當前，三人一起舉杯，山梨看著淑華，希望從她的眼神窺知些許應允滿映的意念。山家：

「我剛說了這麼多，就是只借聲，不露相，也是為國盡一點心意，可以嗎？」

淑華低頭點了兩下頭，但沒有很明確的首肯，但迎來山梨熱切的眼神。山梨求援般地從山家的兩眼接收了樂觀的訊息後，用日語詢問淑華：

「可以嗎？」

淑華明確地點了兩次頭。見山家燦然笑開，山梨再度輕聲問：

「妳會日語？日本人嗎？」

淑華笑了一下，山梨急切地：

「那就更應該幫忙了。拜託，拜託。只唱幾首歌。」

山家見淑華再次明確地點頭，開始解釋淑華取了兩個中國名字的緣由——淑華隨時修正、補充；然後帶出山口文雄有兩位有力的中國拜把兄弟的話題。淑華在北京生活了四年，對於秋風乍起，常引發鄉思的奉天，記憶倒有些空洞，暑假一兩個月雖然回奉天待在家，但沒有朋友，年紀比較接近的弟妹，多找同學結伴玩，當時她多一個人在家閒居，習慣成自然，不覺得有什麼不對。現在一個新的城市又在她視野出現，牽動她驛動的心。

　　她想，自己只是奉天的過客，或許命該如此。只是現在北京的學習之旅告一段落，該向父母家人面敘之外，也該很負責任地探望波多列索夫夫人，再度接受她的指導，向李將軍和二夫人報告，讓他們目睹她學習中國語言、文化的成果，當然她也很期待一睹從未去過的新京，於是開始說日語，直接和山梨溝通：

　　「順便到新京看看也好。」

　　「那太好了。」山梨振奮到腰身陡然打直，「新京不但新，而且進步，甚至超前東京。」

　　「這樣啊！」

　　「看了就知道。」山梨身體稍稍向一邊傾斜，好讓小火鍋和些許配菜端進來，「當然啦，妳去新京前可以先回奉天看看父母和家人。」

　　淑華滿意地向山家和山梨敬酒，山家亨和山梨稔神情轉為輕鬆，小火鍋的湯頭已沸騰，三人開始挾肉和菜進去燙。

　　「這種羊肉火鍋，北京人是從冷天吃到熱天。天氣熱了就吃小鍋，畢竟是招牌料理。」山家一臉酒紅，兩眼炯炯有神，「我以為牧野會親自下來。」

　　「牧野只跟我說到奉天軍報導部找你，打電話的結果，原來你已調到北京，奉天軍部報導部牧野賢治少佐說你早就把李香蘭的案子移轉給他，他們那邊在配合上沒有問題。所以我直接到北京找你，好在李小姐還在北京。原來你跟牧野早就對李小姐的案子接觸過了。」

　　山梨稔說著，山家乾笑了兩聲，於是把剛剛對淑華講的，牧野尋覓李香蘭的秘辛用日語敘述了一遍。

　　「牧野次長到底是做大事的人，一個案子還沒成熟，就擱在心

裡不隨便張揚。」山梨稔咀嚼一塊嫩肉，心裡琢磨著，「既然公司派我來處理這件事，牧野次長也應該把李小姐的情況跟我講才是，結果我就像瞎子騎馬，撞得頭破血流。」

淑華和山家都笑得差一點把食物噴出。淑華：

「這也算是牧野次長導的一幕短劇。」

淑華說著腦中開始揣摩牧野的樣貌，兩位男士也笑得向後轉，深怕把食物噴到桌面。

「我們這位潘淑華、山口淑子，也是李香蘭小姐，在滿洲出生，到現在還沒到過日本，父親和祖父又醉心中國文化，她一出生就被賦予很豐厚的中國情感，自己也努力學習中國語言、文化，在很多國家的標準來說，她就是滿洲人，中國人了，也就是你們滿映國策電影所需要的這種滿映演員了。」

山家好不容易平靜下來說著，山梨頻頻點頭稱是，額頭開始冒汗。淑華也被火鍋熱氣蒸得有些昏眩：

「山家叔你剛說什麼？什麼滿映演員，不是說我只是唱歌配音的嗎？」

「我說得太快了。事實上，妳配音也算是臨時演員，到時候銀幕上還是會把妳的名字列上去。這只是形式上的。」山家亨有些慌張地避開淑華的眼神，頭兒轉向山梨，「你今天早先跟我說的滿映拍的幾部國策電影，故事性很強，但滿洲人接受度不高。在我看來，故事無非是要彰顯某種道德、義理，甚至愛國心，但在滿洲反而會收到反效果，像《壯志燭天》這部電影，一位農村青年痛恨土匪擾民，投奔滿洲軍隊，進而討伐土匪。結果在一次討匪中負傷，傷癒出院後回鄉變成英雄。但滿洲人眼裡，土匪有時等同於游擊隊，滿洲軍隊屈從日本軍，這種電影，他們看都不看一眼。國家認同分歧大，電影宣揚的那種愛國心完全得不到認同。《國境之花》也一樣，苦肉塑造出來的女英雄也得不到觀眾的認同。」

「山家兄的真知灼見，小弟深有同感，相信滿映上上下下也都這麼想，但沒有人敢說，只是悄悄地想在電影中增加歌唱的部份，同時規劃幾部音樂性的電影。可惜的是，滿映去年成立後就設了演員訓練所，11月開始招收練習生，今年三月、五月第二、三批學員陸續結業，但都不會唱歌。」

山家把兩眼轉向兩腮泛紅的淑華：

「所以要感謝李香蘭，感謝栽培她的⋯⋯奉天放送，⋯⋯她的音樂教師⋯⋯」

淑華知道山家叔接下來要提到她的雙親，覺得他醉得像淘氣的小孩，不自覺摀著嘴巴笑了起來。山梨見山家講話中氣渙漫，鄭重地看向淑華：

「因為李香蘭有一定的名氣，同時延續奉天放送的成果，將來妳在滿映現聲時，我傾向還是沿用這個名字，也會建議公司這樣做。」

「也好。」

淑華回到潘宅已近 11 點，兩位乾姊也已入睡。這麼晚才回來，她特感心虛，好像東娘在家裡準備把她叫來罵一頓一般。她刷過牙漱完口後躺在床上，但輾轉難眠。她本來想先玩個幾天再回家，但事情來得太唐突，心理一時難以調適。明天下午搭車回奉天應該沒有問題，山梨應該弄得到票。

到滿映唱歌一事，該不該告訴兩位乾姊？四年前剛來潘家時，基於一種謙沖，並未當面告知自己是奉天放送局歌手一事，不久李際春將軍在電話中把這種事情透露出來，當時心裡竟有種因刻意隱瞞而帶來的羞慚。她想著決定明兒一早便告知兩位乾姊這項訊息，她們一定會替她高興，也會祝福她回到自己的國度，不用再在中日兩國之間的矛盾中拉拔度日。她反覆思量李香蘭這個名字，此前多次在奉天放送局以這個名字錄歌時，放送局的同仁雖然直呼她李香蘭，而這個名字也常掛在節目主持人的口中，但她儘量避免自稱李香蘭，一出放送局，這個名字便像蒸氣一樣消散了。但一旦回到滿洲，支援完滿映再回到奉天後，放送局將是她的工作重心，不再只是閉室錄唱，應該會有很多露臉演出，甚至到處勞軍演唱的機會，李香蘭這個名號必然頻頻曝光，她據以和別人交際的機會也會大增。再來，到滿映臨時演出也一樣。滿映國策電影的製做和奉天放送局國民歌謠的錄製，都強調由滿洲人擔綱演出，對於滿映高層來說，李香蘭這個滿洲人的名字已相當程度的被使用過，如山梨所言，屆時幕後唱歌時，使用這個名字的可能性極高。離開學校踏進社會，迎接李香蘭時代，她感到惶惑、惶恐。

相處了四年多，姊妹要分離總是一把鼻涕一把淚，月華和英華原以為還可和淑華再相處幾天，如今淑華驟然離去，驚覺可能永遠別離，始知事態嚴重。淑華感謝兩位乾姊和潘家豐富的資源給她帶來難忘而多彩的學生時代，兩位乾姊想到淑華要替電影打歌，亦覺得與有榮焉：

　　「妳在唱的時候，彷彿我也在妳背後小聲地跟唱。」

　　「感覺上是我們三姊妹一起唱的。」淑華靈感穿腦，「在一起生活了四年，我的聲音早就有妳們的成份了。」

　　「真是聰明的回應。」英華突然抱著淑華，「這幾年我音樂成績進步，顯然妳的聲音也進入我的喉嚨了。」

　　三姊妹擁在一起，但抱不住即將到來的分別。

　　山家亭下午三點多開車載著山梨稔前來等候，待僕役提著三件行李過來，淑華也在西娘、兩位乾姊的陪同下趕來時，已經過了四點。來京四年多，第一次有人陪同返鄉，由於這一次所有物品都得帶回家，行李特多，山梨除了自己的行李外，幫她提帆布行李包，山家也提了一箱，較輕的柳條行李由她自己提。像已往東娘差人給她買的臥鋪票一樣，這次她也搭乘臥鋪。一間四床的小車廂，山梨睡在上鋪，和另一對華人夫妻同處一室。有了山梨作陪，她心裡安穩了許多。列車駛離市區後，夜幕低垂，山梨請她到餐車用餐，餐後各自回鋪休息，一夜無語，沒人干擾。

42. 搭車赴都 長官熱迎

　　山梨和淑華搭乘的北上列車終點在奉天，到達時已是清晨時分，山梨和香蘭下車後，隨著旅客走出月臺，隨即趲進車站，仰望掛在牆上的時刻表。山梨：

　　「我想搭八點鐘的火車，四個小時多一點到新京，正好是吃中飯時間。四天後妳也搭同一班次吧。」

　　「我晚一點去報到可以嗎？」

　　「也是 24 號。」

　　「對。回家探親四天太短了。晚一點報到的話，或許可以多個半天和家人相處。」

兩人看著時刻表，淑子討價還價一番最後敲定下午四點十分的鴿子號。山梨：

「這車子很快，到新京也已八點多。再晚就不好了。」

「謝謝。」

山梨把自己的行李寄存車站，給自己買了一張一小時後前往新京的車票，也給淑華，應該說是山口淑子買了四天後下午的車票，然後再到站外給淑子叫了一部馬車，協助她把行李搬上車，目送她搭車返家。

山口淑子回到家，家人自然非常高興，但四天後必須趕赴新京，因此忙著拜訪關心她的人。已升任奉天放送局企畫部長的東敬三對於李香蘭的滿洲新歌謠經新京放送局轉播後產生這麼大的效應，感到滿意，他也期許李香蘭支援滿映回奉天後做放送局全職歌手，不但可巡迴滿洲各地，甚至到日本內地或華北華中佔領區演唱。再來，現在滿映的山梨稔尋覓李香蘭就像當年自己終於找到她一樣，憨態可掬，東敬三想著不覺莞爾。

在淑子的心中一直是將軍形象的李際春，在政界轉了一圈後，如今成了瀋陽銀行總裁，對於李香蘭這個他取的名字隨著她的歌聲很低調地傳揚多年，如今又多了滿映這個據點，深感欣慰。以前人們是只聆其歌，聽其名，未見其人，如今人兒獻聲也現身，聲貌合一植入人心，就是一個完全歌手了。他賜予的名字的這種勝利，遠超過他打過的任何戰役。波多列索夫夫人就像當年鼓勵淑子到放送局唱歌一樣，鼓勵她前往新京滿映唱歌。她認為歌喉越唱越潤，即使流行歌曲也罷，堅守藝術的手法，還是能唱出不同於流俗的美聲。

拜訪過長官、長輩和老師後，淑子終於帶著他們的期許踏上新京之行。這一天早上，李宅司機張班長載著她和雙親暨總裁二夫人雪兒前往車站。

從乘客的服裝和言談看來，淑子落座的車廂顯然多屬日本人，他們有的看書，有的看外面風景，有的輕聲交談，似乎很在意吵到鄰座的旅客。淑子鄰座的老太太，一開始還會跟她聊個幾句，但不久便閉目假寐，淑子索性從背包取出山梨送的《電影旬報》打發時間。

新植不久，競相吐新葉的高粱瀰天遍野。望向窗外，被擦窗而

過的高粱田遮住視線後不久，列車稍稍駛離田園，盛受初夏陽光，熠熠生輝的高粱田又漫向天邊地角。進入眼裡的青紗帳在淑華的心裡逐漸擴大，她兩眼好似浮出窗外再騰空，看見列車在廣袤無邊的田野蹣跚前進。

車子接近四平市時，不少旅客拿出自備的便當或飯糰食用，淑子帶有小便當，但很懷念北京的冰淇淋。到了四平站了，上下車的旅客不多。車窗外，夕陽餘暉熔進月臺屋棚下的陰影中，棚簷和柱子熔光煥發，有些刺眼，小販紛紛提高挑來的食品爭取生意。列車共七八節車廂，站務員只准三四個攤販上車，兩個小販相繼進入淑華的車廂，只有兩三個人買汽水或零嘴。她打開餐盒，吃了一個冷涼的飯糰，有點想喝汽水。循著攤販離去的方向走了過去，經過兩節車廂才看到攤販。

一陣歡聲乍然響起，車廂盡頭一位老人拉動琴弓，〈虹彩妹妹〉的弦律響起，三位大小不一的小朋友，「虹彩妹妹嗯唉喲，長得好那麼嗯唉喲，櫻桃小嘴嗯唉喲……」唱了起來。

淑子回到座位，用紫菜飯糰、鮪魚壽司和汽水填飽肚子時，腦裡響著那節車廂的歡樂歌聲。拉胡琴的老人，雖然沒留辮子，但滿頭銀絲還是讓她想起頤和園裡的黃公公。她按捺不住心裡的騷動，把雜誌收好後站了起來。她走到那節中國人坐的車廂，小朋友正隨著老人的琴音唱〈鳳陽歌〉。

「說鳳陽，道鳳陽，鳳陽本是好地方，自從出了朱皇帝……」

〈鳳陽歌〉，她從潘家幼兒學來，她再熟悉不過了，也時常自得其樂地哼唱。一次還在學校被溫貴華考倒。一個初秋涼爽的午後，在回教室的走廊上，

「妳很喜歡這首歌。」

「唱起來順口，而且歌詞還滿有味道。」

「妳唱到『自從出了朱皇帝』，朱皇帝是誰，妳知道嗎？」

「朱元璋。」

「不對，是日本軍人。」

淑子冷不防，看著貴華帶著諷意的眼神，以為自己日本人身分被她看穿，旋即回神過來，和貴華相視而笑。

淑子想到這兒，看著小朋友天真的神情，知道他們不會做這方

面的聯想或解釋。小朋友繼續唱：

「大戶人家賣牛馬，小戶人家……」

聲音嘎然而止，顯然是忘了詞。

「小戶人家賣兒郎。」

淑子帶動唱，停止的琴音也開始跟上。

「奴家沒有兒郎賣，身背花鼓走四方。」

淑子唱完，老人和三個小孩都看著她笑。隨後老人再度拉弦，邊拉邊唱，四個少小同步開嗓，吸引了鄰座不少目光。唱畢，顯然是大姊的小朋友把小妹抱在自己腿上坐著，笑著請淑子坐下來。淑子猜他們可能是祖孫四人組，但不便探問，只知道他們前往哈爾濱。小姊姊撇頭看了淑子一眼：

「這位姊姊唱歌真好聽，要不要妳來拉，帶我們唱。」

「這胡琴，我沒怎麼練過。」

雖然這樣說了，老人還是把胡琴遞給她，她試了一下音，心裡哼著〈鳳陽花鼓〉的譜曲，隨後邊拉邊唱邊頷首，一老三小也跟著唱起來。小男生中氣十足，唱到最後「得兒啷噹飄一飄，得兒飄，得兒飄，得兒飄得兒」時特別大聲。一老四小同聲共氣，節奏分明，好像真有鑼鼓在敲動一樣。有人給了掌聲，淑子不好意思地把胡琴還給老人。老人彈起了黃梅調，淑子對這曲調不太熟悉，只好配合小朋友的歌聲打拍子。老人把琴擱在一旁，開始話家常。淑子只說自己前往新京找朋友，多談在北京求學的事，得知老人的兒子在哈爾濱事業初成，要他帶著孫子前來團圓，很替他高興。

公主嶺是綠意盎然的城鎮，但此刻已完全被昏黑吞沒，列車滑過泛著昏暗燈火的低矮街屋，好似船過水無痕，淑子想到還在原車廂的行李站了起來，說了一聲後便離去。淑子提著柳條行李回來後，老人已拉出新曲，同樣是黃梅調。

「桃花明媚牡丹艷，家家戶戶慶團圓，老老少少喜歡天，穿上新衣過新年，穿上新衣過新年。……」

歌詞都是中國人的家常用語，淑子也感受到了歡樂氣氛。老人再彈第二遍時，淑子剛弄熟了歌曲的詞性和調性，加入演唱陣容後，把新年的歡樂傳達出去，給乘客留下很好的感受。

新京終於到了，淑子依依不捨地向祖孫四人道別後，周邊的乘

客也都向淑子揮手說再見。淑子提著柳條行李下了車，再隔著車窗向車內人再次揮手，老人又拉了幾段黃梅調當做道別，淑子握了幾隻伸出來的手，列車滑動，淑子繼續揮手，隨後見四五個男士在恍惚的燈光中飛奔過來。滿映理事長特助山梨稔加快腳步：

「就是她。李香蘭小姐。」

其他人快步跟上後，山梨稔忙著給她介紹，理事根岸寬一、研修所所長近藤伊與吉、製作部次長牧野滿男、導演上野真嗣、攝影池田專太郎，他們有的戴鴨舌帽，有的戴紳士帽，把淑子腦子攪得一團亂。在一團混亂中，她的行李由誰代勞，她也搞不清楚。最後只記得製作部次長戴眼鏡，姓牧野，名字一時也記不起來。山梨：

「記得我是給妳買軟座的車票。」

「我看到中國人的祖孫唱歌覺得很可愛，就過去跟他們一起唱開了。」

「我們在一等車廂的月臺等了好久，向車窗探頭探腦的，沒找到人，原來妳在這裡，還跟那些中國人揮手道別。」

前來歡迎的幹部拱著淑子開始移動，理事根岸寬一回頭望向淑子：

「滿映的演員就是要像妳這樣有日本心滿洲情，走出日本人車廂和中國人，或者說滿洲人打成一片，讓日滿融為一體的人。」

根岸說完，大家都呼應說好，淑子感覺有些不對：

「我是來唱歌的。」

「唱歌的也算演出人員，就算是搬道具的最後也會出現在片尾演出人員表裡頭。」牧野滿男橫移兩步，靠向淑子，「我們滿映現在就開始稱呼妳李香蘭，好嗎？」

「也好。我一個人前來，大家勞師動眾前來歡迎，有點承受不住呢。」

「待會還有節目。」

「節目？」香蘭邊走邊看牧野，「這麼晚了。」

「歡迎宴。我們都知道妳還沒用晚餐。旅途辛苦，乾脆再累一點，到頭來好睡，也不用餓到肚子。」

牧野說著，走在前頭的根岸一夥都稍稍回過頭關心一下。香蘭這才覺得有些飢腸轆轆。

一行人出車站慢了點，月臺地下道的旅客已不多，步上階梯到了第一月臺，通過收票閘口，一行人終於步出車站。

　　兩層綠瓦紅牆，向兩邊的黝暗拉長的希臘式車站主體建築吸引她的目光，像長城一般趴在地面的車站中央大廳上面加蓋一層，浴在燈火中，十分顯目。她來到新京的印記明確，北京車站、奉天車站的影像同時在心裡呼喚出來。站前廣場，汽車、巴士和馬車各自排列成隊，李香蘭眺望這坐新的城市，街頭意象在她心中重新洗牌。在北京四年，被厚重的古舊建物、城門封住的街頭，如今又舒展成被夜幕籠罩的圓形廣場。為數不少的汽車、馬車繞行廣場後又隨著街燈奔向輻射出去的大道。果然是新興的都市，街路上，行人、人力車、自行車少了很多，質感厚重的車子帶動街道新氣象。

　　大家分乘兩部車繞過北廣場後，直駛大同大街，這兒的道路更加寬闊，簡直像廣場，道路兩旁浮在灰黑路樹上的街燈在道路盡頭聚合成光團。人行道除了路燈外，已不見奉天、北京一干大城市常見的在半空中密織電線的電線杆，這座新興城市在興建之初就把電線、煤氣管埋在地下的傳聞一點也不假。車子很快就到達她歇腳的地點，僅僅數分鐘的街頭瀏覽讓她印象深刻，前所未見的寬廣的大道中間種植了三四行路樹，五六層的新式建築寬鬆地沿街配置，完全沒有一般大城市常見的老房舊屋壅塞的情況。這座新城市真是百聞不如一見。

　　康德會館是棕色，外牆厚實的寬體五樓建築，一行人穿過圓形拱門進去後直登三樓客房，登記了一個房間把李香蘭安置好後已是晚上近九點。根岸寬一給了她幾張紙：

　　「這是日本電影《のぞかれた花嫁》[1]的簡介，標題旁邊還加註「被偷窺的新娘」中文譯文，另外這兩張是電影主題曲〈のぞかれた花嫁〉、〈二人は若い〉的歌譜。」

　　淑子看了一下：

　　「這跟我要唱的歌有關嗎？」

　　「這次我們滿洲映畫把這個日本電影搬過來演，主題曲也一樣，但歌詞會改為中文。」

　　淑子看了一下，〈二人は若い〉這首歌的日文標題下面用鉛筆寫著「我們的青春」，日語歌詞下面也都用鉛筆書寫中文譯文。另

一首〈のぞかれた花嫁〉，標題下寫著「甜蜜的新婚」，但歌詞還沒翻譯過來。

　　根岸等人囑她稍事休息，半小時後參加地下一樓餐廳的歡迎宴後始離去。淑子躺在床上把歌譜哼了一下，再把電影的介紹看了一下，由星玲子和杉狂兒主演，也不過才演了三年。

　　歡迎李香蘭的餐會在康德會館地下室餐廳舉行。山梨親自到她住宿的三樓房間帶她搭電梯下去。山梨提醒她：

　　「以後妳在這裡就叫李香蘭，回奉天再使用山口淑子。那，待會專務理事林顯藏會來，留著八字鬍的。」

　　淑子看了山梨一眼，大大的眼眸轉動著理解和接受。山梨繼續說：

　　「剛剛和林專務、根岸理事談了一下，不久前大新京日報曾在討論滿洲新歌謠的文章中提到『李香蘭』的名字，加上奉天放送用這個名字建立的形象，現在公司高層決定繼續使用這個名字。」

　　「唱完歌後在電影銀幕上顯示這個名字？還是在工作上……」

　　「生活上，工作上，對內對外都這樣稱呼。」

　　「知道了。但是只為一部或幾部電影唱幾首歌就這樣隆重其事。除了《被偷窺的新娘》這部電影，還要唱那幾部電影的主題曲？」

　　「這一點就要問那些理事了。另外，滿映行事風格向來嚴謹，稱呼上也一樣。用藝名直呼演員是一種尊重，現在公司演員普遍還沒使用藝名……」

　　家不在這裡，沒有人叫我淑子，我現在在這兒就完全變成李香蘭了。唱完這部電影或其他電影的主題曲回到奉天後，也只在放送局被稱做李香蘭，山口淑子才從潘淑華那兒取回失落已久的身分，現在又要讓渡給李香蘭，她想著不禁對自己的名兒有了一份鄉愁。

　　餐廳的三四桌客人已開始散去。滿映這一大桌，昨天到車站迎接她的導演和攝影師已到場，也有幾位陌生面孔。大約過了十來分鐘，專務理事林顯藏也在理事兼製作部長根岸寬一、製作部次長牧野滿男和研修所所長近藤伊與吉的陪同下來到現場。林顯藏留著八字鬍，在這個小團體裡面，儀表自然出眾。他站起來面向對面的李香蘭：

　　「李香蘭小姐？還是第一次見面。」

李香蘭站起來答禮：

「是。」

「今後滿映諸多事務還要妳多多幫忙。」

「我一定全力以赴。」

香蘭說著大家都笑了起來。林顯藏：

「妳過來一下。」

香蘭愣了一下，走過去後，林專務繼續說：

「這兒的貴賓也有滿洲人，我現在講話，妳幫我翻成華語。我們現在要拍的電影《蜜月快車》，理事長金璧東，這兩項我都用中文發音。」

香蘭被弄得有點糊了，《蜜月快車》是不是就是根岸理事說的《被偷窺的新娘》，「被偷窺的新娘」是忠實的譯名，或許只是暫時的譯名，剛剛拿到的電影簡介，但還沒有時間看，或許「被偷窺」只是笑鬧一場，事後反而更甜蜜，主題歌〈被偷窺的新娘〉才會直接翻成〈甜蜜的新婚〉，那電影名稱從《被偷窺的新娘》改譯為《蜜月快車》也是理當如此。香蘭胡思著，林顯藏專務開口了：

「理事長金璧東上任後，有要事回旅順處理，一直以來這兒便委託我經營。現在滿映要開始籌拍比較輕鬆的電影《蜜月快車》，很高興重要劇組人員都在場。改天我們會辦一場正式的開拍慶祝酒會，所有劇組人員都會到場，今天我們主要是歡迎奉天放送局的當家歌手李香蘭小姐。」林顯藏說到這兒，「請大家輕鬆享用這個晚餐。」

香蘭就專務委員的話分兩段翻成中文，翻到「歡迎奉天……李香蘭」時有些尷尬地指了一下自己，舉桌又輕輕笑了起來。林顯藏從口袋取出一張紙，拿給鄰座的牧野滿男，牧野對照紙上名單和在座賓客，發覺無誤後，把名單還給林顯藏。林顯藏又把李香蘭叫近來一些：

「請妳依照名單名字的順序，日本名先用日語唱名，再用華語念一次，滿洲人名，先用華語唱名，再用日語念一次。注意唱完一個人名，停一下。」

「林顯藏，林顯藏。」

香蘭先後用日語、華語唱完專務理事的名字後，林顯藏站了起

來向舉座鞠躬。

「我這個名字林顯藏，很多人以為是中國人名。」林專委特地用中文發音念了一下自己的名字，「請各位多多指教。」

李香蘭一個個唱名過後，才確認陌生面孔杜寒星、張敏、周凋和張奕都是滿籍人士，他們被呼到名後立刻站起，報了自己的名字後旋即坐下。香蘭想應該是《蜜月快車》的主要演員吧。香蘭唱完名回到座位後，林顯藏：

「這次演出的電影，請李香蘭小姐唱歌，結果歌還沒唱，給大家唱名也很好聽。」

李香蘭回到自己的座位後稍稍鬆了口氣，女侍端來豬肉燉粉條、滿洲溜肉、雞血白肉湯……幾道菜，陸續端進餐桌的轉盤上，隨後麒麟啤酒和蘇格蘭威士忌也端上桌面。由於是大圓桌，賓客的手和筷子不夠長，隨桌女侍不斷轉來轉去給客人舀湯、斟酒。

導演上野真嗣舉杯招呼大家向林顯藏敬酒後，林專務也開始打通關一個個敬酒，這時香蘭才知道她右手邊三位滿洲演員再過去的重松周是編劇。林顯藏專委左手邊，剛剛好像也來車站接她的近藤伊與吉是研修所所長。幾片肉片下肚，冰涼啤酒入咽，香蘭想到這麼多人為了她空腹，或只吃一點，到了晚上九點多才進晚餐，覺得有些不安。

林顯藏臉頰泛紅，隔著近藤向牧野滿男舉杯：

「星野子現在還好吧？」

「還是忙著軋戲，才出道沒幾年，現在就有點倦勤了。」

「不會吧。大概是累了說說而已。不過還是很感謝你們夫妻倆對日活高層的疏通，授權讓我們拍《蜜月快車》」林顯藏面朝近藤所長，兩眼瞬向香蘭，「我看就由她試試看好了。」

「上野導演確定要把侯小姐換下來，我也覺得李小姐會很好。」

「侯小姐由妳來安撫好了。」

「這個嘛？」

「你是研修所所長。她也算是你的學生。老師出面比較能達到安慰的效果。」

近藤所長默默點頭，林顯藏於是把臉孔轉向根岸寬一：

「李香蘭就暫時住康德會館，畢竟離公司近。不過基本上是辦

公大樓，下班後都沒有人，不知李小姐會不會不習慣。」

「如果習慣了，沒有什麼狀況，就繼續住，畢竟離公司近。」

根岸寬一說著側眼瞟了一下，相信正和山梨說話的李香蘭聽不清楚他和林專務談些什麼，再面向林專務繼續說：

「她能唱，又沒有語言障礙，可以替導演、編劇省掉很大的心力。侯小姐的失敗，我看一部份是語言的障礙。我預計李小姐會一砲而紅。」

「不過有一點，不知你老哥有沒有注意到。李小姐個頭小了點，在杜先生面前會像個小孩子。」

林顯藏雖然講得很小聲，也知道杜寒星聽不懂日語，但下意識作祟，還是瞟了杜一眼。根岸沒有回話，近藤伊與吉：

「笑鬧片嘛。男女主角高矮明顯對比，反而有滑稽感，增添戲劇性。」

「老師說得也是……」

林顯藏有些自言自語地點了兩下頭，看向對面正和山梨交頭接耳的香蘭。

陸續來了兩桌吃宵夜的客人，這個地下餐廳開始嘈雜，香蘭聽不清楚林專務委員他們講些什麼。林專務把導演上野叫過去說悄悄話時，她自然不知道正在談論她。她坐在最熟稔的山梨稔和一個滿洲男演員中間，她和山梨閒聊時得知，由於滿映借將，新婚不久的山梨只得離開東京的東寶和嬌妻，跨海來到滿洲。坐她旁邊的周凋鼓起勇氣：

「李小姐，那些日本人長官好像特別器重妳。妳是他們特地請來演那部戲的女主角的吧？」

香蘭心頭一震，看著隔壁濃眉大眼的周凋：

「不是，我只是來唱主題曲的。你是？」

「我叫周凋，演員訓練所三期，今年五月結業。他們都說我適合演農夫、莊稼漢。」

「你適合的角色應該很多。」香蘭看著周凋樸實的臉笑了起來，「你適合在演技上發展。」

「謝謝。妳日文說得這麼好，是怎麼學的？」

香蘭心思轉了一下：

「我父親是日語教師。」

「怪不得，我考進滿映以前也是英語教員呢。」

「真的。太棒了。有機會我會向你討教。」

兩人繼續聊，聊到《蜜月快車》的角色，見香蘭不太願意聽，周凋談到了老家奉天省昌圖縣，香蘭也說自己在奉天市長大。

「那我們算是小同鄉了。」周凋指著斜對面，和編劇重松周交談的杜寒星，「他是內定主演《蜜月快車》男主角的周寒星。我們的編劇也懂一些中國話。」

「這樣啊？《蜜月快車》拍得怎麼樣了？」

「目前只是試鏡階段。聽說女主角也試了一兩位。」

「來了沒？」

「我知道一位是將軍的女兒。可能有事沒來。」

這次餐會可說是小型的《蜜月快車》開拍宴，要角都齊了，獨缺最重要的女主角。李香蘭原先以為坐在周凋旁的張敏出演新娘，先是覺得她年紀大了些，不適合演新娘，繼而從周凋口中得知張敏飾演由他扮演的實業家的太太，於是問題又回到原點。在座的三位滿籍演員都以為她也是女主角人選之一，聽到香蘭澄清自己只是來唱主題曲後，就不再提這件事。看來滿籍演員雖然滿腹狐疑，但處在日本人的屋簷下，一向謹言慎行，任何可能發展成流言的話題，他們都會迴避。

晚宴氣氛熱絡，結束時已近午夜 11 點半，香蘭一路舟車勞頓，酒足飯飽後很快便入睡，第二天醒來才七點多一點。山梨說要帶她到攝影棚參觀，或許會順便試音吧，於是把那兩首歌又輕聲練了一遍。

註 1：《のぞかれた花嫁》，日本日活電影公司 1935 年 10 月完成的電影，由杉狂兒、星玲子主演。主題曲〈二人は若い〉，古賀政男作曲，佐藤八郎作詞，另一主題曲〈のぞかれた花嫁〉，原曲為美國民謠「Turkey In the Straw」，由古賀政男編曲，玉川映二作詞。

43. 被騙試鏡 主角上身

九點半，香蘭在康德大樓樓下大廳等了片刻，山梨進來了。兩人相偕出去上了車。車子由山梨駕駛，後座坐著根岸寬一和牧野滿

男。牧野大談他在日本日活多磨川製片廠的舊事，根岸也回饋以前在東寶的趣事。車子從大同大街經中央通繞過北廣場後轉入和泉町。香蘭再次見識到街道寬闊整潔，像公園般的街區。三人中，山梨對香蘭比較熟悉，但開車時似乎有些緊張，除了沒和她交談外，碰到一點狀況，「不好意思」和「對不起」便脫口而出。根岸：

「山梨兄！轉任總務部長開心吧。」

香蘭「哦了」一聲，望向旁邊的山梨，只見他顧著開車，嘴角掛著笑容。

「理事長金璧東確定不來了。山梨現在辦公的理事長室計畫改為總務部，山梨依舊會在那個房間辦公，再把會計、出納弄進那間辦公室。」

根岸說到一半，香蘭才知道根岸理事是說給她聽的。香蘭：

「山梨部長恭喜了。」

「謝謝。」山梨兩手扶著方向盤，神情有些緊張，「李小姐，聽聽就好，別當真，那只是長官茶餘飯後聊出來的。」

車子跨越平交道後，車行顛簸了起來，幾間廢棄的房舍和剩下殘壁的舊樓益發讓人感覺荒涼。

「這是以前俄國人住的社區，中國名字叫寬城子。」

山梨第一次回過頭對香蘭講，香蘭一時不知道該怎麼回答：

「俄國人都跑走了。」

「大都跑到哈爾濱。應該是這樣。」

車子穿過幾間山形屋頂，煙囪突出的俄式民房，駛進一座高大，屋頂正面呈山形起伏，彷若倉庫的大房子前面，停在一輛巴士旁邊。山形頂建物旁邊還有一座更高大，更像倉庫的建築。

香蘭舉目望了一下，一整排鐵軌在山頂建築前十來米處全部截斷，弓成弧形，旁邊堆滿了拆下來的鐵軌、半棄置的維修車和臺車。

背著相機的根岸理事下車後往後走了幾步，招呼大家過來。

「來這兒拍一張。就站在這塊木牌旁邊。」

香蘭望了一下木牌，木牌在滿映全名旁邊寫著斗大的「寬城子攝影所」六個字。根岸拍完照後入列，請山梨出列給大家再拍一張。拍完，香蘭回過頭：

「這是車站嘛！前面還可以看到月臺。」

「不錯。」根岸把相機拿了過來,「以這個舊車站為背景再拍一張。」

大家於是擺了 pose 讓他拍一張,隨後香蘭主動給三位長官合拍一張,皆大歡喜。根岸和牧野邁開步伐後,山梨和香蘭跟在後頭:

「這座山形頂建築－寬城子攝影所就是以前的機車庫。前面一棟穹頂建築是從以前的月臺加蓋起來的,用來做演員訓練所,裡面設有教室、男女演員宿舍和餐廳。」

香蘭視線從有人進出的穹頂建築移向山形頂的攝影棚:

「車庫這麼大?」

「是給火車頭休息、修理的車庫,不是一般巴士或汽車的車庫。後面全都封住了。」

「演員就住在隔壁那一棟?」

「是第一期的演員住這兒。第二三期演員還是住在總公司附近的宿舍。不過拍棚內戲時,都要來這邊。」

「我搞糊塗了。」香蘭看向山梨,「這兒不是滿映總公司?」

「總公司在日本毛織大樓,就是昨天大家一起用餐的康德會館北邊的那一棟。那邊的研修所也設有演員訓練所。也就是說,寬城子這邊的演員訓練所也歸研修所所長近藤伊與吉管理。」

香蘭想著有些頭痛,原來滿映早已一分為二,兩邊都有演員訓練所,大同大街所在的總公司招了幾期學員?罷了,別想太多了。

一行人走進攝影所,立刻被巨大的昏暗包住,從天花板高處交叉投射下來的燈光射到地面時已經變弱,只能描出部份器物的輪廓。香蘭看到了一個浮在一片茶色布幕前面的鋁製架子。山梨從她左邊閃到她右邊,把她擠離小軌道。香蘭:

「小心別撞到。」

「我就是怕妳撞到。」

香蘭望向臥在鐵軌上面的小臺車。

「那是什麼車子?」

「軌道攝影車。」

喀的一聲,倉頂樑桁間更多燈光射了下來,香蘭感到刺眼的同時,「來了。好!快進來」的聲音傳了過來。講話的導演上野真嗣隨即出現在她眼前。

五六個人簇擁著香蘭走進化妝間。裡頭一位中年人：

　　「這兒請坐。」

　　話還沒說完，上野大刺刺地壓下香蘭的肩膀，她隨即坐下，面對一面大鏡子。隨隨便便碰觸女性的身體，不就是導演上野嗎？她怒在眉頭悶在心。中年化妝師給她圍上化妝巾後在她臉上塗上一層乳黃色乳液。待乳液被皮膚吸收後，再給她畫眉毛、眼影，敷上腮紅，塗上口紅。上野等得有點焦躁：

　　「化好了嗎？那好。」

　　香蘭張開眼睛，向鏡子瞬了一下，發覺臉「畫」得很濃，正想表示意見，又被眾人擁著出去。

　　「要唱歌了嗎？唱那首〈我們的青春〉嗎？」

　　香蘭說著心頭開始抗議，只瞄了一眼歌詞，譜子根本就沒哼過，就要試鏡展喉？

　　「用妳的眼睛、表情唱歌。」

　　香蘭不太能理解牧野說的是玩笑話，還是另有深意，惶惑著走出攝影棚，一架高大的攝影機已經在等著。太陽有點辣，臉上的化妝有點水融融的，教人怎麼唱歌。她依攝影師池田專太郎的示意，在攝影機前止步。池田：

　　「李小姐，看這裡。」

　　香蘭愣著時，五六人已經湧到攝影機後面了。池田：

　　「看這裡，臉朝左邊一點。再左一點。好。現在朝右看，再右一點，笑一個。」

　　香蘭照做，感覺渾身不自在，也看到上野把池田擠開，從攝影機的觀景窗看了過來：

　　「眼睛向下，含蓄害羞地笑開，不要露齒。好。手插腰，向上看。下巴抬起斜眼看過來。」

　　上野下指令的當兒，根岸、牧野也讚不絕口。現在上野把攝影機讓給根岸看，繼續發號施令。拿著根岸相機的牧野也拍了幾張照。

　　「現在開懷笑，想想開心的事情盡情笑。」

　　香蘭笑得幾乎嘔出來，上野又叫了：

　　「現在不是想到自己開心的事。想想旁邊有一位美男子，妳含情脈脈向他拋媚眼。」

香蘭任人擺布，苦不堪言，在眾目睽睽之下拋眼，牧野說的「用眼睛、表情唱歌」不就是東娘說的賣笑嗎？

「太美了。很上鏡頭。」

根岸不說還好，這一說反而觸動她的肝火。她很想罵人，看到山梨投射出擔心她翻臉的神情，還是忍了下來。

「這不是試鏡嗎？不是說好讓我唱歌的嗎？」

香蘭說著慍意轉成抱怨，牧野次長一干長官又有新的發現：

「這樣鎖眉繃著臉也很好看，來，做出非常生氣的樣兒。」

香蘭又氣又好笑，竟忍俊不住噗哧笑開。眾長官鬆了一口氣，導演上野真嗣喝令：

「好！現在像新娘一樣，好像穿著新娘裝慢慢走過來。」

香蘭忸怩走了三步後鎖住腳尖。

「繼續走，誰叫妳停下。」

被上野吼了一下，香蘭還是不動。上野把臉抽離攝影機：

「看妳這樣子好像打翻玩具盒的小孩子。上鏡頭，心情放輕鬆，事情沒這麼嚴重。既然妳會唱歌，就由妳來擔任女主角了。就這樣決定。辛苦了。」

香蘭懾於導演的威勢，一時不知如何回話，於是又被眾人哄著進入攝影棚。香蘭感覺自己的心志被七八個人的意志支配著，進入偌大的會客室後，編劇重松周拿著兩本書和一個布袋交給香蘭：

「這本是《被偷窺的新娘》的日文劇本，這本是《蜜月快車》劇本。《蜜月快車》就是以日本片《被偷窺的新娘》為本翻拍的。妳飾演淑琴，回去好好讀一讀，把臺詞背一背。對話都很簡單。」

香蘭接下兩本劇本，心情平復了些，她翻了一下，發覺《蜜月快車》內文還是中日對照，眾人見香蘭接下了書，認為她已入彀，於是更加放心。根岸：

「《被偷窺的新娘》三年前在日本拍攝，女主角就是我們製做部次長牧野滿男的夫人。」

「星鈴子是尊夫人？」

香蘭說著睜著一雙金魚眼望著斜對面的牧野。牧野咧著嘴笑：

「妳會演得更好的。一切包在我身上。」

「最重要的角色確定後，就可以開拍了。」根岸神閒氣定地把

香煙按在煙灰缸撚熄。「演新郎的杜寒星和另外兩個重要演員周凋、張敏，昨天吃飯時都見過面了。故事很簡單，描述這四五個人在火車上的互動、發生的一些趣事。明天下午在研修所開劇組會議。屆時上野導演會做更詳盡的說明。上野，你有什麼要說的嗎？」

「是這樣。這是喜劇，是笑鬧劇，也是歌唱片。無論劇情怎樣鬧開，最後都會回歸悅耳的音樂、美麗的歌聲，洗淨觀眾的耳目。」上野站了起來，高大的身形邁出闊步，「我們到外面好了，讓我們的新娘看看她的蜜月臥房。」

大家走出會客室，攝影棚的燈光再次亮開，上野走到布幕前面時，工作人員把布幕拉開，揭開上鋪架有梯子，兩組相對的雙層床鋪。上野面向香蘭：

「這就是妳的蜜月臥房，剛剛理事長提到的包含妳的四個人就住在這裡，這是補拍片子用的。所謂蜜月快車並非真的有蜜月臥房，新婚夫妻和其他旅客同在這個小臥房，才會有故事發生。如果夫妻倆一直關在自己的房間，情節就展開不了了。」

「西方人的列車才有雙人臥房，也才能在火車上度蜜月。」根岸理事把紳士帽往頭上戴，「畢竟東方人比較刻苦，結婚也一樣，所謂蜜月指的是旅館住宿，坐在車上就享受不到這種浪漫了。」

隨著眾人會心笑開，上野向左走了兩步，把眾人的視線移向緊靠仿列車車窗的幾組低矮的餐桌：

「這也是車廂餐車的佈景，也是用來補拍用的。我們的新娘李香蘭，看了有什麼感想？」

「拍片是這麼遙遠的東西，現在突然跨進了一點點，但還是……」

香蘭講著喉頭好像噎住了。被騙後心生的不滿和突然加身的第一女主角的壓力，攪渾了她的心思。她心裡抗議著時，第一女主角的冠冕釋出的誘惑也開始蝕向她心裡。眾長官聞言會心笑開，都講些鼓勵的話，而山梨稔也鬆了一口氣。

「今天就到此為止。大家收拾自己的東西準備搭車回公司。」

根岸一聲令下，大家都散開，有的現場善後，有的去取回放在會客室或其他地方的物件。山梨取回公事包後追上香蘭：

「妳還好吧？」

香蘭「嗯」了一聲，任由裝著書本和提包的布袋在移動的兩腿上擺動。她頗能體諒山梨稍早前開車時的焦慮。現在她終於明白，要她來演電影是滿映理事層級長官的決定，只是由山梨出面用唱歌為由引她入彀。如果她堅持不拍片，最後連歌都唱不成的話，山梨對長官可要承擔任務失敗的怨尤，對她也要背負著欺騙的罪名。當然替長官頂罪的他也會比別人承受更多良心的譴責。她現在決定默默承受這份責任，但不曉得幾天後會怎樣，尤其是上野導演脾氣壞，自己實在不敢保證在這陌生的領域工作會很順利。

　　兩人走出攝影棚後向右轉，站在訓練所旁邊，迎面而來的是沐在陽光下，一間間好似在樹林中追逐的俄式住宅。香蘭：

　　「從這兒看過去，俄國人社區還真大呢。那些房子還有人住？」

　　「滿映在這兒並不寂寞。俄國軍隊撤走後，變成中國軍隊的營房，現在改由日本鐵路守備隊進駐，裡面的一所小學最後也變成日語國民學校。」

　　「還住了不少人？」

　　「有不少日本家庭住在那兒，社區的形態還在，有商店、餐館，軍方的俱樂部也委由民間經營，滿映的導演、演員拍片累了，也會到那兒喝幾杯。」

　　有人開始進入巴士，山梨也走到汽車車門邊繼續說：

　　「這個社區大體由日本人接手繼續存在，可惜這個車站被廢了。」

　　「前天是俄國人，昨兒是中國人，今天是日本人，聽起來很浪漫，實際上很殘酷。」

　　「是啊！歷史的宿怨，民族之間的不愉快，所以現在的政府提出五族協和的對策。當然這種口號能不能實現……」

　　山梨說著望向遠方，眼露迷惘，話也沒說清楚。香蘭有點後悔提出這個問題。山梨臉兒轉了回來，變得有神，繼續說：

　　「垷在俄國人在哈爾濱很多，也都安居樂業，我們滿映，日本人和滿人，或者說是中國人，也都一起工作，相處愉快。」

　　「你們倆怎還不上車？」

　　牧野的聲音從後面追來，山梨和香蘭次第上車後，牧野和根岸也開了車門入內。車子滑出後，坐在後座的製作部長和次長的話沒

像來時這麼多，只談一些生活上和街頭見聞。根岸知道香蘭的允諾並不牢固，擔心她被公司或拍片的談話激刺後有所反悔或另有異見，他尤其擔心牧野快人快語引發她心裡內戰。山梨也深諳此點，但一時找不到好話題：

「新京住得還習慣吧？」

「還不到一天，只能說印象還不錯。這個城市實在像一個大公園，怎麼看都是花花綠綠的。日本東京有這麼優雅嗎？」

「東京人多還是很熱鬧的。基礎建設要從新翻修，比如管線埋在地下，還是有很多阻力，不像這個城市新市區，全部按新觀點規劃，沒有太大的阻力，幾年之間從無到有，變成一個典範。」

「哦，對了。我們剛剛在的寬城子車站。你說已經廢了。可是奉天直通哈爾濱的鐵道不也經過那個站嗎？」

「路線改變了。由一個什麼站取代寬城子，一時想不起來。」

「叫做小南站。」

製作部長根岸的「小南」用華語發音，有些走音，香蘭一時聽不出相對應的漢字。

「消南，什麼消南？」

「ko minami，ko 小的意思」

「哦！小南。瞭解了。」

「李香蘭小姐。」製作部次長牧野像發現了什麼，「妳對滿洲的地理還真有概念呢。」

「我在北京讀中文學校的時候，那時候的中國政府還是稱滿洲為東北地方，課本這樣寫，老師也這樣教。」

香蘭碰觸到比較敏感的問題，牧野覺得和她只是初識，不想繼續這個話題，車內又陷入沉默。根岸寬一：

「待會我們還是在康德用餐，用完餐後，李香蘭小姐略事休息一下，我們四人一起去大新京日報看一下。」

「我不去可以嗎？」

「我剛剛在寬城子跟他們電話聯絡好了。妳才是主角，他們要看的就是妳啊。」根岸等大家的輕笑平息後繼續說，「大新京日報一直很關注我們滿映的消息。他們一定會問到妳為何出任這部片子的女主角，和妳的一些身家問題。身家問題，妳就堅定認定自己是

『李家』子弟，別把『山口』扯進來，避重就輕，輕描淡寫，多笑就可以了。至出演電影這方面。我們的『包在我身上先生』牧野次長是這部電影的製作人，近藤老師，妳昨晚也見過了，他的輩份很高，可以說是這兒的總教練。妳就說他們兩位聽到妳在奉天放送局唱的歌，要妳出任主角的。」

　　一個上午被長官這樣擺布、灌輸，她有些不是滋味，中午進餐時便有些不對味。想想，剛才被內定為女主角，結果長官就在寬城子用電話和報社敲定拜會行程，其中必有蹊蹺，很可能是山梨確認她會前往滿映報到後，滿映長官吃定她單純無依，認為她一定會乖順地出任女主角，乃逕自和大新京日報敲定行程。

　　她越想氣越虛，共餐時，那些長官雖然十分貼心，但他們畢竟是這家大公司官僚體系的重要一環，先隨順一段時日再徐圖改變，才是良方。下午前往報社時，她一開始有些慊慊的，但與對方總編輯和記者互動過後，本著與人為善的初衷，整個過程是有說有笑。

　　從報社出來，三位長官商議了一下，決定讓香蘭先回康德會館休息、讀劇本，車子轉到康德，李香蘭下了車，山梨也下車手指前面白色的日本毛織大樓，要她明天準時到那兒二樓上班後，香蘭終於脫身，長官也鬆了一口氣。

　　第二天雖然早起，她覺得精神還好。九點上班，十點試歌，她乾脆先把那兩首歌中〈我們的青春〉的中文歌詞記熟，練了幾遍後，對著窗戶直接唱出來，聽起來蠻悅耳的。另一首沒有中文歌詞，她只好以日語唱。8點40分，她拎著皮包下樓，和幾名上班裝扮的男子擦肩過，下了樓，男多女少的上班族依舊陸續穿門進來，除了幾位在會客廳的沙發落座談事情外，多數上樓或往左右兩邊廊道移動。看到市民的大量移動，香蘭有些不安，於是走向服務臺看著服務小姐：

　　「這麼多人進來，幹什麼啊？」

　　「來辦公。」服務小姐看著香蘭依舊不解情況，「這棟大樓裡面很多公司行號。妳是最近住進來的滿映李小姐嗎？」

　　「是的。」

　　「妳住的那一帶是康德吉租屋公司規劃的大小商務套間，專門出租給公司高級主管或商旅人士使用。」服務小姐看著不住點頭的

香蘭，「有空走動一下，可以感受很濃重的商務氣息。」

香蘭自覺像商務人士一般經過大廳會客區後步出大樓。山梨說往北走第一棟大樓就是了。走在槐樹下香滿懷，沒多久，在街角呈弧形的日本毛織大樓已然在望。一輛馬車從後面趕過，踢踏的馬蹄聲激起一陣塵霧，對街也有幾輛馬車和汽車，人力車、單車反而少見，和兩旁的新樓一樣，十分貼切現代化大道的概念。

她快走到日毛大樓了，兩輛馬車突然煞住，走下的八名男女往大樓後邊走，然後消失在巷裡面。那八人會不會也是同仁，香蘭想著走進日毛大樓的騎樓，裡側柱子和柱子間的產品展示櫥窗吸引著她，但那披在高大木製模特兒上面的毛大衣對她依舊遙不可及。她往回走了幾步，轉角處的大門還沒開，想到剛剛那群男女消失的暗巷，於是往回走。走到底出了騎樓，看見一座窄門。這座日毛大樓的側門，香蘭剛剛恍然間看成暗巷。窄門門邊掛著「株式會社滿洲映畫協會」的木牌。門進去是樓梯，她拾步上去二樓，右邊的門掛著寫有「滿洲映畫研修所」的木牌，左邊的門掛著「滿洲映畫協會」的木牌。她往右邊的研修所探了一下頭，這兒的空間比較小，但擺滿座椅。滿洲映畫協會的門一直開著，她進去後一大塊辦公桌組赫然呈現眼前，有點像以前翊教女中老師群集辦公時的情狀，但規模大多了。辦公桌組的前方和右方還分隔了幾間小房間。她遙遙看到了桌組最前面的牧野次長，逕自走了過去。牧野起身相迎，笑得魚尾紋綻放開來：

「這麼早就到了，我先帶妳到妳的座位。」

牧野說著走到左列桌組的第四排：

「這個桌子空著，妳就暫時用著吧。待會音效組的石原會來找妳和杜寒星試音。」

香蘭謝過了，把提包放在桌上，牧野繼續說：

「我就不用在辦公室宣佈妳的新加入，讓大家慢慢自然認識妳。」

「這樣最好。」

「今天報紙看了沒？等一下有空去看看。」

牧野離去後，辦公室內投射過來的好奇眼光很快便收斂回去。香蘭把提包內的部份物品放進桌上和抽屜內後，走到側門右側書櫥

旁邊的報架。七八份新京和北京、上海發行的報紙擺在這兒，光是大新京日報就有兩份。她拿起大新京日報翻了一下，第二頁便看到自己的照片，一個小方塊裡面，除了照片外，還有兩三百字的文字。日文標題平平，「日本話！流利」斗大的大標題，配上「李香蘭小姐訪本社」的小標題，為何不直接點出李香蘭出任女主角呢。內文裡頭，如她說的製作人牧野次長和近藤老師要她出任《蜜月快車》主角的事寫了出來。昨兒被問到日語為何這麼好？為了避免記者窮追，她也避開了常用的「父親教的」這種答案，新聞內文也如實摘了她的話「在奉天向朋友學的」。至於「被指派出任《蜜月快車》女主角，高興的不得了」就十分離譜了。記者問這問題時，她只是笑著點頭，竟被說成這樣，好像她很渴望這個機會似的。

▊▊▊ 44. 練主題曲 訪訓練所

　　李香蘭回到座位，把看過的《電影旬刊》再拿出來翻閱。大概早餐喝多了水，她上了洗手間回來時，牧野和一位男士已守候在她桌邊了。牧野把音效組的石原向她介紹過後，便用中文呼叫的方式把杜寒星叫了過來。牧野雖然不懂華語，但也硬是記下幾個員工名字的中文發音。香蘭：

　　「在那兒練習？」

　　「研修所。」石原看了香蘭一眼，「現在就跟著我走。」

　　香蘭頷首和杜寒星跟在他後頭走。快到剛剛進來的大門時，石原回過頭來指著門邊的期刊架：

　　「這兒的報紙、雜誌可以自由取閱，看完歸還就可。」

　　香蘭沒說什麼，跟著走出大門，經過連結上下樓梯，旁邊設有男女廁所的小通道進入研修所。

　　研修所擺滿了座位，前面放置一塊黑板，黑板後面兩個門，可分別進入研修所所長辦公室和樂器間。所謂樂器間就是音效組。一行三人進入樂器間後，石原直接坐在鋼琴前，叫香蘭和杜寒星直接取閱放在桌上的樂譜，大致說明一下後，香蘭仰看高瘦的杜寒星：

　　「老師要我們先唱〈我們的青春〉，我唱到『親愛』這邊時，你只要輕輕唱『什麼』，不是用念的，稍稍唱出來，只有這兩字，

你看著我向你伸出手時，你就唱。」

　　香蘭居間傳達，石原很滿意，於是琴音響起。

　　「在這兒叫你一聲，你在那答應一聲，這是山裡的迴響，愉快極了，親愛。」

　　香蘭的聲音高而細，石原一邊撫彈鋼琴的鍵盤，一邊回過頭看著她笑。

　　「什麼？」

　　聽到杜寒星的兩字音，石原抬起右手，示意他唱得高一點，左手繼續彈琴，讓香蘭繼續唱完。第一遍唱完後，石原表示香蘭歌聲美得無懈可擊，要求杜寒星放輕鬆，大聲吐出「什麼」兩字。第二遍和第三遍唱完後：

　　「真的很難形容妳的歌聲，有著遠低於妳年紀的稚嫩，又有遠高於妳年紀的藝術上的成熟。聽完後才知人聲的可貴，鋼琴只不過是一個機器而已。不過接下來那一首可能就不太一樣了。」

　　和剛剛〈我們的青春〉歌詞一樣，這首〈甜蜜的新婚〉的中文歌詞下面還是用平假名逐字標出華語的讀音，兩人遵照石原老師的指示唱完三遍後，石原：

　　「這首歌是美國民謠，原名是『Turkey in the Straw』……用多種樂器輪流演奏，更能顯出那種歡樂、詼諧的效果，全程用歌聲反而會把很多活潑、幽默的音符覆蓋掉，我向導演建議，他說，拍片時先全程唱歌，有時間再做以樂器為主的音效。」

　　「導演是誰？」

　　「上野真嗣。這部片子由他擔綱。」

　　石原說著走了出去，不久帶來了一對年輕的日籍男女。他把音效組的兩名樂手介紹香蘭他們認識後，要兩名樂手用過去試驗過的方式把〈甜蜜的新婚〉這首曲子演奏一次。因為這次要加入香蘭的歌聲，他把演奏的順序調整了一下，然後全盤向香蘭和兩位樂手說明。兩位樂手站起來後到牆邊取下要用的樂器。

　　石原用鋼琴彈奏前奏時，男生用小鼓伴奏，交響出歡樂愉快的氣氛。香蘭開始高歌時，石原迅速接手擊鼓。

　　「看呀看那地球轉一遍，浮出著夢一般地浮雲，所以我倆的笑臉兒相慰，啊～喜極而共鳴。」

香蘭唱了一半，男樂手的喇叭樂音鵲起，小鼓繼續敲，放送出和香蘭甜美歌聲迥異，帶點搞笑的曲風。樂曲告一段落，香蘭再度接力高音開唱：

　　「走呀走到鄉村真好哇，忙談著夢一般的愛路，會吹過來輕輕的暖風。啊～阻斷了歧見。」

　　香蘭同樣唱到一半嘎然而止後，女樂手的月琴蹦出錚錚鏦鏦的琴音，琴鼓合鳴，跳動的音符興起人們想碎步跳舞的勁頭。

　　四人合演完畢，鬆了一口氣的同時，不禁自我鼓起掌來。石原：

　　「用這種方式演奏，是不是演繹出更多歡樂的氣氛。」

　　「不錯。」香蘭。

　　「我覺得歌詞改一下會比較好。歌詞不用太嚴肅，也不需填得太滿，改得活潑、搞笑一點，會更貼切曲風。」

　　「沒錯。照老師的方式演出，更能把莊嚴的新婚變成西方式的浪漫。不過〈我們的青春〉，這樣唱就很好，它唱出了小女生對婚姻幸福的內在許願和吶喊。」

　　香蘭說著，兩名樂手依石原的意把樂器掛回原處時，一種違和在香蘭心底躁動了起來。雖然有時刻意避開，但戰爭的新聞和消息還是時常流傳眼耳之間，雖然看不見戰火，但戰爭確實在遠處戰線展開，只要一轉念，戰情就在心裡展開，然而自己或週遭這一票人還有閒情逸趣開拍新婚鬧劇，她不能不有「隔江猶唱後庭花」的感慨。石原待兩名屬下和杜寒星離去後，請香蘭坐下：

　　「妳還沒上戲就能體會到這一點，讓人佩服。如果演新郎的也會唱，或會一種樂器的話，兩夫妻加上兩三名樂人在火車上一路彈彈唱唱下去，演出的效果會更吸引人。可惜這樣做，編劇要改劇本，攝影師的鏡頭設計也要重新規劃，簡直是拍另一部電影了。」

　　「本來說好只讓我唱主題曲的，結果硬是把我推上女主角。」

　　「這是很好的機會，試試看。我想妳一定可以演得很好。」

　　石原剛從牧野那兒聽到香蘭的一些情況，知道不宜刺激她，免得給公司添加麻煩。另一方面，香蘭也覺得女主角的事既已經吞下，就不宜再多說，於是向石原組長道別回到辦公室。這時已近中午，她對面桌子的主人也現身了，原來還是一個小美女，和她聊了幾句知道她叫葉苓，是今年三月考進來的第二期演員培訓班學員。香蘭

以為她初中剛畢業，一問才知小學畢業就試著走星路：

「看來妳是在演童星吧。」

葉苓臉紅低頭，企圖避開問題，一位女子落座香蘭鄰桌，香蘭回望了一下，原來是前天晚宴才見過面的張敏。張敏：

「我們小苓才13歲，看起來比實際年齡兒大一點，她在《萬里尋母》就演我的女兒。小八歲還好。」

香蘭看著張敏，這位即將合作的女星，皮膚緊實有光澤，一點也沒有中年母親的樣態。

「叫妳演媽媽也太難為妳了。」

「慢慢習慣了。」張敏頭兒後轉，看看周邊有沒有長官，「一開始導演就要我演媽媽，看我眼神有疑慮，就叫化妝師把我的臉塗黑。『不要想著做明星，做演員戲更長。』」

香蘭點點頭，葉苓：

「張敏姊，妳不是在寬城子那邊嗎？怎麼跑回來了。」

「我把第一期學員的學習心得彙整交給《滿洲映畫》編輯部，剛剛和那邊的編輯交換了一些意見」

「算是公差？」葉苓笑了一下，「得了，妳的他就在編輯部。」

「見了面討論公事，大家平常心。剛好這邊有空位就坐了，沒想到看到我們林專務親迎的滿映新星。」

香蘭不喜歡被貼上標籤，但張敏和她驟然再遇，似乎也只能這樣稱呼她了。葉苓看向香蘭：

「妳隔壁的空位，是一位叫鄭曉君坐的，她和張敏姊一樣是第一期的，目前在寬城子，不過她有時會回來這兒的演員訓練所擔任老師，所以牧野次長給她留了座位。」

「她是新學員，也當老師？」香蘭看著葉苓再看向張敏，「她是教什麼的？」

「她父親在新京開武術館，她的武功也很強，很多日本導演都要向她討教呢。」張敏臉趴在桌上，「她的胡琴也拉得很好，有專家水準，這兩方面都可以為人師。」

事實上，快到中午了，辦公室早就鬆懈了，葉苓覺得張敏大可不必這麼緊張：

「曉君姊演出滿映的第一部戲，也是張敏姊當她的媽。」

張敏和香蘭都笑了，葉苓也用手遮掩笑唇裡頭的暴牙。香蘭在心裡憑空描繪鄭曉君的模樣時，一位平頭男走了過來，逕自拉了一張椅子坐在張敏的旁邊，和張敏細語了起來。香蘭想了一下，可能是張敏在滿洲映畫編輯部工作的男友或丈夫。葉苓問到香蘭的來歷，她的答覆和昨晚回答周凋的一樣。她擔心待會被那些大頭邀去吃中飯，礙了她對滿籍演員的融入：

　　「妳們中飯怎麼解決？」

　　「地下室員工餐廳。當然是日本毛織員工的餐廳。待會我帶妳下去。」葉苓看了一下腕錶，「他們日本幹部一般都到外面日本料理店吃。」

　　「妳是本地人嗎？」

　　「家住遼源，離這兒不遠，但還是要住宿舍。」

　　「宿舍在那？」

　　「北安路那一帶。」

　　「北安路在附近？」

　　「康德會館知道吧？我們公司往康德會館的十字路口，橫的那一條就是北安路。向左轉往東走，那一帶有市營住宅，我們宿舍就在清明街，從北安路往北轉，餐廳有不少。」

　　一個人影出現在她眼前，且向她招手，原來是牧野，她只好跟著走了過去。牧野：

　　「中午一起去用餐吧。」

　　「我想到員工餐廳，葉苓會帶我去。」

　　「也好。下午帶妳去參觀我們的製片廠，兩點鐘在康德樓下的loby 等我，我會開車過去。」

　　「製片廠？」

　　「就是昨天試鏡的攝影棚。」

　　「中午可以回住處休息？」

　　「當然。」

　　日本毛織員工餐廳雖在地下室，但照明還不錯，一米見方的四方桌，一般坐兩人，也有擠上四人的。李香蘭和葉苓點好菜，選擇柱邊桌子坐下後開始進食。葉苓：

　　「我們剛進公司的時候，中午用餐都是餐館從外面送來。」

「那很好嘛。」

「公司後來覺得不便，跟日毛商量，因為餐廳生意會更好，日毛當然歡迎，所以一直就在這兒用餐。」

「妳說妳就住在宿舍，那很有趣哦。」

「不錯。大家湊在一起挺熱鬧的。」葉苓想到香蘭是新來的，會說日語，受到日籍長官特別關照，認為應該把所知的傾囊相授，讓她早點進入狀況，「市政府在北安路一帶蓋了很多住宅，成百上千間，都是一個樣。我們滿映不知是分配到，還是買到或用租的，我不清楚，或許都有，一共十幾戶讓外地同仁住。」

香蘭有點怕葉苓問自己住那兒，如果說出自己住在康德大樓，可能會引發同仁不好的觀感。

「啊！妳們在這裡呀。」

熟悉的日語凌空而至，香蘭抬頭一看，是山梨。山梨向葉苓笑著點過頭後，繼續對香蘭說：

「我聽牧野說妳在這裡用餐。」

「你還沒點菜。」

香蘭說著眼角捕捉到了從葉苓投射過來好奇、疑惑的眼光。

「不急。」山梨穩從旁邊拉了一把椅子坐了下來，「妳對面的這位葉苓小妹算是滿映的新希望呢，來了三個月就已經主演了一部電影。目前正和一位舞蹈老師學舞。」

葉苓的日語聽力差，似乎知道山梨在談她，兩眼圓睜看著山梨，再看向香蘭。香蘭把山梨的話用華語說出後，葉苓：

「那裡！託山梨部長的福，他提拔有加，小妹豈有這種才能。」

葉苓的「山梨部長」用日語發音，山梨雖聽不懂中文，但聽到自己的名兒，也開心地笑開。香蘭左顧右盼，把葉苓的意思轉給山梨後，正視山梨：

「你們語言不通，平常怎樣互動？」

「我們彼此都會一些簡單的中文或日文，擦肩而過時，笑著用簡單的話語問候一下。真正有事時再找通譯協助。哦，對了。專務理事計畫開一些和電影有關的課，也會開生活和辦公室日語對話課程，公司內部的幹部擔任講師，屆時想請妳擔任助教，居間溝通。」

香蘭十分納悶。這些主管怎麼了，好像都下意識地要把她長久

留下！腦筋糊塗了。她不想辯駁，免得扯個沒完沒了，她本來以為歌唱完就可以走人，現在似乎落入要她出任女主角的圈套。她下定決心，即使一時身不由己，勉強入戲，一拍完即刻趕回奉天放送局，以滿洲國民歌謠歌手的身分重新出發。山梨接著提醒她下午兩點參觀片廠的事後便取菜去了。香蘭看著葉芩：

「山梨稔先生說妳在學舞蹈。」

「是跟石井漠老師學。他也是演員訓練所的老師。來上課時，他女兒也會來當助教。石井老師每個禮拜五下午，訓練所沒課時，會來指導我和另兩位年紀比較小的……」

「那很好嘛。石井老師也算很熱心。」

「妳看那邊。」

香蘭順著葉芩的眼神，看著兩三桌外的張敏和平頭男。葉芩繼續說：

「張敏和她的老公。他們到底結婚沒？張敏每次都講得有些閃爍。」

「那男的就是妳剛提到的在《滿洲映畫》當編輯的那一位？」

「沒錯。他叫王則，公司有意栽培他當導演，派到日本學習。」

「那很好嘛。」

「只是聽說，張敏姊也不敢期望有這種機會。」葉芩壓低嗓門，「張敏姊說來也是滿可憐的。聽說他們已經有了小孩。張敏來滿映之前是助產士。公司看準張敏這一點，認為讓她出任媽媽的角色，是理所當然。」

「可能一時招不到年紀相當的女性，才用稍稍年長的女性權代吧。」

「是的，沒錯。」

下午，香蘭隨牧野次長到寬城子攝影所見習，看了幾場棚內戲，隨後轉往隔棟的訓練所觀摩所長陳承翰講課的情形。其實，稍早前，還在前往這兒途中時，香蘭便從牧野滿男口中得知，滿映研修所下設演員訓練所。訓練所一分為二，第一期學員在寬城子受訓，由訓練所所長陳承翰直接負責，第二、三期學員在滿映總部受訓、上課，所長當然是陳承翰，但陳承翰長駐寬城子，所以由研修所所長近藤伊與吉代行所長職務。牧野：

「有些滿籍學員，甚至國籍職員都搞不清楚。以為訓練所又稱研修所，或研修所等於訓練所。」

「我也搞得有點糊塗。研修所和訓練所的主管都是所長。直接併在一起不就得了。」

「近藤老師的設計是這樣的，研修所是常設機構，訓練所是臨時機構。」

牧野說著，平交道的柵欄剛好放下，兩人氣定神閒等待列車來到。牧野繼續說：

「現在研修所只有近藤老師一人，但也可以說是有很多人，照他的說法，來訓練所上課的公司主管或外聘的專家，只要來上課的那一時刻，就屬於研修所的人，再由研修所直接撥到訓練所上課。」

「因為是草創時期才……」

「沒有錯。近藤老師懷抱一種理想來擔任這個職務。將來公司人才多了，就開始分類，同是演員出身的，對演戲有興趣的繼續演，但對訓練演員有興趣的留在研修所，導演也一樣，資深，想退休，想培育導演的人才就留在研修所。」

「等於各種專業裡頭的小近藤就會被吸收進研修所。」

「沒錯。將來攝影、後製、發行、宣傳各方面的教育人才都齊備了，那就是另一種境界了。」

「太好了。」香蘭狡點地笑了一下，「我想到了。歌唱或音樂人才的培育。」

「妳等於是在現身說法。有道理，這方面確實有需要。將來的女主角一定是朝能歌善舞來訓練，妳看，妳這個觀點又引出舞蹈的話題。」牧野聽見隱隱傳來的火車行進聲，「最後研修所會成為一個完備的單位，不再只是附屬的小單位。近藤老師的理想是，成為一所電影大學，從滿映獨立開來，但又關係緊密。」

「就像醫科大學和它的附屬醫院一樣，醫院可以獨立運作。」

香蘭的話語幾乎被列車的隆隆聲輾碎，她幾乎聽不到牧野的回答。不過接下來，他們還是借助這個話題，一路談到寬城子演員訓練所。

在這改建的教室裡頭，剛好是陳承翰的演技課，但已快結束，四名學員在臺上演練，好像一幕話劇。看見牧野進入教室，陳承翰

立刻離座相迎，談了幾句，立刻結束授課，決定在學員提問前，先把課堂交給牧野。牧野於是把香蘭介紹給大家：

「這位李香蘭小姐是滿洲第一歌手，……現在出任滿映新電影《蜜月快車》女主角。……」

陳承翰所長馬上譯成華語，隨後香蘭也照牧野指導的「出生奉天，在北京受過教育」，把自己簡介出來。

兩分鐘的難過時刻熬過去了，香蘭和牧野都坐在教室後面聆聽學員的提問，和陳承翰老師的回答，香蘭從而對幾位第一期演員有些印象。她的腦裡：劉恩甲胖胖的，王宇培有些老氣，至於鄭曉君，是高挑，帶有英氣的美女。

▌▌▌ 45. 行車拍片 頻頻叫停

次日，導演上野真嗣在編劇重松和劇務助理朱文順的協助下，對重要角色進行交叉對戲。脾氣大的上野盯香蘭最緊，香蘭的鼻息總是有一股火氣，但上野不時出示畫滿一整本工作簿的分場鏡頭圖解和簡單的文字敘明。

「妳，淑琴。妳先生子明從上鋪下來，小倆口窩在下鋪，像關在鳥籠一樣，攝影機在這裡往下拍過去，看起來床鋪會變大許多，你們話家常，欠缺隱私的，簡單的新婚溫馨就會透過電影傳遞給很多人。」

和導演上野、男主角杜寒星、其他演員有過一番互動，對場景有了初步認識後，香蘭對拍片的懸念降底了不少。

因為換角的關係，被延誤多時的《蜜月快車》的拍攝，進度格外緊湊。第二天一早，她才到辦公室便被石原老師叫到研修教室和杜寒星練唱。因為主題曲〈我們的青春〉固然由她主唱，但兩人你一句我一句對唱的場合也不少。練唱的時候，全然用唱盤伴奏。練了一節課的光景，劇組人員陸續過來後，她和杜寒星也就回歸劇組準備開會了。

開完會，導演上野真嗣一改嚴肅、易怒的模樣，透過助理朱文順的口譯向大家宣佈下午的行程：

「下午上車後並不拍戲，讓你們休息觀景，大家都知道要搭世

界最快的列車亞細亞號，也非常期待，但這個列車速度快，從哈爾濱到大連也不過 13 個小時，不用過夜，列車只有座位，沒有鋪位，無法拍出新婚夫婦的床戲。」

朱文順一邊講一邊釋放好消息，劇組人員隨著輕聲叫好，最後竟哄笑了起來。

「導演說的這個 bed scene，大家不要想歪了。」朱文順看了上野一眼，「就是坐在床沿聊天攝入鏡頭也叫 bed scene。」

朱文順越解釋，大家越忍俊不住，越是想到那檔事。上野再次開講，朱文順隨即傳達給大家：

「列車大約 5 點 20 分到奉天，屆時再搭有鋪列車前往北京，同時在車上開拍攝影，現在坐到奉天三個半小時會很輕鬆，但換車後要挑燈夜戰，可能要拍到很晚。現在難得坐在有空調的車廂，沒事的話就閉目養神，睡一覺，養足精神迎接今晚的超級夜晚。」

劇組人員全部到地下餐廳用餐。一向在外面餐廳用餐的牧野次長，因為要跟著劇組坐火車遠征北京，也難得在中午出現在地下餐廳。

香蘭既沒看過也沒坐過亞細亞號，心中的好奇一刻也沒得閒。她站在月臺上等了十來分鐘，終於看見車廂綠白色條一直往後延伸的列車快速馳來，佔滿整個月臺，深藍色，像巨象般昂然駛進的機車頭，喘著氣怒吐白煙慢慢停下，但還是完全罩住候車人群的矮小和卑下。

將近 20 人的劇組，大部份人都分到一等車廂的車票，幾個跑龍套的演員和低階日籍職員分到二等車廂，但都沒什麼意見。在牧野次長的要求和朱文順的協助下，滿映員工紛紛和其他旅客換座位，以便所有員工都集中在車頭一帶。香蘭被要求和杜寒星坐一塊，以便就近溝通演出事宜。座位調好，車子也開動後，上野把坐在二等車廂的同仁請了過來，和一車的同仁擠著坐，然後透過朱文順的翻譯說明到了奉天換車後，拍攝的步驟，以及到北京後出外景的情形。上野的講話引發其他旅客的好奇，但也有些旅客感到厭煩，尤其是坐在車尾展望車廂沙發座的白人旅客，認為上野的講話嚴重干擾他們的閒適和觀景。

上野結束談話，二車同仁回去後，香蘭和杜寒星演練了幾個場

景的對手戲後，杜寒星開始閉目養神，最後竟睡著了。香蘭在沁涼的車廂內，最後也忍不住小睡了片刻。

到了奉天，所有劇組人員下了車，在牧野和上野的帶領下，前往第二月臺。愉快的旅程結束了，該來的還是會來，香蘭心頭還是沉甸甸的。車子是從奉天出發到北京的特別快車，因為是從奉天發車，所以車子提前在月臺等候，劇組必須在剪票閘門開放前，在沒有旅客的干擾下先行拍攝幾位要角上車歌唱的鏡頭……。

奉天車站第一月臺南下的亞細亞號才剛剛開走，第二月臺空蕩蕩的，在導演上野真嗣的指揮下，劇組人員陣勢一擺開，香蘭嚇了一跳，感覺這些人都衝著她來。上野走向正站在車廂門口階梯的香蘭：

「記住，這部電影是寫實的，但在歌唱的場合，是超乎現實的，妳淑琴別管前面這麼多人，忘了現在是在車站裡頭，想像現在妳和夫婿子明是在兩人的世界裡，好好用歌聲引導他……」

上野這樣說著時，眼前攝影、燈光、場記、錄音、男女配角周凋、張敏，和其他演員在助理導演的指揮下，不斷調整位置，甚至奔前、急退，現場的浮躁開始影響香蘭的心情。眼前一切突然收斂、靜止，醞釀下一刻的爆發。助導向上野使一個眼色後，上野：

「好，action.」

〈我們的青春〉音樂響起。香蘭：

「叫一聲我的哥哥。」

一身西裝筆挺的杜寒星放下提包，走到香蘭的身邊：

「答一句我的妹妹。」

「月臺裡面的回響，」站在臺階上的香蘭唱著把手搭在杜寒星的肩上，接著兩人合唱，「歡歡喜喜。」

「不行。演新郎的怎麼沒有精神。聲音還在睡覺。」

音效石原老師和劇務助理急朱文順隨著上野的吼叫急切地走來，要求杜寒星把聲音提高半度，然後一切重來。〈我們的青春〉唱到第二遍時，蓄著八字鬍的孫老闆周凋牽著情婦李燕，踮著腳尖走了過來。偷情勝新婚，想到可以擺脫老婆的虎視眈眈，無憂無慮地到北京逍遙，此刻又受到美好歌聲的祝福，不覺心花怒放。他們登上另一車廂的門，面向鏡頭擺出幸福的笑容後閃進車廂。早先上

車的戴劍秋、馬旭儀演的一對老夫妻也探出頭來，流露出年輕真好的羨慕神情。最後胖胖的何奇人也來了，他胖碩的身軀在香蘭甜美的歌聲中輕盈地踏上階梯，進入車廂。

「cut.」

上野舉手叫了一下，香蘭鬆了一口氣。接著大家移往車廂內的寢室開拍。香蘭這一對「夫婦」和大老闆周凋那一對隔著一道小走道坐在雙層寢間的下鋪。四人閒話家常，李燕話語強勢，眼神不斷攻佔英俊高大的新郎，導演上野似乎很滿意李燕風流小三的表現，新娘香蘭樂得被晾在一邊。

「大姊，妳撞到人了，別急。」

「哦，對不起。我非急不可。」

外頭傳來急切的對話，周凋和李燕有點驚惶地回過頭時，張敏衝了進來，抓著李燕要打。

「妳這狐狸精偷我的老公。這次玩大的，要到北京逍遙啊！」

李燕的頭髮被揪住，杜寒星有點不知所措，香蘭和周凋合力硬是把她們拉開。張奕演的列車員閃了進來：

「幹什麼來著。亂糟糟的。」

「她偷我的老公。」張敏指著前面一臉錯愕，發覺李燕已趁機開溜，開始猛捶周凋，「你這該死的，說好下次不敢的。結果膽子更大，這次玩大的，把你們兩人的臭氣帶到北京……」

「大姊，有話好說好說，別激動。」張奕。

張敏看著穿制服的列車員，氣焰稍減，喝令老公交出車票。

「果然是到北京。」張敏仰望列車員張奕，「長官，給我補一張到北京的票，我要這個鋪位。」

「這個鋪位有人座了。」

「不就是剛剛逃走的那位狐狸精嗎？你把她趕下車，退票的錢給你們當獎金。」

「我沒有權力這樣做。我給你一張三車的鋪位。」

「好！」張敏急中生智，「我就在這兒等著她回來。」

周凋付了錢，張奕把票交給張敏離去後，張敏看向香蘭：

「對不起兩位，驚擾你們了。」

「他們是來度蜜月的。」周凋。

「少賤嘴。誰跟你說話。」

「cut. 很好。」

上野叫了一聲，右手上揚，對這個戲班的表現似乎更有信心了。劇組人員撤走後，同寢的四人笑了開來。張敏：

「我剛剛那樣是不是很恐怖啊。」

「演戲就要這樣。導演聽不懂華語，他如何判定一個演員演得好不好？」香蘭。

「他應該是看表情，他導過這麼多戲，用眼睛看就知道。再來那位朱文順熟悉電影，也通日文，導演看他沒意見，就放心了。」張敏話鋒一轉，「哦，對了。那天吃飯，侯飛雁沒來，結果是妳來。我就猜飛雁可能不妙，但也不好說什麼。結果，妳果然取代了她。她最近都請假，應該知道自己被取代了。這趟回去後我會找到她好好安慰她。」

香蘭微微吃驚，但訝異悶在心裡，原來公司早內定有女主角，很可能就是前幾天歡迎晚宴時周凋提到的那位前來試鏡的將軍的千金。顯然張敏對劇組的情況比較熟悉，或者比較敢表達，而那些長官也都不提這件事，讓她一人承受奪人機會的惡人形貌：

「有這種情況？我完全不知情。」

「不知者無罪，妳也別在意。應該是她自己能力不夠，失去了這個機會。」張敏兩腿前伸，活動一下腿骨，「妳也不用太難過。其實侯飛雁心裡已有底。試鏡期間，導演透過翻譯給她很多糾正，她就曾跟我訴苦：還是回家做大小姐好了，有了退出的念頭。不過她的脾氣實在很好。」

香蘭皺了一下眉頭，她甫入職場就捲入公司內的紛擾，感覺很不舒暢。張敏：

「不過妳的歌聲真好。剛聽妳唱歌就肅然起敬。他們就是要會唱歌的演員。」

「她是將軍的女兒。比我先進來滿映。」扮演孫大老闆的周凋插入談話，難掩心中的感慨，「做演員是要吃苦。她是那種侍兒扶起嬌無力，玉容清瘦懶梳妝的大小姐。被人服侍慣了。不知道藉這個機會重塑自己。伊藤老師怎麼教，她還是我行我素。」

「也不能說我行我素，她不會有這種囂張的想法。她就是改不

來，大概是習慣吧。」

張敏替侯飛雁辯護時，李燕閃了進來：

「我來看看我們的女主角。」

香蘭把頭低下，張敏看著她電影裡頭的情敵：

「妳住那間哪？」

「就在隔壁。和戴劍秋、馬旭儀住一間。整個劇組包了大半個車廂。」

「剛剛把妳的頭髮抓痛了沒？」

「那還用說。看妳演得特認真，我就想頭髮完了。」

大家笑了起來。張敏：

「妳還得感謝我呢。如果演得不夠好。一再 NG。妳的秀髮不知要被抓多少次呢。」

「真是謝了。」

「大概要等車子開動了才會再拍戲吧。」杜寒星。

「應該吧。」李燕下意識地探望車窗，隨即收回視線，「現在攝影小組應該跑去拍車站大景和旅客上車的情形。我們可以休息一下。」

導演上野真嗣心急，做事也積極，車內的場景隨著車子的急馳，一個接拍一個。這部戲的劇情簡單，對話也簡單，感覺應該分好幾天拍完的戲份趕在一個晚上完成。時常拍完一場戲，香蘭和同室的周凋、張敏閒話幾句，對下一場戲的劇情囫圇吞棗，又被導演押著上戲。不過一兩個時辰下來，香蘭、杜寒星，周凋、張敏和鄰房的戴劍秋、馬旭儀幾對「夫妻」，以及散客李燕、何其人也就混得熟稔，好像認識很久似的。

劇本有一場換衣被偷窺的戲，香蘭心裡焦急了起來。不知道導演會如何處理這場戲。如今只期望導演點到為止。劇本寫著：（對面床鋪的）孫老闆和悍妻要去餐車用餐，淑琴去餐車前要求更衣，子明被請出去後站在車門邊看外面的風景。薛海樑演的小偷趁機打開一點房門窺伺淑琴換衣的風光。

她覺得只要攝影機捕捉到偷窺者推開門，眼睛露出門縫的鏡頭，隨著被窺伺者的臨機反應，後面的情節一樣可以順利展開：

「……所以我脫不脫衣服，一點關係也沒有。」

「叫妳這樣演，妳就這樣演。」上野導演狠狠瞪了她一眼，「妳懂什麼？」

香蘭被喝退後，滿映演員聽不懂日語，個個面面相覷，牧野次長趕了過來：

「這只是小 case，在日本，女孩子在家裡袒胸露背是常有的事。就這樣拍，一切包在我身上，不會有問題。」

香蘭神情明顯緩和了下來，上野見勸說有效，破例給她一點撫慰：

「這一段是要表現滿洲女子矜持的一面，所以『丈夫』也被請了出去。」

這一幕終於開拍。她這才發現所謂偷窺者根本不是問題，外頭雖然有一部攝影機專門拍偷窺的小偷，或許小偷根本就沒窺伺到什麼，只是做一點姿態。真正窺伺到她的是房間內的兩個大男人。房間內，池田透過巨大的攝影機觀看她，女場記一直低頭，還好，導演上野坐在對面床鋪的一隅，虎視眈眈。上野輕聲下令，場記板子一打，她只好硬著頭皮解開旗袍前襟的排扣，再拉開身側的拉練。

「不行，神態放輕鬆。換個姿勢，別背對鏡頭，面對床鋪，讓攝影師可以拍到妳側面。」

於是一切重來。香蘭深呼一口氣，再次寬解旗袍後，上野並沒有說「no good」，只是要求她再來一次：

「穿回去，再脫一次可能會更好。」

香蘭祈求自己鎮靜些，「寬衣解帶是藝術，輕解羅衣也有美感」，讓美好的感覺伴隨手的動作。她脫完旗袍剩下內衣和襯裙時，還面露微笑，欣賞自己的體態，隨後穿上新的旗袍，正準備扣上第二個排扣時，一隻手從被明顯拉開的門縫伸了進來，準備竊取她掛在木梯上的皮包。

「小偷！捉賊喔。」

小偷沒有得逞，香蘭或者說淑琴還是奪門而出，緊急扣住扣子時，杜寒星演的子明和幾位「還沒到餐車的旅客」衝了過去，何奇人直接飾演的 300 多公斤的胖乘客突然出現，擋住去路。上野一聲「cut」，追捕小偷的戲份告一段落。

好戲一波波，大都輕騎過關，但也有一些叩關不易。

事實上，演員演得不理想，並不全然是因為經驗不夠，劇情發展太離譜，更是演出的一大障礙。子明半夜起來小便回來後，竟然像夢遊一般鑽進孫老闆悍妻的床位。狗回家也不會走錯門，何況是人。這種劇情是故意調侃滿洲人嗎？藉故嘲笑他們？孫妻被驚醒後，自然把他推開，也原諒他的糊塗，因為她深知黃臉婆的自己絕對比不上如花似玉，且能歌善言的淑琴。但淑琴如何懲罰子明，香蘭演來十分費心。首先是訓誡的臺詞，講得特別不順，NG 了好幾次。

　　接下來的呼巴掌戲，和更衣戲一樣，周凋和張敏被請了出去，室內只剩攝影、導演和場記。上野一聲令下，香蘭：

　　「坐好，不許動。」

　　第一掌過去，只是輕輕擦過臉頰，第二掌用力揮過去，感覺太猛了，竟自己煞車，第三掌呼了過去，雖然打響了，但香蘭重心失衡，差一點撞翻攝影機。

　　「休息十分鐘。」

　　上野導演顯然也想休息一下。外頭的人以為已經拍好了。牧野前來關心，隨即把香蘭請到自己的房間。

　　「上野說你精神不繼，太累了？」

　　「我是覺得沒必要呼那一巴掌。可能是心理作祟。當然拍了一天，也夠累了。」

　　「山田君。」牧野把同寢室的男士叫了過來，給他一圓鈔，「現在餐車正開著，看有沒有咖啡，一人一杯，拜託服務人員幫忙端過來。喝點咖啡提點神。」

　　「也好。」

　　「等一下一擊就成功。這是很簡單的動作，不要懷疑編劇和導演，包在我身上，妳一定會成功的。」

　　「本來叫我來唱歌的，現在竟然要我打人巴掌。尊夫人演這部戲時，有沒有呼巴掌這場戲。」

　　「我就不記得了。她去年就演了 17 部戲，不少是古裝戲，有鬥劍的，NG 更多，演得都讓人吐血了。她確實是有些倦勤。妳現在才剛開始。」

　　牧野這一番話讓香蘭一時語塞，責怪自己不夠努力、堅強。牧野繼續說：

「不過，妳唱的〈我們的青春〉比她好聽一百倍。她也是歌手，錄這首歌的時候，由男的主唱，比妳差多了。」牧野不改他的調皮，壓低聲音說，「這件事別跟別人講，免得傳回到她耳裡，我被她呼巴掌。」

　　香蘭笑了起來，感覺一股力量從心中奮起。咖啡來了，牧野給香蘭一杯後交代山田給導演、攝影和場記各一杯，同時請服務員每個房間都送。

　　牧野和咖啡的激勵果然奏效，淑琴奮力一擊便打響一巴掌。房門打開後，杜寒星摸著臉頰，香蘭頻道歉。周潤：

　　「很痛哦。」

　　「不算很痛。女孩子力道嘛。」

　　「被打得不夠，香蘭！再打！」

　　滿人的幽默一路傳開，不懂華語的日籍幹部也被感染，共同沐浴在拍攝成功的喜悅中。

　　劇組接著拍了幾段搞笑輕鬆的戲，香蘭最擔心的同床共枕的親密戲最後還是出現了。劇本上只用「合衾共枕語纏綿」幾個字表示，為了這幾個字，上野和牧野特地到她房間，坐在張敏的床鋪上。上野真嗣看著香蘭，用日語說：

　　「這一場戲反映常民文化，是一定要拍的。一般夫妻坐臥鋪車，都是睡上下鋪，白天都在下鋪互動，晚上一定會在下鋪纏綿一番，才分開睡覺。」

　　「怎樣纏綿法？」

　　「當然是先生抱著老婆，或太太枕在丈夫的胳臂上講親密的話。」

　　「講什麼話？劇本沒寫。」

　　「自己想一些。這一幕不會有聲音，後製時會 fade out.」

　　「什麼叫 fade out ？」

　　「就是畫面漸漸消淡，然後接上第二天早上老公從上鋪下來的畫面，讓人知道，夫妻最後還是分床睡。」

　　李香蘭覺得這還好，反正不用做什麼動作，幾秒鐘就過去了，只是氣不過導演上野對人的不尊重，決定撩撥他一下：

　　「又是男女攪在一起，太丟臉了，我演不來。」

「又是這種態度，不演的話就下車。」

上野吼完，牧野兩眼帶著笑意關切地望著香蘭和杜寒星。香蘭知道他又想說「包在我身上。不會有問題的」，但他終究沒說。

「我的意思，妳都聽懂了。妳教杜寒星怎樣做，十分鐘後開拍。」

上野撂下這句話就走了，牧野給了香蘭一個鼓勵性的眼神後也跟著出去。大概是演了一整天戲，比較在狀況內了，她向杜寒星傳達導演的旨意時，自己竟有些入戲，隨後的攝錄也就順利地完成。

車上的戲終於告一段落。大家一方面休息，一方面卸妝、換下戲服，或收拾工具，再前往用餐，由於夜已深，可以說是吃宵夜了。香蘭和杜寒星演了一整天戲，終於有機會面對面坐下來。香蘭：

「聽說你拍完這部戲後就要離開了。」

「不錯。」

「這不是你人生的第一部戲嗎？」

「也是最後一部了。第一部戲就演男主角，比同期學員幸運多了。」

「既然機會這麼好。為什麼不繼續把握？」

「舅舅在大連開了一家貨運行，我想過去幫忙。一個人開車自由自在。演電影，最後可能會有名有利，但被盯得緊緊的，往後起伏也會很大。」

「嚮往個人自由也不錯。但既然還在演這部戲，就好好演完，不要一面演戲一面想開車的事，顯得無精打采的。自己挨罵事小，影響到整個團隊的工作效率事大。」

剛剛還被牧野次長激勵的人如今正在教訓人，她約略感到體內的變化，自己現在已經站在電影城內一點點，對於徘徊門外的人，足以起激勵作用了。他們點的炒麵終於來了，好大一盤，香蘭只好分一半給杜寒星，身大體高的他也悅納了。

一行人早上近八點抵達北京站，滿洲映畫北京分社的新民映畫協會的兩部巴士已等在那兒。大夥入住宮殿式的北京飯店，睡到下午才起來梳洗，準備用晚餐。

比起在火車上令人喘不過氣的拍攝，在北京出外景，步調緩慢了許多。演員休息了一天後，第二天繼續休息。原因是牧野、導演

上野、攝影池田等一些工作人員前往各景點勘查地形。香蘭趁這時候用飯店投幣式的電話和月華取得聯繫，表明自己正在拍片，而且出任女主角，電話那一頭：

「妳終究是一個明星，不是我們平常見的淑華。很想看看妳當明星的派頭。既然到了北京，那就坐車來一趟。」

「一下就要用晚餐了，私下行動，長官可能不高興。」

「不然我們去看妳。」

「事情弄得太招搖，恐怕長官也會生氣。況且目前還在出任務，等工作告一段落，我再找機會。」

掛完電話後，她衡量整個劇組的文化和長官的好惡，覺得行事低調還是比較好，動作太多，難免被認為太囂張，而招來禍患。

▌▌▌ 46. 潘府敘舊 雙親探班

再過一天，牧野次長、攝影池田、導演上野和助理、編劇、男女主角，在導遊的陪同下分乘兩部車前往拍攝現場。他們花了一天的時間，從故宮開始，往北中南海、頤和園、圓明園繞了一圈，最後排除了在圓明園拍外景的計畫，以免廢墟壞了新人的喜氣。但還是帶著劇組人員前往一遊。從圓明園回市區時，和她不久前出遊頤和園一樣，經西直門，走西四大街和西單北大街，而且是兩天外景拍攝的最後一天，似乎是給她回潘家探視一個很好的機會，但這個機會稍縱即逝，計畫得周密些。

出外景的第一天，牧野把自己的相機交給杜寒星，讓他嘗嘗豪門青年的風光。牧野雖然教了他一下，但他也不敢多拍，深怕拍多了浪費底片。杜寒星第一次來北京，故宮的一切都讓他驚詫，對上野來說，這種神情就已足夠。子明、淑琴「夫婦」倆參觀太和宮，助理跟著進去拍攝，池田專太郎和上野在階梯下守候，看見兩「夫婦」踏出太和宮門檻，即以遠鏡頭相迎，然後隨著他們步下階梯，再把鏡頭拉近。這兩天的外景，基本上只有杜寒星和香蘭的戲，劇本已沒有其他演員的戲份，他們來故宮純參觀，池田和助理也伺機拍攝他們出遊的影片，做為公司的紀錄片。

在北海湖畔，柳暗花明，暖風薰得人兒醉，香蘭撐著花傘和杜

寒星並肩漫步，隨後在攝影機面前坐下聊天。此刻正是歌詠的好時光，香蘭遵照導演的要求，興奮站起：

「在這兒叫你一聲，你在那答應一聲，這是山裡的迴響，愉快極了。……」

坐著的杜寒星隨即拿起相機仰拍唱歌的香蘭，而這拍攝的動作也被朱文順的另一隻相機捕捉到，一個幕景於焉完成。化妝師給香蘭他們補完妝後又開拍另一個場景。

再次日，頤和園外景是主戲。十七孔橋艷陽高照，湖風送涼，遊人如織，劇組人員約定一小時後在對岸的排雲門會合後，大體男女一組登上小舟，化整為零地融入遊湖的景觀。日警巡邏艇慢慢開過來，分乘兩舟的張敏、李燕還對著警艇上的攝影機揮手。香蘭面向杜寒星：

「你划你的，不要看攝影機，也不要打招呼。」

坐在日警巡邏艇上的上野、牧野和攝影師池田把攝影機轉了過來，杜寒星若無其事地泛舟，和香蘭有說有笑。用這種方式拍攝，導演看得見但很難指揮，香蘭一派輕鬆，如果池田或上野不滿意，就只有調整自己的座艇和攝影機重拍了。香蘭和杜寒星輕鬆上陸，跟著拍攝人員在導遊的帶領下在迎旭樓、佛香閣、玉瀾堂等地取景拍攝。至於其他成員在萬壽山的紀錄片就完全交給助理開拍了。頤和園有山有水，可爬坡又可划船戲水，大家玩得心蕩神馳，整個劇組比約定集合時間晚了 20 來分鐘才到齊。

在中國餐廳用過中餐後，整個劇組轉往圓明園小遊。這回不再拍外景，香蘭無事一身輕，杜寒星的相機還沒還牧野，很多同仁都黏著香蘭，希望能多上一些鏡頭。香蘭在北京四年的求學生涯中，只在學校戶外教學時來過圓明園一趟，園區內斷樑頹柱的景象，她還是感覺幾許新鮮。這些廢墟並沒有興起她太多的傷感，她只感覺，樓雖然倒了，但美麗猶存，華麗和殘破如此和諧並存，著實耐人尋味。

回潘家探望的事不時在她腦海泳動，她想及早告訴長官，幾經考慮，擔心長官經過充份的討論和思考後，個個變得保守、小心，決定上車後再臨時發難。

回飯店時，攝影師池田和一般工作人員同車，牧野、上野和演

員、導演組工作人員同車。拍片的時候，上野慣常兒演員，但似乎也兒出火花，有些演員透過翻譯對他提出一些挑戰性、針對性的意見。他最後整理了一下思緒，透過翻譯向演出同仁報告：

「這確實是我拍過的最速成的電影。西洋人有歌舞片，東方人不會跳舞，只好朝歌唱片發展。這種片子不用太大的場景，也不用介入現實太深，至少唱歌的時候，就跳脫現實，觀眾也跟著跳脫，銀幕變成了舞臺。再來，車廂內空間受限，佈景少變化，和舞臺沒什麼兩樣，這是這部電影舞臺化的根本條件。至於剛剛拍的新婚夫婦手牽手出遊的畫面，近景遠景都拍，近景強調新婚的甜蜜，遠景和自然、古蹟融成一塊，用來調劑前面過多的車廂閉塞的畫面，讓觀眾心情跟著開朗。讓人看後覺得在閉塞的車廂內發生的誤會、笑鬧都是微不足道的小事。當然後製的時候，除了保留現場錄下的歌聲外，是會配上好聽的音樂和歌唱。」

陸續有人提問，上野都給予簡要的回答，牧野有時也會補充幾句。長官講歸講，香蘭心中的計畫，在圓明園上車時就向飯店同房的張敏和現今坐一起的杜寒星講過。她很高興早上坐車從飯店前往頤和園時經過西四南北大街，再從西直門大街出西直門，和以前她和貴華前往遊園時走的路線大抵相同。

車子離開圓明園也有一刻鐘了，上野還在回覆問題，香蘭起身向杜寒星示意後往前挪動了三四步，走到前座的牧野身邊，獨坐的牧野知道她有話說，於是挪出空間，讓她坐下。香蘭伸長脖子朝著中國人司機：

「師傅，等一下回北京也是經西直門嗎？」

「就只有這條路。不這樣走的話就要繞路。」

「會經過闞才胡同？」

「來的時候經過胡同口，現在回去的路上會經過它對面的孔教大學。」

「這樣就對了。」

「小姐要下車？」

「再說。」

香蘭說著回頭望著牧野，把寫好的字條給他看。牧野仔細看字條，小聲說：

「朋友家？是山梨部長說過的妳住過的義父家？」

「是。」

牧野沉吟了一下，和她交換座位，就近向剛剛結束講話的上野商量。上野：

「她的義父？」

「她一兩個禮拜前還住他那兒。山梨說，是天津市長呢。」

「哦！還是大人物呢。但是明天一早就要回新京了。」

「十點鐘的車子，等等。」牧野掏出口袋的筆，轉身面向香蘭，同時遞出鉛筆，「妳有沒有紙，給我妳義父家的住址。」

香蘭從皮包掏出三張字條給牧野。牧野發出讚嘆的微笑，也把一張寫有電話和地址的字條交給上野。上野把字條拿給後座的導遊看了一下。導遊向他解釋這地方在巷子裡面，待會車子會經過巷口，但要開進去比較麻煩。香蘭：

「不用到胡同裡面，在巷口就可以了，我剛剛跟司機說過了。」

車子開進西直門，導遊也把字條還給了上野，牧野叫司機把車子靠路邊，車子慢慢停妥後，另一輛車超越過去一點，也跟著停下。牧野、上野、導遊和香蘭商討事情後，另一車的池田以為出了什事，前來關心，聽過牧野的說明後，隨即退回車上。牧野：

「我看這樣好了。新民映畫的阿部在另一部車上，明天一早請他派一部車子前去接人應該不成問題。再不然李香蘭自己叫一部車。」

上野沒有回答，請導遊就教司機，從北京飯店到那條胡同的車程，再和牧野討論一番，知道至少可以向飯店租車。

「15分鐘綽綽有餘，好。早上八點鐘去接人。」上野隔著牧野向香蘭，「飯店房間鑰匙有沒有在身邊？」

「交給櫃臺了。」

「明天早上八點鐘來接妳。」

「十點鐘的火車。或許我自己直接到車站，我九點半到車站。」

香蘭說著自覺放肆了起來，牧野不以為然地搖頭。上野：

「不行。妳還有行李在飯店。」

「已經拿出來了。放在行李架上。」

香蘭指著頭上行李架上的墨綠色手提行李，上野一起身便把它

抓下來。

「妳好像很精心地在導妳這齣小戲。但不管怎樣，全體在飯店大廳集合，再同步到車站。」

上野說著，牧野也笑開懷。車子重新啟動，行經西四牌樓，導遊表示女主角要下車到朋友家小住一晚後，同僚都嚷著要香蘭帶著「新婚夫婿」一起前往。車子到了孔教大學，她笑著揮別這種中國人特別喜歡的玩笑，橫越馬路進入她熟悉的闢才胡同。還不到六點，天還很亮，胡同灰褐色，處處斑剝的的牆面依舊，現在學校放暑假，不見女子師大附中和中國大學的學生，巷子寥落了許多，她離開這兒才十天，感覺好像過了十年。

門房不知她已是客，以為她休完假回來了，逕自讓她進去。香蘭喜出望外，提著行李直奔倚翠閣。

英華看到香蘭，從躺椅上跳了起來。

「姊！淑華真回來了。」

在大房間北側共用衣櫥旁邊照著大鏡梳頭的月華丟下梳子跑了過來：

「喲！大明星回來了。十來天不見，妳就不是淑華了。他們叫妳李香蘭。」

「嗯。」

「那我們就稱呼妳香蘭好了，免得妳每換一個地方又要適應不同的名字，把自己都搞混了。」月華。

「好。香蘭，這名字很有明星的味兒。」

英華說完，香蘭接著把被趕鴨子上架，一路跌跌撞撞拍片拍到北京的事一股腦兒講了出來。

「真沒想到妳真的當起女主角來了。」英華打量著香蘭身上粉紅芙蓉遍開的乳黃色旗袍，「坐下吧。妳的書桌都還在。當初分別的時候就覺得妳就像是嫁出去的女兒，果真妳現在在電影裡當新娘了。」

「沒看著妳演戲，還真不敢相信一位大明星就在眼前呢。」

英華順著姊的口氣：

「走，吃飯去吧。」

「等一下。」香蘭想起剛剛下車時上野的囑咐，「我得先把戲

服換下來。」

　　香蘭走到衣櫥邊換好衣服後，三人走在兩旁是馬栗樹的小徑上，夕陽已西斜，但迴光返照，路旁的樹木、木亭、磚亭都盛受陽光。這條用餐的小徑在她記憶中多是籠罩在暮色燈暈下，她每走一步，這條小徑春夏秋冬的憶景就從胸中竄出，走一趟就有溫飽，心理的壓力又有所釋放。這種小小的滿足才窩心，稀罕什麼明星夢。

　　「等一下吃飯的時候，碰到西娘她們，別說我去拍電影了。」

　　「好啊，算是我們三人的秘密。」月華回頭望了和英華掛在一起的香蘭，「怕一說出來，大家圍著妳問，咱們相處的時間就更少了。」

　　到了集義軒，香蘭向西娘打了聲招呼後，月華只簡單說淑華回來和大家一起用餐。一起用餐的僕眾對淑華半生不熟，早已習慣她的來來去去，並沒有對她另眼相看。席間，香蘭趁著月華離開一會兒的機會向她探聽大學考試的情況。英華：

　　「姊不喜歡在這兒談那事。回去再說吧。」

　　果不其然兩姊妹考得不是很理想。英華吊車尾考上女子師範學院，月華沒考上輔大，一直消沉。在父親潘爺的運作下，向停學了一年，由日本人扶持起來的北京大學投石問路，香蘭：

　　「那就沒問題了。」

　　「對方收了資料，還說還要做一次考試。看來這考試只是象徵性的，應該不會有問題的。」

　　英華說著時，月華從她背後抄過來，用一本書遮住她嘴巴：

　　「不要講了。這麼丟臉的事。」

　　英華把書本直接取下，抓住月華的玉臂：

　　「把椅子搬過來一起聊，講這個是幫妳紓壓，況淑華，應該說是李香蘭，也不是外人。」

　　月華把椅子挪了過來，面向香蘭：

　　「是這樣的，妳可能也聽過了。現在北京大學和清華、天津南開撤退到西南，成立一個聯合大學，算是流亡學校。留在這邊繼續上課的，那些南遷的大學一概不承認。當然，這也得看學校讓不讓讀啊。」

　　「姊！有學校讀就好了。別想這麼多。這個學校不成，再找別

間。香蘭，妳說是嗎？」

「我也這麼認為。畢竟大環境不是我們能夠左右的。我們小民只能找一個地方棲身，求學也好，工作也罷。」香蘭的話語帶著感慨，停頓了一下，「如果一切停留在三四年前，我剛來的時候有多好。沒有太多紛擾。每天快快樂樂上學，充分感到翊教的美好。沒有畢業後的這麼多問題。」

兩位乾姊眼眶紅了起來，感傷的氛圍瀰漫一室，偌大的房間，盛夏夜晚的燈光灑落在古氣的窗格子上時，框出一格格淒冷。三姊妹淚眼笑談可喜可愕的往事，再及於其他，談話的熱切雖然逐走剛剛的傷感，最後又復交纏著即將分離的不捨。木門兩旁木牆上的〈鐘樓〉和〈鼓樓〉兩幅畫作依舊在，三年前畫作初掛時，風起雲湧的學生運動早已息鼓。三姊妹嘰嘰喳喳聊到半夜，倦極才抱衾入寐。

第二天一早，香蘭和兩位乾姊一樣，在令人懷念的鴿笛聲中醒來。梳洗過，用完餐後，三姊妹都提不起話勁，呈現隔夜宿醉的呆滯。月華：

「既然都要來了，我們到門房那兒等吧，才不會這麼難過。」

到了門房，經理忙著接電話，不少僕役坐著聊天等候差遣。現在老爺在天津，會客人少，門房不像過去那麼忙碌，但聽著僕役聊天，香蘭感受生活的酸甜苦辣，發覺世界這麼大，並非僅有分離的苦。

八點一刻，牧野終於來了。他帶著場記小姐，由新民映畫協會甫從日本學成歸國的課員開車載著過來。香蘭上了車，只能依依向兩位乾姊道別。

《蜜月快車》的補拍戲主要還是集中在杜寒星和香蘭兩人身上。列車早上到新京，所有劇組人被放回家休息一天，第二天恢復上班，杜寒星、香蘭、李燕和相關劇組人員趕赴寬城子攝影棚。為了不被火車的噪音干擾，床鋪外歌唱的部份都在棚內完成，杜寒星除了做一點和聲外，整個歌曲可以說由香蘭獨力唱完。在導演上野真嗣下達指令前，拍攝現場鬧哄哄的，上野下令開拍後，工作人員和演員的移動還是會造成在場所有人眼波的波動。但香蘭歌聲一出，全場肅然，彷彿所有的聲音、所有人的靈魂都被歌聲吸走了一般。

李燕扮演的小三曼麗給這個簡單的劇情帶來一些起伏，她除了

介入孫老闆的婚姻外，在車上也試圖勾引新郎子明。晚餐的時刻到了，子明要淑琴一起上餐車，淑琴表明孫老闆夫婦還在，小偷也被抓到了，不擔心再被偷窺，子明為了表現貼心，和中餐一樣，先去餐車訂餐佔位。孫老闆夫婦離去後，淑琴看著小鏡化好妝。這些鏡頭已在車上拍好。在攝影棚補拍的一幕是：淑琴化好妝走到餐車，赫然發現子明和曼麗並肩坐在餐車一隅，有說有笑，肢體動作曖昧。曼麗不但佔了她的座位，還企圖染指她的新婚丈夫。淑琴沒有適時做出驚訝、羞憤和嫉妒交織的神情，導演上野認為這是香蘭發揮演技的時候，但她的表現失去演出的意義。被上野喝斥過後，香蘭心生驚恐，演得更不自在，被咆哮過後，香蘭也生氣了，索性擺爛不動了。

「妳這是什麼意思。這種演技、這種態度，滾回去。」上野發過火後，對著劇組，「現在休息。下午再拍。」

香蘭急急步下舞臺，驚倒一堆人。她下來後繼續往外走，牧野快步追了過去。看見牧野追了過來，香蘭也加快腳步，衝出這座令人不快的攝影棚。牧野看了一下手錶：

「現在 11 點 40 分。我載妳出去用餐，下午再回來拍。」

「我想回住處。」

「還是不要，怕妳一回去就不想出來了。」

「我真的很想回去，牧野老師求你載我回去。」

「好，那就在住處休息一下。下午再回來。」

牧野發動福特水星車，一路急馳，香蘭坐在裡頭腦筋空白，一言不發，到了康德會館，兩人一起下車步入會館大廳。牧野坐在櫃臺前沙發上：

「妳上去休息一下。我在這兒等妳。凡事包在我身上，不用想太多。」

香蘭步上樓進入房間，倒在床上，眼淚漱漱地落滿棉被。淚水漸乾，情緒漸漸平復，心中的責任重又喚起，牧野次長還在樓下等她，攝影棚也有一堆人的心血恐怕因她一人而全數泡湯。她匆匆下樓，牧野看到她心裡振奮異常：

「到地下室用餐去吧。」

「回攝影棚好了。」

「空著肚子回去不好吧。」

「那就找個小吃攤隨便解決好了。」

牧野快人快語，開車也快。趕到寬城子滿映員工常去的麵店後火速解決中餐。回到攝影棚，離下午一點半還有 20 分鐘，工作人員多已躲在房間午休。他索性叫香蘭到化妝室座椅上躺著，被驚動的化妝師乾脆起來給香蘭補妝。

一點半午休結束，工作人員很快就定位，導演上野看見香蘭已經站在舞臺上，把演出和工作人員集合起來，表示劇本略作修改，著重人性刻畫的寫實情節改為半歌舞的形式，在編劇重松周的協助下，大家排練兩次後，上野再做一番說明和叮嚀，待每人就定位，環顧一下四周：

「準備好，開始。」

打板聲一響，〈我們的青春〉音樂響起，淑琴進入餐車，見子明和曼麗同坐一桌有說有笑，子明一手搭在曼麗肩上，一手舉起紅酒敬向曼麗，淑琴急步向前啐了一聲，子明起身欲做解釋，反被淑琴用力推回去，被推回的子明又被曼麗狠狠推開。跟跟蹌蹌的子明差一點撞到淑琴，淑琴躲過了撞擊，趕緊閃開端著飲料過來的侍者時，身體失去平衡，子明一個箭步把她攬住：

「聽我解釋。」

淑琴像受驚的小鹿，凝眸睇著子明，帶點幾分諷意的淺笑融進上揚的音樂。導演感覺大家好像舞了半場，大叫一聲：

「cut. 很好。」

淑琴變回香蘭，鬆了一口氣。休息一下又補了兩場和杜寒星、周凋、張敏等人在餐車用餐的戲。雖然 NG 了一次，但比起早上平順多了。拍攝完畢，香蘭正想走下像是舞臺的「餐車」，眼前的一幕讓她驚呆了。

在工作人員搬運工具，收拾東西的忙亂中，山口愛面對山梨稔：

「古賀政男的音樂真的可以療癒男女感情的問題呢。」

「真的不錯。一聽到心裡的愁悶就減掉了一半。」

山梨說著看到迎面而來的香蘭，山口文雄也看到女兒了。

「爸，媽。」香蘭面露幾許困惑，「你們幾時來的？」

「山梨先生帶著我們一早趕過來。正好趕上妳的最後一幕戲。

現在收工了。」

「弘毅、悅子他們好吧。」

「現在由他們顧家了，弟妹都交他們管了。弘毅17歲了，像個小男人，悅子喜歡下廚，現在讓她好好發揮。」山口愛。

「我很慚愧，我都還沒下過廚。」

「妳會唱歌演戲比什麼都好。」

「這部戲應該拍完了。我得向導演再確認一下，如果真沒我的事了，我跟你們一起回去。」

「妳要留在新京。已經簽約了。」

母親山口愛的話一出，香蘭驚覺不妙：

「簽約了？簽什麼約？」

「妳在北京拍戲的時候，山梨部長和山家都來。你爸代妳和滿洲映畫簽了約。」

香蘭看著父親，再看看母親身後的山梨，山梨閃爍著眼神避開，剛好被牧野拉到一邊。她盼望多時的自由落空的同時感到了不被尊重的痛苦，父母寬慰的眼神望了過來，她反而閃開望向高處的天花板。山梨和牧野談完話後：

「山口先生，你們先跟我來。」

山梨的腳步很快，山口夫婦跟在後面，香蘭走在最後，有時跺著步走，每跺一步便發洩一些情緒。大家走出攝影棚，走向山梨常駕的一部日產車。山梨：

「等一下我會開這一部車，你們在這兒等著，我先回棚內處理一些事情，待會一起回市區。」

山梨走後，父女三人沉默了好一陣子。山口愛終開口了：

「山梨先生這次特地從新京前來找妳父親簽約，山家也來了，他們約好一起來。山梨一再請求你父親，山家從旁促成。就像當年奉天放送局東課長來說服妳父親一樣，妳父親一直搬出要培養妳成為政治家秘書的說法辯駁，但現在政治家已經沒有什麼空間，妳父親習慣性的講這一套，好像流於形式，沒有著力點了。」

「山家也說，奉天放送局的國民新歌謠收集告一段落，現在是妳進入滿映替國效勞的最佳時機。」山口文雄帶點歉意停頓了一下，「他還說，將來如果要再錄國民新歌，就近請新京放送局代錄也可

以。」

「山梨先生一再懇求，一定要來幫忙，不然很多有主題歌曲的片子沒辦法開拍。妳父親實在不忍讓兩位長官空手回去，最後是簽了。」山口愛看著情緒平復了許多的愛女，希望能得到一點諒解，「簽是簽了，但立刻感到不妥。大家你看我，我看你，不安迅速蔓延開來。最後山家開口了：『劇組回到新京了沒？』山梨回以應該回去了。『那你們夫妻或山口兄跟山梨到新京探視愛女，第一時間向淑子說明會比較好。』我覺得也對，所以第二天一早就趕了過來，順便看妳拍戲。」

「這部戲的導演很會罵人，很難聽的話都罵得出來。」

香蘭忍了一口氣，終究沒把早上的事情講出來。

「淑子，對不起。」

看著母親欠身道歉，香蘭覺得過意不去：

「媽，別這樣。」

香蘭說著時，山梨走了過來給他們開車門。

「等一下牧野兄跟我們一起走。」山梨把車窗搖了下來，「不好意思讓你們在外面等這麼久。開車的不在，不敢讓你們上車，一來空氣不好。二來，有時人一上車，車子重心改變，路面也有點傾斜，車子自動滑起來很危險。」

「瞭解。」香蘭一時不知該說什麼，不自覺地老話重提，「恭喜你又當部長了。」

「還沒有發布，不要亂傳。牧野這個次長才真的是大部長呢，公司大部份人都歸他管。」坐在駕駛座的山梨回過頭，「李香蘭小姐，實在要跟妳道歉，沒經過妳的同意就簽了妳的約。」

「想了一下，感覺承受這麼多人的厚愛和期許，就比較不再那麼自我了。我也很感謝牧野次長對我的鼓勵，想到她的夫人這樣辛苦拍片，我也要開始自我剔勵了，畢竟拍戲和歌唱還是有些重疊的部份。」

「妳能夠這樣想是最好的了。」

山梨稔說著心頭的僥倖填實了一些。他知道他離開的那幾分鐘，山口夫婦已經將擅自替女兒簽約的事告訴女兒，而香蘭識大體地快速消化心裡的驚愕，也多少在他的預料中。他回想這半月以來，自

己在公司的督促下，不知覺間變成設局者，而每個局在公司事務強力的推動下，都隨即穿了底，露了相。他接連在香蘭面前露了氣，雖然相信香蘭一定能理解他身為公司幹部的苦衷，但尷尬和自責溢於顏表，香蘭從後座察言觀色，決定轉換話題：

「這次山家也去了奉天。你們約好的了？」

「不錯。他也帶一位小姐過來。」

「他身邊總是圍繞著一些中國女性。」

「他這位女子中國話叫 limin，也好像才剛拍過電影。」

「李明，我在北京的時候就見過了。她有到我家嗎？」

「沒有。山家來妳家簽約的時候，把她丟在旅館。這個李明，林專委有意請她過來幫忙，很可能會變成滿映人。所以我也提醒山家不要向她提到妳的事。他們現在在奉天玩，過幾天會來新京應徵。」

「真的哦。我感覺她的笑還真迷人。」

「山家先生這樣觀照妳，以後他的女朋友，妳就代為多觀照了。」

「我能力所及盡力就是了。」

牧野終於來到，也上車了：

「李香蘭小姐，滿洲演員都叫妳 shanlan，我們也這樣叫妳好了，不用冠姓也不用冠小姐。」

牧野說著，大家笑了起來。山梨也「shanlan、shanlan」復述了兩下。牧野繼續說：

「片子告一段落，劇組人員要到吉野町日本料理店輕鬆一下。留在公司的一些人也會去。我們輕鬆我們自己的。我們到康德會館。今晚山口先生和夫人也住康德會館吧。」

「給你們帶來這麼多麻煩。真不好意思。」

山口文雄說著時，車子開動了。牧野：

「您前來指導實在是我們最大的光榮。」

47. 親子車遊 京城明媚

康德會館地下餐廳今晚客人特別多，他們五個人坐在角落的小圓桌，講話必須提高嗓門，對方才聽得清楚。牧野：

「香蘭。妳這次唱的〈我們的青春〉，還有另一首英文名叫〈Turkey in the straw〉的，百樂唱片會出唱片，可能會請妳到他們公司錄音室錄，用中文唱。」

「那很好嘛。」山口愛睇了一下鄰桌喧鬧的客人，再回望牧野，「拍電影又可出唱片。淑子就是喜歡唱歌。」

「有一件事想跟妳商量一下。」牧野看著山口文雄夫婦，再瞬向香蘭，「專務理事林顯藏想請妳到大和旅館住，上下班或要拍片時再用車子去載妳。」

「大和旅館離這裡多遠？」

「兩公里多。車站附近。」

「看來蠻遠的，我看我還是住這裡好了。至少到公司，可以走路，要拍片時大家再一起坐車子好了。一個人住大和，上下班用車接送恐怕會影響公司的士氣。」

「李香蘭小姐講的確實有道理。香蘭那一天一個人坐車到新京時，也是從軟座車廂走到一般車廂和中國平民唱成一團。」

山梨第二次提到的「香蘭」特地用中文發音。

「那也沒什麼，大家一起唱歌，開心就好了。」香蘭想起了葉苓說過的話，「公司不是在清明街租了很多住宅給同仁住嗎？我跟他們住那兒不也很好？」

「李香蘭的身分受到特別保護，這是公司的政策，也是從奉天放送局沿襲過來的做法。」

牧野說著，眼神從香蘭轉到山口文雄夫婦。文雄微微頷首，牧野繼續說：

「滿映的演員都是滿人，但他們需要一位會講日語的演員。所以你們的淑子必須跟他們區隔開來。如果住在一起，和你們通信，或你們來探親，她的身分很快就會曝光。」

「和奉天放送局一樣。」

山口愛輕輕向文雄說了一聲，香蘭、牧野都聽到了。香蘭慢慢咀嚼五年前對於奉天放送局任務的默默承受。她知道這是她身為滿洲國國民被賦予的責任，也不好多說什麼。山梨稔兩眼看向低頭書寫的櫃檯小姐，心裡盤算著怎樣替香蘭設身處地想：大和飯店對心思淳樸的她來說貴氣了一點，再說，自己、牧野和根岸都住那兒，

如果把她也拉過去，讓她感覺獨立空間限縮，甚至被監控，反而弄巧成拙，好意變了調，也會是一個問題。

「康德會館後面的巷子裡，有一間日本人經營的旅館扇房亭應該很適合李小姐。」山梨看了香蘭一眼再看向山口愛，「這樣李香蘭一樣可以走路上班，有自己的獨立空間，房間也有人清潔。」

「這樣也好。」

山口愛說著瞬了淑子不耐的神色一眼，知道女兒不想談這話題。男侍者拿來一瓶蘇格蘭威士忌，牧野接下後立刻交還，請侍者開酒再給每一個男士倒酒，

一大盤開胃菜來了，牧野向大家舉杯，香蘭有些思路也打通了。原來她父母親來了，所以她沒法和劇組人員在料理店共同輕鬆一下。以前在翊教女中四年多，隱藏身分是為了自身安全，現在隱藏身分是為了公司利益，同一件事指涉的結果差異是如此巨大。一股不以為然的意念在她體內陡然湧起。她把杯中的茶水喝掉，再把杯子伸向牧野：

「牧野長官，給我倒一杯酒。」

山口愛雙眼圓睜望著愛女，牧野：

「今天最該喝的是妳的淑子，她完成了處女作，人生徹底改變了。」

「妳也喝一點吧。」山口文雄把老婆的茶倒進碗裡，「今天我們同淑子同一心情。」

在山梨和牧野連袂敬酒下，香蘭沾了一點苦酒，辣到了喉嚨：

「我覺得我不應該有身分隱藏的問題，我在滿洲出生，沒到過日本，所以是滿洲人。」

「現在戰時非常體制，每一個人都身不由己。每一個人頭上都有一顆旋得緊緊的螺絲。我和山梨兄沒有身分隱藏的問題，但來到這裡，必須拋開日本人身分。」牧野試圖解開香蘭帶來的尷尬，「每個人各自努力，譬如妳李香蘭發揮歌唱才能，我和山梨兄製作電影，共同營造這兒新的樂土。」

香蘭似懂非懂，腦中響起以前學校老師常說的報效國家一類的話。她把酒讓給父親。山梨望著一盤握壽司，夾起一塊日本燒肉：

「山口先生，難得來一趟新京，還是玩個幾天再回家吧。」

「瞭解淑子的工作後，我們放下了心。頂多再陪她一天。」山口愛邀先生向兩位長官敬酒，「這麼多小孩在家，實在不能離開太久。」

山口文雄口含壽司，蹙了一下眉頭，有些放不下心。山口愛繼續說：

「我們隔壁李將軍的二夫人跟我們住一起，她會幫忙照顧。這次我們一大早就出門，不太方便向將軍報告，但我已向他的門房通報一聲。李將軍一定會派人過來幫忙看守，尤其是晚上。」

「你說的李將軍就是現在的瀋陽銀行總裁？」山梨稔看著山口文雄，「山家跟我提過。」

「沒有錯。是慷慨大度的紳士。」

「對滿洲建國有功，是一位大人物，也幫助創造了李香蘭。」山梨稔喝了一口奶油蛤蜊肉湯，舌頭滑潤了起來，「真的非常感謝他。既然這樣，明天我就派一位助理載你們在城區走一走，輕鬆一下，順便買回程的車票。」

山口文雄喝得十分盡興，醉意十足，兩夫婦被安排住在康德會館的商務套房，離香蘭房間不遠。

第二天用過早餐，在房間稍事休息後，山梨助理，年輕的鈴木正則已來敲門。山口有點宿醉，香蘭和母親十分倦怠，鈴木建議在街區隨車觀景，正合大家的心意。

文雄坐在副駕駛座，山口愛母女倆坐後頭，都能充份享用車窗景色。車子在吉野町、日本橋通日本商店集中區繞行一圈後，慢慢駛進擁擠、狹隘，但更加熱鬧的華人集中區。好不容易離開華人區過了一座小橋，遠遠望著宮內府警衛森嚴的大門和高聳的圍牆後，車子直奔伊通河，然後沿河滑行，由於車子甚矮，河床和河岸風光被壓縮了不少。車子在一座大廟旁邊停下。鈴木：

「這是關帝廟。你們不用急著進去，跟著我來。」

父女三人跟著鈴木走了一段坡路，走上一座民眾和牛羊馬熙來攘往的鋼筋水泥橋。鈴木：

「這座橋夠長，那座廟也很長，走過這橋下了橋向右轉後從那兒看過來，古廟新橋，廟上橋下疊在一塊，看久了味道就出來。」

「哦！」文雄看了一眼遼闊的河床，「是要過橋，從河的另一

邊才看得到整座廟？」

「剛好在河畔，不趕時間的話，從河的另一邊看看也不錯。畢竟中國的廟一般比日本的神社大很多。」

「沒錯。」

文雄說著放慢腳步和妻女兩人跟在鈴木後頭，一直走到對岸，看著廟橋相疊的景象，感覺還好，往回走一段路，看著沒有被橋遮蔽，像戰艦一樣呈線狀展延的廟貌後，興起了入廟一睹為快的渴望。

四人再上橋，文雄不自覺在心裡數著樹立橋欄，排成一列的水泥柱。鈴木：

「這座橋才建好幾年。」

「看起來很新，水泥欄杆也做得很精細，矮柱一根根打模，看來很費心。」

「這座全安橋原來是木造的，我帶來一張印有舊橋的明信片，一時不知塞在那？剛剛沒找到。」

「河床這麼寬，用木板架橋真不簡單。」

「確實不容易，所以橋腳特別多，看起來非常像一條超級大的蜈蚣。」

文雄聞言笑開，回頭望了一下緊跟在後的妻女。四人回到廟旁，鈴木：

「你們自行參觀好了。我在車上等你們。」

馬路離廟門有一段距離，廟前廣場雜草斑駁的泥地廣場中間闢了一條小徑，文雄父女三人踩著徑上的石礫前進，靠近山門的廟牆外面住了幾戶破落戶，幾塊木板、布蓬凌亂拼湊的家，顯示生活的辛酸。

進入山門，前面又是迴廊圍著的方形廣場，山口愛走了兩步，覺得腳痠，退到右後方的迴廊，坐在廊緣，文雄見狀也跟進。山口愛見周邊沒有遊客，看著愛女用日語說：

「昨晚吃飯，牧野長官在妳上洗手間的時候要我轉達妳，領到薪水的時候，別向別人說，妳也別問別人薪水方面的事。」

「我才工作幾天。」

「很快就八月五號了，會先發妳這幾天的，到九月的時候就可以知道妳全薪了。」

香蘭低頭搖著腳，沒問母親牧野滿男次長會給她多少薪資。她傾向認為現在長官大人都是說一套做一套，凡事都習慣給人心理掙扎或痛苦。母親：

　　「山梨部長來我們家簽約的時候也說，滿洲演員最高不會高過日本職員最低的薪資。他說制度這樣訂，誰也沒辦法。」

　　「這表示山梨部長也覺得不公平，但他沒有權力改變這一切。」

　　香蘭說完，父親囁嚅著：

　　「說好五族協和……」

　　「昨晚聽兩位長官說，演員都由滿洲人擔任。」山口愛望著正殿屋脊上的捲龍，「中國人崇敬龍，怪不得比較穩重。」

　　「跟中國人比起來，日本人比較親近蛇，所以蛇性……」

　　文雄喃了兩句，講不下去。山口愛：

　　「兩位長官也說，滿映演員都是滿人，至少是一個很好的平衡。滿人雖然賺不到錢，但名氣有了，也可以蓄積能量。老公，表達你的看法吧。」

　　「這個嘛。」山口文雄吱唔了兩下，「如果可以的話，回日本演古裝女俠或鬥劍的戲可能更好。」

　　母女倆笑了起來。山口愛：

　　「妳自個兒認為呢？」

　　「劇本我們改不了，想演就得接受劇本。再說，約已經簽了，已經成為電影公司的新兵，沒得選擇了，也只能蓄積磨練演技的決心，努力向前了。」

　　「當然啦，新兵最小，只能向前，不能後退。再說，電影也是一門藝術呢，像唱歌一樣。」

　　文雄看著前往正殿，或從正殿出來的遊客，右移的眼睛盯住懸在鐘樓屋頂下的大鐘，眼神進一步被鳥腳細柱撐著，巨大的屋頂好似飛簷展翅的鐘樓吸引住了。他向妻女示意：

　　「看那一口鐘，掛得這麼明顯，好像是邀請遊客前去敲擊。」

　　「它不讓敲的。」

　　山口愛說著，文雄執拗地站起：

　　「只是想看看長得什麼樣子，近看才知道它有多大。」

　　「媽！看到沒，那鐘樓的柱子好細，好像快撐不住屋頂了。」

山口愛看著赤裸裸懸在閣頂下的銅鐘，有些心動。香蘭其實也滿想看，她想到在北京拜過的寺廟很少，自然沒看過什麼廟鐘寺鼓。三人閒步過去，上了石階，紅漆剝落的木製樓梯落入眼前的同時，梯口的柵欄也刺入眼眸了。

　　「閒人勿近。」文雄喃喃地使用華語，「寫遊客止步，是比較有禮些。」

　　三人無奈左轉，走了一小段路，拾級進入正殿，神龕內繁複，但有些褪色、剝蝕的裝飾和雕琢撐不太起原有的富麗堂皇，三神中間，霸氣坐著閱卷的紅臉關公餘威尚在，三三兩兩的信眾持香或徒手敬拜，甚至膜拜。山口愛找到好的位置，示意文雄和香蘭一起過來，山口愛徒手敬拜三次後，文雄也跟進拜了兩下。山口愛見愛女呆立一旁，用生硬的華語說：

　　「聽說在中國，演藝人員都拜關公呢。」

　　香蘭沒什麼概念，腦筋一片空白，只好禮拜一番。

　　文雄醉心中國文化，對中國古建築也有興味，知道愛女對演戲還有些心結，希望這座古廟能把她的心思引過來一些。走出正殿，他瞄準早先看到的樓閣，信步過去，看來像三層樓的小塔，實際上是兩層的磚造閣樓，拾級上去，神龕內，高大的玉皇大帝座像頂著高聳的天花板，三人徒手拜過後走到旁邊門口，門口內的樓梯間依舊被封堵住。「鼓樓重地」幾個字又讓他們吃閉門羹。

　　香蘭在北京讀書時久聞娘娘廟的名聲，看見廟埕邊的景點指示牌上書寫狐仙堂、娘娘廟……，腳步加快了起來。文雄也沒想到這兒廟中有廟，子廟尤其多。

　　「孫真人廟？」香蘭看著廟門上方青底黃字的廟匾，再看向神龕裡頭坐在虎椅上的紅衣藍冠塑像，「道教的？」

　　「不只是，他還是藥王，藥學方面的大師，名字我一時想不起來，死後被追捧為神。」

　　「妳爸研究中華文化，胸中確有一點墨。」

　　山口愛說著，左足跨向另一間廟，文雄跟上。待佇足觀看的一個家庭走了，文雄看向女兒：

　　「老君廟，有概念吧。我的意思是拜的是誰？」

　　「應該是老子。看，禿頭，鬍子又白又長，神像上面又有『清

靜無為』的牌匾。」

「妳在北京讀了四年書，總算沒有白費。」

「聽爸爸這樣說，還滿欣慰。事實上，沒讀過老子的書。只是直覺是他。」

「受過這兒文化的薰陶，就能直覺出來。」

山口愛說著，幾名女孩銀鈴般的笑聲拂過山口愛有些乾澀的臉顏。文雄瞄了一眼快速遠去的笑聲：

「啊，狐仙堂。」

「中國也有狐狸神。」

山口愛腦裡浮現國內狐滿為患的神社：「我以為只有日本人拜狐，想不到中國人也拜。」

香蘭看向神龕裡頭腳邊站著的一狐一女－狐狸示現全身，古裝美女裙後拖著巨大的狐尾的塑像，回眸一笑看向母親。山口愛：

「感覺很奇怪？國內神社的狐怪，有的管農務、糧食，有的守護夫妻之間的感情。這裡的狐仙到底給誰拜的？」

山口愛華日語交替地表達完畢，文雄瞬向從背後走來的遊客，淡淡地說：

「我也不清楚，應該是一些不守婦道的女子在拜吧。」

山口愛聞言眼睜睜笑開，趕緊用手摀住嘴巴：

「這怎麼說？」

「兩國國情大不同。咱日本的狐仙變成人後會成為賢妻良母，家有狐妻，如有一寶。中國的狐仙是死亡和不倫的化身，不曉得什麼時候開始，人們管叫奪人妻的女子叫狐狸精。」

為了讓妻子聽得懂，文雄華日語夾雜使用，看著母親頷首，淑子瞭解母親學到了「狐仙」和「狐狸精」兩個新詞，比日語的狸妖[1]文雅、順口多了。

娘娘廟規模大了一些，裡面坐著三尊紅袍、霞冠的女神。香蘭看著有些信眾在左壁旁的案上取來說明書，她也拿了幾張，看了一下。她想回去看一下簡介就夠了。

回程的路上，他們才感受到這座複和廟，面積大，但曠地多，逛起來不太費時費力。三人回到車上，鈴木好整以暇：

「玩得開心？」

「鐘樓和鼓樓都不讓看，有點掃興。」

「剛剛找到舊橋的明信片，或許可以讓你填補一點失望的心情。」

鈴木正則說著遞出一張明信片，文雄看了一眼，眼眶立刻被裡頭相片中木橋的強力結構撐開。一二十組介字形的木墩一字排開紮進河裡，撐起有著明顯起伏的木板橋面。直立的橋墩固然有力，斜斜向兩邊撐開的一排木柱很像古羅馬戰船同時舉出的船槳，牢牢地劃進文雄的腦裡。

「如你所說的，真的像一隻巨大，強有力的蜈蚣。」

文雄笑看鈴木，說著把明信片傳給老婆，體內漾著一絲滿足。隨後車子繼續前行，沿著伊通河的支流一路西南行。

新京動植物園規模宏大，號稱亞洲第一，聽鈴木道來，山口愛就腿軟，好在時序接近中午，文雄買了票，三人進去後決定只看大型動物。非洲象和獅子大概水土不服，看來瘦了些。獅子圈內，一公一母躺在草地上曬太陽，懶得理遊客。有些動物看似平凡，但群聚一塊，遊客喜歡看山坡地野放的水牛群和山羊群，小朋友看了都捨不得離去。文雄父女三人像看風景一般，邊走邊看，不做太多耽擱，只在猴山看著群猴在樹林嬉戲、玩耍時，多駐足片刻。

樹林由稀變密變粗，林中的岩壁圍成的虎窟也特別寬深，窟底十幾個虎洞，顯示老虎不止現身在外的五隻。圍欄外，遊客圍成一圈，窟底，有的老虎相互追逐，有的散步，有的試圖攀壁，引發遊客不小的驚呼。

「畢竟是老虎的故鄉，老虎看起來也比較有力。」

「真是開眼界，我第一次看到老虎。」

山口愛用華語慢慢說完，文雄先顧左右再說：

「日本沒有老虎，動物園有，但肯定不多。妳小時候可能也沒到過動物園。淑子，妳呢？」

「在北京讀書時，學校有帶去過，當做生物課戶外教學。」

「日本雖然沒有老虎，但以前浮世繪畫家倒很喜歡畫虎。他們看著貓畫，把貓紋畫粗一點，身體和頭畫大一點，就以為是虎。看起來還是七分貓樣。」文雄左右看向忍不住發笑的妻女，「中國人常說畫虎不成反類犬，那些畫家是畫虎不成反類貓。大概都是老虎

難得一見，那些畫家藉其他動⋯⋯」

文雄還沒講完，摀嘴忍笑的淑子已經跑到路中咳了起來。

已經快 12 點一刻了，三人急步退到門口，回到車上後，鈴木把車子開往建國廣場，一行四人在廣場邊的一家日本料理店用膳。鈴木：

「我看下午，新京是新興城市，沒有古蹟，有些⋯⋯」

「我看不用說了，我們就隨著車子走，完全無牽無掛。」

香蘭說完，鈴木話題轉向，整個用膳時間，都在談各自熟悉的生活領域。飯後，車子在路樹棉密的盛京大路走了一會兒遇木橋阻路。大家下了車，鈴木：

「我帶你們走過這條木橋再往前看視野比較好。」

「木板還鋪的真平整、細膩⋯⋯」山口愛見週遭沒什麼人，也知道鈴木只懂日語，於是開懷說日語，「車子不敢開過去？」

「這座橋沒那麼牢靠，還是有些晃，只給行人和人力車方便，算是人行道，禁止車子通行。一般汽車要從湖的南邊繞過去，再上馬路的另一端。」鈴木笑著看了山口愛一眼，「有時下大雨，湖水漲起來，這座橋總是被淹沒。我看我們先通過吧。」

過了橋到達盛京大路的另一頭，這兒的大路也被密林裹著。鈴木正則帶著大家沿湖岸往前走，山口文雄往左瞄了一眼：

「真像一座森林。」

「現在知道我為什麼帶你們走。」走在前頭的鈴木回望了一下，「怕你們要回去的時候闖進森林裡面找不到出路。」

「剛剛走過的是什麼橋啊？」

香蘭隨口一問，鈴木立刻止步從上衣口袋掏出一張折紙，打開後手指著簡圖上的湖面，香蘭：

「垂虹橋。中國人喜歡用彩虹來給橋命名。哦！是南湖啊！我們現在在有名的南湖。」

「這整個公園叫黃龍公園。」鈴木。

「還真有點皇帝味呢。」

「就是這樣。」鈴木手指著右前方，「前面一排樹木所在的地方好像是堤防，其實是一條新開的道路，往前一點轉個小彎再往前就是新皇宮的預定地。將來這個公園可能會被圈起來當成皇家園

林。」

「像北京的頤和園、北海、南海」香蘭。

「我沒去過北京，但那些地方聽過了。聽說這個公園只比頤和園小一點。」

山口愛表示女兒在北京讀了四年書，是老北京，鈴木稱羨不已，隨後便帶著大家到湖畔涼椅坐下攬景，吸飽了湖光山色。片刻離去時，鈴木問香蘭：

「這兒跟北京的皇家園林有何不同？」

「那兒凸出來的一個綠點應該是一個小島，北京皇家園林中的湖泊都很流行湖中設島。北京皇家園林，樹欉裡頭隱藏著很多宮殿樓閣，但這兒只見樹林。將來殿舍建起來後，景觀就會向北京看齊了。」

「現在這些樹裡面有不少楓林，秋天到了一片紅霞，十分好看。」鈴木。

「再過一兩個個月就是秋天了。到時一定來看看。」香蘭腦中浮起北京許多園林的冬雪景象，「冬天一定更美，初雪，湖面變成棉花田，結冰後變成一面大鏡子，柳絲變成銀絲，枯樹結滿了霧淞，夕陽西下，變成一片黃金樹……」

文雄夫婦和鈴木看著香蘭喃喃自語，都會心地笑開。鈴木向文雄示意後，走在前面，山口一家跟著走向木橋，順利回到車上。

車子從一般道路轉進鈴木說的「和平大街」的大道，香蘭腦中殘存的華人區、關公廟和公園湖光的殘影，填滿這條寬大，但周邊有些荒涼的大道，車子猛然左轉，轉進一條小路。鈴木：

「這個地方一定要來看一下。滿映的新廠房。」

車子在工地燠熱的嘈雜聲中停了下來。龐大的工地用疏落的鐵絲網圍著，不妨礙他們在外頭觀看。鈴木指著鋼筋已然架到二樓，面積寬廣的建物：

「這應該是辦公大樓，要蓋三樓高。看到沒？二樓樓地板很多工人推著水泥灌漿車走來走去。」

「這工地實在廣大。」文雄指著遠方好幾臺吊車似的機器，「那又是做什麼的？」

「是打樁吧。那邊應該是蓋攝影棚。要蓋好幾座，蓋好後要成

為亞洲最大的製片廠。」

「在滿洲什麼都大，撫順炭礦大，連新京街道也都這麼寬闊。」文雄有些自言自語，「這個新電影廠大得像一座工廠，到底有多大？」

「這個地方截長補短，大概有 400 米見方，可以把一個直徑 300 米的大同廣場包在裡面。」鈴木正則看著眼露狐疑的文雄，「新京廣場那個圓，把周邊的道路也包含在內。」

一名手推灌漿車的工人停下腳步望了過來，但隨即被後面的車子往前擠。香蘭看向鈴木：

「什麼時候可以完工？」

「還有一年多，很快的。好吧。我們回去吧。」

鈴木的車子從安民廣場進入寬闊的順天大街，香蘭有了回到新京的實感。這條和大同大街同寬的大道，街區還沒成形，道路寬廣，筆直，路旁和路中寬廣的綠帶，草皮新植，稀稀落落的樹苗中不時矗立著官廳大廈，城市的遠景和荒疏並置。經鈴木說明，大家才知道車子剛剛通過新建的順天公園。隨後右前方出現一座大型建物，一行人在車上觀覽宏偉的國務院，再往左觀看軍政部大樓後，車子轉入興仁大路，再轉往大同大街，最後在林木繁茂的兒玉公園落腳。

公園內都是日本人，四人走走逛逛，被一陣歡呼和加油聲吸引。棒球賽已進入尾聲，四人看完比賽，十分盡興，其實，太陽西斜，文雄請鈴木找一家餐廳。鈴木：

「就在康德會館，我載你們先回去，房間休息後再下來。山梨參事會來。」

「參事？」

「山梨以前幹過部長，不久後也會是部長，目前的職務是參事。」

回到康德會館，三人在房間稍事梳洗後小憩片刻，隨後接受山梨稔的晚宴，文雄夫婦也從他那兒取得第二天回奉天的車票。晚宴過後，香蘭才想到要瞭解自己所處的住居環境，帶著父親在廊道走了一趟，始知她住的這一帶套間過去一點就是康德吉租屋公司辦公間，再來是滿洲生命保險、滿洲石油公司，往回走，另一邊是滿洲畜產、滿洲合成橡膠、滿洲電業……。晚上快九點了，這些辦公間

外頭昏暗，顯得幽靜，唯獨她所在的套間區，像小旅館，還有一點生氣。

次日，山口夫婦放心地返回奉天，香蘭也回復正常上班。與其說是上班，有時還真像上學。

註1：狸のお化け（kitsunenoobake）：狐狸變出的妖怪，七個音節。

48. 同仁互動 初識曉君

滿映研修所所長近藤伊與吉年輕時候集編導演於一身，近十年淡出演藝圈，結果在滿映找到演藝生涯的另一著力點－教學，研修所所屬的演員訓練所一連訓練三期新進演員，訓練所所長的職位雖然由陳承漢接下，但陳所長一直在寬城子上班，大部份演員還是在總部的訓練所上課，習慣上還是視近藤為訓練所所長。在師資難覓的情況下，訓練所專業課程的安排讓人嘆為觀止。在滿映政策的鉗制下，訓練課程所展現的人文呼吸是吸引很多人前來報考的原因。問題是，半年之內連招三期學員，每一期研習一年才能結業，所以今年五月第三期學員招進來後不久，第一期學員全數移到城北寬城子的訓練所，交滿人陳承翰負責，體況欠佳的近藤鬆了一口氣。近藤在演藝圈輩份高，公司長官都樂於與他分憂，大家研商後發覺，三期學員 130 幾名中，在寬城子上課的一期學員約 40 人，未獲重用或因故離去的有 20 幾名，再扣掉有通告或有其他任務無法上課的學員，二三期學員合班上課約 60 人，研修所教室的椅子排滿後還坐得下。學員研習滿一年就發證書，第一期學員還有三個月就結業，近藤的教學壓力可預期的會稍減一些。

拍完《蜜月快車》，香蘭暫時沒有戲約，在公司的安排下，搬到康德會館後面，由日人經營的精緻旅館扇房亭。香蘭開始按表上下班。上班時進入二樓研修所，也就是演員訓練所教室上課的時間不少，她時常有還是學生的錯覺，只是有點像在戲劇學院上課。

依滿映新規，滿籍學員上完一年課程，成為正式的演員後，訓練所自動解散，但研修所仍然存在，還是繼續提供更多的專業課程供演員再充電。學員或演員都抱持學生的心情，沒有把社會習氣帶進來太多，他們察言觀色，馬上就知道香蘭是特殊的存在。她不是

學員出身，必定是招募而來，也必定是因為歌唱才能破格擔任女主角，那一陣子日籍長官亟需歌唱人才，大家都知之甚詳。再來她會說日語，日籍長官碰到她都是有說有笑，且十分客氣，那幾天她補拍《蜜月快車》棚內戲時，部長或次長還親自開車接送，大家也都知道。另一方面，外地演員都住員工宿舍，她顯然像有些長官一樣住賓館或特殊房舍。大家的結論是，她近乎日本人。雖然如此，從另一個角度，又別有認定。她取的是中國人或者說滿人的名字，和一般日籍員工、滿籍演員一樣，都在員工餐廳用餐，且用餐時都貼近滿籍演員，和一般日籍員工較少互動，參與滿籍演員的研修課程後，親滿疏日的情況更加明確。

在日本軍人的統治下，社會形勢嚴峻，一般家庭，有能力的自己開店營生，如或不然，把子女送進工廠，人格、身分泯沒，冒著傷殘、喪命的風險獲取微薄的工資，為此滿映招募演員的消息讓一般年輕人眼睛為之一亮。考進來當學員的年輕人也發覺，不管有沒有被重用，在這兒工作見光率高，比起工人暗無天日，日滿嚴重對立的工廠好太多了。滿籍演員固然不敢任意得罪日籍員工，日籍員工看到被長官捧在手心的滿籍演員也會讓個三分。他們知足惜福，看到香蘭的幸福，不會多加探究或說三道四，免得弄得自己渾身傷。有些基層的日籍職工遇見香蘭，彼此親切地寒暄或聊天，還會感覺受寵若驚呢。

在這種情況下，香蘭和同仁相處融洽，但下完班回到住處又感覺孤單。原來這一切都是辦公室情誼，同仁再好，還是有些競爭關係，他們一旦上戲，各自忙開，彼此的距離又拉遠了。因此恐怕很難像以前在校時那樣交到溫貴華一類的閨蜜了。

因為戲結緣，她和張敏、李燕、周凋和戴劍秋比較熟，杜寒星請了兩星期假，如果確定不需再補拍，假期結束後很可能就打包走人。在這兒備受重用，坐她對面的葉苓受到她日語流利的感染，也開始學日語，有時會向她討教，憑藉這一點，她和葉苓自然又親近了一些，知道她正跟著訓練所的名師石井漠學舞，也替她高興。頭頂微禿，和香蘭合演過《蜜月快車》，前途大好的周凋，見葉苓年幼可愛，有時會來找葉苓閒聊，香蘭因此和周凋更加熟稔了。由著周凋，香蘭也認識了的笑口常開的浦克。以前在翊教女中讀書時，

聽同學講過：東北男士向來豪爽，上梁山肯定會是一條好漢。她從周凋和浦克身上驗證同學的話，屢試不爽，當然他們還不致成為馬賊吧。

一天，下午三點多，辦公室前面顯得很熱鬧。不久前山梨說過山家會帶李明過來應徵，現在他們果然來了。李明白淨、挑高的身影很惹人注目，就是日本職工也看得目不轉睛。李明斡旋在滿映諸長官之間，很是風光，但在這種地方看見山家，香蘭很不自在，她把頭壓低，趴在桌上看上課整理的筆記，希望別被看見。約莫兩三分鐘，感覺肩膀被拍了一下。抬頭一看，山家提著顯然是李明行李的大提包，正對著她咧嘴笑，李明也在稍遠處抿著唇看著她笑。她和山家認識這麼多年，還沒被他碰過，他這一拍讓她錯愕，但她還是硬著頭皮跟著山家走。一夥人下了樓，山家和李明坐上山梨的車走後，牧野要香蘭下班後先別回住處，要跟緊他。兩人上了樓回到辦公室，製作部長根岸寬一理事走了過來：

「李香蘭小姐。妳跟李明認識啊？」

「她是山家的朋友，在北京就見過面。」

「那太好了。等一下晚餐時讓妳們敘敘舊。」

五點半下班後，同事一個個走了，根岸寬一向牧野交代一聲後也跟著下樓，大約過了五分鐘，牧野和香蘭走到門口，吩咐還沒走的同仁記得關燈後，也急急走出辦公室，下樓走到根岸那兒。牧野走向停在人行道上的車子，三人上了車後，牧野發動引擎，駛離停車位滑向車道，再看向身旁的根岸：

「李明的事要怎麼處理？」

「林專委說過了，她是標準的京片子，滿映請她過來，薪資會比別的演員高，但她畢竟不是考進來的，只能用約聘的方式，兩年換一次約。……」

「跟李香蘭一樣？」

「她當然還是不能跟李香蘭比。李香蘭的約是我們跟國策簽的約。」根岸回過頭瞥了後座的香蘭一眼，「香蘭！不好意思談到妳。」

根岸後面一句脫口的「香蘭」用中文發音，香蘭笑了一下，她知道她和李明之間基本上是國籍的差異，政治上的步數總是來這一套，她也就懶得過問了。牧野：

「李明去看房，還滿意吧？」

「山梨說，李明現在和李燕住在一起，那一間本來四個人的公寓現在兩個人住，非常寬鬆。」

車子轉入吉野町，道路兩旁日式招牌迎面而來，同車三人進入日本料理店，山家和李明、山梨已經等在那邊了。根岸和牧野用簡單的中文向李明表示歡迎，也用簡單的中文誇獎她，李明顯得有些心花怒放。山家對香蘭笑臉相迎，香蘭總覺得此刻的山家變得有些生分，尤其在李明對她禮貌性的握手招呼後。李明和滿映長官的對話得經過山家翻譯，談話的興味一直受到制約。根岸對著李明講話時，李明露出專注的神情，經山家翻譯後，李明：

「您說的那些課程很好啊。但我不是學員可不可以不參加啊？」

山家有點尷尬地把話翻過去後，根岸表示當然可以，但又說：

「或許請妳擔任講師，教我們這些滿洲演員標準的北京話。」

李明似懂非懂，經由山家點明才說：

「我先瞭解環境再說吧。會講是一回事，教又是另一回事。」

李明說著嬌俏地望著山家，山家把她的話翻成日語，大概覺得溝通麻煩，李明不再開口。牧野看著山家：

「你說還有一位男士要來。」

「是的，他名叫徐聰。」山家出示徐聰的名片，「都是川喜多長政交付給我的。這位徐先生可能明天才會來報到。」

「為什麼今天不來？」

「大概是客氣，我跟他談不上交情。他大概是要避開這種歡迎場面。」山家身體右移，讓侍者方便送菜，「他很仰慕日本文化，日語雖然不行，但學得很積極……」

根岸寬一看著一盤好菜，示意李明別客氣後，看向山家：

「他和你的李明都在川喜多長政的《東亞的和平之道》擔任要角。」

「徐先生出任男主角。外型還不錯。」

山家說著時，根岸腦裡浮現著川喜多長政的影像，這位東京東和商事的老闆，以前在東京一場晚宴碰過面，也聊過幾句話，沒想到專營影片進口的他也應軍方邀請拍了片。牧野滿男：

「日本軍隊進入中國，肯定會引起中國人的反抗，川喜多用一

部電影美化這種侵入，這好像不是大家認知的他的風格。」

「軍部要求，他只好硬著頭皮拍。他承認被利用，這部電影美化了日本的軍事行動，但故事情節還是可以緩和日本和中國之間的氣氛。」山家打了一個呵欠，趕緊用手摀住嘴巴，「但他認為至少替中國發掘了幾個演藝人才。」

香蘭再度聽到川喜多長政這個名字，也謹記在心。她想，這位名字特別長，音節特別多的男士是否比一般人更高，更壯。菜差不多上滿了，山家只顧和滿映長官喝酒划拳，李明的話匣子開始向香蘭找出路，香蘭也不忘誇她迷人的笑容。山梨一直沒開口，香蘭破例倒了一點酒，向他致意。

第二天早上十點多一點，李明在山家和一位年輕人的陪同下來到辦公室。年輕人眼下的「臥蠶」飽滿，帶點桃花，香蘭想該是昨晚山家提到的徐聰。山家把年輕人交給牧野，山梨、朱文順陪著年輕人走向製作部長根岸的辦公間，李明和山家走過來向香蘭招呼一聲後走向牧野。山梨、徐聰、朱文順和根岸走出根岸辦公間的同時，李明和山家也在附近，旋即所有人都進入專務理事林顯藏的辦公間，算是兩位新人的正式報到。

香蘭到樓梯間上洗手間，回來時，遠遠地迎來牧野的眼光，香蘭知道他眼裡有話，走了過去。牧野：

「待會林專務他們可能會陪兩位新人用餐，我看妳就不用去了。」

「昨天剛去過。不好意思……」

「如果他們提到妳，我就代為回絕。」

「謝謝。」

香蘭感謝牧野替她設想。她知道山家和李明他們用過餐後會到寬城子攝影棚參觀，也知道李明顯然也已陪山家在新京玩了一陣。

三天後，李明倦容滿面地出現在辦公室，待到傍晚才下班。香蘭介紹幾位演員同仁給她認識，她似乎也有種魅力，幾位女孩似乎被她吸了過去。大家嘰嘰喳喳聊了起來，牧野次長笑著走了過來。

「開小組會議？討論劇情？」

大家靦腆地笑著，牧野對香蘭：

「給妳們 20 分鐘，到研修中心聊。」

香蘭只好帶著大家到研修教室繼續抬槓。

香蘭得知那天和李明一起出現，「臥龕」凸顯的年輕人就是徐聰，大家交換過意見和情報後，新來的李明對附近好玩的地方也有些概念。只是她對香蘭來了一段時日，連樓下的日本毛織都沒逛過感到不思議。最後大家同意下午在地下餐廳用玩晚餐後一起到日毛和三中井百貨小逛一下。

傍晚在地下餐廳用過餐後一票女生上了樓直接從後門進入日本毛織，從寢具、男裝部，一直看到女裝部。李明看中一件穿在木製模特兒身上，黃白相間，斜織的洋裝，一看標價９圓９，請香蘭幫忙殺價，只能砍到８圓５，李明有點心動了，但被香蘭拉走了：

「別這麼快做決定。」

一票女生走出日毛，經過康德會館，一路殺進三中井。這家百貨，一樓是寢具和童裝部，大家在廉售部挑了許久，有人買了幾件過季的春裝，上了二樓走逛了一下，李明好生眼熟又看見了剛剛在日毛相中的同款洋裝，一看標價只要６圓６，當場就買下。提著洋裝上三樓，有人酸她：

「過了季節再買，會更便宜。」

「到時候可能就沒了。不一定每一件都會打入廉售部，先買先贏哪。」

李明說著得意地繼續觀覽，大家不自覺地跟著移動。三樓擺滿日本各式瓷器：有田燒、美濃燒、博多人形、市松人形……琳瑯滿目，看得大家頭昏眼花，但李明不改勝利的姿態。

下了一樓，回到馬路上，李明挽住香蘭的手臂：

「今天是我的幸運日，妳是我的幸運星。」

香蘭笑著沒回答。李明：

「第一次約妳逛街就有收穫，也好在妳拉我一把，買得更便宜，收穫變戰利品。」

經過一個胡同到達康德會館時，香蘭掙挽李明的手臂，抓住她的手向她道別，李明錯愕地看了她一眼，然後快步跟上前面的一票女生。香蘭轉回後面的胡同，回到扇房亭二樓住處。

此後李明對香蘭是有些傾心，但很少上訓練所課程，時而會向牧野次長講一些簡單的日語，用手比畫一番，牧野知道她要外出，

就讓她去。一般同仁對此頗有微詞，香蘭因此覺得她有些任性，不是很老實。由於常常看不到她，香蘭感覺和她還是生分多於熟稔。

　　早上快九點了，大同大街，太陽斜掛，馬車喀喀，汽車急馳……啊！劇本第一幕就這樣寫好了。香蘭過了北安路，踏在人行道上，早上想好的劇情又在腦海翻騰一遍。昨兒上編劇重松周的劇本淺說課程，豈知他透過翻譯要求學員寫一個短劇劇本。題目不拘。衝著重松老師一句「想不到題材，街頭看到一幕也可以」，她想到了以前聽說過的警察教訓老百姓的這碼事。她進入日本毛織側門上了樓，進入辦公室簽到後進入自己的座位。葉苓正在看書，香蘭：

　　「小苓，妳的劇本作業寫好了沒？」

　　「已經放在老師桌上了。」

　　「真是好學生。」香蘭把手提包放桌上，取出紙和筆，「我到研修教室寫，長官找我，就說我在那兒。」

　　香蘭在研修教室待了半個小時，終於把劇本寫好。大意是「無論警察怎麼罵，聽不懂日語的中國人總是笑，傻笑到警伯快發怒時，就改為謙卑的笑……」她用日文書寫，一般學員用中文書寫，重松老師可能只看她這一篇吧，想著笑了起來。她回到辦公室把劇本放在重松老師桌上後回到自己的座位。從抽屜取出坪內道遙翻譯的劇本，瞥向葉苓，看見她書上女子跳芭蕾的簡圖：

　　「妳在看什麼書啊？」

　　葉苓把書合起，把封面秀給她看。香蘭：

　　「芭蕾！井上漠老師要妳看的？」

　　「我希望自己練一些舞步讓他刮目相看。」

　　「看妳這麼認真，舞功一定了得。」

　　「要學的太多了。像這本書就是以俄國的芭蕾為觀點寫的，示範照片也以俄國舞者居多。」

　　「聽妳這麼說，我想起了哈爾濱的俄國芭蕾舞團。」

　　「妳這樣說就對了。上世紀末柴可夫斯基創作了很多芭蕾舞劇，像《天鵝湖》、《胡桃鉗》……」

　　「世界芭蕾舞的重心就從巴黎到莫斯科。」香蘭對葉苓小小年紀就有這種識見，感到佩服，不由得想起了北京貝德洛夫老師的話，「我自己都忘了。我以前也一度被父母要求學舞呢。」

「真的啊？」葉芩。

「妳們在聊什麼啊？」

聲音從後面來，兩人抬頭往後看，原來是浦克，他旁邊站著抿著嘴角微笑，手提琴盒的鄭曉君。浦克：

「我來介紹一下。這位是我們新近進來的李香蘭小姐。這位是演出滿映第一部戲的鄭曉君小姐。」

香蘭和鄭曉君相互微笑點頭示意。

「前一陣子我到寬城子看第一期學員上課，看過妳。」香蘭面向鄭曉君站起，指著旁邊的座位，「這是妳保留的座位？」

「是的。」

鄭曉君欠身拉出椅子坐下，把琴盒放在桌上。浦克：

「曉君下午要在研修所上課。」

「我猜也是。」香蘭看著她桌上的琴盒，「是上二胡課？」

鄭曉君點頭稱是，浦克站著把頭垂下：

「曉君，妳給學員上了幾堂武術課？」

「四五堂了。兩邊，寬城子和這兒加起來。」

香蘭仰看浦克再看向臉兒垂下的鄭曉君，臉露敬佩。浦克望向辦公室前頭，發覺牧野次長不在，於是從隔壁桌組拉了一張椅子過來，逕自坐下：

「曉君多才多藝，她還教中國古典舞蹈。」

香蘭看了浦克一眼再望向鄭曉君，圓亮的眼眸閃出驚異的光彩。浦克對鄭曉君的才藝一唱三嘆，用口頭搬演一個小小的傳奇，鄭曉君甚覺不好意思，也被香蘭看得有些心慌，藉口上洗手間去了。浦克繼續說：

「她高二讀了兩個月就來報考滿映。如果還繼續求學的話現在才要升高三。」

鄭曉君回座時，同桌組的王麗君、李燕和趙書琴才和她打照面，笑著對她表示歡迎。為了避開浦克的話鋒，鄭曉君把視線悄悄轉向劍術書，浦克看著香蘭乾笑了一下：

「我們這個演員訓練所，近藤老師的這種課程設計、教學方式，實在是有大家的風範。他請日本那邊的學者授課，也請本地的中國專家來教。他請滿映的長官來教，也拉拔學有專精的學員來上課。

常常是這樣，這一堂課，曉君在臺上講課，下一堂課，她不方便回寬城子，就順便在臺下聽課。」

「古人說：鼯鼠五技而窮。多學多會，但都不專。」

鄭曉君勉強用荀子的名言解套，香蘭不久前在翊教讀書時上過荀子的〈勸學篇〉這一課，心想，好險，沒被考倒。她看出鄭曉君的不自在，把話題轉開：

「我看大家的學習情緒都很高。」

「沒錯。當然講師，不管是公司主管或外面請來的，都很認真。而且常有趣事發生。」浦克看著頭兒轉過來的香蘭，「妳還沒來之前，牧野次長有一次上課快下課時說，第二天不用上課，安排每個人到醫院檢查沙眼，結果滿籍通譯翻成，大家要去醫院看『虎病』，大家覺得丈二摸不著頭腦，教室鬧哄哄的，牧野也滿臉詫異，一位日語比較好的學員站了起來，『沒有聽說過老虎會傳染什麼病。』牧野這才發覺通譯翻錯了。再次透過通譯解釋一遍後，大家才大笑起來。」

「次長最後解釋的時候，大家知道是一場誤會、笑話，也知道沙眼和老虎的日文有些相似，但也只是一知半解。」

葉苓說完，香蘭走到辦公室側門邊的書廚取來外來語字典，浦克、葉苓和鄭曉君圍了過來，看她食指指向的詞條：「トラコーマ（Trachoma），是傳染性的急性或慢性結膜炎、顆粒性結膜炎，或稱埃及眼炎。」

「這個トラコーマ，念 torakouma，是從原文『Trachoma』直接音譯過來的，中文的意思，這兒的解釋，漢字很多，望文生意就知道是結膜炎的一種，實際上就是學生最常患的沙眼。」香蘭停了一下，順順思路，「把這個トラコーマ拆開來，トラ，tora，剛好是日文的老虎，コーマ，音 kouma，可能沒什麼意思，可能通譯太急了，把 tora 老虎和醫院連結，腦裡浮現老虎生病的意象，就翻出來了。」

「妳這樣說，真的有道理。通譯應該就這樣翻錯了。」浦克視線從外來語字典抽離，「香蘭，妳日語這樣好，他們為什麼不請妳當通譯。」

「浦大哥，別害我。」香蘭把字典合起放在桌上，「做通譯，除了語言外，入世要很深，有時瞭解表面的文意，但和生活脫節，

也會詞不達意。再說，隨口翻譯反應要很快，逼急了，說不定會把女孩說成獅子。」

浦克笑著站起，把別人的椅子歸位後順便把外來語字典拿回書櫥。香蘭給父母親寫了一封信後，鄭曉君還是專注看劍術書，鄭曉君這副專心的模樣興起了香蘭窺探的意念，想窺伺她的藝術奧秘。不過越是想窺探，她就越不敢貿然打擾，只在快用餐時才和曉君聊開。

「我剛來到這兒就聽說妳有很多藝術才能，剛剛聽浦大哥說，才知妳武功也很棒。」

「浦大哥大我們幾歲，但有長者的風範，對我們小輩總是鼓勵有加，三分說成七八分。」鄭曉君瞅了一下對面，露著暴牙笑開的葉苓，「妳那可愛的暴牙也同意我說的？！」

「不管怎樣，妳可是武術世家出身呢。」香蘭看了一下腕錶，只差五分 12 點，「學武的人表現慾總是比較強。」

「妳這樣說也沒錯。從小家裡給我的訓練，就讓我比一般小孩有更強的表現慾。看到報紙出現滿映招考的消息，家人慫恿我報考：『等高中畢業就太晚了』，我自個兒也很想一展身手，就來報考了。」

「所以妳一來就當上女主角。」

「長官看我有些功夫底子又有表現慾，就大膽起用了。」

「妳確實是功夫了得，廟門一開就搶到頭香。」

「妳說笑了。」曉君露出難得的笑容，「那天，妳來寬城子，牧野長官介紹妳給同仁認識的時候，說妳歌唱得特別好，那妳表現慾也很強吧。」

「一開始也只是想唱唱歌，不想拋頭露面，不過現在表現慾是有點被激發出來了。」

香蘭說著細細回味五年前向波多列索夫老師學歌時，從有些反抗到全力投入的過程，現在她初入電影門檻，似乎已經開始重複這個過程。

李香蘭、鄭曉君和葉苓一起下餐廳，點好菜，選擇柱邊桌子坐下後開始進食，香蘭看向曉君：

「妳說妳家就在新京，那太棒了。」

「在白山公園附近，離總公司這兒不遠，本來騎腳踏車一下就

到了，有時也走路，現在一期演員全搬到寬城子，公司安排我住進宿舍。不過有時方便的話還是回家住。」

「其實繞過車站騎車到寬城子並不太遠。」葉苓難掩心中的感慨，「我們好不容易考上了，成一家人了，現在又一分為二。希望不久新樓落成後，不要再這樣分了。」

三人繼續聊，香蘭得以知道曉君確實比自己小一歲，一個小女生舞刀弄棍，又能翩翩起舞，在視覺藝術的電影裡頭，確實很有看頭，也有遠景，現在滿映重視在電影演歌，只是一時呼應國策，並非基於民眾的需求。香蘭想著對自己的偏能是有些不滿意，想聽歌，到演藝會即可，人家到電影院想看到的應該是視覺的刺激啊！

49. 李明找碴 香蘭重訓

每週一堂的胡琴課由一期學員戴劍秋施教，這一週他有事改由鄭曉君擔當。年紀輕輕的曉君又展現了最佳女主角的態勢。不過，研修所的胡琴有限，家裡有胡琴的也不多，所以這堂課採開放式教學。和許多學員一樣，香蘭也沒有上這堂課，但有一個人闖進她眼裡。她走到辦公室的後排，瞧見人員稀稀落落的辦公桌組，一個女孩正在看當期的《滿洲映畫》。

「嗨！」女孩向香蘭招呼，手還揮了一下，「我是侯飛雁。」

香蘭愣了一下，被自己取代的女孩竟在眼前，而且還主動打招呼。香蘭：

「妳最近還好吧。一直都沒看到妳。」

「我一直在寬城子那邊，今天陪曉君過來。」侯飛雁抬起頭，「最近請了一個禮拜假回家。這裡頭聽說妳歌聲好聽極了，我倒希望有機會聽到。」

香蘭坐在旁邊的空椅子上：

「我的歌聲不打緊，我倒想聽聽妳的聲音。」

「這個嘛。」

侯飛雁笑得明眸皓齒，從酒窩漫開的天真讓她清秀的臉龐煥發出迷人的嬌羞，怪不得一開始《蜜月快車》女主角會挑上她。再說，看她的身高，和杜寒星也比較搭。香蘭：

「那部電影本來是由妳來演的。」

「那兒的話，我覺得差遠了，導演覺得我中看不中用，我也一直沒有很投入。」侯飛雁的爽利帶著些許落寞，「不過我還是很感謝近藤老師對我的耐心教導。」

「他們有沒有安排妳上新的戲？」

「不去想會比較好。把這兒當學校，日子就過得不一樣了。再兩個月就滿一年了，拿到結業證書再走人也算有始有終。」

聽到侯飛雁有著離職的打算，香蘭有些酸楚，想勸留又沒把握，她自覺肚量、知識和口才都不足以從容陳述無私的話語，達成情境的交流。

「久當千金小姐，懶散慣了。要是我有鄭曉君的多才多藝，我就會多堅持一些時日了。」

研修中心琴音響起，香蘭和飛雁連袂走出辦公室，經過樓梯間進入研修教室，十幾隻胡琴正在演奏簡單的練習曲，兩人繞到教室後面，找個位子坐下，一首曲子演奏完，前面的男子回過頭，原來是所長近藤伊與吉，近藤看見侯飛雁，立刻把她叫了過去。

鄭曉君的課上完了，大部份學員留下繼續上下一堂課，曉君也打算留下聽課。下班後先回不遠處的家，待第二天一早再騎車到寬城子上班。第二節課上完，曉君和香蘭雙雙回到辦公室。見曉君遲遲沒有翻開書本，香蘭知道她想聊一下：

「那位侯飛雁陪妳來。」

「近藤找她回來想就近給她指導。」曉君笑了起來，「他現在就正給她指導呢。語言不太通，靠著手語也可以傳達。」

「看來近藤老師還滿疼飛雁的。」

「確實如此。不過在近藤眼裡，對飛雁有種恨鐵不成鋼的遺憾。總認為她不專心，老是漫不經心。」曉君鼓起有些不以為然的眼神，「或許是種族的偏見。她給人的感覺總是很隨和，單純。」

「我也感覺這樣。」香蘭有點不忍心再談飛雁，「不過話說回來，像妳這樣年紀輕在多門技藝都有琢磨，應該小時候就開始苦練吧。」

「說來話長，冬天天還沒亮就起床，穿上防滑鞋就在冰地練拳腳……」

曉君這番話加強了香蘭整頓自己才藝的決心，武藝或動態演出是她的一大罩門，今後也只有磨練演技，充實電影方面的知識，看能不能補拙一些。辦公室側門旁邊的書櫥裡面擺著夏川靜江寫的四五本《我的演藝生涯》[1]，書名一樣，但出版社不一樣，近藤所長上課時提過這位演員幾次，香蘭每次經過時總會瞄幾眼這幾本書。借鏡他人，成為好演員的意念越來越強，她終於打開書櫥，翻看這幾本書，天啊，原來這位夏川還不到 30 歲，比她現在年紀還大一點時，就出了第一本，女明星兼作家，光環也夠大了。她翻了一下，選了五年前出版的第四集。這一本開始觸及有聲電影的拍攝體驗，對她目前的情況有及時雨的幫助。

　　公司裡的行政工作多由日籍主管和職工執行，滿籍演員兼學員上完課不忘充電，這兒簡直就像一所電影學院。大抵專業課程由日籍主管或老師擔當的較多。這些日籍講師，有些會準備簡單的中文講義，不管是透過通譯還是中文講義，還是無法全然傳達，上過課後時常有學員拿著抄寫不全的筆記本，向香蘭討教，希望能追回一些講師剛講的內容。

　　香蘭以前在翊教女中所感受不到的同學間的強烈競爭，反而在這兒的演員訓練所體驗到了，要達成曉君那樣的文治武功，太遙遠了，磨練演技是務實的想法，再來整頓以前因歌唱而有些生疏的琴藝也很實際。研修中心兩臺鋼琴，現在不好好利用尚待何時。她向坐在前排辦公桌的近藤所長述說自己的願念後，近藤很高興地帶她到研修所現場看看。近藤到了研修所，逕自坐在教室前面，自己辦公間外面的大鋼琴前面試了一下音：

　　「我是彈得五音不全。平常若沒有上課，除了石原老師有時因為工作關係會來彈一下外，很少人彈。樂器室那臺小的也可以試試。」

　　「我什麼時候來彈比較好。我看有時您會來這裡工作，怕吵到您。」

　　「平常學員上課時我當然會在這裡的小辦公室，順便瞭解講師說些什麼外，一般上午我都不會在這裡。不過不好意思，午餐過後我都躲在這個小天地裡休息。」近藤把鋼琴蓋了起來，轉身面向坐一旁的香蘭，「有時不好意思會睡過頭，一般說來下午三點以後，

比較常在這裡處理一些事務。」

「那我就在早上來練好了。」

「我講了這麼多，其實我居無定所，有時在大辦公室，有時到寬城子那邊幫忙，不管什麼時候，學員沒上課的時候，妳就可以來這裡練，不用顧慮太多。」近藤屁股離開鋼琴椅就近坐在有靠背的椅子上，「前幾天看見妳跟侯小姐在一起，看了很開心。妳和她聊些什麼？」

香蘭除卻飛雁可能只做到結業這一回事沒講之外，把那天的情景大致說了一下。近藤：

「她真的這樣說了？她的個性真的很好。妳還沒來之前，《蜜月快車》試鏡期間，我透過通譯，或直接罵她最多，但她始終掛著笑臉。她怕妳自責才說沒投入太深。事實上，知道要當女主角，而且要到北京出外景後非常高興，也訂做了很多衣服。妳來的那天晚上，林顯藏專務請大家用餐，要角都到齊了，獨她一人沒受邀，我一晚睡不著覺，不知道該怎樣跟她說。第二天妳在寬城子試鏡的時候，我就覺得非講不可了。我用很簡單的華語，加上漢字書寫，妳比她更優秀，她眼淚一顆顆掉下來。我一直很難過，她擦乾眼淚反而安慰我，哭完就沒事了。她的個性真的很好。我勸她回宿舍休息，第二天她便請假回吉林說什麼要把衣服帶回家。過了幾天她回到寬城子，我知道了後透過那邊的陳承翰先生勸她多休息幾天。前幾天我把她找了過來，就是要給她打氣。」

「老師，應該再給她機會。」

「我一直提醒其他導演留意適合她的劇本。我非這樣做不可。」

近藤老師雖然這樣說了，香蘭總覺得飛雁時乖命蹇，除非變得主動、積極，否則要走下去恐怕很難。

李明喜歡外出，顯得心浮氣躁。她出演新片《國法無私》女主角的公文發布後，整個人幡然轉醒，除了積極與編劇、其他演員討論劇情外，也透過日文很溜的劇務助理朱文順，向內定導演的水江龍一討教，有空也開始上研修課程了。

「妳住那兒，下班後到妳閨房參觀如何？」

早上李明提出這項請求時，香蘭以住處很亂、很不體面呼嚨過去。沒想到傍晚在地下室用餐時，她把餐盤拿了過來再提出參訪的

請求。她漸漸知道李明的個性，知道悍然拒絕只會讓她更加不善罷甘休。

飯後，李明跟著香蘭走進康德會館旁邊的巷子，進入扇房亭時，李明睜亮了眼，隨後從中央樓梯上到二樓：

「妳住這兒真氣派。」

香蘭沒有回答逕自引她進入廊道，經過三間房間，她開了房門讓李明進入。燈亮了，五六坪的雙人房，移走一張床，加擺了一組藤製沙發後，空間顯得寬裕。李明回過頭看了一眼，心裡更加不平衡了：

「妳這還是套間呢，附設衛浴。」

「妳住的豈不更寬裕。一間大公寓只有兩人住。」

「這誰也不能掛保證，那天有人住進來，我就要擱下老臉跟人擠了。」

「妳那有什麼老臉可以擱啊！人家看到妳那張俊臉什麼都讓妳了。」

「再說妳這賓館格局，看起來舒適，住得也有尊嚴。妳日語講得這麼溜，長官也喜歡找妳聊，看來他們挺照顧妳呢。」

李明的話老是棉裡藏針，香蘭實在不想接她的話頭。轉移話題，提她和山家的事，又觸犯自己不管山家男女事的戒律。在這片刻的沉默裡，李明東看西瞄，心裡起伏多，也不好受：

「恕我多嘴。妳和山家到底是什麼關係？」

「他是我父親的朋友，只是這樣。」

「妳在北京的時候，他不是常找妳吃飯嗎？」

「我一直當他是長輩。我們也差了 20 幾歲。」

「我也只比妳大兩歲。」

「那是因為妳是中國人。他是日本人。」

香蘭說著真的動氣了。李明冷冷地看著香蘭陷入慌亂。

「我是中國人，要巴結日本人，所以不再乎他年紀大。妳是日本人，不用巴結他。」李明提高聲調，臉色驟變，「妳日語這麼好。我早就懷疑妳是日本人。長官都住賓館，你也享有這種待遇。」

「我沒有說我是日本人。」

「妳只是沒說出口，同仁也都看得很清楚。」李明借助一點回

思把聲音放緩，「還在北京的時候，一次妳來找山家，他說妳日語講得很棒，是妳父親教的。後來他就不再提這件事。我問他，你和李香蘭常用日語交談嗎？他也絕口不再提……種種跡象，我就覺得事有蹊蹺。謝謝妳讓我參觀妳的閨房。」

李明說著拎起提包就走，香蘭找了一下鑰匙，鎖上門後急步跟上。李明腳有點跛，下樓走太快了，經過大廳時腳步有些凌亂，香蘭一把追了過去拉住她的手，讓兩人雙雙跌坐沙發上，引發櫃臺小姐側目。香蘭：

「剛剛的事妳就當沒發生過。」

李明也覺得自己攻擊過火，心裡有些許歉然。香蘭看著她繼續說：

「妳最近要拍片了，有些話講出去，長官不高興就不好了。」

「我又沒說我會講。妳也不用威脅我。」

「妳誤會我的好意了。我是為了妳好。我實在不希望妳受傷。事情要看開。沒有比拍片更重要了。」

李明頗思量了一會，向香蘭伸出一隻手，香蘭握住她的手，期待她眼裡看到一些善意。

「李香蘭的秘密，滿映的機密，只要牽扯到日本官方，就有很多不好說的部份。我當然不會講。我會幫忙守住這個機密。」

李明說著起身離去，香蘭望著她的背影，感慨她翻臉像翻書。想來李明存心來找碴，探完底，坐實她是享特權後，瞻前不顧後，就奮力出擊。在此之前，她對李明是有些期待，基於彼此都是山家的朋友，她甚至期待李明的大器是她可以依偎的對象。如今一切顯然已落空，一整晚，她擔心往後不知該如何和李明相處。不過這種擔憂是多餘的。

李明坐在辦公室最後面，她坐在中間偏前，置身在自己的小圈圈裡頭，時常一整天看不到李明的影子，有時不小心在辦公室內外擦肩而過，笑個兩下就沒事。李明一直放不下出身北京天子腳下的傲氣，融不進周邊的同事，倒是不爭的事實。

一向和滿映關係密切的大新京日報社，為了慶祝滿洲建國，改名滿洲新聞社。為了擴大改名的戰果，社方決與滿映合作，在 10 月 20 日到 11 月 6 日在日本東京高島屋百貨舉辦「滿洲資源博覽會」，

宣揚滿蒙的資源、軍力和民俗，然後進行一場簡單，但宣示意味濃的報社改名儀式，藉以昭告天下。滿映為了配合這個壯舉，同意遴選兩名儀態動人，多才多藝的的女演員代表滿映以日滿親善女優使節的身分訪問日本。

「因為到日本後還要表演，所以才藝也很重要，妳們如果有自信的話也可以自我推薦。」

專務理事林顯藏借用課堂時間透過通譯作這種宣示後，大家都認為既然是兩位女生，且要求才藝，李香蘭必定是其中的必然人選。她除了歌藝絕倫外，日語流利，可以幫助另一位解決諸多問題。至於另一位，大家都在想，鄭曉君琴藝超群，武藝精彩，是最有可能。至於另一學員孟虹，喜歡唱歌，雖然造詣不夠精湛，但武術的底子不錯，在鄭曉君的武術課，常擔任示範，也被認為是人選之一。

代表滿映參加滿洲資源博覽會「記念餘興大會」，風光的背後是艱辛的付出，沒有幾分真材實料，沒人敢期待這種機會。過了幾天，山梨稔也借用研修班上課時間宣佈李香蘭和孟虹獲選為女優使節時，大家都沒有感到太大的意外，認為鄭曉君之所以落選，可能是她在總公司和寬城子都開課，課程太多，一時放不了手。

一直以來，香蘭和孟虹沒機會碰面，接獲出使的使命後，孟虹從寬城子搬回總公司，兩人變成命運共同體。兩人隨山梨部長進入專務理事室後，香蘭一邊聽取訓令，一邊得把意思轉達給孟虹：

「林專務說，這次出訪，他對我們都非常有信心，但出訪前的訓練非常辛苦，出訪後的演出更是如此。如果不願接受挑戰，現在退出還來得及，如果受訓了一段時日再後悔，會受到處份呢。」

香蘭說著看向孟虹，孟虹屏住氣息後呼了一口氣：

「我會好好接受訓練。但是誰負責我的訓練。」

香蘭把她的意思轉達給林顯藏專務，林專務：

「目前暫時由鄭曉君。我們也會商請鄭曉君的父親前來指導。或許妳到鄭家接受指導亦可。」

香蘭把林專務的意思轉達給孟虹，孟虹無異議後，林專務繼續說：

「目前還在安排當中，估計離開新京的時間近一個月，去程和回程，在車船上的時間約一個禮拜，在東京活動期間整整三星期，

在這期間會碰到很多重量級的明星或音樂家、歌手，李香蘭言語通，可以多跟他們交流。日本有名的寶塚歌劇團，妳們也會有所接觸，他們星組的演員，手腳功夫不錯，舞棍弄劍很在行，孟虹也可以跟她們交流。此外，演藝界的座談會會有兩三場，妳們演電影的經驗雖然少，但第一次嘗鮮，感想應該很多……」

香蘭把意思再次傳達給孟虹，林專務理事見兩女無異議，由山梨出示訓練期間遵守社規努力以赴，出國期間奉行國民禮儀，實現日滿和諧的華日文對照，違誓願受罰的誓文。香蘭和孟虹簽署後即退出專務理事室。

兩個禮拜的訓練選在上課空檔期的研修教室。香蘭在音效組的石原老師的指導下，除了練唱幾首滿洲新聞社指定的歌曲外，也自行選了幾首曲子，由石原老師伴奏練唱。香蘭多半在樂器間，在石原小鋼琴的伴奏下練唱，有時移師外面教室，石原重擊大鋼琴的琴鍵，鼓動鄭曉君和孟虹對打的殺氣，但香蘭那優美的歌聲反而柔化了兩人對打的銳氣。由於過往沒有受過太多武術專業訓練，孟虹知道自己火候不夠，練得確實很拚，有時晚上還跟鄭曉君回家，由鄭父親自調教。

香蘭的訓練方面，石原為了增加她的舞臺臨場感，特地商得帝國蓄音器會社的同意，在興安大路的公司所在進行樂隊伴奏練唱。兩天下來，香蘭感覺添加了不少信心，樂團也欣然多了幾首練習曲。

出發前兩天，滿洲新聞社在滿洲中央通訊社本部召開「滿洲資源博[2]兩名花行前懇話會」，在座的除了香蘭、孟虹和滿映總務部長山梨稔、研修所所長近藤伊與吉外，有「滿洲新聞報」編輯長飯田秀世、一位懂中文的記者黑田、滿映內部刊物《滿洲映畫》中文編輯王則、日文編輯藤澤。滿洲新聞編輯長飯田盼望香蘭和孟虹有空能將出訪過程逐日或隔日連同相關照片寄回來發表，以便及時反映資源博的情況，讓讀者一睹為快。記者黑田把編輯長飯田的意思用中文表達出來後，香蘭：

「寄回來發表，刊出來也是好幾天以後的事了。」

「就當做刊在雜誌上。不過，最及時的報導還是有。我們派在東京的特派每天定時電話回報，社裡的記者快筆記錄，然後報導出來。」

飯田直接回話給香蘭，知道她事後會把意思傳達給孟虹。《滿洲映畫》的兩位編輯也有同樣請求。

　　「……我們雜誌比較沒這麼緊張，每天寫一小篇日誌，回來後交給我們就可以。」中文版編輯王則面向兩位女優使節，「基本上，李香蘭的或許在日文版發表，孟虹的在中文版發表。有必要的話，再擇重點翻譯過去刊出來。」

　　編輯大人講的話，黑田有些漏譯，孟虹經過一番拼湊，瞭解編輯的意思後舉手發言：

　　「每天寫一篇，實在苦了我們這種沒受過記者訓練的人。既然要寫了，那麼相同的經歷部份能否一個人寫就可以？」

　　黑田把意思傳來出來後，大家都覺得有道理，經過簡單的商議後決定共同行程的通稿由香蘭撰寫，但個人演出部份還得自己來。香蘭知道自己扮演比較重的角色，也就欣然承受這個擔子。她和孟虹從三位老編手中各接下一疊稿紙和自來水筆。滿洲新聞加贈郵票和信封。

　　「到了日本給家人寫信可以用這些稿紙和郵票嗎？」

　　香蘭這一問引發全場爆笑。滿洲新聞編輯長飯田：

　　「當然可以。妳的家書當作稿件刊出來也可。」

　　在大家的歡鬧聲中，香蘭把遊程日誌的書寫變成甜蜜的負擔。

　　在滿映和滿新高層都參加的歡送晚宴結束後，香蘭和孟虹獲得一天的休假，第三天七點多一點，營業課長山本到她住的扇房亭敲門幫她提兩件大行李。7點25分所有送行的根岸理事、山梨部長、諸課長和演員同仁20位都已到齊，大家搭上一輛巴士，巴士開動時，早來但不到車站送行的同仁也都前來揮手致意，形成給送行同仁送行的特殊景觀。

　　註1：私のスタヂオ生活，日本影劇雙棲女演員夏川靜江（1909-1999）著作。

　　註2：接下來幾章會出現一些專有名詞的縮寫，除了大家熟知的滿映、滿鐵之外，日劇＝ 日本劇場，滿新＝ 滿洲新聞社，滿洲資源博＝ 滿洲資源博覽會，帝蓄＝ 帝國蓄音器公司……。

50. 風塵僕僕 訪日風光

　　新京車站南下月臺擠滿人，滿洲新聞、康德新聞、盛京時報……各報也來了一票文字和攝影記者。中日文記者對近藤伊與吉、李香蘭和孟虹作簡單的採訪時，有的記者主動提供翻譯。攝影記者除了把鎂光燈聚焦出訪的三人外，也不忘對歡送的盛大景象作一個記錄。特快臥鋪列車「光」號緩緩進站，近藤、香蘭一行和歡送的長官一一握手，待車子停妥即刻登車，車子開動了，遠行的三人站在車廂門口揮動手臂，也都浴在記者相機的光照中。

　　一行三人包下一間臥室，一開始三人坐在下鋪床沿聊天，近藤講述在東京三禮拜會碰到的情況，香蘭和孟虹專注聆聽，很快地打發掉一段時間。近藤不再講了，兀自坐在車窗旁的小座位上看窗外景物，窗邊一排小座位總是坐滿人，好不容易有了空位，香蘭和孟虹也會前去小坐一番，看著農民採收高粱，感受農忙的逸趣。

　　同樣的景色看久了覺得乏味，就躺在自己的臥鋪看看書報。這回前往的不是過去住過的北京，也不是家鄉奉天，而是從未謀面，渺遠難企的祖國。香蘭心意茫然，失去了方向感，列車的晃蕩不斷增加她的漂浮感，好像她的臥鋪已然脫離了車體，直接飄浮在麥浪粱穗上面一般。

　　在餐車用中餐時，列車剛好經過奉天，那是她心思最實在的時刻。列車經過本溪後進入山區，經過一個下午的穿山越嶺，過山洞跨溪澗，過了鴨綠江進入朝鮮時，已經入夜。朝鮮的兩個大城－平壤和京城，在她睡夢中無痕地滑過。一覺醒來，車窗外是一片片剛剛植栽的冬麥的青綠，彷彿來到了華北。

　　坐了 27 小時的火車，時序已是南朝鮮的早上近 11 點，列車拋開了原野，進入綿密的屋群。不久傳來女播報員的聲音：

　　「本列車即將抵達釜山港，旅客如欲搭乘關釜聯絡船前往下關，請勿在本站下車，本列車隨後將開往終點站－釜山棧橋站。」

　　不立刻換搭客輪是出發前就做的決定，且半夜的船票早已買好，再說空著肚子，或隨便找個食物裹腹再趕搭半小時後的客輪，豈是舟車勞頓所能形容。

　　由於行李又多又重，三人步出月臺後隨即轉進候車室休息。近藤一人出去找車，約莫過了十分鐘回來時，身邊多了一位精瘦的漢

子。漢子幫兩位女生各提一件大行李，四人步出漆成紅色，有點俄國風味的龐大釜山車站後，停著幾艘貨輪的港口就在眼前，港灣兩邊簇擁著密集的樓宇，街區再過去，一對巒丘起伏的岬角像兩隻胳臂環抱著港灣，岬角再過去便是渺渺茫茫的對馬海峽。

香蘭生平第一次離海這麼近，幾乎看到海了。胸前掛著相機的近藤所長以港灣為背景，給兩位女優使節照個相，車伕把所有行李搬上車，三人坐定後，幾乎把這輛中型馬車塞滿。車夫載他們到一家有海景的旅館。三位孤獨的旅人安頓好後，享用了一頓豐盛的高麗餐，睡了一覺醒來後又是一餐。

十月海風強大，行船不易。近藤餐後到藥店買了一些暈船藥，回到旅館又向櫃檯要了一些嘔吐袋。在寂靜的旅館等待半夜的到來，帶著些許不安，約好的車伕十點半多一點便來敲門，幫忙提行李。路程不長，但折騰了一下，到了棧橋候船室，排在人龍裡頭時也已11點，離船開僅半小時。金剛丸早已停在棧橋旁。

沒有人幫忙提行李，每個人兩大件，沉重地提著上舷梯，帶著逃難的況味。船艙沒有隔間，一大票人尋找自己的床位，十分喧亂。把行李放在床尾，鑽進窄小的床位，好像鑽進洞裡一樣，暫時躲開了外頭的騷亂。

近藤放好行李，要求兩位女生一起到甲板走走。強勁的港風加深了仲秋的寒意，披著外套的兩位女生還是禁不住打了一個寒顫。夜暗深邃無邊，港區的街燈低抑、黯淡，船燈蒼白地抹在漆黑的船體上。這種壓抑最後在波光微蕩的倒影中獲得抒發。

金剛丸駛出了港口，三人回到船艙時喧鬧已經平靜，在少許人的聊天聲中略微感到船身的恍惚。香蘭感到一股嘔氣從胃腸往上湧時，發覺隔鄰的孟虹已開始嘔吐。女生吐時非常辛酸痛苦，但一吐為快，吐完後感覺輕鬆多了，身體似與船的節奏合拍，急著投入祖國的臂彎裡。香蘭昨兒下午睡了一覺，在船裡竟然沒有睡意，企盼黎明早點來到。近藤伊與吉見兩位女生及時復元，認為暈船藥發揮了效果。

朝陽在晨靄間頗掙扎了一會，終於迸出幾道金光。金光再度隱去，但香蘭已可以清楚看到灰澄澄的海洋，不是港灣內外，而是真正的大海。在甲板觀海的旅客越來越多，有人興奮地叫了起來。大

船開始沿著陸地前進，在旅客焦急的等待聲中，沒向陸地靠攏，漸漸地船的兩舷才見陸地的邊岸，大船掉個大彎後，開始朝向綠意濛濛的灰白陸面前進，灰白逐漸變成萬屋交錯疊合的畫面，環抱港彎的遠山和小島也在暗綠濁黃的朦朧中亮了起來，而帶出一抹楓紅。祖國的大門就要敞開，香蘭興奮了起來。大船快靠岸了，旅客紛紛回艙房收拾行李。擴音機響起本國旅客先行下船的指令後，船務人員開始現身指揮，把外籍旅客先擋在一邊排成兩列。近藤一晚沒有睡好，平常整齊地往上梳的頭髮，逸出了幾縷散髮，隨著海風飄搖。他表示會看著香蘭她們入關，交代香蘭照顧孟虹後排在本國人入關的隊伍裡。

入關人龍移動緩慢，終於輪到孟虹了。男性水警看著孟虹的護照，問她一些問題，她不知如何回答，有些張惶，近藤適時出現幫她解決一番後，終於獲得通過，旋即由近藤帶著步下舷梯。香蘭通關時，據實回答水警的問話，收回護照，轉身往下走時被水警叫了回去。

「把護照再拿出來。」水警看著她護照上山口淑子的名字和李香蘭的藝名，打量了她一眼，「明明是日本人還混在外國人隊伍裡。」

「我都照規距做。」

「什麼？妳這算是日本人嗎？」水警怒視著香蘭身上穿的旗袍和外罩的棉襖，用力敲槌桌面，「一等國家的國民竟然穿三等國家清國奴的衣服，妳不覺得羞恥嗎？」

香蘭後面的旅客開始揣測、議論，以致隊伍騷動了起來。已經走下舷梯的乘客也紛紛回頭，想瞭解到底是怎麼回事。孟虹和近藤再度上來，不安地看著香蘭，孟虹拉了一下她的衣角：

「怎麼一回事？」

「沒什麼。」

「又來了。」水警再度以拳擊桌，致香蘭的脖子顫動了一下，「身為日本帝國的臣民就應該講日本話，妳剛剛說什麼鬼話。」

香蘭被罵得七葷八素，七竅生煙，腦筋一片空白，昨晚的暈船感又湧上心頭。水警的火氣宣洩了泰半，斜眼看著香蘭把護照慢慢還給她後，圍觀的人鬆了一口氣。香蘭收起護照轉身就走，然後牽

著孟虹的手快步走下舷梯。

「怎麼一回事？」近藤不等香蘭回答，急切地向自動走來的車伕詢價，「好吧我們上車吧。今天這個環節很趕。」

三人上了車，車伕協助把剩下的行李上車後，雙馬馬車始向車站快步前進。

近藤看著香蘭漲紅的臉孔和萎弱的眼神：

「妳還好吧？」

香蘭想了一下，覺得不應該向近藤老師隱瞞，於是把剛剛事情的原委講了出來，一邊講一邊看孟虹，提醒近藤別向孟虹說出真相。隨後她轉向孟虹：

「我沒有回答警察大人的問話，他認為我高傲訓了我一頓。」

「好在近藤老師幫我回答，不然我也會被訓。」

近藤不想追逐這個話題，知道談下去，對眼前兩位女生都有傷：

「不少軍警還是固守這種僵固的心態，堅持大和民族的優越性，是雙面刃，傷人也自傷。咱們不談這個，我們現在趕往神戶，500公里，六個多小時，然後找個旅館休息再上路。」

「白天行車沒有臥鋪？」香蘭。

「正是。」

昨兒在船上，香蘭和孟虹都沒怎麼睡，車子開動不久也就忍不住睡意，開始不住地點頭。醒來時，列車正經過廣島重工業區，工業區的鐵軌分岔多，車輪輾壓鐵軌的接縫，減損了車速，換來了傾軋的噪音。看不見廣袤優雅的原野，房舍、廠房、煙囪迫近眼簾，又從眼尾呼嘯過去，窗景滿是工業和戰爭的炫耀，好容易通過了城市和工業區，原野和大海讓他們精神鬆馳，但不時出現的隧道、鐵橋又讓他們損耗了一些注意力，以致下午車抵神戶時，兩位女生都累得橫躺在座位上。

他們一行三人在神戶夜宿一晚，休息一個大白天，再搭夜車前往東京。雖然在車上過夜，但沒入住臥鋪車廂。坐在窗邊打了好幾次盹，真正醒來時，距離世界級的大城不到一個小時的車程。香蘭和孟虹珍惜四天旅程的最後一小段，也是最重要的風光，雖然疲倦，但一直憑窗望外。鐵道電氣化的電桿，一隻隻的排出視界，又成排的迎面而來，樓宇密集的城鎮、京濱工業帶鐵灰色的廠房、辦公樓、

高聳的煙囱再次呈現視覺的壓迫，景物的緊張造成身心的不適節節升高。

　　車速變慢，列車從工業化的裙襬進入東京市區，七八層，甚至逾十層的白牆或紅牆的樓宇寬鬆地各據一方，有效化解了低矮樓層之間的擁擠。工業區雖然醜，但這座城市看來十分美麗、整潔。這稍稍紓緩了她們舟車勞的疲憊，但身體的不適依然在。

　　車子到站了，月臺龐大的人群嚇壞了一般旅客，近藤下車時，立刻被滿洲新聞東京分社社長武田認出，幾位仕紳爭相和他握手，不待近藤說明，提著笨重行李下車的香蘭和孟虹，因為身著旗袍，也很快被認出。滿新東京分社社長武田和高島屋日本橋店店長千代相繼和她們握手表示歡迎。現場歡迎的人潮多為年輕女性，她們不斷揮動日章旗、滿洲國國旗和高島屋旗幟，看得香蘭眼花撩亂。三位貴賓身後都站著一位高島屋的男職員，準備幫忙提行李。武田社長和千代店長相繼致歡迎詞後，司儀宣佈各界獻花。美麗的女明星江波和子首先獻出花束，接著高島屋舞蹈隊女性代表、女職員代表、東寶員工代表、東京舞蹈界代表……相繼獻花，獻花時，歡迎民眾的掌聲和記者鎂光燈齊響，香蘭和孟虹接花接到手軟。

　　迎接的儀式太冗長，香蘭急著脫身，心焦得很，好不容易儀式結束了，大家往外移動時，剛剛致詞的那些長官正在交頭接耳，但講什麼，香蘭聽不太清楚，待近藤靠近說，現在要去參拜皇居時，香蘭心裡又沮喪了起來。

　　所有人，包含記者，出了月臺，進入車站後往北走，不少人佇足往上看，香蘭也禁不住仰頭看著車站美麗的穹頂，細數上面的鴿雕。近藤給兩位女生拍照留念，同時請一位攝影記者給他們三人來一個合照。出了車站所謂的丸之內北口，經過排列整齊的汽車，所有同行者分乘東寶公司和滿新東京分社的巴士，上車時，香蘭看了臥龍般的站體一眼，也發覺站前廣場除了汽車外，看不見人力車或馬車，來到了東京的印記深烙腦裡。

　　巴士背對著車站往前開，通過皇居外濠，擺脫了樓宇密集的街區後，進入一片綠草如茵，成排松樹修剪得如綠雲交疊的大片綠地。巴士行經皇居外苑，在櫻田濠邊停了下來。下車前，車長－滿新分社社長武田要求大家把皮包、相機留在車上。

「如果攜帶武器的話也請留在車上。」

武田的話引發大家哄笑，香蘭倒是替他捏把冷汗。這回武田認真了：

「貴重物品，如護照、金錢請放在口袋裡面，放在皮包也可以。司機大哥會一直待在車上，大概十來分鐘儀式就會結束。」

近藤瞭解孟虹和香蘭的貴重物品的放置安全無虞後帶著她們下車。香蘭下了車，這兒果然戒備森嚴，衛兵三步一哨五步一崗，一支巡邏的班隊像機器人般地快步逼近。崗哨棚內的一名少尉出來瞭解狀況，知道是報備過的參拜團隊，詢問有無攜帶違禁品時，幾名記者亮出相機表示不上去後，少尉親自帶隊上坡，經過正門石橋繞一個半圓來到二重橋。滿新分社長把自己、高島屋店長、滿映三貴賓和江波和子排在前頭，將所有隊伍排成六列向二重橋前面的鐵門行三鞠躬禮後，參拜總算結束，隨後大夥回到停車地點，以剛剛走過的兩橋為背景排成照相橫排，接受記者的拍照。

近藤一行三人來到位於新橋的第一飯店時已過了九點半，滿洲新聞分社的男性職員除了把他們的行李全搬上來外，剛剛接受的獻花也全搬了上來。還是日式榻榻米房，香蘭有些失望，但這也非第一次了。在下關休息時也是住和式房，但現在要在東京待上十八、九天，如果不換旅館的話，就這樣住下來嗎？孟虹瞬了一眼紙糊的隔扇和門，眼角的驚惶難止，看著半個日本人的香蘭：

「妳的家也是這種房間嗎？」

「一般都是西式的房間，隔間實在，比較小的時候住撫順，有一間和式榻榻米房，父母和較小的弟妹住，但牆板是木板釘牢的，木門可以掛鎖，也可以從裡面扣住反鎖。」

香蘭逐句宣洩自己的失望不滿，孟虹再次審視空蕩蕩的房間，一股寒意從心中升起：

「沒有壁爐，也沒有炕床、腳炕，好在現在秋天還不是最冷，如果是冬天，怎麼住啊？」

「看看這扇門。」

香蘭推開房間後面的門，細石鋪成的路面，躺著一列踏腳石，細石路過去的綠茵散佈幾株剪成圓形的庭樹。香蘭回過頭：

「還好是庭園，比較不用擔心有人會從這邊進來。」

「對不起，失禮了。」

女性的聲音伴隨著兩聲木門框的輕敲聲從門外傳來，香蘭正想開門時，門開了，穿著和服的女侍提著熱水瓶低著頭進來。

「滿洲來的客人。習慣日本的生活？別客氣。」

女侍說明矮櫃上編籃裡頭的茶包可以自行沖泡後提著空熱水瓶，斜瞥後面的走廊：

「有什麼需要服務的話，到前面櫃檯說一聲就有了。」

「我們睡這個房間嗎？」香蘭。

「那邊的壁櫥裡面有棉被。」

「我們的貴重物品，門沒有鎖，小偷或強盜來了怎麼辦？」

「貴重物品可以託付櫃檯，我們幫妳們保管。」女侍好奇地望著香蘭，「至於妳剛剛說的，我們這邊沒鬧過小偷或盜匪。」

近藤知道兩位女生不習慣這種紙糊的房間後在神戶給她們住西式房。這次是滿新東京分社的安排，只好先住下再說。

51. 倉惶登臺 四處拜會

車站歡迎會收下來的花束，由現場工作人員送達飯店，近藤拿了兩束花，其餘歸兩位女生，香蘭和孟虹把一堆花束放在木板牆邊，呼吸著一室的芬芳。一肚子花香，結果惹來轆轆飢腸。香蘭這才想到一早忙著參加迎賓禮、參拜儀式，大家都忘了吃早餐。中午，不知近藤老師會帶她們去那兒用餐。紙門傳來敲擊木框的聲音，香蘭開門。近藤：

「不好了。快快準備上路，到日本劇場。」

「？」

「11 點要在日本劇場演出。」

「不是明天，高島屋資源博覽會開幕後再去嗎？」

「本來是這樣。但他們報紙廣告都打出來了，妳們的相片也登出來了。不能開天窗。」

香蘭驚惶受命，把近藤老師的話傳給孟虹後，孟虹幾乎暈倒，手麻腳軟，腦筋混亂，靠著近藤急切的催促才開始有些行動力。

「皮包裡面放一些紙和筆，剛上節目時一定會叫妳們自我介紹，講些對日本的印象，兩人講的不要太接近。」

香蘭和孟虹把背包從皮箱裡面抽出，把錢包、化妝包和梳妝用品全放了進去，孟虹：

「我對日本女性特別有印象。」

香蘭把孟虹的意思傳達出來後，近藤：

「很好，就寫日本女性，獻花的都是女生，日本女生像花。」

香蘭把近藤老師的意思轉給孟虹後，看著近藤：

「日本工業區看來沉重，但東京街區整潔，沒有擁擠雜亂的感覺……」

「好，妳就朝這方面想。」近藤提起皮包就走，「現在去彩排，就在附近，抓緊時間把要講的話記下來。」

在近藤的示意下，日本劇場派來的車子先到附近食品店買了三份和菓子，隨後沿著高架鐵道急馳，不久轉彎穿越高架道再馳行一下停在一棟高大的建築物前時，三人已囫圇吞了幾個和菓子。香蘭行前在新京滿新舉辦的談話會中看過日本劇場大樓的照片，如今已身在這座馬蹄形龐大的劇院外。近藤看了一下手錶，剛好十點。掛在劇場入口兩側二三樓，諧星榎本健一領銜實演的《榎健的西遊記》的舞臺劇和他主演的《榎健的大陸突進》的電影巨型看板也正俯瞰著他們。近藤帶著兩位女星走向電梯：

「現在劇院正在放映榎本健一主演的《榎健的大陸突進》，我們先到五樓音樂廳彩排，不到一個小時電影演完了就輪到我們上場了。」

近藤和香蘭、孟虹到了五樓，樂隊和舞蹈團已久候多時，服務人員禮貌性地端來涼開水，香蘭和孟虹如魚得水。樂隊、舞蹈團兩隊的負責人和近藤簡單地商議過後，由香蘭先練唱今天要表演的〈何日君再來〉、〈宵待草〉、〈桃源春夢〉等中日文歌曲。每首演練時，舞蹈隊安排 6 到 12 人當伴舞。

香蘭一路緊張，喝了涼水緩和一下心情後，提嗓上陣，頓覺精神奕奕。演唱開始，香蘭音準拍合，歌聲驚豔一室，無須樂隊指揮費心。孟虹方面，日劇舞蹈隊藝術指導出示了依滿新來信準備的練習用的中國雙劍、金槍，孟虹接過雙劍，試了一下手感，認為可以後，幾位長官議論了一下，決定不安排伴舞，配樂方面，從以敲打樂器為主的隨興伴演，討論到用中國古樂，或直接用軍樂伴奏。最

後決定用深為日本軍民喜愛的〈軍艦行進曲〉試試看。整個討論過程，香蘭就近充當通譯，孟虹頗感開心。

樂隊軍樂聲響起，兩名舞蹈女隊員翻滾進場揭開雙劍舞的序募。孟虹接過雙劍，一方面舞劍，一方面依旋律強弱調整出招的速度和節奏。

近藤伊與吉兩眼隨著劍尖流轉，十分滿意孟虹的表現，突見兩劍拋向半空轉了兩圈，孟虹兩手接回後，雙劍陡然斜刺。

「好！」

叫聲來自旁邊，近藤兩眼往右瞧，隔一個座位，被蓬鬆頭髮和猴腮鬍包住，鼻頭畫得尖削的那張臉，不就是榎本健一嗎？兩人兩年前才合作拍過《榎健橡子頓兵衛》[1]，現在兩位徒弟又要在他的場子演出，覺得緣份還不薄。榎本移動屁股坐在近藤旁邊，分別向近藤和香蘭遞出名片。榎本接過李香蘭的名片，直誇她歌聲美妙。

軍樂結束，音停片刻，再度揚起，孟虹繼續演練劍術。兩個老朋友一邊看孟虹表演，一邊聊了起來。近藤：

「你幾時來的？」

「我在這兒坐了五分鐘，但你沒察覺。」

「我接到電話通知，匆匆趕來，沒看到你，覺得很不踏實。」

「日劇經理統籌一切，他知道你住那，應該是他打電話通知你。我想你一定會來，見了面再說。」

「你的舞臺劇團隊呢？」

「在後臺休息室。因為之前已經演了三天，所以不用彩排了，樂隊給你們用。」

「待會怎麼安排？」

「接下來《榎健的西遊記》時間是個套裝節目，除了〈西遊記〉這個舞臺劇外，包含一些藝人的歌唱和表演。藝人的表演多一點的話，舞蹈隊就少跳幾支舞。」榎本看著臺上孟虹像芭蕾舞般的劍舞，「你的兩位徒弟，一個歌聲這麼迷人，一個武功高強，待會兒先向觀眾自我介紹，午後再正式上臺演出好了。」

〈軍艦行進曲〉樂音嘎然而止，孟虹向觀眾席鞠了躬交還雙劍下臺後，在近藤的介紹下和榎本見面。榎本再次強調今天演出的情況，情況明朗化後，滿映兩位女星先前的恐慌大大地減低。」

還有一點時間，近藤老師請求樂隊指揮給香蘭伴奏這兩天要在高島屋演唱的〈荒城之月〉、〈浜千鳥〉等歌，10點40分，演練結束，樂隊和舞踏團開始往一樓移動，近藤和兩位女生也被帶到一樓後臺化妝，試衣。

　　電影《榎健的大陸突進》演完後，休息十分鐘，日本劇場例行歌舞秀11點準時開場，舞蹈隊演出輕快的大腿舞揭開歌舞秀序幕。接著女主持人介紹來自滿洲國的三位演藝親善使節時，強烈照射舞臺，造成光阻的燈光熄滅了，三層樓的座席又輪廓鮮明地呈現開來。視覺上，三樓的座席急墜二樓，二樓和一樓間跌勢趨緩，一樓廣大的座席好像在中段開始反向攀升一些。各樓層的壁燈全然亮開，二三樓層燈光集中，但觀眾面孔模糊，一樓前半段的觀眾，五官可辨，但光線散弱。香蘭和近藤、孟虹並肩站著。

　　近藤老師先致詞，香蘭致詞時，略感緊張，語畢也享受到了所謂四千人的掌聲。孟虹致詞時，香蘭充當翻譯，講完兩三句喘口氣，由香蘭譯出，心情大大平緩。致完詞後，三人退到後臺休息。舞蹈團接著演出幾支舞曲。

　　榎本健一實演的《榎健的西遊記》舞臺劇演完後，近中午12點。劇場休息一小時，日本劇場招待午餐，第二場《榎健的大陸突進》先演，香蘭和孟虹再度在五樓接受彩排。結果，香蘭和孟虹在下午三點、六點，電影演完後先後登場表演。

　　三點這一場，舞蹈隊熱情舞完後，女主持人：

　　「接下來，請大家以熱烈的掌聲歡迎滿洲女優使節李香蘭小姐。」

　　歡迎樂和掌聲同時響起，香蘭抖顫顫地步向麥克風，成排的壁燈、大吊燈全然熄了，代之而起的四五道舞臺燈全然投向她，形成多道視覺無法穿透的光板。原先被劇場照明烘托出的三層大劇院，只剩一片光霧。主持人驅近問了幾個問題，香蘭回答時，掌聲又響起，只見龐然、渾沌光影裡頭浮動的無數人頭和鼓動的掌影。

　　中文歌曲〈何日君再來〉的前奏響起，日劇舞蹈隊六位成員緩緩舞動，香蘭深深吸了一口氣：

　　「好花不常開，好景不常在。……今宵離別後，何日君再來。」

　　香蘭在舞伴的烘托下順利在公開場合唱完遊日的第一首歌，掌

聲群蝶狂舞般地響起，此起彼落的口哨聲劃進她心坎，讓她備覺窩心。

唱完〈宵待草〉後，是孟虹的武術時間。孟虹演完劍術後，香蘭接著上臺演唱最後一首歌〈桃源春夢〉。唱畢和孟虹雙雙移步貴賓席，坐在近藤的身邊，等著觀賞榎本健一演出的舞臺劇，想好好看他演出的孫悟空。

舞臺劇演完，師徒三人及時上臺和所有演出人員一起謝幕，接受獻花。湧向舞臺邊的觀眾越來越多，用日語甚至用華語呼喚李香蘭和孟虹的聲音越來越多。布幕緩緩降下，所有演員步向幕後，唯獨近藤帶著兩位女星下臺，在粉絲手持的節目單、宣傳單或其他書物上簽名。簽名的攻勢又急又快，香蘭單手簽了又簽，簽到肩膀有些痠。孟虹運筆如揮劍，情況顯然好很多。

晚餐時間，劇場再休息一小時，隨後劇場是先歌舞再電影，香蘭和孟虹兩人晚上八點多演完後，一樣坐在前排看舞臺劇，直到謝過幕，給粉絲簽完名後才回飯店休息。兩位女生雖然累癱，但想到早上從張惶失措到一路過關斬將，穩定了情勢，都有一種挺過暴風雨後，陽媚景明的舒暢感。

第二天是滿洲資源博覽會的開幕式，從新橋第一飯店到日本橋高島屋有段距離，高島屋的座車九點不到就來接人。

高島屋百貨店是和日本劇場不相上下的龐大建物。近藤、香蘭和孟虹三人被帶進一樓貴賓室，和滿新東京分社長武田、一名記者、市府官員共聚一堂，高島屋店長千代要請大家到餐廳用早餐，但大家都推說已吃飽，店長還是著人帶來七八碟以魚子醬、海膽醬為主的精緻早餐和一人一杯可爾必思。

用過點心後，店長帶著大家登上電梯，直奔八樓。八樓會場兩千多座席，除了貴賓席外，幾乎都坐滿，舞臺上，巨幅日章旗和滿洲國五色旗並排，全然遮住銀幕，十分醒目。觀眾應該都等了很久，見貴賓入坐前排，心裡踏實了些。片刻，舞臺上的日滿兩國國旗移走後露出銀幕，熱呼呼的掌聲隨即響起。

滿映拍攝，分別就農業工業和遊牧生活加以宣傳的紀錄片《農業滿洲》、《樂土滿洲》、《高原兒々》一氣呵成地演完時，正式中餐時刻，觀眾散後開始找食物，逛百貨，香蘭一干貴賓自然由高

島屋招待午餐。

　　下午一點半，觀眾再度集結，近藤、香蘭和孟虹被延攬至舞臺上貴賓座。滿洲博覽會開幕典禮由商工次官主持。他以開發滿洲，繁榮日本，東亞共榮為主題講了一堆話。接下來致詞的滿洲新聞東京分社長武田、高島屋店長千代，也都在這基調上振振有詞。隨後司儀小姐跳過近藤，介紹來自滿洲的兩位女藝術使節。香蘭致詞時，把昨兒在日劇講的話大致重覆了一遍。她兩眼看著後排黑壓壓的人頭，待掌聲響起，才用微笑回報前排觀眾熱切的眼光。近藤顯然被司儀小姐當成在地長官。他覺得自己非演出人員，被疏忽了剛好。

　　典禮結束，滿洲資源博「記念餘興大會」正式展開。近藤退出舞臺前再次向司儀小姐確認香蘭和孟虹一整天都沒安排演出後，退回演藝廳側邊的小房間。為了往後 20 天的演出方便，高島屋店長千代特地給近藤他們在八樓安排兩間廂房充當休息室。香蘭、孟虹一間，近藤和司機一間。

　　「妳們在房間等著，我要打幾通電話。」近藤走向自己的房間，「或許妳們可以看看演藝廳後面的展出，不要走遠。」

　　這時，「滿洲奇術」正在演出，舞臺上節目主持講得意興遄飛，示範人員也演得認真。但坐在後排的觀眾看不清楚，不少人離座走到後面的展出空間，有人欣賞貼在牆上的滿洲風俗照片，或撫順炭礦、亞細亞號的貼圖。有的觀看水豐大壩的立體模型，或日俄兩軍在滿俄邊境張鼓峰戰鬥 [2] 的立體模擬圖。

　　香蘭難得休閒，被壓在體內的暈眩和疲憊接踵而來，她很想好好休息，迎接 40 分鐘後的拜會行程，但禁不住孟虹的請求，還是和孟虹離房到展示牆隨意流覽，牽動了一點鄉愁。近藤和司機出來後看見她們，表示計畫提前。孟虹和香蘭回房稍作補妝，帶齊物品，便和近藤一塊搭電梯下樓。近藤：

　　「我們先去拜訪陸軍省。」

　　「陸軍省？」香蘭。

　　「一直聯絡不到他，所以沒跟妳報告。現在終於聯繫上了。因為他的時間很緊張，所以先去拜訪他。」

　　「到底是誰？」

　　「哦！柴野為亥知。」

「沒聽過。」

四人走出電梯，經過童裝部，從側門出去，來到司機的車子邊。四人上了車，香蘭讓孟虹坐副駕駛座。近藤瞬了一下香蘭的側顏：

「柴野雖然是軍人，但不是硬梆梆的軍人，有軍中詩人的美稱。」

「這樣啊？好像很矛盾。」

香蘭說著，近藤回以軍中也有一些有氣質的名士後，把話題導向輕鬆的一面。

車子從京橋穿越高架鐵道直底皇居東側，繞著皇居走了一段，不久便到達櫻田濠外的三宅阪。陸軍省所在的兩層樓連棟建物看起來優雅，二樓拱門窗的柱子尤其纖細，大門和兩邊短牆上面的鐵欄杆像極了私人花園的門牆，整座建築和新京關東軍司令部比起來，簡直像國民小學。哨所內的衛兵見三人中有兩位小姐，警戒心稍稍鬆弛，但近藤還是恭恭敬敬地把寫著情報官柴野為亥知中佐召見幾個斗大字的白紙呈了過去。衛兵叫來訪的三人後退幾步後進入哨所內，顯然是打聯絡電話。

柴野中佐親自出來接人。一行人步上中央樓梯上了二樓右轉，第三個門進去是會客室，透過會客室後面的玻璃，可以看見裡側面積不小的辦公室。柴野示意大家坐下，和近藤交換名片後，倒茶水的女雇員及時進來。近藤把兩位女星介紹給柴野中佐認識。柴野：

「看見兩位以滿洲女優的身分不遠千里來到東京，就想到當年的堅持是對的。」

「柴野中佐當年是催生滿映的功勞者。」近藤帶點解釋的口吻面向香蘭，「柴野中佐看見妳們的成就，認為他當年的努力是值得的。」

軍裝筆挺的柴野沒有答話，笑著看兩位女生。近藤從公事包取出一個鼓鼓的紙袋，兩手交給柴野：

「這次來拜訪您是專務理事林顯藏特別交代的。這裡是我們滿映成立以來拍過的啟民和娛民電影的簡介和海報。」

「當年成立滿洲電影國策研究會，軍部的力量確實很大，是那種不喜歡拿著槍拉著砲的軍人和小林隆、山家亨一起打拚出來的，現在大家都只記得山家。哦！對了，我手頭有些小禮物。」

柴野說著起身，開了門後進入辦公室。在座三人小聲聊了幾句，柴野回來了。

　　「這是步槍造型的自來水筆，每個人帶回幾枝當紀念吧。」

　　每人把紀念筆放在茶几上，近藤：

　　「最近有和山家聯絡嗎？」

　　「沒有。雖然沒有聯絡，但每隔一段時日，他的傳聞就會進來一次。」柴野苦笑了一下，「山家一直在中國藝文界打滾，已經逾越了收集情報的分際。他和中國明星搞在一起，尤其是把李明介紹給滿映。這種裙帶關係看起來就是不妥。他應該迴避才是。」

　　「功成身退，這樣身影才漂亮。」

　　「哈哈！像您近藤老師，從電影界功成身退，現在在滿映從事電影教學，只有贏得更多的尊敬。」

　　「最近有什麼創作？」

　　「最近寫了〈完成聖戰〉、〈在炎熱的砂漠中行軍〉[3] 這兩首歌。」

　　「老師作的曲子嗎？」香蘭。

　　「哦，只是作詞，交給兩位作曲家作曲，曲子也已作好了，大概下個月就會問世。」柴野器宇軒昂，笑聲爽朗，「很慚愧，不懂音樂，只能做這種戰爭場面的歌詞。大概體內真有那種戰鬥魂吧，一聽到那種音樂，腦中戰鬥的詞彙就跳躍起來了。」

　　柴野表示還有七八分鐘要開會後，四人東南西北地聊了一陣，柴野看了一下手錶起身：

　　「我送你們出去。」

　　四人到了外面，近藤和香蘭、孟虹上車後，近藤：

　　「等一下先到東京日日新聞，還是朝日新聞？」

　　「朝日新聞。」

　　司機回完話，大家沉默了一下。香蘭心裡悶，決一吐為快：

　　「近藤老師。剛剛柴田中佐說李明靠山家的裙帶關係進入滿映。我覺得似乎也在說我。」

　　「這怎麼說？」

　　「我父親和山家很熟，他看著我長大。我進入滿映他確實也推了一把。」

「妳之所以進來滿映，是滿映全體理事、幹部一致的決議，和山家沒啥關係。只能說，剛好他也認識妳。」近藤見香蘭沒有回話繼續說，「事情的發端是這樣的。牧野次長聽到新京放送局播放妳的歌，如獲至寶，他把大家叫到林專務辦公室一起聽。於是大家決定特聘妳當演員。剛好妳和山家有淵源。他也只是順水推舟。也就是說，如果他反對，我們特聘妳的決心還是不變的。這樣說明，心裡是否釋懷了些。」

　　「嗯。」

　　「再說。李明的事，山家有沒有主動推薦，我就不是很清楚。她在川喜多長政的片子嶄露頭角，就受到注意，我知道林專務有意借重她北京話的能力，剛好她在山家身邊，我們只能說山家交遊廣闊，人們談論的人事物，有時很難自外於他。」

　　車子穿越高架鐵道，逾越日本劇場，朝日新聞已然在望。這一天，他們還到銀座的讀賣新聞、京橋的東京日日新聞拜會。名義上是感謝各大媒體對滿洲資源博的支持，但沒有滿洲新聞人員陪同，實際上是滿映新星打通媒體的初努力。

　　註 1：《榎健橡子頓兵衛》：《エノケンのどんぐり頓兵衛》。エノケン（enoken）是榎本健一（えのもと けんいち，1904 - 1970）的筆名，取榎（えのき，enoki）健（けん，ken）兩字的合成音，用平假名表現。

　　註 2：張鼓峰位於吉林省琿春市東南，圖們江左岸，鄰近俄國和北韓。1938 年 7 月 30 日－ 1938 年 8 月 11 日，日蘇兩軍在此進行大規模戰鬥，結果蘇聯控制了張鼓峰和圖們江出海口。

　　註 3：〈完成聖戰〉原文〈遂げよ聖戰〉，長津義司作曲，〈在炎熱的砂漠中行軍〉原文〈熱砂の行軍〉，大村能章作曲，兩歌皆柴野為亥知作詞，皆發表於 1938 年 10 月。

52. 四處演出 回程憶思

　　近藤老師一直用演員要多演出、多奉獻來激勵孟虹和香蘭。晚餐後，她們毅然揹前回到日本劇場，演出晚場。日本劇場、高島屋兩頭跑的演出形態於焉形成。香蘭和孟虹這次東京演出，擦亮了高島屋的招牌，但實際演出，高島屋禮讓了日劇兩天。第三天上午，高島屋才在七樓會議室安排香蘭和孟虹彩排，下午在八樓正式演出。

　　高島屋的演藝廳是公司員工舉辦大會，或年終忘年會、新年會

集會或宴會的所在。有時也出租其他單位使用，這次便以出租的方式供滿洲新聞社舉辦滿洲資源博覽會，由於並非專業的影劇院，燈光效果、座位的設計，欠缺日劇的氣勢。由於滿洲藝術使節要來演歌的宣傳為時已久，觀眾確定今天午後李香蘭、孟虹會來表演後，買票進場的市民非常踴躍，演藝廳兩邊走道的牆邊也站滿了觀眾。

香蘭想到日本劇場向二三樓築起的觀眾席，直覺這兒人再踴擠，也不過在一個平面鋪陳，心情多少舒坦些。

樂隊音樂響起，她順利唱完〈荒城之月〉、〈浜千鳥〉兩首日本歌後，由她用日華語雙聲的方式介紹孟虹進場。

「會唱日本歌，日本話真的講得很好。」

前排觀眾興奮的嚷叫穿透會場的喧囂衝進她耳裡，這句貌似稱讚的話語似乎含攝某種輕蔑，好像是說，滿洲姑娘會講日語後，就成為一等國民一樣。她苦苦吞下這句話，腦中浮起前些日子在下關下船時被水警羞辱的事。

孟虹演完武術後，香蘭再獻唱一首〈宵待草〉便結束高島屋第一天的演出。下了舞臺，卸完妝，她和孟虹進入貴賓座，和近藤一起觀賞「軍事浪曲」這種笑科節目的演出，隨後和近藤一起離開，晚餐後再回到日劇演出晚場。

在日劇演唱，她覺得順心、熟悉，有種回家的感覺。一方面，日劇離她住的旅館也非常近。經過兩三天的苦熬，香蘭的身體終於調適過來，感覺輕鬆了許多，她也很慶幸自己沒有向近藤老師吐苦水，事情得以船過水無痕。

第二天起得早，早餐後香蘭知會近藤老師一聲後拉著孟虹出外走逛。從丸之內沿著高架鐵道走到有樂町，走了幾百公尺，驅退了身上沾染的秋寒。看到日本劇場和對面的朝日新聞大樓，她心裡安堵了些。這一帶她們比較熟悉，逛得也自在些。

「日本劇場，現在看來和我們演出時長得不太一樣。」

孟虹說著加大腳步，香蘭：

「這是馬蹄形建築，從那個角度看就不一樣。」

「我不是指這，感覺就是不一樣。我也說不出那邊不對勁。」

「或許是妳精神狀態有異，看的東西也就跟著不一樣。」

「或許。」孟虹笑著走向劇院門口，被售票亭牆上貼的照片吸

引住了，「有妳的照片，好幾張。」

香蘭看了一下，四張放大的照片旁邊註記了一些文字，變成宣傳海報貼了出來。都是前一兩天演出時，不知覺間被拍的。

「妳也有兩張，雙劍左右開弓，很帥氣呢。妳的照片都是動態的，應該多放幾張。」

「妳是紅牌，號召力強，所以多貼幾張。」孟虹拉著香蘭的手，走向橋引道的緩坡，「我們過橋去吧。」

「好。」

過了數寄屋橋往前走了一段路，兩人覺得不安，於是返回原橋，循著高架鐵道回到飯店。房間內有兩張茶几似的矮桌，香蘭手枕一張茶几開始書寫這兩天的行事概要和演出情形，孟虹見她振筆急書，也開始在另一張矮桌上寫自己的演出情況和兩處劇場的印象。孟虹看向香蘭：

「妳在寫日記？」

「都寫，主要是寫給滿洲新聞報導用的稿子。」

「妳前天也寄出一封。」

「這種事不能拖太久。」香蘭看著孟虹苦思的模樣，「寫這種應景的文字，拋開自己真正的想法，不要太刻畫自己的感情，寫起來就快了。」

孟虹沒有回應，放下筆便和著棉被躺在榻榻米上尋思，在腦中重建演出的場景。思緒整理過後，下筆就容易些了。兩人持續書寫，有時交談兩句，直到近藤敲門才鬆開心情。近藤知道她們正在寫作業，給她們打個氣退出房間後，她們繼續尋思，簡單交談，解開疑點，然後繼續書寫。香蘭把滿洲新聞的報告謄寫了一半，壓力大減：

「孟虹，妳演出的部份也可以簡單謄一份給我，他們如果要用，會請人翻成日文併在我的稿子裡頭。原稿留著不可丟。」

…………

就這樣，往後的一個星期，她們在日本劇場、高島屋兩頭跑，工餘還要寫「作業」。月底兩邊的演出結束後，在剩下的一個禮拜裡頭，她們還得參加多場座談會，多方拜會，觀賞嚮往已久的歌舞伎，甚至參觀電影拍攝現場。此一期間，她們認識了不少在藝文、演藝界赫赫有名的人士，也經歷了不少意想不到的事。

在深秋的一個夜晚，她們終於結束三星期的東京之旅，在日劇、高島屋演出夥伴與一些演藝界人士的歡送下，和近藤風光地登上九點的夜快車。這次他們不再在神戶逗留，直抵下關搭渡輪，再搭其他列車循序回新京。

　　列車開動了，惜別的人兒拋遠，三人都有從絢爛返歸平靜，甚而孤寂的感受。近藤睡上鋪，依例睡前先在下鋪和兩位女生閒聊，爬上上鋪睡下後，香蘭和孟虹各自躺在床鋪，聊了幾句後也轉身睡下。香蘭側躺著久久不能成眠，她不知道孟虹是否已入睡，只知道在東京這一段時日，戰爭的陰影不時出沒，但對一些真誠地為自己的藝術、志業打拚的人們，還是心存感謝。她想到了名歌手松平晃和他的鼓舞，心兒不免有些波動。

　　那天下午，她在歌手德山璉之後演唱〈荒城之月〉、〈浜千鳥〉兩首歌，唱完回到後臺休息室後不久，化妝室似乎有些騷動，化妝小姐「松平老師」、「松浦老師」……叫了幾聲。她想出去一探究竟時，近藤老師和兩男一女迎面而來，兩男一女中，除了剛剛在後臺碰面的德山璉外，就是松平晃和女歌手松浦千惠子。近藤給大家介紹過後，對香蘭說：

　　「這位松平老師被妳的聲音迷住了，說非來看妳不可。」

　　香蘭連說不敢，松平：

　　「聽見妳那發自靈魂深處的聲音，我們的靈魂真的被吸走了。」

　　「他真的就被妳吸了過來。」德山璉笑了起來，「這麼好聽的聲音值得永久保存起來。」

　　「松平兄，你的哥倫比亞唱片公司可以給她灌唱片。」松浦千惠子帶一點開玩笑的口吻，「說不定可以一舉帶旺哥倫比亞呢。」

　　「她已經被公認為滿洲歌謠界女王。」近藤說得香蘭臉頰羞紅了起來，「她的名聲是學生時代一點一滴累積而成的。」

　　近藤伊與吉接著就他所瞭解的香蘭歌而優則演的歷程講了出來。在幾位大明星的關切下，香蘭最後也將她向波多列索夫和貝德洛夫兩夫人學聲樂的過程大致交代出來。她沒有提到失去聯絡多時的柳芭，僅用朋友帶過，但在備覺光彩的此刻是更加想念她，也深深感謝她，祝福她。

　　談著談著，孟虹演完回到後臺，和大家見了面，近藤覺得機不

可失，給大家拍了一張合照，第二天和其他照片一起洗出來時，還特地放大一張給高島屋當海報張貼。

香蘭想到這兒，和著棉被轉了一個身，背著她睡的孟虹一直維持這種姿勢，應該已經入睡。應該是托松平老師的福，演唱會結束後，她才有新的舞臺，一方面每兩天在愛宕山 AK 放送局高歌一晚，一方面在帝蓄唱片公司杉並灌錄所灌唱片。中文版唱片〈滿洲姑娘〉和〈思慕著倩影〉[1]，是她在日本出版的第一、二張唱片，今天早上完成錄音。〈滿洲姑娘〉這一首歌描述滿洲小新娘在大喜的日子等著與新郎見面，又羞又喜的心情，和電影處女作《密月快車》的打情罵俏相映成趣，在日本的最後一天錄好，算是她留給日本的最好的紀念品。

香蘭在 AK 放送局和杉並灌錄所上工，近藤和孟虹都陪她前往，孟虹走走看看長見識，近藤做他的公關，最後擔心孟虹無聊，還會坐下來比手畫腳地，用簡單的日語和中文和她聊起來。這兩個地方的工作人員一派認真，只道香蘭在日劇和高島屋唱得好，沒人提及是誰推介她前來唱歌或錄唱片。看見每一個人都沉浸在工作裡頭，香蘭也不好多問，免得工作氛圍沾染塵埃。不過自始至終，在她心裡的印記是松平晃低調幫了忙，但不願聲張。

香蘭悄悄地起身，沒有驚動近藤和孟虹，整排靠窗的小座位，只有一位男士坐著抽悶煙。她坐在他後面四個位子的座位，眺望窗外，靠近鐵道的一片樹林一派漆黑，好似東京皇居外圍入夜後的護城河，只是不見街燈的倒影。樹林再過去，透出窗光的建物，就好比是皇居護城河旁邊的帝國劇場和東京會館。

那天晚上，滿洲新聞東京分社慶祝報社改名，由於滿洲本社在他們還在新京時已慶祝過，東京會館這一場政治宣揚的意味濃，近藤有點不想去，中午接到務必一起來的電話，才決定叫香蘭、孟虹晚上停掉日劇的演出，一起到東京會館出席盛會。晚上不用演出，又可以享用美食，對連日演來辛勞的孟虹和香蘭來說，真是一個浪漫的夜晚。

東京會館離他們住的飯店或日本劇場都不遠。此刻，太陽早已西沉，師徒三人沿著日比谷通慢慢往北走，享受一邊皇居密林暗影濃聚，倦鳥還巢，一邊街區華燈初上，衣香鬢影的景象，全然不覺

戰事還在三千公里外開打。護城河岸的道路，車燈如流，行人的背影駝著鄉愁，道旁的帝國劇場，人潮初現，拱形窗的燈光洩出一點內部豪華裝潢的訊息。近藤：

「前面那座方形建築就是東京會館。」

「還真是格局方正呢。」香蘭再次看一下那座屋頂加寬的五層樓建物，「大部份窗戶都還亮著。還沒下班？」

「那地方有餐廳、宴會廳、會議室、展示場。一般說來，晚上比較熱鬧。」

三人一路走，從東京會館門口進去的人越來越多。

滿洲新聞東京分社代表本社主辦的慶祝會場在大門進去後左轉的富士廳。裡頭的桌椅是西式的，供餐也是自取的西式自助餐，但門窗和天花板的照明都走和式風。六個人圍一個小長方桌，三個人找到自己的座位後，開始到門口處的取菜區拿菜，拿好菜回到座位不久，女侍走了過來向他們索取名片，香蘭隔壁一位老伯沒有名片，女侍給他一張卡，請他自填。

這個慶祝會，主辦單位滿洲新聞、協辦單位滿洲國政府、南滿鐵道和南滿重工都派代表參加，東京政治、文化界名流往賀者甚夥，滿映代表團相形之下顯得弱氣，不過由於是象徵日滿協和的藝術使節團，團長近藤伊與吉還是被另眼相看，香蘭和孟虹對主辦單位來說還是小咖。會場喧囂像潮騷，臺上司儀小姐介紹來賓的話音在一片嘈嚷中沉浮，時隱時現。司儀小姐介紹到近藤老師時，兩位女生愣了一下。司儀小姐果然給近藤老師過去輝煌的演藝生涯做了概括介紹，企圖喚起來賓的回憶，激起了不少掌聲之後，司儀小姐：

「這幾天在日本劇場和高島屋演出，人氣高漲的滿洲藝術天使李香蘭和孟虹小姐也來到現場。」

兩位女生忙不迭地站起向賓客鞠躬，掌聲十分熱烈。司儀繼續說：

「等一下是不是請我們的李小姐給大家唱一首，請孟小姐給我們表演一下武術。」

司儀說著揮動雙手，做出練武狀，也引發了掌聲、口哨聲。香蘭知道司儀只是虛應一番，並不在意，繼續品嚐美味。

滿洲新聞「改題記念會」由滿洲新聞東京分社長武田主持。他

引導在場會眾唱完〈君之代〉後開始致詞，強調「大新京日報」更名為「滿洲新聞」後，做為滿洲國的中央日報，督促滿洲政府遂行東亞聖戰將更義無反顧。隨後的更名儀式也很簡單，兩位小姐把臺上牆上的紅布揭開後出現「大新京日報」五個大字，包括武田分社長、近藤老師等五位佳賓各拿「滿」、「洲」、「新」、「聞」、「！」五個紙牌，在司儀引導下貼在「大新京日報」上面後，「改題」於焉完成。孟虹喝了一口甘酒：

「看了老半天，原來改題就是改個名稱，我還以為新聞改個標題還要紀念。」

「兩國用語，大致相通，譬如政治、文化，意思一樣，這裡頭的記念，不全然等於中文的紀念，帶有慶祝的意味。」

香蘭說著，孟虹點了幾下頭，各桌的客人紛紛站起，原來是滿新分社長和幹部向所有賓客舉杯慶祝大新京日報改名。大家坐下來的同時，近藤回來了。

香蘭背對著司儀所在的小舞臺，知道現在對著麥克風講話的是另一位男士。這位男士講話似乎很具煽動性，聽眾的回響也大，因此話聲常沒入聽眾的聒噪裡頭。香蘭為了聽清楚些，把椅子轉個向，講話的原來是光頭大叔，有點像軍人。前座市民的情緒還是很昂揚，演講的內容還是聽不清楚。

「萬歲！萬歲！……萬歲！」

演講者帶著聽眾直呼口號，香蘭也不由自地叫了兩聲。

「萬歲」是這個民族的口頭禪，以前和柳芭見面，難掩興奮之餘，也會叫一聲「萬歲」。現在慶祝會，大家齊聲叫「萬歲」，大概是預知改名後的滿洲新聞前程大好，興奮難耐吧。

「你們太吵了，聽我講。」演講人攤開兩手，漸漸把聽眾的喧聲壓伏，「華中派遣軍司令官畑俊六指揮的帝國陸軍經過四個月的血戰，25 萬軍隊對抗百萬敵軍，終於攻下中國漢口。佐野虎太大佐的部隊昨天進入漢口，經過租界區時受到義大利部隊的列隊歡迎。……剛剛傳過的消息謂，第 15 師團 60 聯隊已經佔領漢陽。中國心臟武漢三鎮全被我軍佔領，中國全面投降指日可待。」

演講人攤開兩手，「萬歲！萬歲！」聽眾叫個不停，聲音震耳。香蘭站起向孟虹招了一下手，走到近藤身邊：

「我和孟虹到外面透一下氣。」

「不要走遠。等一下要回來。」

近藤瞭解她的心情，事實上，他也很想出去。兩位女生趨步離場，走到取菜區時，「帝國萬歲！滿洲新聞萬歲」的呼叫緊追不捨。

香蘭和孟虹到了外面，秋冷沁膚，前面帝國劇場的燈光已經沒有剛來時這麼亮，整棟大樓沐在昏倦的燈光中，顯然也沉浸在一場戲劇的演出中。會館和劇場之間的空地停了不少汽車，兩位女生經過並排的車子走向日比谷通，發現會館側邊有一排花圃，於是坐在花圃的矮牆上。

「剛剛會館一片萬歲聲，妳知道他們在萬歲什麼嗎？」

「不知道。」

「他們在慶祝日本軍攻陷漢口。漢口妳知道吧。」

孟虹沒有回答，兀自望向一團漆黑的皇居。香蘭知道她在想什麼，也知道滿映的演員同仁都是身在滿洲心繫故國－中國，他們白天演戲、上課，有說有笑，沒有戰爭的煙硝，算是一種麻醉，等於還在夢裡，等到夜深人靜夢醒時分，必然會發出「夢裡不知身是客，一晌貪歡」的感慨。在沉默的片刻裡，香蘭一樣望向皇居。孟虹：

「我們什麼時候回去？我的意思指回新京。」

「日子還長，還有十來天吧。」

又是一片沉默。

「妳們在這裡啊！」近藤說著坐了下來，「舞臺上方剛剛拉出一個布條，上面寫著：祝漢口陷落，祈武運長久。」

「一堆人迷戀戰爭，就像沉溺在鴉片裡一樣。」

「被軍國政府催眠過的人就是這樣。」

「老師，您是沒被催眠的人。」

「當然，不然我怎會到滿映教電影。」

「我開玩笑才這樣問。」香蘭望向一直沉默的孟虹，感覺她很想瞭解同夥和近藤老師的對話，「剛剛臺上的人說，這個仗打了四個月，死傷很慘重吧。」

「他們說中國軍人大概死了 20 萬。」

「我們還算幸運，一直遠離戰事。」

「可不是嗎？我們還日滿合作拍片，不管是滿洲人、中國人，還是日本人，都在同一個攝影機下拍戲，而不是各自拿著槍互相射

擊。」近藤兩眼冷冷凝著夜色，好像獲得夜神默許，決心吐露心聲，「實在很不想談戰爭，戰爭之後應該是和平。關東軍強行進入中國，半年內就拿下滿洲，可以想見中國人夠容忍，也等於創造了被佔領，一個和平共榮的條件。滿映基本上是日滿協和的產物，所以我願意來這裡散播和平的種子，如果對立、相互歧視嚴重，我就不來了。現在不幸的是，戰爭還在成長，我們國家的軍隊把戰爭當運動競賽，一味追求勝利，打勝了就歡呼，打贏了一場，再打另一場。我懷疑打完了中國盃，是不是要打亞洲盃、世界盃。」

孟虹聽不懂近藤老師說什麼，不過直覺應該跟香蘭講的日軍進佔武漢有關，且從他慈祥閃爍的眼光，知道他的想法應與香蘭一致。

前面不遠處，帝國劇場有些騷動，散戲後走出劇場，光影濃聚的觀眾開始分散，多數湧向馬路，停在劇場旁的汽車陸續開動，寧靜的夜有了戲劇性的波動。三人把視線投射過去，香蘭和孟虹興起了歸去的念頭，不是回飯店，而是希望一星期後的歸期馬上來到。

「來，我們也回去吧。」

近藤老師說著，兩位女星跟著往住宿的第一飯店走去。

．．．．．．．．．．．．．．．．．．．．．．

坐在火車上的香蘭想到這兒，發現前座抽煙的男士不知何時離去，她上過洗手間後也立刻回到睡鋪入夢。

第二天傍晚，列車抵達下關。隨後夜宿旅館，醒來後在旅館用早餐，準備搭渡輪到釜山。他們在餐廳外面的廊下用餐。近藤：

「終於就要離開日本了，回想這三個禮拜，妳們兩位的表現實在太好了。」

香蘭把話傳達出去，孟虹搖了一下頭。

「我雖然會一點武術，但觀眾還是覺得有欠精彩。我看得出來。那像香蘭妳歌藝已臻化境，獲得廣大的回響，還被電臺邀去唱歌，被廠商邀去灌唱片。」孟虹停了一下，看著面前的兩人，「我覺得下次有機會，由鄭曉君去比較好，她允文允武，一定叫好叫座。」

孟虹講話時，不時指著自己，兩眼直視香蘭，近藤直覺似有所訴求，以為她在抱怨，待香蘭把話譯過來後才釋懷。他先用簡單的日語和手勢直接向孟虹表示，女孩子學唱歌較容易，習武難度更高後，要求香蘭跟她說：

「鄭曉君多才多藝，第一期的學員就要結業了，她擔任的課程

只會越來越少，屆時如果有內地的參訪行程，一定會優先邀請她。」

香蘭把話翻成華語，孟虹頓感輕鬆。渡過了對馬海峽，到達釜山時，已近黃昏，三人把行李寄存車站後，拉車到電信會社，近藤打了一通電話給山梨稔，隨後三人在附近用過晚餐，入夜後搭上七點開，直通新京的光號列車，心情堵定多了。

> 註1：〈思慕著倩影〉原文〈影を慕いて〉，古賀政男作詞作曲，1932
> 年發表。

■■■ 53. 談影世家 驚憶地震

三人歸心似箭，但難敵1500公里的漫漫長路，第二天晚上10點多一點抵達新京時，香蘭禁不住想喊一聲萬歲。山梨稔和牧野滿男各開一部車前來接人，也都幫女生提行李，兩位女生坐山梨的車，近藤坐牧野的車，車子塞滿了行李。

車子開動了，山梨：

「一路辛苦了。離開將近一個月。」

「感覺好像離開新京好幾個月。」香蘭讓背部緊黏座椅，舒了一口氣，「好在滿洲的火車比較快。」

「滿映高層聽妳這樣講，一定樂不可支。」山梨轉動方向盤，車子轉向吉野町，「每天在滿洲新聞看到妳們的報導，感覺妳們雖然辛苦，但收穫很大，也見了很多大明星吧。」

香蘭把自己和德山璉、松平晃、榎本健一互動的過程略述了一下：

「那幾天參加過小杉勇、山路芙美子、江波和子的座談會，感覺自己實在要加強演戲的本職學能。」

「看過歌舞伎了吧。」

「去過了，看過松本幸四郎演的《勸進帳》，也到有樂町看藤原義江演的歌劇。藤原雖然是日英混血，但百分百西方人樣，……」

香蘭說著兩部車先後停了下來，五人連袂進入一家日本料理店。店裡夥計把兩張小方桌併成一塊，五人坐定後，近藤：

「這一趟，李香蘭特別認真，表演過後馬上就做筆記。」

「因為要及時供稿給《滿洲新聞》，現在回來了，《滿洲映畫》一定急著要稿子。」

「一方面出任務，一方面當新聞記者，李香蘭！也真難為妳了。」牧野滿男。

「大概因為是第一次，新聞界才這麼緊迫盯人。」香蘭兀自笑開，「日本電影界的前輩在座談會上開示。我學的最多的就是拍電影要有耐心和體力。日本前輩有時一個鏡頭被罵了十多次的也有。有時拍戰爭場面，天下大雨，要跑要爬……像日本劇場的舞蹈隊員長年跳舞，身體就很好。」

牧野兩手撐著下巴看著香蘭和孟虹。

「看見妳們兩個回來很高興。」

「我更迫切地想看到你。」

香蘭話一脫口，近藤和山梨故做驚呼狀。他們知道香蘭話頭暗藏笑點，期待她繼續說。香蘭看著牧野：

「在您家住了一個晚上，聽太座星玲子一席話才知道你們家族簡直是日本電影史的縮影。」

「星玲子怎麼說？」

「她說您和大哥繼承父業，攝影所被燒了後，全家投效日活。日活買下了多摩川攝影所，根岸寬一當多摩川攝影所所長，您在他下面當企畫部長。根岸寬一甚得民心，果然樹大招風，被社長誣指要奪取日活，遭免職了也就算了，結果屬下相挺全面罷工，老闆不甘示弱，扣下一堆帽子，局面才一發不可收拾。」

「星玲子怎會說這些？」

牧野感到有些詫異。近藤：

「可能是壓在心裡太久了，又沒人可對話，見了我們才一股腦兒講出來。」

「事實上是這樣子的。那位森田佐吉社長鼓動社裡面有刺青的不良份子罵根岸是無政府主義，中國的同路人。」牧野無意識地望著鄰座的一對男女，「根岸根本就不想和他爭，結果攝影所的同仁全體做他的後盾，日活創辦人和松竹的老闆會談後把森田佐吉的勢力壓了下來，事情原本平息了下來，那知森田那些人突然指控根岸挪用公款填補以前經營劇場造成的虧空。這一招很毒，也很有效。根岸為了捍衛自己的清白，毅然遠走他鄉，我也就追隨他來到滿映。」

牧野說完氣氛冷凝。山梨開始重整他記憶所及的日活那段往事，看著牧野：

「香蘭不說，我根本就不知道根岸理事是這樣來滿映的，我一直以為他和你都是追隨大陸熱才來滿洲的。」

「根岸從來不提那一段，給人的感覺就是，如你說的，是大陸熱潮的奉行者。」

牧野說完，生魚片和白酒都來了。山梨和牧野舉杯向歸來者敬完酒後，山梨：

「大家敬根岸理事一杯。」

香蘭和孟虹以清水代酒，和三位長官一同舉杯。香蘭：

「星玲子說……」

「星玲子要說話了。」

山梨示意大家肅耳傾聽，香蘭繼續說：

「她說，牧野次長您很有義氣，為了挺朋友，不遠千里到滿洲，但也是顧友忘妻，丟下了新婚的妻子。」

「李香蘭說得太好了。大家敬星玲子。」山梨看著滿臉苦笑的牧野率先舉杯，「牧野也該回去一趟了吧。」

「這次過年一定回家。」牧野兩眼看向香蘭，「星玲子最近做什麼？」

「剛剛拍完《女性行路》，要休息一下子了。」

「《女性行路》？」

見山梨不解，對這部電影也不十分瞭解的香蘭，是有點心慌：

「這是根據竹田敏彥寫的小說改編的劇本拍的電影，探討女性節操，詳細情形我也不很清楚。」

「妳剛說牧野家族是日本電影的縮影，電影界都津津樂道。」山梨稔故意考香蘭，「裡頭有很大的學問吧！」

好料陸續進來，牧野多喝了幾杯，不再在意別人談他家的事。香蘭看了牧野一眼，再迴看山梨、近藤和孟虹：

「他們全家投入電影，沒有浪費一兵一卒。他和他大哥我剛說了，他弟弟目前也向他大哥學導戲，他姊姊演戲，姊夫是歌舞伎名人，現在也在日活演戲，兩夫妻都是大明星。我們的牧野次長娶的星玲子不用說了，那天住她家，她還故做神秘地對我說，她不久就

會有一位比她更年輕，也是很紅的大嫂了。」

　　香蘭說完一直盯著牧野，覺得自己有點饒舌，於是把話權丟回牧野。牧野：

　　「她叫轟夕起子，寶塚出身，這兩年也在日活演了幾部戲，由家兄執導。」

　　「聽到這麼多充實的內容，實在深感令尊的一粒麥子掉在地上，結果生出更多麥子，牧野省三不愧是日本電影之父。」山梨。

　　「不敢不敢。大家這麼講，小弟也感慨甚多。如果家父能夠看到現在家族的景況，一定很欣慰，可惜天命難違……」

　　牧野說完，大家一片沉默，不過三位男士互相舉杯。山梨：

　　「明天你們三位白天休假，晚上六點在康德會館地下餐廳給你們洗塵。屆時滿新高層也會來。」

　　「我們剛剛在談牧野次長家族的事。都是那天我們住他在東京的家，他太座星玲子講的。」香蘭不忍孟虹一直枯坐著，改用華語：「山梨部長剛剛說明天白天休假，晚上六點在康德會館……」

　　「說實在，那一天實在感謝夫人和令堂的親切接待。」近藤。

　　「家母本來和家兄住一塊的，我到滿洲後，就搬來和媳婦做伴，讓家兄和幼弟住一塊，再來，也不再礙著家兄和轟夕起子的交往。」

　　「我們李香蘭特認真的，夫人聊起家事，她當是上課，用心聽。」

　　近藤說著夾了最後一塊生魚片，牧野若有所思：

　　「林專務雖然知道我是電影世家，只是知道得不這麼詳細，他特地安排三位住我家一晚，應該有給李香蘭和孟虹機會教育的用意。」

　　「看到牧野次長一家總動員，我就想到當初我對電影的反抗，是那麼微不足道。因為你不演，別人更賣力演。」

　　香蘭雖然這樣說了，其實這趟學習之旅讓她成長最多的是舞臺經驗，電影的領域她碰觸得不多。近藤老師指出，滿映正積極規劃和東京大電影公司合作，未來她到東京拍片兼見習，機會很多。近藤老師也向香蘭和孟虹賀喜：一出國門便登上全亞洲最大的演出殿堂。這些經驗在香蘭體內造成的質變，她漸漸體會到了。

　　「你看！李香蘭真的是收穫滿滿。」牧野向香蘭瞬出讚許的眼

神後看著近藤，「近藤兄好像用自己的名義寄了一個包裹回來。現在在林專務辦公室裡。」

「唉！我幾乎都忘了。本來想寫信回來說明，但沒寫。那是送給長官和同仁的禮物。兩位女生演完後，我開始盤算買禮物，主要是以兩位女生的角度送出。但長官這麼多，帶去的皮箱實在裝不下。正躊躇間……」近藤右手拇指彎向孟虹，「孟小姐說，那就用寄吧。一語點醒夢中人，畢竟練過武的人，想法像出拳，快又準。」

「送禮學問大，很難做到人人滿意，乾脆不送，也沒關係。」山梨。

「我是以兩位小女生為角度思考這件事。第一次出國一定要盛大其事，所以到高島屋之前我們沙盤推演了許久，也根據送行的人草擬一份參考名單。最後買的禮物以日本漆器和人偶為主，也跟他們要了不少紙袋。」

「我看這樣好了。」山梨望著近藤，「老師明天白天還是來一趟辦公室，根據出席洗塵宴的名單準備禮物，不夠的話再到三中井就近採買，公司付帳。」

「這樣很好，準備一些備份，給兩位小女生做足面子。」

滿映歡迎香蘭和孟虹榮歸的洗塵宴，如期在康德會館地下餐廳舉行，滿新除了社長松原、編輯長飯田與會外，也來了兩名記者。餐會開始，林顯藏專務和滿新社長松原各頒獎狀和獎金給香蘭和孟虹，近藤則由滿映和滿新共頒錦旗一面。凡此，皆進入《滿洲映畫》總編和《滿洲新聞》記者的鏡頭。禮物的發送方面也做得有條不紊，滿新記者在預算外，由備份的禮物支應。滿映課長以上幹部大多出席，和滿新長官，共坐滿兩桌，滿籍演員代表湊滿一桌。香蘭本來坐在滿籍演員桌，頒獎後，被叫到主桌，以便向諸長官報告參訪的見聞，孟虹和滿籍演員共構華語桌，算是如魚得水。

雖然是三桌宴，但氣氛熱烈，孟虹在日期間華語噤聲了許久，終得一吐為快，近一個月的旅遊體驗，也足以餵飽演員同仁。另外兩桌日籍長官，幾乎都是男客，自然是酒氣衝天，酒話連篇，一盤鯡魚料理上桌，彼此品頭論足，牧野次長暢談北海道的鯡魚季，隨後和兩位課長，唱起了民謠〈騷亂調〉[1]，在同仁打拍子的助興下，還相互摟著肩跳起捕魚舞，獲得鄰座「亞沙！誒恩洋煞！得柯衣袖！

得柯衣袖！……」的熱情呼應。

　　水果和甜點來了，但日本長官浮在酒氣上頭的話浪欲罷不能，坐演員桌，身材高大的王福春鼓起勇氣，用簡單的日語代表所有演員向長官告退後，演員一個挨一個退席。香蘭只再堅持五分鐘也告退了。

　　香蘭欣喜脫身得逞，走向大廳時，聽見有人叫她，回頭一看是王福春。這一天的晚宴，香蘭和第一期學員王福春第一次見面，但感覺一見如故，王福春的爽朗讓她卸下了心防。王福春：

　　「不介意我們參觀妳的閨房吧？」

　　香蘭正感訝異，張望了一下，看見孟虹和四五位剛剛離開沙發座的同仁。孟虹：

　　「對不起，我剛剛不小心把妳住在附近的事給抖了出來。」

　　「不用想太多，這反而讓香蘭減壓。」浦克。

　　「說的也是。」香蘭藉著微醺釋放自己，感到了不再隱瞞的輕鬆，「哦！那就從側門出去比較快。」

　　大家經過長長的樓內走道時，香蘭想了一下，昨晚山梨先送她到扇房亭，然後幫她提行李到房間，折騰了五六分鐘才回車上，讓孟虹留下她住扇房亭的深刻印象，孟虹今晚開懷撤防，才會不經意地露出口風。香蘭和這些同仁相處雖然不算久，但知道他們的自制和雅量，相信李明的事件不會重演。香蘭出了大樓側門進入巷子，同仁跟著來到扇房亭。每人看著這棟簷壁燈光亮著，有點像大燈籠的歐日合璧的兩層樓旅館，心花像被點著了一般，不免有些羨妒。大夥跟著香蘭登上中央階梯，經過貼著和風壁紙的窄廊，香蘭開了門：

　　「我一人住這兒，沒準備什麼，不好意思，沒什麼東西好招待的。」

　　「妳已經招待過了。」浦克進入室內，看了一下一室窗明几淨，「託妳的福，今晚大家都酒足飯飽了。」

　　「是麼？大家請隨便坐。」香蘭在梳妝椅上坐下，剛好面對大家，「別站著，床鋪也可以坐，別客氣。」

　　女同仁坐著，顯得有些害羞，大家相視而笑，身材高大的王福春帶著幾分醉意：

「聽孟虹說，妳們在東京碰到大地震。」

「那確實是，實在沒想到會碰到。回來前兩天吧，兩個小時內碰到兩次。我要到放送局唱歌，傍晚時分，近藤老師和孟虹陪我去，大家坐在車子上，突然車子左搖右晃，以為司機閃避什麼或車子沒開好，有點失控。結果車子停了下來，路上車子也停了不少。司機說是地震，但我們的感覺就不一樣，畢竟是隔了一層車子的鐵皮。」香蘭再次回想一下當時情形，「用完晚餐，大家到放送局二樓休息一會兒，進入圓形錄音間準備試唱時，突然地動天搖，錄音間的樂隊慌成一團，有人放下樂器往外跑。」

「妳說過，妳還抓住一根救命的稻草。」

孟虹說著，大家雖然都知道「稻草」指的是什麼，還是笑開，香蘭：

「我心裡很慌，看到一個男小提琴手剛剛放下樂器，一把抓住他的手臂，他愣了一下，立刻掙脫……」

「大難來時，都是各顧各的。」浦克笑了起來，「不過，那位提琴手也太不解風情了。」

「我們滿洲沒有地震吧？」張敏。

「還是有。只是規模比較小，發生沒這麼頻繁。」鄭曉君環顧了一下室內同仁，「比較幸運的是，震央多在山區，比如長白山、大小興安嶺，傳到平地時，就變小了。」

王福春提到 15 年前發生的東京大地震，但發生在那一年，死亡人數多少，什麼因素造成大量傷亡，都說不出所以然來，其他同仁也都一知半解，好像在歷史的迷霧中摸索，拼湊不出完整的話題，大家陷入短暫的沉默。

「滿洲新聞每天都有妳們的新聞，但是日文我們看不懂，康德新聞有時會報一點，但都是從滿洲新聞前一天的報導摘錄一點翻譯過來的，太簡單了，從滿洲新聞報導的漢字反而可以揣摩出更多的內容。我猜妳們參觀過戰爭片拍攝現場。」浦克的眼光從香蘭掃向孟虹，「後來求證孟虹，果然沒錯。真槍實彈很刺激吧。」

香蘭皺了一下眉頭。這個敏感的話題，拿捏不好，會有殺傷力。那一天，她們參觀的是電影《亞細亞姑娘》的拍攝外景。現場激戰的兩軍就是故事中在上海進行巷戰的中日兩軍。

「在現場作戰的演員都演得很逼真，機槍有時點放，有時掃射，被打到的演員掙扎了一下倒下後，就一動也不動。」

「是死了嗎？」

「當然不是！」

香蘭說著大家都笑了起來。

「看著機槍掃射時，大家都很緊張。」孟虹遲疑了半晌，「或許機槍手假瞄準，都很精準地射向沒人的地方。」

「妳太入戲了，即使瞄準也打不死人，他們一定用空包彈，彈殼裡面的火藥有爆炸，但沒有彈頭，就像放爆竹一樣。」

浦克的說法動搖了孟虹的想法。孟虹不免有些困惑：

「當初被安排去參觀時，就強烈地感受到要去看真槍實彈演出的，或許是我先入為主的觀念作祟。以前看過槍戰電影，開槍，接著玻璃碎裂，一定有子彈出來。」

「孟虹。妳說對了一半。那應該是真槍。導演把所有演員都撤到安全線後，著人用真槍射穿玻璃，然後再把畫面剪進槍戰的畫面裡。」

浦克的解釋頗具說服力，把這段閒聊帶進了尾聲。大家笑稱他可以當導演了。

註1：騷亂調，ソーラン節，北海道積丹半島沿岸的民謠。

54. 雙李結怨 蘭展氣度

李香蘭遊日期間，滿洲新聞每天都做大篇幅報導，她回來後滿映的機關雜誌《滿洲映畫》日文版也給她做了專訪，加上那一段期間日籍長官都充當她的司機，雖然只拍了一部電影，但她在日、滿籍員工心中開始確立了十分特殊的地位。她住旅館，薪資特別高，這些事相繼曝光後，大家也就見怪不怪了，即使心理還有些疙瘩，但想到她奪人心魂的歌聲，替公司解決難題，也就心悅誠服了。總務部長山梨稔也就順著這種情勢，指派上次載她和雙親出遊，一直謹守她家世秘密的鈴木正則擔任她的專屬司機。

鈴木做事明快，立刻從她的工作計畫推敲出可能外出的時間，納入自己的行事曆，沒多久，香蘭便主動告知預知的行程，方便他工作了。香蘭明白自己所受的恩寵，為此，更加體恤同仁，平常和

他們一起用餐，關心他們的大小事，溫暖分享大家。

　　這時，在寬城子受訓結業的首期學員回歸總公司，部份有戲約的學員還是留宿寬城子。香蘭沒看見侯飛雁，相信她領到結業證書後便離職。另一方面，公司考量員工工作環境的安定，避免課程安排混亂，二三期學員不再到寬城子受訓。總務部新購了一些辦公桌椅，有的從寬城子運回，三期學員終於合體，彼此相互招呼、攀談，打破了辦公室的肅靜，牧野次長和長官也不加以干涉，他們知道這種團圓熱很快就會平靜下來。

　　香蘭和同仁相互融合的過程中，許久不見的李明始終是一個疙瘩。李明除了迴避她，偶爾見了她不給好臉色外，對一般同仁也有些格格不入。

　　香蘭遊日期間，李明的第一部戲《國法無私》已經殺青，回來後得知此事，也只有替她高興。《富貴春夢》是香蘭的第二部戲。這部戲由五個小故事和序篇、後記組成，香蘭遊日時，戴劍秋和杜撰的戲份已先開拍，香蘭上戲十來天後，劇組突然傳出李明棄演《富貴春夢》最後一場戲的傳言。導演未被先告知，有些難堪，回到公司和她取得聯繫，知道傳言是真，深感惱火。香蘭敏感地直覺，會不會是針對自己而來，兩人雖然演出不同的故事，李明的故事等著拍攝，但上戲之前先看看前組的拍攝情況，不同劇組人員在攝影棚相遇也是常有的事。「李明是故意迴避我吧」，香蘭這樣想著，思緒很快步入死胡同，而自我厭煩了起來。聖誕節快到了，民間過節的氣氛雖然不高，但商店趁機打起了促銷戰，滿映樓下的日本毛織、附近的三中井百貨，紛紛在聖誕老人賀節，或馴鹿給聖誕老人拉雪橇的看板旁邊，掛滿了商品折扣的標示，瞄準日本人新曆年的商機。

　　早上，香蘭沒去辦公室，由鈴木正則直接開車載到寬城子攝影棚。上了車，寒暄了一下，鈴木交給她一封信箋：

　　「就放在我桌上，可能是李明要我交給妳的。」

　　車子開動了，她打開信看了一下。鈴木：

　　「她寫什麼？」

　　「沒什麼。只是一個便條，約我晚上在我住的地方見面，但又沒有寫明時間。」

　　「聽說她辭職了。」

「真的？」

「辦公室有人這樣說。」

她在寬城子攝影棚拍戲時，沒有人提到李明，但她心情明顯受到一些影響。回到扇房亭，從信箱裡頭取出滿洲新聞。進入房間，開了暖氣，她照例給自己泡一杯茶，躺著看新聞，她嫌惡地掠過戰情報導，翻到第二版，在下面的邊欄看見李明的新聞。她順著兩行標題：「滿映李明說再見／只演兩片決返北京」，往下看，內文除了重提她在北京出道的過往，簡述她在滿映連拍兩戲的經歷外，最後還做個評論：「她和李香蘭大約同時進來，現在李香蘭是正式的支薪演員，她仍然是約聘演員，大概因此忍痛辭職。」

來滿映快五個月了，她漸漸瞭解員工的薪資，一線演員鄭曉君、周凋大概有 40 圓。一般新進日籍職員則有 60 圓，加上外調滿洲加給，高達 150 圓。演員出任男女主角，表面風光，實際寒酸。日籍員工，無處出名，沒風頭可出，但領著四五倍的高薪，還是抬頭挺胸。香蘭掂掂自己的 250 圓高薪，相當於一個課長的薪資和加給，身為一位日籍重要演員，以薪資來排比的話，她還是低於部、次長，演戲時難免得意忘形，但回到辦公室，還是得乖乖坐在薪資的位階上。李明既不是支薪演員，一定是有演才有津貼，如果沒戲可拍，只有吃自己，或許是領最低的生活費。她想著對李明心生諒解，被無端捲進這則新聞的不快迅速退潮。她希望李明趕快出現，聽她吐訴，但等到夜闌人靜，依舊不見人影，第二天星期日，她足足等了一天，也不見人影，晚上她有點想到她住處找她，但一直卻步，感覺她已回北京。

寬城子攝影棚內，臨時搭建的明代小康人家書房內。演女兒的香蘭看著書，飾演老爺的戴劍秋兩手背在背後：

「女子長大嫁作人婦即可，何必多讀書。」

「書中自有黃金屋。」

「妳雖然喜讀一些經史子集，但滿腦子還是發財俗念。」

「這個黃金屋是指精神上的富足。富貴原來是一場春夢。」

「我考妳，富貴春夢是誰先講的。」

「蘇東坡。」

「錯了，是蘇東坡在田間散步時，一位阿婆給他的教訓。」

導演鈴木重吉喊一聲「cut，很好」，戲臺上的攝影機和戲臺外機器臂攝影機隨即停了下來。香蘭步下戲臺，看見許久不見的根岸寬一和山梨稔兩位部長正和導演鈴木密商。山梨看著香蘭：

「剛剛李明在康德會館招開記者會，說到妳和她之間的糾葛。現在記者都來了。」

「現在沒辦法，先餵餵記者新聞，然後請他們吃中飯。」根岸的臉孔從導演別開，轉向香蘭，「記者在會客室，妳就實問實答好了。」

香蘭跟著兩位長官走，心想：除了李明剛來時，在扇房亭挑起的那段不愉快談話，實在想不出跟她有何糾葛。

會客室裡六名記者，有的認識，有的眼熟，有的陌生，日滿籍都有，但多數通兩種語言。六人看見香蘭，再次凝視她古式妝容的臉，然後遞出名片。香蘭從皮包取出名片，也一一分送出去。香蘭和記者寒暄時使用日語，滿洲新聞記者也順勢用日語先行發難：

「我看就直接開門見山了。剛剛李明小姐接受我們的訪問。她說自從八月她和滿映簽約以來，妳對她的敵意一天加深一天。」

香蘭兩手微微發抖，怎麼想也想不到何時對她敵意一天天加深。自從她強行來扇房亭參訪，在言詞上攻擊，挑起爭論後，就被她當成路人，在辦公室狹路相逢，有時點一下頭，有時裝做沒看見，最後變成彼此迴避。如果這就是敵意的話，她也就認了。

「我和她一直就是同事，一開始是滿熱絡的，我也把她當成朋友。就像你們記者，我們很少見面，但一見面相處愉快。最近因為各拍各的電影，跟她確實很少見面，雖然有點生疏了，見了面，我還是很客氣，她可能看不開彼此由熱到冷的關係變化，就說我對她有敵意。」

記者笑了起來：

「她特別提到妳的眼神特別可怕。」

「眼睛比較大了一點，談不上可怕。」

記者再度笑開：

「妳剛剛說的，妳把她當成朋友。但不常見面，有點生分，妳猜測她把這種生疏當成敵意。這種說法是妳個人的臆測，能不能講一些具體的交往情況？」

香蘭看向坐在門口獨立沙發凳上的山梨和根岸，再看向記者，

腦筋一再打轉，不能把山家拖下水。這樣一想，就更加覺得沒什麼好講。當然，她也擔心李明已將和她在廂房亭吵架一事說了出來。香蘭：

「我和李明相處的時間實在不多，我和她在今年夏天有一面之緣，我來滿映工作時，她還留在北京。10月、11月間，我到東京差不多一個月，自然也沒和她見面，在公司的有限時光裡，時常各忙各的，見面的機會實在不多。但我一直對她保持友善的態度。今天會造成這種局面，可以說，時間拆散了我們。我一直覺得她滿可愛的，但時間不給我們緣份。」

「她說妳和她吵過架，能不能說明一下當時的情形。」

「我和李明雖然是同事，也是漸行漸遠，但和她真的沒有吵過架。」

「容我問一下，妳們有沒有過言詞上的爭論。」

盛京時報駐地記者提問時，香蘭腦筋動了一下。不知道李明透露了多少內容，不管怎樣，口要封緊，一說出，沒完沒了，也將傷到長官和公司。香蘭咬緊牙關：

「實在沒有。」

「她說這幾天會回北京，妳會去送她嗎？」

「基於同事情誼，不管她怎麼說，我都很樂意去。」

「大家辛苦了。我想今天的訪問，大家收穫很大。等一下大家在這裡共用午餐。」根岸站了起來，「我想針對滿新前幾天的報導：李明不滿可能是因為她不是支薪演員一事說明一下。她不是學員出身，所以一開始就沒有考慮讓她當支薪演員，一方面也這樣想：用約聘的方式招攬她，她只有更加賣力演。事實上，這種制度也非常貼合她的自由、任性，《國法無私》出演前，她回北京治裝，演完後，她又回北京探親。一般支薪演員就沒那麼自由。她好不容易嶄露頭角，結果現在垮了，意志消沉，來年如果她回來再替我們滿映效勞的話，我們一定簽她為支薪演員。」

臨時記者會結束後，滿映長官招待記者用餐，乾脆把所有劇組人員叫去做陪。席間，香蘭得以知道，李明早上在康德會館開記者會時還特地打電話通知滿映長官前來。記者會結束後，兩位長官各開一車，把記者從康德會館送了過來。

用完餐，採訪記者隨根岸和山梨回市區後，牧野也開著車過來。

整個劇組下午要到附近的孟家屯一家四合院拍外景，香蘭的素妝戲暫時告一段落，下午開始拍盛妝戲。中飯草草結束便和一位化妝師先回攝影棚。

化妝室的暖氣不是很強，但讓人感覺舒服多了。香蘭脫下棉襖，化妝師給她披上白色的化妝衣後，開始給她編髮。用兩手按呀！壓呀！有時用捲髮棒壓捲，造型出來後用髮膠固定。她享受每一個環節，充份感受到被服侍時的舒服。

外頭人聲嘈雜了起來，她知道導演和一些演員也已回來了，化妝室隨即全滿。《富貴春夢》是古裝戲，全部演員都是古裝扮相，香蘭髮妝、容妝和服飾複雜，所以提前做妝。化妝師在她頭上插上金鈿、銀鈿、簪花、玉釵，掛上步搖，在耳邊掛上流蘇，最後在往上梳的髮髻上面插上七根金釵、銀釵。化妝師小心翼翼地每插一飾，香蘭還有點起伏的心情就被暖暖地熨平了一下。有一兩人換好戲服走了出去，化妝師開始給她做臉妝，牧野走了進來：

「她的頭髮做好了沒？」

「做好了。現在要穿戲服。」化妝師。

香蘭睜開眼睛看自己誇張盛大的髮妝，有點不好意思。佇立在旁的服裝師把一襲紅色的貴婦裝套在她身上。牧野：

「看起來像皇后了。」

「家裡獲得百兩黃金就要變成這副德性了。」香蘭。

第二天早上，她走出房間直接下樓梯，在信箱取出滿洲新聞，直接翻到藝能版。版面上方頭題「秋風吹動變天時刻／難忍香蘭可憎眼神／李明激動不想再多說」的斗大日文三行題直接戳進香蘭胸膛。她沒看內容，直接把報紙扔回信箱。

鈴木的車子停在巷子裡，鈴木：

「今天的新聞看了沒有？」

「看了標題。」

「要不要再看一下，我特地買了一份。」

「不用了。」

「她說妳們暑期在北京見面的時候，非常要好。」

「夏天，在朋友的介紹下認識她的時候，一起吃過一頓飯，我沒機會對她好，也沒成為她的好友。我感覺她有點錯亂，也擔心記者今天又會來。」

「應該一天就結束了，她自己也把話說死了，『從今以後，我不再針對和李香蘭小姐之間的一切再置一詞』……」

「她這樣說嗎？」

香蘭從鈴木手中接過報紙，瞄了一下內容：「現在坊間傳言我和李香蘭小姐吵架，導致我必須離開滿映，我不否認這種說法。我今年夏天和李香蘭認識的時候，她對我很體貼，成為我的好朋友……。」隨即把報紙放下：

「過去的就讓它過去，不過這下我可是公司的笑料了，今兒戲不知該怎麼演。」

「變成笑料的應該是她，演不下去的也應該是她。」

鈴木說著發動引擎，把車子駛出巷子。香蘭：

「我實在搞不懂她為什麼要這麼說，沒有的事說得大辣辣的。」

「其實，我們日籍職員也很喜歡對她品頭論足。我們跟妳可以直接溝通，想瞭解鄭曉君、葉苓，也可以透過朱文順。至於李明，時常冷若冰霜，也不太理會朱文順，我們想透過朱文順瞭解她，也無轍。不過我昨天把車停在公司車庫，上樓後朱文順還沒下班。他終於向我匯報了一些李明的材料。」

「他說了些什麼？」

「說她一天之內就吃掉公司的五盒巧克力，被導演罵了一頓。」

「嗨！她還真可愛好玩呢。」

「還說她只願演小女生、學生或富家小姐，而且指定她喜歡的人跟她演對手戲。」

「是有點囂張，但不失可愛。如果我是導演，我就會容忍她。」

「妳們的戲服給誰做？」

「公司和我們的房東日本毛織有契約，都給毛織的師傅做。」

「妳猜她怎麼做嗎？她特地回北京，找人設計，找師傅做。然後回來報帳。」

車子在北廣場畫了一道弧，香蘭瞥了車站一眼，想起了侯飛雁，現在她應已從訓練班結業，不知是否還在公司。香蘭記得飛雁說過自己找人做戲服，因為家境富裕，自己買單：

「李明沒多少收入，只好求公司付了。不管怎樣，總覺得她只是率性。」

「經妳這麼一說，我也漸漸被妳感染，不這麼討厭她了。」

李明鬧新聞，滿映高層當成小孩鬧脾氣，不但沒有懲罰，反而給予溫馨的關懷。兩天後，李明踏上歸程，儘管她人緣欠佳，天氣酷寒，滿映內部還是興起一股送行熱。中飯後，香蘭和《國法無私》的導演水ケ江龍一、攝影藤井春美搭乘鈴木的車子前往車站。

　　幾位冰男凍女下了車後，都是連帽大衣、棉襖裹身，走過車站、月臺地下道，身體稍稍暖了些，一上月臺，又是沁骨寒。月臺上等車的旅客三五成群。前面二三十人聚在一塊取暖的應是給李明送行的隊伍。有人認出香蘭，叫了起來，主動挪移身子讓香蘭一行進來。水ケ江龍一用簡單的日語和華語向李明話別後，藤井春美給她一個擁抱。香蘭瞬了一下週遭，知道山梨、周凋、張敏、孟虹都來了。每一個人都在抗寒，香蘭也覺得和李明一致抗寒的當兒，嫌隙、不快也被冰封了一些。她看了旁邊幾位女學生後，遲疑了一下看向李明：

　　「妳有很多影迷呢。」

　　「那裡，謝謝妳來。」

　　「我聽了一些妳的小故事。」

　　「真的哦。」

　　李明面露驚訝，用手遮住笑開的嘴。香蘭：

　　「聽說妳吃了五盒巧克力被導演罵。很可愛哪。」

　　「他用日語罵，我聽不太懂，等到通譯來到後，他的氣也消了一大半。」

　　「吃了這麼多巧克力，嘴巴也甜了一些吧。」

　　李明心頭的冰融化了一些，伸手摟著香蘭的肩膀，記者相機的鎂光燈閃個不停：

　　「握個手！握手！」

　　影迷跟著記者的呼聲叫了起來，兩位女明星於是伸出右手。

　　「妳的影迷都捨不得妳，明年回來吧。我等著妳。」

　　「那就再看看吧。」

　　兩人握著的手沒有放下，經記者的要求，面向鏡頭，攝入多臺相機。兩人沉默了一下，香蘭努力找話題，想請她代候山家亨，想想還是打消這個念頭。牧野滿男次長帶著朱文順和兩位課員走了過來，李明笑盈盈地伸手相迎。牧野握著李明的手，更顯出李明身材

的高大。牧野：

「很高興看到妳。」

「謝謝。」

「很想再見到妳。這才是重點。」

牧野簡單的日語，李明聽得懂，於是笑得更開，握著的手一直沒鬆開。

「我代表根岸部長給妳送行。」牧野睇了香蘭一眼，隨即收回眼神，「根岸部長也說過了，下次簽約的時候，會把妳簽成正式的演員。」

李明瞬了朱文順一眼，朱文順把牧野的意思轉達出來後，李明：

「根岸理事的意思，我在報紙上看到了，我用有限的日語能力推敲了一下，大致也瞭解了。」

牧野張望了一下，向山梨講了兩句話，然後面向水ケ江龍一：

「《國法無私》剪接得怎麼樣了？」

「剪接了一半，再兩個禮拜就可以完成，大概二月上旬可以首映。」

「光明影戲院？」

「新京在光明上映，奉天和北京再談。」

「王二爺那兒，代我向他問候。」牧野說王二爺時用中文，「跟他好好學日本話，等妳回來，我每天在車站等妳回來。」

牧野用李明能理解的簡單日語說著，輔以手勢，李明濕了眼框，雙手緊緊握住牧野的手，香蘭輕撫她的背，緩和她的情緒。三人的姿勢僵久了，溫馨漸次退潮，尷尬開始浮現，亞細亞號高大的車頭像抹香鯨衝了進來，蒸汽的噗噗聲攫住每一個人的注意，李明和牧野的手相互鬆開，香蘭也感覺自在多了。

李明從旁邊代勞的手中接過一大把花束，向大家揮手後進入車廂，一日籍員工提著一個笨重的行李跟著上車。日籍員工下車時，她也跟著走到車門邊再次向大家話別、揮手。

亞細亞號快速離去，拋下了些許失落的一堆人。人兒紛紛散去，香蘭、鈴木跟在山梨和牧野的後面走。牧野：

「山梨兒，你看她會不會回來？」

「我剛剛就一直想這個問題。北京沒有電影公司，我們的分公

司新民映畫也只管電影的輸出入和放映，沒拍電影的計畫。上海租界區電影業是很發達，除了新華、國華和藝華三家比較大，其他的幾家都很小。如果電影名人川喜多長政在上海的話，她就可能往上海發展。」

「有道理，他們以前合作過，川喜多中文也溜，如果和李明還有連絡的話。……」

牧野說著提步下階梯，不再說話。下了甬道，大家腳步急促，希望跟緊同車的人，隨後又步上階梯，到了出口，大家又都瑟縮在令人窒息的淒寒中。空中雪花飄飄，香蘭隨著鈴木走時，被山梨叫住了，只好跟他同車。山梨自己開車前來，車窗浮著一層薄雪，香蘭入座後，車子順利發動。香蘭：

「李明這次黯然離開，大家都一直給她圓場，讓她感覺她只是回北京度假。」

「是啊！希望她體會到這一點。這麼多人給她送行，牧野也表達得很清楚，隨時歡迎她回來。」

「她真的辭了嗎？」

「是的。既然公司展開雙臂，辭職也沒什麼。倒是讓妳備受困擾。妳今天還來跟她大和解，表示妳的氣度。」山梨看著車前窗努力掙脫僵凍的雨刷，「她回去一段時間也好，心情沉澱一下……」

坐在車內，遠離了外頭的酷寒，但一股清冷還是讓香蘭緊抱雙臂，抑制體內的顫抖。她從報紙得知有人開始研發小汽車的冷暖氣，但不知何年何月才能實現。車子應該是在中央通行進，雨刷在車前窗括出的一小塊雪景，但車窗隨即沾滿雪花，車子好像在雪霧中迷途。香蘭：

「我覺得陷入李明主導的戲裡太深，被攪糊塗了。我剛剛想到，早應該借公司的電話打給山家，叫他勸勸李明，或許事情早就緩和了。」

「我也沒想到。現在打也不遲，回去我就打。」山梨精神大振，「她回到北京和山家見了面，就知道滿映的誠意，感覺必定很好。」

「聽說牧野要回東京看老婆了。」

「沒錯，明天九點的飛機，但在家待個五天就回來。」

1939

55. 獻機義演 李明回歸

新曆年後，連續兩天夜以繼日，香蘭在《富貴春夢》的戲份拍完了，其他的故事由其他劇組繼續攝錄。她回到了久違的辦公室喘口氣，新電影《冤魂復仇》接著開拍。劇組先在寬城子舊車站後面的趙家村出外景，棚內戲自然在攝影棚內開拍。外景主要在一間營造成鬼屋的廢棄老屋拍攝，外景和棚內戲拍攝地點相距不遠，公司希望在最短的時間內殺青。

這部模仿好萊塢喜劇的鬼怪片，由香蘭主演，導演採用中國的民俗把她那被謀害的父親的冤魂塑造成殭屍，行進時不像東方鬼魂飄忽無蹤，而是跳著走，對參與拍片的日本人來說，總帶著幾分滑稽感，加上滿映的勞雷、哈臺－張書達和劉恩甲插科打諢的演出，給這部陰森的影片釋放了不少輕鬆、詼諧。但畢竟是含冤報仇兼及打擊販毒集團的故事，裡頭還是有些耍陰鬥狠的情節。

隨著導演的快拍，劇情進展很快，香蘭扮演的桂鳳無意中發現販毒集團的秘密，逃跑時被一名集團成員發現，桂鳳見逃無可逃，只好和對方花拳繡腿一番。導演大谷俊夫為了這場戲特別要求臨時募來的臨演下手輕一點，讓他們套招了兩遍。大谷下令開拍後，在許多臨演和演出人員的圍觀下，香蘭的對手連出幾拳，但都被香蘭擋回去。香蘭閃躲了一下，右手被拉回時，臨演用力過猛，竟把香蘭拽倒在地。女場記放下記事簿急急跑過去要把她扶起，她自己爬了起來，拍拍身上的泥土。女場記：

「手臂受傷了，還流了血。」

「混蛋，故意的？」

大谷急步走向香蘭，看著愣在一邊的打手臨演，「馬鹿野郎」罵個不停。香蘭跨出兩步拖著要幫她敷藥的工作人員擠進大谷和臨演之間：

「都是我擋得不好，不能怪他。」

香蘭雖說日語，但在場的人員都從她的神情感受到她的善意。她就像川端康成小說裡頭，拍掉同行青年裙裾上塵埃的伊豆舞孃一般，拍掉臨演身上的黴氣，笑著幫他整理衣服：

「大家都在演電影，不打緊，等會兒，導演下令時，再來一次。就像平常練習那樣。」

香蘭用華語說出，滿映演員和圍觀的臨演鬆了一口氣，導演大谷俊夫也轉怒為喜，後續的場景順利拍完。一月的天氣實在太冷，外景隊快速轉進老屋，大家聚在中庭的火爐旁取暖，每人凍僵的臉頰變軟後，講起話來也比較自然了。周凋走到香蘭身旁：

「剛剛那位游先生感謝妳的厚意。」

香蘭放眼看了過去，對面的游姓臨演不好意思地垂下頭。香蘭：

「大家都是同事，彼此彼此。」

其實庭中每個人被燻暖的心裡頭，又重現香蘭剛剛受傷釋暖的那一幕，也開始認同她以前用餐時想和大家一樣吃高粱米飯的誠意。一位同仁事後把她今兒體恤臨演的片段寫成花絮登在《滿洲映畫》裡頭，她開始對那位一直在她電影裡頭扮演小角色的張奕有了印象。

《冤魂復仇》這部電影隨著行止像殭屍的「冤魂」完成復仇，販毒集團被殲滅而殺青，拍攝過程剛好一個月。香蘭對影片的草率成章有些不安，但又覺得無奈，由不得自己說三道四。

電影的拍攝不夠嚴謹，她感覺氣悶，但沒想太多。反正剛起步，一切交給導演，日後一定會漸入佳境。倒是李明的反目給她帶來了省思，她必須隨時警醒，避免讓同仁或朋友不悅。目前葉苓、浦克、鄭曉君和王福春一些人和她還算熟稔、親切，對於她享受的特殊待遇，也都沒有什麼意見，她覺得這是她的福氣。

事實上，滿映演員溫柔敦厚，沒有人期待香蘭放棄賓館住宿，或汽車接送，若香蘭的這些權利被剝奪了，他們反而覺得傷感。他們認為在嚴格區分中日或滿日身分的現實界，香蘭既跟長官一樣住賓館，且配有日籍司機，有時甚至日籍部長給她開車，必定是日本人，或至少是中日或滿日混血，而戶籍歸日本。他們認為香蘭紆尊降貴，願意在生活上融入大夥，就十分難得了。

上午在研習教室上了課，下午看了一點閒書，香蘭想到了侯飛燕。首期學員歸建這麼久了，一直沒看她的身影，也未見有人談論她。想來她應該離職了。香蘭不想問同仁，也不想就教近藤老師，當然飛燕也不希望任何人想到她。香蘭想，就讓她靜靜地歸於沉寂吧。

三點多，兩名工人抬了六只紙箱進入辦公室，前一天才從東京度假回來的牧野次長親自招呼，最後還叫那兩名工人把兩只箱子搬

到李明以前坐的桌子上，不知道牧野葫蘆裡賣什麼藥，工人把兩個橡膠人偶從紙箱抽出來後，原先坐著看工人動作的職工紛紛站起圍攏過去。牧野：

「這個是李香蘭。李香蘭在不在？這個是李明。」

李香蘭聽到呼叫也跟著幾位日籍職工走了過去，看到桌上兩個軟皮實心的人偶。浦克笑著用簡單的日語，加上一些手語對牧野：

「這個李明像李香蘭，李香蘭反而像李明。」

「剛好相反？」牧野大笑，「李香蘭，來，把我的意思轉達出去。以後員工吵架，就給他們塑像，用來懲罰他們。」

「我又沒有跟她吵，是她自己心情不好。」

香蘭看著自己和李明的塑像，心中無感。牧野：

「妳就將我說的說出去。」

香蘭喜歡牧野的這種玩笑，把話翻成華語說出後，滿籍演員也知道牧野喜歡笑鬧，於是順勢「相約吵架」，大家鬧成一團。山梨和根岸兩位部長從小房間出來，走到牧野旁邊。兩位部長各把玩一個人偶，直呼可愛。看見這麼多長官走到滿籍演員區，劇務助理朱文順也走了過來。根岸、山梨和牧野走到牆邊走道，順勢拉了沒人坐的椅子坐下後，向朱文順吩咐幾聲。朱文順要求演員往長官這兒靠攏，大家開始移動椅子，日籍員工知道沒他們的事，紛紛回到自己的座位。根岸表示媒體把滿映李香蘭和李明說成雙李，這個活招牌才剛成立，結果一個離職了，但是新聞餘溫尚在。

「我們趁著她們的新聞熱，把她們的人偶推上市面，不多，只各做了兩千個，賣得順利的話，也足以讓她們變熱，帶旺她們即將上映的電影。她們的電影有票房，各位演的電影一樣水漲船高……」

朱文順把根岸理事的話傳達出來後，根岸要山梨講幾句話。山梨自從從業務部轉任總務部後，業務部改為配給部。原業務部部份人員編入業務課，歸總務部管。於是山梨部長一手管錢一手管事，還算十分忙碌。山梨：

「這次製做的人偶已請製做的廠商根據它的物流系統發送各大城市的百貨店和各大電影院。但我們也保留一部份預備在她們電影首映時拿來宣傳，當做給觀眾的獎品。」山梨停頓了一下，讓朱文順翻譯出去後，繼續說：「我向大家傳達一個觀念，一日為滿映終

身為滿映。母親和子女分了，但親情仍在，員工離開了滿映，但情義依舊在，李明雖然離開了，但她演的電影，還是為滿映效勞，她的人偶還是繼續為公司宣傳。塑像既然做出來了，李明不在，我們當然會寄一大箱給她，給她打氣，讓她分送親朋好友……」

　　整個過程，香蘭如坐針氈，很怕長官再次提到她。長官談話結束後，把李明像留在她原來的座位上，把香蘭的像送給香蘭。同仁建議香蘭把塑像放在自己的桌上，她還是臉紅脖子粗地把塑像塞進紙箱裡。承受了長官太多的眷寵，香蘭反而感到孤寂，於是趁著上洗手間時順便到空蕩蕩的研修教室小坐。她的思緒像麥稭一樣橫七豎八，久久才理出一個頭緒。她擔心被同仁認為驕傲，只要使一點小性子，發一點脾氣，一定會招來這種聯想，最好維持穩定的形象，和顏悅色不遷怒。不過這也太難，好像以前的帝王臨深履薄一般。

　　近藤走出他的小房間，看見香蘭獨自坐在牆邊一隅。

　　「怎麼啦，心情不好？」

　　香蘭嚇了一跳。

　　「讓自己靜下來一會罷了。」

　　「上頭給妳的工作量大，妳心情起伏一定很大。……嗯，不過，妳的旅遊日記我看了。妳的文字確實好。」

　　「刊出來了？」

　　「這期的《滿洲映畫》。妳還沒看啊？」

　　「是有點想逃避刊物對自己的報導。」

　　「這樣不對。演員就是要表現，發表文章也是表現的一環。」近藤一副長輩的口吻，「妳不但要看，還要剪貼下來，買一本薄子，剪下來貼上去，注明刊物期數、刊出日期。」

　　「上次到日本，滿洲新聞和康德新聞都有報導，山梨部長還叫人把有關我的報導剪貼成厚厚的一本給我。」

　　「這就對了，現在要自己剪貼，買一本大一些的來貼。」

　　「報紙看完了就沒人要了，剪報紙還好，剪雜誌就有點浪費了。況且剪下貼了，另一面就被蓋住，至少要有兩本。」

　　「妳可以到滿映編輯部跟他們要印刷後的殘稿，編輯部應該不會有，但他們可以向工廠要。」

　　「那樣太麻煩了。」

「編輯部，妳不是常去嗎？而且在妳座位旁。」

「我時常都忘了有那個地方。」

《滿洲映畫》編輯部就在香蘭座位旁邊的小房間內，她剛來滿映時，感覺這個小房間很神秘，出使東京演出前後，才跟編輯部同仁有比較多的接觸。但平常沒事還是避免去叨擾。近藤見香蘭站起：

「再坐一下。一件事想跟妳談一下。這個才重要。」近藤在香蘭兩個位子前面的座位坐下，「我們和滿洲新聞又要再辦一個活動，不過這個活動小得多，一天之內完成，且不出新京市。」

香蘭想到三個月前來回逾萬里，四處演出，費時近一個月的東京之旅，直覺近藤老師好像向她開玩笑。

「這個活動還在籌劃階段，過兩天才會正式宣佈，不妨先跟妳講，妳還是先別傳出去。」近藤看著香蘭捲燙起來的頭髮，「最近機關學校搞得如火如荼的獻機運動，妳知道吧？」

「捐錢買飛機給關東軍。」

「正式的說法是給滿洲國政府。我們預計月底辦個綜合性義演，收入全捐給政府，演出內容有電影欣賞、短劇和歌唱。唱歌就由妳獨挑大樑啦。妳就先想想看唱什麼歌。最好日語、華語都有。」

「短劇有安排我演出嗎？」

「不考慮。滿映演員太多了，機會給他們。再說，如果妳混在一干人裡頭演出也會減損妳歌唱的光彩。」

「那放映什麼電影？」

「應該會是李明主演的《國法無私》，主題比較接近獻機這種嚴肅的活動。還有泰國獵象記，這是紀錄片，再來是新聞集錦。」

「看來公司是大大地做出了歡迎李明回來的誠意。」

「公司確實給了她很大的面子，也會在現場販售她的塑像。自然也會邀請她出席，甚至參與演出。」

「不管她參不參加，相信她的創傷會大大地癒合。大家都樂於看到她這樣。」

香蘭說著，近藤眼露欣慰，身高影響論開始在他腦中成形，直覺香蘭縱使在歌藝上成就巨大，受限於天生個子嬌小，不太容易驕傲起來，尤其面對身形高大的滿洲人之際。至於她那珠圓玉潤，流盼生輝的眼眸，表示她心裡沒有太多的積累、暗藏，人人得而親之。

「李明這女子，身形高大，會習慣性地看高不看低，意思是比較高傲，和妳相反。」

「老師會看相？」

「這只是閱人的心得，很主觀，妳別當真。」

近藤說著，和香蘭相視笑開。香蘭一時也不知說什麼好：

「這麼多演出，還有短片、唱歌，想看的人一定大呼過癮。」

「還是以歌唱為主，能唱的都安排幾首。我估計大概四個半小時，票價也不便宜，一人一圓，白天的稍稍便宜一些。」近藤眼簾深垂，盤算了一下，「現在看一場電影包半小時藝人演出，也要30錢。既然是義演，當然要貴一些。」

這個由滿洲新聞和滿映合作推出的「娛樂與電影匯演」敲定全由滿籍演員擔綱後，立刻由近藤伊與吉借用日本毛織四樓大會議廳指導排練，香蘭意外地看見侯飛雁。原來她訓練班結業後沒有離職，人雖然還在演出課，經近藤老師推薦，她有空便留在寬城子攝影棚洗印廠實習，有時搭交通車回總公司，變成兩邊都有歇腳處。香蘭覺得她做一些實務也好，至少可以讓她的行事變扎實、穩重些。

這時，時間緊迫，近藤性急，難免苛責，三齣短劇的演練一再要求重來，也看出滿籍演員心中有怨，要求香蘭和孟虹傳達一些日本經驗。

「上次到日本演出，也拜訪了日本電影界，參觀過東寶攝影棚，日本演員說到做到，不畏艱難貫徹到底，甚至被導演毆打，還是忍著演下去。」

「日本演員的字典裡頭沒有困難兩個字。」

香蘭和孟虹相繼說的話，對於坐在椅子上紓緩腳痠的演員同仁似乎有一定的療效，不再有人摩挲腳根。接著香蘭進行指定歌曲試唱，在鋼琴和胡琴簡單的伴奏下，歌聲果然讓演員同仁陶醉，給他們帶來再次面對練習的動能。

彩排在實際演出的新京市西廣場邊的滿鐵員工俱樂部進行，近藤老師事先告知，香蘭也看到了前來練習的李明。李明回歸，同仁熱情回應，一些本來對她有微詞，不是很熟悉的同仁也大器地對她展開雙臂。休息時間，總有多人圍著她聊東道西，她驅前問候香蘭，香蘭也給以自然、溫情的回應。

元月底，「國軍飛行機資金募集」匯演開始，容納千餘人的會場座無虛席，香蘭在帝蓄樂隊的伴奏下演唱了〈狂歌之夜〉、〈枳花〉[1]、〈歸來吧！蘇瀾多〉三首歌，其中〈狂歌之夜〉用華語，〈枳花〉用日語，〈歸來吧！蘇瀾多〉用義大利語演唱。隨後在觀眾「安可」的一再呼喚下，開唱〈何日君再來〉。她唱著時，融入看見李明再來的真切感受，悠悠的歌聲發自體內深處，樂隊輕巧的樂音敲打每一觀眾的情緒。在這離亂不安的年代，每人都有所失去，心中都有所失落，香蘭的歌聲喚起了人們對現實的期待，獲得滿堂彩。

滿映高層對李明的復出三緘其口，她快回來參加集訓時，香蘭才從近藤口中得知。為了修補李明的形象，滿映著人給她製作半人高的模擬人偶，在說明牌上註明她是今天上映的《國法無私》的女主角，放在會場入口的香煙販售部，讓人觀賞，或一起合照。她也沒讓滿映失望，演出序幕，30 幾位演員一一出場自我介紹，近藤老師安排她最後壓軸出場，關心或風聞過她的觀眾，對她的印象還停留在上月末的黯然去職歸鄉，此刻驚見電影女主角出現，事情圓滿得出乎預料，興奮激湧而出，有的轉成尖叫、呼喊，甚而吹成口哨，給了她遲來的榮寵。

這次義演的目的是籌集購買戰機的經費，一貫笑鬧風格的三則短劇，最後一部〈國防獻金〉演出為國行乞的戲碼。彩排時，很多人覺得不好笑，但近藤認為演員姿態取自中國人的拜佛原型，帶有幾分莊嚴，期盼大家心中有佛，值得一試。演出當晚，這個節目壓軸，不知是受到感動，還是基於一種輕蔑，觀眾紛紛把身上的零錢丟上舞臺，其中十錢銅板最多。

晚上十點半，演出人員謝完幕後，觀眾紛紛離去。香蘭的座駕臨時借給李明使用。她看著朱文順和一名日籍職員各提著兩個紙箱，放進鈴木的車內，朱文順隨車，日籍職員退下。看著李明坐上鈴木的車子，香蘭也樂得和侯飛雁一起登上巴士。巴士會先回總公司，再到清明街宿舍，最後回寬城子。車子啟動後駛入八島通。侯飛雁：

「那紙箱裝的應該是李明的人偶。」

「應該是，給她做半身塑像，又給她做人偶，相信她能感受公司對她不薄。」

「聽說妳的《富貴春夢》第五集順利演完了。」

「近藤老師終於給了我機會。」

侯飛雁說著，車子轉入中央通，香蘭看了侯飛雁一眼：

「第五集演什麼？」

「標題很有趣，我演那種無意中得到一百萬，但失戀的女孩兒。」飛雁望了車外街燈一眼，「情節很八股，到處行善濟貧，用助人為樂的心情補償感情的失落。」

「這樣也很有意義啊。」

「要是我，就買一個男朋友，或者辦一場比武招親活動。或者什麼都不要，得到了一百萬，那失戀又算什麼。」

「對，這樣更有趣。」香蘭笑了起來，「那一陣子我擔心妳真的領到結業證書就辭了。」

「不好意思。我多數時間待在寬城子，讓妳費心猜度了。前一陣子我在總公司看過妳，結果妳不久就到寬城子拍戲，妳拍完戲就直接回住處，如果有回辦公室，或許可以看到我。等妳的戲份拍完了，就輪到我到寬城子拍戲，有時住那兒，有空到廠裡看看。……」

有人呼喚下車，打斷了飛雁的話，司機給方便，讓車子停路邊，香蘭咀嚼飛雁的話，在心裡描繪滿映人在辦公室、戲棚交錯中錯開的生活步調。車子開動了，飛雁：

「我最近真的請辭了一次。」

「真的？」

「那時在寬城子，近藤老師在那邊幫忙。小辦公室在訓練所的二樓，妳知道。我的戲份拍完了，知道近藤籌劃獻機義演的事，我向他表達－當然也用紙和筆加強比畫－想參加的意願。結果他說不行。『不讓我參加的話，我就辭職。』『不要這樣，這樣不好。』結果妳知道……。」

「好像語帶威脅。」香蘭忍俊不住，「後來呢。」

「應該只是撒嬌。我下了樓，找個地方寫好辭職書送了上去。他說，這樣很不好，但還是收下了。『我會幫妳轉到演出課那裡。』」侯飛雁狡點地笑開，「我當下覺得茫然，發覺什麼都完了。心一急哭了起來，但也急中生智，要回辭職書，結果出乎預料，他讓我參加了。」

「好險。」

「我下了樓，忍不住笑了起來。感覺後面有人，回頭一看是他。」飛雁看著車子轉進大同大街，順著圓環畫了一道弧，「『妳像小孩子。』他講中文，然後用日語：『哭完眼淚還沒乾就笑了。』」

「妳也真可愛。怪不得他很疼妳。」

「基本上我還是不太有自信，時常擔心導演嫌棄我。」

「拍電影要很能忍。我在日本參加一場座談會，有些演員說被 NG 三四十次是常有的事。」香蘭察覺自己嚴肅了起來，也認為這樣對飛雁比較好，「演戲就是要隱藏自己，然後展現導演需要的什麼。」

「我在這點有深刻的反省。過去就因為不懂藏拙，才會被導演嫌棄。」

「不過從另一角度來說，近藤老師疼惜妳的正是妳那種毫不造假的率真。最後，即使片子拍不成，他還是會念著妳的。」

「我有時也在想，能夠跟他做個單純的朋友，那就最好了。一旦被推到攝影機前，就像被推上火線一樣，不由得你不緊張。」

兩人沉默了片刻，她直覺侯飛雁演出的決心還不是很強，最後很可能選擇做自己，而不是演別人，留給近藤一方典型的可愛形象。日本毛織大樓到了，她打從心底祝福飛雁，並向飛雁說再見。香蘭下車時，幾名日本職員也下車。他們要把一些器材拿回辦公室，她嘛，再走一小段便到扇房亭了。

註 1：〈からたちの花〉山田耕筰作曲，北原白秋作詞，日本文部省 1924 年發行。

■■■ 56. 雙姝雙寶 遠征阪神

第二天禮拜天，香蘭起床晚，梳妝也遲。由於全身倦怠，隨後便窩回暖被裡。一聲敲門聲，她起床應門。一名清潔婦：

「李香蘭小姐？」

「我是。」

「一樓沙發座，一位小姐找妳。」

會是誰？可能是同仁。侯飛雁？她可能向別人打聽到這個地方。香蘭想著就身上的睡服披上棉襖，出了房間後走下樓。

李明起身相迎，香蘭嚇了一跳。李明一襲高領羊毛衫，手挽著

翻領的冬大衣：

「昨晚謝謝妳的座車。」

「那裡那裡，要不要上去小坐。」

「不用了。我只待一會，另有行程。」李明坐了下來，「也謝謝妳上一次我向記者亂發牢騷，妳並沒有嚴厲反駁，結果妳我都順利下了臺階。」

「這個嘛！」香蘭心裡有些毛，一個月了，她努力不去想李明辭職前的風風雨雨。「中國人常講和氣生財，當時我就希望事情趕快過去，讓大家好重新出發。現在妳終於回來了，大家又驚又喜。林專務和根岸理事都認為昨天的演出簡直是辦喜事，也可以說是對妳的歡迎大會。」

「公司確實做足了面子給我。」

「放映妳的電影，給妳塑個半身像，又給妳做大型人偶。」香蘭兩眼亮出艷羨的光芒，「聽說給妳做人偶的還是日本女藝師。」

「聽說是一位叫金田一小姐的。我也不認識她。」李明難得露出滿足的神情，「在越來越冷的冬天感受到公司和同仁的溫暖，確實很多事情值得重新思考。」

「妳早就該如此了。大家都很喜歡妳，這兩天都圍著妳。」

「是的，畢竟這兒的拉力比較強。這次回來，主要是北京實在待不下去了。」李明眉頭深鎖，眼神迷離，「上個月回北京，本來打算跟山家好好練日語，但見面的次數越來越少，時間越來越短。他主管的新民會下面有京劇團，帶我去看戲，那才是他的歡樂時光。那些戲子個個嬌媚，把我們演現代戲的都比成俗子凡夫，聽那唱腔，看那身段，我有時都被迷住了。他一貫品頭論足，我看我不在的日子，他一定跟那些女孩廝混。」

「他向來就是美女環繞。感情定著在妳身上後，就比較縮手了，但妳不在身邊，他的老毛病又犯了，又是蜂纏蝶繞了。」香蘭站了起來，「來，我們還是到那邊的咖啡座坐一下好了。」

「我真的不久坐。妳不用對我太好。」

「既然如此，妳還是和山家保持安全距離為妙。」

「我聽不太懂。」

「就是不要太投入。」香蘭稍稍動了一下腦，「妳既然已經看

到了山家讓妳不悅的一面，現在又分隔兩地，距離這麼遠，正可以冷靜下來。」

「保持距離以策安全？再觀察一段時間看看。但從另一方面講，沒有山家的羈絆，我也就更自由了。」李明站起披上外套，「不好意思打擾妳了。」

香蘭送她步出大門，走出巷子，再目送她搭上三輪車，感覺她微跛的右腳正在訴說自己的孤傲，她是越孤單越傲，活像一株孤挺花。回到旅館從信箱取出滿洲新聞，香蘭坐在大廳的沙發上。報紙的二版和六版刊載了昨天演出的情形，六版更以李明重返滿映為頭題，述說她已經和滿映重新簽約成為正式演員，約定一年演出若干影片。到底演幾片也沒寫清楚，記者顯然是舉一反三鋪陳了不少篇幅。

回到房間，她腦中還是李明的影子。李明宣示「自由」後毅然離開。顯然李明從辭職風波和山家身上得到教訓，希望一改以前小心眼的處世態度，變得和氣一點，但調整的幅度可能不會很大。

事實上，香蘭和她之間也不勞她費心。往後幾天，她在辦公室和香蘭打了幾次照面，不再臭臉，有時也會說上幾句，問題是，沒多久香蘭便忙著新片《鐵血慧心》的拍攝。

香蘭的拍片計畫排得滿滿的，《鐵血慧心》還沒拍完，又有新的行程和拍片計畫，滿映要她以《東遊記》要角和「大東亞建設博覽會」使者的雙重身分前往日本演唱和拍片，旅日的時間更久，完全把李明拋在視線之外。香蘭漸次瞭解，李明雖然變專職，薪資也調到最高，但區區 45 圓，仍然低於日籍新進職員的 60 圓，日籍新職員如果加計遠調滿洲的津貼就有 150 圓，李明也就更顯微薄了。這當然是基於大日本帝國誰也無法打破的日籍與非日籍員工薪資比的鐵律。

《東遊記》的劇組是《冤魂復仇》的老班底，相同的導演、編劇和攝影，男主角同樣是滿映的勞萊與哈臺：張書達和劉恩甲。這部滿映第一部和東寶合作的電影，藉著滿映兩寶所飾的兩位滿洲農夫到東京訪友順便觀光，把日本介紹給滿洲人，也算是日滿親善的電影。劇裡的要角除了在東京市區拍外景，在世田谷區東寶砧攝影棚拍攝棚內戲外，也要移師預計在兵庫西宮市甲子園棒球場舉行的

「大東亞建設博覽會」參與親善演出。這個博覽會強調日滿、日華親善，和協同作戰、共同建設的成果，西宮市甲子園棒球場開幕的博覽會場設有臨時電影院－滿洲宮，預計演出《冤魂復仇》，算是滿映在日本放映的首部電影。

香蘭從牧野滿男口中得知這個龐大的計畫時有些惝然：

「要放映《冤魂復仇》？」

「計畫是這樣。這是大家討論的結果。不管怎樣，一定是要妳主演的。」

這部電影正在新京永春路的光明影戲院和大安電影院放映，但口碑不好，看到康德新聞和滿洲新聞刊出的影評，她決定不赴院觀賞。

「這部電影拍得不好……」

「那是編劇和導演的事。」牧野狡黠地笑開，「大家看到銀幕的妳很可愛就好了。」

「每天都在凍得哆嗦中趕戲，我演得很不自在。」

「電影有沒有安排妳唱主題曲。」

「這部電影沒有主題曲。」

「這點我倒疏忽了。應該要求編劇和導演確立一種拍片的模式。」牧野打了一個呵欠，「對李香蘭來說，應該是無歌不成影。」

牧野對中國傳統戲劇有些概念，訪問團裡頭，演員充當演出人員，香蘭歸為旦，張書達和劉恩甲自然是丑角，周洞、張敏和徐聰歸類為淨，缺一個生，他想到了樂藝、武功極佳的鄭曉君，曉君比香蘭高，由她來擔任武生或小生都極適合。出發前，排練時間倉卒，但參與博覽會舞臺演出的生旦丑平常都有練習，很快便進入狀況。

這次的日本行，由製作部次長牧野滿男擔任領隊，導演大谷俊夫和攝影團隊三月下旬先行出發，張書達和劉恩甲兩位男主角在朱文順的陪同下幾天後跟進，香蘭、鄭曉君在牧野次長的陪同下，和上次一樣搭快車南繞朝鮮半島前往日本。從釜山渡海到下關後，三人同搭火車北上，三人坐在同一窗邊的四人座椅上，曉君讓香蘭和牧野坐一起，和香蘭話語漸少時，專心望向窗外景物。牧野和香蘭並肩坐著，火車的隆隆聲形成兩人的密閉空間，香蘭有些話不好在大夥都在的飯席上講，正好趁這時吐露。

「這個嘛！我也不太清楚。」牧野沉吟了一會，「我都是從近藤伊與吉老師那兒聽來的。上星期他到戒煙所看過她。說她復原的情況良好，臉色紅潤了起來。」

看著四月初海山交錯的窗景，香蘭心裡稍稍舒坦了些。在她的經驗裡，只有大男人、老女人才會碰的鴉片，竟然讓侯飛雁這位小女生沾上了。香蘭：

「本來想去看飛雁的，但有點怕到那種地方，一猶豫就蹉跎過去了。她還會回來演戲吧。」

「很難講。我看不樂觀，目前公司對她還是照樣給薪，聽說她也願意回來，但她家人堅持把她接回吉林。」

香蘭對於飛雁的折翼，一直難以釋懷，如果她不在《蜜月快車》被自己取代，即使現在不是很紅，也該不會淪落到八里堡戒煙所。

「實在是很擔心她。」

「聽說從八里堡出來的，七成最後都回去。她的家人才決定把她接回家照料。」

牧野說完，香蘭沒有回話，腦筋空洞，牧野繼續說：

「現在滿洲政府對鴉片是既愛又恨。現在非常時代通貨不穩定，鴉片磚就像金磚一樣，價值很穩定。這個政府既要靠鴉片籌錢，又擔心它傷害民眾健康，只好用登錄制控管全國的煙鬼。」

「登錄制？」

「就是登記有案的人才能在公賣店買鴉片，不然就違法。政府的介入，讓鴉片業呈現明朗的一面，也可能帶來更黑暗的一面，但已非個人所能理解的了。」牧野把話題扯遠了，越發覺得個人力量在時局面前的渺小和無奈。「妳現在在日本把《東遊記》演完後，回滿洲後會繼續演《鐵血慧心》。這部片子就是反鴉片，追緝煙毒販的電影。」

「知道。」

「另外，公司也正在徵集描述鴉片毒害的劇本，電影名稱『煙鬼』都想好了。」

「這部電影如果由侯飛雁來演，對不起，我……不應該這想。」

「她會碰觸這種東西，表示意志不夠強。」牧野試著用有限的認知去理解煙毒患者的社會適應問題。「要完全根治需要時間，

三五年後，如果她堅持要演這種電影，表示她已痊癒，她的演技也可能會呈現大突破。」

列車轟地一聲，車廂突然亮了起來。列車經過一座小山洞後不久，另一較大的山洞又倏忽而至。待列車駛出山洞密閉空間的聚光效果後，車廂沒這麼亮了。香蘭：

「現在全日本最高興的人莫過於星玲子了。」

「哈哈。上次新年我回東京來去匆匆，根岸理事突然想到這一點，現在公司員工回日本出差，我當領隊的機會多了。」

和上次到日本參加滿洲資源博覽會一樣，這次在日本本洲南方海岸經過兩天一夜的馳行，到達東京時已是出發後的第四天晚上，雖然是四月初，但月臺上白雪紛飛。早先到達的張書達、劉恩甲、朱文順和牧野滿男的家族都到車站迎接。牧野滿男的大哥雅弘和准嫂子轟夕起子看來格外登對，星玲子給自己老公滿男獻花外，榎本劇組的小姐也依序給香蘭、鄭曉君獻花。諧星榎本健一再次看到李香蘭，難掩興奮：

「你們從新京把滿洲的雪帶過來了。」

香蘭把話翻成中文後，第一次來日本，全身被凍僵，面對笑臉迎人，優越感甚強的大和民族，心裡有點僵的鄭曉君聞言稍釋心懷，但也覺得東京的四月冷過新京。

接風宴和旅館都安排在上次演出的高島屋附近。晚宴在大型的餐館進行，48席的座敷室全然坐滿，每人把腳伸向凹陷下去的暖炕，格外溫暖。香蘭坐在主桌，充當滿映演員的通譯。〈祇園小唄〉的樂音響起，香蘭銀鈴般的中日語不斷穿梭在日、滿賓客間。此舉讓滿映同仁寬心，但讓牧野擔心，擔憂她太勞累，喉嚨使用過度，影響第二天早上的唱片錄音。香蘭飛暢的話語像晶亮的音符，在同事和日本賓客眼耳間流動，絲毫沒有疲態，榎本健一本想請她高歌，聽到她在口語間釋出的「樂音」也已滿足。

第二天一早，牧野夫婦帶著滿映同仁搭車西行，趕到杉並區堀之內的帝國蓄音器公司，陪香蘭灌錄〈陽春小唱〉，中午簡單用過餐後又驅車西南，趕到世田谷區的東寶砧攝影所，和《東遊記》的編劇高柳春雄、演員原節子、岸井明和藤原釜足等人會合，在高柳的主持下，共同研讀《東遊記》的劇本。日系、滿系演員初見面，

寒暄時的熱切和客氣很快便沒入狹小會議室閱讀劇本的靜默中。事實上，滿映演員在新京拍片頭時，已讀過劇本，編劇還特地依據劇本內張書達和劉恩甲演出角色的逗趣對話為他們在博覽會要演出的雙口相聲編寫一套劇本。劇本閱讀後的練習和討論，他們的重點便放在這兒。鄭曉君非演出一員，但無法脫隊獨立，只好加入閱讀行列。

　　《東遊記》是滿映第一次和日本大電影公司合作拍攝的電影，日滿兩系藝人同宴合歡過後，拍片進度按原計畫暫時擱置。滿映演員告別劇組後全部化身大東亞建設博覽會滿洲國使節團前往大阪。李香蘭、鄭曉君、張書達和劉恩甲在牧野的帶領下一同前往大阪市和鄰近的兵庫縣演出。大東亞建設博覽會會場－兵庫縣西宮市阪神甲子園棒球場內東北角設置的武漢攻略大規模實景模型，看了讓人心驚肉跳，往南一些，兵器展區展示的戰車和巨砲，也看得人神情緊張。

　　甲子園球場展覽場場地不小，西南角的野外公演場搭設一座寬敞的半圓形舞臺，舞臺密接座位區，包覆住舞臺的半圓形階梯式座位區萬頭攢動，以滿洲彌次喜多[1]二人組為號召的劉恩甲、張書達雙口相聲率先登場。兩名喜劇演員的逗趣對話在兩名留學生幕後口譯的協助下順利演出。關西話劇團演出好笑的話劇後，武藝高強的鄭曉君接續演出滿洲古式武藝。她分別以刀、棍、矛和徒手舞出四節舞術，刀刀入骨，拳拳到位，看似凌厲，觀眾稱快，但她意在圓融，最後棄甲擱兵，出拳踢腿動作漸緩，揉進舞藝，驅逐殺伐之氣，登上藝術的彼岸。

　　大阪大學學生表演完空手道後，香蘭開始歌詠中日民謠、流行歌謠，主辦單位選了一首軍歌〈為父則強〉[2]要她唱，她以高三度的歌聲唱出了戰爭的悽慘。

　　「……敵人的屍體伴眠，渴飲泥水啃野草，走過千里荒山惡水，……那天戰場失蹤的兒子，現在已是九段坡上的櫻花……」

　　誰願見自己的父兄在戰場上和屍體同眠，在荒山野地行軍千里，誰願聽聞自家被迫當少年兵的小孩在戰場中失散，像櫻花一樣飄零。這些歌詞豈不傳達出中國杜甫「……爺娘妻子走相送，塵埃不見咸陽橋。牽衣頓足攔道哭，哭聲直上干雲霄。……」的戰爭的悲慘。

想來作詞者寫這首歌時滿腦子戰爭的可怕和厭戰，只是高官、酷將噬血如酒，察覺不出在字裡行間露餡的戰爭控訴，反而當成英烈事蹟加以頌揚。

下午場演完後，滿映親善使者含星玲子六人回到座位看了兩個節目後，分乘兩部車返回住處－寶塚飯店。隸屬東寶集團的寶塚歌劇院和相關建築都坐落兵庫縣寶塚市武庫川畔，寶塚飯店是綜合希臘山形牆和法國馬薩式屋頂的歐風大樓，距南岸不遠，隔著河川可見北岸橙瓦白牆的大歌劇院和音樂學校。滿映雙姝、雙寶和其他隨員前晚入住寶塚飯店，香蘭演出了大半天，現在和曉君開步飯店拱廊，觀賞掛滿牆上的寶塚歌劇團歷屆首席男女演員的放大照片，再移步挑高兩層樓的大廳，落座柱邊的環狀沙發。曉君看著大廳一支支懸在半空中的枝狀吊燈：

「很華麗，看到就想逃離。我是說那些演員的服裝，那些油頭粉面的男生扮相……」

「掛出來的照片都是過去的首席，所謂的 top one 或 top star，都穿歐洲宮庭或現代西方服飾。所謂『男役』就是反串成男主角的身材高大的女演員，『娘役』就是直接演女主角的女神級演員，因為走的是歐洲宮廷風，也常搬演歐美古典和現代的歌舞劇或音樂劇，那種重裝扮，好像繁文縟節，我也不喜歡。」

「有幾張照片上了顏色，應該是精心描繪畫上去的。」

「不曉得他們用什麼方式畫上去。像刺繡一樣一筆一筆描上去。寶塚的服飾總是色彩繽紛，交給技術人員上色，算是比較圓滿。」香蘭感受到了時代的不足和稚拙，「妳有沒有發現，照相可以複製我們的影像，但不能複製顏色，電影也一樣，有動作、影像，但沒有顏色。」

曉君吐了一口氣，不知如何回答，腦裡頭武術招術的憶景在流傳過來的鋼琴樂音中浮動，她探了一下頭，發現柱子後面一名盛裝的女子正在撫彈鋼琴：

「我們好像處在一個新時代的開端，什麼都不圓熟，我在想未來電影一定是彩色的，照片也一樣。只是戰爭又在開打，如果國家不作戰，那種彩色時代一定提早到來。」

滿映雙寶來到大廳後，牧野和星玲子夫婦也下來了，大家共進

晚餐，準備迎向狀況複雜的第二天。次日早上，他們一行，尤其是參與演出的雙旦、雙寶，要前往拜訪寶塚歌舞團高層，進一步商洽演出事宜，隨後趕往西宮市，用過午餐後，前往球場演出，回來後晚上還要到寶塚進行彩排演練。

在阪神甲子園演出成功後，曉君和香蘭壓力稍減，不過想到明天從早到晚馬不停蹄，還沒入睡，辛勞已至，雙姝都愁眉難展。

註1：彌次郎兵衛和喜多八，合稱彌次喜多，是日本19世紀滑稽本《東海道中膝栗毛》中主人公的名字，「彌次喜多（やじきた）」也被用來形容滑稽的組合。

註2：〈父よあなたは強かった〉，明本京靜作曲，福田節作詞，1939年1月東京哥倫比亞唱片出品的戰時歌謠。

▰▰▰ 57. 躍上寶塚 新戲開拍

次日早上早餐過後回到三樓房間，憑窗眺望，紅瓦白牆，造型飽滿的大劇場靜靜貼著水草蔓生的武庫川。寶塚橋，車少人多，靜靜地躺在川上，過沒多久，領隊牧野便叫隨行的巴士自行開往寶塚大劇院門口，自己帶著滿映參訪團隊散步過橋。一行人從旁走過龐大的劇場主體，抵達整棟建築前面管理部門的階梯，隨即拾級而上，在劇場經理的引導下，進入會客室。高牆上寶塚全體團員坐在階梯座位上的大合照首先映入訪客的眼簾，鄭曉君、香蘭雙姝預計會在舞臺上演出，很認真地看著照片中的女眾。香蘭想，應該是好幾年前的舊照，不管怎樣，這兒三四百人的團隊，個個都是受過專業訓練，能歌善舞也擅演的菁英，她和曉君若演出，除了一般的觀眾外，這些團員也是當然的，而且是眼尖的觀眾，她們登臺，形同踢館，或許在寶塚的團員看來，這雙姝就是滿映的 top star。香蘭越想壓力越大，事實上，早上出門時微感的噁心此刻變得很明顯，不知早餐是否吃了不潔的食物，肚子也有點痛。

寶塚理事長小林一三不在，大平理事前來接待，和牧野相談甚歡。節目單已經印出，香蘭和曉君演出內容大致如滿映知會寶塚的那樣，穿插在這次雪組公演的大型節目「桃花春」當中。

會後，主客一行離開辦公室經過一個長廊進入大劇場會客室，和相關人員討論晚上的彩排和演出情況，雪組首席反串小生的葦原邦子來了。葦原望向牧野再看看星玲子：

「星玲子！好久不見。……這位是妳先生？還有這麼多中國，哦滿洲來的朋友。」

牧野把每人一一介紹給葦原，都相互握手，葦原對於特別支援演出的滿映雙姝寒暄得特別親切。

「轟夕起子可好。她不是要做妳的嫂子了嗎？」

「快了。本來是學妹，現在變成姊了。」星玲子。

「妳們都是我的學妹，一個個鼓翼高飛後都有一片天。那像我這老臺柱，在月組、花組和雪組間轉來轉去，但轉不出去，越演越man，以後嫁不出去了。」

星玲子和轟夕起子出身寶塚，香蘭以前略有聽聞，現在是更加明確了。葦原問起支援演出的雙姝，牧野於是把雙姝的情況做進一步的報告。

「……一個是武術家，一個的美聲是滿洲第一。」

葦原不由得對滿映雙姝另眼相看。星玲子：

「我們葦原姊也有一副好歌喉，我發覺日本這麼多女演員，像我這種拙於歌唱的還真不多。老實講還真的演得有點膩了。」星玲子睨了丈夫一眼，「或許我會跟你到滿洲。我說真的。」

「滿映的演員都是滿洲人呢。」

「我可以做行政工作，甚至導演。」

牧野起初以為老婆說著玩，不以為意，很快便察覺她認真的神情。

「妳去年已經推掉很多演出，活得比較像人了。」

「不過厭倦感還在持續中。」星玲子眉毛揚起，發現四五雙眼睛看著她，心緒雖然從低抑中彈起，還是站了起來向在座者鞠躬，「對不起，局外人講了些喪氣的話影響你們的工作情緒。」

「玲子這七年來演了這麼多電影，這紀錄很難被超越。休息一下可以走得更遠。」一身男士禮服打扮，但濃妝艷抹的葦原笑著看了星玲子一眼然後望向香蘭，「因為妳們的到來，這一陣子的節目有所調整。第一個節目《中華民族》，用歌舞的形式演出這個民族的掙扎和融合，所以會出現古代的民族，像匈奴和突厥。當然現代的也有。」

「妳們不是要演滿洲的五族協和嗎？」牧野。

「我們的理解是滿洲就是中國，是中國的一部份，朝鮮不包括在內。」葦原看著曉君和香蘭，「這是給妳們前來演出鋪排氣氛的歌舞。妳們可能看不到。因為要在後臺準備上場。妳們表演完後，有人會帶妳們進入貴賓席，可以觀賞那一天的主戲《桃花春》。這也是根據貴國作曲家的作品演繹出來的音樂劇，出現的場景、氣氛自然是很中國的。」

香蘭充當通譯把葦原的意思傳給鄭曉君後，葦原看向牧野：

「軍方手伸開後，我們還是要表現自己，演自己。」

牧野欣見演出程式商談順利，彩排細節談妥後，大平理事有事離開了一下，葦原邦子和兩名演員帶著訪客參觀劇院內部，舞臺上，一席前寬後更寬更高的階梯上面，不少工作人員拿著手電筒檢視，用鐵鎚敲打。星玲子看向香蘭：

「這個大階梯平常不用的時候是收攏貼在舞臺牆上。現在展開來檢修，使用前一定要做這種動作。」

「理解。」

香蘭說著，牧野瞬了香蘭、曉君一眼再看向老婆玲子：

「這兩位演出時應該不用放下來吧。」

「應該不用。」星玲子發覺自己多嘴，從葦原的眼神得到首肯，「這個大階梯主要是方便團體歌舞演出時展開隊形，同時方便觀眾觀賞。」

「如果這兩位小姐演出需要的話也可以放下來，演出效果包準大十倍。」

葦原說著時有點忍俊不住，牧野反而先微微笑開，香蘭：

「如果沒先練過，武功再強，在階梯上跳來跳去，恐怕會摔個四腳朝天。」

日籍人員笑成一團，中方來客聽不懂這一席話，愣了一下，隨即跟進傻笑一番。待香蘭用華語說明一番後，滿映雙寶都把目光投向鄭曉君，曉君紅著臉，手腳輕輕比畫一個小招式，右腳向前傾，故作跌倒狀：

「很有可能。」

看著曉君簡單的日語和動作，日滿人士同聲一笑。隨後與葦原同來的一位女團員詢問牧野，日本劇場和寶塚劇場大小的問題，葦

原指出，寶塚座位逾兩千五，牧野憑印象，日劇好像也是兩千多，大平理事適時回來，指出日劇座位不超過兩千一，但加上周邊的包廂、貴賓席，最多可容納四千人。香蘭放眼橙褐色的座位區，但視力受阻於深遠的黝暗。葦原：

「燈光沒有全開，看不太清楚。」

不過看不清楚也沒關係，時間差不多了。一行人辭別大平理事和葦原後，搭乘小巴士直奔西宮市。不太會日語的滿映雙寶保持一貫的沉默，牧野夫婦話比較多，香蘭有時插一下話：

「玲子小姐，不好意思，我一直以為寶塚都在演歐洲宮廷劇。」

「妳說得沒錯，寶塚剛成立時，正是日本崇歐時期，那時美國還不夠看，寶塚一開始就將法國宮廷的華麗風格帶入舞臺和服飾設計。現在美國紐約百老匯的歌舞劇走紅了，寶塚也開始追逐美國的現代故事或風格。」星玲子想到了香蘭問話的用意，「當然，寶塚也一直在擴大演出的範疇，比較樸素的日本古典戲，甚至現在正在演的中國風格的戲碼有時也會出現。」

牧野同意老婆的看法，認為演員本質是自由人，漸漸走出歐洲宮廷的框架是必然的趨勢。一行人來到朝鮮人開的餐廳，吃完火鍋餐，略事休息，隨即到阪神甲子園展開一個下午的演出。

回到寶塚飯店，晚餐過後，一夥人在專人的引導下進入小劇場，香蘭和曉君在雪組劇務人員的協助下開始排練。葦原前來看了一下便前往大劇場帶領雪組人員進行公演。雪組人員正在演出，沒有參與彩排，而雙姝的演出大體獨立於雪組的大型歌舞劇《桃花春》之外，劇務人員主要是協助她們熟悉進出場秩序。包括小樂隊在內，只有十幾人排練，前來協助的劇務人員和滿映其他演員充當觀眾，把小劇場弄大了。雙姝演練時心無旁鶩，一下舞臺，實感頓失，反而覺得有些虛幻。經過一整天的忙碌，香蘭的不適也早在不知覺間消失。應該只是新環境的適應問題，身體確無大礙。香蘭想著心裡安穩多了。

演出的場地和內容一再重複，一想到可能面對同一批觀眾，滿映雙姝都有些心虛。第二天，滿映雙姝、雙寶演完西宮球場的節目後，隨著牧野次長夫婦回到寶塚住處，略事休息用完晚餐，立刻被帶往大劇場。根據前一天協調的結果，牧野夫婦和滿映雙姝、雙寶

由劇場經理帶著進入後臺，準備上場。

　　偌大的劇場，除了第一、二排貴賓席外，幾乎座無虛席，演出開始，布幕升起，主持人開始報幕，從舞臺向上投射的光束像晨光一樣，照出了在田間彎腰耕作的農民，舞臺後，呼嘯響起，七八名匈奴打扮的演員從樹林的佈景旁衝了進來，農人像晨鳥一樣被驚起後在舞臺上迴旋一個漂亮的弧線，一個個停在霸氣地跨著馬步的匈奴兵前面，然後雙雙手旋腳轉，大動作起舞，農民組和匈奴群各唱各的調，針鋒相對，象徵爭鬥。待大家挽起手來共舞的時候，煙霧升起，另一遊牧民族裝扮的演員慓悍進場……

　　舞臺正在上演的歌舞劇，香蘭和曉君來寶塚住宿的第一晚觀賞過，此刻在後臺化妝間看不見。澎湃的音樂隨著咚咚的鼓聲傳了過來，大平：

　　「這邊的演員都是自己化妝。」

　　「在這裡演出，每人的妝都化得好濃。或許簡單一點會比較好。」

　　香蘭說著睇了大平一眼，三名劇場助理還是幫牧野、滿映四演員化個淡妝，然後協助曉君換上功夫裝。前臺演員混在樂音裡頭的嚷嚷清晰可聞，大平理事、葦原首席、牧野、香蘭、曉君和雙寶在舞臺側後方的等待區等候，待主持呼喚時連袂上臺，星玲子堅持不上場，只顧和工作人員閒聊。大平理事給五位遠到的客人作完簡單的介紹後，掌聲響起。大平、牧野、葦原和雙寶退下後，香蘭坐在鋼琴邊，曉君手持雙劍。琴音響起，香蘭琴鍵敲出鑼鼓擊打的效果，強音鵲起，開始雙手並彈，琴音錚錚，活蹦亂跳，高低音互擊，淬鍊出一股劍氣，驅策曉君的雙劍，舞中帶勁。曉君的雙劍有時凌空揮砍，有時左右斜劈，或像棍子般地轉動。兩劍揮擊，不時拖著幾片劍影，在觀眾眼中留駐難有的美感。旋律重複了幾次，琴音、擬鑼聲越來越密集，香蘭一雙小手忙得很，曉君突然上拋雙劍，左手接住一劍，另一劍落在她背後，有的觀眾叫了起來，準備承受漏接的衝擊，豈知曉君右腳後伸，後劍再度彈起，曉君順手把左手的劍再度輕拋後退半步，兩手一伸，雙劍擒入手中，演出還沒結束，掌聲如雷響起……

　　香蘭和曉君退場後，香蘭喝了一點水便和劇團鋼琴手連袂登場。

主持宣稱香蘭要唱古曲〈櫻花開〉後掌聲響起。香蘭佇立麥克風前，鋼琴手一手敲鍵，一手撫琴，好似鋼棒相互撞擊的琴音底層，流動著潺潺琴音。

「櫻花開，櫻花開，四月天朗，放眼望去，像霧又像雲……」

香蘭引吭高歌，凌空的歌聲如絲如縷，始終超越伴奏的琴音。珠玉悸動般的琴音不時在歌聲的末梢發出漣漪，琴音升起，變得繁複，歌聲漸歇，琴槌密集擊弦，琴音恣意躍動，在叮叮咚咚間奏的加持下，香蘭敞開肺腑再度高歌，同樣的歌詞，但伴奏的琴音轉為高調，不斷對她的歌聲旁敲側擊，琢磨著歌聲，琴、歌在玲瓏的流動中攀升，香蘭唱到最後，最後一句「還不快點來賞花」再唱一遍，聲音陡然上升，擺脫伴奏的羈絆，衝進觀眾的心坎裡。……

唱畢，香蘭鬆了一口氣。接著是寶塚雪組的芭蕾舞劇。她和曉君在後臺略事休息。再度出場時，香蘭先用鋼琴伴奏，由曉君演出拳術，接著兩人互換角色，曉君用攜來的胡琴伴奏，香蘭開唱〈酒是淚水還是嘆息〉，用胡琴取代三弦琴，用女聲代替男聲，用中國情緒詮釋日本當代的憂鬱氛圍，留給觀眾更加纏綿，更覺悱惻的印象。

再次日，白天在大東亞建設博覽會兵庫西宮市甲子園球場演出兩場後，晚上又回到寶塚演出，十分勞累。過了三天，她和曉君同返東京時，才想到忘了確認《冤魂復仇》是否在滿洲宮演出這一回事。曉君飛回新京述職，這時在《東遊記》飾演香蘭男友的徐聰和周潤、王宇培、張敏一些配角也在副導演的陪同下搭機來到東京，劇組人員湊齊後，《東遊記》的拍攝於焉開始。東遊記的兩位男主角張書達、劉恩甲扮演滿洲農夫，「老陳」和「老宋」兩人一高一矮，一瘦一胖，遠來東京找尋開設中華料理店的朋友，一路鬧了不少笑話，也表達了滿洲人對日本或東京大都會的嚮往。

這時清明已過，正逢雨季，趕了兩場外景，開始連日陰雨，於是以香蘭為主的棚內戲先拍。故事的設定是，香蘭扮演的麗琴服務於一家化妝品公司，公司設在日比谷公園旁的太平大樓內，當然辦公室的實景都在砧攝影所內拍攝，而且連夜趕工，一口氣拍完。

在社長室內擔任打字員的麗琴，在留日的滿洲男友的影響下，反而對滿洲懷著強烈的憧憬。按劇本，麗琴要用一首歌表達這種想

望，而這首歌必須在陽光下演唱。等了兩天，天氣放晴，劇組和一些臨演趕忙殺到日比谷太平大樓頂樓陽臺，鋪排出公司男女職工傾巢而出奔赴陽臺的情景。在這兒，麗琴用華語唱〈陽春小唱〉：

「萬象更新又轉陽，滿洲好地方，拍拍手兒來來來，遍地黃金藏，你也喜來我也喜，吃穿無愁腸。來來來，太平鄉……」

春日陽光和煦，歌聲不斷召喚。遍佈陽臺的同仁向她揮手搖手帕，旁邊兩位女同仁更隨著歌聲款擺身子。同仁都聽不懂華語，但知道「來來來」的意思，他們把聽歌的愉快攤在陽光下時，盡卻大和民族的優越感。導演用兩臺攝影機，遠距、近距同時拍攝，企圖從《東遊記》喚起「西進熱」，貼近時代需求。

東寶公司首度和滿映合作拍片，日本明星對香蘭確實有些好奇，導演大谷俊夫雖然知道香蘭的身分，但囿於公司開始將香蘭形塑成奉天名門閨秀的暗規，對於東寶演員的詢問，總是含混其詞地模糊帶過。原節子等人再回想半年前香蘭以滿洲歌唱天使的身分來日演出，也就更加相信她是滿洲人了。他們的關心不再是她的身世，而是她身為一位滿洲姑娘，確有在日本成為女神的可能，憑著在電影的演出或許很難，但以她奪人心魂的歌聲，不無可能。此外，看到香蘭身形嬌小，但身負重任，到處出任務，日籍演員也感到佩服。原節子：

「聽導演說，妳四月底前要趕回新京。」

「沒錯，新京要辦一場宣詔紀念日晚會，要我演唱。」

「宣詔紀念日？」

「滿洲國皇帝四年前 5 月 2 日頒布了一個感謝他訪問日本受到天皇熱情接待，敕令臣民奉行日滿一體，共存共榮信念的詔書。」

「那就要在皇帝面前演唱了？」

胖胖的岸井明說完，香蘭：

「實在很不喜歡這一味。」

「得了，阿明，別話裡帶刺的。我們的小蘭承受太大的壓力，替她分憂解勞才是。」

原節子說著摟著香蘭，擺出同一陣線的態勢，岸井明笑得臉肉把眼睛擠成縫。

四月底香蘭在牧野的陪伴下搭機返回新京，滿映雙寶和原節子、

岸井明一干演員遠赴橫濱、箱根，甚至富士山麓，最後才回到東京市區補拍外景。

　　導演大谷俊夫和包含雙寶在內的滿映演員五月中旬回到新京，繼續在寬城子補拍棚內戲，待整部戲殺青，香蘭才在山梨的提醒下請假回奉天探親。

▌▌▌ 58. 勤練學能 初識久米

　　為了宣詔紀念晚會趕回來的香蘭一回到滿映，立馬向演出小組報到。這時離演出只剩一天。這個晚會由研修所的近藤伊與吉老師統籌辦理，除了滿映人員，各大院校也都攤派了節目，比較有規模的大同學院、建國大學和法政大學分別推出大合唱、多幕話劇和綜合舞蹈等團體節目。其他醫科大學、工業大學，和前述三所大學，也都儘量挖掘人才，贊助個人演出。滿映方面，近藤本來想化繁就簡，搬出兩個多月前獻機義演的節目權充一下，後來覺得不妥，想取法滿映雙姝、雙寶不久前在內地關西的演出，開會結果，有人指出鄭曉君演出中國功夫，恐怕會踩到關東軍的痛處，音效組的石原老師建議她和戴劍秋合演胡琴二重奏，鋼琴伴奏自然歸石原。雙寶張書達和劉恩甲還在東京演戲，牧野部長根據他們演出的雙口相聲劇本，商請王福春和浦克演出，一個節目就有了。此外，滿映幾名部長各自挑了兩三位部裡的職員，組成一個戲班，由近藤調教演出滑稽戲，看來效果不錯。

　　香蘭一直沒有參加彩排，回到新京後只剩一次機會。滿映高層顧念她丹車勞頓，同時讓年輕學子多多表現，只請她演唱三首歌曲。

　　宣詔晚會在國務院二樓大禮堂進行，香蘭一直都待在後臺，不時聽見演出人員談到終於見到神秘的皇族，輪到她上臺演唱〈滿洲姑娘〉和〈桃花江〉時，她應該瞄到了坐在前排中央，罩在舞臺餘光下，西裝筆挺的溥儀，但立刻把眼睛飄向中後排黑壓壓的人頭。法政大學男女學生用華日語雙聲演出的未秧歌舞熱鬧結束後，接著是香蘭的壓軸〈何日君再來〉營造的惜別氣氛。

　　第二天早上，研修所的演員訓練所上完「上海電影概說」後是「京劇基本功」。這時前三期學員也都結業了，如未上戲，或沒有

其他事情，也都喜歡來教室溫故知新。上課前，已經結業的學員趙書琴先指揮同仁把座椅全部挪到兩旁或後面。但有些人，尤其是男生穿過群椅走到窗邊觀看遊行隊伍。周澗：

「今天學校放假。」

「沒錯，宣詔紀念日，政府召開國民大會，多數學生都被動員參加了。」

王福春說著時，葉苓和香蘭也都靠了過來。

「他們前往大同廣場吧。」

「沒錯。」

上課鈴響，授課女老師歐陽和學員互相行完禮。歐陽：

「我還是強調，唱腔部份，各位學員應該是用不到，現在只教些基本動作，像水袖、雲手、雲步這些動作可以揉進你們的演出動作裡，也可以融進你們的日常生活中，讓你們的動作更具美感，更有氣質。」

歐陽老師見學員沒有異議，叫葉苓出列示範昨兒教的水袖動作。葉苓乾淨俐落地演完後，歐陽老師開始下口令：

「雙肘托袖，兩臂自然下垂稍稍彎曲，兩手拇指向上，右手抖一下自然形成水袖。」

所有同仁跟著做，香蘭做著時身段也柔軟了起來。

「左手也來個水袖蓋住右手水袖，右手往上抬高，手掌向上形成托天掌……」

香蘭和所有同仁一樣，都很喜歡水袖的動作，根據口令每做一次都陶醉在那種動作的韻律裡頭。

「兩眼往前看，從左邊開始再來一遍。很好。沒穿戲服也沒關係，手肘抖一下，自然就有水袖。回家自己可以穿寬鬆的衣服試一下。接著我們做起步的動作，動作很簡單。我和葉苓先示範一下。」

歐陽說著和葉苓，把手轉了一圈，再抬腳，走幾步，好像打太極拳一般，一兩分鐘就完成動作。歐陽：

「動作很簡單。好，大家後退，併腳，面向九點鐘方向，左掌環抱右拳，先作揖。」

依口令做好後，所有學員都站著不動，歐陽老師和葉苓進入學員部隊，一個個檢查糾正。

「好！現在開始動了，左腳上步，環手，動作大一點。」歐陽老師左手環繞一下，掌心向內，手掌落在抬起的左膝上，「再看好，左腳抬起，腳掌向後，左手落在左膝……停。」

接著在歐陽師的指令下，葉苓示範，大家做了一遍又一遍，最後左腳抬起，全部金雞獨立，接受歐陽師和葉助教的檢查。由於老師沒叫放下，大家站久了，不免腳痠笑了起來。香蘭雖累，但還是咬緊牙關挺了下來，腦中響起去年十月赴日表演，在一次座談會上對舞蹈小姐鍛鍊身體所下功夫的讚嘆。在老師的指令下，大家把腳放下後，都退到牆邊的座位坐下。約莫休息了兩三分鐘，歐陽師：

「好，恢復剛剛的動作，大家把腳提起，接下來很簡單，左，右，左……」

歐陽老師把左腳放下時順勢向前一步，換右腳後再次踩出左腳：

「右手抬起往後甩，來個漂亮的水袖。」

這一趟大家都做得很舒服，甩手乾脆有力，好像發洩一般，做水袖時也都美感盡出。

接著大家還是在歐陽老師口諭的指揮下跟著葉苓從頭到尾演練一遍又一遍。老師的口令也越來越簡單。演練時大家的臉都斜向門口，根岸寬一部長出現門口時，大家都不以為意，待根岸部長和近藤所長進入教室，後面進來了五六位年輕的紳士，大家傻眼了，抬腳變得不確實，甩手、水袖也都半調子。一群不速之客看了一下，根岸示意歐陽繼續授課後和一群客人走了，大家心中興起的一點期待又沉落下去。

香蘭走出日本毛織側門，踏上回家的路，人行道上的鈴木正則看見她愣了一下。香蘭：

「鈴木兄，好奇怪的神情。」

「對不起，我恍神了。」鈴木有些驚魂甫定，「我看見小姐，突然想到應該載小姐，怎麼自己竟想下班走人了。」

「你還以為現在是上班時間，要載我到寬城子？」

「猛然轉醒，才想到小姐就住這附近。」

「今天早上公司好像來了五六位客人。」

香蘭說著兩手握著皮包貼著小腹，做出輕鬆狀。

「是內地來的作家，好像是大陸什麼文藝會的。」鈴木看向路

旁自己的車子，再看向香蘭，「匆匆從內地來，趕上了國民大會遊行，但沒趕上昨晚的晚會。」

「太可惜了。」

「行程很趕，這兩天就要趕到哈爾濱、佳木斯，考察那邊的開拓村，回程經過新京時再正式前來拜會，同時參觀滿映。」

「我看難啦。」

依香蘭的經驗，那些作家一定說說算了，再來的可能性不大。雖然這樣想，但她還是很期待那些作家能夠再來。

這個早上，香蘭懵懵懂懂的，昨晚沒有睡好，但上禮拜六看的電影，印象大體還在，她必須趕快把報告寫出來。這時候演員養成所三期學員已先後結業，養成所結束了，但研修所還在，只是朝常態性的電影教育體系發展，時機還沒成熟，為了維繫最低能量，近藤所長有時會給在職的演員一點作業。還原電影的寫作就是新近發出的習題。以導演、攝影，或是劇中演員的角度來解構電影，每個演員每個月至少要交出一篇，交出後付上票根，上面審查合格後，公司就會吸收票價。研修所的近藤老師雖說會請滿籍電影專家來審視報告，但顯然只是把演員上交的報告擱在一邊，只要看起來像一篇報告，就裁定退還票價。香蘭的報告用日文書寫，她相信給長官讀到的機會比較多。

男主角宮本武藏一路從樓下殺到樓上，有時畫面抖動，整整五分鐘，一氣呵成，沒有冷場，拍到主角背影的畫面不少，也沒有宮本舉劍作勢的特寫，她相信這一定是攝影師提著機器，緊跟在主角之後一路追拍，是一鏡到底。另一個場景，女主角向宮本泣訴她的擔心，挺直腰桿盤坐的宮本從鬆動的肩膀流洩幾許柔情。香蘭研判女主角對著攝影機轉動淚眼，說了一些話，女主角講完後，宮本才對著鏡頭，顯出聽得入神，有些動容的樣狀，兩個畫面剪在一起，看起來男女主角好像面對面坐著。隨後男女主角同時入鏡，且相互對話，這才算真正的面對面。這時演員比較好演，攝影也比較好運鏡。香蘭動筆了，把這兩個場景當灘頭堡，鞏固下來後再旁及其他，文章便寫得很有架勢了。

報告寫得意外順利，作家的遐思竟在她腦中升起。不曉有沒有演員兼劇作家，甚至作家的。月前驚鴻一瞥的作家在她心裡殘存的

一點遺憾又重回心頭。

李香蘭和葉芩用過中餐，趴在桌上小睡了一下。醒來時，有點睡眼惺忪。坐在桌組最前面的牧野次長接電話後走到香蘭的前面，拉了一個空椅子坐了下來。

「現在社裡的理事、部長多陪內地的作家到寬城子參觀了。」

「上個月來了一批作家，是同一批人？」

「沒錯。大陸開拓文藝懇話會視察旅行團的成員，都是名作家。到哈爾濱、佳木斯考察開拓村的民情和文學，回國途中正式來社拜訪。」

「真的啊？記得那一天早上出現在研修所門口，一下子就閃開了。」

「他們大概覺得打擾妳們上課，另外也有其他行程。現在雖然回來了，還是很匆促。」牧野滿男眼露歉意，「目前在寬城子攝影棚參訪。晚上會回來，滿映給他們洗塵，屆時妳要來參加。」

「和作家吃飯，是很期待，如果別這麼匆促，陪養一點氣氛會更好。」

「有兩批，妳的新電影《白蘭之歌》的作者久米正雄他們，我們正在連繫，他們可能第二天就要離開。」

「兩批合在一起洗塵？」

剛剛林專務打電話過來，要我向豐樂路的中央飯店訂兩桌宴席，幾間房間。房間是給那些作家住的。」

「那飯店是不是滿洲有錢人開的，張燈結綵的，看起來很中國味，又很高級，好像只有高官、將官才去吃。」

「那是當今總理張景惠的夫人開的。」

「怪不得。」

「今晚留下來，一起過去。」

「每次都我一人作陪也不好。」

「今晚會請公司高級幹部和一些滿籍演員作陪。這次文藝懇話會的作家主要是考察滿洲本土和日本農民開拓地的文學。基於這樣的思考，演員就像文學家一樣，要被推上來跟那些作家交流。」

「語言不通，又該如何？」

「各坐一桌，先擺出一個樣子，語言嘛！多少還是會流通一些，

至少同處一室，感情還是可以交流。妳在現場也可以穿梭兩桌促進交流。」

赴宴的演員名單敲定後，由朱文順負責召集，有的在辦公室等著，待有些人從寬城子回來後，再一起走路過去。在寬城子拍片的鄭曉君、張敏、孟虹和徐聰決定參加，李明應該也會來吧。

既然決定要參加晚宴，香蘭和葉苓兩人的心思早就飛向那家餐廳，武術、電影、美食和日本經驗，亂聊一通了。

「李小姐，部長請妳過去一趟。」

香蘭抬頭一看，原來是山梨稔的助理君子。她隨著君子走進總務部長的辦公室，沙發座上除了山梨和牧野外，還有兩位男士。頭髮前禿，戴著圓框眼鏡，年近半百，八字鬍濃密，正在看一紙文件的男士看了香蘭一眼後，把紙放在茶几上。香蘭：

「久米先生。」

「你們認識？」牧野。

「第一次見面。」久米和香蘭握手，「幸會。李香蘭小姐幸會。」

香蘭坐了下來，取來茶几上的文件瞄了一眼，原來是前兩天東寶公司發給山梨，裡面寫著要將作家久米正雄近作《白蘭之歌》拍成電影，請李香蘭擔任女主角，男主角則內定日本紅星長谷川一夫的函件。兩位長官在這之前跟她談過這個案子，但她一直感覺漫無邊際，看過這紙文件後，心中還是異樣的茫然、空虛，於是在辦公室側門牆邊的書櫥急搜久米的作品，好不容易看到一本《微笑青空裡》[1]，翻了幾頁便擱下，不過對那部小說扉頁的作者肖相倒留下深刻的印象。香蘭想到這兒把那紙函件輕輕放下，帶點歉意看向另一位比較年輕、帥氣的男子。

「木村千依男，是這次《白蘭之歌》的編劇。」

隨著牧野的介紹，香蘭和木村小握手後。木村：

「上個月的宣詔晚會遠遠地看過妳，如今竟見面了。」

香蘭笑得靦腆，和兩位訪客距離倏忽拉近，牧野順勢把《白蘭之歌》原著作者久米和編劇木村的關係簡單說明一下。久米看向香蘭：

「那一晚妳唱〈何日君再來〉時，換穿純白色的中式絲緞長衫，衣服好像也在唱歌，我們的木村印象特別深刻，印象記已經寫好了，

回去後想拿到《電影旬報》發表呢。」

「這使不得。」

香蘭說著容顏有些窘迫，大家笑著給她解圍。久米：

「白衫裡面凹凸不平的花紋很像音符的起伏，哀怨奪魂的歌聲征服了所有觀眾，我寫的故事轉成劇本，木村兄應該會把這首歌納入，加深故事生離死別的氣氛。」

久米的話平息了香蘭的嬌嗔，也把每人一點玩鬧的童心帶向莊重。

「終於看到女主角了，這部小說可以更快完成了吧。」

山梨說完，牧野看向久米：

「長谷川一夫見過沒？」

「還沒。先見到女主角也是應該的。這部小說的構思就是從李小姐開始的。那年我在東京時便想，該為滿洲寫什麼？滿洲有什麼好寫的。滿洲的鐵礦、炭礦雙強爭鋒，高粱得天獨厚。對了，最近升起的『美聲』，滿洲歌謠唱得很好，日語歌也一級棒，才決定把李小姐形塑進小說裡。所以說，先和故事的源頭見面反而更好。」

「歌聲牽引出一部小說，甚至一部電影，也算是李香蘭傳奇的一部份了。」

聽著山梨的話，香蘭羞紅了臉，希望大家別再談到她。久米：

「小說還沒寫成，也還沒連載，就大談拍電影，我真有種懸浮空中，很想趕快踏上地面的感覺。」

「現在沒有別的路，只好拚命向前了。日本的電影、文學作品，很多就是這樣被逼出來的。」

編劇木村的話激起大家重新審視腳步快速的日本電影和出版界。久米：

「說的也是。回去定稿後，交給東京日日新聞連載，劇本方面，木村千依男也寫得差不多了。兩三個月前，我們一塊來滿洲，除了拜會、採訪，我有空就趕稿，他就根據我寫的，在我旁邊寫成劇本。」

「聽起來，讓人很放心。」牧野滿男。

「沒錯，我們在這兒，回去後也是一樣，密切合作。」久米瞬了木村一眼，再看向每一人，「我的小說正要收尾，看著木村，就很好下筆，寫完，他會幫我看，他的劇本，我也會幫著看，快快寫完，

一次排版完畢，我和他校對完後會請工廠先印幾十本，分別給導演和重要演員。」

「那就是說，原著還沒在東京日日新聞連載，劇本已經出版了。」

「山梨部長說的沒錯。現在刊物的老編常常催稿，我們寫小說在趕，導演渡邊邦男以快速拍片出名，他更希望趕快看到腳本。」

久米說著看了香蘭一眼。香蘭本想問久米，遲疑了一下，還是看向牧野：

「長谷川先生在日本名氣很大吧。」

「熱到燙手。」牧野把頭往後仰，讓自己舒服些，「松竹和東寶為了搶他還曾鬧到不可開交。」

「我感到壓力很大。」

香蘭說著四位男士笑了起來。山梨：

「長谷川這位老手帶著妳拍，片子會拍得很快。等於是渡邊和長谷川這兩位快手拉著妳跑，很快便會到達目的地。」

「真的，我這慢慢爬格子寫作的人，也已經感受到電影界吹過來的快打旋風。很可能原作小說還在連載，電影就像早產兒，已先出來了。」

久米的話讓大家恣意笑開，山梨收起茶几上的函件。久米繼續說：

「大陸開拓文藝懇話會的那些人來了沒有？」

「早上就來了。他們現在在寬城子片場參觀，林顯藏專務和根岸理事陪著他們。」牧野看著久米和木村各帶來的兩件大行李箱，「他們和你一樣，要轉到我們滿映安排的飯店。」

「住那邊？」

「附近的中央飯店。今晚你們貴客食宿都在同一個地方。」

山梨決定開車載久米和木村先到飯店休息，牧野和山梨搶著幫他們提行李，但他們都只讓出一個。在寬城子拍片的演員回來了，朱文順一個個詢問內定參加晚宴的演員同仁，李明藉故不參加，香蘭並不覺得意外。新京六月的白天相當長，六點多一點，夕陽還斜掛西天。十來個人在朱文順的帶領下步出日本毛織大樓，走過康德會館。三中井百貨位在街角，不少人悠閒地徜徉在百貨旁的人行道，

甚至席地而坐，衣著光鮮亮眼的十幾個演員走過時，頗吸引他們的目光。綠燈一亮，十幾位演員穿過大同大街，涼風在寬廣的路面迴旋，滌除了白天的餘熱。

▌▌▌ 59. 作家赴宴 香蘭醉酒

滿映赴宴的演員走過大街，飯店已在眼前，三樓長形建築外露的排水管沾著夕陽，像一條條光管，一票人經過暗影濃聚的一叢路樹，再轉身踏上石階，進入中央飯店。

滿映演員進入餐廳後，在服務小姐的引導下，魚貫進入飯店左側包廂區的麒麟廳。這間包廂有兩個可容納 15 人的大圓桌，和一組沙發。大家正張望著該怎麼坐時，牧野走了進來，和朱文順講了幾句。朱文順看著同來的演員：

「次長要我們先坐，我們就選靠門的這一桌。長官和日本客人還在樓上房間休息，等一會會下來。」

滿籍演員很自然圍成一桌聊了開來。日籍作家、長官陸續進來，聊天的聲音弱了下來，多了幾雙打量著遠來客的眼神。日語圈坐了一桌後，為了讓滿籍演員瞭解宴會的意義，林顯藏專務和文藝懇話會代表福田清人先後致詞，由朱文順口譯。接著林專務介紹來賓，一樣由朱文順口譯，被點名的作家依序站起，站得筆直，像軍人一般鞠完躬後，迅速抬頭。貴賓作家太多了，記住了名字，隨後又把這人的形貌和別的作家搞混了，最後香蘭只清楚地記得頭戴黑框眼鏡的伊藤整，他瘦弱的身子和他只有三個音節的名字若符合節。

「李香蘭！李香蘭！」

香蘭回過頭，只見牧野手持捲成管狀的雜誌指向日語桌的空位，香蘭只好遵旨移坐過去，同時依上意自我介紹。在座作家，有的在日本時就聽過香蘭的名號，至少在今天參訪的過程中，就從根岸寬一和近藤伊與吉口中得知這號人物，如今見到真身，聆賞流利、悅耳的日語，報以熱烈的掌聲之餘，也都紛紛遞上名片。她在取得名片時，也多認識了幾位，一個是對面的田村泰次郎，一位是她左手邊的湯淺克衛。

酒菜開始上桌，林專務首先代表滿映向多位遠到的貴客敬酒。

「你們懇話會來這兒就是要考察滿蒙開拓村，事實上，你們也

只能參觀滿洲開拓村，現在蒙古被蘇聯控制，是不是就不要再說滿蒙開拓了，說滿洲開拓就好了。」

「不錯。日俄之間的矛盾一直存在，國內向滿洲進行的分村計畫主要目標就在北滿，目的也就在防範蘇聯，或者說俄國人。」開拓文學參訪團團長福田清人向林專務舉杯，「我們來之前先到茨城縣滿蒙開拓義勇軍訓練營參觀過。那些受訓的少年士氣高昂，移居滿洲進行開拓，自然就形成一股戰鬥力。蘇聯的史大林進行大整肅，5 名蘇聯元帥被殺了 3 名，15 名軍團司令被殺掉 13 名，其他軍長、師長也都被殺掉一大半，戰力大減，將來兩國如果再戰，日本贏了，蒙古自然歸日，輸了，滿洲也會不保。即使現在我們掌控不了蒙古，但滿蒙兩個字還是不能拆開，表示我們收復蒙古的決心不變。」

看見林顯藏兩眼瞥向一邊，福田清人自覺言語顧人怨。身為文藝懇話會旅行團團長，出發前在拓務省接受訓令後，沒想到硬綁綁的教條會在有意無意間在自己的言行中出現。牧野滿男環顧了一下在座的作家，隨後笑看福田清人：

「你們上月來的時候剛好碰到滿洲國民大會大遊行。」

「那一天遊行部隊在大同廣場集結。滿鐵人員也安排我們參加。」福田清人努力喚回有些失落的記憶，「但我們沒待太久，隨後就到你們滿映來參觀了。」

「這樣啊！我抱著看熱鬧的心情，借了一輛腳踏車前去觀看，果然不出我的預料，大家開始注意到蘇聯的威脅，大會主持人還帶頭高呼反共防俄的口號。」牧野語帶警示，吸引大家的目光，「蘇聯或者俄羅斯帶給滿洲不小的威脅，我最近比較注意。蒙古國騎兵仗侍蘇聯的力量，不時越過哈拉哈河到我們的呼倫貝爾湖一帶的草原放牧，被滿洲國騎兵趕了回去，不久又再來。你們來之前，關東軍司令部就頒了一道《滿蘇國境糾紛處理綱要》，意思是國境有爭議的區域，該地區的防衛司令官可以自主認定國界，遇有入侵時可以回擊。」

牧野說完，大家的思緒停頓了一兩秒，日俄之間的緊張也讓一直靜坐吃菜的香蘭頗有所感，腦中浮現恩師波多列索夫夫人和失聯已久的好友柳芭。她正恍神時，桌上多了一本小書《移民》，書上署名湯淺克衛。她看過封面抬頭一看，她鄰座的湯淺舉杯：

「各位大哥打擾了，拙作帶來不多，所以只送各位。」

另一桌演員在浦克、王福春帶頭笑鬧下，氣氛一直很熱絡，根本不在乎另一長官、賓客桌做啥。年輕時醉心少年文學的福田清人，最近趕搭大陸熱潮，成為開拓文學的代言人：

「湯淺君這一本書，小小一本，但打響開拓文學、移民文學的第一炮。他年紀輕輕的，之前還沒到過滿洲，但透過訪談寫成這一本，後續更大本的會陸續出來。就我所知，不管是北滿的開拓村，或是大都市的日本人社區，甚至是滿人社會，要立刻培養出一個作家，很難。內閣的拓務省或滿鐵提供生活費用把日本作家移居幾位過來，是有必要的。其中最好的人選就是我們的湯淺君。」

湯淺被說得有點臉紅，滿映幹部向他舉杯時，他臉更紅了。一時興起，大家相互舉杯。

「在這裡接待各位，主人意識很強，好像身在東京一樣，猛然一想，原來自己是移民，滿映近百名員工也算是移民。」根岸寬一理事看著這些作家，想著自己也曾想過動動筆，賣弄文字，心裡有所感，「日本現在可說是移民大國了，輸出戰爭、軍人，也輸出移民。不過我們移民到滿洲算是搞錯了方向。燕子、蝴蝶也會移民，但都是往溫暖的方向飛，我們來到的滿洲冷得不輸西伯利亞，實在是太冷了。」

「根岸理事的話讓我想起了詩人安西冬衛的短詩〈春〉。這首詩有這麼一句：一隻蝴蝶，向韃靼海峽那邊飛去。一般解讀是，這隻蝴蝶就是指滿洲。」

坐在湯淺左邊的田鄉虎雄開口了。田鄉的年紀大了一點，一襲浴衣，看來格外瀟灑。坐在香蘭的斜對面，臉上還帶點稚氣的年輕作家開口了：

「長與善郎，大家都知道吧。這位非常中國的作家把這個蝴蝶說作了一些修正。他的《少年滿洲讀本》寫道：一個少年請父親帶他去滿洲，父親於是找了一紙遠東地圖。當父親給他指出地圖上的『滿洲國』的時候，少年驚喜地說道：滿洲！看起來真像蝴蝶。父親說：不錯，這隻蝴蝶正朝著日本的方向飛呢！大家想想，側面看，滿洲像不像一隻蝴蝶。」

這位年輕作家所謂的「大家」，指的可能是從沒聽過這種論調

的滿映幹部。林顯藏、山梨稔，甚至香蘭腦中浮現的滿洲地圖也都企圖套進蝴蝶的樣狀中。香蘭把桌上名片攤開來，眼睛瞬向湯淺克衛，湯淺指向「近藤春雄」的名片。

「確實有點像，東邊長白山脈像是牠的身子，大連所在的半島算是牠身體的尾端。靠近蒙古的黑河、兩興安省和熱河算是它的翅膀。但對於蝴蝶來說，這個翅膀太小了。」總務部長山梨琢磨著自己想法時，停頓了一下，「還不如說牠像蛾，日本本州像隻蠶，這隻蛾飛向它的母體。」

這種比喻引發熱烈的回響，大大激起了大家的酒興。近藤春雄：「可以寫下來，作為長與善郎版的修正。」

舉桌笑得面紅耳赤，湯淺克衛從皮夾取出一張紙，向香蘭指著近藤的名片，然後在紙上寫著「此君 25 歲，漢學家，研究中國《四庫全書》，還出過書。」

香蘭再次看了那年輕作家一眼，熱心漢學的父親年輕時也是那個樣吧。香蘭這樣想著時，牧野次長提高嗓門：

「這樣比喻也不太好。蠶蛾有公有母，公的交配完就死了，母的產完卵也會死。怎麼飛啊！」

「難不成咱日本擴大中國的戰爭，目的就是要把蛾變成真正的蝴蝶？」

坐在久米正雄和近藤春雄之間，清瘦面容上掛著一副黑框眼鏡的伊藤整的這句話，向大家的軍政話題撥了冷水。舉座酒興不減，大家相互敬酒，話兒少了些。

酒席伊始，賓主意興遄飛，坐在香蘭對面的田村泰次郎，看著面貌娟秀的香蘭，一直想跟她攀談，無奈座位隔著一張大圓桌，同桌男士的議論火網交叉，讓他難以插口。

「酒量還行吧！……喝酒還好吧。」

香蘭眼望他處，經近藤伊與吉老師提醒才知對座的的田村泰次郎在問她。

「最近應酬有練習一點，不敢喝太多，沾沾唇而已。」香蘭恭恭敬敬地舉杯，看著有點碩胖，額上頭髮高高梳起的田村，心裡慌得亂問一通，「日本和蘇聯會打起來嗎？」

「不排除，尤其是日本和俄國是宿敵，舊恨難了。現在戰爭就

像流行病，看歐洲，東歐、北歐被希特勒踩平了，法國成為下一個目標。現在東亞，只要日本繼續在華中追著中國軍隊打，那一天，老俄忍不住了就會開戰。」

「我在北京和奉天住的時候，好像經歷過戰爭，又好像沒有。」

香蘭說著，直覺話語很困難地穿越同桌賓客相互交錯的觥籌和話語才到達田村那兒。

「那是因為日本軍隊進入滿洲和華北時，中國軍隊撤退多過抵抗，但現在長江一帶，退無可退，抵抗就很激烈了。」田村看了香蘭一眼，想：別以為她日語流利，就把她當成日本人，言談還得謹慎些，「我在想，如果日本和蘇聯開戰，就像以前的那場戰爭，戰場一定在滿洲，屆時妳們滿洲的老百姓就慘了。」

香蘭心底抖了一下，是的，自己仍是滿洲百姓，仍是長官刻意塑造的奉天名門的千金。就在香蘭落入慣常性的身分爭戰之中時，宴席沒這麼吵了。香蘭趁機面朝田村右邊的木村和久米舉杯，她不想提《白蘭之歌》，一時不知該說什麼，但這兩位作家看見香蘭在百忙之中特意舉杯致意，還是十分歡喜。

「剛剛大家談到軍政方面的話題，好像很興奮。事實上，我們作家都討厭戰爭，大家都有基本的認識，如果將來躲不開，只好就近觀察戰爭，把戰爭轉成反省人類行為的素材加以描寫。這樣說來還是有點殘酷。」田村說得意興遄飛，大大貶損了軍人和政客的威風，「將來我們描寫戰爭，目的就是要阻止戰爭，放人類一條生路。」

「戰爭給人帶來更豐富的體驗，給作家帶來更多題材。戰爭如果無法避免，作家只好去面對了。當然我不認為作家要拿起槍去打仗啦。」香蘭面對田村的豪邁，心裡有些急亂，「我是說當隨軍記者之類的。」

「當隨軍記者後也可能陷入戰鬥，作家應該拒絕任何參戰的可能，在這種亂世，只好堅守文字的戰場，用筆在字裡行間戰鬥即可。」

田村說著對這位滿洲姑娘不禁有點刮目相看。香蘭發覺這一刻長官和貴賓都停杯藏舌地讓她暢所欲言，不覺有些羞赧。鄰桌的滿映演員，談興還是很濃。這一桌，這些作家對於這位滿洲姑娘引發的嚴肅問題感到好奇。田村：

「我覺得西方意識流的小說用來表現戰爭下的人們生活也很適合。」

「您說什麼流？」

田村再說一遍時，眾人的話匣子又打開了，香蘭更加聽不懂，感覺尷尬。

女侍端來一盤新菜「地三鮮」，在轉盤桌上繞了半圈，香蘭給自己舀了一匙茄子和土豆時，已不見田村的人影。在懇話會作家主導的酒宴氣氛中，久米正雄和木村千依男很自足地低聲交談，香蘭再次向他們敬酒。木村：

「我來到滿洲看到很多女性都穿旗袍，李小姐現在也是。穿著方便，又能夠襯映出女性的身材，比和服實際多了。」

「是啊。我中學就開始穿了。」

香蘭臉顏內含的酒紅益發讓木村覺得自己的話題唐突、露骨，開始側耳傾聽久米的話。香蘭側頭望向沙發組，見田村正俯身在茶几上寫字。莫非田村要把剛剛講的什麼流的話寫給她看。她頗忍了一會才好奇地走了過去，坐在田村旁邊，田村順手把寫了一半的白紙攤在她面前。紙上寫著「愛爾蘭作家詹姆斯·喬伊斯」。

「知道這人嗎？」

香蘭搖搖頭，田村又指著紙上的文字：「所寫小說，打破傳統情節的框架，注重人內心意識的流動。」香蘭看著田村手中的白紙黑字，眼角飛出的流盼閃出輕巧的問號。田村：

「打個比方，不描寫人的外貌、眼神、舉止的美，而是描寫人的內臟、血管、神經，血肉模糊的地帶。」

田村誇張的解釋反而把香蘭疑惑的流盼轉成蹙起的眉頭。

「現在軍國主義當道，百姓備受壓抑，生活更加簡單，不是敢怒不敢言，而是根本就把憤怒壓在心裡面，人們表面上枯索、乏味，好像沒什麼好描述的。實際上，內心世界更加繁複多歧，分裂得更嚴重，更多可以補捉。在這種惡世濁流中，喬伊斯主義像是一條繩子，拉住它，不會讓你立刻幸福，但會在冷冷的寒意中感到自己的存在。我最近很迷喬伊斯。」田村手指搖指著低頭啜飲的伊藤整，「那個戴眼鏡瘦瘦的伊藤整，妳知道。他跟我一樣很迷喬伊斯。」

「哦！他真的很瘦。」

「他的胃不好。」

「李香蘭！李香蘭！」

聽見牧野呼叫，香蘭嚇了一跳，趕緊回座。牧野：

「跟作家談情去了？」

香蘭紅了臉，田村也回來落了座。牧野站了起來：

「在座的很多是內地來的作家，我們前輩作家久米正雄和木村千依男為了一部作品在滿洲取材旅行。」

舉座的目光都往這位坐在田村泰次郎和伊藤整之間，頭髮前禿，戴著圓框眼鏡，年近半百，舉座年紀最長的久米，和年輕幾歲，顯得幹練的木村集中。牧野繼續說：

「大家繼續用餐。久米先生的這部作品名叫《白蘭之歌》，木村先生據以編劇，名稱不改，是很中國的名字。小說預計兩個月後在東京日日新聞連載。最重要的一點就是，我們正和東京的東寶洽談合作，用這部小說改寫的劇本拍成電影。東寶出男主角，我們出女主角，這位女主角就是在座的李香蘭小姐。」

宴席間響起了歡呼，舉座期許的目光、替她高興的笑容撲面而來，好像慶祝會的彩紙紛紛落在她身上。香蘭有些手足無措。牧野目視香蘭：

「來，向久米和木村老師敬酒！」

香蘭站了起來，同桌男士發出的「乾杯」聲不絕於耳，把她的身子壓低。香蘭舉著一小杯白酒向久米和木村老師鞠躬後，一飲而盡，迎來一陣喝彩，但人生第一次的嗆辣卡在喉嚨，她趕緊喝點熱湯，化解不適。久米：

「我這小說的女主角，設定為熱河望族的女兒，小時候在奉天學聲樂，跟她，李香蘭的背景很像。」

「替她量身打造一本小說！」

「寫小說因人設事，如今同桌共飲，真是有緣人。」

. . . .

你一言，我一語，大家氣息相通，同聲起哄的結果，要久米、木村分別和香蘭加碼共飲。香蘭連續兩個三分杯下肚，還是有些嗆喉。

作家爭相向香蘭敬酒，香蘭剛打開酒禁，為了展現誠意，不再

只是象徵性地沾唇，一方面近藤伊與吉老師等人勸她別喝太急，食物也要多吃點。但這兒半杯，那廂三分杯，作家頻頻給她添酒，她很快便進入前所未有的恍惚、游離的情境。

不僅是酒、菜湯，彷彿所有的人、講的話都呈液狀。是田村嗎？舉起酒杯來了。「李小姐可能不能再喝了。」有人阻止她。田村放下酒杯：「李香蘭小姐，今天有緣在此相見實在是幸會。我們來滿洲一趟，即使有官方贊助，亦屬不易，那一天李小姐如果能來東京，那就最好了。」……「現在滿洲人要來東京不太容易。」是誰在插嘴啊。本姑娘說來會嚇死你們：「我去過兩趟東京，還是不久前的事。第一次是參加滿洲資源博覽會，在東京高島屋。第二次是參加兵庫縣的大東亞建設博覽會，參加過後也到東京拍片。都是公司派過去的。」……「哦！這樣哦？厲害！」可不是嗎？大家都驚呼了起來。「不過都跟著行程跑，跑劇場、臨時集會場，或拜會新聞機構……很少私人行程。」香蘭說著轉醒了一些，但目光所及，人兒、牆壁、燈光和菜餚相互交融，話語也緩慢多了。

「她即將要拍的電影《白蘭之歌》，是滿映和東寶公司合作，屆時會在東京停留一段時間。棚內戲一般也會在東寶攝影棚內完成。」

山梨這一番話又把現實拉回了一些。田村：

「那太好了。下次來東京通知我一聲，我一定帶妳大街小巷走幾遍，讓妳見識不一樣的東京。」

浸潤在濃濃的醬汁中，週身貼滿豆腐、肉片、香菇、青辣椒、紅辣椒的得莫利燉魚進來了。林專務淺嚐一口豆腐，藉口有事向大家舉杯後先行離去。大家都知道這是倒數第二道菜，再來一盤青菜，便是送客的甜點和水果了。雖然是宴末菜，但畢竟太誘人了，大家還是杯筷齊舞，重返醉鄉。

「別看我們李香蘭個兒小小的，她是很快的。」

坐在香蘭右邊的近藤伊與吉說著把筷子稍稍提離桌面，做一點晃動，顯示他知道中文的「快」與「筷」字同音，在腦中串起一些意念。近藤老師除了上課教學，或在拍片現場協助導演指點演員外，一般不太講話。此刻，在香蘭的醉眼裡，他也有些醉了。

「李香蘭不但歌唱得手，騎馬也是一把罩。在滿映新片《鐵血

慧心》擔任女主角。男演員在大草原上騎馬追逐馬賊，不時落馬。但我們的李香蘭騎在大馬上快意馳騁。」近藤老師手中的筷子做出馬蹄急馳狀，「就像這樣。」

近藤老師的快人筷語又掀起小小的旋風，久米依舊乘在大家的佳興裡：

「這也符合我小說女主角的描述。這位女主角除了是男主角的情人外，也是騎馬帶兵的女軍官。」

這回的回響沒這麼熱烈，但香蘭還是向久米敬了酒。送客的水果送來後不久，華語桌的演員和朱文順向長官致意後紛紛離去。牧野滿男：

「我們繼續聊。多待一兩個小時也沒關係。待會看情形再加菜。」

鄭曉君起身移步過來，看著香蘭：

「妳喝多了。沒事吧？」

「還好。」

鄭曉君看著她不忍驟去。已然站起的香蘭感覺動一下，甚至坐下，都痛苦：

「曉君，陪我到外面走走。」

鄭曉君攙起香蘭的手臂，香蘭歉意地看著同桌：

「她帶我出去走一下。」

山梨和牧野走了過來。山梨：

「要不要我載妳回去？」

「我只是走一下，很快就回來。」

大陸筆耕部隊的作家不知道香蘭食物梗在胸喉之間的苦楚，以為她有事出去一下，或是散散步消解一下醉意，都希望她快點回來。鄭曉君步出房間門口，撐起香蘭的身子往大門移動，在大廳的櫃檯前向服務小姐要了兩只牛皮紙袋。步出大門，兩人小心地步下門前階。豐樂路的夜色漫著薄薄的光霧，車子的尖峰期已過，廢氣遠逸，槐香撲鼻。走了幾步，大同大街路燈強照，車燈點點，三中井百貨大樓的燈飾，在香蘭眼裡映成迷離的光幻，春風徐徐，喉關鬆動了，香蘭趕緊用意志鎖住，但步履更蹣跚了。艱難地通過大同大街，兩人趕赴三中井旁邊的路邊椅。甫坐下，香蘭趕緊抓來鄭手中的紙袋，

嘩啦嘩啦地吐了出來。鄭曉君輕敲香蘭的背，感覺身旁有人，抬頭一看是浦克和王福春。浦克：

「她喝醉了。」

「沒你們的事，你們也喝多了，趕快回去找人服侍去。」曉君見兩個大男人還是有些遲疑，「趕快回去，我照料她就夠了，她吐出來會好多了。」

浦克和王福春走後，香蘭開始碎吐。曉君繼續給她搥背：

「好點了？」

香蘭點點頭，站起後橫跨兩步倚在路燈桿上再次嘩啦拉吐了出來，隨後再吐出一些胃液。

「感覺好多了。」香蘭望著夜空迷離的光霧，察覺體內醉後的恍然變得比較純粹，嘔吐感已經退到胃裡，心理多少回到現實，「妳晚上還要回寬城子？」

「我的腳踏車由巴士載回，放在總公司外面，待會我就騎車回家。」曉君回望香蘭悲苦的神情，知道她心裡的擔心，「王福春大哥他們都會回清明街宿舍吧，明早再搭巴士回寬城子上戲。」

香蘭笑了，笑得很苦，但堅持回中央飯店的餐廳，鄭曉君只得陪同前往，到了飯店進入大廳，曉君把嘔吐物交給走過來的女侍處理後，香蘭探望麒麟廳裡頭，發現作家還在，她謝過了曉君逕自走了進去。作家群見到香蘭精神大振，但談話中斷了，好像用沉默來歡迎香蘭的歸來。香蘭笑著張望了一下，感覺有些詭異。鄰座的湯淺：

「我們在談論如何像久米先生那樣，成為大報社、大雜誌社催稿的大作家。」

湯淺年輕的醉顏擠出矢志努力的那種堅毅，醉意猶濃的香蘭看著迎面而來的久米的笑顏，一雙眼眸水汪汪地轉了一圈後，直覺久米似在暗示什麼：

「老師，我也一定要努力，成為……」香蘭把「大明星」三字嚥了下去，「成為大人物」。

「我們在爬人生的階梯。」久米意味深長的笑臉依舊。「我們正在談論人生的頂點和高原期。譬如這兒我年紀最長 49 歲，作家的頂大概是 60 歲，我再爬 11 階就到頂。妳李香蘭 19 歲，演員 30 歲

到頂，妳也還要再爬 11 階，然後享受高原期，高原期付出少收穫多。」

「我還是有些聽不太懂。」

香蘭說著拿起茶杯一飲而盡，侍候的小姐立刻給她補充茶水。久米：

「我還沒說完。比如我到攀頂還有 11 階，但我很努力，只用 8 年就爬上 11 階，而我的高原期也多了 3 年，那我就贏一般作家了。」

「照老師說，我們都還有 11 階，那我們來比賽吧。看誰用比較少的時間爬完那 11 階。」

久米的八字鬍抽動了一下，思緒在眾人的笑裡起伏。

「不用比了。我輸了。」久米看著大家尋求答案的眼神，「我從高原期下來，人生就要畫下句點。然而李香蘭年紀還輕，她可以尋覓人生第二春，比如改演歌舞劇，或像我一樣從事寫作。所以至少是二比一贏我。」

舉座笑翻，久米和木村兩邊同為喬伊斯迷的田村和伊藤，一壯一瘦，笑起來活像同仁劉恩甲和張書達，香蘭看了也忍俊不住，笑意隨著醉意蕩開。話題一個接一個，一夥人聊到 11 點散席。作家逕自到樓上客房休息，滿映的五人同搭山梨的車子離去，香蘭住得最近，最先被放下，由牧野陪同進入巷子回到扇房亭二樓。牧野見她腳步略顯蹣跚，但睡意已濃，替她關門後始放心離去。

註 1：《青空に微笑む》，大日本雄辯會講談社 1935 年 6 月出版。

▌▌ 60. 車站送別 不實宣傳

被醉意弄糊的香蘭很快便被睡意吞噬。她半夜醒來一次，如廁兼喝水，然後一覺無夢到天明。

晨光耀眼，但宿醉倦人。昨晚的酒宴對她來說，像是很久以前的事，更像夢境，細節蒸發後只剩梗概，自己到底說了什麼，沒多少記憶，作家談些什麼，除了一些意象鮮明的之外，只剩下概念式的印象。

記憶和體力都被酒精融掉泰半，但昨晚作家不阿流俗的機智談話，對威權體制的諷意，刻畫鮮明的個人生命情調，那種印象一直屹立在她記憶深處。

昨晚酒宴實在熱烈，參加的人都獲准第二天上午休假。久米和木村應該中午就搭車南下北京。早上，懇話會拜會滿洲國文教部，下午造訪滿洲新聞社，同時接受採訪。滿映不再當主人，那些長官不再過問那些作家的行止，但自己說好要送他們，自然非去不可。在昨晚的事多已酒融後的此刻，送行的允諾還是牢記在心。

　　昨晚散席前，久米要她以歌代言，她開始唱〈何日君再來〉。這時已近午夜，廂房外的大餐廳早已打烊，等候這一桌散席的幾位女侍聚在門口一邊聽歌，一邊含笑點頭，但被作家看了幾眼，笑著退避一些。歌畢，田村泰次郎：

　　「妳唱的〈何日君再來〉是中文，這一趟結束後，我也希望『再來』滿洲。李小姐，妳也快快再來日本，我可以帶妳看看妳以前沒看過的日本，中國人分手時說『再見』，意思不是沙喲那啦，而是期待再會。屆時在日本『再見』，妳想去那兒，我可以當導遊。」

　　「很好。你們明天去奉天的時候我來送你們。」

　　「不用了。怎好意思麻煩妳。」

　　「沒關係的。送別是給『再見』創造條件。」

　　「說得好。我們後天一早走，不是明天。」

　　「久米老師呢。」

　　「我明天和木村前往北京，再前往承德看看。」久米面露疲態，「去年秋天隨軍到長江，最後到漢口，今年又到滿洲，中國體驗夠了。北京看過後就要趕回去，把《白蘭之歌》做最後的修正，然後就得交卷了。」

　　「久米和木村先生明天離開，我會去送。」

　　山梨說著，意味著懇話會筆耕團明天拜會滿洲新聞後，後天該由新聞社送行。香蘭想，若新聞社有人送行懇話會成員，自己前往送行，算是錦上添花。若沒人相送，自己更應該前往。她日思夜想，期待中的送別時刻終於來到。

　　香蘭朝陽初照即起床，梳洗一番，抹點淡妝時，鈴木正則也來敲門了。兩人登車直驅車站後，香蘭留下鈴木，一人進入車站。偌大的候車大廳座椅坐滿了七八成，香蘭頗張望了一會，才在販賣部前面的排椅看見田村泰次郎一夥人和兩名男子站著聊天。那不就是滿洲新聞編輯長飯田嗎？旁邊一位應該是記者或編輯。香蘭定定地

看著他們，前晚坐她隔壁的湯淺克衛見了她：

「真的來了。」

大夥把頭轉了過去，有些意外中臉露欣喜，原以為她前晚的送行說不是隨意說說，是真來了。香蘭兩眼摛住飯田編輯長：

「飯田先生好，好久不見。你也來了。」

「哦。」飯田看著福田清人有些尷尬的臉，再望向其他人，直覺自己是多餘的，最後安泊在香蘭溫暖的眼神裡，「妳是專程來送他們的？」

「是啊。那晚大家實在很盡興。」

「有妳在，大家當然很高興。」

飯田說著力請懇話會作家坐下，免得位置被他人佔去，自然也察覺自己擋住大家和香蘭的交流。近藤春雄客氣地把座位讓給香蘭，移坐他處。大家沉默了一會，飯田向福田清人道別了：

「你們車子也快來了。我有事先離開，就不送了。……你們別起來。」

福田清人和兩三位作家還是起身：

「謝謝你和火野部長專程相送。」

滿洲新聞兩位高層走了，香蘭知道這兩位仁兄開車載懇話會作家前來。作家們看著飯田離去，可以專心面對香蘭，更加高興，田村伸長了脖子看著香蘭，面露覿覥。

「一大早就讓妳為我們起來，我們何德何能，」田村越說越帶勁，「勞駕妳這位大明星前來送行。」

香蘭遲疑了一下，身旁的田鄉虎雄：

「妳前晚喝茫了？」

「還好，經過昨天一整天的休息總算醒來了。」

「我喜歡這種醉了一整天才醒來的說法。喝了酒不是一覺醒來就好了。」湯淺克衛開了口，發覺自己完全脫離酒後的宿醉，「昨天，尤其是早上文教部那一場拜會，大家都提不起精神，很是失禮，我看福田團長也冒出一身冷汗。」

大家相視良久笑了起來。香蘭：

「雖然酒醒了，很多事情都忘了。不過幸運的是有一件事沒忘。」

「什麼事？來送行的事？」大家異口同聲。

「比這個更重要的。」香蘭停頓了一下，瞬了大家認真的臉孔，「我接觸過這麼多日本人，第一次接觸到作家，而且一次又這麼多人。僅僅是一個晚上，也讓我瞭解作家就是作家，談詩論文，看時勢，評品人物，講的話句句是學問，話中有話，甚至放射出諷意，耐人尋思。從你們口中，我才發覺原來日語可以講得這麼美。」

香蘭話畢，田村發出會心的微笑，其他作家也都釋然笑開，感受滿洲女子看待日本作家獨有的穿透力。細框眼鏡下，臉顏瘦削的伊藤整：

「我們在新京看了好幾個單位，覺得你們滿映最不政治，來滿映之前由滿鐵新京分社長招待，他還安排我們加入國民大遊行的隊伍。我們抵達會場後不久就轉身離開。來到滿映感覺就是不一樣，你們從事創作的，確實沒這麼僵化，所以大家在晚宴上暢所欲言，偏偏妳能欣賞。顯然我們也沒白講。」

大家再次笑開，沉浸在新的融洽裡。田村泰次郎站了起來，看向香蘭，田鄉虎雄識趣地挪移身子，讓田村和香蘭坐一塊。田村：

「前晚喝多了，醉言醉語，我說了意識流小說不在描寫人的外貌、舉止，而是描寫人的內臟、血管、血肉模糊地帶這些話。」

「是有印象，當時也覺得怪怪的。」

「描寫內臟只是浮誇的比喻，實際上是描寫人的意識、心理，甚至探索潛在的意識，把壓抑在心理底層的秘密挖出來。」

「這樣就容易理解了。」

香蘭說著，田村釋然，瘦瘦的伊藤整探出頭面向香蘭：

「昨天聽您講，好像去過日本不少地方，剛好是櫻花季。」

「最近四月去的那一趟，一路上可見櫻花，昨天那位牧野次長要帶我和幾名演員看花海，結果很失望。」香蘭藉著手勢協助大家的聆聽，「我們先在日活京都攝影棚參觀，隨後牧野次長帶我們到嵐山，期待看到滿山遍野的花海，可惜花期的高峰已過，只見零零落落的花樹。」

「花海就像大美人，不會一下子就讓人看到，大概先故作姿態，待下次再來一定看得到。」

領隊福田清人說著，送別的場面又減少了幾許生疏感。

「李小姐。」

香蘭伸出頸項，原來是前晚鄰座的湯淺克衛。湯淺繼續說：

「待會妳要不要進月臺。」

「自然要。」

「我幫妳買月臺票。」

「不用了，謝謝，我用工作證就可以自由進出月臺。滿映也是滿鐵的投資公司。所以有這種優惠。」香蘭向著有些尷尬的湯淺笑開，「你們到奉天後做些什麼。」

「拜會滿鐵事務所，參觀鐵西區，然後就經由朝鮮回國……。」領隊福田清人提著行李站了起來，「好了時間差不多了，我們進去吧。」

大家提著笨重的行李通過剪票關卡，走了20來步，步下階梯後穿過地下道，再上一道梯進入第三月臺。香蘭：

「看見大家提得好辛苦哦。」

「憑李小姐這一句，我們的疲勞就消失了。」

最年輕的近藤春雄說完，香蘭：

「那我再多說幾句，你們不就輕輕地飄起來？」

「要多唱幾句，在列車即將啟動的時候。」福田清人。

「前晚唱的〈何日君再來〉還可以吧。」香蘭語含歉意，遲來的主人意識讓她大方了起來，「聽說歌手松平晃把這首歌帶進日本，好像渡邊濱子有在唱了，但我還沒看到日語版的歌詞。」

「唱中文也很好，沒有太多音轉，唱起來感情更綿密。」田村的話頗獲同伴的共鳴，「至少最後一句我們都聽得懂。」

作家們接著你一言我一語，有的說行程，有的說在朝鮮、奉天的見聞，直到「鴿子號」緩緩進場。上車時，他們這兒的頭等車廂次序還好，行李上架後，有人位置剛好在月臺旁的窗邊，有人比手劃腳地和滿人換位，田村和田鄉虎雄分別把兩個車窗拉上後，幾個熟悉的面孔終於朝著香蘭看過來。田村：

「讓我們享受離別的情境，還是唱那一首吧。」

月臺人影稀疏，〈何日君再來〉花一般的歌聲響起，「好花不常開，好景不常在，愁堆解笑眉，淚灑相思帶……」像聲音的精純佳釀拂過車窗流經田村、福田等人的耳膜，透入靈魂深處，溫暖整

個身心。

　　「逍樂時中有，春宵飄無哉，寒鴉依樹棲，明月照高臺……」
啟動了列車，也開啟了幾扇車窗。車內一些滿籍旅客看不到外面，
明明剛才聽到車廂內外男女日語對話，此刻卻聽到從月臺傳來的華
語歌聲，一時有些錯愕。隨著歌聲帶動的繾綣離愁、綿綿情思，一
開始的不協調被撫平了，日語或日人在生活中造成的不愉快經驗消
淡了，唱歌的女子是什麼身分，也沒有追究的意念，遺憾歌聲開始
被列車的引擎和輪軌的摩擦聲干擾，更被高亢的汽笛聲撕裂。

　　香蘭被整個列車拋下，轉身要離去時，發覺對面月臺的人們朝
著她看，她感覺羞怯，快步走向地下道。

· ·

　　在快導渡邊邦男的督促下，《白蘭之歌》主題曲〈白蘭之歌〉
和〈那一顆可愛的星星〉，分別由竹岡信幸和服部良一完成編曲，
曲譜也早早寄達。劇本的編務也依戰鬥的快節奏進行。久米正雄和
木村千依男趕回東京，對於原作和劇本都快馬加鞭進行，劇本整理
完竣，請人就場景描述和滿籍演員的對話加譯中文。原作還沒在報
社編排，劇本也已印了好幾十本，部份隨著渡邊和劇組人員準備搭
機來新京了。

　　木村千依男人還在北京，準備回日本前寄來了一封信，牧野就
信中《白蘭之歌》滿籍角色開始物色演員，除了李香蘭外，和她在
《東遊記》演出對手戲的徐聰也獲選出任要角。其他入選的角色，
如王宇培、催德厚、趙書琴，多數跟她第一次合作。香蘭還沒拿到
劇本，不時就在腦海中浮起和他們共戲的想像。不過她最擔心的還
是第一次和日本首席男星演對手戲。她在《東遊記》雖與日本大牌
合演過，那共戲的部份只是蜻蜓點水，演出後，船過水無痕。這次
聽說要與日本三四位男女大牌合演，而且衝突場景不少，她直覺會
是一場硬仗。為了這部電影，她除了跟音效組的石原老師練習主題
曲外，也常被叫到根岸的辦公室。就在《白蘭之歌》緊鑼密鼓催生
之際，總務部長山梨稔低調地趕回日本，待人走後，公司才宣佈他
回東京結婚了。在演藝事業面臨重要關頭的香蘭，想到可能要和一
直呵護著她走來的長官分離一段時日，不免若有所失。

　　這一天早上，她和牧野進入根岸部長的辦公間，宣傳課長宮沢

忠雄已然在座。見香蘭進來，宮沢把一張紙遞了過去。香蘭看了一下手寫稿，標題寫著「關於《白蘭之歌》女主角李香蘭」，再看內文：「李香蘭，日語讀做 li kou lan，滿洲話讀做……兩度訪問日本，在日本擁有眾多影迷。本片的演出讓人充滿期待……。」香蘭看過後交給牧野，牧野瞄了一眼就放回茶几，顯然他已經知道裡頭的內容。

根岸理事看著李香蘭：

「《白蘭之歌》什麼都快，電影還沒開拍，宣傳戰已經啟動。裡頭關於妳的文案將來要發給內地各大新聞社，作為宣傳的一環。」

「裡頭『是奉天市長千金』這句話可不可以拿掉？」

「我和牧野討論過了。這個文案主要是將來電影要發行的時侯發給日本各大城市新聞社用的。」根岸部長用眼神安撫香蘭的憂慮，「發給滿洲報社的訊息，另有一套，主要還是要避免他們煞有介事地查證。」

「這個文案提到的各點，本課發給新京或奉天各大新聞社的新聞稿中都陸續提到。滿洲各大新聞社得到資料是，李香蘭是奉天名門的千金。那內地報社如果想追究奉天市長的千金，他們會朝著前任市長的什麼去理解……」。

宮沢課長說著，香蘭漲紅了臉，感覺自己像商品一樣被人任意包裝，又有些無奈。根岸：

「李香蘭，去年我們拍了一部電影《國法無私》。事實上，國策更無私。文案中提到……」根岸拾起那張紙，念了起來，「在奉天做了廣播節目，風靡全滿……於是接受滿洲映畫禮聘，風光登上銀幕。妳在奉天放送局唱滿洲新歌曲就已經是滿洲國策的一部份，現在拍電影也是國策的延續。」

「在國家總動員的時候，大家都身不由己。李香蘭要學會忍耐，國家任務當前，個人也只是小我。」

牧野說完，香蘭立刻投以無辜的神情：

「可是我還是覺得被當成奉天市長千金不太好。內地的新聞社也不是笨蛋。」

「奉天市長目前是鄭禹，前總理鄭孝胥的公子吧。」牧野看了牆上天皇玉照一眼，「日本國內新聞界如果質疑李香蘭和鄭市長的關係，去電詢問，市政府一定會要求他們直接向滿映查證，畢竟稿

子是我們發的。我們再誘導他們做模糊性的理解。」

香蘭對牧野的論調起了反感，但想到這些長官一向對她疼愛有加，還是隱忍了下來。

「宣傳本來就會誇大其詞。宣傳性的文字，明眼人一看就知道。」根岸像詭辯的政客一樣，眼角謎出詭異的笑紋，「大家注目的焦點很快就是電影明星實際的作為或她的演出，宣傳性的詞條很快就會被人淡忘。」

「沒有錯，人家看演員就是要看他的演出。沒在拍片時，必要時也要演一下。再說，聰明的新聞人都能嗅出箇中三昧，不會窮追猛打的。」牧野笑逐顏開，「根據久米提報的故事大綱，一定得到奉天拍外景，我倒擔心一點，屆時如果導演要順便拜會李香蘭的家的話……」

「渡邊邦男是急性子，應該不會為這種私事耽誤自己的拍片。如果真有這種事的話，就靠李香蘭自己演囉。」根岸理事瞅著香蘭微慍的臉顏，「宮沢！依你的觀察，本社日本人員工對李香蘭的看法如何？」

「李小姐是不是日本人？我以前也是半信半疑。」宮沢眼角瞬了一下香蘭，「最近主持她的宣傳案，跟長官接觸的結果才確定她是。不過長官不太談她的家世，一般員工，不管是日籍或滿籍，對李香蘭小姐的本籍都參不太透。」

香蘭環視一下每位長官閃爍的眼神，不希望再被他們在話語間耍弄，於是站了起來：

「各位長官，如沒事我先告退了。」

「香蘭！」根岸罕見地用中文稱呼她，「拜託，請坐下，我是這麼想，平常承受太多大眾的目光，很多事情還是得忍受。」

「就我的觀察，本社日籍女職員都滿喜歡李香蘭小姐的。」宮沢忠雄用手抹了一下頭髮，「有一次在外面樓梯間的走道，我們課裡新來的美子和智子看見李香蘭小姐迎面走來，站在牆邊帶著淺笑，兩眼怯怯地偷瞄李小姐，待李香蘭走過後才動身到洗手間。」

「很高興李香蘭在不熟悉的同仁間營造出神秘感，但熟識的同仁又對她感到親切。」根岸藉由神秘感把香蘭和長谷川一夫聯想成一塊，「現在就等渡邊邦男了。……」

含長谷川在內的《白蘭之歌》拍攝團隊三天後抵達。渡邊邦男帶來的班隊在牧野的協助下完成劇組編成。經過兩天的密集開會、訓練和重要角色的兩兩對戲，整個劇組立刻開拔到奉天進行外景拍攝和新租下的大宅院的內景拍攝。香蘭和長谷川的對手戲是大家注目的焦點，每逢上戲，長谷川總是很親切地帶著她演，拍攝的過程一切順利，但一下戲，長谷川往往遁入自身的孤獨中，香蘭也不太敢打擾他。

■■‖ 61. 暢遊大廟 交心一夫

　　劇組人員結束了奉天的拍攝，繼續搭車南行，在錦州住了一晚，天剛亮便起床，在晨光的照射中登上前往承德的班車。劇組包了一節車廂，組員、器材一一上車，這一天整天坐在火車上，不用拍戲，在承德逗留的前兩天也都只是拍外景和簡單的戲碼，演員都懷著旅遊的心情上車，香蘭上車晚了點，她瞬了一下車廂，窗邊都坐滿了人，張望著走道移步時，長谷川看了她一眼，她覺得錯過了他會很失禮，只好在他旁邊落座。

　　「這次要去的熱河是一個好地方哪。」長谷川嘆了一口氣，「日本有熱海，中國……滿洲有熱河。」

　　「是的。」

　　「第一次到熱河？」

　　「是的。」

　　「我們都是踩著久米先生走過的路前往熱河。這條鐵道給了他創作《白蘭之歌》的靈感。」

　　「是……您認識他。」

　　「上個月離開東京前拜會過他。他的中國經驗真是豐富，也很健談。」

　　長谷川說著望向窗外，香蘭本想把上月初與久米同宴的事講出來，看著他的沉默，還是把話給嚥了下去。列車進入山洞，車廂亮了起來，長谷川從車窗收回視線，從皮包拿出一小疊折成方形的地圖。他攤開滿洲地圖，自然把香蘭的眼光吸了過去：

　　「妳看這條鐵路已經通到古北口。」長谷川指著地圖上的承德，「錦州到承德早就通車，但承德到古北口是這兩年才打通的。我們

拍的這部電影，故事背景就是建造這一段鐵道時產生的風風雨雨。這是關鍵的路段。」

「久米老師不愧是作家，機敏地抓住時代的節點發展出一個故事。」

「一個大時代的故事，比強調個人恩怨的題材強多了。」

「豪放、激烈的感情容易演，細膩的表情就困難多了。」

香蘭突然說出這句話，有些不可思議，直覺是被長谷川激發出來的。

「沒有錯。大笑大哭時，眼神、顏面的變化自然就被帶動起來。」長谷川把地圖折起塞進皮包，「臉皮的陰晴、眼神的波動……這些細微的起伏才是最難的。」

「要把表情表現出來，有時沒辦法如人所願，就像人無法用意志指揮耳朵晃動一樣。」

香蘭說著長谷川笑了起來。兩人聊著，氣氛漸熱。香蘭談及自己拍片的經驗，並沒有獲得長谷川相對的回應，不過他對香蘭在日本演出和參訪的歷程倒有些興趣。

「您以前拍了一系列很轟動的電影《雪之丞變化》，是那方面的電影？鬥劍的？歌舞伎的？我一直找不到相關的書物來看。」

被香蘭這一問，長谷川臉色明顯下沉。他實在不願回想兩年前遇襲臉孔被劃破和之前演的電影。當是時，俊美的臉頰被割裂後，他才從戲裡戲外深厚的怨氣中幡然醒悟。那部電影裡頭的怨氣、刀光血影，和他現實所遭遇的，不知幾何時，有些交融了。那時，大陸熱正流行，他也開始覺得遠離狹隘、封閉、刀光劍影的日本內地來到滿洲新天地重新開始，確有必要。

「這是有關復仇的故事。」長谷川聲音冷凝、緩慢，還停頓了一下，「裡頭確實有歌舞伎和鬥劍。」

「很有趣的故事？」

長谷川沒回答，留下一段滿是輪軌磨擦聲的沉默。

車抵凌源站，導演渡邊要求她和演她女僕的趙書琴坐一塊，給到了承德後即將展開的主僕戲碼培養一點氣氛。趙書琴純樸、溫馴，十分仰慕香蘭，對香蘭的提問，知無不言。列車駛離黃泥漶漫的城區，動人的駱駝商隊吸住她們的目光，待商隊被拋遠，她們才再次

打開話匣子。

　　這班火車不比滿洲大陸急馳的快車，經過一整天過橋穿洞的晃蕩，來到終點站承德時已是黃昏時刻，劇組人員把整車的疲倦和睡意帶下月臺。隊伍在整理點名時，其他車廂的旅客漸漸離開月臺，留下有些落寞、無助的劇組人員。一名年輕人和牧野次長咕噥一陣後：

　　「好，大家跟我來。」

　　「慢著，你是說有兩臺車，等一下，有一臺車……聽不清楚，你就先自我介紹好了。」牧野。

　　「我姓林，滿籍同仁叫我小林就可。小弟幾年前在日本東京求學，目前在北京新民映畫協會工作，……」

　　小林清爽的中日雙聲帶給這個倦怠、灰暗的團隊提振了一點精神。走出月臺、車站，小林和滿映幹部邊走邊談的過程中，香蘭得知小林原籍承德，這五六天拍內外景戲時都會當他們的導遊，事後也會帶著劇組前往北京拍外景。

　　一行人夜宿雙橋區的綺望樓，第二天一早用過早餐，暫別古色古香的宿處，但一整天迎著他們的還是古意盎然、皇味濃重的山林城市。

　　牧野次長把演員、編導和攝影編入由小林當導覽的第一車，第二車由助理導演朱文順充當隨車導覽。在小林的帶路下，第一車反向馳往頭道牌樓時，屋舍漸漸密集。

　　「我們現在轉進承德有名的西大街，也是這個地方比較像街道的一條路。以前皇帝到承德避暑一定得經過這條路。」小林拉開嗓門，還是雙聲帶，「接下來還有兩道牌樓，到麗正門就沿河北上了。」

　　車子沿著避暑山莊的高牆在泥土路搖晃前進，高牆擋住了宮闕，但車前和車右起伏不斷的山巒依舊讓人舒暢。

　　兩車揚塵急馳，嘎然止住，群山傾瀉，忽然掩至。渡邊導演、牧野次長和長谷川被眼前光渲綠離的景象所惑時，第二車的化妝和服裝小組已奔赴香蘭和書琴跟前，大小演員靠在一起，一起接受劇組日籍男女化妝、造型師的補妝和衣著的最後打理。

　　「這裡是獅子溝。這兒很多地名都叫什麼什麼溝。」小林費力地用日語向拍戲要角解釋「溝」的意涵，「所謂的外八廟這邊可以

看見好幾座。前方 11 點鐘方向，看得最清楚的是須彌福壽之廟，右方兩點鐘方向⋯⋯」

「看起來很雄大，每一座廟都像是沉浮在千頃綠波上的艦隊。」渡邊導演回望劇組人員，「你們幫我挑的這個地點還可以。我要的騾呢？」

小林搖指著前方樹下坐著休息的一對父子。

「他們帶來了四匹，我們挑兩匹就可以。」

兩名助理把騾拉了過來，協助書琴和香蘭騎了上去，扮演家僕的張弈也走了過去。

「李香蘭！張先生牽著妳的騾走，趙小姐跟著走。」渡邊透過朱文順的口譯，把指令傳達給書琴和張弈。「現在有兩臺攝影機，一個拍遠景，一個近景，你們走向友成達雄的那一臺，快到時李小姐回過頭向趙小姐講話，他自然會對妳們的臉孔做特寫。一切很簡單。好，開始！」

張弈牽著香蘭坐著的騾快快走，香蘭回頭望向書琴：

「已經看不見家了。」

「小姐，病還要緊嗎？」

「病還不太好呢。我爸爸的事完全託妳啦！」

「那倒好辦，如果那位先生沒回到奉天，妳就馬上回熱河吧。」

書琴急促地拉動騾轡，香蘭望向旁邊牛羊群移的田園景色，傳來導演「cut」的一聲。

兩車再次移動，這回走回頭路，一樣沿著避暑山莊的圍牆行進，目的地是避暑山莊，但還不如說是關東軍第八師團司令部。劇組雖然向司令部申請了簡短的外景拍片計畫，但一路越洋奔波，行止不定，即使獲得通過，軍部的回函只會到達東京或新京。劇組倉促成軍，與其向兩京探問申請結果，不如就近當面探詢。車子到達山莊德匯門門口後被衛兵下令駛到圍牆邊。牧野和渡邊拿著申請的公文到門口雕堡處和衛兵交涉，衛兵透過電話向內部聯繫一時不得要領，折騰了十來分鐘，導演和劇組攝影小組、器材才在情報處一位大尉的檢查點名下進入營區。牧野選擇和留守人員待在車上等候。

山莊內，德匯門對面的群樓已成軍事要地，獲准進入的人員提著拍片的壓力和笨重的器材，偏離軍事機構沿著圍牆進入另有圍牆

包覆的文園獅子林。大夥遁入園門鬆了一口氣。這兒的圍牆和蔽天的林木可謂把軍事氣味摒棄於外，眾人右盼，石砌成山，樓宇掩映樹下，左顧湖面，荷葉田田，亭檯羅列其畔，小林沒跟來，渡邊搞不懂這些樓宇、池湖的名稱，選好一個角度，相中遠處三亭連成一氣的水心榭做為背景，決定快快拍完即離開。

渡邊希望長谷川和香蘭延續奉天的感情戲，在承德有限的戲份裡演得更加親密。長谷川感受到身臨軍事禁地的壓力，對香蘭憐憫了起來，所以在散步園中說著有關日本和滿洲生活習慣的簡短對話，演得格外來電。香蘭在開玩笑時撒嬌，長谷川也把她一把拉來摟在懷中。

渡邊十分滿意，想立刻離去，但眾人有些不捨，於是大家走走逛逛，攝影機隨意取景，約莫再逗留六七分鐘才趕往車站。車站內，在馬拉火車的緩緩移動中，趙書琴在月臺送別香蘭的戲碼也快速拍完。

在綺望樓用完餐稍事休息，劇組人員搭車回到早上去過的獅子溝，攀爬至普陀宗乘和須彌福壽兩廟前面的坡地。小林先在用餐時刻向渡邊解說外八廟的形勢，行車時繼續說明。渡邊右看須彌福壽，左瞧普陀宗乘，放眼峰巒疊翠，綠濤推湧紅廟，遠山如絲似帶，縹渺天邊，直覺天地茫茫，歲月悠悠。他決定下午主要就是觀覽和拍攝這兩座廟，但兩廟的日語發音實在聱牙，向劇組說明時，多以這廟和那廟輔以手勢表達：

「今天的主角就是這兩座廟，周遭的山、樹或天空是配角。拍好整理出來後當片頭。這個片頭配上李香蘭小姐唱的〈那一顆可愛的星星〉，感覺會很棒。」

「故事的起頭就在承德，用這兒的名勝當片頭洽如其份。再說，這種盛大的景物加上那首歌的漂泊感，一定會打動國內青年的心，讓他們更加嚮往滿洲。」

「牧野長官真是說到我的心坎裡。抒情和田園風味實在可以降低這部電影的緊張感。」渡邊望向東天山巒連綿處，「我早上就看到了。那邊有一個擎天的石柱⋯⋯」

「那是有名的棒槌山。」小林。

「那太好了。」渡邊面向攝影友成達雄，「友成兄，你在拍這

兩座廟的時候，也不妨把鏡頭轉向東天。還有長谷川兄、李小姐，你們遊覽時要走在一起，這地方還是你們的故事範圍，友成兄隨手拍到你們的話，也可以剪進影片裡。」

早上在山莊和香蘭演出一場親暱的戲後，長谷川不時找她搭訕。這次陪長谷川前來滿洲拍片，飾演他未婚妻的霧立昇和小姨子的小悅等人拍完奉天的戲份就回日本，沒跟著過來，戲裡他和香蘭演對手戲，戲外也很自然在一起，比較不這麼固守自己的私密空間了。

大家再次上車，剛剛黃白紅綠成排堆疊上去的建築群依舊留在長谷川的腦中：

「一層又一層，爬上去要費不少腳功呢。」

「以前在北京或奉天參觀宮殿群都在平地上。我剛看了一下，也是有點腳軟呢。」

香蘭說著車子滑下坡，進入黃泥路顛簸了一下，經過石橋很快便到普陀宗乘之廟的山門邊了。長谷川和香蘭連袂下車仰看黃瓦鑲綠的山門：

「這麼大的廟群又縮成一座門了。」

香蘭順著長谷川的話往上瞧，視線被山門擋住了，山上群廟都隱在山門後，直覺遠觀近覽，尤其是身在山中，視象大不同：

「它是告訴我們不用想太多，走一步算一步。」

「是，不用想太多。」

攝影師友成達雄複述香蘭的話，和他的助理各自扛著一臺攝影機開始掃描，劇組人員也都三五成群地進入山門往上攀爬。進入碑亭，看著石碑上各種奇怪文字的鐫刻，長谷川：

「四種文字排在一起，這是中文，這個？」

「好像是滿文，到底那一種才是，我也搞不懂。」

「看這些細微的東西，我不太耐煩。」長谷川抬頭望向門外，「還是剛剛在對面的山坡上一覽無遺比較舒暢。」

這就是「只緣身在此山中，不識廬山真面目」的感嘆了。香蘭本想把這種情境傳達出去，但想想不知如何翻譯這兩句詩也就作罷。兩人走過五塔門，長谷川：

「就是這個。剛剛看全景時，我立刻就被吸引住。很像日本的鳥居，來到滿洲常可看到。」

「早上在西大街就看了三座。」香蘭仰看雕工華麗綿密的琉璃牌坊,「聽說日本的鳥居就是從中國的牌坊傳過去的,中國居室強調繁複,日本的講究簡單,鳥居的線條因此比牌坊簡單多了。」

長谷川點頭表示同意,也略知中文「牌坊」的意涵,隨後逕自轉向左邊,走向西側的西罡殿,眼見沒有人蹤就在臺前的平臺上落座。香蘭:

「你沒拍片的時候時常陷入沉默,都沒人敢去打擾你。」

「這個嘛。」長谷川笑了起來,「是有很多事情別人難以理解的。」

香蘭用自己旅居各地的經驗談觸發了長谷川對自己過往經歷的談論,但一直沒談到拍片的往事。兩人看過一樓佛像,再上二樓看了唐卡。房間陰暗,唐卡的色彩看不太出來,兩人下了樓出殿後回到牌樓繼續前行,看見一棟白色,門額書有「中罡子殿」的雙層小樓,火燄繞身,端坐驟背,口吐獠牙的吉祥天母讓香蘭略感驚嚇,她匆匆向這尊佛和另一邊的四面護法神雙手合十,見長谷川走了出去。香蘭出了殿門見長谷川斜倚在榆樹幹上吸煙,樹葉的光影灑滿他一身。

「怎麼啦?很熱?」

「還好。」長谷川吐了一口煙,「那個很兇的神像是什麼佛?」

「不知道。」

「看到那張臉,我突然想到一件事。」

「哦!」香蘭見他不想走動,也倚在一棵樹上,「什麼事?」

「妳看似溫柔,有時也很兇呢。」

「這樣啊?」

「前幾天在奉天拍人力車被撞的戲,妳對那車伕就很兇。妳把錢退還肇事的官員時也是一副咄咄逼人的樣子。」

「這樣嗎?」香蘭笑得彎下腰。「我本來就有點男人婆。日本女性那種柔順的樣子,我學不來。」

「不過早上妳和那位小姐拍的車站離別戲,我倒十分喜歡,感覺有著中國特色的依依難捨。」

長谷川說著體背從樹幹彈起,向著遊客走動的方向起步。香蘭:

「這裡的廟這麼多,我們一鼓作氣先爬到大紅臺,下來再一棟

棟看。像這樣兩邊都看，恐怕要登臺的時候，時間已到了。」

長谷川欣然同意。他們似乎走了很久，經過了兩三棟白牆紅窗屋舍，長谷川在一棟屋頂有著五座喇嘛塔的白樓旁邊樹蔭下止步，等待走得有點喘，香汗淋漓的香蘭，看見了香蘭：

「妳看，這些房子的窗戶都是假的。」

「不知為什麼全都封死了，所以外面熱，裡面也悶死了。」

長谷川望著東五塔白臺的門，啟動腳步，但還是從旁走過，不過這時上面牆角紅漆大塊剝落的大紅臺顯得更加高聳，也顯出巨大的蒼涼和滄桑。

白臺樓梯口有些擁擠，劇組人員混雜在遊客當中。攝影友成達雄和小林在一塊。小林看著長谷川和香蘭：

「爬上白臺後還有紅臺。大紅臺共有 104 級臺階，每登上一級，可以減少一種苦難。人的一生有 108 種苦難，除了生、老、病、死不能免除外，一口氣登上，不要回頭，其餘的 104 種苦難都可免除。」

長谷川笑容滿面，香蘭用日語：

「那窗戶怎麼都封死了？」

「盲窗是他們喇嘛教的建築樣式，本來就不是窗戶，只是弄個窗格子，當作裝飾，有些窗洞黑黑的，那就是真的窗戶了。」

長谷川和香蘭滿意小林的解釋，攝影友成看著這對男女主角：

「隨意走走，我如果遠遠看到你們，就把你們拍下來，這樣比較自然。」

大夥依序拾級而上，長谷川拉著香蘭的手示意她最後才上。

登上大白臺樓頂陽臺，大夥都散了開來，長谷川往下眺望來時路，看著一盤黃白綠交雜的景色，心中起了一絲涼意。兩人順著一般遊客的動作，走到陽臺中央旋轉一排「經文」，跟著人走向大紅臺旁邊的樓梯口。

拾級而上來到御座樓。這兒襖熱，但遊客不算少，在回字型的廊道走動，兩人剛剛上樓梯時遇見了兩三位劇組同仁，此刻在廊道觀覽銅佛時也遇見了朱文順和趙書琴。被迴廊圍著的方型巨大天井吸引大家的好奇。有人說是戲臺，大家看了看，果真如此。中間用矮欄杆圈起，兩龍相對守護的出入口也被繩索封住，示意不可進入，

而高出磚鋪地板的木造方型平臺就是戲臺，應該用來專演藏戲。緊臨戲臺的三層樓中樓就是皇帝和周邊人士的座席，為了觀戲方便、舒適，皇上應該坐在二樓吧。

「這就是劇場哦？」長谷川步下有些積水的戲臺地板，就近看著有些朽蝕的戲臺木板，想著自己童少時期在日本關西各處歌舞劇場演出的生涯，「皇帝只顧自己的享受阻礙了劇場的發展。」

長谷川回到走廊，本想跟著下去的香蘭也就止住腳步。長谷川繼續說：

「妳到過滿洲的老劇場看過戲嗎？我是說傳統劇場，不是戲院。」

「是在中國的北京，和朋友一家一起去的。」香蘭只記得剛到北京讀書時，和養父潘毓桂一家去過西單一家茶園看過京戲，「就像這裡，但沒有皇帝看戲的那種高樓，那棟樓所在的位置剛好就是舞臺的位置。然後戲臺和周邊都設有桌椅，客人一邊喝茶一邊看戲。」

「歌舞伎看過沒？」

「幾個月前在東京拍戲時看過兩場。」香蘭手指向上指著天花板，「和日本一樣，中國劇場也有樓上的『棧敷席』。我們那時就是坐在舞臺側邊的樓上看戲的。不過歌舞伎的舞臺可以穿過觀眾席，倒讓我大開眼界。」

「那就是所謂的花道。另外舞臺設有可以快速變換背景的活門，演員也可以利用活門快速現身或退場。當然旋轉舞臺更是別出心裁的設計。」

「那你年輕的時候演出歌舞伎，感覺上那些舞臺算是為你而設的了。」

「不敢這樣說。聽妳剛剛這麼說，中國傳統劇場還是比這個皇帝戲宛進步，只是輸日本劇場。」

「不過中國戲劇的美感是日本劇遠遠比不上的。」

「是嗎？」

兩人離戲臺再往上攀登，眼前豁然開朗，寬廣的陽臺視野遼闊，高大的大紅臺臺頂此刻也僅比他們所在的地方高出三四層樓而已。

香蘭拎著包包雀躍兩三步，然後嬌嬈地回到長谷川身旁，好像

有鏡頭對著她一樣：

「想問你一個問題。」

「哦。」

長谷川等著她問，但不見她開口，皺了一下眉頭：真不知她想問什麼。香蘭一個劍步搶在前：

「我們去看那一棟。」

來到洛伽勝境殿，長谷川沒進去，用手帕拍掉屋外簷廊外緣矮牆的灰塵，坐了下來，香蘭也跟著坐下。這兒很像騎樓，斜射的陽光向殿體投下巨大的陰影，兩人趁此躲避酷陽。長谷川站起，右手伸進褲袋掏出一包煙。香蘭抓住他手臂，他只好把香煙放回口袋。香蘭沒想到自己這麼大膽。

「我問你一個問題。」香蘭左眼水汪汪地瞬向長谷川，「聽說幾年前你拍片時被人持武士刀砍傷。」

「是剃鬍刀。」

長谷川仰望光影斑駁的榆樹枝葉，兩年前剛到東寶公司拍攝《源九郎義經》，那天剛步出攝影棚便被兩名年輕人抓住，狠狠地劃破左頰的痛創依舊在心裡痛苦地抽搐。

「被兩個年輕人狠狠地劃了兩刀，傷口都超過十公分，最深處達兩公分。」

長谷川接著把前年從松竹跳槽東寶引發松竹極端不滿，且被老師逐出師門的經過大致講了出來。

「林長二郎是師父取的名字。」長谷川看了一下香蘭，「到東寶後我用本名重新出發，付出慘痛的代價。不過有時想想，離開那家邪惡的公司也好。」

「他們要毀你容，但你還是英俊小生。他們要毀掉你的演藝事業，你還是繼續演。」香蘭睇了長谷川一眼，還好是左頰，「你是恢復得很好。」

「永遠都無法恢復。」長谷川和香蘭並肩，從兩位坐在矮牆上面休息的劇組人員身邊走過，「傷疤沒辦法完全消除，我下了一番苦功研究，最後靠著化妝把傷疤掩蓋住。那我們進去吧。」

長谷川說著站起，香蘭跟著他走進洛伽勝境殿內轉了一圈，出來後，一座重簷的八角亭迎面而來，香蘭跟著走向門口仰看兩簷間

牌匾上的「權衡三界」四個大字。進去一看，又是火燄裹身，端坐騾背，口吐獠牙的神像。只是火燄塗紅，更加旺盛，像是巨大的椅背。香蘭：

「你的美貌像一面鏡子把這神的容貌照得更加原形畢露了。」

「妳在強調我俊袘醜。」

香蘭笑得彎下腰。長谷川：

「妳對神明不敬，要害我再被劃上兩刀。」

「神明大人有大量，……」

香蘭說著對神像雙手合十，然後跟著長谷川出去。

兩人循著踏道進入大紅臺內部，終於來到「萬法歸一殿」，兩人看過殿體，在周圍回字形的三層群樓間繞得暈頭轉向時，巧遇牧野次長和渡邊。兩人在牧野的指引下登上大紅臺臺頂，飽覽了大金頂的輝芒，才無言地逐樓而下，待回到大紅臺的臺底時，回首剛剛去過的地方恍如隔世。

兩人來到外牆白漆剝落殆盡，磚塊禿露，屋頂雜草叢生的西五塔白臺前，長谷川坐在槐樹下，香蘭樂得跟上。

「這邊的佛教跟日本的不一樣，但畢竟是佛教，今天看了這麼多神佛，因緣的感受就特別深。」長谷川望著頹圮的白臺，「能夠和妳合作拍片也算是那兩刀的因緣所致。」

「哦？」

「我以前都演拿劍的武士，自從被劃了兩刀後對於拿刀的角色感到厭倦，來到東寶後勉強拍攝《月亮下的年輕武士》時，那種心裡的反彈尤其強烈。東寶後來要和滿映合作拍現代劇，長官認為這是讓我揮去陰霾重新出發的好機會，自然我也就樂得答應。」

「這樣啊？」

「日本現在或過去，不管現實或電影，私人恩怨都用刀劍解決。現在厭惡刀劍的同時也厭惡私人恩怨，政府沒徵召我去當兵，至少在電影裡頭，我變成國家命運的一個卒子。……不是私人恩怨的棋子，是國家命運的卒子。」

香蘭不知該說什麼，只是想：難道長谷川也跟自己一樣，在國策的大旗下捐棄個人的意念。當然這是他個人的覺悟，不是身不由己的選擇。長谷川：

「妳，李香蘭小姐也一樣，滿洲人，也是中國人，也可以在電影裡頭流露出國家命運的微影。」

為滿洲的國策而演，實際上就是為日本國策而演，香蘭只要意識到這一點，就有點想掙脫，現在長谷川要她在電影中帶出中國或滿洲命運的縮影，不知道他的意思是要求她在演出時反映現實，就像這次演出的《白蘭之歌》那樣，女主角基於私情，背叛家族、國家，表現出滿洲屈從日本帝國現狀的一環，還是要求她基於民族意識，在往後的演藝生涯展現出該有的反抗精神。再說，不管長谷川期待她什麼，一切也都將隨著她真實身分的曝光，而天翻地覆地改變。她想了一下，還是希望長谷川不要期待她什麼。

「演戲，我不會想這麼多，編劇幫我想，照著導演做就好了。」

兩人望著天邊沉默良久，彷彿一切都靜止，只剩太陽還在照射。

一路緩緩下坡，來到西罡殿前面時，華麗的牌樓已然在望。兩人一前一後拾級而上，穿過拱門，往右走了幾步進入迴廊。和其他佛殿一樣，廊道的裡側一整排佛龕都擺著頭頂皇冠，手挽彩帶的銅製長壽佛，每一龕的像都一個樣。兩人一連看了幾尊，香蘭放快腳步：

「你看，腰都好細哦。」

「對。頭大腰細。雖然是佛像，但是女性的造型。」

「長谷川先生，聽說你以前也常在戲裡男扮女裝。」

「哦。」

「你是有名的美男子。」

「哈！哈！那兩刀似乎也斬斷了我體內的女性成份。」長谷川走了出去，經過幾個佛龕，「我好像是用劍抵住地面讓自己站起來，帶著殺氣，嬌媚不起來了。復出拍片的時候，攝影有意無意避免拍到我的左臉。」

「他們怕你受到二次傷害。」

「我理解，但我坦然面對攝影機，不會選擇左臉或右臉。」

長谷川經過樓梯口，往上瞄了一眼後逕自走開，香蘭跟著穿過陰暗的廊道迎向出口的陽光。

下山的腳步十分輕快，兩人通過琉璃牌坊，山門也不遠了。

劇組人員在熱河山地拍了兩天外景後趕赴北京取景，隨後搭特快趕到奉天，加拍幾場戲再回新京。經過簡單的檢討後，根岸部長徵得渡邊邦男的同意，暫停拍攝工作。滿映高層認為這部電影的成功取決於男女主角的人氣，既然東寶的長谷川名望日正當中，滿映的李香蘭也要急起直追，要求宣傳課帶著李香蘭先到東京大肆宣傳，拉高聲勢，預定九月初在東京舉行電影開拍記者會後，進行一系列的報社拜會行程。

於是經過一晚的惜別後，《白蘭之歌》的導演、編劇、攝影、男女主角和滿映的宣傳課代表，決定一舉赴日。助理導演朱文順，因為滿映很多戲亟需他的幫忙，遺憾未能同行。滿映包了一架道格拉斯新機，所有人員得以同機赴日。

香蘭第二次搭機，仍然十分興奮，長谷川特地讓她坐窗邊。飛機奔騰跑道，陡然升起的片刻，讓她有些不安，隨著大地下沉，盡收眼底，引擎的隆隆聲變成嗡嗡，感覺一切都靜止時，才恢復平常心。經過漫長的飛行，飛機凌越滾滾的海濤終降落羽田機場。五個多小時就到，比起已往坐火車花費四天，約 100 小時才抵達，可謂進步多了。

東京虎門滿鐵分社一樓大廳《白蘭之歌》開拍記者會現場，前面幾排弧形座位已坐滿，東寶映畫董事森岩雄、滿映東京分社社長山田進，和電影導演、編劇、男女主角依序進場，坐在前面，一字排開。記者會由東寶森岩雄主持，他簡單說明東寶和滿映結緣拍攝《東遊記》的成果後，表示再度攜手拍攝《白蘭之歌》電影，滿懷期望：

「希望兩家公司的合作作為兩國文化交流的先聲……」。

山田接著致詞，講了幾句場面話後特別把李香蘭介紹給在座記者。

「除了這場記者會，李小姐從後天開始也會逐一拜訪各大報社，時間有待進一步敲定，……盼望各位記者先生繼續給她關愛和支持。」

會場一隅，工作人員忙著擺設點心和飲品，導演渡邊邦男開始進行拍攝進度報告。

「拍攝這部電影一直採戰鬥的機動方式進行。就像久米先生的的原作還沒發表，木村千依男的劇本已經寫出來，而且也開始拍攝了。……今天在這裡舉行開拍記者會，有點像新娘肚子裡有了才來辦婚禮。」渡邊待記者的笑聲平息下來，「今天舉行這個儀式，並不表示明後天就要拍東京的棚內戲，這一陣子我和久米老師都要陪著李香蘭小姐到處拜會，打響她的聲勢，這就好比是好不容易辦了結婚典禮，但又不能馬上履行婚姻生活。這種開拍慶祝儀式，和實際情況是有些……」

　　渡邊快人快語逗樂了記者，講完話後，臺上的要角開始接受記者提問。一開始，記者多向編導詢問，接著轉向他們熟悉的霧立昇和山根壽子兩位女配角。坐在右邊的長谷川一臉嚴肅，有點不耐煩。

　　「長谷川先生！」

　　長谷川抬頭一看，是東京日日新聞的記者。記者：

　　「您以前都演古裝片，號稱美劍士。現在改演現代劇，這種轉變和您兩年前的遇襲有關嗎？」

　　長谷川緩緩站了起來，不像一般人坐著對著麥克風講：

　　「這個國家在進步也在戰鬥，過去在諾門罕和俄國人打，現在在中國華中打。我有一種覺悟，現在拍電影要體會國家的命運，不要老是埋在歷史的沙堆裡。」長谷川左手把麥克風提了起來看向記者，「你剛提到的事件，我不想再想起，也不希望有人提到。現在拍這種大時代的劇，也有助於我走出那一段傷痛。這部電影的背景是我國和中國的戰爭，在這無可奈何的大環境裡頭，我和在座的霧立昇、壽子和李香蘭小姐，演的都是被大時代左右的小人物，尤其和李小姐，在大環境的驅使下，亦敵亦友，立場有時會改變，在人格上不完美，但終究生命是莊嚴的，災難來臨時，是相互扶持的。和這個比起來，埋伏在外面，看到人出來就衝過來劃兩刀的，根本就不值一提。」

　　長谷川坐下時，掌聲隨著笑聲響起。

　　「山根壽子小姐。我對您這次演出的角色非常好奇。妳，男主角弟弟的未婚妻，但跟未婚夫感情疏離，和男主角一直生活在同一個屋簷下，十分曖昧，讓男主角深陷在三個女性的矛盾中……」

　　朝日新聞的記者還沒講完，後續的問題已被會場的爆笑淹沒。

山根壽子遲疑了兩秒才把臉湊近麥克風，久米正雄猛地站了起來，手持麥克風：

「這個問題我來回答好了。壽子小姐演的松村京子是男主角康吉的準弟婦，但她未婚夫對她有誤會後好像蒸發一樣，變得她和大伯在生活上很接近。我要營造的情境是：她當然不敢對大伯有非份之想，但她會認為她在大伯心中有一定的地位，所以女主角李雪香在一個雨夜找到她在開拓村的住處，男女主角久別重逢的時候，她會擺出一副冷峻、嚴厲的神情，女主角李雪香的心雲一下子就震到天邊，任男主角康吉怎麼解釋也挽回不了。這樣李雪香毅然投入反抗軍就形成一個有力、可說服人的轉折。每個角色基本上沒有踰越自己的分際，但心理、情緒的微妙滲透是有的。」久米坐了下來，看看記者，再撇頭望向渡邊，「當然最後會怎麼呈現，也要看導演臨場的處理。」

記者聽到了好材料都振筆急書，也微微感知久米已知曉渡邊會超越劇本演出的傾向。坐在左邊的香蘭有些緊張，現在就剩下她一人還沒被問到。她比較擔心的是：「根據這些資料，您是奉天市長千金……」這樣開頭的問題。讀賣新聞記者站了起來：

「請問李香蘭小姐。您來東京以前，和男主角長谷川已經在滿洲拍了不少戲份。請問您這次和長谷川合作，有什麼心得？」

「心得嘛！不少。事實上是一個心路歷程。」香蘭故意停頓了一下，引發眾記者會心笑開，「我想很多日本觀眾都很好奇。一開始想到要和一位高不可攀的大明星演對手戲，感覺有些虛幻，擔心自己笨手笨腳給他招來麻煩，不過開拍後，意外順利。長谷川先生的演技無懈可擊，也很會帶新手演出，我只要依照他的指示，配合他的動作，不知不覺間一切就很順利。」

記者會結束，記者有的直接到點心桌取食，有的還圍著兩公司高層和編導、明星進行會後訪談。香蘭終於脫得身來到點心區，和正在喝咖啡的久米正雄打個照面笑了開來。山田分社長：

「你們認識啊？」

「不久前在新京的滿映見過面，那一場盛宴。」久米把咖啡放在桌上一角，兩手交胸，「現在的人到過大陸，就變得豪爽了。」

「是啊！應該是這樣，在這小島悶久了，如果有機會出去，去

之前心理就先豪邁開來，在那廣大草原奔騰了。」山田。

「對，我們的李香蘭小姐最清楚了。」

久米說著轉身走向一位記者。山田把一位眉濃臉白，五官端正，模樣文弱的和服男叫了過來，介紹給李香蘭：

「這是鼎鼎有名的電影評論家岩崎昶。李香蘭，妳與其拜會報社認識這麼多新聞記者，還不如結交他這位朋友，他評電影總是一針見血。」

「今後請老師多多指教。」

岩崎昶笑看香蘭的鞠躬，也向正好走回來，初次見面的久米致意：

「我時常在《文藝春秋》、《文藝公論》看見你的小說、戲劇，也常在公開場合遠遠地看到你。」

「多多指教。」

久米向岩崎彎腰伸手，岩崎握著久米的手，相互聊了幾句。片刻的沉默後，岩崎：

「我是支持普羅列塔利亞電影的。」

香蘭左眼向山田轉了一下。山田：

「普羅列塔利亞意指俄國革命後被捧出來的的勞工或無產階級。岩崎先生的意思是……」

「簡單講就是電影要給一般平民服務，要拍反映民生疾苦的片子。」岩崎搶回話語權，「剛剛聽長谷川帶點國家主義的談話，我就知道現在他拍的不是我喜歡的電影。」

香蘭被潑了一盆冷水，意興有些闌珊，久米不以為意，用右肘輕碰香蘭的左肩：

「我看岩崎先生要在日本找到喜歡的電影應該不容易，他看電影整體是一回事，看個人的演技又是另一回事，一般電影在他看來是一盤砂石，但有時也會讓他發現一顆鑽石或一小塊黃金。他即使不認同這部電影，或妳的角色，但妳有某方面特色被他點了出來，或許就能點石成金。」

久米揣摩岩崎的心思說得頭頭是道，岩崎只顧笑。一陣小騷動像風吹來，森岩雄和渡邊邦男領著兩位女星走了過來。長谷川不在，香蘭想，他應該早就離去了。

「我們這位岩崎先生本來就很有名了，被關入黑牢後更紅了。」

渡邊用眼神引導霧立昇、山根壽子向岩崎哈腰鞠躬，再看著岩崎丟下這句話，便領著兩位女星揮手離去了。森岩雄大步迎向岩崎：

「什麼時候來的？」

「早就來了，我一直坐在記者席。」

山田看向森董：

「岩崎兄最近才被放出來。」

「巢鴨看守所？」

「是的，關了近一年。」

「出來就好。」森岩雄左顧岩崎，面露欣慰，右盼香蘭，「還有李香蘭小姐，這兩天看到妳就特別高興，妳上次來拍《東遊記》來去匆匆。這次應該會待比較久吧。我們公司員工都很喜歡妳，不管怎麼說，都說妳可愛，就是可愛兩個字。」

森董說話時，久米和山田一直陪笑，香蘭瞥見岩崎投射過來的批判性的眼神，心裡涼了半截。

「現在記者都走光了，我們到那邊坐著聊一下。」

森董說著走向座位區，大家跟上把座位挪成圓形坐下。

「岩崎兄現在在我們滿映。」山田瞬了岩崎一眼看向森董，「負責德國電影進口業務。」

「那很好。德文本來就是你的專長。」森董看著岩崎，流露幾分鼓勵，「在公司裡面好好工作，不要走上街頭，像小林多喜二。小林寫作寫到街頭，直接衝撞體制，勇猛而激烈，但是看守所那些人早就咬牙切齒等著他了。」

「小林的慘死讓我有個覺悟，活著比什麼都重要，就像水流不出去，成為一灘死水，滋生許多細菌，成為禍害，繞了彎，鑿個洞，流了出去才是有用的活水。」

「請問岩崎先生，您因何事被關？」

香蘭後悔發問，岩崎似乎也顯得不耐：

「研究馬克思。」

「這是新的思潮，年輕人好好研究，期望解決人民貧窮的問題，但也要重視自己的安全。」

久米說著，岩崎眼睛亮了起來。岩崎抑鬱太久了，時常不吐不

快，但又難改長年以來的矜持，不叩不響，現在久米老師把問題拋了過來，他正好打出一個漂亮的回球。

「老師所言極是，這個馬克思不但可以解決民眾的生活問題，也可以解決政治的難題。我辦雜誌的目的就是想喚醒民眾，阻止國家向軍國靠近，阻止國家法西斯化。」

岩崎講完，沒有人回話。森董、久米和山田三都在想，事實上這個國家早已軍國化了，你岩崎膽敢以卵擊石，難怪被軍方視為眼中釘。岩崎多少感到自己的話語已經過時，而有些洩氣。在這片刻的寂靜裡，彷彿大家都在諦聽，是不是國家的腳步悄悄地靠近。

久米挪開椅子站了起來。森岩雄：

「久米老師剛剛講的沒錯，無論做什麼，要先護衛自己的安全。……」

久米回來時端著一個鐵盤，上面放著五杯飲料。森董：

「我們都要向久米老師學習。」

「哦！」久米看著大家，「我和岩崎以前都寫劇本。但還是岩崎比較有戲，坐大牢這一段，應該可以交給別人來寫。」

久米說著大笑，大家跟著笑開。記者全都離去，滿鐵的服務小姐也都退下休息，偌大的會議廳荒疏得有些冷涼。

散席了，也快中午了，森董邀大家到料理店小吃，但被大家婉謝，只好叫人把剩下的點心包成四包分給四人帶回家。要回山王飯店，路程不遠，香蘭對這一帶不算太陌生，剛剛山田分社長還說到山王飯店搭地鐵或高速鐵道都行，路線一樣，只要兩站，但還是開車送她回去。

上了車，那張蒼白、文氣的臉孔開始在香蘭腦海盤桓。現在她拍攝滿洲國策電影，和他完全站在對立面，想博得他的好感根本不可能，但能如久米老師所說的，自己靈光乍現的演出成就一個他不能忽視的亮點於願已足。再說，不管他影評的走向，大家這麼稱讚他，他的文筆一定很好，那一天拜讀他的文章，一定有所收穫，不過最希望的還是他生活安然，不再有牢獄之災，也盼望自己提升智慧，達到可以和他做朋友，自由交談的地步。

「妳還好吧？」

不知山田幹嘛這樣問，她只能回說還好，事實上，也是如此。

這些日子沒人跟她談到戰爭，她有時會幻想戰爭已經遠離，或消失，不過昨天隨著山田拜會東寶公司，瞥見報架報紙「我機空襲重慶 重創敵營」的標題，一切倏忽間幻滅。還好中國土地夠廣，戰線得以拉長，拉遠，真槍實彈的場面不致逼近眼前，軍國主義的腳步不致侵門踏戶，讓人沒有呼吸的空間。剛剛那些長官和老師的談話也讓她深有所感，雖然日本軍力強大，但文化也進步。文化界相互包容的結果，拍電影、寫作、作曲，都還有空間，不致完全窒息。

《白蘭之歌》的拍攝進度按原計畫，劇組要角先拜訪東京日日新聞、朝日新聞、讀賣新聞等各大報社和電影旬報社，拉抬李香蘭聲勢，關東地區走過後再到關西拜會。山田分社長陪著走，有時還加上導演渡邊邦男、編劇木村千依男，但光環完全落在她身上，她一開始覺得不習慣，漸漸適應後，身體反而不太舒服，以前來日本常感到的噁心、頭暈又犯了。她想應該是身體適應新環境時機能調整所產生的陣痛，也就不怎麼在意了。這期間她還抽空到帝國蓄音器公司和音樂大師古賀政男見了面，錄唱他的歌〈再會吧！上海〉¹，相互留下很深刻的印象。

東寶映畫位於東京世田谷區成城的砧攝影棚佔地廣，號稱全日本第一，《白蘭之歌》滿洲開拓村的部份便移師這兒開拍。

在女角色方面，一開始都是山根壽子的戲份，香蘭沒上戲，也不敢怠慢，謹記編導對其他演員的教諭，看別人演出像上課一樣。輪到她上演和長谷川重逢的戲，戲裡戲外，都感覺經過了一段漫長的時日。在偌大的攝影棚內，這幾天一直作為長谷川一夫和斎藤英雄飾演的松村康吉、德雄兩兄弟和山根壽子扮演的弟婦松村京子家屋的幾間房間的右邊，上面設有門窗的長形木板，旁邊放置幾盆大型盆景，在照明燈的照射下，儼然一條小街。

這一天，渡邊一聲令下，棚頂和棚壁的燈光全滅，三隻水銀燈齊開，三隻豎立的水管上頭的旋轉噴嘴開始噴水，「街頭」一隅的工業用電扇開始轉動。

「現在看起來像不像邊遠開拓村的一條風雨交加的暗夜小街。」渡邊自信十足，「不要往上看，看噴水龍頭就穿梆了。當然拍攝時也不會拍到盆景的盆子。」

「這屋子裡頭已經有電燈，這二號燈照過去，會不會⋯⋯」

長谷川說著皺了一下眉頭，渡邊趕緊叫來燈光師，燈光師減低二號燈的亮度後，渡邊喝令每人就位。「開始」一聲令下，屋裡的松村康吉憑窗向外凝望，知道大伯苦等情人到來的京子退回房間頹然跌坐在榻榻米上。香蘭扮演的李雪香撐著被風雨吹得不成形的雨傘來到情郎住屋的門口，康吉聽到敲門聲快步走到門口，有點不相信地看著李雪香，半晌才摟住她，然後把她拉進屋內，關好門後抱著端詳老情人。

　　「妳終於來了。」

　　「我找你找的好苦，我從承德一路找過來。」

　　李雪香說著笑臉幸福滿溢。康吉：

　　「真的。」

　　兩人抱著同時望向屋裡，雪香雙眼碰觸到京子敵意的眼神時愣了一下，摟著康吉腰身的兩手移到他肩上後猛地把他甩開奪門而出。康吉追了出去，追到另一臺攝影機前，在風嘎雨驟中抓住她的雙肩：

　　「聽我解釋，她是我的弟媳婦，她在等我弟弟回來。」

　　「我不相信。這麼晚了，你們還在一塊。」

　　雪香說著再次猛然把他甩開飛奔而去……。

　　男女主角演出這段戲劇性的重逢和驟別，渡邊十分滿意。

　　「兩位演得很好，休息十分鐘，重來一次，讓大家再看一遍提振士氣。」

　　兩人再次演完，「風雨」停歇，棚頂和壁燈重開，大家都鬆了一口氣，男女主角在服裝組人員的協助下換下濕衣，擦乾身體後，和編導人員很自然地坐在一起。渡邊：

　　「李香蘭，妳剛剛甩開長谷川的動作真猛，很像相撲力士把對手摜出場一樣。」

　　「這是長谷川教我的。」

　　香蘭笑盈盈地說著，長谷川嘴角也抿出一絲微笑。

　　「妳真不愧是游擊隊的女軍官。」渡邊的話讓劇組人員笑開，「妳最後是戰死在戰場。現在這場感情戲就已經表現妳戰士的氣質。」

　　「壽子那冷冷投過來的眼神才厲害，我心裡的反射就是要把憤怒狠狠地發洩在長谷川身上。」

「是這樣啊？」山根壽子笑得合不攏嘴，「那我太高興了。」

「妳那眼神真的很好。妳真的可以演怨婦了。」

長谷川說著時板著臉孔，逼出了每個人的笑意。

「我讀這個劇本，有一段很耐人尋味。」

香蘭說著翻開劇本，指給長谷川看。長谷川也拿出自己的劇本：

「這是排在明天演的吧。好吧，妳先念李雪香的。」

「為什麼我當時無法相信你。」

「我一再地寫信跟你說，選擇適當的時機過來。」長谷川。

「我現在才知道，之前對這些全然不知的我，對你一味怨恨，久而久之就無法回頭。」香蘭。

兩人念完後，長谷川合起劇本：

「確實很有味道。久別重逢後產生誤會，最後選擇諒解，淡淡的哀愁和無奈，戀愛中的男女就是這樣。」

導演渡邊眼明手快，見兩人情愫正濃，當下決定提前拍攝這幕戲，而且一次就 ok。

這一天的戲份拍完了，工作人員開始清理場地，或收拾工具。長谷川向香蘭拋了個眼色，香蘭只好跟著走。長谷川回過頭：

「既然我們演出這部戲，我們應該多多交流。」

「是。」

「明天晚上不會有夜戲。明晚我到貴住處拜訪如何？」

長谷川說著，香蘭覺得茲事體大，想，這位日本影壇的大哥一定要當面對她演技做一個檢討。香蘭：

「我隨時等候光臨。是收工後一起去還是？」

「先各自回家，晚上我有空再去拜訪。」

這天收工回到飯店，不到六點，她足足等了一個小時才到一樓用餐。她想如果長谷川這時候來，邀他一起用餐才不會失禮。餐後一個小時過去了。第二個小時快來時，終於聽見敲門聲。香蘭應了門：

「長谷川先生，真是不敢當。」

「都是老朋友了，還這麼客氣。」

香蘭拿出果點，但茶已涼，只好拿出一瓶可爾必思，快速地打開來。長谷川要香蘭再拿一隻杯子：

「一起喝。天氣很涼了，喝不了這麼多。」

一切就緒後，長谷川開始天南地北大談演戲的經驗，香蘭察覺長谷川沒有批判或檢討她的意味，心情放鬆了起來。長谷川：

「《白蘭之歌》演得差不多了。我們大可以跳過去。演出女性的溫柔婉約非常重要，妳可能是中國人的關係，比較直來直往。」

「是的。老師請多多指教。」

「要表現出女性特有的風情萬種，姿態撩人，首先必須重視『型』，如果我是妳，我會這樣表現。」

長谷川說著站起來，身體微曲，頭側向香蘭，微微頷首，眼睛半開，視線朝下慢慢移動。

「這樣眼瞼，看到沒？變得非常富有感情，稍稍轉動一下就有流盼的感覺，男人就被電到了。」

香蘭忍俊不住笑了起來。仰望長谷川，還是一副脈脈含情，撩人的姿態。長谷川：

「來一起做。」

香蘭站了起來，和長谷川並肩站著，隨後跟著長谷川慢慢移步，舉手投足間擺出長谷川的古典女性儀態美學，但還是不時笑開。長谷川：

「這個要自己練，有空自己一個人獨自練。妳們中國京劇的女主角，這方面的功夫就很好。」

時候不早了，長谷川把飲料喝完就告辭了。香蘭也鬆了一口氣，但對這一課，她不敢大意，每逢化妝時，一定會在妝成之前反覆演練那神情、眼神。

註 1：〈さらば上海〉，古賀政男作曲，時雨音羽作詞，1932 年 6 月歌
　　　手關種子首開紀錄錄唱，李香蘭 1939 年 9 月繼之。

63. 香蘭探訪 稔嗆甘粕

接連兩天沒香蘭的戲份，攝影棚內，老演員高堂國典的霸氣浸染著每一位年輕演員的心。演完一幕戲，劇組正休息的當兒，一名東寶女職工走近香蘭：

「外頭有一位先生找妳。」

香蘭走到外面，見山梨稔提著公事包站在門口。

「您什麼時候來東京？」

「昨天回來。」

是不是新婚妻子要他回來？香蘭正想著時，山梨稔繼續說：

「我被降級了。」

「什麼？」

「滿映來了新的理事長。甘粕正彥，一個殺人魔。他以前是憲兵大尉。關東大震災時，他殺死了日本無政府主義者大杉榮和他的情人伊藤野枝，伊藤才六歲的外甥也慘遭他的毒手。現在他當理事長，對我不滿，把我降為顧問，正式職稱叫『參與』，就是提供意見。」

「這種人當理事長？」

香蘭從沒聽過這個人，也第一次聽過這種姓，一時不知這個姓的漢字長得怎麼樣，只覺得這種事情比電影情節還誇張：

「那您回來東京？」

「他給我假要我休息一陣子。我待會還要回東寶公司報到，向長官報告我的困境，趁下午下班前。」

「剛好回來陪老婆。夫人一定很高興。」

「妳在東京期間，我還是可以用東寶員工的身分繼續關照妳。」

兩人相視而笑，香蘭口喱笑裡的餘苦：

「情況變動很大，但這一層還是不變。」

山梨接著把滿映搬到南湖公園附近新辦公樓和攝影棚一事報告出來：

「一棟長屋型的辦公樓之外，攝影棚就有六座，還有錄音室、洗印間、道具加工廠，加上現在是廠辦合一，搬過去第一天，甘粕就上任，才四五天就叫我休假。這種假也休得讓人徬徨。今天是禮拜五，妳後天如果休假到我家來玩吧。我老婆很仰慕妳。」

「哦！」

「這次回家，我向她談到不少妳的事。」山梨看著香蘭從毛絨雲肩背心露出的白細手臂，「已經是秋天了，妳還穿短袖。」

「東京今年的 11 月還是有點熱，尤其是攝影棚內，早上出門穿了外套，現在掛在棚內。」

第二天一早，山梨直接到東寶攝影棚邀約，希望她早一點到達。

從山王飯店到目黑區自由之丘，雖然比到東寶攝影棚近了一點，但也有十幾公里，東寶派給她和其他住山王飯店演員的交通車的司機這一天休假，她決定自行搭車前往。

再次日，早上有點冷，她用頭巾包覆頭髮，在白色的短襖上面加披一襲斗蓬，步出飯店很快便叫到馬車。車子過了古川這條小溪後高樓變少，清一色住宅。尚未謀面的山梨太太給她帶來壓力，但她也很想從山梨口中知道更多滿映的現狀，一路想著心防漸懈，不知覺間已到達自由之丘。山梨家宅外的石磚路本來很寬，路中央種了一行白樺，樹下置有座椅，儼然一個條形公園，偌寬的道路被這條狀公園隔成兩條巷道。

香蘭揪過門鈴，隱隱聽到急促的腳步聲。門開了，秀氣的笑臉在香蘭眼前燦開。

「李香蘭小姐！」山梨太太向前深度鞠躬，「真是不敢當，想不到妳真來了。」

香蘭脫下鞋子換上拖鞋登上光滑的木質地板。山梨宅最先示人的不是客廳，而是長長的走道，走道右邊顯然是兩間較大的臥房，左邊狹小的書房和收納間各一，房間的外牆掛滿畫作。跟著山梨夫人的腳步，香蘭眼前豁然開朗，正前方顯然是會客室的外緣是一片透明玻璃牆和門，庭院的花草樹木傾刻傾入眼簾，右前方一片楓葉正當紅，奪人心目。

香蘭視覺的豁然感一時收納不住。她直覺山梨把客廳設在屋後，是刻意要讓客人目睹庭院的花木。客廳直接從大房間延伸過來，收納間過來是廚房，餐廳設在廚房和客廳之間，兩廳之間是折疊式的屏風，如果會客氣氛不是很嚴肅，山梨就讓屏風懶散地折在那兒，兩廳交融，隔著玻璃牆直通庭院，視野無礙，心情自然舒暢。

玻璃門開了，西裝筆挺的山梨走了上來穿上拖鞋：

「剛在花園裡看了一下，沒想到妳這麼早。」

香蘭從沙發座站起笑著致意，要坐下時兩眼順著山梨的眼神看向左前方牆板上一大兩小的畫作。大幅的風景畫顏色濃鬱，顯然是西式油畫，小的兩幅畫帶有明顯的裝飾風格，一幅天空的雲彩被線條圈割成層次分明的色塊，看似是西方教堂門窗的彩色玻璃。山梨走了過來看著她兩眼流盼出的率真的藝術感：

「這些都是岳父的作品。」

「真的？」香蘭伸長著脖子，「夫人的父親。」

山梨太太端著拖盤走了過來，山梨接下裡頭的茶盤。山梨太太芙蓉放下糖果盤時，兩眼收納了香蘭欽羨的眼神。

「你們好好聊哦。」

芙蓉說著拿著大拖盤走開，香蘭：

「剛剛在走道也看到好幾幅。」

「妳後面也有。」

香蘭回頭看，果然後面還掛著兩幅。

「內人的家世很好，可惜好像在她這裡就中斷了。她媽媽，我岳母也是很有名的服裝設計師，還開過洋服學校。」

「你應該滿足了。」芙蓉雙手貼膝落坐一旁，「你給滿映發掘到了滿洲第一美聲，娶到一位平凡的老婆也算不錯了。」

「哈哈。」

「關於滿映的事，我先生跟我講了很多，但苦悶還在。」人在風景畫下的芙蓉隔著山梨稔面向香蘭，「他一定要跟妳講，才放得下。」

山梨兩眼下垂，呼了一口氣，講出來的似乎是久遠的故事。

事實上，《白蘭之歌》在東京東寶攝影棚內拍得正入港時，另一邊滿洲新京滿映的員工也沉浸在即將搬進新辦公樓和新廠的喜悅當中。但這歡喜很快就被殺人兇手要來接掌整個機構的傳言衝亂了。滿映成立兩年多以來一直是電影人主導，理事長金璧東雖然是政治人物，但只是掛名，專務理事林顯藏拍紀錄片起家，其他要角根岸寬一、山梨稔、牧野滿男全出身電影界。現在的甘粕正彥，一方面是軍人出身，最可怕的還是：是挾持溥儀到滿洲的建國有功者。傳言越傳越可怕，彷彿越來越多不為人知的可怕內幕即將起底。不管怎樣，軍國政治的高壓籠罩，每一個人苦思調適之道之餘，發洩憤怒的話自然藏不住。香蘭揣摩遠在天邊的滿映的情況，想了一下：

「搬家時不就忙翻天？」

「10月31日的搬家不算很辛苦，辦公室的桌椅、櫥櫃都屬於日本毛織的，都不用搬，女演員和女職工只要打包好自己的物品即可。日籍職工和男演員支援寬城子攝影棚器材的搬運，比較辛苦。

搬得有點累，大家心情都不好，也不確定甘粕是否真的會上任。大家還是和平常一樣晚一點上班。」山梨喝了一口茶，看老婆一眼，「結果第二天九點 20 來分鐘，妳的司機鈴木就到飯店接我和牧野，說理事長要開會。我本來想自己開車過去，後來還是坐鈴木的車。」

「你們兩個都住同一飯店？」芙蓉。

「是的。在車上，牧野就說，新理事長可能是來真的，既然開會，不如趁機對他美言幾句。我也這麼認為，醜話講夠了，也發洩過了。最後還是得面對現實。兩人討論的結果是，林專務和根岸兩位理事應該會致上歡迎詞，到時候再附和幾句就可。結果到了洪熙街新辦公樓，所有人都在外面廣場列隊，好像閱兵一樣。感覺大事不妙，我和牧野匆匆跑了過去，被庶務課長請到遲到的隊伍，第一次看到甘粕，他就像新兵營的聯隊長一樣，一個個問遲到的幹部，邊問邊罵，看到了我，『總務部長就是你啊！』諷刺的眼神讓我背脊發涼，我立刻察覺隔牆有耳，他一定知道我對他的抨擊，兩眼盯著牧野問了兩句，『想想你父親，他意志這麼強烈，看不下你這麼懶散，難道要他回來關心你？』」

「他這是什麼意思？是譏刺嗎？」香蘭。

「沒有錯。他的意思是：牧野你再這樣打混，你父親會從墳墓跑出來教訓你的。最後他把大部隊往辦公大樓入口處的車廊集中，自己一個人跑到車廊上面：

『今天是我上任的第一天，竟然是這種情況。今後任何人，不管是理事或部長，我也一樣，都不准遲到。』現在當然沒人敢遲到，在辦公室，大家怕聽到他的腳步聲，也不敢談私事。」山梨深深吐了兩口氣，緩和心裡頭的餘悸，「大概兩三天後，新理事長的歡迎會在五號攝影棚舉行。這個攝影棚還沒做隔間施工，空蕩蕩的，當做會議室。全體員工等著他出現，他來了，『我是新理事長甘粕，請多多指教。』只說這一句話。以為他還要講，沉默讓大家不安。過去我講了太多反對甘粕的話，根岸和牧野認為甘粕已經嗅到了，建議我將功贖罪說些歡迎的場面話。現場根岸瞄了我一眼，我於是硬著頭皮站起來。『我們竭誠歡迎建國有功的甘粕先生出任滿映理事長。他的到任，所有員工引以為榮，我們為了建設滿映，不惜粉身碎骨，有埋骨滿映的決心』。我還沒講完，他表情激憤地提高嗓

門，『我不是什麼建國有功者，日本人死了，理當歸葬日本。』」

「那不是很尷尬嗎？」香蘭。

「氣氛瞬間凍結，又是一片可怕的沉寂。大家都領教了他的厲害，那種無言勝過有言的可怕。」山梨看了芙蓉一下後臉孔轉向香蘭，「散會後沒多久，甘粕又把所有員工叫到一號攝影棚，痛斥管理部門的腐敗和無能，鼓勵大家當場揭露，『摧毀一個滿映，算得了什麼！別管他什麼理事、部長，有問題大家打開天窗說亮話！』全場幾百人又是一場驚嚇。」

芙蓉同情地看著山梨，想，丈夫這番話也已講了好幾次，在她面前講，在東寶老同事面前講，現在又講給香蘭聽，但每講一次，新鮮感沒褪色多少，好似還跟他的血肉連在一起。香蘭：

「你剛說大家都怕聽到他的腳步聲。」

「他的個兒不高，鞋底墊高，應該有加裝鐵塊，走路的咯噔聲在門外響起時，大家都屏息以待。」山梨喝了一口茶，兩眼空洞地望著牆壁，「我們這位新理事長深諳為政不在多言之道。要開會了，大家坐著聊天等他到來，他來了，坐在前排的閉了嘴，坐後排的還小聲嘰嘰喳喳，司儀請他講話，他一直盯著聲源，大家都避開他冷酷的眼光，11 月天，冷汗直流，直到全場鴉雀無聲。」

「現在開會都沒有人講話了？」

香蘭說著，芙蓉笑開。山梨：

「應該吧。我回來這幾天，那邊的情況應該還是沒變。」

「當初他一定認為你們幹部用遲到向他示威，向他表達抗議。他就用軍方、特務的那一套對付你們。」

香蘭這樣說了，山梨無奈地抿唇笑，眼露無辜：

「那時候根本就沒有人想到要讓他難堪，也沒想到他那麼厲害。大家都在想，按照已往慣例，新官上任，一定很慢才會來辦公室，然後由林專務或根岸理事陪著到各辦公處走一趟，作禮貌性的拜會。」

香蘭頻點頭，直覺山梨說得有理：除非直升，空降過來的長官一開始都像客人，待熟悉環境了，才會有主觀的強勢作為。山梨繼續說：

「新官上任放了幾把火。那一天下午，他把我和林顯藏、根岸、

牧野叫進他的辦公室。他劈頭就對我說，『你的好口才不用用來巴結我，好好對外。川喜多長政的東和商事把田中絹代和原節子主演的電影介紹到德國，賣座都很好，也取得柏林奧運會電影《國家的節慶》、《美的節慶》在日本的獨家代理權。那你又做了什麼？』」

「您的業務是把電影發行到滿洲和日軍佔領區，硬是要和進口德國電影扯在一起，豈不是故意刁難。」

香蘭說完，芙蓉給她添加茶水，示意她吃糖。山梨：

「沒有錯，我們的人力有限，上級給我們的要求一直就在妳說的範圍內。隨後根岸替我講話了。他說，川喜多長政年輕時留學德國，又常赴歐洲，和德國電影界很熟，加上有日本大使作後盾，做出好成績不令人意外。反觀我們滿洲才剛剛跟德國建交，派出去的不是大使而是身兼好幾國業務的公使，……結果他的話還沒講完就被甘粕打斷了。『不用說太多，咱滿洲國和德國建交的同時就已簽訂了通商協定，不久也簽訂了相互發行影片的協定。你們要跟國務院弘報處多多聯繫。滿映的影片輸出到德國固然是配給部的職責，總務部也可以透過電影交換的方式和德國交流，不要有本位主義，以為顧好滿洲、國內和佔領區就好。你總務部可以去找德國語文人才，從零開始做起。』」

「川喜多長政這個人，去年山家亨把李明帶進滿映的時候，牧野滿男提過。」香蘭。

「對。我也記得，那時候大家在新京吉野町日本料理店。這位川喜多是很成功的影片中間商。聽說他父親和令尊一樣，也是中國的朋友。」

「這樣啊？」

香蘭應和著，對川喜多這號人物又多了一層認識。

「妳們新的理事長甘粕領導風格是很強勢，很明確吧！他對滿映的業務也很熟呢。」芙蓉笑看李香蘭，「以前聽過這個人沒有？」

香蘭搖搖頭，山梨繼續說：

「他在法國待過喝過洋墨水，他是用他的觀點看滿映。事實上，林顯藏專務給我們的方針就是顧好日滿支這一塊，從沒要求過我們從歐洲或美國引進電影，或把滿映電影介紹到國外。他拿我跟川喜多比，還是有挾怨報復的意味。接下來就對我開刀了。『山梨稔部

長降一級改敘，新職稱是〈參與〉，仍舊督導總務部，希望他更加努力。滿映製作部這麼大的單位不能沒有專職部長，牧野滿男君長久輔佐根岸部長領導這個部，現在酌升部長。根岸寬一專任理事，免兼部長。』他一邊講，秘書一邊寫。這場會議，最失落的當然是我，根岸、牧野是師徒一對，根岸帶著牧野過來滿映本來就是要栽培他當製作部長。所以人事命令對他沒差。」山梨講著似乎比較看開了，「他看過秘書書寫好的人事命令，指示做一些修改後開始對我溫情喊話：『年輕人不要氣餒，跌倒是常有的事，再爬起站起來才是真本事。給你半個月的假，休息後再重新出發……』所以今天我在這裡和妳見了面。」

聽完山梨冗長的敘述，香蘭覺得好像從一段漫長的時空走了下來，芙蓉有些無奈地聳肩：

「我還是覺得沒這麼嚴重，如果甘粕容不下你，世界還很大。」

山梨給香蘭和芙蓉倒了茶後，揀了一顆糖含在嘴裡。在這沉默的片刻，從玻璃牆透進來的秋暖陽光又往後退了一些，香蘭視線從牆外光渲的楓紅移回：

「會不會我們的山梨部長講了什麼話，新理事長聽了不高興？」

「現在滿映一定很多人這樣猜。事實上這是大環境的問題，和個人的言行沒什麼關係。聽說他要來，全體員工都反彈。中低階的幹部尤其激烈。兩位理事，林顯藏在滿鐵官僚體系待過，比較懂官場文化，根岸以前在日活有過被鬥爭的慘痛經驗，再加上以後和甘粕要常見面，所以比較沒說什麼。低階幹部最激烈，『軍部獨裁、蠻橫，直接把手伸進來。』、『滿映美其名是國策公司，實際上已經變成右翼軍人的禁臠。』、『最沒有文化的人竟然要掌管滿洲最大的文化機構。』、『我絕不會在儈子手底下做事。』這些話都說出口了。牧野有話藏不住，也說的比我多。基本上甘粕早就認定滿映所有員工都對他反彈激烈，他的憤怒和敵意是對所有滿映人的，我開口說歡迎的場面話剛好觸怒他，就拿我開刀。」

「那換別人致歡迎詞，誰就倒楣了？」香蘭。

「對。他想殺大杉榮，他的情人、小外甥剛好在場，就跟著倒楣。」山梨看了妻子一眼，「他的到任讓我想到岳父畫作被打壓的往事，自然對他沒什麼好話。」

「您是說……」香蘭轉頭看著芙蓉頭上牆壁上的畫作，「就是畫這畫的？」

「不錯。他叫津田青楓，相當有名，我一直以他為榮。」山梨看出香蘭雙眸飄忽出的空茫，「沒關係，以後妳就會認識很多日本的文學家和藝術家。」

香蘭紅了臉，感受到從透明木框門投射過來的陽光熱，脫下斗蓬，露出短襖。芙蓉趨前接下斗蓬，看了香蘭手臂一眼。

「好可愛哦！李香蘭小姐的手臂這麼細又這麼小。妳這樣不會太涼嗎？」

「我喜歡皮膚沁涼的感覺。」

香蘭說著嫣然笑開，山梨說聲等一下後站起，然後離去。香蘭趁機向正在把斗蓬掛在樹狀衣架上的芙蓉借用廁所，從洗手間出來後，山梨也已落座，茶几上多了一張怪異的畫。山梨把八開大小的圖畫拿給香蘭看：

「這是一張素描，妳看這是什麼？」

「哦！」香蘭頗看了一下，「畫面有些暗，應該是一個人被吊起來，衣服破破爛爛，兩腳被繩子纏了又纏，……左下角還有一個鐵窗。」

「不錯，不錯。是內人父親津田青楓的傑作。」

大畫家津田為什麼要畫這幅畫，山梨又為什麼拿給她看，香蘭困惑的眼神在山梨夫婦間流盼。

「這只是底稿，原作名叫〈犧牲者〉，已經被警察沒收了。」山梨看了妻子一眼，再看看畫作，「六年前有一位作家小林多喜二……」

「哦！我想起來了。」香蘭打斷山梨的話，「兩個月前，我們劇組開《白蘭之歌》開拍記者會的時候，你們東寶董事森岩雄和一位電影評論家岩崎昶就談論他的悲劇。」

香蘭眉頭揚起看著芙蓉鼓勵的眼神。

「這裡頭畫的就是小林？」香蘭看著山梨首肯的眼神，「我倒猜對了。」

「當然畫裡頭的臉孔並不是照他的樣貌畫的，只是他的悲劇觸發我岳父的靈感，用畫來對軍國政府做出最沉痛的抗議。」

「藝術家和文學家都崇尚自由，電影人也一樣，有的人訴求心靈的解放，有的想表達對窮人的同情，有的追求浪漫。」芙蓉兩眼湛然，溫柔滿溢，「好像沒聽說過有人用優美的音符或文字描述國家或政權的強大。」

　　香蘭點頭表示理解，但隨即對自己是國策電影公司的演員感到自慚。山梨：

　　「內人講的都是理想，現在不論從事那種藝術，創作的自由都被軍政府限縮，只是程度大小有別。未來滿映創作的自由只會更少，但演員還是要努力表現自己，越是表現得真誠，軍政府的那隻手自然會後退一些……」

　　差一刻就 11 點了，山梨說得口乾舌燥，小茶壺裡頭的茶水也已換了一次。香蘭：

　　「說的非常有道理。」

　　「把妳這麼早就叫過來聽我吐苦水，實在很抱歉。」山梨把領帶的結稍稍鬆開一些，「待會還有幾位朋友會來。」

　　「那我是不是要躲起來？」

　　「李香蘭小姐真會說笑。乾脆我把妳藏起來，看他們如何急切地找妳。待會中午，大家一起用餐，讓大家過一個難忘的星期天。」

　　芙蓉的話稍稍緩解香蘭的心焦。聽了山梨冗長的報告，香蘭有些累，心裡也有些沉，很想獨處，但旋即提振精神，決定在接下來的幾個時辰陪長官走出落寞。

　　門鈴響了，芙蓉出去開門，進來的中年男子也是西裝筆挺。山梨作了一番介紹後，友田醫師在芙蓉剛坐的位子上落座。友田見到滿映明星喜形於色，但抑制興奮，表現出紳士的優雅，讓香蘭感覺舒服。友田看著玻璃牆外被光渲得有些刺目的楓葉：

　　「你們客廳這樣設計真好，朋友都喜歡來你這兒做客。」

　　話題展開後，醫生談養生，香蘭談滿洲見聞，沒多久芙蓉的兩位閨蜜來了。兩位 25 歲的菊子和美子看到香蘭，興奮地叫了起來，香蘭的尷尬很快便融入她們的熱情當中。隨後菊子加入聊天的陣容，美子和芙蓉下廚。香蘭：

　　「我想起來了。我剛剛提到的岩崎昶好像德文也不錯。」

　　「這位岩崎先生，我知道一些，他也是很普羅塔利亞的影評家。

我們的根岸理事也很關心他，跟我談過，有機會也想把他拉進滿映。」

「我雖然是局外人，但也覺得不太可能。」芙蓉的話斜插丈夫的話裡，顯然是講給香蘭聽的。「岩崎是馬克思信徒，在甘粕眼裡和大杉榮是同一類的。」

「說來也是好巧不巧。若還是林顯藏當家，就一切好談。現在極右派軍人的甘粕上任，應該不會買根岸的帳。」山梨的心思從親身經歷的滿映鬥爭遙想到聽聞中的根岸寬一在日活多摩川攝影所長任內被日活老闆整垮的慘景，「根岸以前飽受被人排擠的痛苦，有人道主義和自由主義的襟懷，才會想到拉拔岩崎一把。」

「那就是說，根岸有心，岩崎命舛。這個局不成了。」

香蘭說著有些惘然，芙蓉：

「也不能太早下定論。畢竟現在是不安多變的年代⋯⋯」

午餐十分豐盛，男的喝酒，女的談時尚，芙蓉談歐美時裝的趨勢讓大家開胃。在言談中，比香蘭晚來的客人似乎都知道香蘭是日本人。顯然在個人生活圈裡，山梨已經從公司維護香蘭身世秘密的規範當中釋放開來，不讓自己綁手綁腳。況且這兒遠離滿洲，日本社會也夠龐大，足夠消融香蘭掀起的任何波紋。他一定這樣想也這樣做。香蘭想著，不再防這戒那，開懷地和大家互動。

餐後兩位女訪客迫不及待地要到客廳後面的庭園，芙蓉打開玻璃門，大家跟著下去，穿上備好的脫鞋。

庭園像個小森林，兩株枝幹粗壯，樹皮皴裂的楓樹撐起個園林的大格局。兩棵楓，一株直立，一株 45 度斜伸，然後向上領有大半個庭園。楓葉遮住了陽光，虯曲離奇的枝椏撐起一片光影斑駁的楓情。山梨把手放在斜向的楓幹上：

「這兩棵老楓可能有兩百年了，霸在這裡，庭園沒辦法做太大的變動。」

「楓樹樹幹的汁液可以製成糖漿，西方人都用來沾薄餅。」友田醫師仰望楓葉，再看向前面的一男四女，「聽說葉子可以做成茶葉。」

「真的啊？告訴我怎麼做。」芙蓉。

「我只知道要去糖，除去葉子裡的糖份，實際怎麼做要請教專

家。」

　　芙蓉聞言欣喜。應該很難做，不然早就流行了。她想著意念冷卻了下來，隨即走向楓樹後面的小花圃。在簡單造景當中生長的草木似乎都瑟縮在秋涼當中，有的葉落草枯，開花的不多。小水池邊，一叢船形的大片葉子上面綻放的兩朵美麗的花兒吸引大家的目光。山梨：

　　「這美人蕉，11月了還開花。大概和最近天氣比較熱有關吧。」

　　「實際上是兩團。」芙蓉看著從兩株植立的花莖開出，紅瓣黃邊，嬌媚百態的花，「每一根上面都開了三四朵，相互依偎在一起。」

　　「應該是最後一次開的了。」芙蓉閨蜜美子頭肩往後，稍稍把視線拉遠，「看起來很像蘭花，只是大了一點。」

　　「與其說是開花，不如說是唱歌。」友田。

　　「我們這位李香蘭小姐不是滿洲美聲第一嗎？就請她來唱一首吧。」

　　菊子的提議獲得熱情的回應。香蘭即興唱歌時習慣先唱〈荒城之月〉。她退後幾步，臉面稍稍仰向楓樹，雙手握在腰前。憂鬱隨著慢慢升高的歌聲籠罩著每一個人的心。歌聲告一段落，香蘭調整呼吸再唱時，鬱愁一樣逐節升高。憂鬱隨著歌聲擴散，花草、楓葉彷彿都成了鬱愁的影子，而每一個人都變成濃愁的一部份。《白蘭之歌》主題曲〈那顆可愛的星星〉是輕快、流動感十足的歌曲。香蘭開唱時，三位女孩都隨著節拍擺動身子，經芙蓉提示後，香蘭輕挪蓮步，在花草、人兒之間挪步開嗓，用旋律的美滋潤每一顆心。

　　歌罷，大家滿足地往家屋前進，芙蓉打開玻璃門時，山梨：

　　「大家等一下，我去拿相機，大家在庭園合拍一張。」

　　山梨拿著相機走了下來，直說剛剛香蘭唱歌時沒想到拍照很可惜，打開相機鏡頭蓋要大家站好時，美子：

　　「你大人物入列，我來拍。」

　　「兩位大男生都是西裝拖鞋。」芙蓉笑著蹲了下來，「不要拍到腳。」

　　美子拍完後，菊子出列搶著拍。一連拍了幾張，山梨夫婦和香蘭都有入鏡。

　　芙蓉端來飯後水果放在客廳茶几後，又從廚房移出一張椅子給

自己坐。美子和菊子吃了一口水果，嘴巴又甜了起來，對今天的美食、美園和美聲讚不絕口。芙蓉用手撥了一下秀髮：

「我也是感觸多多，剛剛李香蘭小姐唱〈荒城之月〉時，歌聲一聲高過一聲，給我一種崇高、孤單而神秘的感覺，直覺神就在裡面。另一方面，〈可愛的那顆星星〉一直在地面流動，有時在平地，有時上坡下坡，但沒有升空，當下實在很想去旅行。」

大家都說頗有同感，讓香蘭紅了臉。

「那就陪先生到滿洲玩一趟。」

友田這句話又掀起了大家的談興，約莫半個時辰，大家覺得該讓主人休息了，談話開始零零落落。醫生友田表示自己開車來，可以送大家逐一返家，三位女孩於是告別山梨夫婦坐上醫生的座車。

▌▌▌ 64. 訪泰次郎 遊園上野

回到山王飯店，李香蘭想到了五個月前在滿映歡迎宴中見面，大陸筆耕部隊一員的作家田村泰次郎。那時約好，如她來東京務必來訪。她翻了一下地圖，看看他住的世田谷區北沢一丁目在那邊。沒有電話，不知道那是田村自己的家還是租住處。想想，還是等兩三天後片子殺青再去找他吧。她可不像大牌長谷川那樣放得開，有戲約在身，就好似背負著什麼，難以放開。

滿洲熱河游擊隊和鐵道建設護衛隊的決戰戲終在東京郊外一處廢棄的步兵訓練中心展開，她從游擊隊反正歸來後和長谷川並肩作戰，結果雙雙戰死，算是最好的結局。

演出這部戲，越到後面，她就越覺得原作者久米正雄冒了不少風險，或許也是編劇難為。久米雖未掛名編劇，但他是劇作大家，本劇劇本全然是他原作的投射。他為了忠實反映時代，把游擊隊安排成負面的角色，此舉不啻得罪了廣大的滿人觀眾。也好在她在戲裡被賜死，遮掩了她的背叛。她預料此劇在滿洲上映時，反應不會很熱，但她如不死在戲中，以為她是滿人的民眾很可能在戲外砲火四射，陰錯陽差地炒熱此劇的同時，傷了她的形象。

天氣迅速轉冷，香蘭甩開戲裡的得失，但還是心懷幾許忐忑，錦織青花瓷旗袍外罩毛絨綿襖，搭乘馬車來到世田谷區北沢一丁目。這條商業街兩旁多為兩層樓木房。她走進一家生活五金行，店主往

樓上呼叫，她往上仰，田村泰次郎胖碩的身軀在木梯上面出現。田村愣了一下，努力想看出罩在暗影中的女孩。

「是我，李香蘭。」

田村回以沉重的腳步聲。

田村的長形房間就像一般學生租住的那樣，靠窗一張書桌，桌旁是一張單人床，床對面是兩個書架。田村坐在床沿，香蘭坐在從書桌旁移到書架旁的椅子上：

「很抱歉沒有寫信先通知你。」

「我在報上看到妳的消息，六月那天的酒宴，久米老師說要讓妳演，結果真的實現了。雖然知道妳人在東京，有時會想那只是文字記述，感覺妳人還是在滿洲。」

「意識分離啦！」

「都是人腦在作怪，只要想一下，一件事可以分裂成兩件，但兩件事也可以融合為一。」

「唉呀！是誰啊？」

門開著，一位頭髮有些白的婦人探頭進來。

「是朋友，遠從滿洲來看我。」

「饅頭？」

「中國大陸的滿洲。」

香蘭微笑頷首致意。田村媽兩眼骨碌碌地盯著兒子和香蘭，一個大塊頭，一個嬌小，怎麼都無法在她腦裡的天平取得平衡，一聽到「中國大陸」身體往後震了一下。

兩人閒話了好一會，田村媽端來切好的柿子和兩杯清水，看見兒子謙謙有禮，腦中的不平衡稍稍緩和了一些。

「中國人嗎？」

田村媽這才注意到香蘭中國味十足的裝扮。

「是的。」

田村代為回答，田村媽綻開笑容：

「日本話說得很流利呢。」

香蘭笑著送走她的背影，從布袋取出兩張唱盤。

「這是我最近出的唱片，〈再會吧！上海〉。」

「太好了。帝蓄出版，賣得不錯吧。」

「因為是第一張，賣相不是很好。」

「現在家裡沒有蓄音機。有空，我會好好聽，我聽歌向來是知音型的，就當做妳在我身邊唱。」

田村把唱片看了又看，放在桌上後，從桌旁的書塔中取出一本書，在扉頁上面認真書寫幾行字，連同書套呈給香蘭：

「這本也是我最近才出的書，跟妳的唱片一樣，是處女著作。」

香蘭接下新書，把書套放在書架上，兩眼瞄了一下。

「這麼厚，作品集，都是中短篇的小說吧。恭喜了。」

香蘭把書翻了幾下，看著田村在扉頁的贈書題字。

「書就放進妳帶來的布袋內好了。」田村從香蘭手中接過布袋，把《少女 田村泰次郎小說集》和書套合上放進布袋裡，「根本就沒有設計，毛筆一揮就是一個封面，不值妳一看呢。」

「作家一定這樣想：作品印成鉛字就雀躍萬分，其他都是其次了。」

「李小姐說的也是，不過這一本就好些了。」田村取來《大學》封面的樣張，「四個葉片圍著的兩個年輕臉孔的素描有五官，神情率真……這本是長篇，快出版了，和剛剛送妳的《少女》這兩本書要一起開新書發表會，十天後舉行，屆時妳一定要來捧場。」

「現在電影拍攝告一段落，開始面對返回滿洲向公司報到的問題。」

「堅持到那一天，預計月底出版，但為了新書發表會，會趕印500本應急。」

「我再看看那本的封面畫，雖然簡單但有味道。」

「書套就簡單多了，樣本沒在身邊，我要求出版社書套和書的封面採同一圖案，但沒被接受。」田村身體仰在椅背，吐了一口氣，「同樣是取自海老原喜之助的素描，但海老原先生也不會喜歡書套的那種設計。」

「你說的海老原？」

「一個從法國巴黎學成回國的西畫家，喜歡畫帶有藍色調的雪景，人家稱他為海老原 blue。」

田村說著白紙黑字把海老原喜之助的名字寫了出來。香蘭：

「還真是一個罕見的姓呢。」

「當初聽到這個名字的時候，會浮現一個老人的形象。其實，他那時才30，現在不過是35。」田村泰次郎敦促香蘭吃柿子，「妳們中國，哦滿洲，也有這種情況，看見人的姓名腦中就會生出某種形象。譬如妳的李香蘭……」

「不要說我。你才是人如其名，田村，田莊、鄉下，泰次郎，身體壯碩的人。」香蘭笑著看向田村壯碩的身形，「不過海老不就是蝦子的同音、同意詞嗎？」

「日本本來沒有文字，一千多年前從中國傳入後，開始有了文詞的想像。相傳祖先看到海蝦這麼多鬚，好像是老人，就把蝦子取個海老的別號。」

「還真有趣。」

香蘭說著望向簡陋的窗戶和窗框勾勒出的單調後街景象，相形之下，山梨家玻璃牆透來的美樹園花，顯得富泰多了。田村從香蘭眼裡看出幾許酸楚：

「去年父親過世後，就接媽媽來一起住。」

「哦！」

「租來的房子，我和媽媽各住一間。沒有電話，和文友、雜誌社聯絡很不方便，明年想搬到比較好的公寓，再申請一支電話。……柿子很好吃，妳都沒吃，至少吃一塊吧。我們待會出去走走，順便吃午餐。」

「作家不能住太好，不能太享受。住在陋室，作品反而源源不斷。」

「現在都胡亂寫。」田村站了起來，從書架取下一本雜誌，「這本《文學者》最近登了我信筆寫來的一篇文章。」

香蘭從目錄看出田村發表的文章：

「夢殿？」

「這個夢殿在奈良法隆寺，是一間八角亭。這篇小說就是從這座亭子觸發出來的。妳現在住那兒？」

「山王飯店。」

「就到妳那兒見識一下吧。」

田村說著抓起背包，香蘭也慌張地起身。田村媽耳靈，知道愛子要帶朋友出去，於是走出房間再次打量他們。

兩人走過熱鬧的街道來到車站，上了市內火車。車子啟動了，兩人沉默了好一會。過了一站，田村：

　　「家母生性節儉，除非有準備，家裡一般沒東西招待客人。有客人來，我一般都一起到外面。再說，有時客人太少，沒有人跟她講話，她也常感孤單。」

　　「你這樣拋下她一人，她豈不更孤單？」

　　「她搬來和我同住後，沒有女孩找過我，我看她很專注地看著我們，擔心她想太多。」

　　香蘭想，應該是他自己敏感，活在小說的世界裡面。小說家豈不都這樣，多思善感，把現實人物小說化，不自覺地在心裡刻畫著。田村：

　　「妳剛剛說片子拍得差不多了。」

　　「現在片子正在後製，確認沒事的話就必須回去了。公司搬了新廠，也來了一個新理事長，必須趕快回去報到。現在除了要預防突發的狀況外，也還有一些拜會行程，應該可以撐到你的新書發表。」

　　「那太好了。突發的狀況是？」

　　「剪接的過程，如果某一段拍得不好，或剪壞了，就必須重拍，而且要隨傳隨到。」

　　「這樣啊？年中到貴公司參觀，一位長官有提到新廠的事。」

　　「我還到工地實際看過。以後會廠辦合一，攝影棚就在辦公室旁。」

　　「不是以後，現在就廠辦合一了吧。」

　　「是哦。」香蘭噗哧笑開，「同仁確實都已經搬過去了。」

　　田村笑著避開對面座位投射過來不十分友善的目光。那些目光似乎告訴他，為何和一位穿中國服裝的女子聊天，留學生嗎？田村打從心裡拒斥那種眼神。「我對中國一直就這樣，尊敬他們的歷史和文化，有點輕視他們的現況，但現在為了李香蘭，我還是要捍衛這個國度。」他想著說道：

　　「所謂滿洲話就是中國話？」

　　「是啊。就像北海道的話就是日本話一樣。」

　　「日本和東京，中國話怎麼講？」

香蘭如實地講出，旁邊不少人豎起耳朵，直覺眼前這位穿旗袍的女子至少有一半是華人血統，香蘭苦吞投射過來的輕蔑眼神，無奈地垂首合眼。田村還沒得到香蘭參加他新書發表會的確切承諾，只能步步為營，維持良好的互動和氣氛：

　　「年中在新京那家飯店的晚宴實在讓人難忘。我們筆耕團到滿洲考察的那一次……」

　　「是的，中央飯店那一場，我們同仁也說，雖然聽不太懂日語，但感覺氣氛實在很好，日本作家也很和善。」

　　「啊！對不起。我們日本人的態度常引發妳們中國人的不安。」

　　「我還好。」香蘭腦裡浮現國籍、階級差異下的滿映內部，「公司那些演員同仁長期受到日本人長官友善對待，多少還是擔心這種情況會變調。」

　　彼此沉默了一會。香蘭再次確認田村以為她是中國人，那就繼續在這種認定裡互動。田村找到新的話題，笑了起來：

　　「那次晚宴後和久米老師有沒有會面？」

　　「兩個多月前，在東京滿鐵分所召開的記者會見了面。你呢？」

　　「和他沒再見面，倒是和伊藤整、福田清人常在一塊。」

　　列車到站停了下來，乘客的上下車中斷他們的談話。對面兩位女子瞄了她身上旗袍的梅花花開枝展的紋樣，她把頭望向別處隨後收回：

　　「那一次酒宴你說的寫作什麼流的，你和伊藤整都很有興趣的……」

　　「哦！意識流，描寫人不經思考，在心裡面流動的東西，常常是不合邏輯，有種像夢境的意念。」田村把視線從對面收回，望向香蘭，「我一直在研究這種論點，不時在文學刊物發表。」

　　「有運用到小說上嗎？」

　　「自然有。」

　　「不過，你說的那些意念是非邏輯的，可能是跳躍式的，經過作家的思考整理出來，是不是會失去意識的自然原味。」

　　「妳說的確有道理，我以前想過，但沒有深入思考。」田村閉目想了一下，「真的不一樣。就像小孩子把一整箱玩具灑在地上，那是自然凌亂，但是作家就像大人一樣，把玩具一個個從箱子拿出

來，經過一番構思擺成很亂的樣子，真的大不一樣……」

到了澀谷，兩人步出列車，香蘭以為要走出車站，發現大部份乘客都湧向月臺另一邊的列車，田村也走了過去：

「今天帶妳來體驗東京鐵道的三溫暖。」

「哦。」

「等一下我們搭高速列車。」

「高速列車？」

「在高架鐵路上行駛。」

和在地面爬行的列車相比，高架列車確實比較快，輪軌的摩擦聲不再為地面吸收，反而助長車行的氣燄，兩人被噪音包覆，不再交談，還好視野遼闊，香蘭側身把臉貼近車窗，越來越高越密，似曾相識的樓宇在她眼角流逝。車速變慢轉了彎後，被水環繞，一片碧綠不知幾何時轉為楓紅的皇居映入眼簾，接著她看到了總讓她想起滿洲國務院的國會議事堂。就快到飯店了，好快，但也已過了午時。下了車走下樓梯出了站，香蘭：

「到我住的飯店，我請你吃個飯。」

「別客氣。當然是我作東，但與其吃貴族餐，我帶妳去吃平民飯。」

被田村這麼一說，香蘭竟有些自我嫌惡了。另一方面，山王飯店和旗桿綁在一起的招牌直插樓頂，也插在田村恐怖記憶的一隅。驚悚的兵變才過了三年多，待會可能要入內參訪，讓他背脊發涼。他背向飯店走了一段路，踅進巷內，香蘭快步跟上。料理店、壽司屋、酒肆和咖啡屋的布招、燈籠掛滿巷道兩旁，店員攬客的「敬請光臨」聲或叫賣聲像落葉一樣掉落在無動於衷的人潮間。

「到東京幾趟了，有沒有來過巷子裡？」

「好像沒有，表演、錄音的時候，都是長官帶著坐車或走一段大馬路，跟朋友出來散步時也不敢走進巷子裡。」

「很熱鬧吧。」

「熱鬧中帶有一點鄉村味，別有一番風情。」

「我們找一家料理店，手握壽司好嗎？到日本就是要吃這個。」

香蘭搖搖頭：

「特別討厭看到師傅用手捏生魚片，看到不舒服。」

「一般日本料理或拉麵。」

「拉麵好了。大餐吃多了，清一下胃也好。」

「那我們回頭，剛剛那一家試試看。」

兩人撥開門簾走入店裡，在慇懃的歡迎聲中坐在店員指引的位子上，隨後點了一大一小的招牌拉麵。

熱騰騰的拉麵來了。成團的麵上面整齊地貼著筍片、肉片、蔥花、青菜，感覺很用心放上去的。田村：

「先不急著吃，看一看。」

「用眼睛吃？」

「妳說的對極了，先來感受一下師傅的用心。」田村吸了一下從碗裡揚起的蒸氣，聞了一下麵香，然後拿起筷子拉起麵條，「不急著吃，很燙嘴的。」

香蘭拿起筷子依樣畫葫蘆，看到田村開始吃麵，也開始試吃。田村有些餓，吃得專心，話也少。香蘭忙著啜食、吸湯，以致額頭汗水微沁。

對很多東京市民來說，山王飯店是一道難以抹滅的陰影，田村對它向來是敬而遠之。如今香蘭下榻於此，而且誠懇地邀他前往小坐，好似祥光照來，不能不給他一種晦氣暫卻之感。走出巷子，在大道走了片刻，浮在一片黃綠帶紅的樹叢上面的飯店終於近在眼前。

飯店的前庭被前面樹叢簇擁的照壁式的看板隔成兩個車道。兩人從出口進入飯店的前庭，前庭車道旁排列整齊的轎車迎面而來，好像忘了不久前軍隊和坦克佔領的往事。兩人走過車道登上階梯。田村第一次來到這裡，飯店寬敞氣派的大廳不禁讓他多看一眼。香蘭住二樓，兩人步上寬敞的樓梯進入廊道，旋即進入香蘭的住房。房間很暖，有兩張床，香蘭示意兩人各據一張床躺下休息，田村覺得這樣失禮，選擇坐在窗邊的椅子上，香蘭也索性下床坐在窗邊。窗戶被紅樹佔滿，田村望向外面的茂林若有所思。香蘭：

「大作家在前，任意休息太浪費時間了，還是聽您的教誨吧。」

「這個地方以前一度不平靜。」

田村神情嚴肅，香蘭以為他要講鬼故事，寒意襲身。田村於是把三年八個多月前發生的 226 兵變娓娓道來。田村把報章雜誌的報導融會腦中，轉成小說式的情節，彷彿曾經親與其事一般，香蘭聽

得猛打寒噤。

「這裡只是那些叛軍的基地，指揮中心，並不是刑場。作亂的皇道派軍官從這裡出發，兵分七路到各大臣家開槍、砍人。不過經過報章雜誌的渲染，大家一提到這家飯店便會有很血腥的感受。」

「記得小時候聽過有一位首相被殺。」香蘭避免提到父親，「大概是還沒上中學的時候。」

「哦！妳說的那個應該是犬養毅。這次事變，首相岡田啟介也是叛軍的目標，也差一點被殺，叛軍來到他的住宅時，他的秘書把他藏在浴室，自己跑到外面高呼萬歲，帶隊的中尉以為他是首相，當即下令開槍。事實上，他長得很像首相，第二天的報紙都報導首相也被殺死了。」

「日本軍人太可怕了。」

「好幾位被殺死或殺到重傷的大臣都是大將退下來進入內閣的。等於是兇手的老長官，只因立場不同就要置之於死地。」

香蘭越聽心中的迷團越多，兵變中受害的幾位大臣都支持裁軍，希望和歐美改善關係，發動政變，極端的皇道派很快就降伏，但這兩三年日本還是走上皇道派擴張軍力侵略中國，不惜和歐美翻臉的險路。她不想尋求田村的解釋，只怕田村越解惑，她越迷惑。

田村看出香蘭的悶，也自覺不能在她房間待太久，提議她到上野公園走走，香蘭：

「每次來東京都聽到有人提到這座公園，感覺離這兒不很遠。」

「就在這兒北方四、五公里。算很近。」

香蘭從茶几下面取出地圖，看了一下，用紅筆在上野公園四個字上面打個圈，然後笑著把地圖遞給田村。

「我發覺每次來日本，在東京住定後，每有活動都往西南走。第一次比較不明顯，都在附近轉。第二次是很明顯地先到阪神表演，再回東京拍戲，這次不管拍戲，拜訪長官或去找你，都往西南，在滿洲也是，在新京住下拍片，除了在附近的攝影棚外，到遠處取景，大方向都往西南走。」

田村看著地圖上從皇居一路往西南方向圈好的圓圈，不覺笑了起來：

「這次帶妳到上野，可是很明顯地往北走了。」

「跟田村老師在一塊，終於轉向了。」

他們又來到午飯前下車的「山王下」站，不過這回捨高架火車，走上往下的階梯。階梯十分長，直達地下的車站。田村給她十錢硬幣，田村在右邊通道把硬幣投入幣孔後閘門立刻打開，香蘭在另一通道照做，也順利通關。香蘭滿懷新奇，更加天真，也一掃剛剛為兵變殘酷往事所苦的情狀。

地下車站燈光不是很亮，好似夜晚已然降臨，列車駛離車站後，在昏暗車燈的照射下，乘客都顯得有些慵懶。聊天的人很少，車子也不像高速列車那樣吵。田村：

「第一次搭乘吧？」

「是。」

「事實上，這裡的地下鐵也算亞洲第一，最先建造的。」

「日本雖然是進步國家，但現在軍國政府拚命花錢製造軍艦、大砲，不然我們的地下鐵早就達到歐洲的水準了。待會我們要去的上野公園也是日本第一座公園。」田村笑了起來，「今天妳就看到了許多第一。」

「畢竟是亞洲首屈一指的國度嘛。」

「不過公園這玩意是很難做國際比較的。公園是西方傳過來的，那些白人在殖民地國家早就建了許多公園。問題是這種公園可能由白人獨享，不歡迎當地人前往一遊。從這層意義來說，上野公園或許可說是亞洲第一座由亞洲人自主建立的公園。不過有時想一想，這座公園原來是皇家園林，就我所知，古代中國就有很多皇家或私人園林。只是那些園林屬於少數人，不向一般大眾開放。我們的上野 60 幾年前搶得先機，向政府登記為公園，然後開放一般大眾前來遊玩。」

「你說得太多，大家都在看你。」

香蘭說著，兩人沉默了片刻，列車停妥後，跟著大家一起下車。

「這麼快就到了。」

「我們還要換車。」田村走下階梯進入馬路邊的人行道，「不同公司建了兩條軌道，還沒連在一起。我們剛剛坐的路線只從澀谷到新橋。現在要搭從新橋前往上野的地鐵。我們剛剛從新橋站走出來，現在要進去的也是新橋站。如果真要區分的話，剛剛出來的是

南站，現在要進去的是北站。」

香蘭跟著田村走下樓梯。田村放慢腳步讓香蘭跟上：

「預計明年這兩個同名的車站要打通，車站裡頭的鐵軌也要重鋪，讓兩條路線接軌。以後就可以從澀谷直通上野了。」

進入月臺，列車已等在那兒。兩人上了車，車子還在等人。香蘭：

「現在我終於搞懂了。早上你帶我搭高速火車，其實搭地鐵也可以到山王飯店。」

「沒有錯。主要是讓妳多一種體驗，況且搭高架火車可以瀏覽繁華的市區。」

列車開動了。田村向她說明上野公園內，博物館、圖書館、美術館和美術學校等文化設施林立，也辦過多次勸業博覽會，是所謂的文化森林。香蘭像聆聽老師講解一般不再回話。

上野公園是東京市民的休閒活動中心，雖然開放進入，但裡頭許多館舍都要收費，儼然又是一處景點。兩人入得園來，田村要先到池邊走一趟。

「神社、佛寺本來就有的，平易近人。美術館、博物館像一堵高牆，要收費，想認真地看一遍更是累人，最後有空，有興趣再去。」

香蘭完全同意田村的觀點。兩人背對西鄉隆盛的塑像，走過葉子變得腥紅的櫻林，登上清水觀音堂，在佛堂外向千手觀音合十。隨後在田村的指引下，向樹幹繞成圓形的月之松抿唇笑開。前方黃色蘆葦密織的一頃湖水吸引她的目光。田村於是帶她先前往不忍池。

兩人池畔走著，泛黃的蘆葦由密而疏，葉緣枯爛得可憐的荷群開始領有一片水域。透過荷葉的寬縫，划船遊湖的景象隱約可見。田村：

「如果要划船，要走小路到對岸。」

「哦。」

香蘭點了頭，雙手背在後面繼續鴨行。

「這裡有鴨子。」

「也有鴛鴦。」田村指向前方三株相連的荷葉底邊，「公的好像戴著頭盔，身體鼓脹。」

「看到了。公的羽毛多彩，好像一身戲服。母的瘦多了。」香蘭快走兩步，坐在一塊大石上，「好久沒看到動物了。這一兩年，

每天不是拍戲就是表演，面對的都是人、舞臺和機器。只是馬兒除外。」

「我也很久沒看見小動物了。」田村跟著坐向旁邊的大石頭，「想到人與人間，國與國間如此糾紛、爭戰，花一點時間陪這些和平的小動物，實在很值得。」

田村的感傷迅速在香蘭體內渲開，鬱愁重新填滿香蘭的胸臆。是的，戰爭還在遠處進行，一場沒完沒了的戰爭。田村像一尊雕像，冷凝在秋寒中。兩人默默凝望，心湖的漣漪不覺在鴛戲鴨啄中平息了下來。香蘭：

「天氣越來越冷了。湖面結冰後，那鴨子往那兒去？」

「這個就問倒我了，這個公園有人管理，應該會被趕到溫室。」田村望向湖邊綠瓦白牆的亭閣，「比較大的，缺乏照料的湖，像印旛沼，裡頭的鴨魚就只好凍在大冰塊裡了。」

「你這樣一說，我就覺得冷了。不過，總覺得動物比我們人類還耐寒。」

「我們人類因為後天環境條件的不同，比較有差異性。動物往往是集體性的，北極寒流一來，養殖魚、鴨鵝總是集體死亡，好像約好一樣。」田村瞄了如織的遊客一眼，再看向香蘭，「妳這麼關心動物。這邊也有動物園呢。」

「真的。太好了。」

兩人踩著滿地落葉，在腥紅的櫻樹大道漫步，先後在五條天神社和東照宮走馬看花一番。田村一人前往動物園票亭買票，香蘭望向暗影重重的五重塔。好在田村沒邀她划船，不然她會很為難，也擔心小船撐不住他的體重。

動物園遊人不少，親子同遊的頗多。看過頑皮可愛的水獺，兩人看到大象區的指引，腳步快了起來。高大的鐵欄桿外，五六位大小遊客的上頭晃動著一隻象鼻。香蘭：

「哇！大象，原來是這樣，這麼高大。」

「以前沒看過嗎？」

「第一次看到。」

「那妳現在又多了一項第一。」田村看著不斷伸近欄杆向遊客伸長的手中索討食物的象鼻，「那水獺不也是第一次看到？」

「好像以前在北京讀書的時候，在一個園區看見人家在玩，是小隻的，他讓牠們表演。」香蘭看著一位遊客把香蕉投向象欄內的另一隻，「不過當時看到的是不是水獺，不是很確定。」

「來。現在來看猴子表演，妳演戲的可以來觀摩一下。」

「田村老師，你不要笑我。」香蘭快步跟上田村，瞅了他一眼，但隨即思量了一下，「田村老師，有道理。是真的該看，該學。」

兩人來到狒狒區，這兒遊客更多，全部貼近鐵絲網往下看。兩隻大狒狒分別坐在洞口兩邊，各抱一隻小狒狒，大狒狒不時對看，發出喔喔的聲音，似在交談，兩隻小狒狒都在大狒狒懷中蠕動，似在找尋奶頭。香蘭：

「這兩隻狒狒是夫妻嗎？」

「應該是。最近報紙報導牠們生了一對雙胞胎。」

「那就是說，其中一隻小狒狒不會是在找爸爸的奶吧。」

「牠們大概在取暖。天氣開始冷了。」

「很感人呢。」

狒狒窩的鄰居，日本猴的家十分寬廣，一樣深陷地面，但有山有水。遊客往下看，猴山和樹上的猴子都在啃食蘿蔔、玉米或番薯。提著空水桶，正跨過小溪要離去的管理員，大腿被兩隻猴子抱著不放，管理員不斷手摸猴頭，終於脫身。香蘭：

「猴子對送來食物的管理員依依不捨。」

「確實如此。妳看坐在水邊的那一對。」

順著田村的指向，香蘭看到了猴子搔癢的畫面。被搔的那一隻溫馴地低頭，隨時轉動脖子，讓對方用手順髮，用嘴舔除蝨子。猴山的兩隻猴子用完餐後開始跑動，跳到樹上後，樹上的猴兒也開始在樹上攀來爬去。香蘭：

「老師說得沒錯，演戲真的要學學猴子，牠們一舉手一投足真的很自然。」

「人只要一想到要怎才演得比較好時，就開始變得比較造作了。」

「沒錯。但好像也非這樣惕厲自己不可。」

兩人說著來到了馬來膜的家。田村猛然想起，重要的兩館下午五點就要關門，只好加快腳步，優先看完東京美術館和博物館後，

才兼及其他，出得園來，已是華燈初上時分。

　　回到飯店，香蘭為了回報田村一天的辛勞和付出，堅持要在飯店餐廳請他用餐。田村力守東道主的立場，最後還是順從美人意，在高雅餐廳用完餐後，田村哄香蘭直接回房休息，別到車站。他自己直奔車站趕回家。

國家圖書館出版品預行編目資料

亂世麗人李香蘭 (壹) 鶯啼春曉 / 大荒 著
　　--初版-- 臺北市：博客思出版事業網：2022.12
　　　　　面；　公分. -- (現代文學；76)
　　ISBN：978-986-0762-38-9(平裝)
　　1.CST: 山口淑子 2.CST: 傳記 3.CST: 日本
　　783.18　　　　　　　　　　　　　　　　111015359

現代文學 76

亂世麗人李香蘭 (壹) 鶯啼春曉

作　　者：大荒
編　　輯：塗宇樵、古佳雯、楊容容
美　　編：塗宇樵
封面設計：塗宇樵
出　　版：博客思出版事業網
地　　址：臺北市中正區重慶南路1段121號8樓之14
電　　話：(02) 2331-1675 或 (02) 2331-1691
傳　　真：(02) 2382-6225
E - MAIL：books5w@gmail.com或books5w@yahoo.com.tw
網路書店：http://5w.com.tw/
　　　　　https://www.pcstore.com.tw/yesbooks/
　　　　　https://shopee.tw/books5w
　　　　　博客來網路書店、博客思網路書店
　　　　　三民書局、金石堂書店
經　　銷：聯合發行股份有限公司
電　　話：(02) 2917-8022　　　傳真：(02) 2915-7212
劃撥戶名：蘭臺出版社　　　　　帳號：18995335
香港代理：香港聯合零售有限公司
電　　話：(852) 2150-2100　　　傳真：(852) 2356-0735
出版日期：2022年12月 初版
定　　價：新臺幣600元整（平裝）
ISBN：978-986-0762-38-9